Visit classzone.com and get connected

Online resources for students and parents

ClassZone resources provide instruction, practice, and learning support.

eEdition Plus Online

This online version of the text features *Animated Grammar*, practice activities, and video and audio clips.

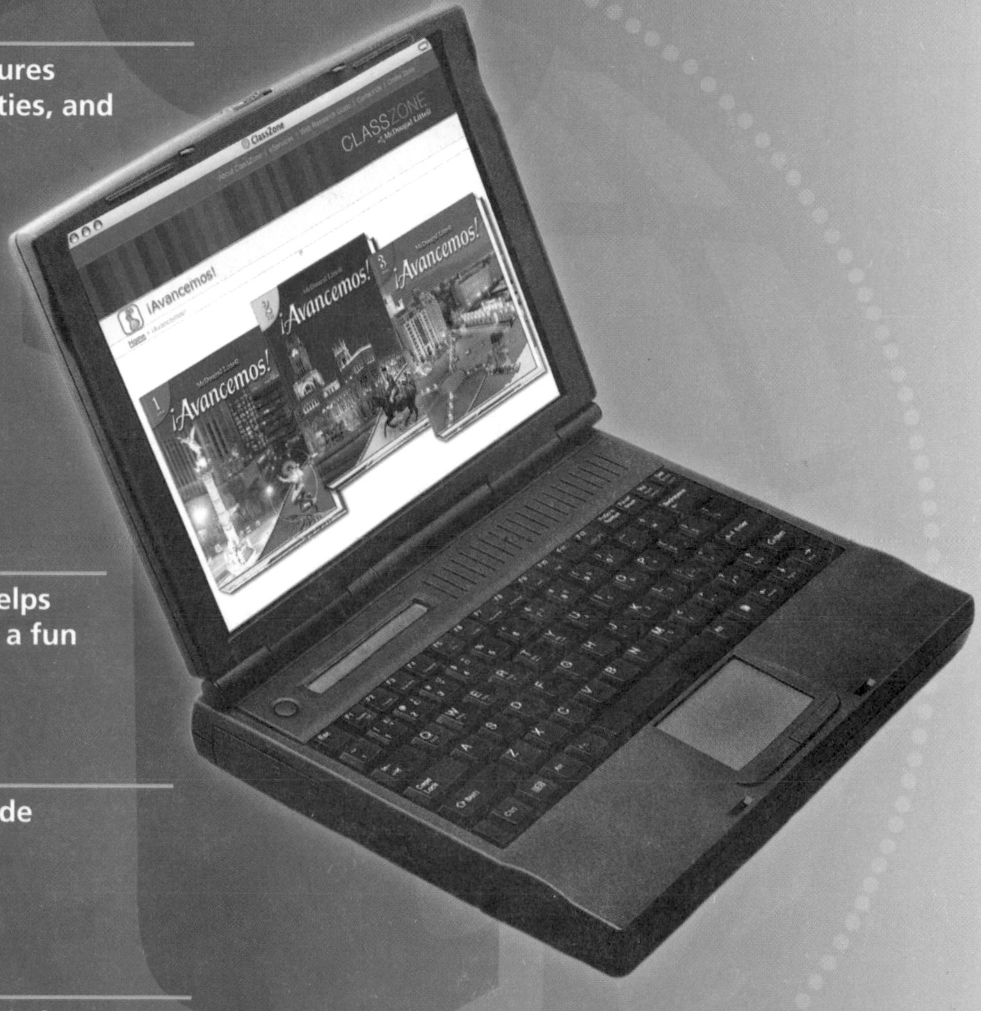

@Home Tutor

The *@Home Tutor* provides leveled interactive practice with audio, video, and *Animated Grammar* to help all students prepare successfully for tests.

Animated Grammar

This entertaining animated tutor helps students learn Spanish grammar in a fun and lively way.

Get Help Online

Downloadable activity pages provide additional review and practice for struggling students.

Cultura Interactiva

Textbook culture pages introduce students to the rich culture of the Spanish-speaking world.

Flashcards

Online flashcards provide an interactive review of vocabulary and pronunciation with audio prompts and clip art.

WebQuests and Self-Check Quizzes

CLASSZONE.COM

Animated Grammar

McDougal Littell

2
dos

McDougal Littell

¡Avancemos!

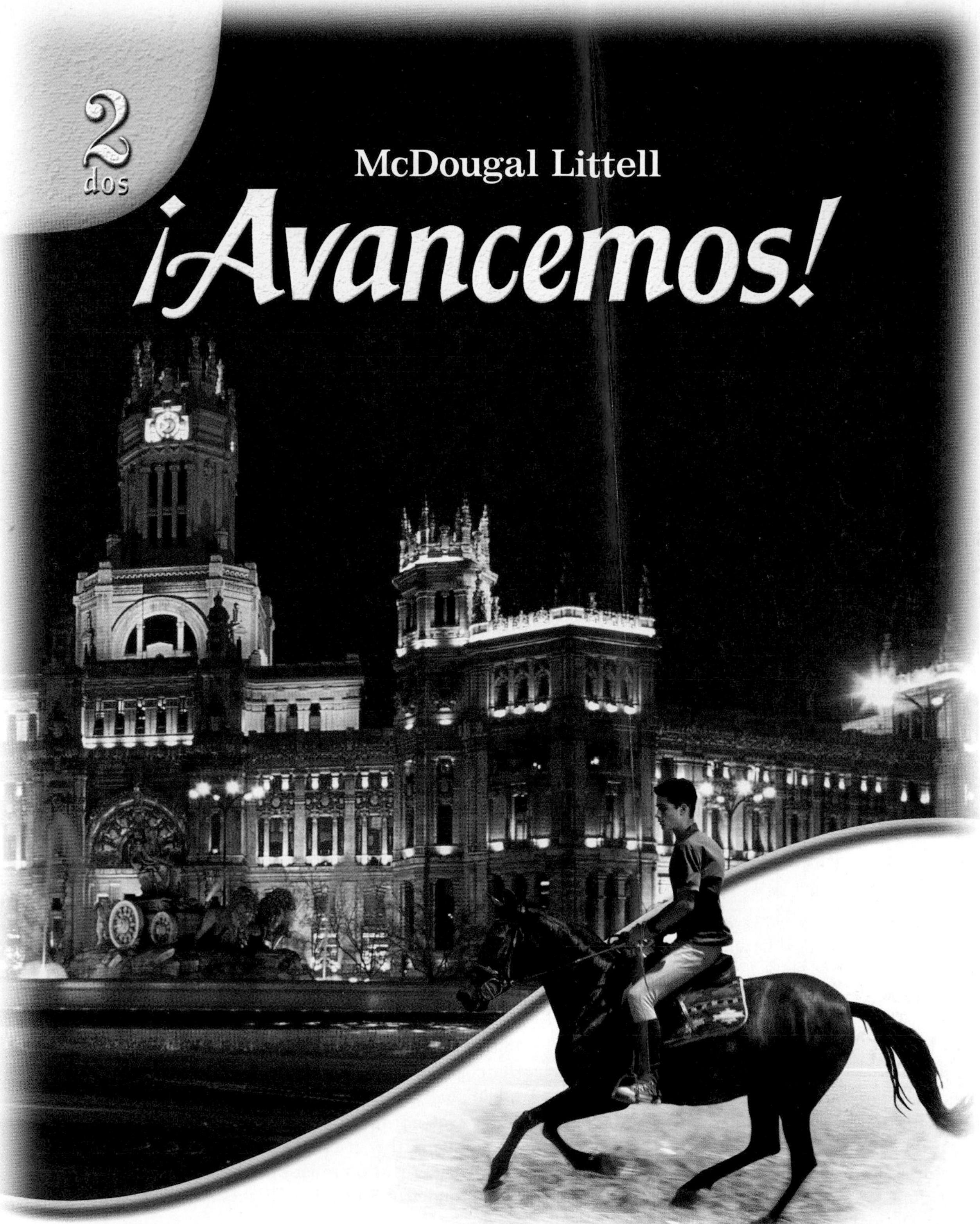

McDougal Littell
A DIVISION OF HOUGHTON MIFFLIN COMPANY
Evanston, Illinois • Boston • Dallas

Cover Photography

Front cover
Cibeles Fountain and Palacio de Comunicaciones at night, Madrid, Spain, Doug Armand/Getty Images
Inset: Horseback rider alongside cyclists racing in the Vuelta a España, Associated Press/Denis Doyle

Back cover
Level 1a: View toward La Fortaleza, San Juan, Puerto Rico, Steve Dunwell/The Image Bank/Getty Images
Level 1b: View of Buenos Aires through the Puente de la Mujer, Rodriguez Joseph/Gallery Stock Limted
Level 1: Monumento a la Independencia on the Paseo de la Reforma at night, Mexico City, Mexico, Panoramic Images/Getty Images
Level 2: Cibeles Fountain and Palacio de Comunicaciones at night, Madrid, Spain, Doug Armand/Getty Images
Level 3: Plaza de la Constitución at night, Santiago, Chile, David Noton/Masterfile
Level 4: Templo II, Tikal, Guatemala, P. Pet/zefa/Corbis

Acknowledgments for copyrighted material are on page R82 and constitute an extension of this page.

ISBN-10: 0-618-68725-4
ISBN-13: 978-0-618-68725-1

4 5 6 7 8 9 VHM 12 11 10 09 08 07

Internet: www.mcdougallittell.com

2
dos

McDougal Littell

¡Avancemos!

Música

Cultura INTERACTIVA Explora la música del mundo hispano

Salsa	C2
Tango	C4
Mariachi	C6
Merengue	C8
Flamenco	C10
Son cubano	C12
Música andina	C14
Bolero	C16
Rock latino	C18
Cumbia	C20
Hip-hop latino	C22
Bachata	C24

Buena Vista Social Club

Marc Anthony

Online at CLASSZONE.COM

Cultura INTERACTIVA *pp. C2–C3, C4–C5, C6–C7, C8–C9, C10–C11, C12–C13, C14–C15, C16–C17, C18–C19, C20–C21, C22–C23, C24–C25*

LECCIÓN PRELIMINAR

Florida

Mis amigos y yo

¿Quiénes son? Saying who you are 2
Repaso: Definite and indefinite articles 4
Repaso: Subject pronouns and **ser** 5

¿Cómo son? Personality characteristics 6
Repaso: Adjectives 8
Repaso: The verb **tener** 9

¿Qué te gusta? Daily activities and food 10
Repaso: The verb **gustar** 12

¿Adónde van? Places in school and around town . 14
Repaso: Ir + **a** + place 16

¿Cómo estás? Saying how you feel 18
Repaso: Ser or **estar** 21

¿Qué haces? Daily routine 22
Repaso: Regular present-tense verbs 24
Repaso: Stem-changing verbs 25

¿Qué vas a hacer? Making plans 26

En resumen 29

Repaso de la lección 30

Cultura

- **El arte de la calle Ocho** *p. 13*

PARA Y PIENSA **Did you get it?**

Student Self-Check
pp. 5, 9, 13, 17, 21, 25, 28

Carnaval Miami en la calle Ocho

UNIDAD 1

Costa Rica

¡A conocer nuevos lugares!

Cultura INTERACTIVA Explora la cultura de Costa Rica . . . 32

Lección 1

Tema: ¡Vamos de viaje! 34

VOCABULARIO

Going on a trip 36

Práctica 38

Telehistoria escena 1 39

GRAMÁTICA

Direct object pronouns. 41

Práctica 42

Telehistoria escena 2 44

Indirect object pronouns 46

Práctica 47

TODO JUNTO

Telehistoria completa 49

Lectura: Un parque tropical de Costa Rica 52

Conexiones: El río Pacuare 54

En resumen 55

Repaso de la lección 56

Cultura

- **Explora Costa Rica** *p. 32*
- **Pura vida** *p. 42*
- **La naturaleza de Costa Rica** *p. 48*
- **Un parque tropical de Costa Rica** *p. 52*

¿Recuerdas?

- possessions *p. 42*
- prepositions of location *p. 43*
- places around town *p. 43*
- daily activities *p. 45*

PARA Y PIENSA **Did you get it?**

Student Self-Check

pp. 38, 40, 43, 45, 48, 51

Online at CLASSZONE.COM

Cultura INTERACTIVA *pp. 32–33, 82–83*

Animated Grammar *pp. 41, 46, 55, 65, 70, 79*

@HomeTutor VideoPlus *pp. 39, 44, 49, 63, 68, 73*

Video/DVD

Vocabulario *pp. 36–37, 60–61*

Telehistoria *pp. 39, 44, 49, 63, 68, 73*

La agencia de viajes Melytour, San José, Costa Rica

El Hotel Rodes Paradise, Playa Hermosa, Guanacaste, Costa Rica

Lección 2

Tema: *Cuéntame de tus vacaciones* . . . 58

VOCABULARIO

On vacation . . . 60

Práctica . . . 62

Telehistoria escena 1 . . . 63

GRAMÁTICA

Preterite of **-ar** verbs . . . 65

Práctica . . . 66

Telehistoria escena 2 . . . 68

Preterite of **ir, ser, hacer, ver, dar** . . . 70

Práctica . . . 71

TODO JUNTO

Telehistoria completa . . . 73

Lectura cultural: De vacaciones: Costa Rica y Chile . . . 76

Proyectos culturales: Bebidas de Costa Rica y Chile . . . 78

En resumen . . . 79

Repaso de la lección . . . 80

Cultura
- **La familia y sus costumbres** *p. 66*
- **Los parques nacionales** *p. 72*
- **De vacaciones: Costa Rica y Chile** *p. 76*
- **Bebidas de Costa Rica y Chile** *p. 78*
- **De vacaciones** *p. 82*

¿Recuerdas?
- interrogatives *p. 64*
- food *p. 69*
- days of the week *p. 71*
- parties *p. 71*

PARA Y PIENSA **Did you get it?**
Student Self-Check
pp. 62, 64, 67, 69, 72, 75

UNIT 1 WRAP-UP

Comparación cultural **Lectura y escritura: De vacaciones** . . . 82

Repaso inclusivo **Unidad 1** . . . 84

UNIDAD 2 Argentina

¡Somos saludables!

Cultura INTERACTIVA Explora la cultura de Argentina 86

Lección 1

Tema: *La Copa Mundial* 88

VOCABULARIO

Sports and health. 90

Práctica 92

Telehistoria escena 1 93

GRAMÁTICA

Preterite of **-er**, **-ir** verbs 95

Práctica 96

Telehistoria escena 2 98

Demonstrative adjectives and pronouns 100

Práctica 101

TODO JUNTO

Telehistoria completa 103

Lectura: La Copa Mundial 106

Conexiones: El deporte de pato 108

En resumen 109

Repaso de la lección 110

Cultura
- **Explora Argentina** *p. 86*
- **Los cantos deportivos** *p. 96*
- **El equipo de fútbol** *p. 102*
- **La Copa Mundial** *p. 106*

¿Recuerdas?
- food *p. 96*
- sports equipment *p. 101*
- colors *p. 101*
- clothing *p. 101*
- classroom objects *p. 102*

PARA Y PIENSA **Did you get it?**
Student Self-Check
pp. 92, 94, 97, 99, 102, 105

Online at CLASSZONE.COM

Cultura INTERACTIVA	Animated Grammar	@HomeTutor VideoPlus
pp. 86–87 136–137	*pp. 95, 100, 109 119, 124, 133*	*pp. 93, 98, 103 117, 122, 127*

Video/DVD
Vocabulario
pp. 90–91, 114–115
Telehistoria
pp. 93, 98, 103 117, 122, 127

Un partido de fútbol, Buenos Aires, Argentina

Puerto Madero, Buenos Aires, Argentina

Lección 2

Tema: ¿Qué vamos a hacer? 112

VOCABULARIO

Daily routines 114
Práctica 116
Telehistoria escena 1 117

GRAMÁTICA

Reflexive verbs 119
Práctica 120
Telehistoria escena 2 122
Present progressive 124
Práctica 125

TODO JUNTO

Telehistoria completa 127
Lectura cultural: Vivir de la tierra 130
Proyectos culturales: Los gestos 132
En resumen 133
Repaso de la lección 134

UNIT 2 WRAP-UP

Comparación cultural **Lectura y escritura: Rutinas del deporte** 136
Repaso inclusivo Unidades 1–2 138

Cultura

- **El arte abstracto** *p. 120*
- **Las tiras cómicas** *p. 126*
- **Vivir de la tierra** *p. 130*
- **Los gestos** *p. 132*
- **Rutinas del deporte** *p. 136*

¿Recuerdas?

- pensar *p.118*
- parts of the body *p. 120*
- telling time *p. 123*
- places in school and around town *p. 128*

PARA Y PIENSA **Did you get it?**
Student Self-Check
pp. 116, 118, 121, 123, 126, 129

Puerto Rico

¡Vamos de compras!

Cultura INTERACTIVA Explora la cultura de Puerto Rico . . 140

Lección 1

Tema: ¿Cómo me queda? 142

VOCABULARIO

Clothes and shopping 144

Práctica 146

Telehistoria escena 1 147

GRAMÁTICA

Present tense of irregular yo verbs. 149

Práctica 150

Telehistoria escena 2 152

Pronouns after prepositions 154

Práctica 155

TODO JUNTO

Telehistoria completa 157

Lectura: ¡Organiza tu clóset! 160

Conexiones: Los taínos 162

En resumen 163

Repaso de la lección 164

Cultura

- **Explora Puerto Rico** *p. 140*
- **El arte histórico** *p. 150*
- **Los centros comerciales** *p. 156*
- **Revista de moda** *p. 160*

¿Recuerdas?

- gustar *p. 148*
- clothing *p. 150*
- expressions of frequency *p. 153*

PARA Y PIENSA **Did you get it?**

Student Self-Check
pp. 146, 148, 151, 153, 156, 159

Online at CLASSZONE.COM

Cultura INTERACTIVA *pp. 140–141 190–191*

Animated Grammar *pp. 149, 154, 163 173, 178, 187*

@HomeTutor VideoPlus *pp. 147, 152, 157 171, 176, 181*

Video/DVD

Vocabulario *pp. 144–145, 168–169*

Telehistoria *pp. 147, 152, 157 171, 176, 181*

Una tienda de ropa, Ponce,Puerto Rico

El Parque de Bombas, Ponce,Puerto Rico

Lección 2

Tema: ¿Filmamos en el mercado? 166

VOCABULARIO

At the market 168

Práctica 170

Telehistoria escena 1 171

GRAMÁTICA

Irregular preterite 173

Práctica 174

Telehistoria escena 2 176

Preterite of **-ir** stem-changing verbs 178

Práctica 179

TODO JUNTO

Telehistoria completa 181

Lectura cultural: Las artesanías 184

Proyectos culturales: Máscaras 186

En resumen 187

Repaso de la lección 188

Cultura

- **Los vejigantes** *p. 174*
- **Las parrandas** *p. 180*
- **Las artesanías** *p. 184*
- **Máscaras** *p. 186*
- **¡Me encanta ir de compras!** *p. 190*

¿Recuerdas?

- family *p. 175*
- chores *p. 175*
- food *p. 179*

PARA Y PIENSA **Did you get it?**

Student Self-Check

pp. 170, 172, 175, 177, 180, 183

UNIT 3 WRAP-UP

Comparación cultural **Lectura y escritura: ¡Me encanta ir de compras!** . 190

Repaso inclusivo Unidades 1–3 192

UNIDAD 4

México

Cultura antigua, ciudad moderna

Cultura INTERACTIVA Explora la cultura de México 194

Lección 1

Tema: Una leyenda mexicana 196

VOCABULARIO

Legends and stories 198

Práctica 200

Telehistoria escena 1 201

GRAMÁTICA

The Imperfect tense 203

Práctica 204

Telehistoria escena 2 206

Preterite and imperfect 208

Práctica 209

TODO JUNTO

Telehistoria completa 211

Lectura: Una leyenda mazateca: El fuego y el tlacuache 214

Conexiones: La bandera mexicana 216

En resumen 217

Repaso de la lección 218

Cultura

- **Explora México** *p. 194*
- **La preservación del pasado** *p. 204*
- **El artista y su comunidad** *p. 210*
- **Una leyenda mazateca: El fuego y el tlacuache** *p. 214*

¿Recuerdas?

- expressions of frequency *p. 204*
- weather expressions *p. 207*
- daily activities *p. 209*

PARA Y PIENSA **Did you get it?**

Student Self-Check *pp. 200, 202, 205, 207, 210, 213*

Online at CLASSZONE.COM

Cultura INTERACTIVA	Animated Grammar	@HomeTutor VideoPlus
pp. 194–195 244–245	*pp. 203, 208, 217 227, 232, 241*	*pp. 201, 206, 211 225, 230, 235*

Video/DVD

Vocabulario *pp. 198-199, 222–223*

Telehistoria *pp. 201, 206, 211, 225, 230, 235*

Auditorio del Colegio Francés Hidalgo, México, Distrito Federal

El Museo Nacional de Antropología, México, Distrito Federal

Lección 2

Tema: *México antiguo y moderno* 220

VOCABULARIO

Past and present 222
Práctica 224
Telehistoria escena 1 225

GRAMÁTICA

Preterite of **-car, -gar, -zar** verbs 227
Práctica 228
Telehistoria escena 2 230
More verbs with irregular preterite stems 232
Práctica 233

TODO JUNTO

Telehistoria completa 235
Lectura cultural: Los zapotecas y los otavaleños 238
Proyectos culturales: Canciones tradicionales de México y Ecuador 240
En resumen 241
Repaso de la lección 242

Cultura
- **Palabras indígenas** *p. 229*
- **Un deporte antiguo** *p. 234*
- **Los zapotecas y los otavaleños** *p. 238*
- **Canciones tradicionales de México y Ecuador** *p. 240*
- **Lo antiguo y lo moderno en mi ciudad** *p. 244*

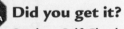

¿Recuerdas?
- daily activities *p. 229*
- arts and crafts *p. 233*

PARA Y PIENSA **Did you get it?**
Student Self-Check *pp. 224, 226, 229, 231, 234, 237*

UNIT 4 WRAP-UP

Comparación cultural **Lectura y escritura: Lo antiguo y lo moderno en mi ciudad** . . 244
EL GRAN DESAFÍO 246
Repaso inclusivo Unidades 1–4 248

UNIDAD 5

España

¡A comer!

Cultura INTERACTIVA Explora la cultura de España 250

Lección 1

Tema: ¡Qué rico! 252

VOCABULARIO

Preparing and describing food 254

Práctica 256

Telehistoria escena 1 257

GRAMÁTICA

Usted/ustedes commands 259

Práctica 260

Telehistoria escena 2 262

Pronoun placement with commands 264

Práctica 265

TODO JUNTO

Telehistoria completa 267

Lectura: Dos odas de Pablo Neruda 270

Conexiones: Las comunidades autónomas 272

En resumen 273

Repaso de la lección 274

Cultura

- **Explora España** *p. 250*
- **La naturaleza muerta** *p. 260*
- **Las tapas** *p. 266*
- **Dos odas de Pablo Neruda** *p. 270*

¿Recuerdas?

- staying healthy *p. 263*
- chores *p. 265*

PARA Y PIENSA **¿Comprendiste?**

Student Self-Check
pp. 256, 258, 261, 263, 266, 269

Online at CLASSZONE.COM

Cultura INTERACTIVA *pp. 250–251 300–301*

Animated Grammar *pp. 259, 264, 273 283, 288, 297*

@HomeTutor VideoPlus *pp. 257, 262, 267 281, 286, 291*

Video/DVD

Vocabulario
pp. 254–255, 278–279
Telehistoria
pp. 257, 262, 267, 281, 286, 291
El Gran Desafío *p. 302*

Plaza Zocodover, Toledo, España

Un restaurante al aire libre, Toledo, España

Lección 2

Tema: *¡Buen provecho!* 276

VOCABULARIO

Ordering meals in a restaurant 278

Práctica 280

Telehistoria escena 1 281

GRAMÁTICA

Affirmative and negative words 283

Práctica 284

Telehistoria escena 2 286

Double object pronouns 288

Práctica 289

TODO JUNTO

Telehistoria completa 291

Lectura cultural: Dos tradiciones culinarias 294

Proyectos culturales: Comida en España y El Salvador 296

En resumen 297

Repaso de la lección 298

Cultura

- **La inspiración artística** *p.284*
- **Las horas de comer** *p. 290*
- **Dos tradiciones culinarias** *p. 294*
- **Comida en España y El Salvador** *p. 296*
- **¡Qué delicioso!** *p. 300*

¿Recuerdas?

- prepositions of location *p. 282*
- pronoun placement with commands *p. 289*

PARA Y PIENSA **¿Comprendiste?**

Student Self-Check

pp. 280, 282, 285, 287, 290, 293

UNIT 5 WRAP-UP

Comparación cultural **Lectura y escritura: ¡Qué delicioso!** 300

EL GRAN DESAFÍO 302

Repaso inclusivo Unidades 1–5 304

UNIDAD 6 # Estados Unidos

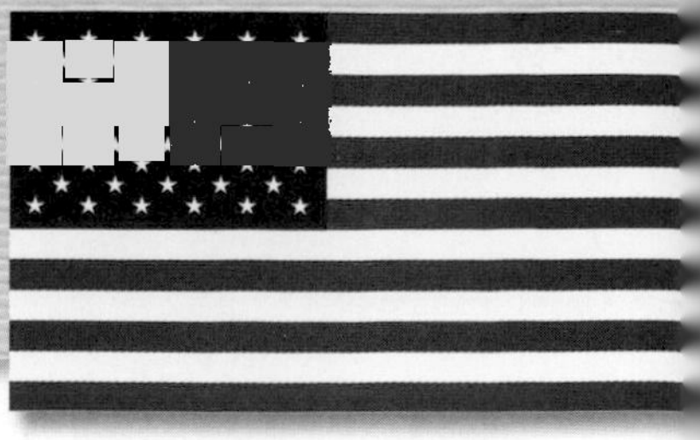

¿Te gusta el cine?

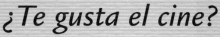

Cultura INTERACTIVA Explora la cultura de Los Ángeles 306

Lección 1

Tema: *¡Luces, cámara, acción!* . . 308

VOCABULARIO

Making movies 310

Práctica 312

Telehistoria escena 1 313

GRAMÁTICA

Repaso: Affirmative **tú** commands 315

Práctica 316

Telehistoria escena 2 318

Negative **tú** Commands 320

Práctica 321

TODO JUNTO

Telehistoria completa 323

Lectura: ***La casa de los espíritus*** 326

Conexiones: Los murales de Los Ángeles 328

En resumen 329

Repaso de la lección 330

Cultura

- **Explora Los Ángeles** *p. 306*
- **El arte chicano** *p. 316*
- **Festivales internacionales de cine** *p. 322*
- ***La casa de los espíritus*** *p. 326*

¿Recuerdas?

- daily routines *p. 317*
- telling time *p. 317*

PARA Y PIENSA **¿Comprendiste?**

Student Self-Check

pp. 312, 314, 317, 319, 322, 325

Online at CLASSZONE.COM

Cultura INTERACTIVA *pp. 306–307 356–357*

Animated Grammar *pp. 315, 320, 329 339, 344, 353*

@HomeTutor VideoPlus *pp. 313, 318, 323 337, 342, 347*

Video/DVD

Vocabulario *pp. 310–311, 334–335*

Telehistoria *pp. 313, 318, 323, 337, 342, 347*

El Gran Desafío *p. 358*

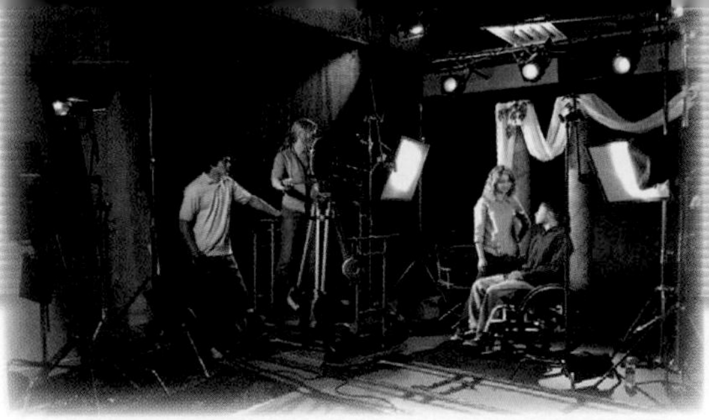

Un estudio de cine, Los Ángeles, California

Grauman's Chinese Theater, Hollywood, California

Lección 2

Tema: ¡Somos estrellas! 332

VOCABULARIO

Invitations to a premiere 334

Práctica 336

Telehistoria escena 1 337

GRAMÁTICA

Present subjunctive with **ojalá** 339

Práctica 340

Telehistoria escena 2 342

More subjunctive verbs with **ojalá** 344

Práctica 345

TODO JUNTO

Telehistoria completa 347

Lectura cultural: El Óscar y el Ariel: dos premios prestigiosos 350

Proyectos culturales: Viajes y turismo 352

En resumen 353

Repaso de la lección 354

Cultura

- **Medios artísticos** *p. 340*
- **Los actores hispanos en Hollywood** *p. 346*
- **El Óscar y el Ariel: dos premios prestigiosos** *p. 350*
- **Viajes y turismo** *p.352*
- **Aficionados al cine y a la televisión** *p. 356*

¿Recuerdas?

- spelling changes in the preterite *p. 341*
- school subjects *p. 343*
- vacation activities *p. 343*
- sports *p. 343*

PARA Y PIENSA

¿Comprendiste?

Student Self-Check *pp. 336, 338, 341, 343, 346, 349*

UNIT 6 WRAP-UP

Comparación cultural **Lectura y escritura: Aficionados al cine y a la televisión** 356

EL GRAN DESAFÍO 358

Repaso inclusivo Unidades 1–6 360

UNIDAD 7

República Dominicana

Soy periodista

Cultura INTERACTIVA Explora la cultura de la República Dominicana 362

Lección 1

Tema: *Nuestro periódico escolar* 364

VOCABULARIO

The school newspaper 366

Práctica 368

Telehistoria escena 1 369

GRAMÁTICA

Subjunctive with impersonal expressions 371

Práctica 372

Telehistoria escena 2 374

Por and **para** 376

Práctica 377

TODO JUNTO

Telehistoria completa 379

Lectura: ¡Ayúdame, Paulina! 382

Conexiones: Oscar de la Renta 384

En resumen 385

Repaso de la lección 386

Cultura

- **Explora la República Dominicana** *p. 362*
- **Sitios de Santo Domingo** *p. 373*
- **El arte taíno** *p. 378*
- **¡Ayúdame, Paulina!** *p. 382*

¿Recuerdas?

- present subjunctive *p. 372*
- events around town *p. 378*

PARA Y PIENSA **¿Comprendiste?**

Student Self-Check

pp. 368, 370, 373, 375, 378, 381

Online at CLASSZONE.COM

Cultura INTERACTIVA *pp. 362–363 412–413*

Animated Grammar *pp. 371, 376, 385 395, 400, 409*

@HomeTutor VideoPlus *pp. 369, 374, 379 393, 398, 403*

Video/DVD

Vocabulario *pp. 366–367, 390–391*

Telehistoria *pp. 369, 374, 379, 393, 398, 403*

El Gran Desafío *p. 414*

Colegio Calazans, Santo Domingo, República Dominicana

Jardín Botánico Nacional de Santo Domingo, Santo Domingo, República Dominicana

Lección 2

Tema: Somos familia 388

VOCABULARIO

Family and relationships 390
Práctica 392
Telehistoria escena 1 393

GRAMÁTICA

Repaso: Comparatives 395
Práctica 396
Telehistoria escena 2 398
Superlatives 400
Práctica 401

TODO JUNTO

Telehistoria completa 403
Lectura cultural: Los padrinos 406
Proyectos culturales: Jugando con palabras . . . 408
En resumen 409
Repaso de la lección 410

Cultura
- **Una universidad antigua** *p. 399*
- **Las ilustraciones** *p. 402*
- **Los padrinos** *p. 406*
- **Jugando con palabras** *p. 408*
- **Una persona importante para mí** *p. 412*

¿Recuerdas?
- clothing *p. 394*
- family *p. 396*
- classroom objects *p. 397*

PARA Y PIENSA **¿Comprendiste?**
Student Self-Check
pp. 392, 394, 397, 399, 402, 405

UNIT 7 WRAP-UP

Comparación cultural **Lectura y escritura: Una persona importante para mí** 412
EL GRAN DESAFÍO 414
Repaso inclusivo **Unidades 1–7** 416

UNIDAD 8

Ecuador

Nuestro futuro

Cultura INTERACTIVA Explora la cultura de Ecuador 418

Lección 1

Tema: *El mundo de hoy* 420

VOCABULARIO

The environment and conservation 422

Práctica 424

Telehistoria escena 1 425

GRAMÁTICA

Other impersonal expressions 427

Práctica 428

Telehistoria escena 2 430

Future Tense of Regular Verbs 432

Práctica 433

TODO JUNTO

Telehistoria completa 435

Lectura: Sitio web: Fundación Bello Ecuador . . 438

Conexiones: Los parques nacionales de Ecuador 440

En resumen 441

Repaso de la lección 442

Cultura

- **Explora Ecuador** *p. 418*
- **Especies en peligro de extinción** *p. 429*
- **Las artesanías y el arte** *p. 433*
- **Fundación Bello Ecuador** *p. 438*

¿Recuerdas?

- expressions of frequency *p. 434*
- vacation activities *p. 434*

PARA Y PIENSA **¿Comprendiste?**

Student Self-Check *pp. 424, 426, 429, 431, 434, 437*

Online at CLASSZONE.COM

Cultura INTERACTIVA *pp. 418–419 468–469*

Animated Grammar *pp. 427, 432, 441 451, 456, 465*

@HomeTutor VideoPlus *pp. 425, 430, 435 449, 454, 459*

Video/DVD

Vocabulario *pp. 422–423, 446–447*

Telehistoria *pp. 425, 430, 435, 449, 454, 459*

El Gran Desafío *p. 470*

El Parque Suecia, Quito, Ecuador

Una estación de bomberos, Quito, Ecuador

Lección 2

Tema: *En el futuro...* 444

VOCABULARIO

Careers and professions 446
Práctica 448
Telehistoria escena 1 449

GRAMÁTICA

Future tense of irregular verbs 451
Práctica 452
Telehistoria escena 2 454
Repaso: Pronouns 456
Práctica 457

TODO JUNTO

Telehistoria completa 459
Lectura cultural: Dos profesiones únicas 462
Proyectos culturales: Noticias de Ecuador y Venezuela 464
En resumen 465
Repaso de la lección 466

Cultura

- **El artista y su ciudad** *p. 453*
- **Los concursos intercolegiales** *p. 458*
- **Dos profesiones únicas** *p. 462*
- **Noticias de Ecuador y Venezuela** *p. 464*
- **Las profesiones y el mundo de hoy** *p. 468*

¿Recuerdas?

- clothing *p. 457*
- telling time *p. 458*
- daily routines, *p. 458*

PARA Y PIENSA **¿Comprendiste?**

Student Self-Check

pp. 448, 450, 453, 455, 458, 461

UNIT 8 WRAP-UP

Comparación cultural **Lectura y escritura: Las profesiones y el mundo de hoy** 468
EL GRAN DESAFÍO 470
Repaso inclusivo Unidades 1–8 472

Recursos

Expansión de vocabulario

- Unidad 1 . . . . . R2
- Unidad 2 . . . . . R4
- Unidad 3 . . . . . R6
- Unidad 4 . . . . . R8
- Unidad 5 . . . . . R10
- Unidad 6 . . . . . R12
- Unidad 7 . . . . . R14
- Unidad 8 . . . . . R16

PARA Y PIENSA Para y piensa Self-Check Answers R18

Resumen de gramática R23

Glosario

- Español-inglés R37
- Inglés-español R54

Índice R70

Créditos R82

¡Avancemos!

About the Authors

Estella Gahala

Estella Gahala received degrees in Spanish from Wichita State University, French from Middlebury College, and a Ph.D. in Educational Administration and Curriculum from Northwestern University. A career teacher of Spanish and French, she has worked with a wide variety of students at the secondary level. She has also served as foreign language department chair and district director of curriculum and instruction. Her workshops and publications focus on research and practice in a wide range of topics, including culture and language learning, learning strategies, assessment, and the impact of current brain research on curriculum and instruction. She has coauthored twelve basal textbooks. Honors include the Chevalier dans l'Ordre des Palmes Académiques and listings in *Who's Who of American Women, Who's Who in America,* and *Who's Who in the World.*

Patricia Hamilton Carlin

Patricia Hamilton Carlin completed her M.A. in Spanish at the University of California, Davis, where she also taught as a lecturer. Previously she earned a Master of Secondary Education with specialization in foreign languages from the University of Arkansas and taught Spanish and French at the K–12 level. Patricia currently teaches Spanish and foreign language/ESL methodology at the University of Central Arkansas, where she coordinates the second language teacher education program. In addition, Patricia is a frequent presenter at local, regional, and national foreign language conferences. In 2005, she was awarded the Southern Conference on Language Teaching's Outstanding Teaching Award: Post-Secondary. Her professional service has included the presidency of the Arkansas Foreign Language Teachers Association and the presidency of Arkansas's DeSoto Chapter of the AATSP.

Audrey L. Heining-Boynton

Audrey L. Heining-Boynton received her Ph.D. in Curriculum and Instruction from Michigan State University. She is a professor of Education and Romance Languages at The University of North Carolina at Chapel Hill, where she teaches educational methodology classes and Spanish. She has also taught Spanish, French, and ESL at the K–12 level. Dr. Heining-Boynton served as the president of ACTFL and the National Network for Early Language Learning. She has been involved with AATSP, Phi Delta Kappa, and state foreign language associations. In addition, she has presented both nationally and internationally and has published over forty books, articles, and curricula.

Ricardo Otheguy

Ricardo Otheguy received his Ph.D. in Linguistics from the City University of New York, where he is currently professor of Linguistics at the Graduate Center. He is also director of the Research Institute for the Study of Language in Urban Society (RISLUS) and coeditor of the research journal *Spanish in Context.* He has extensive experience with school-based research and has written on topics related to Spanish grammar, bilingual education, and Spanish in the United States. His work has been supported by private and government foundations, including the Rockefeller Brothers Fund and the National Science Foundation. He is coauthor of *Tu mundo: Curso para hispanohablantes*, and *Prueba de ubicación para hispanohablantes*.

Barbara J. Rupert

Barbara J. Rupert completed her M.A. at Pacific Lutheran University. She has taught Level 1 through A.P. Spanish and has implemented a FLES program in her district. Barbara is the author of CD-ROM activities for the *¡Bravo!* series. She has presented at many local, regional, and national foreign language conferences. She has served as president of both the Pacific Northwest Council for Languages (PNCFL) and the Washington Association for Language Teaching, and was the PNCFL representative to ACTFL. In 1996, Barbara received the Christa McAuliffe Award for Excellence in Education, and in 1999, she was selected Washington's "Spanish Teacher of the Year" by the Juan de Fuca Chapter of the AATSP.

Carl Johnson, Senior Program Advisor

Carl Johnson received degrees from Marietta College (OH), the University of Illinois, Université Laval, and a Ph.D. in Foreign Language Education from The Ohio State University, during which time he studied French, German, Spanish, and Russian. He has been a lifelong foreign language educator, retiring in 2003 after 27 years as a language teacher (secondary and university level), consultant, and Director of Languages Other Than English for the Texas Department of Education. He has completed many publications relating to student and teacher language proficiency development, language textbooks, and nationwide textbook adoption practices. He also served as president of the Texas Foreign Language Association, Chair of the Board of the Southwest Conference on Language Teaching, and president of the National Council of State Supervisors of Foreign Languages. In addition, he was named Chevalier dans l'Ordre des Palmes Académiques by the French government.

Rebecca L. Oxford, Learning Strategy Specialist

Rebecca L. Oxford received her Ph.D. in educational psychology from The University of North Carolina. She also holds two degrees in foreign language from Vanderbilt University and Yale University, and a degree in educational psychology from Boston University. She leads the Second Language Education and Culture Program and is a professor at the University of Maryland. She has directed programs at Teachers College, Columbia University; the University of Alabama; and the Pennsylvania State University. In addition, she initiated and edited *Tapestry*, a series of student textbooks used around the world. Dr. Oxford specializes in language learning strategies and styles.

Contributing Writers

Louis G. Baskinger
New Hartford High School
New Hartford, NY

Jacquelyn Cinotti-Dirmann
Duval County Public Schools
Jacksonville, FL

Annamarie Cairo-Tijerino
PK Yonge Developmental Research School
Gainesville, FL

Consulting Authors

Dan Battisti
Dr. Teresa Carrera-Hanley
Bill Lionetti
Patty Murguía Bohannan
Lorena Richins Layser

Teacher Reviewers

Sue Arandjelovic
Dobson High School
Mesa, AZ

Susan K. Arbuckle
Mahomet-Seymour High School
Mahomet, IL

Kristi Ashe
Amador Valley High School
Pleasanton, CA

Shaun A. Bauer
Olympia High School, *retired*
Orlando, FL

Sheila Bayles
Rogers High School
Rogers, AR

Robert L. Bowbeer
Detroit Country Day Upper School
Beverly Hills, MI

Hercilia Bretón
Highlands High School
San Antonio, TX

Adrienne Chamberlain-Parris
Mariner High School
Everett, WA

Mike Cooperider
Truman High School
Independence, MO

Susan B. Cress
Sheridan High School
Sheridan, IN

Michèle S. de Cruz-Sáenz, Ph.D.
Strath Haven High School
Wallingford, PA

Lizveth Dague
Park Vista Community High School
Lake Worth, FL

Parthena Draggett
Jackson High School
Massillon, OH

Rubén D. Elías
Roosevelt High School
Fresno, CA

Phillip Elkins
Lane Tech College Prep High School
Chicago, IL

Maria Fleming Alvarez
The Park School
Brookline, MA

Michael Garber
Boston Latin Academy
Boston, MA

Marco García
Derry University Advantage Academy
Chicago, IL

David Gonzalez
Hollywood Hills High School
Hollywood, FL

Raquel R. González
Odessa Senior High School
Odessa, TX

Neyda Gonzalez-Droz
Ridge Community High School
Davenport, FL

Becky Hay de García
James Madison Memorial
High School
Madison, WI

Fatima Hicks
Suncoast High School, *retired*
Riviera Beach, FL

Gladys V. Horford
William T. Dwyer High School
Palm Beach Gardens, FL

Pam Johnson
Stevensville High School
Stevensville, MT

Richard Ladd
Ipswich High School
Ipswich, MA

Patsy Lanigan
Hume Fogg Academic Magnet
High School
Nashville, TN

Kris Laws
Palm Bay High School
Melbourne, FL

Kristen M. Lombardi
Shenendehowa High School
Clifton Park, NY

Elizabeth Lupafya
North High School
Worcester, MA

David Malatesta
Niles West High School
Skokie, IL

Patrick Malloy
James B. Conant High School
Hoffman Estates, IL

Brandi Meeks
Starr's Mill High School
Fayetteville, GA

Kathleen L. Michaels
Palm Harbor University High School
Palm Harbor, FL

Linda Nanos
Brook Farm Business Academy
West Roxbury, MA

Nadine F. Olson
School of Teaching and Curriculum
Leadership
Stillwater, OK

Pam Osthoff
Lakeland Senior High School
Lakeland, FL

Nicholas Patterson
Davenport Central High School
Davenport, IA

Carolyn A. Peck
Genesee Community College
Lakeville, NY

Daniel N. Richardson
Concord High School, *retired*
Concord, NH

Rita E. Risco
Palm Harbor University High School
Palm Harbor, FL

Miguel Roma
Boston Latin Academy
West Roxbury, MA

Nona M. Seaver
New Berlin West Middle/High School
New Berlin, WI

Susan Seraphine-Kimel
Astronaut High School
Titusville, FL

Lauren Schultz
Dover High School
Dover, NH

Mary Severo
Thomas Hart Middle School
Pleasanton, CA

Clarette Shelton
WT Woodson High School, *retired*
Fairfax, VA

Maureen Shiland
Saratoga Springs High School
Saratoga Springs, NY

Irma Sprague
Countryside High School
Clearwater, FL

Mary A. Stimmel
Lincoln High School
Des Moines, IA

Karen Tharrington
Wakefield High School
Raleigh, NC

Alicia Turnier
Countryside High School
Clearwater, FL

Roberto E. del Valle
The Overlake School
Redmond, WA

Todd Wagner
Upper Darby High School, *retired*
Drexel Hill, PA

Ronie R. Webster
Monson Junior/Senior High School
Monson, MA

Cheryl Wellman
Bloomingdale High School
Valrico, FL

Thomasina White
School District of Philadelphia
Philadelphia, PA

Jena Williams
Jonesboro High School
Jonesboro, AR

Program Advisory Council

Louis G. Baskinger
New Hartford High School
New Hartford, NY

Linda M. Bigler
James Madison University
Harrisonburg, VA

Flora Maria Ciccone-Quintanilla
Holly Senior High School
Holly, MI

Jacquelyn Cinotti-Dirmann
Duval County Public Schools
Jacksonville, FL

Desa Dawson
Del City High School
Del City, OK

Robin C. Hill
Warrensville Heights High School
Warrensville Heights, OH

Barbara M. Johnson
Gordon Tech High School, *retired*
Chicago, IL

Ray Maldonado
Houston Independent School District
Houston, TX

Karen S. Miller
Friends School of Baltimore
Baltimore, MD

Dr. Robert A. Miller
Woodcreek High School
Roseville Joint Union High School District
Roseville, CA

Debra M. Morris
Wellington Landings Middle School
Wellington, FL

Maria Nieto Zezas
West Morris Central High School
Chester, NJ

Rita Oleksak
Glastonbury Public Schools
Glastonbury, CT

Sandra Rosenstiel
University of Dallas, *retired*
Grapevine, TX

Emily Serafa Manschot
Northville High School
Northville, MI

La Telehistoria

VIDEO DVD

Teenagers from around the Spanish-speaking world are getting ready for next summer's Hispanic youth film festival in California. The festival will feature a short film contest. Participants must submit an original Spanish language film or video, between five and twenty minutes in length, in any genre they choose. The actors can be of any age, but the director must be between 14 and 18 years old. The grand prize, awarded to the most original and creative movie or video, will be $5,000 and a screening of the video at the Los Angeles Latino International Film Festival.

Follow along in the ¡Avancemos! Telehistoria to see how these students create movies for the contest.

Festival Internacional de
CINE y VIDEO de
JÓVENES HISPANOS
CONCURSO de
PELÍCULAS CORTAS
Para entrar:
· Hay que tener de 14 a 18 años.
· Tu película tiene que ser de 5 a 20 minutos de duración.
· Tu película debe ser en español.
GRAN PREMIO
$5000 USD
y estrenan tu película en el
FESTIVAL INTERNACIONAL DE CINE DE LOS ÁNGELES

1 Costa Rica

Alejandro, Natalia

2 Argentina

Luisa, Diego, Mateo

3 Puerto Rico

Marta, Emilio, Carolina, Álex

4 México

Jorge, Beto, Sandra

5 España

José Luis, Beatriz

6 Estados Unidos

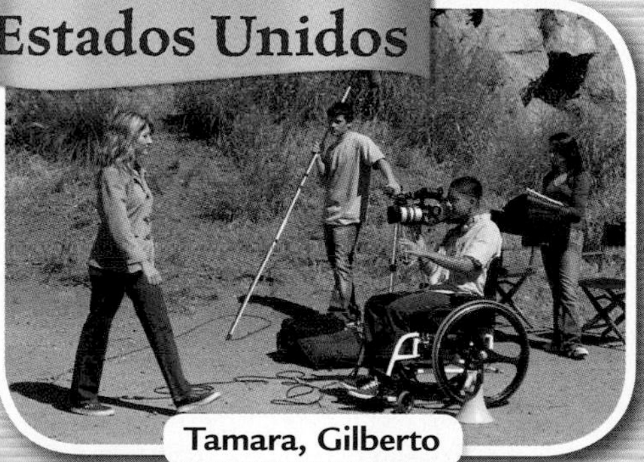

Tamara, Gilberto

7 República Dominicana

Víctor, Lorena

8 Ecuador

Nicolás, Renata

Key Words to Know

el actor (la actriz) actor, actress
la cámara camera
el director (la directora) director
el documental documentary
filmar to film
sobre about

Why Study Spanish?

Discover the world

Deciding to learn Spanish is one of the best decisions you can make if you want to travel and see the world.

More than 400 million people around the globe speak Spanish. After Chinese, English and Spanish are tied as the two most frequently spoken languages worldwide. Spanish is now the third most-used language on the Internet. In Europe, Spanish is the most popular foreign language after English. People who speak both Spanish and English can communicate with people from all around the globe, no matter where they find themselves.

Explore your community

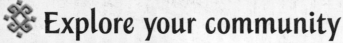

Inside the United States, Spanish is by far the most widely spoken language after English.

There are currently about 30 million Spanish-speakers in the U.S. When you start to look and listen for it, you will quickly realize that Spanish is all around you—on the television, on the radio, and in magazines and newspapers. You may even hear your neighbors speaking it. Learning Spanish will help you communicate and interact with the rapidly growing communities of Spanish-speakers around you.

Experience a new perspective

Learning a language is more than just memorizing words and structures.

When you study Spanish, you learn how the people who speak it think, feel, work, and live. Learning a language can open your eyes to a whole new world of ideas and insights. And as you learn about other cultures, you gain a better perspective on your own.

Create career possibilities

Knowing Spanish opens many doors.

If you speak Spanish fluently, you can work for international and multinational companies anywhere in the Spanish-speaking world. You can create a career working as a translator, an interpreter, or a teacher of Spanish. And because the number of Spanish-speakers in the U.S. is growing so rapidly, being able to communicate in Spanish is becoming important in almost every career.

What is Vocabulary?

Building Your Spanish Vocabulary

Vocabulary is a basic building block for learning a foreign language. By learning just a few words, you can start to communicate in Spanish right away! You will probably find that it is easier to understand words you hear or read than it is to use them yourself. But with a little practice, you will start to produce the right words in the right context. Soon you will be able to carry on conversations with other Spanish-speakers.

How Do I Study Vocabulary?

First Steps

- Read all of the new words in **blue** on the Vocabulary presentation page in your textbook.
- Point to each word as you say it out loud.

Be Creative

- Make flashcards with your new vocabulary words. You could also draw pictures of the words on the back of the flashcards.
- Group vocabulary words by theme. Add other words that fit the categories you've learned.
- Imagine a picture of the word.
- Create a rhyme or song to help you remember the words.

Make It Personal

- Use vocabulary words to write original sentences. Make them funny so you'll be sure to remember!
- Label everyday items in Spanish.
- Create reminders for difficult words. Put note cards inside your locker door, or on your mirror at home.
- See it, and say it to yourself! For example, if you are learning colors and clothing words, think of the Spanish word to describe what your friends are wearing.

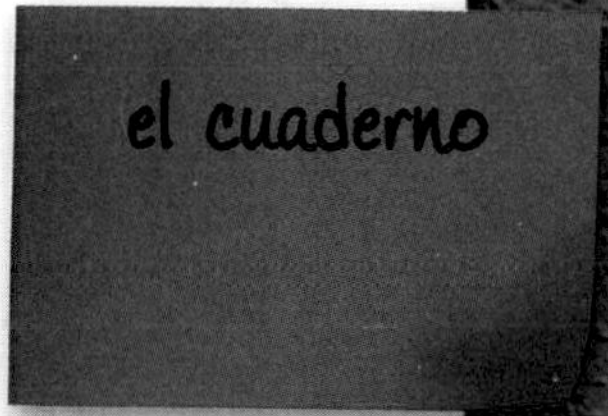

Practice Makes Perfect

- Say your vocabulary words out loud and repeat each word several times.
- Write each word five times, keeping its meaning in mind.
- Use Spanish words with your classmates outside of class—if you're having lunch in the cafeteria, use the words you know for food. Greet your classmates in the hallway in Spanish!

Create Your Own System

- Practice a little bit every day. Many short sessions are better than one long one.
- Focus on the words that are the hardest for you.
- Find a buddy. Quiz one another on the vocabulary words.
- Keep a vocabulary notebook and update it regularly.
- Use the study sheets in the back of your workbook to review vocabulary.

What is Grammar?

Some people think of grammar as the rules of a language, rules that tell you the "correct" way to speak a language. For instance, why do you say *big red house,* not *red big house*? Why do you say *how much money do you have* instead of *how many money*? If English is your first language, you probably don't think about the rule. You make the correct choice instinctively because it *sounds right.* Non-native speakers of English have to learn the rules. As you begin your study of Spanish, you will need to learn the grammar rules of Spanish.

Why Should I Study Grammar?

Grammar helps you to communicate.

For instance, using the past tense or future tense makes it clear when something happens (*I did my homework* versus *I will do my homework.*) Using subject pronouns lets you know who is performing the action. (*I gave the book to her* versus *She gave the book to me.*) Using correct grammar when speaking Spanish will help you communicate successfully with native speakers of Spanish.

How Do I Study Grammar?

Read the English Grammar Connection before each grammar explanation.

Think about how you use the same type of grammar in English. Understanding your own language will help you to better understand Spanish.

English Grammar Connection: Tense refers to when an action takes place. Many verbs are spelled differently in the past tense than they are in the present tense. For regular verbs, the endings change.

He **talks.** Él **habla.** ↑ ↑ **present-tense verb endings**

He **talked.** Él **habló.** ↑ ↑ **past-tense verb endings**

Practice the new forms that you are learning.

Completing the practice activities in your student book and workbook will help you to learn the correct way to say things.

Use the Spanish you know as often as you can.

After all, that's how you learned to speak English, by hearing and speaking it every day.

What Is Culture?

To communicate with people from Spanish-speaking countries in a meaningful way, you need to know something about their culture. Vocabulary and grammar will help you learn what words to say and how to put them together, but culture will give you a better understanding of "how, when, and why to say what to whom."

What exactly is culture?

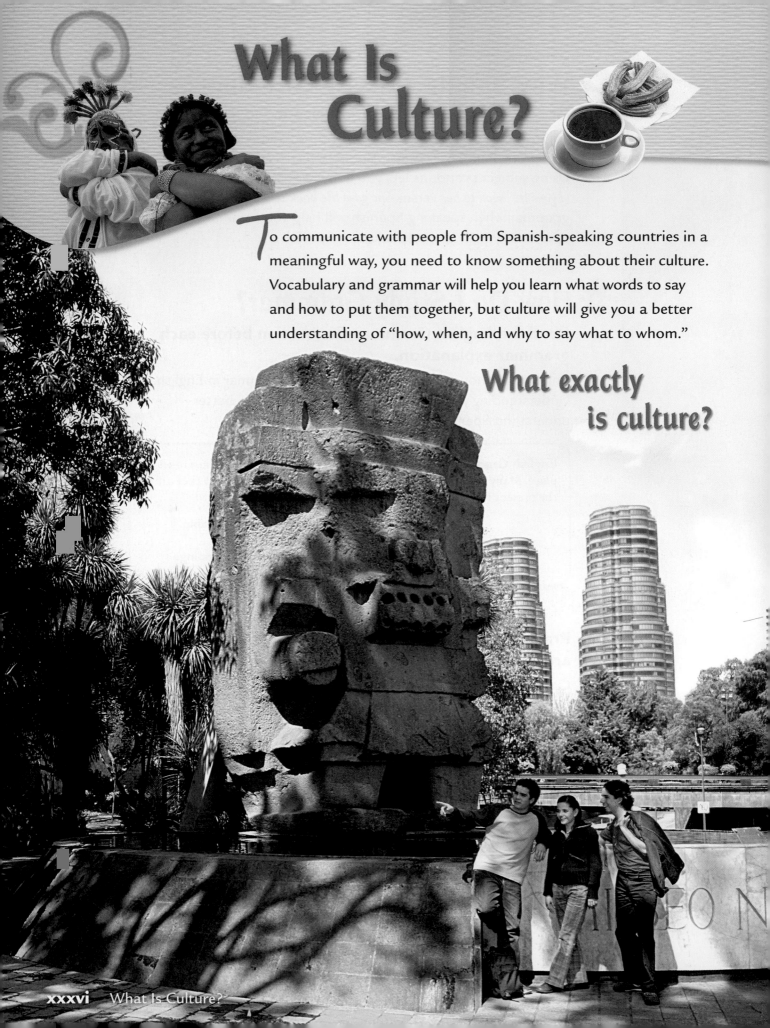

Culture includes . . .

Art
History
Traditions
Relationships
Music
Holidays
Food
Architecture
Pastimes

and more!

How can I learn about another culture?

- Read the **Comparación cultural** information to find out more about the cultures that you are studying.
- Think about the answers to the questions in the **Comparación cultural.**
- Think about the perspectives and practices that shape and influence the culture.
- Compare your own culture with the cultures you are studying.

El mundo

OCÉANO ÁRTICO
Mar de Siberia Oriental
Mar de Beaufort
Bahía de Baffin
GROENLANDIA (DINAMARCA)
RUSIA
Alaska (EE.UU.)
Mar de Bering
Bahía de Hudson
Mar del Labrador
CANADÁ
ESTADOS UNIDOS
OCÉANO ATLÁNTICO
REP. DOMINICANA
ISLAS BAHAMAS
PUERTO RICO (EE.UU.)
SAN CRISTÓBAL Y NEVIS
Golfo de México
HAITÍ
CUBA
ANTIGUA Y BARBUDA
Islas Hawai (EE.UU.)
GUADALUPE (FRANCIA)
MÉXICO
JAMAICA
DOMINICA
BELICE
Mar Caribe
MARTINICA (FRANCIA)
SANTA LUCÍA
SAN VICENTE Y GRANADINAS
GUATEMALA
GRANADA
BARBADOS
EL SALVADOR
PANAMÁ
ISLAS MARSHALL
OCÉANO PACÍFICO
HONDURAS
TRINIDAD Y TOBAGO
VENEZUELA
NICARAGUA
COSTA RICA
GUAYANA FRANCESA (FRANCIA)
COLOMBIA
NAURU
KIRIBATI
Islas Galápagos (Ecuador)
ECUADOR
GUYANA
ISLAS TUVALU
SURINAM
ISLAS SALOMÓN
SAMOA
Samoa Americana (EE.UU.)
PERÚ
BRASIL
VANUATÚ
BOLIVIA
FIDJI
TONGA
NUEVA CALEDONIA (FRANCIA)
PARAGUAY
CHILE
URUGUAY
ARGENTINA
NUEVA ZELANDA
Islas Malvinas (R.U.)

OCÉANO ÁRTICO
Mar de Kara
Mar de Laptev
Mar de Barents
Mar de Noruega
SLANDIA
SUECIA
FINLANDIA
NORUEGA
1 DINAMARCA
2 HOLANDA
3 BÉLGICA
4 LUXEMBURGO
5 SUIZA
6 REPÚBLICA CHECA
7 ESLOVAQUIA
8 HUNGRÍA
9 ESLOVENIA
10 CROACIA
11 BOSNIA Y HERZEGOVINA
12 SERBIA Y MONTENEGRO
13 ALBANIA
14 MACEDONIA
15 BULGARIA
RUSIA
ESTONIA
LETONIA
LITUANIA
Mar Báltico
REINO UNIDO
Mar del Norte
IRLANDA
BIELORRUSIA
ALEMANIA
POLONIA
UCRANIA
MOLDAVIA
FRANCIA
AUSTRIA
RUMANIA
ANDORRA
ESPAÑA
PORTUGAL
ITALIA
Mar Negro
GEORGIA
Mar Caspio
UZBEKISTÁN
KIRGUISTÁN
KAZAKSTÁN
Mar de Aral
MONGOLIA
Lago Baikal
Mar de Ojotsk
60°N
GRECIA
TURQUÍA
ARMENIA
AZERBAIYÁN
TURKMENISTÁN
TADJIKISTÁN
COREA DEL NORTE
Mar de Japón
COREA DEL SUR
JAPÓN
CHINA
BRALTAR (R.U.)
MALTA
TÚNEZ
Mar Mediterráneo
CHIPRE
LÍBANO
SIRIA
IRAQ
IRÁN
AFGANISTÁN
MARRUECOS
ıs Canarias (Esp.)
ISRAEL
JORDANIA
KUWAIT
QATAR
BAHREIN
PAQUISTÁN
NEPAL
BHUTÁN
30°N
SAHARA CCIDENTAL
ARGELIA
LIBIA
EGIPTO
E.A.U
OMÁN
BANGLADESH
INDIA
Trópico de Cáncer
TAIWÁN
OCÉANO PACÍFICO
ARABIA SAUDITA
Mar Rojo
MYANMAR
LAOS
BO RDE
MAURITANIA
MALÍ
NÍGER
CHAD
SUDÁN
ERITREA
YEMEN
TAILANDIA
VIETNAM
FILIPINAS
GUAM (EE.UU.)
SENEGAL
BURKINA FASO
BENIN
NIGERIA
JIBUTI
Mar Arábigo
Golfo de Bengala
CAMBOYA
Mar de China
MBIA
GUINEA
COSTA DE MARFIL
TOGO
REP. CENTRO-AFRICANA
ETIOPÍA
BRUNEI
MICRONESIA
INEA SSAU
LIBERIA
GHANA
CAMERÚN
PALAU
SIERRA LEONA
GUINEA ECUATORIAL
CONGO
UGANDA
SOMALIA
ISLAS MALDIVAS
SRI LANKA
MALAYSIA
Ecuador 0°
GABÓN
KENIA
REP. DEM. DEL CONGO
RUANDA
SINGAPUR
SANTO TOMÉ Y PRÍNCIPE
CABINDA (ANGOLA)
BURUNDI
TANZANÍA
SEYCHELLES
INDONESIA
PAPUASIA NUEVA GUINEA
COMORES
TIMOR ORIENTAL
ANGOLA
ZAMBIA
MALAWI
MOZAMBIQUE
NAMIBIA
ZIMBABWE
MADAGASCAR
MAURICIO
OCÉANO ÍNDICO
BOTSWANA
Trópico de Capricornio
AUSTRALIA
SUAZILANDIA
30°S
SUDÁFRICA
LESOTHO
N
O
E
S
0
1,000
2,000 millas
0
1,000
2,000 kilómetros
60°S
ANTÁRTIDA

México y Centroamérica

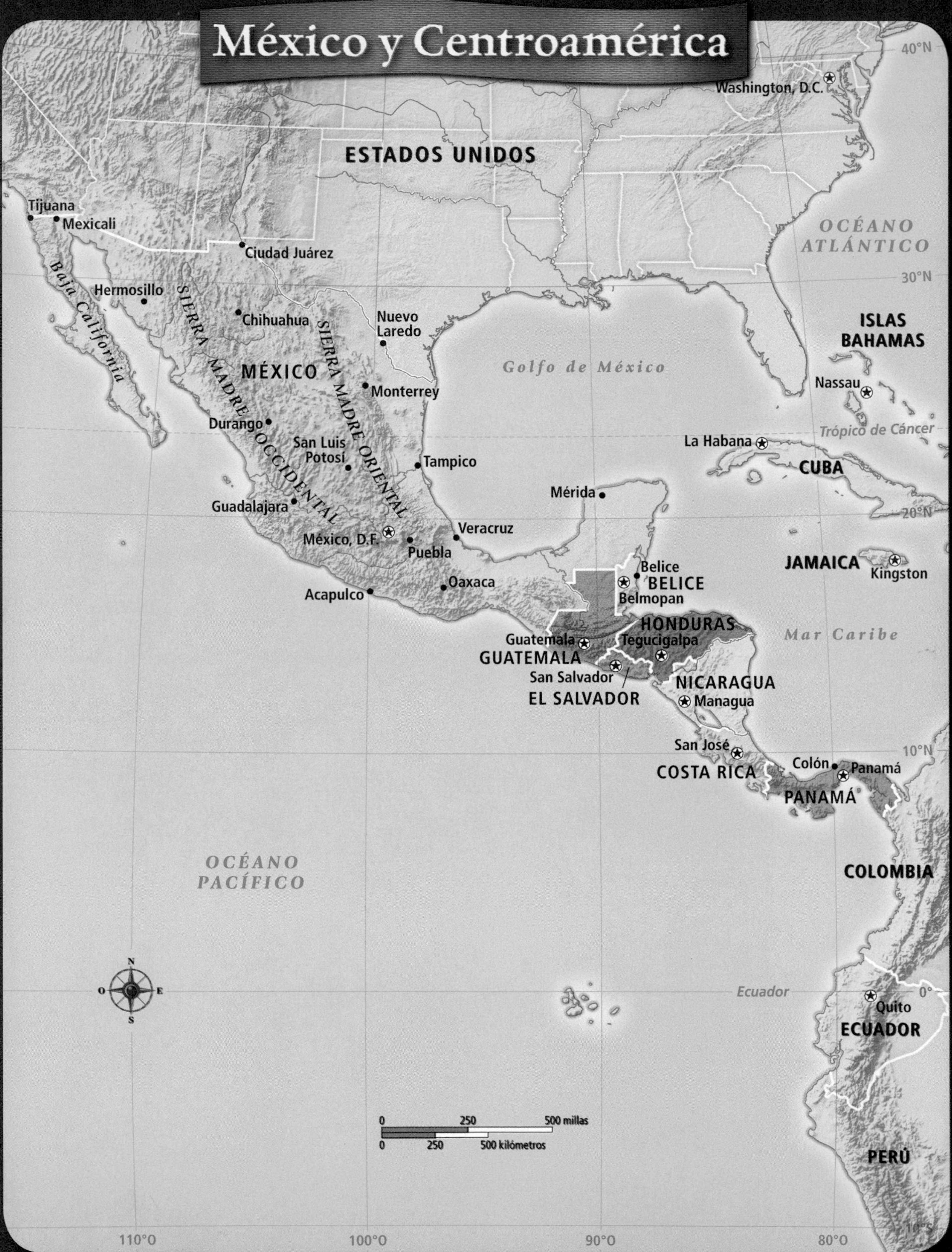

ESTADOS UNIDOS
Washington, D.C.
Tijuana
Mexicali
Ciudad Juárez
Hermosillo
Baja California
SIERRA MADRE OCCIDENTAL
SIERRA MADRE ORIENTAL
Chihuahua
Nuevo Laredo
MÉXICO
Monterrey
Durango
San Luis Potosí
Tampico
Guadalajara
México, D.F.
Puebla
Veracruz
Oaxaca
Acapulco
Mérida
Golfo de México
OCÉANO ATLÁNTICO
ISLAS BAHAMAS
Nassau
Trópico de Cáncer
La Habana
CUBA
JAMAICA
Kingston
Belice
BELICE
Belmopan
HONDURAS
Tegucigalpa
Guatemala
GUATEMALA
San Salvador
EL SALVADOR
NICARAGUA
Managua
Mar Caribe
San José
COSTA RICA
Colón
Panamá
PANAMÁ
COLOMBIA
OCÉANO PACÍFICO
N
O
E
S
Ecuador
Quito
ECUADOR
PERÚ
0
250
500 millas
0
250
500 kilómetros
40°N
30°N
20°N
10°N
0°
10°S
110°O
100°O
90°O
80°O

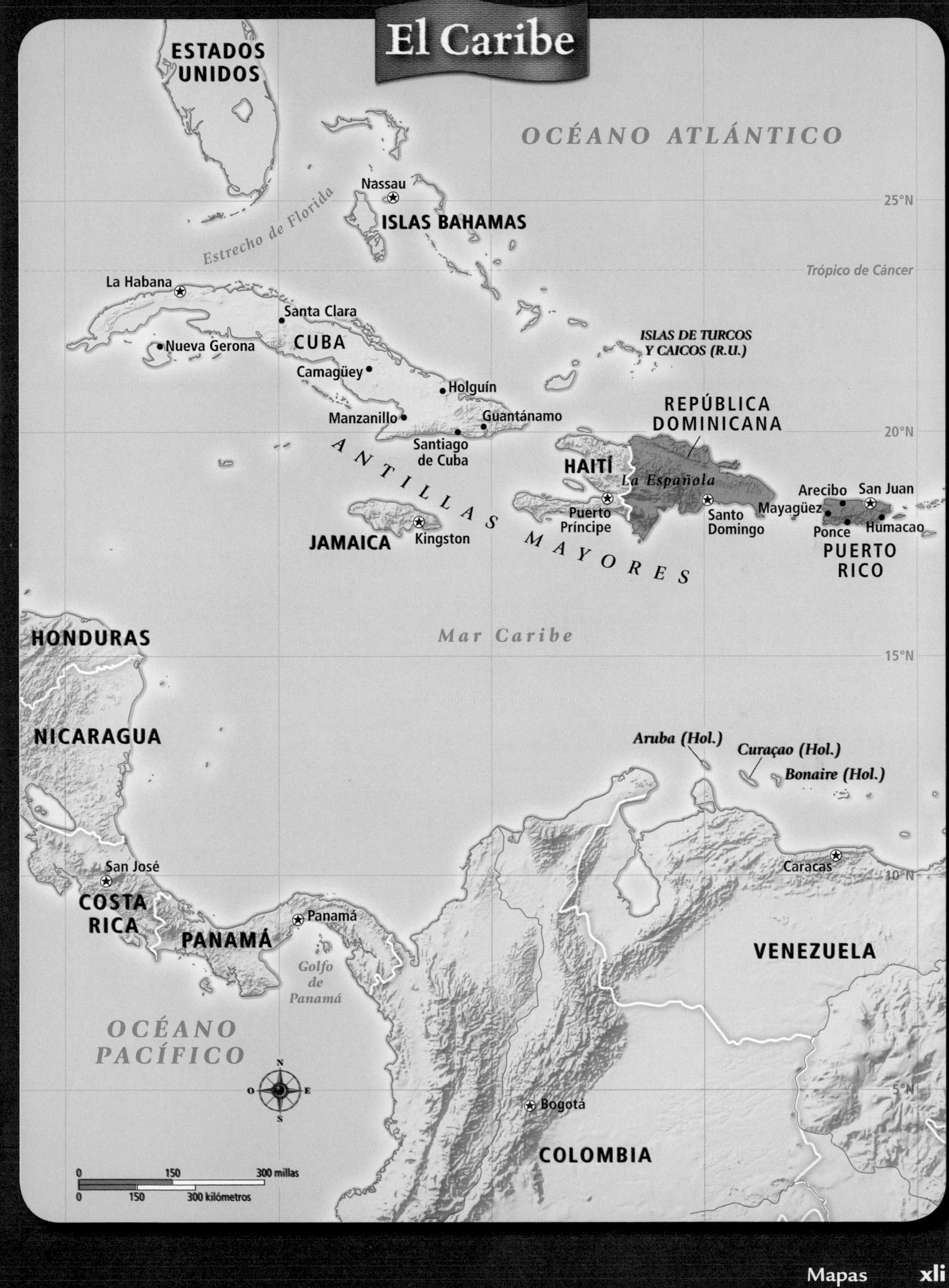
El Caribe
ESTADOS UNIDOS
OCÉANO ATLÁNTICO
Nassau
25°N
ISLAS BAHAMAS
Estrecho de Florida
Trópico de Cáncer
La Habana
Santa Clara
CUBA
Nueva Gerona
ISLAS DE TURCOS Y CAICOS (R.U.)
Camagüey
Holguín
REPÚBLICA DOMINICANA
Manzanillo
Guantánamo
20°N
Santiago de Cuba
ANTILLAS MAYORES
HAITÍ
La Española
Arecibo
San Juan
Puerto Príncipe
Santo Domingo
Mayagüez
Ponce
Humacao
JAMAICA
Kingston
PUERTO RICO
HONDURAS
Mar Caribe
15°N
NICARAGUA
Aruba (Hol.)
Curaçao (Hol.)
Bonaire (Hol.)
San José
Caracas
10°N
COSTA RICA
Panamá
PANAMÁ
VENEZUELA
Golfo de Panamá
OCÉANO PACÍFICO
N
O
E
S
5°N
Bogotá
COLOMBIA
0
150
300 millas
0
150
300 kilómetros

Sudamérica
Mar Caribe
Barranquilla
Cartagena
Maracaibo
Lago Maracaibo
TRINIDAD Y TOBAGO
Puerto España
Caracas
Río Orinoco
VENEZUELA
Georgetown
Paramaribo
Cayena
GUYANA
SURINAM
GUAYANA FRANCESA (FRANCIA)
Medellín
Manizales
Bogotá
Cali
COLOMBIA
OCÉANO ATLÁNTICO
Otavalo
Quito
ECUADOR
Guayaquil
Cuenca
Ecuador 0°
Río Negro
Río Amazonas
Río Madeira
Río Tapajós
Río Xingu
Río Tocantins
Río São Francisco
PERÚ
Trujillo
Callao
Lima
CORDILLERA DE LOS ANDES
BRASIL
Lago Titicaca
BOLIVIA
La Paz
Cochabamba
Santa Cruz
Sucre
Brasilia
OCÉANO PACÍFICO
Bogotá
Islas Galápagos (Ecuador)
COLOMBIA
Quito
ECUADOR
PERÚ
0 200 400 millas
0 200 400 kilómetros
GRAN CHACO
PARAGUAY
Asunción
Trópico de Capricornio
CHILE
Salta
San Miguel de Tucumán
Resistencia
Córdoba
Valparaíso
Mendoza
Rosario
URUGUAY
Santiago
Buenos Aires
Montevideo
OCÉANO PACÍFICO
ARGENTINA
La Plata
OCÉANO ATLÁNTICO
Concepción
PAMPAS
Mar del Plata
Temuco
Bahía Blanca
PATAGONIA
N
O
E
S
0 250 500 millas
0 250 500 kilómetros
Estrecho de Magallanes
Islas Malvinas (R.U.)
Tierra del Fuego
Cabo de Hornos
10°N
10°S
20°S
30°S
40°S
50°S
100°O
90°O
80°O
70°O
50°O
40°O
30°O
20°O

España

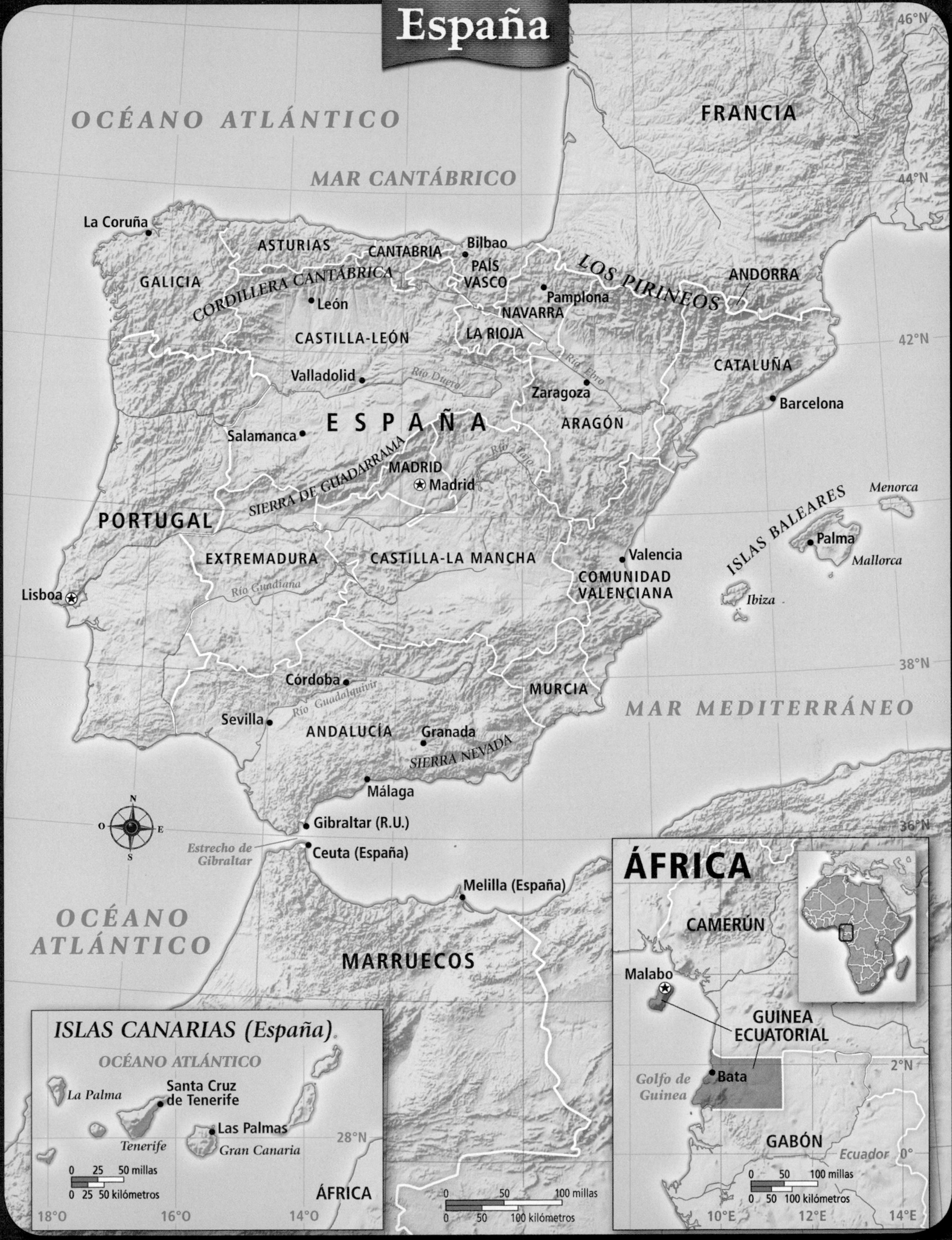
OCÉANO ATLÁNTICO
MAR CANTÁBRICO
FRANCIA
46°N
44°N
42°N
38°N
36°N
La Coruña
ASTURIAS
CANTABRIA
Bilbao
PAÍS VASCO
GALICIA
CORDILLERA CANTÁBRICA
León
Pamplona
NAVARRA
LOS PIRINEOS
ANDORRA
CASTILLA-LEÓN
LA RIOJA
Río Ebro
CATALUÑA
Valladolid
Río Duero
Zaragoza
Barcelona
ESPAÑA
Salamanca
ARAGÓN
SIERRA DE GUADARRAMA
MADRID
Madrid
Río Tajo
Menorca
ISLAS BALEARES
PORTUGAL
Palma
Mallorca
EXTREMADURA
CASTILLA-LA MANCHA
Valencia
COMUNIDAD VALENCIANA
Lisboa
Río Guadiana
Ibiza
Córdoba
Río Guadalquivir
MURCIA
MAR MEDITERRÁNEO
Sevilla
ANDALUCÍA
Granada
SIERRA NEVADA
Málaga
Gibraltar (R.U.)
Estrecho de Gibraltar
Ceuta (España)
Melilla (España)
N
O
E
S
OCÉANO ATLÁNTICO
MARRUECOS
ISLAS CANARIAS (España)
OCÉANO ATLÁNTICO
La Palma
Santa Cruz de Tenerife
Tenerife
Las Palmas
Gran Canaria
28°N
0 25 50 millas
0 25 50 kilómetros
ÁFRICA
18°O
16°O
14°O
0 50 100 millas
0 50 100 kilómetros
ÁFRICA
CAMERÚN
Malabo
GUINEA ECUATORIAL
Bata
Golfo de Guinea
2°N
GABÓN
Ecuador 0°
0 50 100 millas
0 50 100 kilómetros
10°E
12°E
14°E

La música

The following enrichment music lessons are provided for your personal knowledge and enjoyment. You may choose to read them on your own, or your teacher may present them throughout the year.

The music of the Spanish-speaking world carries a long, rich legacy of rhythms and dances. It is a fusion of many cultures and traditions, principally European, Arabic, Gypsy, Jewish, African, and indigenous American. Today, Spanish and Latin American music and artists enjoy a worldwide following. Many crossover artists, who sing in both Spanish and English, achieve widespread success in the United States. You can often hear a Latin influence in the beats and melodies of today's popular music.

Contenido

Salsa C2
Tango C4
Mariachi C6
Merengue C8
Flamenco C10
Son cubano C12
Música andina C14
Bolero C16
Rock latino C18
Cumbia C20
Hip-hop latino C22
Bachata C24

SALSA

LA SALSA nace *(is born)* en los años sesenta en «El Barrio» de Nueva York. La salsa tiene mucha influencia del son cubano y es una mezcla de ritmos de Colombia, Venezuela, Panamá, la República Dominicana y Puerto Rico. También tiene influencias del rock y del jazz. Los instrumentos de la salsa incluyen la sección de metales, el bajo y el piano. Pero el elemento esencial de la música es el ritmo, marcado *(marked)* por la percusión: maracas, congas, bongoes, timbales, claves y más. El baile de la salsa es en parejas *(couples)*, y los pasos *(steps)* son pequeños y rápidos. Hoy, la música y el baile de la salsa son populares en muchos países.

Vocabulario para la salsa

el bajo *bass guitar*
las claves *percussion sticks*
el metal *brass section*
el ritmo *rhythm*
los timbales *typical salsa drum set*

Marc Anthony, un artista popular de salsa, canta en los Premios Grammy Latino en Miami.

La salsa es música para bailar. Los eventos y las competencias de salsa atraen *(attract)* a participantes de mucho talento.

Cultura INTERACTIVA ClassZone.com See these pages come alive!

Gilberto Santa Rosa (Puerto Rico) y ***Rubén Blades*** (Panamá) son dos grandes de la música salsa.

Jéssica Rodríguez canta con una orquesta típica de salsa. Este concierto es un tributo a Celia Cruz, un ídolo de la música salsa.

En los ***festivales de salsa,*** se presentan grupos con una coreografía dinámica como el grupo ***Nueva Juventud.***

Comparación cultural

1. La música popular de este país tiene mucha influencia de la salsa. ¿Qué artistas o canciones conoces que tienen influencia de la salsa?
2. Marc Anthony es un artista *crossover* que canta en inglés y en español. ¿Qué otros artistas *crossover* de origen hispano conoces? ¿Te gusta su música?

Tango

El Tango empieza en Buenos Aires, Argentina con la clase obrera *(working class)* en el siglo *(century)* XIX. Tiene elementos de tradiciones diversas, principalmente de la cultura afro-argentina del campo *(countryside)* y de las culturas de los muchos grupos europeos que inmigran a la ciudad. Originalmente el tango es un estilo instrumental de música. Cuando los músicos empiezan a escribir letras, usan el lunfardo. Sobre todo *(Above all)* el tango es música para bailar. El baile típico del tango, realizado *(carried out)* con las melodías del bandoneón, tiene pasos grandes y dramáticos.

Vocabulario para el tango

el bandoneón *a type of accordion*
la letra *lyrics*
el lunfardo *an Argentine slang*
los músicos *musicians*
el paso *step*

El tango es música para bailar en parejas.

Astor Piazzolla, un compositor y bandoneonista famoso, combinó el tango con la música clásica.

Carlos Gardel es posiblemente el intérprete más famoso del tango. Fue cantante y actor.

En Buenos Aires, muchas personas bailan y cantan tango en las calles durante celebraciones y festivales.

Martín Ferres acompaña al Bajofondo Tango Club en sus discos compactos. En esta foto toca el bandoneón.

Comparación cultural

1. El bandoneón es un tipo de acordeón. ¿Qué otros estilos de música usan el acordeón?
2. La música de «Bajofondo Tango Club» es una fusión de tango y música contemporánea, como el pop y el jazz. ¿Qué grupos conoces que tienen música que es una fusión de música tradicional y música contemporánea?

Mariachi

La música mariachi se origina *(originates)* en Jalisco, México, en el siglo *(century)* XIX. Los mariachis usan instrumentos europeos como el violín, la trompeta y la guitarra. También tocan la vihuela, el guitarrón y el arpa folklórica mexicana. Las canciones *(songs)* típicas de los mariachis son las rancheras y los corridos. Un corrido muy conocido es «La cucaracha». El baile más asociado con el mariachi se llama el zapateado. Hay muchas variaciones del zapateado, pero todas incluyen zapatazos *(foot stomps)* fuertes. Hoy los mariachis son populares en muchas partes de Estados Unidos, especialmente en California y Texas.

Vicente Fernández es un artista popular del mariachi. Aquí lleva la ropa característica del mariachi.

Vocabulario para el mariachi

el arpa folklórica *folk harp*
el corrido *Mexican ballad*
el guitarrón *acoustic bass guitar*
la ranchera *Mexican "country" music*
la vihuela *small guitar with five strings*
el zapateado *a type of tap dancing*

México

Muchos grupos de mariachi tocan en plazas y otros lugares públicos.

Cultura INTERACTIVA ClassZone.com *See these pages come alive!*

La Fiesta del Mariachi es un festival mexicano que ocurre todos los meses de junio en la Mariachi Plaza de Los Ángeles.

Los Ángeles

El guitarrón es un instrumento típico del mariachi.

Un maestro de mariachi enseña una clase de música en Los Ángeles. En California hay clases de mariachi en algunas escuelas.

Comparación cultural

1. En este país es común escuchar grupos de mariachi en restaurantes mexicanos. ¿Qué otros tipos de restaurantes típicamente tienen músicos?
2. Compara la ropa y los instrumentos de la música mariachi con los de otro estilo de música que conoces. ¿Qué tienen en común? ¿Cómo son diferentes?

Merengue

El Merengue es la música y el baile nacional de la República Dominicana. Tiene influencias europeas (la danza) y africanas (el ritmo). Los instrumentos típicos del merengue son las maracas, el güiro, el acordeón y el saxofón. El ritmo de la música es alegre y animado *(lively)*. El baile tiene muchas variaciones regionales, pero todas las versiones incluyen un paso especial: el arrastre *(dragging)* de una pierna. En junio, los dominicanos celebran el Festival del Merengue, en honor al baile. Muchos artistas todavía escriben y cantan merengue tradicional, y otros combinan el merengue con diferentes estilos de música como el rap y el hip hop.

Milly Quezada de la República Dominicana ganó el Grammy Latino *Best Merengue Album.*

Vocabulario para el merengue

el güiro *a scored gourd-like instrument played with a music fork or a percussion stick*
el paso *step*
el ritmo *rhythm*

La música del grupo Merenglass de México es una fusión del merengue y música mexicana. Se dice que su música es el merengue azteca.

Cultura INTERACTIVA ClassZone.com *See these pages come alive!*

Olga Tañón canta merengue en el *Billboard Latin Music Awards* de Miami. Esta artista puertorriqueña ganó el Grammy Latino *Best Merengue Album.*

Juan Luis Guerra es el artista más importante del merengue. Guerra es purista, es decir que prefiere un estilo puro del merengue.

El merengue es una música y un baile muy animado.

Comparación cultural

1. Olga Tañón y Milly Quezada son muy populares entre *(among)* los hispanos de los Estados Unidos. ¿Dónde puedes escuchar la música de artistas como Olga y Milly?
2. Juan Luis Guerra es purista y Merenglass es un grupo innovador. Describe tu preferencia. ¿Prefieres un estilo puro de la música o prefieres la innovación y la fusión de estilos?

Flamenco

Sara Baras y José Serrano son bailaores famosos del flamenco.

El flamenco es la música más asociada con España. La música y el baile tienen influencias de muchas culturas: de los gitanos *(gypsies)* de Andalucía y de las culturas árabe y judía *(Jewish)*. El flamenco es una colaboración de cantantes, bailaores y músicos. Los cantantes y músicos acompañan a los bailaores con guitarras y palmas. Los bailaores también marcan el ritmo *(keep the beat)* con palmas y el zapateo. Frecuentemente, los bailaores usan castañuelas. El canto, la danza y la música del flamenco forman junto un arte muy dramático.

Vocabulario para el flamenco

los bailaores *Flamenco dancers*
el cantante *singer*
el canto *song*
las castañuelas *castanets*
las palmas *handclapping*
el zapateo *footwork; dance performed with high heels*

Paco de Lucía toca la guitarra flamenca. Él es un artista muy importante.

La familia Montoya La música flamenca es para compartir en familia. Juan Manuel Fernández Montoya «Farruquito» baila con su tía, Pilar Montoya, la «Faraona».

Juan Manuel Fernández Montoya «Farruquito» baila flamenco.

En festivales como la Feria de Abril en Sevilla, los hombres y las mujeres llevan ropa flamenca tradicional.

Comparación cultural

1. Hay muchas semejanzas *(similarities)* entre el flamenco y las danzas de países como India y Egipto. Según la historia del flamenco, ¿por qué piensas que hay semejanzas?
2. La familia Montoya canta y baila la danza tradicional de su país. ¿Qué familias musicales conoces? ¿Qué tipo de música bailan o cantan?

Son Cubano

Vocabulario para el son cubano

- la clave *rhythm sticks*
- el contrabajo *double bass*
- la marímbula *wooden box with metal keys*
- el ritmo *rhythm*
- el tres *small guitar*

El son es un tipo de música para bailar y la base de muchos otros estilos, como el mambo, el chachachá y la salsa. Viene del este *(east)* de Cuba y llegó a ser muy popular en los primeros años del siglo *(century)* XX. La fusión de culturas es notable en los instrumentos típicos de esta música. El tres fue una adaptación rústica de la guitarra española. Los bongoes, la clave, las maracas y la marímbula vienen de África. La marímbula fue por muchos años el único *(only)* instrumento bajo *(bass)* de los músicos del son. Luego empezaron a usar el contrabajo y el bajo eléctrico.

José Conde, de la banda ***José Conde y Ola Fresca,*** toca el güiro durante un concierto en West Palm Beach, Florida.

Albita fue la Reina del Carnaval de la Calle Ocho en Miami.

En esta foto podemos ver instrumentos de percusión y cuerda ***típicos del son cubano.***

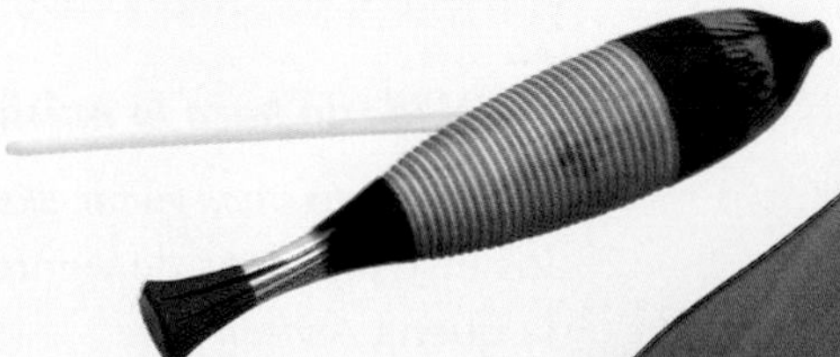

El güiro y ***el tres*** son dos instrumentos típicos del son cubano. El güiro es un instrumento de percusión y el tres es más pequeño que una guitarra acústica normal.

Comparación cultural

1. La palabra **son** quiere decir **sonido** o *sound.* En el son cubano hay instrumentos que vienen de otros países y culturas. ¿Cuáles? ¿Cómo piensas que éstos influyeron en el sonido del son cubano?
2. El son es la «madre» de muchos estilos de música hispana, especialmente la salsa. ¿Cuáles son los estilos de música que sirven como «madre» de la música que tú escuchas?

Música andina

La música tradicional de la región de los Andes de Perú, Bolivia, Ecuador y Chile se llama música andina. Es una combinación de la cultura andina y la cultura europea. Las raíces *(roots)* de esta música son muy antiguas *(ancient)*. Los instrumentos de viento y percusión encontrados en excavaciones de tumbas de los Andes revelan la importancia de la música en la cultura prehispánica. Dos instrumentos típicos, la zampoña y la quena, vienen de la gente indígena *(indigenous)*. Un tercero, el charango, tiene influencia de las guitarras españolas. Hoy, éstos son los instrumentos más asociados con la música andina. Ahora es muy popular en muchos países, pero todavía es una parte integral de la cultura andina.

La ropa y los vestidos tradicionales son componentes importantes de las fiestas y los rituales andinos.

Vocabulario para la música andina

el charango *small guitar-like instrument*
los instrumentos de viento *wind instruments*
la quena *Andean flute*
la zampoña *Andean panpipe*

La música andina es un aspecto esencial de ***los rituales andinos.*** Aquí un hombre toca la quena durante un baile folklórico.

Aquí tocan zampoñas durante una celebración en ***Lima, Perú.***

Dos instrumentos típicos de la música andina son ***el charango*** (izquierda) ***y la zampoña*** (arriba).

Comparación cultural

1. La música andina tiene un aire misterioso y espiritual. Unas personas usan esta música para descansar. ¿Qué música escuchas para estar tranquilo(a)?
2. Los instrumentos de viento son importantes para diferentes estilos de música. Compara la zampoña y la quena que ves en las fotos con los instrumentos de viento que conoces.

Bolero

El bolero es una balada sentimental y sofisticada. La letra con frecuencia es de poetas conocidos. Tiene su origen en una forma musical y de baile español también llamado bolero. Al llegar a Cuba, el bolero incorpora ritmos africanos. La canción «Tristezas» es el «primer» bolero, escrito *(written)* en 1885 en Cuba por Pepe Sánchez. Ahora el bolero es popular en toda Latinoamérica, y existen muchas variaciones. La danza del bolero americano es de tres pasos (lento-rápido-rápido) y es más lento y suave que otros bailes latinos.

Vocabulario para el bolero

el baile *dance*
la canción *song*
la letra *lyrics*
el paso *step*
el ritmo *rhythm*

México

Guadalupe Pineda es una de las grandes cantantes de bolero.

Puerto Rico

Gilberto Santa Rosa es «el Caballero de la Salsa», pero también interpreta boleros.

Perú

Tania Libertad canta boleros cubanos, rancheras mexicanas y canciones afro-peruanas.

Colombia

Los Tri-O interpretan el bolero para un público contemporáneo.

México

María interpreta boleros en un teatro de México.

México

Eugenia León canta un bolero durante un concierto en un *Hard Rock Café* de México.

Comparación cultural

1. Músicos de muchos países interpretan el bolero. ¿De dónde vienen los grupos o artistas que interpretan la música que tú prefieres?
2. Hay muchos tipos de baladas. Pueden ser románticas, históricas, folklóricas y más. ¿Quiénes son algunos artistas populares que cantan baladas?

Rock Latino

El rock latino tiene tres fases: 1) imitación, 2) evolución con características distintas y 3) experimentación y fusión. Durante la primera fase—los años cincuenta y sesenta—la influencia del rock de Inglaterra *(England)* y Estados Unidos es obvia. Los cantantes latinoamericanos simplemente cantan en inglés o traducen *(translate)* la letra del inglés al español. Durante la segunda fase—los años sesenta a ochenta—los músicos hispanos escriben música original. Los artistas también adaptan nuevos estilos del rock como el punk, heavy metal y pop. Desde los años ochenta hasta ahora, hay más experimentación y fusión del rock con música tradicional, como la salsa, el tejano, el merengue y el vallenato (de Colombia).

México

Rubén «Nru» Albarrán es el vocalista de Café Tacuba, una banda mexicana de rock fusión.

Vocabulario para el rock latino

la canción *song*
el (la) cantante *singer*
la letra *lyrics*
el (la) músico(a) *musician*

España

Amaya Montero, la vocalista y líder del grupo español La Oreja de Van Gogh, canta durante un concierto en Ecuador.

México

Aquí vemos a la cantante mexicana ***Julieta Venegas*** en un concierto en Argentina.

Argentina

Charly García es uno de los compositores y músicos más importantes del rock latino.

Colombia

Juanes es una estrella del rock latino. Es ganador de muchos premios, incluso doce premios Grammy Latino.

Comparación cultural

1. ¿Cuáles son las influencias en el rock latino?
2. ¿Qué grupos o cantantes de rock latino conoces?

Cumbia

La cumbia es una música folklórica y la danza nacional de Colombia. Tiene sus orígenes en las partes rurales del norte *(north)* de Colombia. Es una síntesis de las tradiciones de tres culturas: la percusión africana, las flautas de los indígenas andinos y las melodías europeas. Hoy, la instrumentación incluye estos elementos originales junto con *(along with)* el acordeón y los instrumentos de orquesta. La danza de la cumbia y su ropa típica son de origen europeo. Tradicionalmente es un baile de parejas que representa el cortejo. Los hombres usan ropa blanca y un pañuelo *(kerchief)* rojo y las mujeres faldas sueltas *(flowing)*. Hoy en día, la cumbia es una forma musical muy popular en toda Latinoamérica.

Vocabulario para la cumbia

el baile *dance*
el cortejo *courtship*
la flauta *flute*
la pareja *couple*
el tambor *drum*

Celso Piña (México) es un compositor y acordeonista que toca la música cumbia.

El grupo Kumbia Kings canta en el primer festival Premios Juventud en Miami.

Cultura INTERACTIVA ClassZone.com See these pages come alive!

En esta fiesta de San Antonio, Texas, bailan la cumbia. La cumbia es popular en las fiestas hispanas de muchos países.

Margarita, una cantante colombiana muy popular, es «la diosa de la cumbia».

Cantan y bailan la cumbia para promocionar el carnaval colombiano de Barranquilla. Se ve la ropa tradicional de la cumbia: el blanco y rojo de los hombres y las faldas sueltas de las mujeres.

Comparación cultural

1. La música de la cumbia tiene canciones, bailes y ropa tradicionales. ¿Qué estilo de música en Estados Unidos también tiene un baile y/o ropa tradicional?
2. En tu opinión, ¿hay una música o un baile nacional en Estados Unidos? ¿Cuál es? ¿Qué elementos tradicionales tiene?

HIP-HOP LATINO

LA MÚSICA HIP-HOP es un fenómeno que originó con la cultura afroamericana de Estados Unidos en los años setenta y ochenta. La popularidad del hip-hop se extendió rápidamente a otros países y al mundo hispano. Tres aspectos del hip-hop son el *rapping* (las letras), el *DJing* (el ritmo y la música) y la ropa. Como los artistas estadounidenses *(U.S.)*, muchos raperos hispanos llevan ropa deportiva *(sportswear)* y marcas *(brands)* especiales de zapatos. La letra del hip-hop latino combina el español y el inglés. El elemento que más define *(most defines)* el hip-hop latino es la fusión con otros géneros: el reggaetón (hip-hop y reggae), el merenrap (hip-hop y merengue) y el cumbia rap (hip-hop y cumbia).

Vico C popularizó el rap en Puerto Rico y es uno de los originadores del reggaetón.

Vocabulario para el hip-hop

el género *genre*
las letras *lyrics*
el (la) rapero(a) *rapper*
el ritmo *beat*

El hip-hop latino es popular en ***Estados Unidos.*** Estos aficionados en Nueva York llevan ropa típica hip-hop.

Cultura INTERACTIVA ClassZone.com See these pages come alive!

México

El dúo Akwid canta en el festival Premios Juventud. Su música es una fusión del hip-hop y la música regional mexicana.

California

Flakiss (Yahira Araceli García) de California es una cantante del hip-hop latino que canta de los problemas de la mujer. Su música es una fusión de música regional mexicana y el hip-hop.

Puerto Rico

Ivy Queen es considerada «la reina *(queen)* del reggaetón». Aquí canta en el festival Premios Juventud en Miami.

Comparación cultural

1. El nombre del rapero Vico C viene de un filósofo (Giambattista Vico) y de su apellido materno (Cruz). ¿Qué significan los nombres artísticos de raperos que conoces?
2. La fusión del hip-hop con otros géneros es muy común. ¿Qué artistas conoces que fusionan el hip-hop con otros géneros? ¿Quiénes son los más interesantes?

Bachata

La música bachata data de *(dates from)* la década de 1960 en la República Dominicana. Es basada en el bolero cubano, pero el ritmo es más rápido. La bachata también usa elementos de otros géneros de música: rancheras y corridos mexicanos, plena y música jíbara puertorriqueñas, y guajira cubana. El instrumento típico de la bachata es el requinto, un tipo de guitarra. Los instrumentos de percusión varían. Incluyen las maracas, la marímbula, los bongoes y las cucharas. Las canciones típicamente son románticas y pueden ser alegres o tristes. Después de unos años, un paso de baile se desarrolló *(developed)* para la bachata. Ahora las competencias de baile de la bachata son populares en la República Dominicana y otros países hispanos.

Los dominicanos Monchy y Alexandra mezclan la bachata con elementos románticos.

Vocabulario para la bachata

la canción *song*
las cucharas *spoons*
el género *genre*
el paso de baile *dance step*
el ritmo *rhythm*

Algunas canciones del ***rapero Taíno*** de Puerto Rico son una fusión de hip-hop y bachata. Otras fusiones en sus canciones incluyen el reggaetón y la cumbia.

Cultura INTERACTIVA ClassZone.com *See these pages come alive!*

Aventura es un grupo dominicano de Nueva York. Su música es una fusión de la bachata con hip-hop, reggae, pop, *R and B*, rock clásico y más. El grupo recibe un premio en el festival Premio Lo Nuestro en Miami.

Unos aficionados jóvenes esperan para entrar a un concierto del grupo Aventura.

Aventura en concierto

Comparación cultural

1. La música de Aventura es una fusión de varios estilos de música. ¿Cuáles de estos estilos te gustan? ¿Por qué?
2. Las competencias de baile bachata promueven *(promote)* la popularidad de la música. ¿Cuáles son algunas competencias de baile y de música populares que conoces?

LECCIÓN PRELIMINAR

Florida

Tema:

Mis amigos y yo

¡AVANZA! **¿Recuerdas?**

- identify and describe people
- talk about likes and dislikes
- say where you and your friends go
- describe how you and others feel
- talk about what you and your friends do

Carnaval Miami en la calle Ocho

Florida Hay una gran población de latinos en Florida. En Miami, un 66 por ciento de la población es hispana, lo cual es evidente en sus estaciones de radio en español, sus restaurantes y cafés latinoamericanos y sus festivales latinos. Un festival muy grande es Carnaval Miami en la calle Ocho de La Pequeña Habana, donde viven muchas personas de origen cubano. *¿Hay programas de televisión o de radio en español donde vives? ¿Qué tiendas o restaurantes latinos hay?*

Una vista del puerto y del centro
Miami, Florida

¿Quiénes son?

¡AVANZA! **Goal:** Sergio is a high school student in Tampa, Florida. Find out who some of the people in his school are. Then use the review words to identify people in your school. ***Actividades 1–4***

AUDIO

A ¡Hola! Me llamo Sergio. Vivo en Tampa, Florida. Soy estudiante. El chico aquí es mi amigo. Se llama Carlos. Pero, ¿quién es la chica?

B **Carlos:** Hola, Sergio.
Sergio: ¿Qué pasa, Carlos?

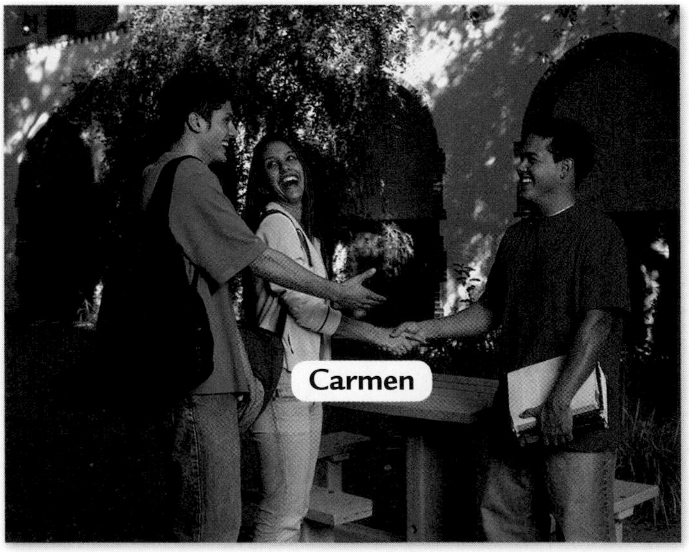

C **Carlos:** Te presento a Carmen. Es una estudiante nueva de Ecuador.
Sergio: Mucho gusto, Carmen. Yo soy Sergio, un amigo de Carlos.

D **Carmen:** ¿Quién es el hombre de la camisa azul?

Sergio: Es el director de la escuela, el señor Brown.

Carmen: ¿Y la mujer?

Sergio: Ella es la señorita Romero. Es la maestra de español.

E **Carmen:** ¿Quiénes son las personas de allí?

Carlos: Son unos jugadores del equipo de fútbol americano.

F **Sergio:** Ellas son jugadoras de básquetbol.

Carmen: ¡Yo soy una aficionada al básquetbol!

Carlos: ¡Nosotros también!

¡A responder! Escuchar

Escucha las descripciones de las personas. Indica a la persona en las fotos que corresponde a la descripción. *(Point to the person in the photo who is being described.)*

REPASO Definite and Indefinite Articles

In Spanish, articles match nouns in gender and number.

		Definite Article	Noun	Indefinite Article	Noun
Masculine	Singular	**el** *the*	chico *boy*	**un** *a*	chico *boy*
	Plural	**los** *the*	chico**s** *boys*	**unos** *some*	chico**s** *boys*
Feminine	Singular	**la** *the*	chica *girl*	**una** *a*	chica *girl*
	Plural	**las** *the*	chica**s** *girls*	**unas** *some*	chica**s** *girls*

1 Las personas

Leer
Escribir

Identifica a las personas en la escuela de Sergio. Completa las oraciones con **el, la, los** o **las.** *(Write the correct definite article.)*

1. _____ chicos son jugadores de fútbol americano.
2. _____ amigo de Sergio se llama Carlos.
3. _____ jugadoras de básquetbol son atléticas.
4. _____ director de la escuela es serio.
5. _____ chica de Ecuador se llama Carmen.
6. _____ señorita Romero es maestra de español.

Expansión
Write three more sentences about the people in Sergio's school.

2 ¿Quién?

Hablar

Pregúntale a tu compañero(a) quién en la escuela corresponde a cada categoría. *(Ask each other to name someone at school who fits each category.)*

modelo: jugador(a) de fútbol americano

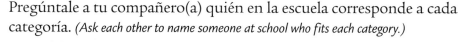

A ¿Quién es un jugador de fútbol americano?

B David Acosta es un jugador de fútbol americano.

1. maestro(a) de español
2. maestro(a) de matemáticas
3. jugador(a) de básquetbol
4. aficionado(a) al béisbol
5. mujer atlética
6. persona artística

REPASO Subject Pronouns and ser

	Singular			Plural			
	yo	**soy**	*I am*	**nosotros(as)**	**somos**	*we are*	
familiar	**tú**	**eres**	*you are*	**vosotros(as)**	**sois**	*you are*	*familiar*
formal	**usted**	**es**	*you are*	**ustedes**	**son**	*you are*	*formal*
	él, ella	**es**	*he, she is*	**ellos(as)**	**son**	*they are*	

Remember, you do not always need to use the **subject pronoun** in Spanish. The verb form alone usually indicates the subject.

3 ¿Quiénes?

Leer
Hablar

Identifica el sujeto de cada oración. *(What is the subject pronoun?)*

modelo: Soy estudiante.
El sujeto: yo

1. ¡Eres un buen amigo!
2. Somos de Miami.
3. Soy jugadora de béisbol.
4. ¿Son estudiantes nuevas?
5. Eres una aficionada.
6. No es mi maestro.

4 ¿Quiénes son?

Hablar
Escribir

Identifica a las personas en las fotos. *(Identify the people.)*

modelo: ella
Ella es maestra.

1. ustedes

2. nosotros

3. tú

4. usted

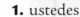

PARA Y PIENSA

Did you get it? Complete the sentences.

1. _____ es _____ amiga de Miguel.
2. _____ eres _____ estudiante nuevo de Guatemala.
3. _____ no somos _____ estudiantes del señor Vargas.

Get Help Online
ClassZone.com

¿Cómo son?

¡AVANZA! **Goal:** Carmen is making a video to send to Ecuador. Review the words that she uses to describe people. Then use the words to describe yourself and others. ***Actividades 5–8***

AUDIO

A Todos los estudiantes de la escuela son muy simpáticos. El chico alto se llama Carlos. Es muy atlético.

B Él es Sergio. Es simpático pero un poco desorganizado.

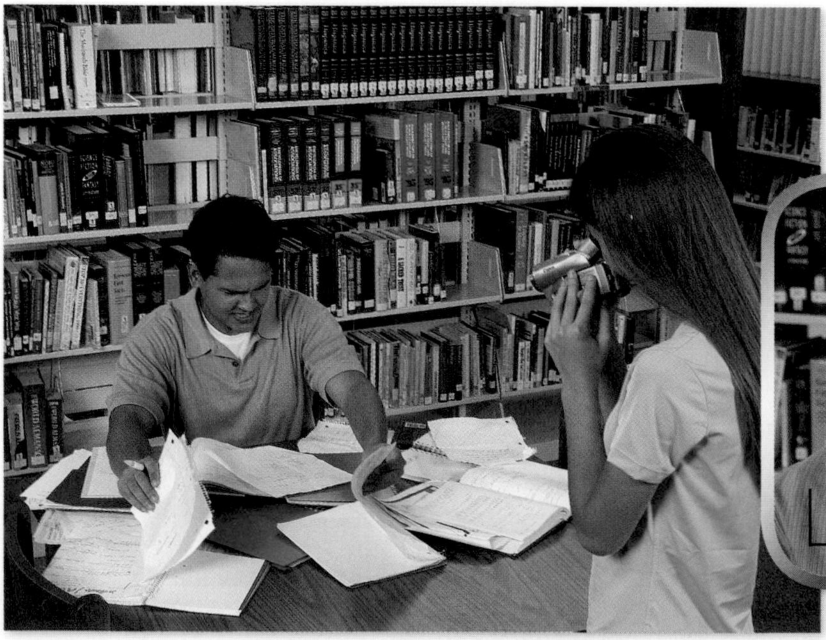

¿Desorganizado? ¿Yo? ¡No! Yo soy un chico muy estudioso.

C Sergio es muy artístico y cómico también.

Tengo dieciséis años, soy cubano y me gusta escribir y recibir correos electrónicos.

D Les presento a mi nueva amiga. Se llama Silvina y tiene quince años. Es baja, inteligente, bonita...

¡Ay, Carmen, por favor!
Silvina

Más vocabulario

organizado(a) *organized*
pelirrojo(a) *red-haired*
perezoso(a) *lazy*
serio(a) *serious*
trabajador(a) *hard-working*
tener pelo castaño *to have brown hair*
tener pelo rubio *to have blond hair*

¡A responder! Escuchar

Escribe la letra C en un papel y la letra F en otro papel. Luego, escucha cada descripción. Si es cierto, levanta la C. Si es falso, levanta la F. *(True or false?)*

REPASO Adjectives

In Spanish, adjectives match the gender and number of the nouns they describe.

Adjectives		Masculine	Feminine
Ending in **-o**	Singular	el chico alto	la chica alta
	Plural	los chicos altos	las chicas altas
Ending in **-e**	Singular	el maestro inteligente	la maestra inteligente
	Plural	los maestros inteligentes	las maestras inteligentes
Ending in a **consonant**	Singular	el amigo joven	la amiga joven
	Plural	los amigos jóvenes	las amigas jóvenes

Some adjectives that end in a consonant add **-a** to form the feminine.

el hombre trabajador — la mujer trabajadora

5 Descripciones

Leer
Escribir

¿Cómo son estas personas? Completa las oraciones con los adjetivos correctos. *(Choose the correct word.)*

1. Mis amigos son muy ____. (simpático)
2. Héctor es un poco ____. (desorganizado)
3. Patricia y Marta son ____. (trabajador)
4. Eres una persona ____. (cómico)
5. La maestra de arte es muy ____. (artístico)
6. Todos mis compañeros son ____. (estudioso)

6 Ellos también

Leer
Escribir

Lee las oraciones y decide quién es el sujeto. Escribe las oraciones y reemplaza los sujetos por los sujetos entre paréntesis. Haz todos los cambios necesarios. *(Rewrite the sentences with the subjects in parentheses. Change the verbs and adjectives as necessary.)*

modelo: El director es inteligente. (los estudiantes)
Los estudiantes son inteligentes.

1. La maestra es organizada. (nosotros)
2. El hombre es artístico. (mis amigas)
3. Los jugadores son muy atléticos. (Lorena)
4. Yo soy muy perezosa. (Javier)
5. Rodrigo y Víctor son simpáticos. (la directora)
6. Mi amigo y yo somos altos. (ellas)

REPASO The Verb tener

In Spanish, the verb **tener** is used to talk about what you have. You also use it to say how old a person is.

Tienen un radio.
They have a radio.

Tengo quince años.
I'm fifteen years old.

tener *to have*			
yo	**tengo**	nosotros(as)	**tenemos**
tú	**tienes**	vosotros(as)	**tenéis**
usted, él, ella	**tiene**	ustedes, ellos(as)	**tienen**

7 ¿Qué tienen?

Hablar
Escribir

Habla con tu compañero(a) sobre lo que ustedes y otras personas tienen. *(Talk about what you and other people have.)*

modelo: tú: ¿un perro?

A: ¿Tienes un perro?

B: Sí, (No, no) tengo un perro.

1. el (la) maestro(a) de español: ¿estudiantes serios?
2. tú: ¿una bicicleta?
3. tu amigo(a): ¿el pelo castaño?
4. tú: ¿hermanos o hermanas?
5. tú y tus amigos: ¿mucha tarea todos los días?
6. tus amigos: ¿una computadora en casa?

8 ¿Cuántos años tiene?

Hablar

Pregúntale a tu compañero(a) cuántos años tienen estas personas. Contesta según la fecha de nacimiento. *(Take turns answering how old each person is based on the given birthyear.)*

A: ¿Cuántos años tiene Joaquín?

B: Tiene veinte años.

1. Roberto / 1991
2. el señor Robles / 1956
3. Fabiola / 1984
4. Magdalena y Lola / 1976
5. Gustavo / 1988
6. los señores López / 1940

Expansión
Continue this activity with people that you know: yourself, your friend, a family member.

PARA Y PIENSA

Did you get it? Complete the sentences logically.

1. Tengo ____.
2. Mi amigo es ____.
3. La maestra es ____.

a. pelirroja
b. 16 años
c. cómico

Get Help Online
ClassZone.com

¿Qué te gusta?

¡AVANZA! **Goal:** Find out what Silvina and her friends like to do and what they like to eat. Then talk about what you and others like and dislike. ***Actividades 9–11***

AUDIO

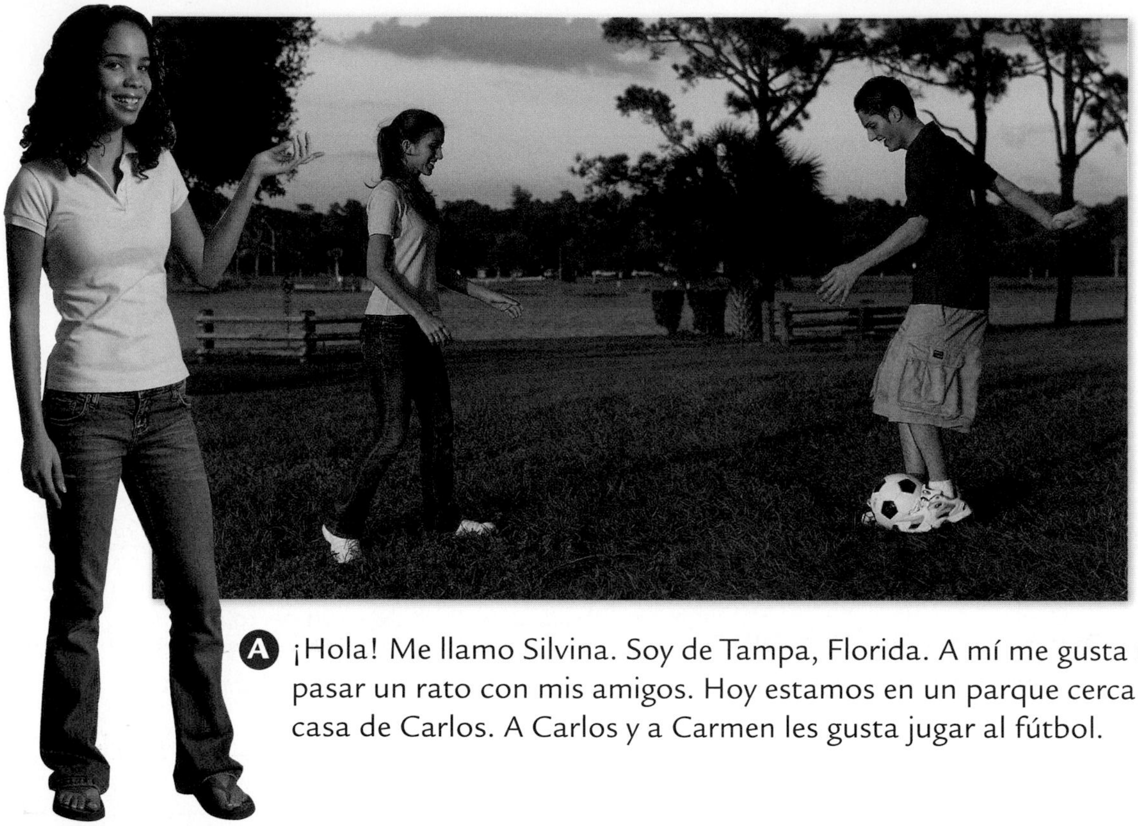

A ¡Hola! Me llamo Silvina. Soy de Tampa, Florida. A mí me gusta mucho pasar un rato con mis amigos. Hoy estamos en un parque cerca de la casa de Carlos. A Carlos y a Carmen les gusta jugar al fútbol.

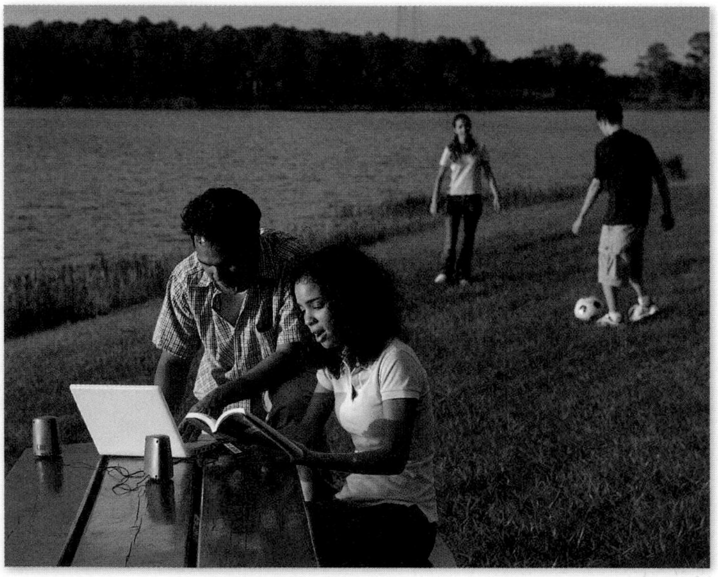

B A Sergio y a mí nos gusta escuchar música. A Sergio también le gusta escribir correos electrónicos. A mí me gusta leer libros cómicos. No me gustan los libros tristes.

Más vocabulario

el almuerzo *lunch*
la carne *meat*
la cena *dinner*
la comida *food; meal*
el desayuno *breakfast*
la hamburguesa *hamburger*
el pescado *fish*
estudiar *to study*
ir de compras *to go shopping*
mirar la televisión *to watch television*
practicar deportes *to practice/play sports*

C A todos nosotros nos gusta comer. No nos gusta mucho beber refrescos. Nos gusta más el agua.

D A Carlos le gustan los sándwiches de pollo. También le gustan las frutas como las naranjas, las bananas y las manzanas.

E A Carmen y a mí nos gustan mucho la pizza de verduras y la ensalada de frijoles.

F ¡Y a Sergio le gusta mucho el postre!

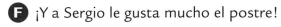

¡A responder! Escuchar

Escribe los nombres Silvina, Carmen, Carlos y Sergio en cuatro hojas de papel separadas. Levanta el papel con el nombre de la persona a quien le gusta cada actividad. *(Raise a piece of paper with the name of the person who likes the activity you hear.)*

REPASO The Verb gustar

To talk about things people like, use a form of **gustar + noun.**

If the noun is singular, use **gusta.**
Me gusta la clase de español.

If the noun is plural, use **gustan.**
¿**Te gustan tus clases?**

Me gusta la música.	**Nos gusta la música.**
Te gusta la música.	**Os gusta la música.**
Le gusta la música.	**Les gusta la música.**

To talk about what people like to do, use **gusta + infinitive.**

Me gusta leer.
¿Qué **te gusta hacer**?

To emphasize the person you are talking about, add **a + noun/pronoun.**

A Rafael y **a mí nos gusta** escuchar música.

9 Personalidades y gustos

Leer
Hablar

Empareja la descripción de la persona con lo que le gusta hacer. *(Match the descriptions of people with what they like to do.)*

1. Fernando es estudioso.
2. Vero es atlética.
3. Olga es perezosa.
4. Ramón es artístico.
5. Daniela es simpática.
6. Hugo es trabajador.

a. Le gusta mirar mucha televisión.
b. Le gusta estudiar.
c. Le gusta dibujar.
d. Le gusta practicar deportes.
e. Le gusta hacer la tarea.
f. Le gusta pasar un rato con los amigos.

10 ¿Qué les gusta hacer?

Hablar
Escribir

Usa las pistas para decir qué les gusta hacer a estas personas. *(Say what these people like to do.)*

modelo: yo / mirar la televisión
A mí me gusta mirar la televisión.

1. Enrique / leer libros
2. tú / escribir correos electrónicos
3. nosotros / comer pizza
4. ustedes / escuchar música
5. yo / practicar deportes
6. mis amigos / ir de compras

Expansión
Write four sentences describing what you like to do.

11 La comida

Hablar

Pregúntale a tu compañero(a) si le gustan estas comidas. *(Ask each other if you like the food pictured.)*

modelo:

A ¿Te gusta la pizza?

B Sí, (No, no) me gusta la pizza.

1.

2.

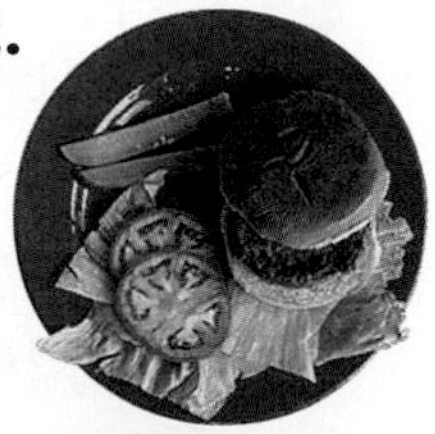

3.

4.

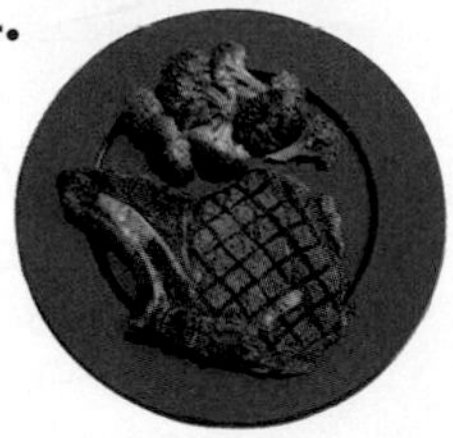

5.

6.

Comparación cultural

El arte de la calle Ocho

¿Cómo pueden participar los artistas en su comunidad? Santos E. Mendez es un artista cubanoamericano que vive en **Miami.** A él le gusta usar colores vivos *(bright)* en su arte, como en la pintura *(painting) Falta el del Bongó.* Mendez, como muchos otros artistas, tiene un taller *(studio)* y galería en la calle Ocho, una calle famosa en el barrio *(neighborhood)* de la Pequeña Habana. Al final de cada mes, los artistas de la calle Ocho abren sus talleres al público para el *viernes cultural.* Durante el evento, otros artistas vienen para presentar y vender su arte. También hay comida, bailes y música en la calle.

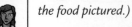

Falta el del Bongó *(2001), Santos E. Mendez*

Compara con tu mundo *¿Cómo son los barrios en tu ciudad? ¿Tienen eventos especiales?*

PARA Y PIENSA

Did you get it? Name three things that your friend likes. Then say which of those things and activities you also like and which you dislike.

Get Help Online
ClassZone.com

¿Adónde van?

¡AVANZA! **Goal:** Find out where Carlos and his family usually go. Then talk about where you, your friends, and others go to do different activities. ***Actividades 12–16***

AUDIO

A Todas las mañanas, Carlos y su hermano Antonio van a la escuela.

B Sus padres van a trabajar. Su madre va a la oficina y su padre va a la escuela. Él es maestro.

C Después de la escuela, Carlos va al gimnasio. Allí, él va a la piscina. Le gusta nadar. También le gusta jugar al básquetbol.

D Antonio va a la biblioteca. Es muy estudioso.

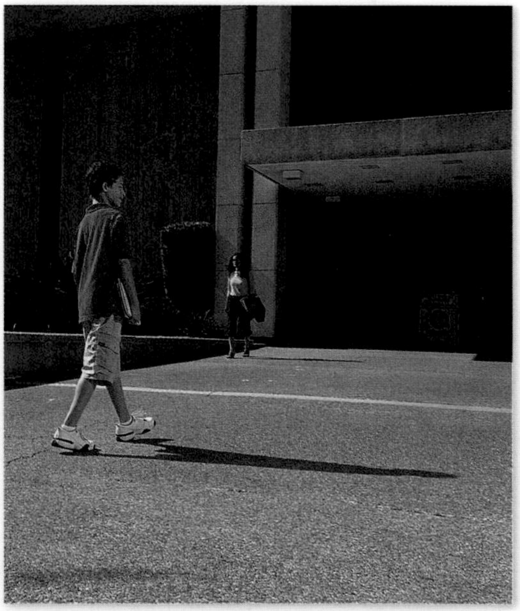

E Los domingos, Carlos y su familia van al parque o a la casa de la abuela.

Más vocabulario

la cafetería *cafeteria*
el centro *center, downtown*
el concierto *concert*
el estadio *stadium*
el partido *game*
la sala de clase *classroom*
el teatro *theater*

F Hoy es sábado. Carlos y Sergio van al centro comercial, pero no van a las tiendas. Van al cine.

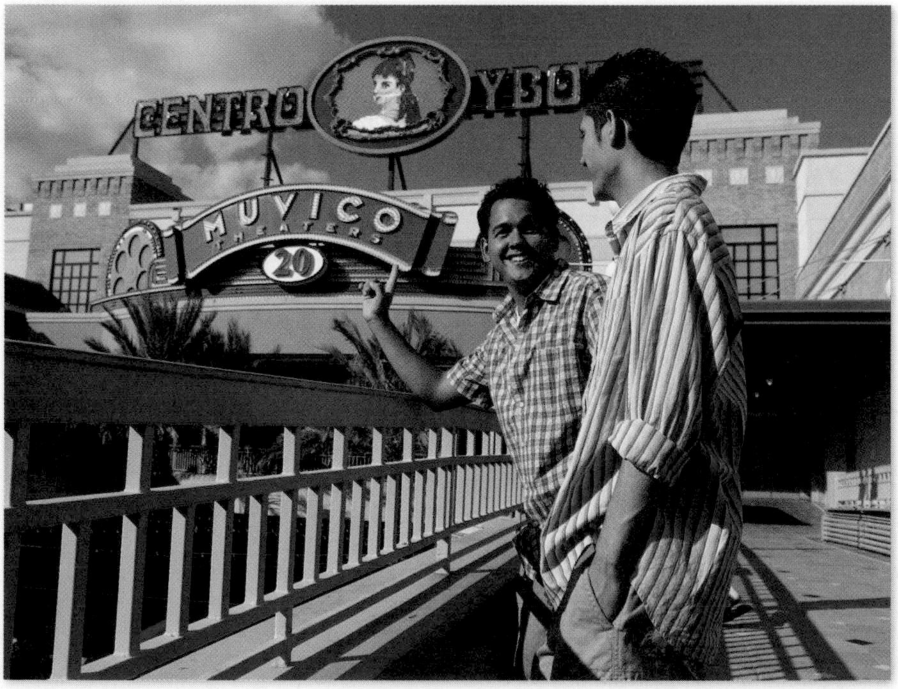

¡A responder! Escuchar

Escucha adónde van las personas. Indica a la persona en las fotos que va a ese lugar. *(Point to the person in the photo who goes to the place you hear.)*

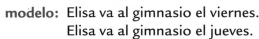

REPASO ir + a + place

To talk about where someone is going, use **ir** + **a.**

Los estudiantes **van a** la biblioteca.
The students ***are going to*** *the library.*

ir *to go*			
yo	**voy**	nosotros(as)	**vamos**
tú	**vas**	vosotros(as)	**vais**
usted, él, ella	**va**	ustedes, ellos(as)	**van**

12 El horario de Elisa

Leer
Hablar
Escribir

Estas oraciones son falsas. Mira el horario de Elisa y di lo que es cierto. *(Correct these false statements.)*

modelo: **Elisa va al gimnasio el viernes.**
Elisa va al gimnasio el jueves.

1. Elisa va al café el sábado.
2. Elisa va al cine con Julio.
3. Elisa va al teatro el domingo.
4. Elisa va al parque el miércoles.
5. Elisa va a la biblioteca el martes.
6. Elisa va a la piscina el jueves.
7. Elisa va al estadio el lunes.
8. Elisa va a la casa de Eva el domingo.

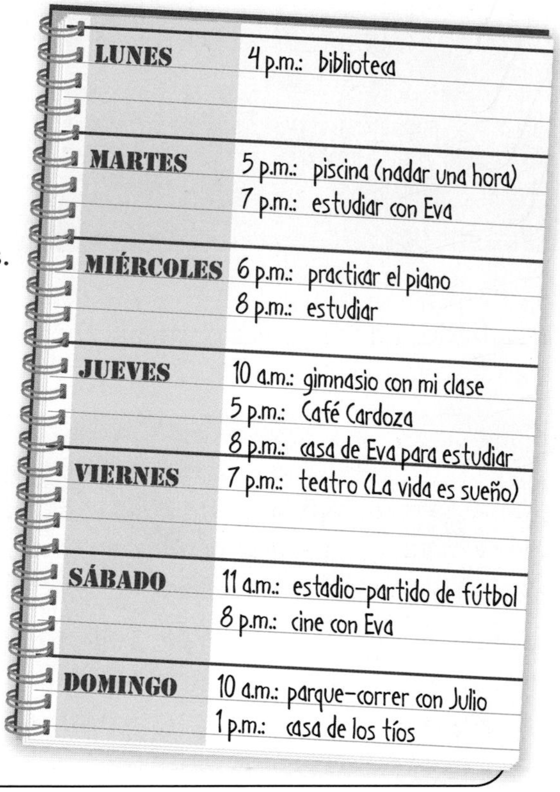

LUNES
4 p.m.: biblioteca
MARTES
5 p.m.: piscina (nadar una hora)
7 p.m.: estudiar con Eva
MIÉRCOLES
6 p.m.: practicar el piano
8 p.m.: estudiar
JUEVES
10 a.m.: gimnasio con mi clase
5 p.m.: Café Cardoza
8 p.m.: casa de Eva para estudiar
VIERNES
7 p.m.: teatro (La vida es sueño)
SÁBADO
11 a.m.: estadio–partido de fútbol
8 p.m.: cine con Eva
DOMINGO
10 a.m.: parque–correr con Julio
1 p.m.: casa de los tíos

13 Los sábados

Escribir

Completa el párrafo con la forma correcta del verbo **ir.** *(Complete with the correct form of* **ir.***)*

Todos los sábados, mi familia y yo __**1.**__ a la casa de mis tíos. Después, yo __**2.**__ a la piscina. Mis padres __**3.**__ al gimnasio y mi hermano __**4.**__ al parque para correr. A veces, nosotros __**5.**__ a un restaurante para almorzar. Por la noche, mis padres __**6.**__ al teatro con mis tíos y mis primos y yo siempre __**7.**__ al cine. ¡Nos gustan las películas! ¿Y tú? ¿Adónde __**8.**__ los sábados?

14 ¿Adónde van?

Hablar

Pregúntale a tu compañero(a) adónde van las personas. Contesta según las fotos. *(Ask each other where the people go. Answer based on the photo.)*

modelo: los señores Álvarez

A ¿Adónde van los señores Álvarez?

B Ellos van al cine.

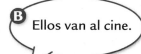

1. el señor Copa

2. los amigos

3. nosotros

4. yo

5. Rodrigo

6. Ana

15 Diferentes lugares

Hablar

Pregúntale a tu compañero(a) adónde va para hacer estas actividades. *(Ask each other where you go for these activities.)*

A ¿Adónde vas para estudiar?

B Voy a la biblioteca.

modelo: estudiar

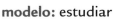

1. nadar
2. comer
3. practicar deportes
4. ir de compras
5. ver un partido de fútbol
6. pasar un rato con los amigos

16 Un día típico para ti

Escribir

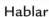

¿Adónde vas todos los días? Escribe cuatro oraciones para explicar a qué hora vas y adónde vas. *(Write four sentences to explain at what time you typically go to various places.)*

modelo: A las ocho de la mañana, voy a la escuela...

PARA Y PIENSA

Did you get it? Complete the sentences logically.

1. A veces yo ____ .
2. Tú nunca ____ .
3. Mis amigos ____ .

a. voy a la biblioteca
b. van al gimnasio
c. vas a la cafetería

Get Help Online
ClassZone.com

¿Cómo estás?

¡AVANZA! **Goal:** Notice how Carmen and Silvina talk about their feelings. Then use **tener, ser,** and **estar** to describe people and how they feel. ***Actividades 17–21***

AUDIO

A **Carmen:** Hola, Silvina. ¿Cómo estás?
Silvina: Bien, gracias. ¿Y tú?
Carmen: Más o menos.

B **Silvina:** ¿Estás mal? ¿Estás enferma?
Carmen: No, no. Estoy un poco triste porque yo estoy aquí y mi familia está lejos en Ecuador.
Silvina: Cuando yo estoy deprimida, me gusta escuchar música.

C **Silvina:** A las ocho hay un concierto fantástico en el estadio. ¿Por qué no vamos?
Carmen: No sé.
Silvina: ¿Estás ocupada?
Carmen: No.
Silvina: Entonces, ¡vamos!
Carmen: No sé. Estoy cansada y tengo hambre.

Más vocabulario

estar... *to be . . .*
- **alegre** *happy*
- **enojado(a)** *angry*
- **nervioso(a)** *nervous*
- **regular** *okay*
- **tranquilo(a)** *calm*

tener calor *to be hot*
tener frío *to be cold*
tener miedo *to be scared*
tener sed *to be thirsty*

D **Silvina:** Yo también tengo hambre. Vamos a mi casa para comer y después vamos al concierto.

Carmen: Está bien.

E **Carmen:** Estoy emocionada, Silvina. La música va a ser fantástica.

Silvina: Carmen, ¡mira quiénes están aquí! *(Carmen notices Sergio and Carlos who are also standing in line.)* ¿Estás contenta?

Carmen: ¡Sí!

¡A responder! Escuchar

Escribe la letra **C** en un papel y la letra **F** en otro papel. Luego, escucha cada oración sobre la conversación de Silvina y Carmen. Si es cierto, levanta la **C**; si es falso, levanta la **F.** *(True or false?)*

17 Emociones

Escribir

Para cada dibujo, escribe una oración que describe a la persona. Usa las siguientes expresiones. *(Use these expressions to describe the people.)*

estar alegre	tener calor
estar cansado(a)	tener hambre
estar enojado(a)	tener miedo
estar triste	

modelo: Tiene hambre.

1. 

2. 

3. 

4. 

5. 

6. 

18 Situaciones

Hablar
Escribir

Completa las oraciones diciendo cómo te sientes en cada situación. *(Tell how you feel in each situation.)*

modelo: Cuando leo un libro...
Cuando leo un libro, estoy tranquilo.

1. Cuando tengo un examen...
2. Cuando es mi cumpleaños...
3. Cuando voy de compras...
4. Cuando escucho música...
5. Cuando voy a una fiesta...
6. Cuando tengo hambre...

Expansión
Write two more sentences describing your own situation and how it makes you feel.

19 ¿Cómo estoy o qué tengo?

Hablar

Usa gestos y expresiones faciales para expresar una emoción o una condición (por ejemplo, **tener hambre, tener miedo, estar enfermo, estar deprimido**). Tus compañeros(as) adivinan cómo estás o qué tienes. *(Take turns using pantomime and facial expressions to express a feeling which others try to guess.)*

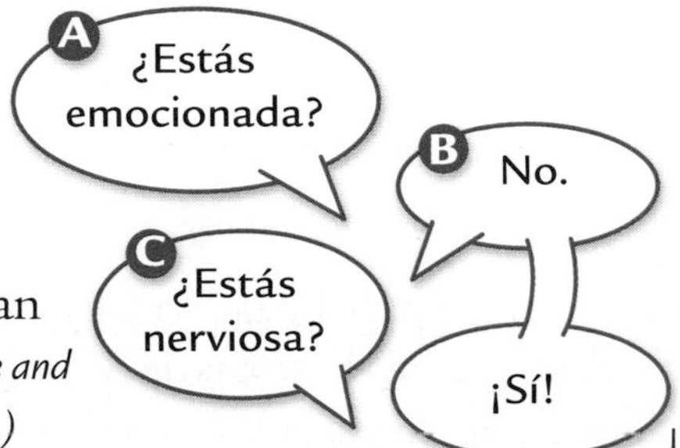
A ¿Estás emocionada?
B No.
C ¿Estás nerviosa?
¡Sí!

REPASO Ser or estar

Ser and **estar** both mean *to be,* but they have very different uses.

- Use **ser** to describe professions, origin, personal traits, and physical characteristics.

  Manuel **es** maestro. Él **es** de España. **Es** pelirrojo y muy simpático.

- Also use **ser** to express identity and to give the time and date.

  Tina **es** mi amiga. **Son** las dos y media.

- Use **estar** to indicate location, and to describe how someone feels.

  Paulina **está** en la piscina. **Está** muy contenta.

For the present-tense verb forms of **ser,** see p. 5.
For the present-tense verb forms of **estar,** see p. R34.

20 Miel y Juanito

Leer
Escribir

Describe a Miel y a Juanito. Completa el párrafo con las formas correctas de **ser** o **estar**. *(Complete with **ser** or **estar.**)*

Miel __1.__ el perro de Juanito. Miel tiene tres años y __2.__ un perro muy bonito e inteligente. Miel y Juanito __3.__ buenos amigos y les gusta jugar mucho. Hoy, Miel __4.__ triste porque Juanito __5.__ muy ocupado y no puede jugar. Juanito __6.__ estudiante de la escuela San Francisco. Él __7.__ nervioso porque mañana tiene exámenes finales. __8.__ las nueve de la noche y tiene que estudiar mucho. ¡Guau, guau! Miel __9.__ enojado porque tiene hambre. __10.__ en la cocina pero Juanito no lo escucha.

21 ¡A jugar! Adivina quién es

Hablar

Piensa en una persona que todos conozcan. Tus compañeros(as) te hacen preguntas con **ser** y **estar** para adivinar quién es. *(Take turns thinking of a person you all know and asking questions to guess who that person is.)*

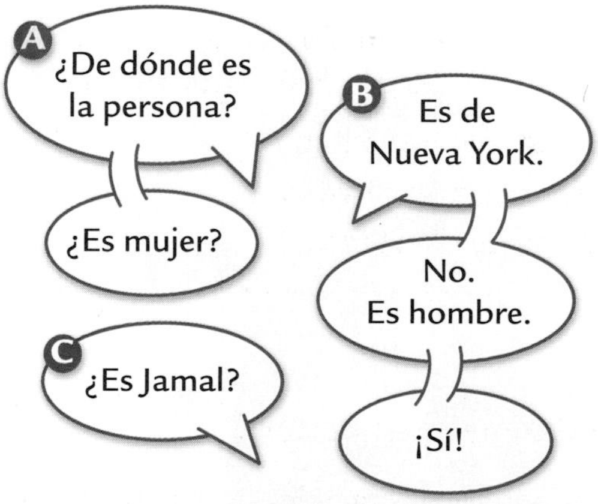

A ¿De dónde es la persona?
B Es de Nueva York.
¿Es mujer?
No. Es hombre.
C ¿Es Jamal?
¡Sí!

PARA Y PIENSA

Did you get it? Complete the sentences with **es** or **está.**

1. El señor Vela _____ director de escuela.
2. Él _____ muy trabajador.
3. Él no _____ en la oficina hoy.
4. Él _____ enfermo.

Get Help Online
ClassZone.com

¿Qué haces?

¡AVANZA! **Goal:** Find out what Carmen does at school and at her host family's home. Then talk about what you and your friends do. ***Actividades 22–25***

AUDIO

A ¡Hola! Soy Carmen y soy de Ecuador. Voy a pasar el año en Florida con la familia Costa. ¿Qué hago todos los días?

B A las siete de la mañana, como el desayuno.

C Siempre voy a la escuela a pie.

D En la escuela tomo muchos apuntes. Aprendo palabras nuevas en inglés, y las escribo en un cuaderno para estudiarlas por la noche.

E Casi siempre almuerzo en la cafetería con mis amigos Carlos, Sergio y Silvina.

F Después de las clases, Silvina y yo paseamos por «La Sétima». Vamos a las tiendas y luego bebemos un refresco.

G Como la cena con la familia Costa a las seis y media.

H Por la noche, hago mi tarea y estudio. A veces hablo por teléfono con Silvina o miro la televisión.

¡A responder! Escuchar

Escucha las oraciones sobre las actividades de Carmen. Indica la foto donde Carmen hace la actividad. *(Point to the photo where Carmen does these activities.)*

REPASO Regular Present-tense Verbs

	-ar hablar	-er comer	-ir escribir
yo	**hablo**	**como**	**escribo**
tú	**hablas**	**comes**	**escribes**
usted, él, ella	**habla**	**come**	**escribe**
nosotros(as)	**hablamos**	**comemos**	**escribimos**
vosotros(as)	**habláis**	**coméis**	**escribís**
ustedes, ellos(as)	**hablan**	**comen**	**escriben**

22 Después de las clases

Hablar
Escribir

Di qué hacen las personas después de las clases. Forma oraciones completas. *(Say what people do after class, using complete sentences.)*

modelo: Manolo practica deportes.

la maestra	practicar	música
nosotras	escribir	para el examen
Enrique y Diana	mirar	por teléfono
mis amigos y yo	leer	un refresco
tú	estudiar	la televisión
yo	beber	unos correos electrónicos
tus amigos	escuchar	deportes
Manolo	hablar	un libro

23 ¿Qué hacen?

Hablar

Pregúntale a tu compañero(a) qué hace en estos lugares. *(Ask each other what you do in the following places.)*

modelo: el estadio

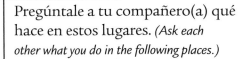

A ¿Qué haces en el estadio?

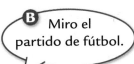

B Miro el partido de fútbol.

1. la piscina
2. la biblioteca
3. la cafetería
4. el parque
5. el centro comercial
6. la casa de tu amigo(a)

Expansión
Write three sentences summarizing what your classmate said.

REPASO Stem-changing Verbs

querer *to want*	
quiero	queremos
quieres	queréis
quiere	quieren

poder *to be able; can*	
puedo	podemos
puedes	podéis
puede	pueden

servir *to serve*	
sirvo	servimos
sirves	servís
sirve	sirven

For a list of other stem-changing verbs, see p. R30.

24 El concierto

Leer
Escribir

Completa el mensaje con la forma correcta de los verbos. Se usa un verbo dos veces. *(Complete the e-mail. One verb is used twice.)*

almorzar	pensar	querer
costar	poder	volver

Hola, Roberto.
¿Vas al concierto? Yo **1.** ___ ir, pero no **2.** ___. Mi hermano tiene el coche y él no **3.** ___ hasta mañana. Catalina **4.** ___ que el concierto va a ser fantástico, pero ella no **5.** ___ ir tampoco. ¡Las entradas **6.** ___ $50! Con $50, mi familia y yo **7.** ___ en el restaurante Samba.
—Eduardo

25 ¿Y tú?

Hablar
Escribir

Contesta las preguntas. *(Answer the questions.)*

1. ¿Cuántas horas duermes?
2. ¿Qué deportes juegas?
3. ¿Dónde almuerzas?
4. ¿Qué sirven en la cafetería?
5. ¿Prefieres las manzanas o las bananas?
6. ¿Cuándo vuelves a la escuela?

PARA Y PIENSA

Did you get it? Give the correct verb form.

1. Yo (escribir) ____.
2. Álex (dormir) ____.
3. Nosotros (almorzar) ____.
4. Tú (estudiar) ____.

Get Help Online
ClassZone.com

¿Qué vas a hacer?

¡AVANZA! **Goal:** Find out about the friends' plans for tonight. Then talk about what you and others are going to do. ***Actividades 26–28***

AUDIO

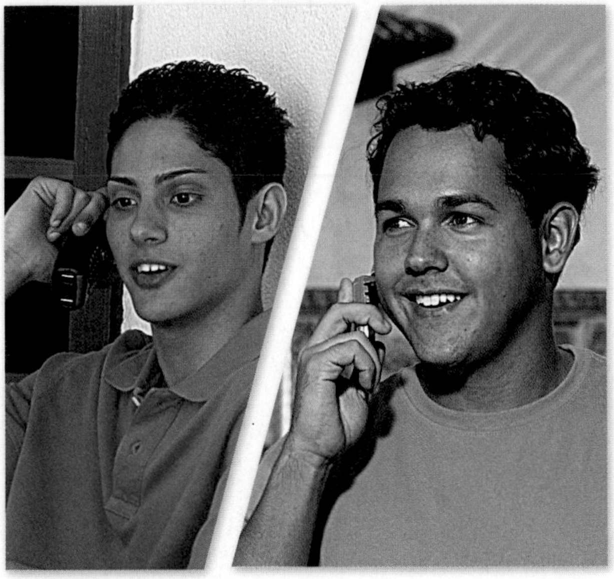

A

Carlos: ¿Hola?

Sergio: Hola, Carlos. Soy Sergio. ¿Qué vas a hacer después de la cena?

Carlos: Voy a trabajar. ¿Por qué?

Sergio: Hay una fiesta en la casa de Eduardo. ¿Puedes ir después?

Carlos: Tal vez. Mañana voy a jugar al básquetbol y no quiero estar cansado. ¿Está bien si hablamos más tarde?

Sergio: Está bien. Voy a hablar con Carmen ahora. Hasta luego.

Carlos: Adiós.

B

Carmen: ¿Aló?

Sergio: ¡Hola, Carmen! Soy Sergio. ¿Qué vas a hacer más tarde?

Carmen: Voy a alquilar unos DVDs.

Sergio: ¿No quieres ir a una fiesta? Va a ser en la casa de un amigo muy simpático. Se llama Eduardo y sus fiestas siempre son muy divertidas.

Carmen: ¿Quién más va a la fiesta?

Sergio: No sé si Carlos va también. Vamos a hablar más tarde.

Carmen: Voy a hablar con él ahora. Un momento, Sergio.

C **Carlos:** ¿Aló?

Carmen: ¿Carlos? Sergio y yo vamos a la fiesta de Eduardo. ¿Quieres venir?

Carlos: ¿Tú vas también? No sé...

Carmen: ¡Vamos! La fiesta va a ser muy divertida.

Carlos: Bueno. Tal vez puedo ir.

Carmen: ¡Fantástico! ¿Puedes venir a mi casa a las nueve?

Carlos: Está bien. ¡A las nueve!

Carmen: Perfecto. Un momento, Carlos.

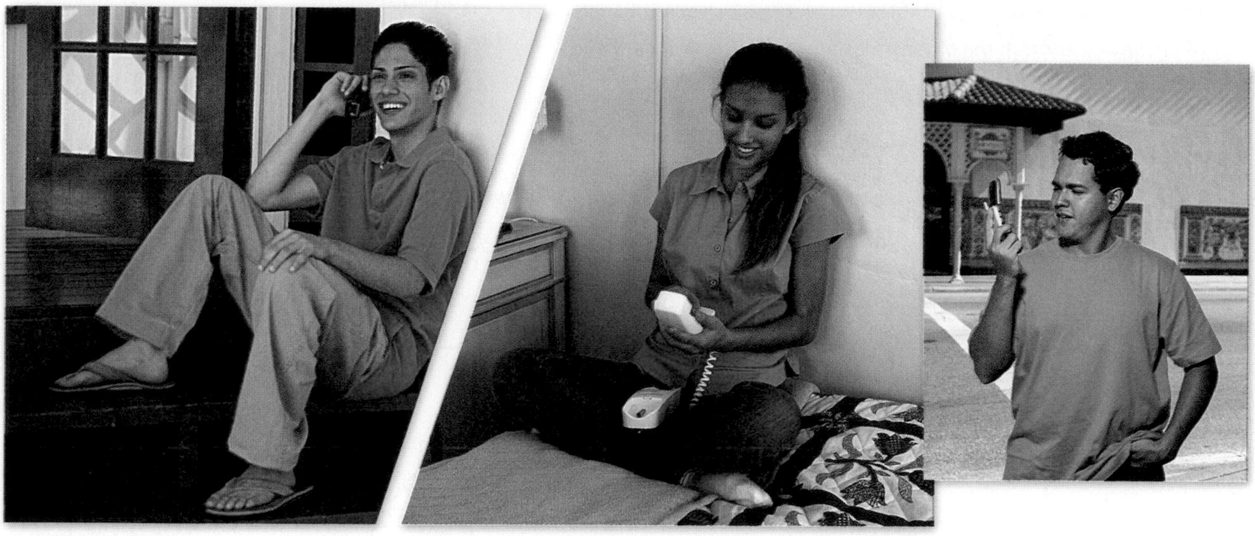

D **Carmen:** ¿Sergio? Sí, Carlos quiere ir y yo también. ¿Puedes venir a las nueve?

Sergio: Muy bien. Voy a llegar a tu casa a las nueve. ¡Hasta luego!

Carmen: Chau.

¡A responder! Escuchar

Escribe la letra C en un papel y la letra F en otro papel. Luego, escucha cada oración sobre las conversaciones por teléfono. Si es cierto, levanta la C; si es falso, levanta la F. *(True or false?)*

Nota gramatical

To talk about what you are going to do, use a form of **ir a + infinitive.**

¿Qué **van a hacer** ustedes?	**Vamos a mirar** una película.
*What **are you going to do**?*	***We're going to watch** a movie.*

26 Los planes de Zulaya

Escuchar
Leer

Escucha los planes de Zulaya. Luego pon las oraciones en el orden correcto. *(Put the sentences in the order that Zulaya says she will do them.)*

a. Zulaya va a estudiar.
b. Zulaya y su hermana van a jugar al tenis.
c. Zulaya y sus amigas van a comprar ropa.
d. Zulaya va a dormir toda la mañana.
e. Zulaya va a almorzar en la casa de su tía Silvia.
f. Zulaya y sus amigas van a una fiesta.

27 ¿Qué van a hacer?

Escribir

¿Qué van a hacer las siguientes personas? Escribe cinco oraciones combinando las palabras y cambiando los verbos. *(Make up sentences saying what everyone is going to do.)*

yo	jugar	la televisión
tú	mirar	un libro
mis amigos	alquilar	al béisbol
mi primo	leer	unos DVDs
mi familia y yo	pasar un rato	con los amigos

28 ¿Qué vas a hacer el fin de semana?

Hablar

Pregúntale a tres compañeros qué van a hacer este fin de semana. *(Find out what three classmates are going to do this weekend.)*

Expansión
Write the results of your interview.

PARA Y PIENSA

Did you get it? Complete the sentences about these people's weekend plans.

1. Nosotros _____ descansar.
2. Diego _____ hacer la tarea.
3. Yo no _____ comer postre.
4. ¿ _____ venir ustedes a mi casa?

Get Help Online
ClassZone.com

Lección Preliminar

En resumen

Vocabulario

Identify and Describe People

People

el (la) director(a) de la escuela	*school principal*
el hombre	*man*
el (la) maestro(a)	*teacher*
la mujer	*woman*

Appearances

alto(a)	*tall*
bajo(a)	*short*
pelirrojo(a)	*red-haired*
rubio(a)	*blond*

Qualities

artístico(a)	*artistic*
atlético(a)	*athletic*
bonito(a)	*handsome / pretty*
cómico(a)	*funny*
desorganizado(a)	*disorganized*
estudioso(a)	*studious*
organizado(a)	*organized*
perezoso(a)	*lazy*
serio(a)	*serious*
simpático(a)	*nice*
trabajador(a)	*hardworking*

Say Where You Go

la biblioteca	*library*
el café	*café*
la cafetería	*cafeteria*
la casa del amigo	*friend's house*
el centro	*center; downtown*
el centro comercial	*shopping center; mall*
el cine	*movie theater; the movies*
la clase	*class; classroom*
el concierto	*concert*
la escuela	*school*
el estadio	*stadium*
la fiesta	*party*
el gimnasio	*gymnasium*
la oficina	*office*
el parque	*park*
el partido	*. . . game*
de básquetbol	*basketball . . .*
de béisbol	*baseball . . .*
de fútbol	*soccer . . .*
la piscina	*pool*
el restaurante	*restaurant*
el teatro	*theater*
la tienda	*store*

Describe How You Feel

estar...	*to be . . .*
alegre	*happy*
bien	*well; fine*
cansado(a)	*tired*
contento(a)	*happy*
deprimido(a)	*depressed*
emocionado(a)	*excited*
enfermo(a)	*sick*
enojado(a)	*angry*
mal	*bad*
más o menos	*so-so*
nervioso(a)	*nervous*
ocupado(a)	*busy*
regular	*okay*
tranquilo(a)	*calm*
triste	*sad*

tener ...	*to be . . .*
calor	*hot*
frío	*cold*
hambre	*hungry*
miedo	*scared*
razón	*right*
sed	*thirsty*

Activities

almorzar	*to eat lunch*
beber refrescos	*to have soft drinks*
escribir correos electrónicos	*to write e-mails*
escuchar música	*to listen to music*
estudiar	*to study*
ir de compras	*to go shopping*
jugar al fútbol	*to play soccer*
leer un libro	*to read a book*
mirar la televisión	*to watch television*
pasar un rato con los amigos	*to spend time with friends*
practicar deportes	*to practice / play sports*

Food

el almuerzo	*lunch*
la carne	*meat*
la cena	*dinner*
la comida	*food*
el desayuno	*breakfast*
la ensalada	*salad*
los frijoles	*beans*
la fruta	*fruit*
la hamburguesa	*hamburger*
la manzana	*apple*
la naranja	*orange*
el pescado	*fish*
el pollo	*chicken*
el postre	*dessert*
el sándwich	*sandwich*
las verduras	*vegetables*

LECCIÓN PRELIMINAR

Repaso de la lección

¡LLEGADA!

@HomeTutor
ClassZone.com

Now you can
- identify and describe people
- talk about likes and dislikes
- say where you and your friends go
- describe how you and others feel
- talk about what you and your friends do

Using
- articles, subject pronouns, and adjectives
- regular and stem-changing present-tense verbs
- the verbs **gustar, ser, estar, tener,** and **ir**

To review
- **ser,** p. 5
- adjectives, p. 8

1 Listen and match

AUDIO

Escucha las siguientes descripciones. Escribe la letra de la persona que corresponde. *(Match the pictures with the descriptions you hear.)*

a. **b.** **c.** **d.**

To review
- **gustar,** p. 12

2 Talk about likes and dislikes

Describe qué les gusta a dos personas, tus amigos o de tu familia. Luego, escribe si te gusta lo mismo. *(Describe what two friends or family members like, and write if you like the same things.)*

jugar al fútbol	las naranjas
beber refrescos	los frijoles
leer libros	el pescado

modelo: A Amanda le gustan las naranjas, pero a Luis no le gustan. A mí me gustan las naranjas también.

To review
- **ir** + **a** + place, p. 16
- stem-changing verbs, p. 25

3 Say where you and your friends go

Di adónde van las personas. *(Say where everyone is going.)*

modelo: Yo quiero ver una película.
Voy al cine.

1. Manolo quiere sacar un libro.
2. Tú quieres practicar deportes.
3. Dora y Bárbara quieren comer.
4. Yo quiero ir de compras.
5. Nosotros queremos nadar.
6. Teresa quiere ver una película.

To review
- **tener,** p. 9
- **ser** or **estar,** p. 21

4 Describe yourself and others

Completa las oraciones con las formas correctas de **ser, estar** o **tener.** *(Fill in the blanks with the correct forms of **ser, estar** or **tener.**)*

1. ¿Por qué ____ ella triste?
2. Francisco ____ muy estudioso.
3. Yo no ____ enojada.
4. Ustedes ____ razón.
5. ¿ ____ (tú) hambre?
6. Los jugadores ____ cansados.
7. Pilar y Lupe ____ simpáticas.
8. ¡Yo ____ miedo!

To review
- regular present-tense verbs, p. 24
- stem-changing verbs, p. 25

5 Talk about what you and your friends do

Usa las formas correctas de los verbos entre paréntesis para completar el correo electrónico de Alejandro. *(Complete the e-mail with the correct verb forms.)*

Todos los domingos, nosotros **1.** (almorzar) en el restaurante de mi tío. Después, mis abuelos **2.** (escuchar) música. Mi padre **3.** (mirar) la televisión y mi madre **4.** (leer) un libro. Mis hermanos **5.** (jugar) al fútbol y yo **6.** (escribir) correos electrónicos. Este domingo yo **7.** (querer) hacer otra cosa más divertida. ¿Qué **8.** (hacer) tú y tu familia los domingos?

—Alejandro

To review
- **ir,** p. 16
- **ir a** + infinitive, p. 28

6 Talk about what you are going to do

Contesta el correo electrónico de Alejandro. Escribe cuatro oraciones diciendo lo que tú y tu familia (o tus amigos) van a hacer este domingo. Usa **ir a** + infinitivo. *(Write four sentences telling Alejandro what you and your family (or friends) are going to do this Sunday. Use the construction **ir a** + infinitive.)*

Get Help Online
ClassZone.com

UNIDAD 1

Costa Rica

¡A conocer nuevos lugares!

Lección 1

Tema: ***¡Vamos de viaje!***

Lección 2

Tema: ***Cuéntame de tus vacaciones***

«¡Hola!

Nosotros somos Alejandro y Natalia. Somos de Costa Rica.»

Población: 3.956.507

Área: 19.730 millas cuadradas

Capital: San José

Moneda: el colón

Idioma: español

Comida típica: casado, gallo pinto, sopa negra

Gente famosa: Óscar Arias Sánchez (político), Claudia Poll (atleta), Francisco Zúñiga (artista), Eunice Odio (poeta)

Gallo pinto

Aficionados de fútbol celebrando

◀ **Nos llamamos «ticos». Tico** es otra palabra para decir costarricense. Se refiere a la tendencia de los costarricenses de poner un **-tico** al final de sus palabras (por ejemplo, **gato: gatico**). Por eso, el equipo nacional de fútbol de Costa Rica se llama «Los Ticos». *¿Tienen un nombre especial las personas de tu región de Estados Unidos?*

Las aguas termales En Costa Rica hay muchos lugares bonitos donde las personas pueden pasar un rato en la naturaleza. En el resorte de Tabacón en Arenal, Alajuela, uno puede caminar por jardines tropicales, observar el volcán activo de Arenal y jugar en las aguas termales *(hot springs)*. *¿Adónde van los turistas en la región donde vives?* ▶

Chico jugando en las aguas termales

Artista pintando una carreta

◀ **Las carretas de Costa Rica** La artesanía más conocida de Costa Rica es la carreta de madera *(wood)*. Los artesanos pintan las carretas con diseños tradicionales de muchos colores. Antes las carretas se usaban *(were used)* para transportar el café, pero hoy la mayoría son decorativas. *¿Qué cosas especiales hacen donde vives?*

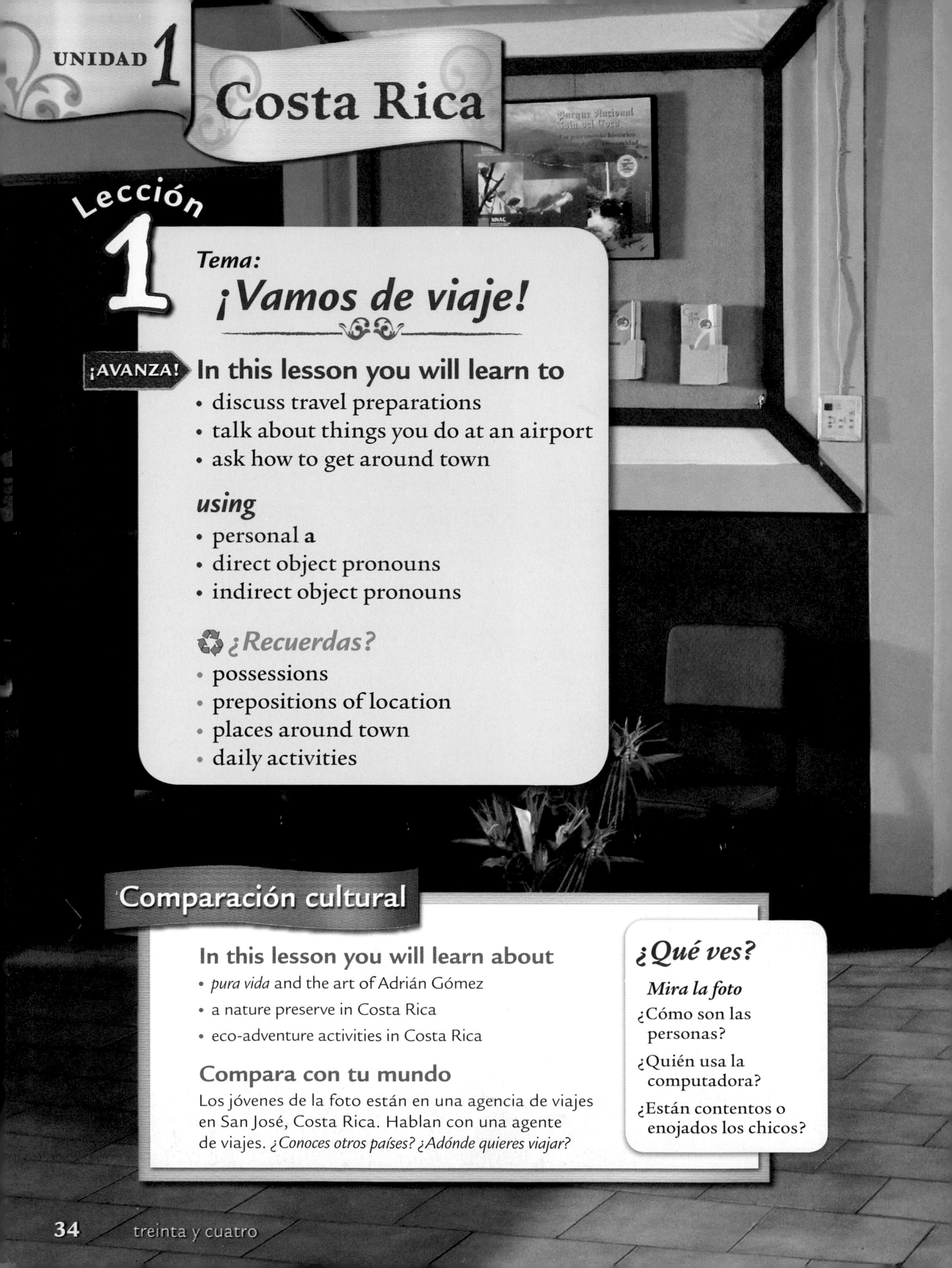

UNIDAD 1

Costa Rica

Lección 1

Tema:

¡Vamos de viaje!

¡AVANZA! **In this lesson you will learn to**

- discuss travel preparations
- talk about things you do at an airport
- ask how to get around town

using

- personal **a**
- direct object pronouns
- indirect object pronouns

¿Recuerdas?

- possessions
- prepositions of location
- places around town
- daily activities

Comparación cultural

In this lesson you will learn about

- *pura vida* and the art of Adrián Gómez
- a nature preserve in Costa Rica
- eco-adventure activities in Costa Rica

Compara con tu mundo

Los jóvenes de la foto están en una agencia de viajes en San José, Costa Rica. Hablan con una agente de viajes. *¿Conoces otros países? ¿Adónde quieres viajar?*

¿Qué ves?

Mira la foto

¿Cómo son las personas?

¿Quién usa la computadora?

¿Están contentos o enojados los chicos?

La agencia de viajes Melytour

San José, Costa Rica

Presentación de VOCABULARIO

¡AVANZA! **Goal:** Learn words for making travel preparations and getting around in an airport. Then use these words to talk about travel and transportation in your community. ***Actividades 1–3***

VIDEO DVD

AUDIO

A Alejandro y Natalia **van de vacaciones** y quieren **hacer un viaje** en avión. Van a Miami por una semana y después vuelven a San José. Necesitan **un boleto de ida y vuelta.** Hablan con **la agente de viajes** para comprar el boleto y hacer **el itinerario.** En el itinerario leen el día y las horas del **vuelo.**

B Dos días antes del viaje, Natalia **confirma el vuelo** y Alejandro **hace las maletas.** Él pone **el traje de baño** en su maleta porque quiere nadar durante las vacaciones.

Más vocabulario

el (la) auxiliar de vuelo *flight attendant*
la estación de tren *train station*
llamar a *to call someone (by phone)*
la puerta *gate*
viajar *to travel*

Expansión de vocabulario p. R2
Ya sabes p. R2

C Cuando Natalia y Alejandro llegan al **aeropuerto** con su familia, **hacen cola** para **facturar el equipaje** y recibir **la tarjeta de embarque.** En **las pantallas** ven cuándo salen los vuelos, o **la salida,** y cuándo llegan los vuelos, o **la llegada.** Antes de subir al avión, o **abordar, pasan por seguridad.**

el aeropuerto

el pasajero

hacer cola

facturar el equipaje

la pantalla

pasar por seguridad

D Después del vuelo, la familia busca sus maletas en **el reclamo de equipaje.** Luego ellos **pasan por la aduana** donde los agentes miran las maletas y el pasaporte.

el reclamo de equipaje

la oficina de turismo

E Piden direcciones: **«Por favor, ¿dónde queda la parada de autobús?»**

tomar un taxi

la parada de autobús

¡A responder! Escuchar

Escucha estas oraciones. Indica la foto que corresponde a la descripción. *(Listen to the sentences. Point to the picture being described.)*

@HomeTutor VideoPlus
Interactive Flashcards
ClassZone.com

Práctica de VOCABULARIO

1 ¿Cuándo?

Hablar
Escribir

¿Cuándo haces estas actividades: antes de la salida del vuelo o después de la llegada? *(Tell when you do these things.)*

1. pasar por seguridad
2. facturar el equipaje
3. pasar por la aduana
4. hacer cola para abordar
5. confirmar el vuelo
6. comprar el boleto de ida y vuelta
7. buscar las maletas en el reclamo de equipaje
8. hacer las maletas
9. dar la tarjeta de embarque

2 ¿Qué tienes?

Hablar

Pregúntale a un(a) compañero(a) si tiene estas cosas. Cambien de papel. *(Ask if your classmate has the travel item shown. Change roles.)*

A Tengo mi pasaporte. ¿Tienes tu pasaporte?

B No, no tengo mi pasaporte.

Estudiante A

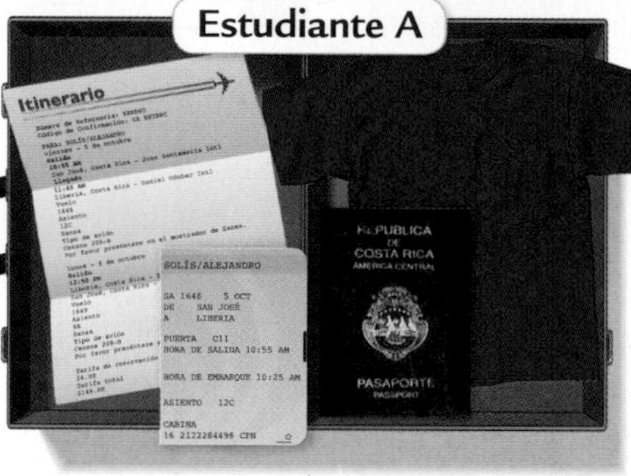

Estudiante B

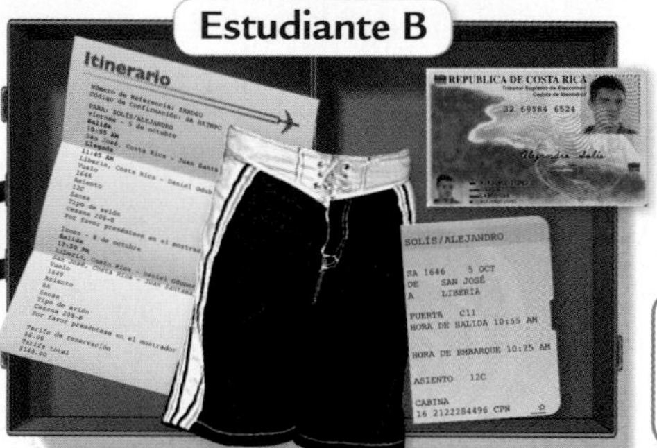

Expansión
Write a list of the items in each suitcase.

3 ¿Y tú?

Hablar
Escribir

Contesta con oraciones completas. *(Answer in complete sentences.)*

1. ¿Te gusta viajar?
2. ¿Hay una agencia de viajes en tu comunidad?
3. ¿Hay una oficina de turismo?
4. ¿Cuántas maletas necesitas cuando vas de vacaciones?
5. ¿Dónde queda un aeropuerto cerca de tu comunidad?
6. ¿Hay una estación de tren o una parada de autobús?
7. ¿Prefieres viajar en avión o en tren? ¿Por qué?

Más práctica Cuaderno *pp. 1–3* Cuaderno para hispanohablantes *pp. 1–4*

PARA Y PIENSA

Did you get it? Can you name three things in Spanish you would need to do before traveling by plane?

Get Help Online
ClassZone.com

VOCABULARIO en contexto

¡AVANZA! **Goal:** Listen to Natalia and her family discuss preparations for their trip. Then use what you've learned to describe people and things you see in an airport. ***Actividades 4–5***

Telehistoria escena 1

@HomeTutor VideoPlus
ClassZone.com

STRATEGIES

Cuando lees
Separate fact from fiction You can't immediately tell fact from fiction in every scene. Use your knowledge of the situation and your good sense to decide when Natalia is telling a story.

Cuando escuchas
Use questions to focus your attention Ask and answer these questions: What are the characters saying and doing? Are they equally involved? Does any character stand out?

VIDEO DVD

AUDIO

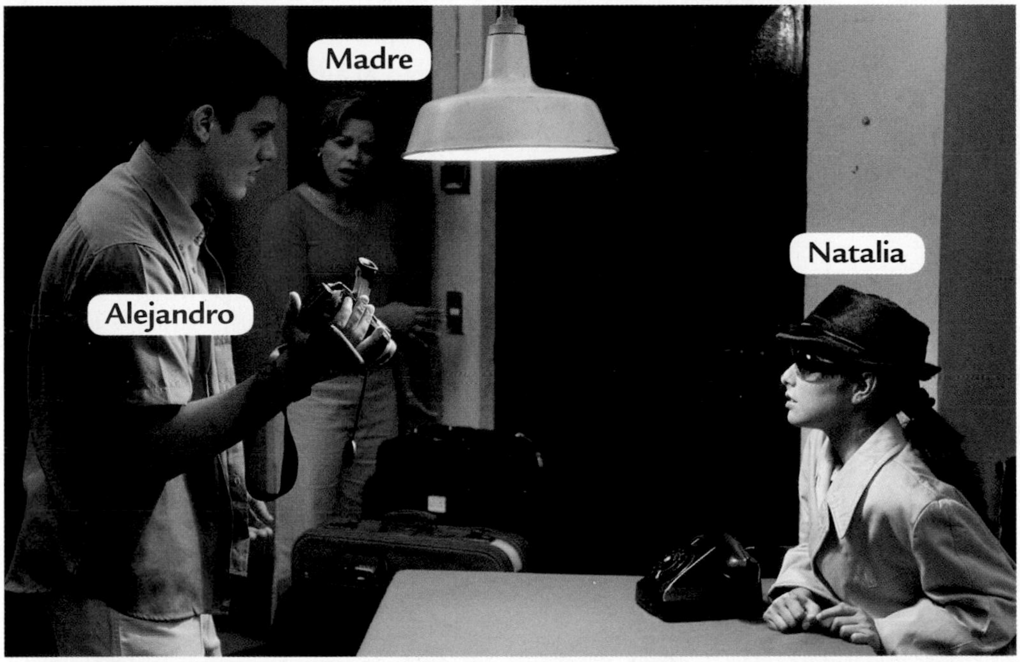

Natalia is in a darkened room, talking secretively on the telephone.

Natalia: Sí, ya tengo el boleto... y la identificación falsa... Viajo a Miami hoy... ¿Nerviosa? No. Pasar por seguridad y aduanas es fácil. Hago viajes peligrosos todos los días... Adiós.

A woman enters the room.

Natalia: ¡Mamá! ¿Qué haces?

Madre: ¿Dónde está mi maleta? ¿Dónde está todo el equipaje?

Alejandro: Aquí está. Lo necesitamos para nuestra película.

Madre: Pero yo lo necesito para el viaje. Y ustedes tienen que hacer sus maletas. Nos vamos de vacaciones en una hora.

Continuará... p. 44

4 *Comprensión del episodio* Para el viaje

Escuchar
Leer

Completa las oraciones. *(Complete the sentences.)*

1. Natalia dice que todos los días ____ .
   - **a.** hace películas
   - **b.** espera en la puerta
   - **c.** hace viajes peligrosos
2. Mamá no sabe ____ .
   - **a.** adónde van de vacaciones
   - **b.** dónde está su maleta
   - **c.** cómo hacer su maleta
3. Natalia y Alejandro tienen que ____ .
   - **a.** hablar con su padre
   - **b.** tomar un taxi
   - **c.** hacer sus maletas
4. Mamá dice que en una hora van ____ .
   - **a.** de vacaciones
   - **b.** al cine
   - **c.** a la escuela

Nota gramatical

Unlike English, whenever a person is the object of a **verb** in Spanish, the **personal a** must be used after the **verb** and before the person that is the object.

¿**Conoce** usted **a la profesora** de ciencias? No **veo al auxiliar de vuelo.**

In general, the verb **tener** does not take the **personal a.**

Tengo un hermano.

5 ¡A jugar! ¿Qué ves?

Hablar
Escribir

Identifica las cosas y a las personas que ves. *(Tell what you see.)*

modelo: Veo a una mujer. Veo la puerta nueve.

Expansión
Write three sentences telling about other people and things you see at the airport.

PARA Y PIENSA

Did you get it? Can you describe in complete sentences . . . ?
1. two things you need to do in the airport after an international flight
2. someone you see before or during your flight

Get Help Online
ClassZone.com

Presentación de GRAMÁTICA

¡AVANZA! **Goal:** Review the direct object pronouns. Then use them to describe travel plans and trips. ***Actividades 6–9***

¿Recuerdas? Possessions p. R2, prepositions p. R9, places p. 14

English Grammar Connection: **Direct objects** receive the action of the verb in a sentence. They answer the question *whom?* or *what?* about the verb. **Direct object pronouns** take the place of **direct object nouns.**

I have the **passport.** (noun) I have **it.** (pronoun)

Tengo el **pasaporte.** (noun) **Lo** (pronoun) tengo.

REPASO Direct Object Pronouns

Animated Grammar ClassZone.com

Direct object **pronouns** can be used to replace **direct object nouns.**

Here's how:

Direct Object Pronouns

	Singular			Plural		
	me	*me*	**nos**	*us*	
	te	*you (familiar)*	**os**	*you (familiar)*	
masculine	**lo**	*you (formal), him, it*	**los**	*you, them*	***masculine***
feminine	**la**	*you (formal), her, it*	**las**	*you, them*	***feminine***

Direct object **pronouns** are placed directly before **conjugated verbs**.

replaced by / *before verb*

Veo a la **profesora.** → **La veo.**
*I see the **teacher.*** → *I see **her.***

Héctor **tiene** el **itinerario.** → Héctor **lo tiene.**
*Héctor has the **itinerary.*** → *Héctor has **it.***

When an **infinitive** follows the **conjugated verb,** the **direct object pronoun** can be placed *before* the **conjugated verb** or *attached* to the **infinitive.**

No **voy** a **hacer** la **maleta** hoy.
*I'm not going to pack the **suitcase** today.*

before → No **la voy** a **hacer** hoy.

or *attached* → No **voy** a **hacerla** hoy.
*I'm not going to pack **it** today.*

Más práctica
Cuaderno *pp. 4–6*
Cuaderno para hispanohablantes *pp. 5–7*

@HomeTutor
Leveled Grammar Practice
ClassZone.com

Práctica de GRAMÁTICA

6 Para abordar

¿*Recuerdas?* Possessions p. R2

Hablar
Escribir

Di si tienes estas cosas cuando vas de vacaciones. *(Discuss what you take on vacation.)*

A ¿Tienes el pasaporte?

B Sí, (No, no) **lo** tengo.

modelo: el pasaporte

1. los videojuegos
2. el lector DVD
3. el libro
4. la identificación
5. el radio
6. el tocadiscos compactos
7. las tarjetas postales
8. los discos compactos
9. el televisor

7 ¿Quién lo hace?

Leer
Escribir

Completa las oraciones con el pronombre de objeto directo para describir cómo se prepara la familia Ramos. *(Complete using direct object pronouns.)*

modelo: En el verano vamos a Costa Rica. Mis abuelos ____ invitan.
Mis abuelos **nos** invitan.

1. Hablo en español con mis abuelos. Ellos ____ entienden muy bien.
2. Mis papás no compran los boletos. Mis abuelos ____ compran.
3. Hacemos cuatro maletas para la familia. Elena y yo ____ hacemos.
4. Elena tiene el traje de baño en su mochila. No ____ pone en la maleta.
5. El agente de viajes va a preparar nuestro itinerario. El agente ____ llama por teléfono porque tiene unas preguntas.
6. Yo no puedo encontrar mi pasaporte. Busco por todo mi cuarto y ____ encuentro debajo de la cama.
7. Tomamos un taxi al aeropuerto. Mi madre ____ llama un día antes.
8. Tengo tu dirección electrónica. ____ mando un correo electrónico.

Comparación cultural

Surcando aires *(2002)*,
Adrián Gómez

Pura vida

¿Cómo refleja (reflect) *el arte la vida* (life) *y los valores* (values) *de un país?* Un tema frecuente del artista Adrián Gómez es los niños *(children)* y los columpios *(swings)*. Estas pinturas reflejan la esencia de *pura vida*, una frase popular en **Costa Rica.** La frase expresa la identidad de los costarricenses: su optimismo, tranquilidad y felicidad *(happiness)* en la vida. Dicen «pura vida» para saludar *(greet)* a amigos, dar gracias y responder a «¿Cómo estás?».

Compara con tu mundo *¿Cómo muestra* (show) ***pura vida*** *el niño en el columpio? ¿Cuál es un momento de* ***pura vida*** *para ti?*

8 ¿Dónde queda...?

¿*Recuerdas?* Prepositions p. R9, places p. 14

Hablar
Escribir

Tu compañero(a) trabaja en la oficina de turismo. Pregúntale dónde quedan los lugares en el mapa. *(Discuss where the places on the map are located.)*

al lado de	detrás de
cerca de	en el centro
delante de	lejos de

modelo: el centro comercial: lejos de aquí

A Perdón. ¿Dónde queda el centro comercial? No puedo encontrar**lo.**

B Mira. ¿**Lo** ves en el mapa? El centro comercial queda lejos de aquí.

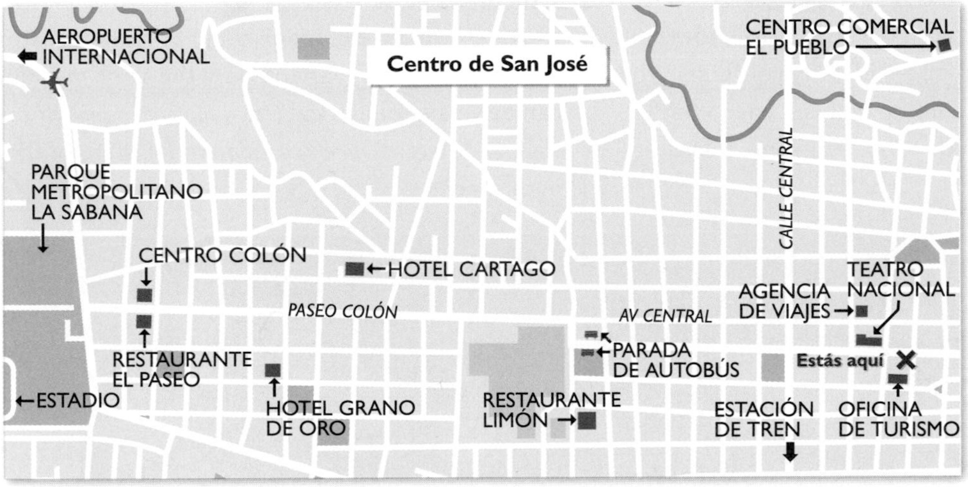

9 ¿Quién lo va a hacer?

Hablar
Escribir

Tú y tus compañeros van a hacer un viaje. Divide las responsabilidades. *(Discuss who will do what to prepare for a trip.)*

llamar a la agente de viajes
preparar el itinerario
comprar los boletos
confirmar el vuelo
buscar los pasaportes
llamar el taxi

A ¿Quién quiere llamar a la agente de viajes?

B Yo quiero llamar**la.**

C ¿Cuándo vas a llamar**la**?

La voy a llamar el lunes. ¿Quién quiere...?

Expansión
Write a list of each student's responsibilities and share them with the class.

Más práctica Cuaderno *pp. 4–6* Cuaderno para hispanohablantes *pp. 5–7*

PARA Y PIENSA

Did you get it? Answer with direct object pronouns.

1. ¿Vas a preparar el itinerario? Sí, voy a ____ .
2. ¿Ves a los pasajeros? Sí, ____ ____ .

Get Help Online
ClassZone.com

GRAMÁTICA en contexto

¡AVANZA! **Goal:** Listen to Alejandro, Natalia, and their mother talk about the items needed on their trip. Then continue using direct object pronouns to talk to your classmates about vacation activities. ***Actividades 10–11***

¿Recuerdas? Daily activities p. 10

Telehistoria escena 2

@HomeTutor VideoPlus
ClassZone.com

STRATEGIES

Cuando lees

Identify conflicts To understand the situation, identify conflicts. What is the conflict in this scene? Who is involved? Who, if anyone, is likely to win?

Cuando escuchas

Notice cognates Spanish and English cognates (words that are similar and have the same meaning) can be virtually identical (*televisión=television*) or only slightly different (*itinerario=itinerary*). Listen for them in this scene.

VIDEO DVD

AUDIO

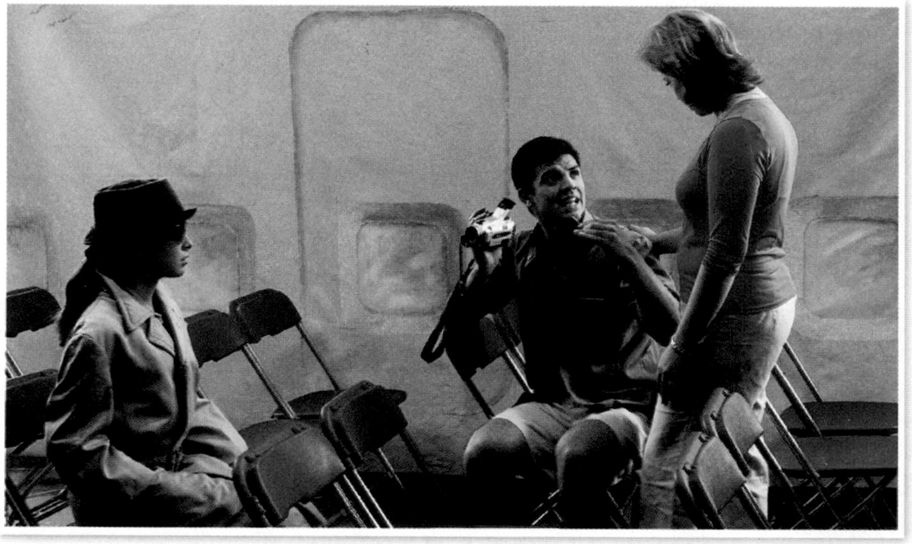

Alejandro films Natalia on the set of a fake airplane.

Alejandro: Tú vas a tomar un vuelo a Miami. Haces cola para abordar el avión. Esperas en la puerta y miras tu tarjeta de embarque. Se la das al auxiliar de vuelo. Abordas el avión.

Madre: ¿Tienen sus trajes de baño?

Natalia: Sí, los tenemos.

Alejandro: Y tenemos nuestros pasaportes. Y el itinerario.

Madre: ¿Pasaportes? No los necesitan.

Natalia: Pero en la agencia de viajes dicen...

Madre: Pero no vamos a viajar a Miami. Vamos de vacaciones aquí en Costa Rica. ¡A Playa Hermosa!

Natalia y Alejandro: ¿A la playa? ¡NO!

Continuará... p. 49

También se dice

Costa Rica The mother asks if the kids have their bathing suits, or **trajes de baño.** In other Spanish-speaking countries:

- **Argentina, Uruguay** la malla
- **Cuba** la trusa
- **Colombia** el vestido de baño
- **Ecuador** el terno de baño
- **España** el bañador
- **Perú** la ropa de baño

10 *Comprensión del episodio* ¿A la playa?

Escuchar
Leer

Contesta con la respuesta correcta. Usa el pronombre de objeto directo. *(Give the correct answer. Use the direct object pronoun.)*

modelo: Antes de abordar el avión, ¿los pasajeros hacen cola?
Sí, la hacen.

1. Cuando los pasajeros esperan en la puerta, ¿miran su tarjeta de embarque?
2. ¿Alejandro y Natalia tienen sus trajes de baño?
3. ¿Ellos tienen el itinerario?
4. ¿Ellos van a necesitar los pasaportes?

11 De vacaciones

¿Recuerdas? Daily activities p. 10

Hablar

Pregúntale a tu compañero(a) si hace estas actividades cuando está de vacaciones. *(Ask your partner if he or she does these activities while on vacation.)*

modelo: comer hamburguesas

A ¿Comes hamburguesas cuando estás de vacaciones?

B Sí, las como. (No, no las como.) ¿Y tú?

1. beber refrescos
2. escuchar música clásica
3. leer libros
4. mirar la televisión
5. practicar deportes
6. pedir pizza
7. estudiar matemáticas
8. hacer la tarea

Expansión
List three activities you and your partner both do. Then write them in sentences using direct object pronouns.

Pronunciación El sonido L y LL

AUDIO

The Spanish **l** is similar to the English *l*, but **ll** sounds like the *y* of the English word *yes*. Listen to and repeat these words and phrases.

la	**sala**	**lla**	**pantalla**
le	**maleta**	**lle**	**llegada**
li	**salida**	**lli**	**apellido**
lo	**vuelo**	**llo**	**ellos**
lu	**Luisa**	**llu**	**lluvia**

Luisa hace las maletas para su vuelo a Costa Rica.
Miramos la pantalla para ver las horas de salida y de llegada.

PARA Y PIENSA

Did you get it? Answer with the correct direct object pronoun.

1. ¿Tienes el pasaporte?
2. ¿Necesito la identificación?
3. ¿Vamos a comprar los boletos?
4. ¿Él llama a Natalia?

Get Help Online
ClassZone.com

Presentación de GRAMÁTICA

¡AVANZA! **Goal:** Learn the indirect object pronouns. Then use them to refer to people involved in travel plans and other activities. ***Actividades 12–16***

English Grammar Connection: Indirect objects are nouns that answer the questions *to whom?* or *for whom?* about the verb. **Indirect object pronouns** take the place of indirect object nouns.

Rosa gives **her** a ticket. Rosa **le** da un boleto.

Indirect Object Pronouns

Animated Grammar
ClassZone.com

In Spanish, **indirect object pronouns** are used to accompany or replace **nouns** that act as **indirect objects.**

Here's how: The indirect object pronouns **me, te, nos,** and **os** are the same as the direct object pronouns. Only the **usted/él/ella** and **ustedes/ellos/ellas** forms are different.

Indirect Object Pronouns

Singular		Plural	
me	*me*	**nos**	*us*
te	*you (familiar)*	**os**	*you (familiar)*
le	*you (formal), him, her*	**les**	*you, them*

In Spanish, you must use the **indirect object pronoun** to *accompany* the **noun** it modifies or to *replace* the **noun.** The pronoun appears before **conjugated verbs.**

accompanies

Mamá **les da** el dinero a **José y Ana.**
*Mom gives **José and Ana** the money.*

replaces

Mamá **les da** el dinero.
*Mom gives **them** the money.*

When an **infinitive** follows the **conjugated verb,** the **indirect object pronoun** can be placed *before* the **conjugated verb** or *attached* to the **infinitive.**

Le voy a **vender** mi coche a **Sara.**
*I'm going to sell **Sara** my car.*

becomes → *before* **Le voy** a **vender** mi coche.

or *attached* **Voy** a **venderle** mi coche.
*I'm going to sell **her** my car.*

Más práctica
Cuaderno *pp. 7–9*
Cuaderno para hispanohablantes *pp. 8–11*

@HomeTutor
Leveled Grammar Practice
ClassZone.com

Práctica de GRAMÁTICA

12 Preparaciones

Hablar
Escribir

Completa las oraciones cambiando el objeto indirecto a **me, te, le, nos** o **les.** *(Complete the sentences with the correct indirect object pronouns.)*

modelo: el agente / vender / los boletos de ida y vuelta / a nosotros
El agente **nos** vende los boletos de ida y vuelta.

1. el agente / dar / el itinerario / a mis padres
2. mi padre / paga / cuatrocientos dólares / a la agente de viajes
3. mis abuelos / dar / equipaje nuevo / a mí y a mi hermano
4. mi madre / regalar / un nuevo traje de baño / a mí / para el viaje
5. yo / dar / mi perro / a ti / cuando voy de vacaciones
6. nosotros / dar / el equipaje / al auxiliar de vuelo

13 En el aeropuerto

Escuchar
Escribir

Alejandro describe lo que ve mientras espera el avión. Escucha lo que dice y completa las oraciones con **me, te, le, nos** o **les.** *(Listen to Alejandro, and complete the sentences with the appropriate indirect object pronouns.)*

1. Los pasajeros ____ hablan a los auxiliares de vuelo.
2. Un señor ____ quiere dar un refresco a su esposa.
3. Un pasajero ____ pregunta la hora a la auxiliar de vuelo.
4. La auxiliar ____ dice unas palabras.
5. Los pasajeros ____ dan las tarjetas de embarque.
6. Mamá ____ quiere hablar.
7. ____ hablo más tarde.

14 ¿Y tú?

Hablar
Escribir

Contesta las preguntas con un(a) compañero(a). *(Answer the questions with a classmate.)*

modelo: ¿A quién le preguntas cuando quieres ayuda con la tarea de español, al (a la) profesor(a) o a tu amigo(a)?

A **Le** pregunto a mi amigo(a). ¿Y tú?

B **Le** pregunto al profesor.

1. ¿A quién le preguntas cuando quieres salir con los amigos, a tu madre o a tu padre?
2. ¿Quién te da el dinero para comprar los discos compactos, tu madre, tu padre o tus abuelos?
3. ¿Quién les da más problemas a tus padres, tú o tu hermano(a)?
4. ¿Quién me va a dar más tarea, el (la) profesor(a) de español o de matemáticas?
5. ¿A quién le escribes correos electrónicos, a tu mejor amigo(a) o a todos tus amigos?

Expansión
Create three similar questions to ask your partner.

15 Un viaje especial

Leer
Escribir

¿Qué le dice Natalia a su amiga sobre su viaje? Completa el párrafo con **me, te, le, nos** o **les.** *(Complete the paragraph with the appropriate indirect object pronouns.)*

> Estamos tan contentos. Papá __**1.**__ dice que vamos a hacer un viaje magnífico. Primero, él __**2.**__ habla al agente de viajes por teléfono. Luego todos vamos a la agencia de viajes. El agente __**3.**__ da los boletos a Papá y entonces __**4.**__ dice (a nosotros) que todos tenemos que tener identificación. Más tarde Mamá __**5.**__ pide más información a las personas en la oficina de turismo. Vamos a un lugar con playa. Por eso, Mamá __**6.**__ dice a mí que necesito llevar el traje de baño. ¡Qué divertido! En el viaje __**7.**__ voy a comprar algo que te va a gustar.

16 ¡Vamos a dibujar!

Leer
Escribir
Hablar

Comparación cultural

La naturaleza de Costa Rica

¿Por qué debe un país preservar su naturaleza (nature)? **Costa Rica** es un país pequeño, pero la variedad de flora y fauna es enorme. Hay muchos jardines y reservas en donde la naturaleza está protegida *(protected)* y donde puedes observar las especies *(species)* nativas del país. En el Jardín de Cataratas La Paz puedes caminar entre miles de mariposas *(butterflies)* en un gran observatorio. La especie más famosa de Costa Rica es la morfo azul, con su color especial. Este parque también tiene un jardín de colibríes *(hummingbirds)*, un jardín de orquídeas *(orchids)*, cinco cataratas *(waterfalls)* y muchas plantas tropicales.

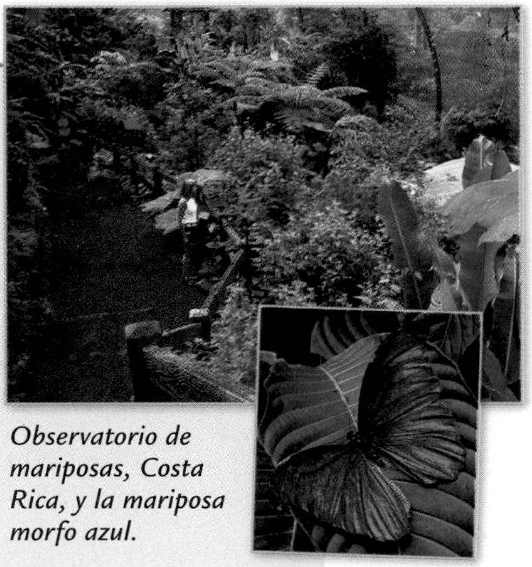

Observatorio de mariposas, Costa Rica, y la mariposa morfo azul.

Compara con tu mundo *¿Hay mucha naturaleza donde vives? Descríbela. ¿Es importante preservarla? ¿Por qué?*

Estás en el Jardín de Cataratas con un(a) compañero(a) y ustedes quieren dibujar muchas cosas. Di a quiénes les van a dar cada dibujo. Usa **me, te, le, nos** y **les.** *(Talk about the drawings you do in the garden and to whom you are going to give them.)*

A Voy a dibujar la mariposa azul. **Le** voy a dar el dibujo a mi mamá. ¿Y tú? ¿Qué vas a dibujar?

B Voy a dibujar las cataratas. Voy a dar**te** el dibujo.

Más práctica Cuaderno *pp. 7–9* Cuaderno para hispanohablantes *pp. 8–11*

PARA Y PIENSA

Did you get it? Use indirect object pronouns to complete the following:

1. No tengo traje de baño, pero mi mamá _____ va a comprar uno.
2. ¿Y para ustedes? Ella _____ va a traer un recuerdo de Costa Rica.

Get Help Online
ClassZone.com

Todo junto

¡AVANZA! **Goal:** ***Show what you know*** Listen to Natalia's family discuss the final plans for their upcoming trip. Then use the language you have learned to talk about real and imaginary travel experiences. ***Actividades 17–21***

Telehistoria completa

@HomeTutor VideoPlus
ClassZone.com

STRATEGIES

Cuando lees
Identify irony Irony is used to express something other than the literal meaning. Find the ironic statements as you read, and notice who says them.

Cuando escuchas
Listen for irony Irony is expressed in various ways: speaking with a higher or lower pitch, talking loudly, or laughing. Some irony is delivered in a "deadpan" way. Can you tell who uses ironic statements?

Escena 1 ***Resumen***
Natalia y Alejandro hacen una película sobre un viaje a Miami. Su madre les dice que necesitan hacer sus maletas para las vacaciones.

Escena 2 ***Resumen***
Natalia y Alejandro hicieron las maletas y tienen sus pasaportes. Su madre les dice que no los necesitan porque la familia no va a Miami.

Escena 3

VIDEO DVD
AUDIO

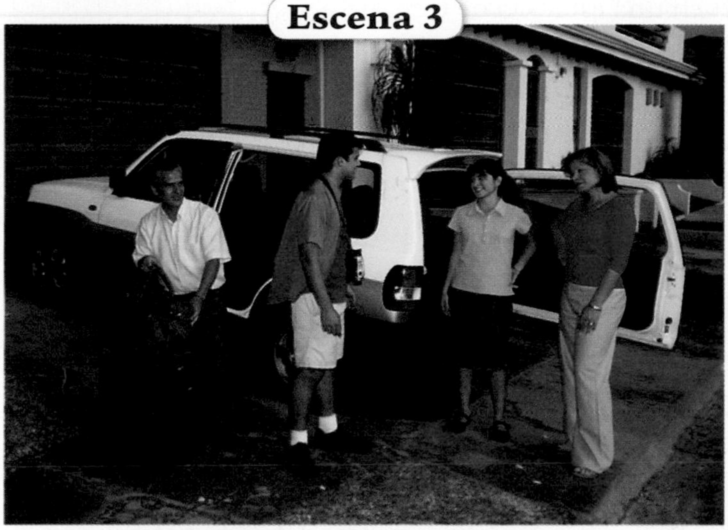

Alejandro: ¿Por qué no vamos a Miami?

Madre: La agente de viajes dice que va a llover toda la semana en Miami.

Natalia: Pero estamos haciendo una película sobre un vuelo peligroso a Miami. Necesitamos filmar en el aeropuerto.

Padre: ¿Y por qué no hacen una película sobre un viaje peligroso a la playa?

Alejandro: ¿La playa? ¿Peligrosa?

Natalia: Sí, claro. Vamos a un restaurante y nos sirven una comida horrible. ¡Qué peligroso!

Alejandro: O, encontramos al profesor Chávez allí. Me habla de matemáticas. ¡Qué aburrido! ¡Qué miedo!

Natalia: O, Mamá quiere ver una película vieja y mala. Le compramos el tiquete y ella dice: «¡Tienen que ir conmigo!»

Padre: Yo tengo una película de miedo: se llama «ir de vacaciones con nuestros hijos».

17 Comprensión de los episodios ¡Qué miedo!

Escuchar
Leer

Completa las oraciones. *(Complete the statements.)*

1. Alejandro y Natalia quieren
- **a.** ir a la playa.
- **b.** filmar en un aeropuerto.
- **c.** hablar con la agente de viajes.

2. No van a Miami porque
- **a.** no hay aeropuerto.
- **b.** es muy peligroso.
- **c.** va a llover.

3. Alejandro habla de
- **a.** su profesor de matemáticas.
- **b.** la agente de viajes.
- **c.** un restaurante horrible.

4. Papá dice que
- **a.** prefiere ir a Miami.
- **b.** quiere ver una película vieja.
- **c.** tiene una película de miedo.

18 Comprensión de los episodios ¡A corregir!

Escuchar
Leer

Corrige los errores en estas oraciones. *(Correct the errors.)*

modelo: La familia va a Miami.
La familia va a la playa.

1. Natalia y Alejandro hacen una película sobre un viaje a Costa Rica.
2. Ellos necesitan sus pasaportes para viajar.
3. Va a hacer sol toda la semana en Miami.
4. Los padres quieren viajar a Miami.
5. Los hijos necesitan filmar en una estación de tren.
6. Natalia dice que les sirven una comida rica en el restaurante.
7. El profesor Chávez le habla a Alejandro de ciencias.
8. Natalia dice que le compran a mamá un tiquete para ver una película buena.

19 En la agencia de viajes

Hablar

STRATEGY Hablar
Consider what is appropriate Before speaking, consider questions or statements that are appropriate in a given situation. In the following activity, decide the most appropriate form of address, **tú** or **usted.** Think about these things in advance and apply them as you speak.

Hablas con un(a) agente de viajes sobre tus planes para ir de vacaciones. Hazle preguntas y escucha sus respuestas. *(Role-play asking questions to a travel agent.)*

A ¿Usted me puede ayudar con un viaje?

B Sí. ¿Adónde quiere ir?

Expansión
Present your role-play to another pair of students.

20 Integración

Leer
Escuchar
Hablar

Lee el itinerario y escucha el mensaje. Luego, explícale a tu familia qué tienen que hacer el día del viaje. *(Tell your family what they have to do the day of the trip.)*

Fuente 1 Itinerario

Agencia Sol y Mar

Agente: Fernando
Aguilar Furcal
ITINERARIO
Domingo 13 de agosto
Vuelo: 544 AeroTico
de: San José (SJO) Salida 12:00 pm
a: Miami (MIA) Llegada 2:50 pm
Distancia: 1807 km
Duración del vuelo: 2 horas 50 minutos
AVISOS
* Favor de llegar al aeropuerto dos horas antes de su vuelo.
** Hay que tener el pasaporte para todos los vuelos internacionales.

Fuente 2 Mensaje por teléfono

Listen and take notes
- ¿Quién habla y por qué?
- Escribe todos los datos *(facts)* y números.

modelo: Antes de ir al aeropuerto, tenemos que confirmar la hora de salida. Tenemos que llegar a las 10:00 de la mañana...

21 El primer vuelo

Escribir

Tu amigo(a) va a hacer un viaje en avión y quiere saber qué va a pasar antes, después y durante el vuelo. Escríbele un correo electrónico. *(Help your friend know what to expect before, after, and during a flight.)*

A: amigo@mail.com

Tu primer vuelo va a ser muy divertido. Antes del vuelo tienes que facturar el equipaje. Hay que tener...

Writing Criteria	Excellent	Good	Needs Work
Content	Your e-mail includes many new travel terms.	Your e-mail includes some new travel terms.	Your e-mail includes few new travel terms.
Communication	Your e-mail is organized and easy to follow.	Parts of your e-mail are organized and easy to follow.	Your e-mail is disorganized and hard to follow.
Accuracy	Your e-mail has few mistakes in grammar and vocabulary.	Your e-mail has some mistakes in grammar and vocabulary.	Your e-mail has many mistakes in grammar and vocabulary.

Expansión
Compare your e-mail to a classmate's e-mail. How do they differ? How are they the same?

Más práctica Cuaderno *pp. 10–11* Cuaderno para hispanohablantes *pp. 12–13*

PARA Y PIENSA

Did you get it? Write three sentences about air travel. Describe an activity for: the travel agent, the passenger, and the flight attendant.

Get Help Online
ClassZone.com

Lectura

¡AVANZA! **Goal:** Read about an eco-adventure park in Costa Rica, then answer questions about what you can do there. Compare the park to others you know and talk about the park activities you like to do.

AUDIO

Un parque tropical de Costa Rica

STRATEGY Leer

Chart your preferences Keep track of what interests you in a chart. In the first column, list the park attractions. In the second, rate each one, from 1 (not interesting) to 3 (very interesting). In the third column, write the reason for your rating.

Atracciones de Buru Ri Ri	Me gusta (1–3)	¿Por qué?

Bienvenidos a Buru Ri Ri

Un día de aventura[1] en la naturaleza[2] costarricense

Actividades

Teleférico Viaja en cabinas que cuelgan[3] de un cable a una altura[4] de 265 pies. Seis personas viajan en cada cabina donde tienen vistas panorámicas del parque.

Jardín de mariposas[5] Visita nuestra estructura dedicada a cientos de mariposas. Aprende del ciclo de vida[6] de estos insectos.

Jardines tropicales Conoce la naturaleza de Costa Rica. En los jardines encuentras zonas dedicadas a diferentes plantas como orquídeas[7], bromelias[8] y los árboles de nuestros bosques lluviosos[9]. También puedes ver los pájaros[10] coloridos de los bosques.

Aventuras Actividades para el aventurero incluyen montar a caballo[11] o deslizarse[12] en el Cable Fantástico, un cable donde viajas en el aire a una velocidad de casi 80 kilómetros por hora. También puedes viajar por encima del parque en nuestro sistema de plataformas y cables. Es el sistema más grande del país.

Restaurantes Tenemos dos restaurantes que sirven auténtica comida costarricense.

[1] adventure [2] nature [3] hang [4] height [5] butterflies [6] **ciclo...** life cycle
[7] orchids [8] bromeliads [9] **bosques...** rain forests [10] birds [11] horse [12] slide

Buru Ri Ri

¿Dónde queda el parque Buru Ri Ri?

Queda en el valle central de Costa Rica. Está cerca de la capital, San José, y cerca también de la costa Pacífica.

¿Cuánto cuesta una visita?

Precios de entrada*	Adultos	Estudiantes**	Niños†
Tour básico del parque Buru Ri Ri	$45	$40	$35
Tour de aventura (Selecciona uno: Montar a caballo, Cable fantástico o Tour de plataformas)	$45	$40	$35
Tour extremo (Dos horas en las plataformas más otra actividad de aventura)	$60	$55	$50

* Los precios del tour incluyen: viaje en autobús de San José, comida, un viaje en Teleférico y un(a) guía bilingüe.

**Precio de estudiante: es necesario presentar la identificación de estudiante.

† (de 3 a 11 años)

Sugerencias para tu visita

Habla con tu agente de viajes para incluir una visita al Parque Tropical BURU RI RI en tu itinerario.

Para más información:

Parque Tropical BURU RI RI
Apdo. 571-2100
Tel: (591) - 280-1234
www. bururiri.com

PARA Y PIENSA

¿Comprendiste?

1. ¿Cuáles son las actividades que puedes hacer en el Parque Buru Ri Ri?
2. ¿Dónde queda el parque?
3. ¿Por qué cuesta más el tour extremo?
4. ¿Qué tienes que hacer para pagar la entrada de $40?

¿Y tú?

¿Conoces un lugar como el Parque Buru Ri Ri? ¿Qué puedes hacer o ver en ese lugar? ¿Qué actividad te gusta hacer en un parque como Buru Ri Ri?

❖ **Conexiones** *Las matemáticas*

El río Pacuare

Muchas personas viajan a Costa Rica para navegar por rápidos *(to go whitewater rafting)* en el río Pacuare. El río empieza en la Cordillera de Talamanca, en el centro de Costa Rica. En las montañas y en la selva *(jungle),* el Pacuare baja muy rápidamente porque llueve mucho y la pendiente *(slope)* es grande. El río va más lentamente al pie de las montañas *(foothills)* hasta *(until)* que llega al mar Caribe.

Dibuja una gráfica *(graph)* de la pendiente del río Pacuare usando *(using)* los siete puntos del mapa y las distancias estimadas entre los puntos.

Desde *(from)*	Hasta *(to)*	Distancia
la fuente *(source)*	Porvenir	15 kilómetros
Porvenir	Bajo Pacuare	15 kilómetros
Bajo Pacuare	Tres Equis	20 kilómetros
Tres Equis	Siquirres	18 kilómetros
Siquirres	Manila	10 kilómetros
Manila	la boca	15 kilómetros

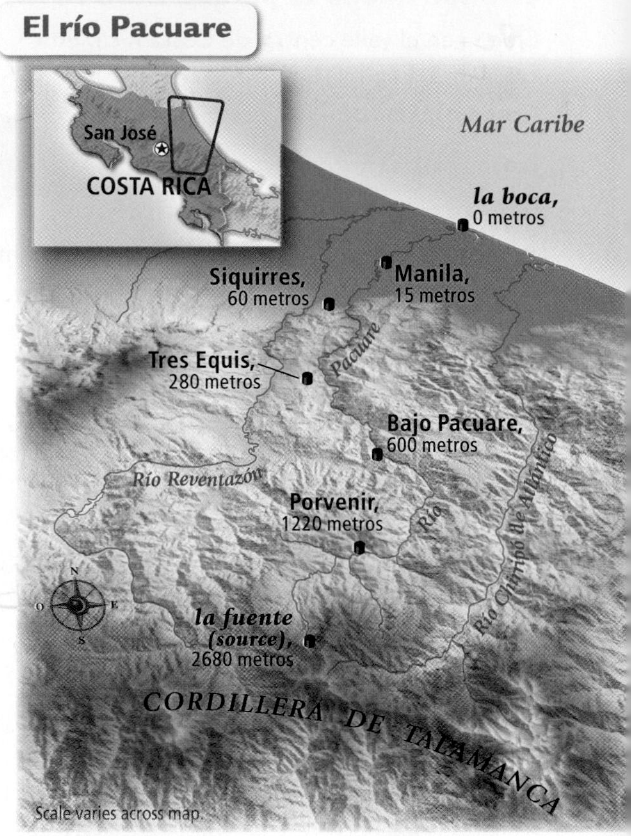

Proyecto 1 *Las ciencias*

El tiempo de las montañas de Costa Rica es muy distinto al tiempo de las costas. Usa Internet o una enciclopedia para investigar sobre estas diferencias. Después, crea un reportaje *(report)* del tiempo de Costa Rica para una estación específica. Incluye un mapa con información sobre las temperaturas, el sol, la lluvia y el viento.

Proyecto 2 *El arte*

En las selvas por donde pasa el río Pacuare hay muchos animales exóticos como monos *(monkeys)*, tucanes y jaguares. Dibuja una escena del río que ilustra los animales de la selva. Escribe los nombres de los animales en español en el dibujo.

Proyecto 3 *Las ciencias sociales*

Hay muchos grupos dedicados a la conservación del río Pacuare. Investiga sobre el río Pacuare y escribe un párrafo sobre su importancia. ¿Cómo es el río? ¿Por qué es importante para la economía de Costa Rica?

Unos jóvenes navegan por rápidos en el río Pacuare.

En resumen
Vocabulario y gramática

Animated Grammar
Interactive Flashcards
ClassZone.com

Vocabulario

Discuss Travel Preparations

Planning

la agencia de viajes	*travel agency*
el (la) agente de viajes	*travel agent*
confirmar el vuelo	*to confirm a flight*
hacer la maleta	*to pack a suitcase*
hacer un viaje	*to take a trip*
ir de vacaciones	*to go on vacation*
llamar a	*to call someone (by phone)*
viajar	*to travel*

Items

el boleto	*ticket*
el boleto de ida y vuelta	*roundtrip ticket*
el equipaje	*luggage*
la identificación	*identification*
el itinerario	*itinerary*
la maleta	*suitcase*
el pasaporte	*passport*
la tarjeta de embarque	*boarding pass*
el traje de baño	*bathing suit*

At the Airport

Before Departure

abordar	*to board*
el aeropuerto	*airport*
el (la) auxiliar de vuelo	*flight attendant*
facturar el equipaje	*to check one's luggage*
hacer cola	*to get in line*
la pantalla	*monitor; screen*
el (la) pasajero(a)	*passenger*
pasar por seguridad	*to go through security*
la puerta	*gate*
la salida	*departure*
el vuelo	*flight*

After Arrival

la llegada	*arrival*
pasar por la aduana	*to go through customs*
el reclamo de equipaje	*baggage claim*

Ask For Information

Por favor, ¿dónde queda...?	*Can you please tell me where . . . is?*

Around Town

la estación de tren	*train station*
la oficina de turismo	*tourist office*
la parada de autobús	*bus stop*
tomar un taxi	*to take a taxi*

Gramática

Nota gramatical: Personal **a** *p. 40*

REPASO Direct Object Pronouns

Direct object pronouns can be used to replace **direct object nouns.**

Singular		Plural	
me	*me*	**nos**	*us*
te	*you (familiar)*	**os**	*you (familiar)*
lo	*you (formal), him, it*	**los**	*you, them*
la	*you (formal), her, it*	**las**	*you, them*

Indirect Object Pronouns

Indirect object pronouns are used to accompany or replace **nouns** that act as **indirect objects.**

Singular		Plural	
me	*me*	**nos**	*us*
te	*you (familiar)*	**os**	*you (familiar)*
le	*you (formal), him, her*	**les**	*you, them*

Lección 1

Repaso de la lección

¡LLEGADA!

@HomeTutor
ClassZone.com

Now you can
- discuss travel preparations
- talk about things you do at an airport
- talk about how to get around town

Using
- personal **a**
- direct object pronouns
- indirect object pronouns

To review
- direct object pronouns, p. 41

1 Listen and understand

AUDIO

Escucha la conversación entre Natalia y su mamá e indica si Natalia tiene las siguientes cosas. Luego, escribe una oración según el modelo. *(Decide whether or not Natalia has the following items. Then explain that she does or doesn't have it.)*

modelo: el dinero   Sí, lo tiene.

1. el boleto
2. el itinerario
3. la identificación
4. el pasaporte
5. el traje de baño
6. las maletas
7. la hora de la llegada del vuelo
8. la tarjeta de embarque

To review
- personal **a**, p. 40

2 Talk about how to get around town

Explica qué vas a hacer en estos lugares en tu comunidad. *(Say what you will do at these places.)*

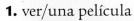

modelo: encontrar/mis primos
Voy al aeropuerto para encontrar a mis primos.

1. ver/una película

2. buscar/unos amigos

3. ver/unos mapas

4. buscar/un horario

5. ver/la agente de viajes

6. encontrar/mi amiga

To review
- direct object pronouns, p. 41

3 Discuss travel preparations

El primo de Alejandro le hace muchas preguntas sobre su viaje. ¿Cómo contesta Alejandro? *(Tell how Alejandro answers his cousin's questions.)*

modelo: ¿Tomas las maletas del reclamo de equipaje?
Sí, las tomo del reclamo de equipaje.

1. ¿El agente de viajes ayuda a ustedes con los boletos?
2. ¿Haces las maletas?
3. ¿Tienes tu traje de baño?
4. ¿Tus padres te acompañan al aeropuerto?
5. ¿Ves a los otros pasajeros cuando haces cola?
6. ¿Facturas el equipaje?
7. ¿Recibes tu tarjeta de embarque antes de abordar?
8. ¿Necesitas tu pasaporte para abordar el vuelo?

To review
- indirect object pronouns, p. 46

4 Talk about things you do at an airport

Un grupo de estudiantes viaja a Costa Rica con su profesor de español. Completa las oraciones sobre su viaje. *(Complete the sentences.)*

modelo: yo/dar/la identificación/a la agente de viajes
Yo le doy la identificación.

1. la agente de viajes/vender/los boletos/a ti
2. la agente/confirmar/el vuelo/para mí
3. el profesor /enseñar /la pantalla de los vuelos/a Luisa
4. nosotros/dar/la tarjeta de embarque/a los auxiliares de vuelo
5. los auxiliares de vuelo/servir/la comida/a nosotros
6. mis amigas/dar/su pasaporte/al agente de la aduana

To review
- Los costarricenses, p. 33
- Comparación cultural, pp. 42, 48

5 Costa Rica

Comparación cultural

Contesta estas preguntas culturales. *(Answer these culture questions.)*

1. ¿Cuál es otro nombre para los costarricenses?
2. ¿Cuál es una artesanía típica de Costa Rica? ¿Cómo es?
3. ¿Por qué dicen **pura vida** los costarricenses?
4. ¿Qué puedes ver en el Jardín de Cataratas La Paz?

Más práctica Cuaderno *pp. 12–23* Cuaderno para hispanohablantes *pp. 14–23*

Get Help Online
ClassZone.com

UNIDAD 1

Costa Rica

Lección 2

Tema:

Cuéntame de tus vacaciones

¡AVANZA! **In this lesson you will learn to**

- say where you went and what you did on vacation
- ask information questions
- talk about buying gifts and souvenirs

using

- interrogatives
- preterite of **-ar** verbs
- preterite of **ir, ser, hacer, ver,** and **dar**

¿Recuerdas?

- food, days of the week
- parties

Comparación cultural

In this lesson you will learn about

- the Costa Rican painter Jeannette Carballo
- national parks and weather in Costa Rica and Chile
- *batidos de fruta* and *chocolate con leche*
- vacation destinations in Costa Rica, Chile, and Puerto Rico

Compara con tu mundo

La familia de la foto está de vacaciones en un hotel de Playa Hermosa, Costa Rica. *Cuando estás de vacaciones, ¿vas a la playa? ¿Vas a un hotel? ¿Adónde vas de vacaciones?*

¿Qué ves?

Mira la foto

¿Dónde está el hotel?

¿Tiene mucho equipaje la familia?

¿Qué hace la madre?

¿Qué tiene en la mano la chica?

Online SPANISH CLASSZONE.COM

Featuring...
- Cultura INTERACTIVA
- Animated Grammar
- @HomeTutor

And more...
- Get Help Online
- Interactive Flashcards
- Review Games
- WebQuest
- Self-Check Quiz

El Hotel Rodes Paradise
Playa Hermosa, Guanacaste, Costa Rica

Presentación de VOCABULARIO

¡AVANZA! **Goal:** Learn words to describe vacation activities and lodging. Then talk about what you like to do on vacation. ***Actividades 1–2***

VIDEO DVD

AUDIO

A La familia de Alejandro y Natalia **está de vacaciones.** Necesitan **alojamiento.** **Tienen reservaciones** en el hotel del **año pasado.** Quieren **una habitación doble** para los padres y dos **individuales** para los hijos, una para Alejandro y otra para Natalia.

B La familia quiere **ver las atracciones** y hacer muchas más actividades.

C Durante su **tiempo libre,** pueden ir a **pescar, montar a caballo** o **acampar.**

D Un amigo, Marco, va a la tienda de artesanías porque quiere comprar **un recuerdo** para los abuelos. **Las artesanías** son muy **bellas,** pero **¡qué caras!** Piden mucho dinero. Marco tiene que **regatear** por un buen precio. Él paga con **dinero en efectivo** porque no tiene **tarjeta de crédito.**

Más vocabulario

el hostal *hostel; inn*
el mercado al aire libre *open-air market*
anteayer *the day before yesterday*
la semana pasada *last week*
el mes pasado *last month*
demasiado(a) *too; too much*
hacer una excursión *to go on a day trip*
Expansión de vocabulario p. R3
Ya sabes p. R3

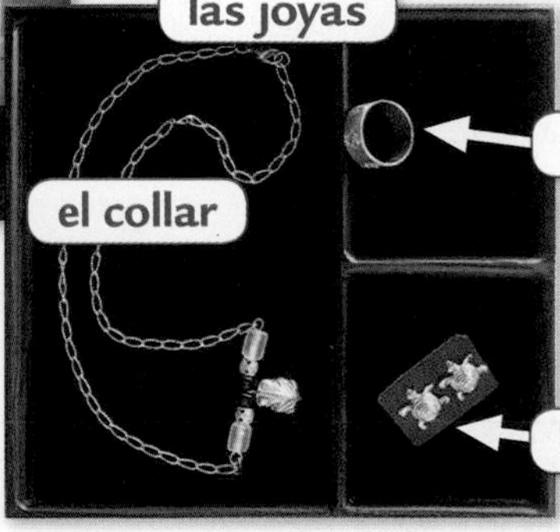

E Marco pregunta:
—¿**Podría ver** las joyas? **Me gustaría** comprar **un collar.**
—¡**Le dejo** el collar **en** un buen precio!

¡A responder! Escuchar

Escucha las descripciones de las actividades durante las vacaciones. Indica a la persona que hace cada actividad. *(Point to the person in the photo who is doing each vacation activity.)*

@HomeTutor VideoPlus
Interactive Flashcards
ClassZone.com

Práctica de VOCABULARIO

1 ¿Qué necesitas?

Escribir

Estás de vacaciones y tienes algunos problemas en el hotel. Escribe lo que necesitas para resolverlos. *(Write the solutions to your problems while on vacation.)*

1. Quiero abrir la puerta. Necesito (el ascensor / la llave).
2. Quiero un cuarto para dos personas. Necesito (una habitación doble / una habitación individual).
3. Tengo un problema. Necesito (hablar con la recepción / hacer una reservación).
4. Prefiero un lugar más pequeño. Necesito (un museo / un hostal).
5. Tengo que comprar unas artesanías. Necesito ir (al alojamiento / al mercado al aire libre).

2 De vacaciones

Hablar

Pregúntale a un(a) compañero(a) si le gusta hacer estas actividades en su tiempo libre. *(Ask if your partner likes to do these activities.)*

A ¿Te gusta visitar museos en tu tiempo libre?

B Sí, (No, no) me gusta visitar museos.

1. 

2. 

3. 

4. 

5. 

6. 

Expansión
Write three sentences comparing your likes and dislikes.

Más práctica Cuaderno *pp. 24–26* Cuaderno para hispanohablantes *pp. 24–27*

PARA Y PIENSA

Did you get it? Can you . . . ?

1. name two types of lodging
2. say if you like to bargain
3. say how you usually pay for things
4. name two outdoor activities

Get Help Online
ClassZone.com

VOCABULARIO en contexto

¡AVANZA! **Goal:** Listen to Natalia, Alejandro, and their mother discuss what to do and where to go. Then practice the question words they use. ***Actividades 3–4***

¿Recuerdas? Interrogatives p. R3

Telehistoria escena 1

@HomeTutor VideoPlus
ClassZone.com

STRATEGIES

Cuando lees
Identify changes in feelings Consider these questions: How do you think the characters feel at the beginning and at the end of the scene, and what causes the change?

Cuando escuchas
Discover hopes To discover characters' hopes, listen to content and intonation simultaneously. Notice what the mother says and how she says it. What are her hopes for herself, Natalia, and Alejandro?

VIDEO DVD

AUDIO

Alejandro: ¿Cómo vamos a hacer la película aquí?

Madre: Su llave. Habitación 12. Es una habitación doble. Papá y yo vamos a visitar el museo en la tarde y a comer en un restaurante. ¿Quieren ir? *(The kids shake their heads no.)* ¿Qué van a hacer con su tiempo libre? ¿Quieren ir a montar a caballo o a pescar? *(The kids shake their heads no again.)* ¿Por qué no van de compras? Pueden comprar algunos regalos... *(handing them some money)*

Natalia: ¡Gracias! ¿Dónde está la parada del autobús?

Madre: No, no. Tomen un taxi. ¡Alejandro! ¿Todavía estás triste?

Alejandro sees a girl, Gaby, leaving the hotel with her mother.

Alejandro: No, no, ¡ahora ya estoy alegre!

Continuará... p. 68

También se dice

Costa Rica Natalia asks where is the bus stop, or **la parada de autobús**. In other Spanish-speaking countries:

- **Colombia** el paradero de bus
- **Perú** el paradero del micro
- **Cuba** la parada de guaguas

3 *Comprensión del episodio* ¿Qué actividades?

Escuchar
Leer

Identifica las actividades que menciona Mamá. *(Identify the activities mentioned.)*

1. comprar regalos
2. dar una caminata
3. visitar el museo
4. pescar
5. tomar fotos
6. montar a caballo
7. tomar un taxi
8. mandar tarjetas postales

Nota gramatical

¿Recuerdas? Interrogatives p. R3

Questions in Spanish often begin with one of the following interrogative words.

adónde	*to where*	**cuántos(as)**	*how many*
cómo	*how*	**dónde**	*where*
cuál(es)	*which (ones)*	**por qué**	*why*
cuándo	*when*	**qué**	*what*
cuánto(a)	*how much*	**quién(es)**	*who*

Notice that each interrogative word has a written **accent** and some have masculine, feminine, and plural forms.

Qué can be followed directly by a noun but **cuál** cannot.

¿**Qué** hotel es el mejor?
What *hotel is the best?*

¿**Cuál** de las llaves necesito?
Which *key do I need?*

4 ¡A regatear!

Hablar
Escribir

Completa la conversación que escuchas en el mercado al aire libre. Usa las palabras interrogativas apropiadas. *(Complete with appropriate question words.)*

Cliente: Me gustaría comprar un regalo. ¿ __1.__ venden ustedes?
Vendedor: Aquí vendemos artesanías y joyas. ¿Para __2.__ es el regalo?
Cliente: Es para mi madre. ¿Podría ver las joyas? ¿ __3.__ joyas tiene?
Vendedor: Tenemos anillos, aretes y collares. ¿ __4.__ de las joyas prefiere ver?
Cliente: Los collares, por favor. ¡Qué bellos! ¿ __5.__ cuestan?
Vendedor: ¿ __6.__ collares quiere comprar? Si compra dos, le dejo los dos en $25 colones.
Cliente: Voy a comprar los dos. No son muy caros.

Expansión
Use different interrogative words to write three questions that you might ask when shopping.

PARA Y PIENSA

Did you get it? Complete the following questions:

1. ¿ _____ queda el museo?
2. ¿ _____ de las postales prefieres?
3. ¿ _____ cuestan los aretes?
4. ¿ _____ no vamos a Miami?

Get Help Online
ClassZone.com

Presentación de GRAMÁTICA

¡AVANZA! **Goal:** Learn how to form the preterite of regular **-ar** verbs. Then use them to talk about activities you and others did in the past. ***Actividades 5–8***

English Grammar Connection: Tense refers to when an action takes place. Many verbs are spelled differently in the past tense than they are in the present tense. For regular verbs, the endings change.

He **talks.** Él **habla.** → **present-tense verb endings**

He **talked.** Él **habló.** → **past-tense verb endings**

Preterite of -ar Verbs

Animated Grammar
ClassZone.com

The **preterite** tense in Spanish tells what happened at a particular moment in the past. How do you form the preterite of **-ar** verbs?

Here's how: Like present-tense verbs, you form the **preterite** tense of regular verbs by adding tense endings to the verb stem.

visitar *to visit*			
yo	**visité**	nosotros(as)	**visitamos**
tú	**visitaste**	vosotros(as)	**visitasteis**
usted, él, ella	**visitó**	ustedes, ellos(as)	**visitaron**

Durante las vacaciones, yo **monté a caballo,** mi mamá **visitó** un museo y mis hermanos **nadaron.**

*During vacation, I **went horseback riding,** my mom **visited** a museum, and my brothers **went swimming.***

The **nosotros** ending in the preterite tense is the same as in the present tense. Look for clues in the sentence to help you determine whether the verb is in the present or past tense.

Acampamos anoche en el parque.
*We **camped** last night in the park.*

The word **anoche** tells you that the verb **acampamos** is in the preterite tense, not the present.

Más práctica
Cuaderno *pp. 27–29*
Cuaderno para hispanohablantes *pp. 28–30*

@HomeTutor
Leveled Grammar Practice
ClassZone.com

Práctica de GRAMÁTICA

5 ¿Quién?

Hablar
Escribir

Di quién participó en estas actividades. *(Tell who did these activities.)*

modelo: Alejandro / visitar el museo
Alejandro **visitó** el museo.

1. yo / montar a caballo
2. nosotros / viajar a la playa
3. ellos / acampar
4. Gaby / tomar fotos
5. tú / mandar tarjetas postales
6. Gaby y Alejandro / hablar
7. nosotras / escuchar música
8. Mamá / comprar recuerdos
9. Mi amiga y yo / regatear
10. tú / visitar el mercado

Expansión
Write three of these sentences using a different subject.

6 ¡Saludos!

Leer
Escribir

Completa el mensaje de Alejandro con el verbo apropiado en el pretérito. *Ojo:* Tienes que usar uno de los verbos dos veces.
(Complete the postcard with verbs in the preterite. ***Hint:*** *Use one verb twice.)*

acampar | mandar | montar | tomar | visitar

¡Hola, Laura!
Me encanta Playa Hermosa, Costa Rica.
Anteayer nosotros __1.__ en las montañas. Papá les __2.__ unas tarjetas postales a sus amigos. Mamá y Sandra __3.__ a caballo. Yo __4.__ muchas fotos. Ayer mi familia y yo __5.__ un museo. ¡Qué aburrido! ¿Tú __6.__ un museo durante las vacaciones? ¡Prefiero ir a pescar!
Tu amigo, Alejandro

Costa Rica
© Tarjetas Ticas, S.A.

Laura Sánchez
1051 Collins Blvd.
Miami Beach, FL
33139

Comparación cultural

Familia en el Volcán Arenal *(1989), Jeannette Carballo*

La familia y sus costumbres

¿Cómo muestran (show) *los artistas las costumbres* (habits) *de un país?* En esta pintura, la artista costarricense Jeannette Carballo presenta a una familia típica del campo *(countryside)*. El padre tiene un radio para escuchar las noticias *(news)*. La madre tiene en los brazos a una de sus hijas. La otra hija tiene un libro. El niño tiene sus libros y cuadernos para ir a la escuela. ¡La familia está preparada para empezar el día!

Compara con tu mundo *¿Cómo empieza el día tu familia? Describe o dibuja para explicar. Compara lo que hace tu familia con lo que hace esta familia.*

7 El año pasado

Hablar

Pregúntale a tu compañero(a) si participó en estas actividades el año pasado. *(Ask your partner if he or she did these activities last year.)*

modelo: escuchar música clásica

A: ¿**Escuchaste** música clásica el año pasado?

B: Sí, (No, no) **escuché** música clásica.

1. viajar en avión
2. visitar un museo
3. comprar joyas
4. montar a caballo
5. mandar tarjetas postales
6. ganar un partido
7. tomar fotos
8. nadar
9. acampar

Expansión
Tell two things your friend did or did not do last year. Tell one thing you both did.

8 ¿Viajó usted mucho?

Escribir
Hablar

¿En qué actividades participó su profesor(a) de español el verano pasado?

acampar	mandar	regatear	viajar
comprar	mirar	tomar	visitar
estudiar	montar		

Paso 1 Trabajando en grupos, preparen cuatro preguntas usando los verbos de la lista. *(Using verbs listed, write four questions to ask the teacher about his or her activities last summer.)*

Paso 2 Entrevisten a su profesor(a) usando la lista de preguntas. Anoten sus respuestas. Luego, escriban un resumen de la entrevista. *(Interview your teacher. Write a summary of his or her responses.)*

modelo: 1. ¿Viajó usted a otro país?
2. ¿Compró usted recuerdos?

AUDIO

Pronunciación El sonido h y ch

The **h** in Spanish is silent. In Spanish **ch** is pronounced like the *ch* in the English word *cheese*. Listen to and repeat these syllables and words.

ha	**hasta**	**cha**	**fecha**
he	**helado**	**che**	**noche**
hi	**historia**	**chi**	**chico**
ho	**hombre**	**cho**	**mucho**
hu	**humano**	**chu**	**lechuga**

Los muchachos están en la habitación del hotel.
Las chicas tienen hambre y comen mucho.

Más práctica Cuaderno *pp. 27–29* Cuaderno para hispanohablantes *pp. 28–30*

PARA Y PIENSA

Did you get it? Answer these questions about your summer.

1. ¿Acamparon tú y tu familia?
2. ¿Visitaron a los abuelos?
3. ¿Estudiaste mucho?
4. ¿Tomaste fotos?

Get Help Online
ClassZone.com

GRAMÁTICA en contexto

¡AVANZA!

Goal: Listen as Alejandro explains to Gaby her character's background and what she did earlier in the day. Then talk more about past activities in and out of school with your classmates. ***Activities 9–11***

¿Recuerdas? Food p. 10

Telehistoria escena 2

@HomeTutor VideoPlus
ClassZone.com

STRATEGIES

Cuando lees
Scan Scanning means glancing over a reading for details of interest. Scan now to find out (a) who is in the scene and (b) how they act toward each other.

Cuando escuchas
Listen for verb endings Listening for verb endings helps you understand the timing of various actions. How many different tenses do you hear?

VIDEO DVD

AUDIO

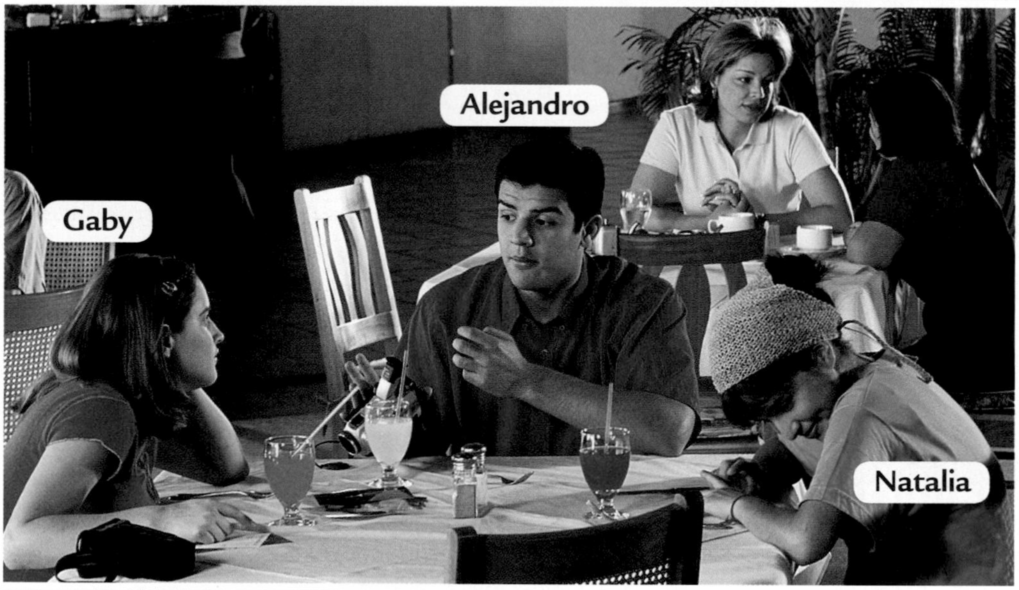

Gaby: ¿Están haciendo una película?

Alejandro: Sí. ¿Quieres ayudar?

Gaby: Bueno. ¿Qué tengo que hacer?

Alejandro grabs his camera and begins directing a scene.

Alejandro: Gaby, tú eres una turista. Llegaste aquí hoy. Tomaste fotos y compraste tarjetas postales. Estás en un restaurante. Natalia se sienta en tu mesa. Tú dices: «¿Cómo me encontraste?»

Gaby: *(anxiously)* «¿Cómo me encontraste?»

Alejandro: No, no Gaby, más tranquila.

Gaby: «¿Cómo me encontraste?»

Alejandro: Este... sí, muy bien.

Continuará... p. 73

9 Comprensión del episodio ¡A corregir!

Escuchar
Leer

Corrige los errores en estas oraciones según la Telehistoria. *(Correct the errors.)*

modelo: Gaby es una maestra.
Gaby es una turista.

1. Gaby llegó ayer.
2. Gaby tomó un taxi.
3. Gaby compró regalos.
4. Gaby está en un museo.
5. Natalia se sienta en su silla.
6. Gaby dice: «¿Cómo llegaste?»

10 ¿Qué compraste? ¿Recuerdas? Food p. 10

Hablar
Escribir

Pregúntales a tus compañeros qué compraron para el almuerzo ayer. Anota las respuestas. Después escribe un resumen de los resultados. *(Ask what others bought for lunch and write their answers. Write the results in a summary.)*

A ¿Qué compraste para el almuerzo ayer?

B Ayer compré pizza.

C Ayer compré pizza, leche y una manzana.

RESUMEN: ANA Y JOSÉ COMPRARON PIZZA.
JOSÉ TAMBIÉN COMPRÓ LECHE Y UNA MANZANA.

11 ¿Qué hicieron el verano pasado?

Hablar

Pregúntale a tu compañero(a) si hizo estas actividades con su familia la semana, el mes o el año pasado. *(Interview your friend about his or her activities. Change roles.)*

acampar	estudiar
comprar	montar
descansar	viajar
dibujar	visitar

A ¿Acamparon ustedes el año pasado?

B Sí, (No, no) acampamos el año pasado.

Expansión
Use interrogative words to find out as many details as possible about your partner's activities.

PARA Y PIENSA

Did you get it? Answer with the correct form of the preterite.

1. Yo (descansar) _____ .
2. Nicolás (estudiar) _____ .
3. Ellas (viajar) _____ .
4. Tú (dibujar) _____ .

Get Help Online
ClassZone.com

Presentación de GRAMÁTICA

¡AVANZA!

Goal: Learn how to form the preterite of **ir, ser, hacer, ver,** and **dar.** Then use these verbs to talk about the past. ***Actividades 12–16***

¿Recuerdas? Days of the week p. R13, parties p. R13

English Grammar Connection: Verbs that are regular in the past tense end in *-ed*. **Irregular verbs,** however, have a different past-tense form.

I **went** to the reception desk. **Fui** a la recepción.

Preterite of ir, ser, hacer, ver, dar

Animated Grammar ClassZone.com

The verbs **ir, ser, hacer, ver,** and **dar** are irregular in the preterite tense. They are formed without regular past-tense endings.

Here's how:

The preterite forms of **ir** and **ser** are exactly the same.

You must use clues in the sentence to determine whether **ir** or **ser** is used in the preterite.

ir *to go* / **ser** *to be*	
fui	**fuimos**
fuiste	**fuisteis**
fue	**fueron**

Fuimos al parque de diversiones.
*We **went** to the amusement park.*

¡**Fue** un día muy divertido!
*It **was** a very fun day!*

Hacer has its own preterite-tense forms. In the **usted/él/ella** form, the **c** of the stem becomes a **z** before **o.**

¿Qué **hizo** usted ayer?
*What **did you do** yesterday?*

Hice la tarea.
*I **did** homework.*

hacer *to do; to make*	
hice	**hicimos**
hiciste	**hicisteis**
hizo	**hicieron**

The verbs **ver** and **dar** take regular **-er/-ir** past tense endings in the preterite but have no written accent marks.

ver *to see*	
vi	**vimos**
viste	**visteis**
vio	**vieron**

dar *to give*	
di	**dimos**
diste	**disteis**
dio	**dieron**

Vimos mucho arte interesante en el museo.
*We **saw** a lot of interesting art at the museum.*

Mi amigo me **dio** un regalo.
*My friend **gave** me a gift.*

Más práctica

Cuaderno *pp. 30–32*
Cuaderno para hispanohablantes *pp. 31–34*

@HomeTutor
Leveled Grammar Practice
ClassZone.com

Práctica de GRAMÁTICA

12 La semana pasada

¿*Recuerdas?* Days of the week p. R13

Escribir

Di lo que estas personas hicieron o no hicieron la semana pasada.
(Tell what these people did or didn't do last week.)

modelo: Elena / ir a la biblioteca / viernes
Elena (no) **fue** a la biblioteca el viernes.

1. yo / ver a mis amigos / domingo
2. nosotros / ir al centro comercial / jueves
3. Papá / hacer una excursión / martes
4. tú / dar una caminata / sábado
5. mi amigo y yo / hacer la tarea / lunes
6. Alejandro y Natalia / ver las atracciones / viernes
7. yo / darle un regalo a mi madre / miércoles
8. ustedes / ir de compras / domingo

Expansión
Use three of these verbs to tell what you and your friends did last week.

13 ¡Una fiesta!

¿*Recuerdas?* Parties p. R13

Leer
Escribir

Graciela y sus padres dieron una fiesta de sorpresa para su hermano Tomás. ¿Qué le dice Graciela a su amiga de Costa Rica? Completa el párrafo con el pretérito de **hacer, ver** o **dar.** *(Complete with the appropriate verbs in the preterite tense.)*

El sábado pasado mis padres y yo __**1.**__ una fiesta de sorpresa para mi hermano. Antes de la fiesta, Mamá __**2.**__ un pastel, pero Tomás nunca lo __**3.**__ . Yo __**4.**__ las decoraciones. Durante la fiesta, cantamos y __**5.**__ películas. Más tarde, nosotros le __**6.**__ muchos regalos a Tomás. Mis padres le __**7.**__ ropa nueva y yo le __**8.**__ un disco compacto. Su amiga le __**9.**__ entradas a un concierto. Fue una noche muy divertida. ¿Y tú? ¿Qué __**10.**__ el sábado pasado? ¿ __**11.**__ una película con tus amigos?

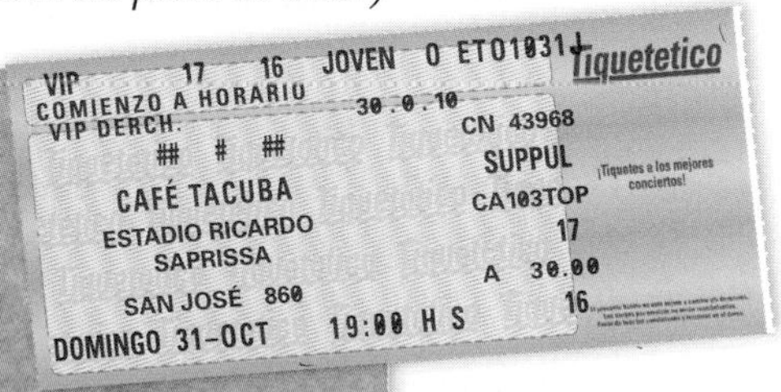

14 Durante las vacaciones

Escuchar
Escribir

Escucha lo que dice Arturo sobre sus vacaciones y contesta las preguntas.
(Listen to Arturo, then write answers to the questions.)

1. ¿Qué hicieron Arturo y su familia el verano pasado?
2. ¿Cómo fue el viaje?
3. ¿Qué vieron en San José?
4. ¿Qué compraron?
5. ¿Adónde fueron un día?
6. ¿Qué hizo Arturo en el parque?
7. ¿Qué hicieron sus padres allí?

15 Nuestro viaje

Hablar
Escribir

En grupos, describe un viaje imaginario en el pasado en una máquina del tiempo. *(Describe an imaginary class trip in a time machine to the past.)*

modelo: Nuestra clase hizo un viaje muy interesante a...

mis compañeros y yo	dar	un hotel
yo	hacer	una caminata
nuestros padres	ir	una excursión
nuestra clase	ser	divertido/aburrido
el viaje	ver	las atracciones
		una reservación

Expansión
Share your description with the class and decide which group's trip was the most unique.

16 ¿Adónde fuiste de vacaciones?

Leer
Escribir
Hablar

Comparación cultural

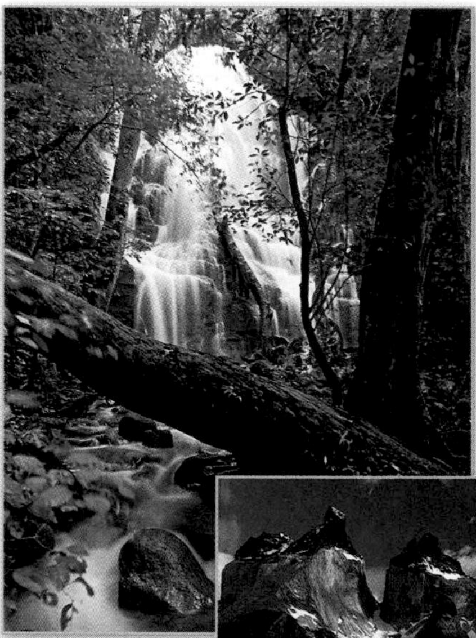

Parque Nacional Volcán Rincón de la Vieja, Costa Rica

Los parques nacionales

¿Qué beneficios puede tener el establecimiento de parques nacionales para un país? Las personas que visitan el Parque Nacional Volcán Rincón de la Vieja en **Costa Rica** pueden ver un volcán activo, dar una caminata cerca de las cataratas *(waterfalls)* o nadar en las aguas termales *(hot springs)*. En el parque viven monos *(monkeys)*, iguanas y muchos pájaros. En el Parque Nacional Torres del Paine en **Chile,** hay volcanes, glaciares, ríos y lagos. Los turistas van allí para acampar, pescar, montar en bicicleta u observar animales como llamas, cóndores y pumas.

Compara con tu mundo *¿Qué parque nacional en los Estados Unidos te interesa visitar y por qué? ¿Puedes ver o hacer las mismas* (same) *cosas que hacen en los parques de Costa Rica y Chile?*

Parque Nacional Torres del Paine, Chile

Hagan los papeles de dos turistas: uno(a) que fue al Parque Volcán Rincón, otro(a) a las Torres del Paine. Hablen sobre lo que hicieron y vieron, usando el pretérito. *(Role-play a conversation between two tourists who each went to one of the parks. Use the preterite.)*

Más práctica Cuaderno *pp. 30–32* Cuaderno para hispanohablantes *pp. 31–34*

PARA Y PIENSA

Did you get it? Give the correct verb form in the preterite.

1. Usted (ir) _____ a Chile.
2. Yo (ver) _____ una película.
3. Ana (hacer) _____ un viaje.
4. Tú (dar) _____ muchos regalos.

Get Help Online
ClassZone.com

Todo junto

¡AVANZA! **Goal:** ***Show what you know*** Listen to Natalia, Alejandro, and Gaby's experience in the souvenir shop. Then use what you have learned to bargain with a vendor in a market and to talk more about past vacation activities. ***Activities 17–21***

Telehistoria completa

@HomeTutor VideoPlus
ClassZone.com

STRATEGIES

Cuando lees
Read for actions and reasons Read to understand actions and the reasons for them. What does Gaby want? Where does she go? How does Alejandro feel?

Cuando escuchas
Listen for differences Notice differences in the characters' statements and behaviors, especially Gaby's. How would you describe the differences?

Escena 1 ***Resumen***
Natalia y Alejandro llegan a la playa con sus padres. Su madre les da dinero para ir de compras.

Escena 2 ***Resumen***
Alejandro conoce a Gaby. Gaby quiere ayudarlos a hacer su película pero no es buena actriz.

Escena 3

VIDEO DVD

AUDIO

Natalia and Alejandro argue while Gaby shops.

Natalia: *(to Alejandro)* Ella no puede estar en la película.

Gaby: *(modeling a hat to Alejandro)* ¿Te gusta el sombrero? *(to the clerk)* Me gustaría comprarlo. ¿Cuánto cuesta?

Natalia: *(to Alejandro)* ¿Tú viste a esa muchacha? ¡Es terrible!

Gaby: *(to Alejandro)* Para la película. *(to clerk)* ¿Puedo pagar con tarjeta de crédito?

The sales clerk shakes her head "no."

Gaby: No tengo mucho dinero en efectivo.

She looks sadly at Alejandro, who hands her his money.

Gaby: ¡Gracias! *(She pays for the hat.)*

Alejandro: ¿No regateaste?

Gaby: No me gusta regatear.

Marco: ¡Gaby!

Gaby: ¡Marco! ¡Llegaste! Es mi amigo, Marco. ¿Dónde está tu hotel?

Marco: Bueno, es un hostal, cerca de la oficina de turismo. ¿Quieres hacer una excursión con mi familia?

Gaby: ¡Sí! Tengo que irme... ¡Chau!

Natalia: ¿Por qué estás triste? Ella no es una buena actriz.

Alejandro: Le di todo mi dinero... ¡y ella no regateó!

17 *Comprensión de los episodios* ¡Es terrible!

Escuchar
Leer

Empareja la idea con las personas. *(Match. There may be more than one right answer.)*

1. Van a hacer una excursión.
2. Le dio su dinero a Gaby.
3. No regateó.
4. Piensa que Gaby no es una buena actriz.
5. No tiene mucho dinero en efectivo.
6. Su hostal está cerca de la oficina de turismo.

a. Gaby
b. Natalia
c. Alejandro
d. Marco

18 *Comprensión de los episodios* ¡A corregir!

Escuchar
Leer

Corrige los errores en estas oraciones. *(Correct the errors.)*

modelo: La familia llega a Miami.
La familia llega a la playa.

1. Natalia y Alejandro van a pescar.
2. Gaby no quiere estar en la película.
3. Gaby quiere comprar unos aretes.
4. Gaby pagó con una tarjeta de crédito.
5. A Gaby le gusta regatear.
6. Marco es el amigo de Alejandro.
7. El alojamiento de Marco es un hotel.
8. Marco y Gaby van a hacer una reservación.
9. Alejandro le dio su anillo a Gaby.

19 En el mercado al aire libre

Hablar

STRATEGY Hablar
Practice your role, but stay a bit flexible To learn your role, review the lesson for dialogs with people bargaining, study them, and take notes. Review Spanish phrases and sentences that your character might use and practice saying them aloud. Since role-plays contain spontaneity, stay a bit flexible!

Estás en un mercado al aire libre y quieres comprar unas joyas. Regatea con el (la) vendedor(a). Cambien de papel. *(Role-play bargaining for jewelry. Change roles.)*

Cliente Me gustaría comprar un regalo. ¿Podría ver los anillos?

Vendedor(a) Sí. Son muy bellos, ¿no?...

Expansión
Create props to use during your role-play.

20 Integración

Leer
Escuchar
Hablar

Lee el correo electrónico de Tati y escucha el mensaje de Josué. Luego prepara una respuesta completa a la siguiente pregunta: ¿Quién pasó las vacaciones más divertidas? Explica por qué piensas así. *(Read the e-mail from Tati and listen to the voice mail message from Josué. Explain who you think had the better vacation and why.)*

Fuente 1 Correo electrónico

> ¡Hola! ¿Qué tal? ¿Qué hiciste en tus vacaciones? Yo fui a la casa de una amiga que vive en las montañas. Dimos una caminata casi todos los días. Tomamos muchas fotos. Fue divertido. La semana pasada fuimos a pescar. No me gustó mucho. ☹ ¡¡Pero también montamos a caballo!! ¡Montar a caballo fue SUPER divertido! ☺ ¡Hasta luego! —Tati

Fuente 2 Mensaje por teléfono

Listen and take notes

- ¿Adónde fue Josué y con quién?
- ¿Qué hizo?
- ¿Qué fue divertido y qué fue aburrido?

modelo: Pienso que las vacaciones de Tati fueron mejores porque ella hizo muchas cosas...

21 ¡Estoy de vacaciones!

Escribir

Escríbele una tarjeta postal a un(a) amigo(a) sobre unas vacaciones. Usa verbos en el pretérito para hablar de tus actividades y para hacerle preguntas sobre sus actividades. *(Use the preterite tense to write a postcard. Tell about your activities and ask questions about your friend's activities.)*

modelo: Saludos de Costa Rica. Ayer fue un día muy divertido. Mi familia y yo...

Writing Criteria	Excellent	Good	Needs Work
Content	Your postcard includes many vacation activities and questions.	Your postcard includes some vacation activities and questions.	Your postcard includes few vacation activities and questions.
Communication	Most of your postcard is organized and easy to follow.	Parts of your postcard are organized and easy to follow.	Your postcard is disorganized and hard to follow.
Accuracy	Your postcard has few mistakes in grammar and vocabulary.	Your postcard has some mistakes in grammar and vocabulary.	Your postcard has many mistakes in grammar and vocabulary.

Expansión
Create artwork for your postcard. Exchange postcards with a classmate and answer his or her questions.

Más práctica Cuaderno *pp. 33–34* Cuaderno para hispanohablantes *pp. 35–36*

PARA Y PIENSA

Did you get it? Write three sentences telling what activities you did during your last vacation.

Get Help Online
ClassZone.com

Lectura cultural

¡AVANZA! **Goal:** Read about climate and geographic differences between Costa Rica and Chile. Discuss how these differences influence vacation activities and what people do for vacation where you live.

Comparación cultural

AUDIO

De vacaciones: Costa Rica y Chile

STRATEGY Leer

Use a Venn diagram to compare Compare Costa Rica and Chile with a Venn diagram. List *similarities* in the overlapping space. List *differences* in the two outside circles.

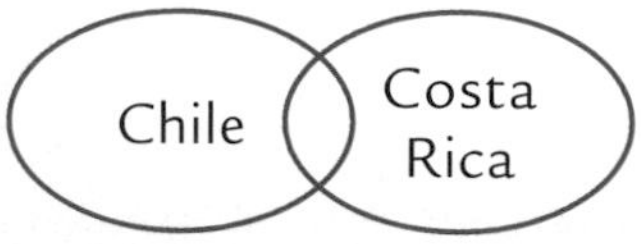

¿Cómo te gustaría pasar tus vacaciones? ¿Prefieres nadar en el mar, esquiar o hacer snowboard? Costa Rica y Chile ofrecen posibilidades para cada preferencia.

El clima[1] de las playas de Costa Rica es como el verano en otras partes los 365 días al año. Este país centroamericano es un destino turístico para las personas que buscan el sol y la naturaleza[2] tropical. Es uno de los países más pequeños de Centro y Sudamérica. Si vas a cualquier[3] parte de Costa Rica, nunca vas a estar muy lejos de la playa. Costa Rica tiene dos costas, y las dos son ricas en naturaleza y belleza[4]. El mar Caribe está al este[5] y el océano Pacífico está al oeste[6]. El clima de las costas es cálido[7] y húmedo todo el año. Si visitas las playas de Costa Rica puedes pasar tus vacaciones haciendo actividades tan diversas como nadar o bucear en el agua cristalina, explorar los arrecifes[8], dar caminatas o montar a caballo por la playa o por los bosques[9] tropicales que llegan hasta el lado del mar.

[1] climate; weather [2] nature [3] any [4] beauty [5] east
[6] west [7] warm [8] coral reefs [9] forests

Costa Rica

La playa Jacó, en la costa del océano Pacífico, Costa Rica

Una atracción de Pucón es hacer snowboard por uno de los volcanes más activos de Chile.

Chile

Chile es un país de extremos, largo y estrecho[10], pero de área pequeña. Queda entre[11] las montañas de los Andes y el océano Pacífico. Es un lugar de variación climática donde hay veranos cálidos y secos[12] e inviernos fríos con lluvia y nieve. Cuando el clima cambia al invierno—entre los meses de junio a septiembre—hay lugares en Chile a lo largo de la cordillera[13] de los Andes que se convierten en destinos turísticos para las personas en busca de la nieve y la aventura. Aquí los aficionados de los deportes del invierno llegan desde todas partes del hemisferio norte. Llegan para esquiar o hacer snowboard y para disfrutar[14] del invierno chileno.

---

[10] narrow [11] between [12] dry
[13] **a lo largo...** along the mountain range [14] enjoy

PARA Y PIENSA

¿Comprendiste?

1. Describe el clima de Costa Rica y el clima de Chile. ¿Cuáles son las diferencias?
2. Encuentra los dos países en un mapa. ¿Puedes explicar por qué los climas son diferentes?
3. ¿En qué país te gustaría pasar las vacaciones? ¿Por qué?

¿Y tú?

¿Cómo es el clima donde vives? ¿Cuáles son las actividades que más hacen ustedes durante las vacaciones?

Proyectos culturales

Comparación cultural

Bebidas de Costa Rica y Chile

¿Qué relación pueden tener la geografía y clima de un país con sus platos tradicionales? **Costa Rica** y **Puerto Rico** son países de clima tropical, donde hace mucho calor. En los países tropicales, muchas bebidas son frías, como por ejemplo los batidos *(shakes)* – bebidas de frutas tropicales como la banana, el mango, la papaya, la piña *(pineapple)* y el coco *(coconut)*. Chile está muy al sur *(south)* del ecuador *(equator)* y su clima puede ser muy frío. En Chile muchas bebidas populares son calientes *(hot)*, como el chocolate, el café o el té.

Proyecto 1 *Batido tropical*

Costa Rica y Puerto Rico Cuando hace calor, puedes beber un batido de frutas con jugo o leche.

Ingredientes para Batido tropical

1 banana en trozos *(pieces)*
1 taza *(cup)* de yogur
½* taza de fruta en trozos *(ideas: mango, piña o fresas* (strawberries)*)*
½ taza de jugo de fruta

Instrucciones

Mide *(measure)* la fruta, el yogur y el jugo. Pon todos los ingredientes en una licuadora *(blender)* y mézclalos *(blend them)*. Después, sirve el batido en un vaso alto y, si quieres, pon un poco de coco rallado *(grated)* encima.

* media

Proyecto 2 *Chocolate con leche para las once*

Chile El nombre de esta bebida viene de la hora típica de beberla en Chile.

Ingredientes para Chocolate con leche para las once

1 taza de leche
1 cuchara *(tablespoon)* de azúcar
2 cucharas de chocolate sin azúcar *(unsweetened)*, en trozos
1 trozo de la cáscara *(peel)* de naranja o limón
1 clavo de especia *(clove)*

Instrucciones

Combina todos los ingredientes en una cacerola *(pan)*. Caliéntalos a fuego lento *(low heat)* para disolver el chocolate en la leche. Luego, saca la cáscara y el clavo. Después, revuelve *(stir)* el chocolate y sírvelo en una taza.

En tu comunidad

Visita un restaurante de tu comunidad que sirve comida de un país hispanohablante. ¿Ves una conexión entre *(between)* la comida típica y el clima del país? Explica la conexión.

Lección 2

En resumen
Vocabulario y gramática

Animated Grammar
Interactive Flashcards
ClassZone.com

Vocabulario

Going on Vacation

Vacation Activities

acampar	*to camp*
dar una caminata	*to hike*
estar de vacaciones	*to be on vacation*
hacer una excursión	*to go on a day trip*
mandar tarjetas postales	*to send postcards*
montar a caballo	*to ride a horse*
pescar	*to fish*
el tiempo libre	*free time*
tomar fotos	*to take photos*
el (la) turista	*tourist*
ver las atracciones	*to go sightseeing*
visitar un museo	*to visit a museum*

Vacation Lodgings

el alojamiento	*lodging*
el ascensor	*elevator*
la habitación	*hotel room*
la habitación doble	*double room*
la habitación individual	*single room*
hacer/tener una reservación	*to make/to have a reservation*
el hostal	*hostel; inn*
el hotel	*hotel*
la llave	*key*
la recepción	*reception desk*

Gifts and Souvenirs

Items

el anillo	*ring*
el arete	*earring*
las artesanías	*handicrafts*
el collar	*necklace*
las joyas	*jewelry*
el recuerdo	*souvenir*
la tarjeta postal	*postcard*

Buying

bello(a)	*beautiful; nice*
caro(a)	*expensive*
demasiado(a)	*too; too much*
el dinero en efectivo	*cash*
el mercado al aire libre	*open-air market*
regatear	*to bargain*
la tarjeta de crédito	*credit card*

Describe the Past

anteayer	*the day before yesterday*
el año pasado	*last year*
el mes pasado	*last month*
la semana pasada	*last week*

Expressions

Le dejo... en...	*I'll give . . . to you for . . .*
Me gustaría...	*I would like . . .*
¿Podría ver...?	*Could I see / look at . . . ?*
¡Qué...!	*How . . . !*
¡Qué bello(a)!	*How beautiful!*
¡Qué caro(a)!	*How expensive!*

Gramática

Nota gramatical: Interrogatives *p. 64*

Preterite of -ar Verbs

The **preterite** tense in Spanish tells what happened at a particular moment in the past. You form the **preterite** tense of regular verbs by adding tense endings to the verb stem.

visitar *to visit*

yo	**visité**	nosotros(as)	**visitamos**
tú	**visitaste**	vosotros(as)	**visitasteis**
usted, él, ella	**visitó**	ustedes, ellos(as)	**visitaron**

Preterite of ir, ser, hacer, ver, dar

ir *to go* / **ser** *to be*

fui	fuimos
fuiste	fuisteis
fue	fueron

hacer *to do; make*

hice	hicimos
hiciste	hicisteis
hizo	hicieron

ver *to see*

vi	vimos
viste	visteis
vio	vieron

dar *to give*

di	dimos
diste	disteis
dio	dieron

Lección 2

Repaso de la lección

¡LLEGADA!

@HomeTutor
ClassZone.com

Now you can
- say where you went and what you did on vacation
- ask information questions
- talk about buying gifts and souvenirs

Using
- interrogatives
- preterite of **-ar** verbs
- preterite of **ir, ser, hacer, ver,** and **dar**

To review
- preterite of **-ar** verbs, p. 65
- preterite of **ir, ser, hacer, ver,** and **dar,** p. 70
- interrogatives, p. 64

1 Listen and understand

AUDIO

Gaby habla por teléfono y describe su día a una amiga. Escucha lo que dice y escoge la pregunta lógica de su amiga para completar la conversación. *(Listen to what Gaby says and choose the logical question to continue the conversation.)*

modelo: ¡Hola, Margarita!
c. Hola, Gaby. ¿Cómo estás?

a. Sí. ¿Cuándo nos vemos allí?
b. ¿Con quiénes fuiste?
c. Hola, Gaby. ¿Cómo estás?
d. ¿Qué le compraste?
e. ¿Cuánto costó la artesanía?
f. ¿Adónde fuiste?
g. A las siete está bien. Nos vemos entonces.
h. ¿Por qué estás cansada?

To review
- preterite of **-ar** verbs, p. 65

2 Say where you went and what you did

¿Hiciste estas actividades durante las vacaciones el verano pasado? Contesta las preguntas. *(Answer the questions and say whether or not you did these activities.)*

modelo: ¿Regatearon tú y tu familia para comprar recuerdos?
Sí, (No, no) regateamos para comprar recuerdos.

1. ¿Viajó tu familia lejos de su casa?
2. ¿Acamparon tú y tus amigos o tú y tu familia?
3. ¿Montaste a caballo durante el verano?
4. ¿Tomaste muchas fotos?
5. ¿Mandaste unas tarjetas postales a unos amigos?
6. ¿Pagó su familia la vacación con dinero en efectivo o con una tarjeta de crédito?

To review
- preterite of **ir, ser, hacer, ver,** and **dar,** p. 70

3 Say where you went and what you did

Escribe qué hizo la familia de Jorge la semana pasada. Usa los verbos **hacer, ser, ir, dar** y **ver.** *(Tell what Jorge's family did last week.)*

modelo: la semana pasada / mi padre / hacer una reservación
Mi padre hizo una reservación.

1. domingo / mi familia / ir al hotel
2. el hotel / darnos / dos habitaciones dobles
3. por la noche / yo / dar una caminata
4. lunes / nosotros / ver las atracciones
5. martes / mi familia / hacer una excursión a la playa
6. miércoles / mi madre y Julia / ver una película
7. miércoles / mi padre y yo / ir a pescar
8. jueves / mis padres / ir a un museo
9. anteayer / nosotros / hacer el viaje para volver (de vuelta)
10. ¿la semana pasada / tú / hacer algo?

To review
- interrogatives, p. 64

4 Talk about buying gifts and souvenirs

Completa la pregunta con una palabra interrogativa y contéstala. *(Complete the question and answer it.)*

1. ¿Con ______ prefieres ir de compras?
2. ¿Te gusta regatear? ¿______ sí o no?
3. ¿______ pagas, con dinero en efectivo o con tarjeta de crédito?
4. ¿______ prefieres comprar, recuerdos para ti o regalos para otros?
5. ¿______ recuerdos compras más, camisetas, artesanías u otras cosas?
6. ¿______ vas para comprar ropa, al centro comercial o a otro lugar?

To review
- Arenal, p.33
- Comparación cultural, pp. 66, 72
- Lectura cultural, pp. 76–77

5 Costa Rica and Chile

Comparación cultural

Contesta estas preguntas culturales. *(Answer these culture questions.)*

1. ¿Qué hay en el resorte de Tabacón en Arenal, Alajuela?
2. ¿Qué hace la familia en la pintura *Familia en el Volcán Arenal?*
3. ¿Dónde están el Parque Nacional Volcán Rincón de la Vieja y el Parque Nacional Torres del Paine? ¿Qué hay en estos parques?
4. ¿Cuáles son las dos costas de Costa Rica? ¿Por qué van los turistas a Chile en el invierno?

Más práctica Cuaderno *pp. 35–46* Cuaderno para hispanohablantes *pp. 37–46*

Get Help Online
ClassZone.com

Comparación cultural

AUDIO

De vacaciones

Lectura y escritura

WebQuest
ClassZone.com

1 **Leer** Vacations vary around the world. Read where and how Laura, Lucas, and Francisco spent their vacations.

2 **Escribir** Using the three descriptions as models, write a short paragraph about a vacation that you took.

STRATEGY Escribir

Use a mind map To write a paragraph about your vacation, make and use a mind map like the one shown.

Step 1 On the mind map, add details of the place where you vacationed, what you did there, and your reaction.

Step 2 Write the paragraph, building on the information in your mind map. Check your writing by yourself or with help from a friend. Make final additions and corrections.

Compara con tu mundo

Use the paragraph you wrote to compare your vacation with that of Laura, Lucas, or Francisco. In what ways is your vacation the same or different?

Cuaderno *pp. 47–49* Cuaderno para hispanohablantes *pp. 47–49*

Chile

Laura

¿Qué tal? Mi nombre es Laura y vivo en Chile. En julio, durante las vacaciones de invierno, fui de excursión con la clase a la isla de Pascua. Pasamos tres días en un hostal para estudiantes. Fue un viaje muy interesante. Vi muchas atracciones del lugar, como el Parque Nacional Rapa Nui. También visité el Museo de Isla de Pascua. Allí compré unas bellas artesanías del lugar.

Costa Rica

Lucas

¡Hola! Me llamo Lucas. Soy de Costa Rica. El mes pasado fui de vacaciones a las playas de Guanacaste, en el océano Pacífico. Mucha gente hace surfing allí. Durante mi viaje di caminatas por la playa y monté a caballo. ¡Qué divertido! Después tomé muchas fotos y compré recuerdos del lugar para mis amigos.

Puerto Rico

Francisco

¡Hola! Soy Francisco. El verano pasado fui con unos amigos al pueblo[1] de La Parguera, en el sur de Puerto Rico. Allí está la Bahía Fosforescente. Acampamos cerca de La Parguera, y por la noche alquilamos un bote[2] para visitar la bahía. En el agua vimos millones de luces[3]. ¡Qué bella sorpresa!

[1] town [2] boat [3] lights

UNIDAD 1

Repaso inclusivo

Options for Review

1 Listen, understand, and compare

Escuchar

Listen to the airport announcement and answer the questions that follow.

1. ¿Para quién es la información?
2. ¿Cuál es el número de puerta para la salida del vuelo?
3. ¿Adónde van a viajar los pasajeros del vuelo?
4. ¿Qué deben llevar en la mano los pasajeros?
5. ¿Qué deben hacer con el equipaje?
6. ¿Cuántas maletas pequeñas puede tener un pasajero cuando sube al avión?
7. ¿Cuándo es la salida del vuelo?

Have you ever traveled by plane, train, bus, or subway? Compare this announcement with any that you have heard. What type of information would you expect to hear that is similar to the information presented here? What is different?

2 Do an oral presentation about your favorite vacation

Hablar

Describe to the class a favorite trip you took with your family, friends, or any other organized group. Describe where you went, how you traveled there, where you stayed, and what you did. If you have any photos, bring them to class to use in your presentation. Plan on speaking for at least two minutes.

3 Role-play a scene at customs

Hablar

Role-play a scene at customs in an airport. One of you will play the role of the customs officer; the other is the returning traveler. The customs officer will ask you questions about your luggage, where you went on your trip, and what souvenirs you bought and brought back with you. Your conversation should be at least three minutes long.

4 Write a brochure

Escribir

Think of your ideal vacation place. It can be a favorite destination you've gone to before or somewhere you've always wanted to go. Create a brochure for this destination that describes the accomodations and the activities that are available once you are there. Your brochure should have a title, illustrations, and six to eight sentences to present information.

5 Plan a trip

Hablar

With a partner, role-play a conversation with your travel agent. One of you is a tourist who will take a trip to Costa Rica; the other is the travel agent. Discuss travel preparations with your agent. Ask what you need to do ahead of time, where you will stay, and what you will do. Also discuss what you need to pack for your expected activities.

6 Create an ad

Escribir
Hablar

With a partner, create an ad for a souvenir shop. Decide on a name and location for your store. Talk about what kind of souvenirs you want to sell. Your ad should include photos or drawings of the items, as well as their prices and brief descriptions.

7 Reserve a trip

Leer
Escribir

Read the following travel website that offers a package tour to Costa Rica. Make a reservation for your family by e-mail. Reserve dates for your flights, your stay at the hotel, and any sightseeing tours you would like to include. Ask for any additional information to complete your travel plans.

¿Quiénes somos? / Viajes / Regiones / Hacer reservaciones
Costa Rica
RicaTours
¡Nosotros podemos organizar su viaje ideal a Costa Rica!
Alojamiento en el Hotel el Aventurero
En la sombra del volcán Arenal
• habitaciones individuales y dobles
• restaurante internacional
• dos piscinas
• oficina de turismo
• tienda de recuerdos
• caballos para montar
Ofrecemos excursiones para ver las atracciones
• caminatas al volcán Arenal
• excursión de noche a las piscinas termales
• visitas al pueblo de Fortuna en autobús o en taxi
Opcional:
• dos días en San José en el Hotel Palacio de Jade
Todo el viaje con comida*
$100 USD por noche por una persona
$75 USD por noche por cada persona adicional
También le podemos reservar los boletos de avión y la transportación del aeropuerto.
*No incluye el precio del vuelo

UNIDAD 2

Argentina

¡Somos saludables!

Lección 1
Tema: ***La Copa Mundial***

Lección 2
Tema: ***¿Qué vamos a hacer?***

«¡Hola!
Nosotros somos Luisa y Mateo. Somos de Argentina.»

Población: 39.144.753

Área: 1.068.302 millas cuadradas, el país hispanohablante más grande del mundo

Capital: Buenos Aires

Moneda: el peso argentino

Idioma: español

Comida típica: alfajores con dulce de leche, matambre, asado

Gente famosa: Norma Aleandro (actriz), Jorge Luis Borges (escritor), Julio Cortázar (escritor), Juan Maldacena (físico), Mercedes Sosa (cantante)

Alfajores con dulce de leche

Venís. Encontrás todo lo que vos buscás. Y por eso volvés.

La calle Florida, Buenos Aires

◀ **¿Qué querés comprar?** Los argentinos usan la forma **vos** en vez de *(instead of)* la forma **tú**. Algunos ejemplos de la forma **vos** son: vos querés (tú quieres), vos sos (tú eres), vos te llamás (tú te llamas). En la foto usan **vos** en un anuncio para una tienda en la calle Florida, donde hay muchos lugares para ir de compras. *¿Qué palabras o expresiones especiales usan en tu región de Estados Unidos?*

La Boca La Boca es un barrio *(neighborhood)* interesante de Buenos Aires, donde hay casas de muchos colores vivos y donde viven muchos artistas. Allí puedes visitar museos, comprar arte y artesanías y ver a cantantes y bailarines de tango. La calle más famosa de La Boca se llama Caminito. *¿Hay un centro artístico en tu comunidad?* ▶

Bailando tango en La Boca, Buenos Aires

Escalando en la nieve

◀ **La Patagonia** La región de la Patagonia es muy popular entre turistas que buscan aventuras o deportes extremos. El clima y el terreno son muy variados. Allí puedes acampar, hacer kayac en lagos con glaciares, ir a la playa, hacer excursiones a las montañas, esquiar y ver animales diversos e interesantes como pingüinos y cóndores. *¿Cómo es la región donde vives?*

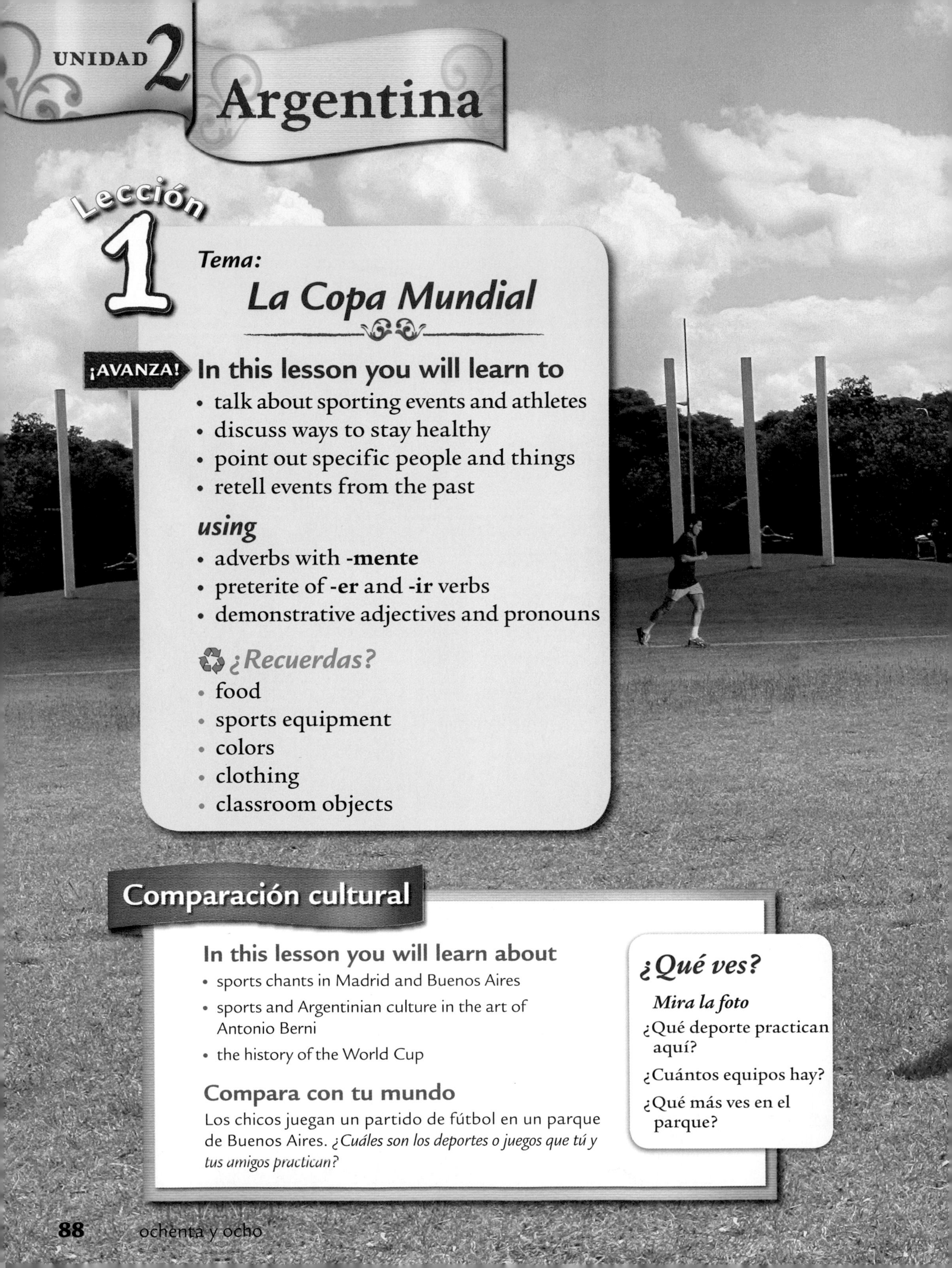

UNIDAD 2

Argentina

Lección 1

Tema:

La Copa Mundial

¡AVANZA! **In this lesson you will learn to**

- talk about sporting events and athletes
- discuss ways to stay healthy
- point out specific people and things
- retell events from the past

using

- adverbs with **-mente**
- preterite of **-er** and **-ir** verbs
- demonstrative adjectives and pronouns

¿Recuerdas?

- food
- sports equipment
- colors
- clothing
- classroom objects

Comparación cultural

In this lesson you will learn about

- sports chants in Madrid and Buenos Aires
- sports and Argentinian culture in the art of Antonio Berni
- the history of the World Cup

Compara con tu mundo

Los chicos juegan un partido de fútbol en un parque de Buenos Aires. *¿Cuáles son los deportes o juegos que tú y tus amigos practican?*

¿Qué ves?

Mira la foto

¿Qué deporte practican aquí?

¿Cuántos equipos hay?

¿Qué más ves en el parque?

Online SPANISH CLASSZONE.COM

Featuring...
- Cultura INTERACTIVA
- Animated Grammar
- @HomeTutor

And more...
- Get Help Online
- Interactive Flashcards
- Review Games
- WebQuest
- Self-Check Quiz

Un partido de fútbol
Buenos Aires, Argentina

Presentación de VOCABULARIO

¡AVANZA! **Goal:** Learn to discuss competitive sporting events and ways to stay healthy. Then identify sports, healthy habits, and their related words. ***Actividades 1–2***

VIDEO DVD

AUDIO

A Hola, soy Luisa y estos **deportistas** son mis amigos. Somos muy **activos** y **competimos** en todo. Cuando jugamos al fútbol, **jugamos en equipo.** Somos muy **rápidos** y casi siempre ganamos. El otro equipo es más **lento.** **¡Metimos un gol! ¡Bravo!**

B **Es bueno hacer ejercicio** para **mantenerse en forma.** Y **es importante** comer comida **saludable,** pero **¡uy!,** para mí **seguir una dieta balanceada** no es siempre fácil.

C Para los deportistas serios como nosotros, también **es necesario** ver deportes en la televisión. Nos encanta el fútbol y siempre vemos **el campeonato, la Copa Mundial.** A mí me gusta **el ciclismo,** y cada año veo una de **las competencias** más importantes, **la Vuelta a Francia.**

D ¿Por qué no practicamos? Mi amiga tiene **esta** pelota azul, y tú puedes usar **esa** pelota blanca o **aquella** pelota roja. ¡Vamos!

Más vocabulario

competir (i) *to compete*
el uniforme *uniform*
la pista *track*
¡Ay, por favor! *Oh please!*

Expansión de vocabulario p. R4
Ya sabes p. R4

¡A responder! Escuchar

Escucha cada descripción. Si es un partido de fútbol, señala con la mano hacia arriba. Si no es sobre el fútbol, señala con la mano hacia abajo. *(Listen and if the sentence is about soccer, point your hand up. If it is about something else, point your hand down.)*

@HomeTutor VideoPlus
Interactive Flashcards
ClassZone.com

Práctica de VOCABULARIO

1 ¿Cuál es?

Hablar
Escribir

Empareja las expresiones o palabras con la foto apropiada. *(Match the expressions or words to the photos.)*

- los uniformes
- la Copa Mundial
- el premio
- el ciclismo
- los Juegos Panamericanos
- la Vuelta a Francia
- los Juegos Olímpicos

modelo: Es el premio.

1. 

2. 

3. 

4. 

5. 

6. 

2 Una vida sana

Leer

Empareja el problema con el consejo apropiado. *(Match the problem to the appropriate advice.)*

1. Quiero ser una persona musculosa.
2. No me gusta la comida saludable.
3. Soy muy delgada.
4. Quiero ser una deportista.
5. Siempre bebo refrescos.

a. Usted debe beber más agua.
b. Es importante mantenerse en forma.
c. Es bueno seguir una dieta balanceada.
d. Es necesario levantar pesas.
e. Hay que comer más.

Expansión
Describe another health problem and offer an appropriate solution.

Más práctica Cuaderno *pp. 50–52* Cuaderno para hispanohablantes *pp. 50–53*

PARA Y PIENSA

Did you get it? Choose the word that best belongs with each event.

Get Help Online
ClassZone.com

1. la Copa Mundial:	la pista	la red
2. la Vuelta a Francia:	el ciclismo	meter un gol
3. el campeonato:	hacer ejercicio	el premio

VOCABULARIO en contexto

¡AVANZA! **Goal:** Notice the instructions Diego gives to Mateo as he performs for their movie about soccer. Then practice forming adverbs to talk about how people practice sports. ***Actividades 3–4***

Telehistoria escena 1

@HomeTutor VideoPlus
ClassZone.com

STRATEGIES

Cuando lees
Get into characters' heads What do Diego, Mateo, and Luisa say and do in this scene? Is anyone satisfied with their practice so far?

Cuando escuchas
Listen for outcomes Listen for physical and emotional outcomes. Do the instructions improve Mateo's performance? What happens because of the kicks?

VIDEO DVD

AUDIO

Diego: El partido está empatado. Debes meter un gol para ganar el campeonato. Miras la pelota; miras la red. ¡No, no, lentamente!

Mateo: ¿Así está mejor?

Diego: ¡Ay, por favor! Sí, sí, está mejor... ¡Pero no puedes hablar!... Allí está la pelota... Ahora, ¡rápidamente! ¡Mete un gol!

Luisa: ¡Dale, Mateo, dale! *(Mateo kicks the ball; knocks camera over.)* ¡Uy! No podemos hacer esta película.

Mateo: ¿Y por qué no?

Luisa: Porque es una película sobre un campeonato de fútbol y no tenemos uniformes, no tenemos cancha, ¡no tenemos equipo! Y no podemos competir si no jugamos en un equipo.

Diego: Sí, es verdad. *(Diego kicks the ball; a crash is heard.)*

Mateo: ¡Bravo!

Luisa: ¡Ay no!

Continuará... p. 98

También se dice

Argentina Luisa refers to the playing field as **la cancha.** In other Spanish-speaking countries:
- **Venezuela, España, México, Perú el campo**
- **Cuba el terreno**

3 *Comprensión del episodio* Filmar un campeonato

Escuchar
Leer

Contesta las preguntas. *(Answer the questions.)*

1. ¿Qué debe hacer Mateo para ganar el campeonato?
2. ¿Cómo debe mirar Mateo la pelota y la red, lentamente o rápidamente?
3. ¿Está contenta Luisa con la película?
4. ¿Qué necesitan los chicos para hacer la película?
5. ¿Pueden competir los chicos si no tienen equipo?

Nota gramatical

In English, adverbs tell *when, where, how, how long,* or *how much.* Many end in *-ly.* In Spanish, **adverbs** can be formed by adding **-mente** to the singular feminine form of an adjective. If the adjective has an accent, the adverb does as well.

rápido → rápida: Ricardo corre **rápidamente.**
*Ricardo runs **rapidly.***

If the adjective has only one form, just add **-mente.**

From **frecuente:** Competimos **frecuentemente.**
*We compete **frequently.***

From **fácil:** Metimos el gol **fácilmente.**
*We scored the goal **easily.***

4 Una entrevista

Hablar

Eres un(a) deportista famoso(a). Contesta las preguntas de tu compañero(a). *(Answer your classmate's questions.)*

modelo: practicar deportes

A: ¿Cómo practicas deportes?

B: Practico deportes **seriamente.**

Estudiante A

1. jugar en equipo
2. hacer ejercicio
3. meter un gol
4. competir en los campeonatos
5. correr en la pista
6. dormir

Estudiante B

alegre	rápido
difícil	serio
fácil	tranquilo
lento	triste
activo	perezoso

Expansión
Reverse roles and answer the questions from the perspective of a couch potato.

PARA Y PIENSA

Did you get it? Form adverbs from **rápido, serio,** and **lento** to complete the sentences.

1. Si corres _____ no puedes meter un gol.
2. No es saludable comer _____.
3. Para ganar la Vuelta a Francia, hay que practicar el ciclismo _____.

Get Help Online
ClassZone.com

Presentación de GRAMÁTICA

¡AVANZA! **Goal:** Learn how to form the preterite of regular **-er** and **-ir** verbs. Then use them to talk about activities you and others did. ***Actividades 5–9***

¿Recuerdas? Food p. R10, R11

English Grammar Connection: Remember that you use the past tense to talk about what happened or what you did. Most English verbs have just one form in the simple past tense: *I **lived,** you **lived,** they **lived.*** In Spanish, verbs in the past tense have different endings for each person.

Preterite of -er, -ir verbs

Animated Grammar
ClassZone.com

Regular **-er** and **-ir** verbs are different from regular **-ar** verbs in the **preterite** tense.

Here's how: Regular **-er** and **-ir** verbs have the same **preterite** endings.

comer *to eat*			
yo	**comí**	nosotros(as)	**comimos**
tú	**comiste**	vosotros(as)	**comisteis**
usted, él, ella	**comió**	ustedes, ellos(as)	**comieron**

escribir *to write*			
yo	**escribí**	nosotros(as)	**escribimos**
tú	**escribiste**	vosotros(as)	**escribisteis**
usted, él, ella	**escribió**	ustedes, ellos(as)	**escribieron**

Note that the **nosotros** form of **-ir** verbs is the same in the preterite and in the present tense (**-imos**). Look for clues in the sentence to help you know whether the verb is in the present or past tense.

Recibimos el premio **ayer.**
*We **received** the prize **yesterday.***

The word **ayer** tells you that **recibimos** is in the preterite tense.

Más práctica
Cuaderno *pp. 53–55*
Cuaderno para hispanohablantes *pp. 54–56*

@HomeTutor
Leveled Grammar Practice
ClassZone.com

Práctica de GRAMÁTICA

5 ¿Qué comieron?

¿Recuerdas? Food p. R10,R11

Hablar
Escribir

Di qué comieron estas personas. ¿Comieron algo saludable? *(Tell who ate what and whether or not it was healthy.)*

modelo: yo
Ayer yo **comí** pastel.
No **comí** comida saludable.

1. tú 

2. los chicos 

3. nosotros 

4. yo 

5. Diego y Mateo 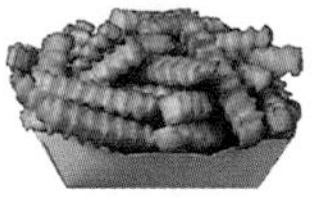

6. Luisa 

Expansión
List three things you ate yesterday and say whether or not they were healthy.

6 ¿Y tú?

Hablar

Pregúntale a tu compañero(a) si hizo estas actividades recientemente. *(Find out if your partner did these activities recently.)*

modelo: recibir un regalo

A ¿**Recibiste** un regalo?

B Sí, (No, no) **recibí** un regalo. ¿Y tú?

1. meter un gol
2. comer en un restaurante
3. escribir correos electrónicos
4. abrir el libro de español
5. salir con los amigos
6. perder una competencia

Comparación cultural

Los cantos deportivos

¿Cómo unifican (unify) *los cantos* (chants) *deportivos a los miembros de una comunidad?* Si vas a un partido de fútbol en **Argentina** o en **España,** vas a escuchar muchos cantos. Dos ejemplos son:

¡Soy de River soy
y de la cabeza siempre estoy,
soy de River soy
y de la cabeza siempre estoy,
llora Avellaneda, la Boca y el Ciclón,
porque River ya sale campeón!

Todos los momentos que viví,
todas las canchas donde te seguí,
Real Madrid tú eres mi vida,
tú eres mi pasión,
sólo te pido una cosa,
que salgas otra vez campeón.

Compara con tu mundo *¿Tiene un canto tu escuela? ¿Cuál es?*

Los aficionados españoles de Real Madrid

Un aficionado en un partido de River Plate en Argentina

7 En el partido

Leer
Escribir

Completa la carta con el pretérito del verbo apropiado. *(Complete the letter.)*

beber	comer	recibir
conocer	meter	salir

¡Hola, Mateo!
¿Viste el partido? Fue fantástico. Yo **1.** ____ al campeón antes del partido. Es simpático. Él **2.** ____ muchos goles y ganamos fácilmente. Durante el partido los jugadores **3.** ____ mucha agua. ¿Y los aficionados? ¡Nosotros **4.** ____ papas fritas! Al final del partido, el equipo **5.** ____ un premio y los aficionados **6.** ____ alegremente. ¿Y tú? ¿Qué hiciste ayer? ¡Hasta pronto, amigo!

8 Los Lobos y los Tigres

Escuchar
Escribir

Escucha el informe deportivo y decide si las oraciones son ciertas o falsas. Corrige las oraciones falsas. *(Listen to the sports broadcast and correct the false sentences.)*

modelo: Esta mañana jugaron los Lobos y los Tigres. **Falsa**
Esta **tarde** jugaron los Lobos y los Tigres.

1. El partido fue el primero del campeonato.
2. Los equipos estuvieron empatados.
3. Roberto Solís metió cinco goles.
4. Los jugadores corrieron lentamente.
5. Los equipos metieron pocos goles.
6. Durante los primeros diez minutos, los Tigres metieron un gol.
7. Los Lobos perdieron.
8. Radio Deportes recibió el premio.

9 Radio Deportes

Hablar

Hagan un informe para Radio Deportes sobre un partido de fútbol entre los estudiantes de su clase. ¿Quiénes jugaron? ¿Cómo jugaron? ¿Quién ganó? ¿Quién recibió el premio? ¿Quiénes metieron los goles? *(Create a radio broadcast reporting on a soccer game between students.)*

A Bienvenidos a Radio Deportes del colegio Sucre. Ayer la clase de español hizo un poco de ejercicio.

B ¡Bravo! El ejercicio es muy importante para la salud.

A Tienes razón, Juana. Los estudiantes hicieron dos equipos...

Más práctica Cuaderno *pp. 53–55* Cuaderno para hispanohablantes *pp. 54–56*

PARA Y PIENSA

Did you get it? Complete the sentences in the preterite. Use **beber, perder, meter,** and **recibir.**

1. Yo ____ un gol.
2. Nosotros ____ un premio.
3. El otro equipo ____.
4. Los deportistas ____ mucha agua.

Get Help Online
ClassZone.com

GRAMÁTICA en contexto

¡AVANZA! **Goal:** Listen to the verbs and decide which actions occur in the present and which occurred in the past. Then, use preterite verbs to talk about what you and others did last week. ***Actividades 10–12***

Telehistoria escena 2

@HomeTutor VideoPlus
ClassZone.com

STRATEGIES

Cuando lees
Put yourself in another's position
Consider Sra. Montalvo's reaction about the cart. What does she say? Would you react the same way? Why or why not?

Cuando escuchas
Discover the aims What is Sra. Montalvo's aim: to tell stories, gossip, help out, or express annoyance? How do the others respond?

VIDEO DVD

AUDIO

Mateo, Luisa, and Diego fix a street cart they knocked over with the soccer ball.

Sra. Montalvo: ¿La película no va muy bien?

Mateo: No, es muy difícil hacer una película sobre el fútbol.

Sra. Montalvo: ¿Y por qué no hacen un documental sobre un atleta?

Luisa: ¡Sí! ¡Un campeón de los Juegos Olímpicos o de la Vuelta a Francia!

Diego: No. Mejor sobre la Copa Mundial de Fútbol. Podemos buscar a un buen jugador de fútbol argentino, como por ejemplo Juan Sebastián Verón.

Luisa: Yo leí su libro. Ahora vive en España.

Sra. Montalvo: ¿Y qué les parece Tobal?

Diego: Tobal... Tobal vive en Recoleta, ¿no?

Sra. Montalvo: Sí, vive cerca del parque. Ayer le vendí una manzana. **Continuará**... p. 103

También se dice

Argentina On the cart are signs for **garrapiñadas,** sugar-roasted nuts, and **pochoclos,** or popcorn. To say popcorn in other Spanish-speaking countries:

- **España, Perú, México: las palomitas de maíz**
- **Ecuador: el canquil**
- **Colombia: las crispetas**
- **Cuba: las rositas**
- **Guatemala: el poporopo**

10 Comprensión del episodio ¡A corregir!

Leer
Escribir

Corrige los errores en estas oraciones. *(Correct the errors.)*

1. Es fácil hacer una película sobre el fútbol.
2. Juan Sebastián Verón es un jugador de béisbol.
3. Ahora Juan Sebastián Verón vive en Argentina.
4. Ayer la señora Montalvo le vendió una naranja a Tobal.

11 En el fin de semana

Hablar

Trabajando en parejas, inventen una historia sobre lo que hicieron estas personas el fin de semana pasado. *(Tell a story about what people did last weekend.)*

A Una chica celebró su cumpleaños.

B Sí, y recibió muchos regalos. Su amigo le dio...

1. 

2. 

3. 

4. 

5. 

6. 

Expansión
Write a paragraph telling what happened last week.

12 ¿Qué hiciste?

Hablar

Habla con tu compañero(a) de lo que hizo la semana pasada para mantenerse en forma. *(Talk with your partner about what he or she did last week to stay in shape.)*

A ¿Qué hiciste para mantenerte en forma?

B Para mantenerme en forma, corrí dos millas el lunes.

PARA Y PIENSA

Did you get it? Tell what these people did in the past.

1. Ayer Luisa y Mateo (correr) _____ .
2. Ayer tú (comer) _____ papas fritas.
3. La señora (vender) _____ frutas.
4. Yo (escribir) _____ una tarjeta.
5. Nosotros (recibir) _____ un regalo.
6. Ayer ellas (salir) _____ .

Get Help Online
ClassZone.com

Presentación de GRAMÁTICA

¡AVANZA!

Goal: Learn the demonstrative pronouns and adjectives. Then use them to point out people and things. ***Actividades 13–16***

¿Recuerdas? Sports equipment p. R4, colors p. R6, clothing p. R6, classroom objects p. R14

English Grammar Connection: In English, the **demonstratives** *this, these, that,* and *those* are used to point out specific things or people. A demonstrative can be an **adjective** or a **pronoun,** and it agrees with the noun it describes or replaces.

Those rings are expensive. **Esos** anillos son caros.

Demonstrative Adjectives and Pronouns

***Animated* Grammar** ClassZone.com

Demonstratives indicate where something is. In Spanish, they show if something is close to, not as close to, or far away from the speaker.

Here's how:

Demonstrative Adjectives

	close		not close		far away	
	m.	*f.*	*m.*	*f.*	*m.*	*f.*
Singular	**este** *this*	**esta** *this*	**ese** *that*	**esa** *that*	**aquel** *that*	**aquella** *that*
Plural	**estos** *these*	**estas** *these*	**esos** *those*	**esas** *those*	**aquellos** *those*	**aquellas** *those*

Demonstrative Pronouns

Singular	**éste**	**ésta**	**ése**	**ésa**	**aquél**	**aquélla**
Plural	**éstos**	**éstas**	**ésos**	**ésas**	**aquéllos**	**aquéllas**

***Demonstrative pronouns** have accents, but there is no change in pronunciation.*

Demonstrative adjectives appear before the **noun.** They agree in gender and number with the noun they *describe.*

¿Cuánto cuesta **este anillo**?
*How much does **this** ring cost?*

Ese anillo cuesta diez dólares.
***That** ring costs ten dollars.*

Aquel anillo es más barato.
***That** ring (over there) is cheaper.*

Demonstrative pronouns take the place of nouns. They agree in gender and number with the noun they *replace.*

¿Cuánto cuesta **éste**?
*How much does **this one** cost?*

Ése cuesta diez dólares.
***That one** costs ten dollars.*

Aquél es más barato.
***That one** (over there) is cheaper.*

Más práctica

Cuaderno *pp. 56–58*

Cuaderno para hispanohablantes *pp. 57–60*

@HomeTutor Leveled Grammar Practice ClassZone.com

Práctica de GRAMÁTICA

13 Preferencias

¿*Recuerdas?* Sports equipment p. R4, colors p. R6

Hablar
Escribir

Habla con un(a) compañero(a) sobre lo que prefieres para practicar deportes. Usa el adjetivo demostrativo para indicar qué prefieres comprar. *(Indicate the item you prefer by using demonstrative adjectives.)*

modelo: el bate amarillo

A: ¿Qué bate prefieres?

B: Prefiero aquel bate amarillo.

1. el casco blanco
2. el guante marrón
3. los uniformes azules
4. la raqueta negra
5. las pelotas anaranjadas
6. el uniforme rojo
7. el bate rojo
8. las pelotas verdes

Expansión
Ask your partner what items he or she prefers to buy.

14 En la tienda de ropa

¿*Recuerdas?* Clothing p. R6

Hablar

Tu compañero(a) y tú van de compras pero tienen gustos diferentes. ¿Qué dicen? *(You are shopping with a friend. Discuss clothing preferences.)*

modelo: los zapatos

A: A mí me gustan estos zapatos. ¿A ti te gustan?

B: ¿Esos zapatos? ¡Uy! Ésos no me gustan. Prefiero aquéllos.

1. la camisa
2. la camiseta
3. el sombrero
4. el vestido
5. los jeans
6. la chaqueta
7. los pantalones cortos
8. los calcetines

AUDIO

Pronunciación El sonido /k/

The sound of /k/ before vowels in Spanish is made with the letter **c** or the letters **qu.** Listen to and repeat these syllables and words.

ca	→	**casa**	**campeón**	**buscar**
que	→	**qué**	**aquel**	**aquella**
qui	→	**quién**	**quinta**	**esquiar**
co	→	**copa**	**olímpicos**	**competir**
cu	→	**cubano**	**escuchar**	**musculoso**

Do you see the pattern? In Spanish, to make the /k/ before **a, o,** and **u,** use the letter **c.** To make the /k/ sound before **e** and **i,** use **qu.**

15 ¡A jugar! Veo, veo

¿*Recuerdas?* Classroom objects p. R14

Hablar

Cada persona en tu grupo va a tener un turno para describir un objeto. Ganas cuatro puntos si lo encuentras con la primera pista, y un punto menos por cada pista adicional. La persona que tiene más puntos al final del juego gana. *(Find the object your classmate describes. Earn four points if you do it on the first hint. For each additional hint, earn one point fewer. The person with the most points wins.)*

A Veo una cosa verde.

B Es este lápiz?

A No, no es ese lápiz.

C ¿Es aquella mochila?

A Sí, es aquella mochila.

Expansión
Using demonstrative adjectives, describe three items in the classroom.

16 ¿Quién es?

Hablar
Escribir

Comparación cultural

El equipo de fútbol

¿Qué influencia tienen los intereses personales de un(a) artista sobre su arte? Muchas de las pinturas de Antonio Berni reflejan *(reflect)* la vida *(life)* de su país, **Argentina.** El fútbol es un deporte muy popular en la cultura latina. El equipo preferido de Antonio Berni era *(was)* el Club Colón de Santa Fe, Argentina. Antonio Berni muestra *(shows)* la importancia del deporte a los jóvenes en su representación de unos chicos de un barrio argentino.

Club Atlético Nueva Chicago *(1937), Antonio Berni*

Compara con tu mundo *¿Te interesan los deportes? ¿Qué otras actividades te interesan? ¿Cuáles son los deportes o las actividades populares en tu comunidad?*

Describe a un chico en la pintura. Tu compañero(a) tiene que adivinar quién es. *(Describe a boy in the painting for your partner to guess.)*

A Este chico lleva una camisa roja.

B ¿Es ese chico de allí?

A Sí, es ese chico. (No, es aquel chico.)

Más práctica Cuaderno *pp. 56–58* Cuaderno para hispanohablantes *pp. 57–60*

PARA Y PIENSA

Did you get it? Use the correct demonstrative adjective to describe things and people at different distances.

Get Help Online ClassZone.com

1. Vamos a correr en ____ pista. (aquí)
2. Puedes usar ____ uniforme. (allí, cerca)
3. No conozco a ____ deportistas. (allí, lejos)

Todo junto

¡AVANZA! **Goal:** ***Show what you know.*** Listen to the health and fitness advice that the kids find. Then, give health advice of your own, and use the preterite to discuss what you did last week to have fun and to be healthy. ***Actividades 17–21***

Telehistoria completa

@HomeTutor VideoPlus
ClassZone.com

STRATEGIES

Cuando lees

Analyze the situation Notice who complains in this scene, how often, and about what. Who diverts the complainer's attention and tries to change the tone? Is the attempt successful?

Cuando escuchas

Listen for advice What is Tobal's food advice? Based on this scene, do the boys typically eat the way Tobal suggests? What do you think Luisa's diet is like?

Escena 1 ***Resumen***
Diego, Luisa y Mateo hacen una película de un campeonato de fútbol, pero no va bien. Ellos no tienen las cosas que necesitan para competir en un partido.

Escena 2 ***Resumen***
Los jóvenes hablan con la señora Montalvo. Ella piensa que deben hacer una película sobre un atleta. Les dice que conoce a Rafael Tobal, un jugador de fútbol.

VIDEO DVD

AUDIO

Escena 3

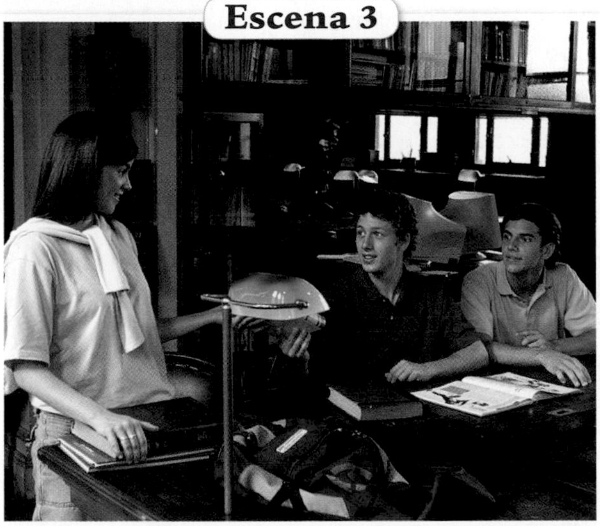

Diego: ¿Todos estos libros son sobre Tobal?

Luisa: Yo voy a leer éste. Mateo, tú lee ése y tú, Diego, lee aquél.

Diego: Pero ese libro es demasiado grande.

Luisa: Bueno, lee éste. Necesitamos saber dónde vive.

Diego: ¡Uy! Éste es peor. ¡No tiene fotos! ¿Podemos ir a jugar al futbol?

Luisa: Jugamos después. Ahora busca en Internet.

Diego: Bueno, pero esas computadoras son muy lentas.

Luisa: Tobal dice que «es necesario mantenerse en forma para ser un buen jugador de fútbol». *(Mateo takes out an unhealthy snack to eat.)* También dice que para mantenerse en forma «hay que seguir una dieta balanceada». *(Mateo puts snack away.)*

Diego: Aquí vive Tobal.

Luisa: ¿Dónde encontraste eso?

Diego: En Internet. Ahora sí, vamos.

Mateo: Tobal dice: «es importante practicar deportes todos los días».

Diego: ¿Quieren jugar?

Mateo y Luisa: ¡Sí!

17 *Comprensión de los episodios* Recomendaciones

Escuchar
Leer

Identifica las actividades que recomienda Tobal para ser un buen jugador de fútbol. Para cada actividad, escribe **sí** si Tobal la recomienda o **no** si no la recomienda. *(Identify whether or not Tobal recommends these activities.)*

1. mantenerse en forma
2. leer libros sobre fútbol
3. vivir en Argentina
4. seguir una dieta balanceada
5. practicar el ciclismo
6. hacer ejercicio en el gimnasio
7. beber mucha agua
8. practicar deportes todos los días

18 *Comprensión de los episodios* En la bibilioteca

Leer
Escribir

Contesta las preguntas. *(Answer the questions.)*

1. ¿Sobre quién son los libros?
2. ¿Qué prefiere hacer Diego?
3. ¿Cómo son las computadoras de la biblioteca?
4. ¿Qué dice Tobal sobre cómo mantenerse en forma?
5. ¿Sabe Diego dónde vive Tobal? ¿Dónde lo encontró?
6. ¿Qué dice Tobal sobre los deportes?

19 Necesito consejos

Hablar

STRATEGY Hablar
Identify and combine "vocabulary sets" Identify eight to ten words or phrases for staying in shape (**ejercicio, gimnasio, dieta...**). Identify three phrases for giving advice (**Hay que, Es necesario, Es bueno...**). Combine into interesting, detailed advice for Mateo.

Hagan los papeles de dos estudiantes que dan consejos en un programa de radio. Preparen una respuesta al correo electrónico de Mateo y preséntenlo a la clase. *(Role-play giving advice in a radio program to an e-mail from a listener.)*

> Muchas veces descanso por la tarde pero no entiendo por qué siempre estoy cansado. Por la noche como pizza, bebo refrescos y miro la televisión. A veces salgo con mis amigos Diego y Luisa. Me dicen que necesito mantenerme en forma. Pero, ¿qué hago?

20 Integración

Leer
Escuchar
Hablar

Lee esta página de una revista y escucha la entrevista en un programa de Radio Deportes. Luego, explícale a tu clase lo que es importante hacer para ser saludables según las dos fuentes. *(Read the magazine page and listen to the interview. Then tell your classmates what is important to do to be healthy according to the two sources.)*

Fuente 1 Revista para jóvenes

4 COSAS QUE DEBES HACER PARA TENER UN CUERPO SALUDABLE

Consejos para mantenerte en forma

HAY QUE...

1. beber mucha agua ¿Cuánta agua bebiste hoy? Para limpiar el cuerpo es necesario beber ocho vasos al día.

2. seguir una dieta balanceada ¿No te gusta la ensalada? ¡No hay problema! Hay otras comidas saludables que te pueden gustar. *Para ideas, mira la página 108.*

3. ser activo ¡Ese sofá no es tu amigo! Juega un deporte o monta una bicicleta.

4. ser positivo Como dice el refrán, mente sana, cuerpo sano. En otras palabras, si estás feliz, ¡tu cuerpo va a estar feliz!

Fuente 2 Programa de radio

Listen and take notes

- ¿Qué deporte practica Cora?
- ¿Piensa Cora que es necesario ser deportista para ser saludable?
- ¿Qué recomienda para tener buena salud?

modelo: Es importante mantenernos en forma para tener buena salud. Hay que...

21 Mis actividades

Escribir

Describe tres actividades del fin de semana pasado en tu diario. Explica qué hiciste, dónde y con quiénes. *(Describe three of your activities last weekend in a diary entry.)*

modelo: El sábado salí con mi familia. Fuimos a...

Writing Criteria	Excellent	Good	Needs Work
Content	Your entry includes all of the information.	Your entry includes some of the information.	Your entry includes little of the information.
Communication	Most of your entry is organized and easy to follow.	Parts of your entry are organized and easy to follow.	Your entry is disorganized and hard to follow.
Accuracy	Your entry has few mistakes in grammar and vocabulary.	Your entry has some mistakes in grammar and vocabulary.	Your entry has many mistakes in grammar and vocabulary.

Expansión
Read the entry of a classmate and then compare his or her weekend activities with yours.

Más práctica Cuaderno *pp. 59–60* Cuaderno para hispanohablantes *pp. 61–62*

PARA Y PIENSA

Did you get it? Which of Tobal's recommendations do you agree with? Tell three things you did last week to follow that recommendation.

Get Help Online
ClassZone.com

Lectura

¡AVANZA! **Goal:** Read about the World Cup soccer tournament and answer questions about its history. Then compare it to another sports competition that you research.

La Copa Mundial

AUDIO

STRATEGY Leer

Make a graph To understand better, graph the number of wins by each country mentioned as a **ganador.** Use the format below, and complete the graph.

Ganadores de la Copa Mundial 1930–2002

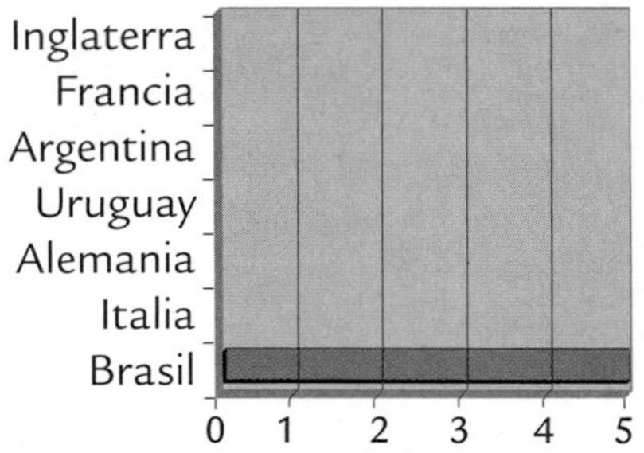

No hay otro evento deportivo que pueda captar[1] la atención del mundo[2] como lo hace la Copa Mundial de la FIFA (Fédération Internationale de Football Association). Lee estas tarjetas para saber la historia de esta competencia internacional.

Desde su primera edición, celebrada en Uruguay en 1930, la Copa Mundial de la FIFA ha crecido[3] en popularidad. En esta competencia los mejores equipos de fútbol de todos los países compiten por el título de campeón del mundo. La idea se originó[4] gracias a un grupo de visionarios franceses en 1920. Su líder fue el innovador Jules Rimet. Después de diez años la idea se hizo[5] realidad y el primer campeonato fue en 1930. Desde ese año, ha habido[6] 16 torneos, en los cuales ganaron sólo siete campeones distintos. La única[7] interrupción en el torneo fue por la Segunda Guerra Mundial.[8]

Hoy en día la Copa Mundial capta la atención de todos los aficionados a fútbol del planeta. Hay una audiencia global de más de 3.700 millones de personas. Y la meta[9] de los jugadores y los aficionados sigue siendo lo mismo: ganar el trofeo, la Copa.

LA COPA MUNDIAL

El trofeo original del torneo se llama La Copa Jules Rimet. Brasil adquirió[10] este trofeo después de ganar su tercera Copa Mundial en 1970. El nuevo trofeo está en uso desde 1974 y el país que lo gana, lo conserva por cuatro años hasta la siguiente competencia.

LA COPA MUNDIAL

[1] capture [2] world [3] **ha...** has grown [4] **se...** originated [5] **se...** became
[6] **ha...** there have been [7] only [8] **Segunda...** World War II [9] goal [10] acquired

Ganadores de la Copa Mundial

Año	Ganador	Goles	Segundo
1930	Uruguay	4-2	Argentina
1934	Italia	2-1	Checoslovaquia
1938	Italia	4-2	Hungría
1950	Uruguay	2-1	Brasil
1954	Alemania	3-2	Hungría
1958	Brasil	5-2	Suecia
1962	Brasil	3-1	Checoslovaquia
1966	Inglaterra	4-2	Alemania
1970	Brasil	4-1	Italia
1974	Alemania	2-1	Países Bajos
1978	Argentina	3-1	Países Bajos
1982	Italia	3-1	Alemania
1986	Argentina	3-2	Alemania
1990	Alemania	1-0	Argentina
1994	Brasil	3-2	Italia
1998	Francia	3-0	Brasil
2002	Brasil	2-0	Alemania

PARA Y PIENSA

¿Comprendiste?

Lee toda la información de las tarjetas y luego úsala para contestar estas preguntas.

1. ¿En qué año empezó la Copa Mundial?
2. ¿Cómo se llama el primer trofeo? ¿Por qué tiene ese nombre?
3. ¿Con qué frecuencia ocurre la Copa Mundial?
4. ¿Quién ganó la Copa Mundial más que todos los otros países?
5. ¿Por qué no jugaron una Copa Mundial entre 1938 y 1950?
6. ¿Por qué tiene mucha popularidad la Copa Mundial por todo el mundo?

¿Y tú?

En grupos, investiguen el campeonato de un deporte. ¿Cuándo empezó? ¿Con qué frecuencia ocurre? ¿Cuáles equipos ganaron? ¿Con quiénes es popular? Compárenlo con la Copa Mundial. Presenten la información a la clase en forma escrita u oral.

Conexiones *La educación física*

El deporte de pato

El deporte de pato es una combinación de básquetbol y polo. Dos equipos de cuatro personas montan a caballo y tratan de lanzar *(try to throw)* una pelota con manijas *(handles)* por canastas *(baskets)* verticales.

Cuando dos jugadores agarran *(grab)* la pelota se llama una cinchada. Los jugadores se levantan *(stand up)* en los estribos *(stirrups)* y halan *(pull)* hasta que un jugador suelte *(lets go of)* la pelota.

Mira la foto de una cinchada. ¿Qué partes del cuerpo usan más en esta jugada? ¿Qué ejercicios pueden hacer los jugadores para preparar sus cuerpos para una cinchada?

Un partido de pato

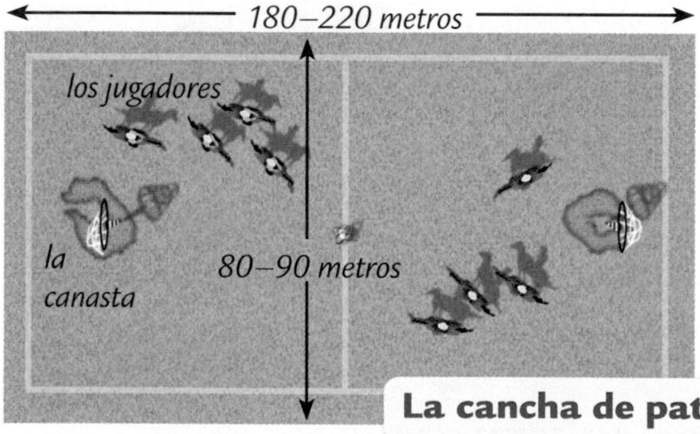

La cancha de pato

Una cinchada

Proyecto 1 *Las matemáticas*

Mira las dimensiones de la cancha de pato. Investiga las dimensiones de la cancha de otro deporte. Haz un dibujo comparativo de las canchas de pato y del otro deporte. Escribe las dimensiones usando el sistema métrico.

Proyecto 2 *La historia*

Los gauchos *(Argentine cowboys)* inventaron el deporte de pato en el siglo *(century)* XVII. Investiga sobre los gauchos y sus costumbres *(customs)*. ¿Dónde viven? ¿Cuáles son otras tradiciones que practican?

Proyecto 3 *El lenguaje*

Lee estos versos de Bartolomé Mitre sobre el pato:

¡El Pato! juego fuerte
del hombre de la pampa,[1]
tradicional costumbre
de un pueblo varonil[2]

para templar[3] los nervios,
para extender los músculos
como en veloz carrera,[4]
en la era juvenil.[5]

[1] *plains* [2] **pueblo...** *courageous nation*
[3] *calm* [4] **veloz...** *fast race* [5] **era...** *age of youth*

¿Qué quieren decir estos versos? Escribe un resumen y explica su significado.

Lección 1

En resumen

Vocabulario y gramática

Animated Grammar
Interactive Flashcards
ClassZone.com

Vocabulario

Talk About Sporting Events

el campeonato	championship	jugar (ue) en equipo	to play on a team
el ciclismo	bicycle racing	meter un gol	to score a goal
la competencia	competition	el premio	prize; award
competir (i)	to compete		
estar empatado	to be tied		

Sports Competitions

la Copa Mundial	The World Cup
los Juegos Olímpicos	The Olympic Games
los Juegos Panamericanos	The Panamerican Games
la Vuelta a Francia	The Tour de France

Sports Equipment

la pista	track
la red	net
el uniforme	uniform

Express Emotions

¡Ay, por favor!	Oh, please!
¡Bravo!	Bravo!
¡Dale!	Come on!
¡Uy!	Ugh!

Describe Athletes

activo(a)	active
el (la) deportista	sportsman / woman
lento(a)	slow
musculoso(a)	muscular
rápido(a)	fast

Discuss Ways to Stay Healthy

Es bueno...	It's good . . .	hacer ejercicio	to exercise	saludable	healthy; healthful
Es importante...	It's important . . .	mantenerse (ie) en forma	to stay in shape	seguir (i) una dieta balanceada	to follow a balanced diet
Es necesario...	It's necessary . . .				

Gramática

Nota gramatical: Adverbs with **-mente** *p. 94*

Preterite of -er, -ir verbs

The **preterite** tense endings are the same for **-er** and **-ir** verbs.

comer *to eat*	
comí	**comimos**
comiste	**comisteis**
coamió	**comieron**

escribir *to write*	
escribí	**escribimos**
escribiste	**escribisteis**
escribió	**escribieron**

Demonstrative Adjectives and Pronouns

Demonstratives show where something is in relation to the speaker.

Demonstrative Adjectives

	close		not close		far away	
	m.	*f.*	*m.*	*f.*	*m.*	*f.*
Singular	**este** *this*	**esta** *this*	**ese** *that*	**esa** *that*	**aquel** *that*	**aquella** *that*
Plural	**estos** *these*	**estas** *these*	**esos** *those*	**esas** *those*	**aquellos** *those*	**aquellas** *those*

Demonstrative Pronouns

Singular	**éste**	**ésta**	**ése**	**ésa**	**aquél**	**aquélla**
Plural	**éstos**	**éstas**	**ésos**	**ésas**	**aquéllos**	**aquéllas**

Lección 1

Repaso de la lección

¡LLEGADA!

@HomeTutor
ClassZone.com

Now you can
- talk about sporting events and athletes
- discuss ways to stay healthy
- point out specific people and things
- retell events from the past

Using
- adverbs with **-mente**
- preterite of **-er** and **-ir** verbs
- demonstrative adjectives and pronouns

To review
- adverbs with **–mente,** p. 94

1 Listen and understand

AUDIO

Escucha las noticias y escribe un adverbio con **–mente** para describir cómo los atletas practican los deportes. *(Describe how the athletes do the following activities.)*

alegre	fácil	rápido	tranquilo
difícil	lento	serio	triste

1. Carla Sánchez jugó ____ .
2. Victor García corrió ____ .
3. Los Osos practicaron ____ .
4. Alejandro Díaz metió un gol ____ .
5. Los Tigres ganaron el partido ____ .
6. Los aficionados de Los Jaguares salieron ____ del estadio.

To review
Using
- preterite of **-er** and **-ir** verbs, p. 95

2 Discuss ways to stay healthy

Di lo que hicieron estas personas ayer para estar saludable. También da una razón lógica. *(Tell what activities people did to be healthy and give a reason.)*

Pistas: seguir un dieta balanceada, mantenerse en forma, hacer ejercicio

modelo: yo / comer frutas y verduras / es necesario
Yo comí frutas y verduras. Es necesario seguir una dieta balanceada.

1. Mis hermanos / beber mucha agua / es importante
2. Yo / correr cuarenta minutos / es necesario
3. Nosotros / compartir un sándwich y una ensalada/ es bueno
4. Tú / comer un yogur/ es importante
5. Luz / escribir una lista de comidas saludables para comprar / hay que
6. Julio y Ana / aprender a patinar en línea / es bueno

To review
- demonstrative adjectives and pronouns, p. 100

3 Point out specific people and things

Completa las descripciones para saber qué pasa en las competencias. Usa adjetivos o pronombres demostrativos. *(Use demonstrative adjectives and pronouns to complete the descriptions.)*

modelo: _____ jugadora quiere meter un gol.
Aquella jugadora quiere meter un gol.

1. _____ red es del equipo azul; _____ es del equipo rojo.
2. _____ jugadora del equipo azul tiene la pelota. _____ del equipo azul también quieren meter un gol.
3. _____ jugadora del equipo rojo está frente a la red. _____ del equipo rojo corren a ayudarla.
4. _____ aficionados son alegres; _____ son tristes.
5. _____ hombre toma fotos del partido.

To review
- La Boca, p. 87
- Comparación cultural, pp. 96, 102
- Lectura, pp. 106–107

4 Argentina and Spain

Comparación cultural

Contesta estas preguntas culturales. *(Answer these culture questions.)*

1. ¿Qué puedes ver en La Boca?
2. ¿Qué deporte representa Antonio Berni en su pintura y por qué?
3. ¿Qué puedes escuchar de los aficionados argentinos y españoles si vas a un partido de fútbol?
4. ¿Qué es la Copa Mundial? ¿Cuándo empezó?

Más práctica Cuaderno *pp. 61–72* Cuaderno para hispanohablantes *pp. 63–72*

Get Help Online
ClassZone.com

UNIDAD 2

Argentina

Lección 2

Tema:

¿Qué vamos a hacer?

¡AVANZA! **In this lesson you will learn to**

- discuss your daily routine
- clarify the sequence of events
- say what you and others are doing right now or intend to do

using

- **pensar** + infinitive
- reflexive verbs
- present progressive

¿Recuerdas?

- parts of the body
- telling time
- places in school and around town

Comparación cultural

In this lesson you will learn about

- abstract art and comic strips
- body language, gestures, and idioms
- daily routines in rural Argentina and Colombia
- athletic routines in Argentina, Colombia, and Spain

Compara con tu mundo

Diego, Luisa y Mateo descansan al lado del río *(river)* cerca del centro de Buenos Aires. *¿Hay un lugar especial en el centro donde vives? ¿Van muchas personas allí?*

¿Qué ves?

Mira la foto

¿Qué tiene en la mano Diego?

¿Qué ropa llevan los jóvenes?

¿Te interesa esta parte de Buenos Aires? ¿Por qué?

Online SPANISH CLASSZONE.COM

Featuring...

Cultura INTERACTIVA

Animated Grammar

@HomeTutor

And more...

- Get Help Online
- Interactive Flashcards
- Review Games
- WebQuest
- Self-Check Quiz

Puerto Madero

Buenos Aires, Argentina

Presentación de VOCABULARIO

¡AVANZA! **Goal:** Learn some words related to daily routines. Then, identify items needed for personal care, parts of the body, and a logical routine.
Actividades 1–3

VIDEO DVD

AUDIO

A ¡Hola! Soy Mateo y ésta es mi **rutina** todos los días. **Primero** me despierto a las seis y media, pero **generalmente** no me levanto hasta las siete.

B **Luego** me cepillo los dientes. Después me afeito, me ducho y me lavo el pelo. **Entonces** me seco con la toalla y me peino. **A veces** si no **tengo prisa,** me seco el pelo con **el secador de pelo.**

C Soy Luisa y yo tengo otra rutina. **Frecuentemente** me levanto temprano para ir al gimnasio donde **me entreno.** Vuelvo a la casa para **arreglarme.** Me ducho y me pongo **el desodorante.** Después me maquillo y me pongo la ropa.

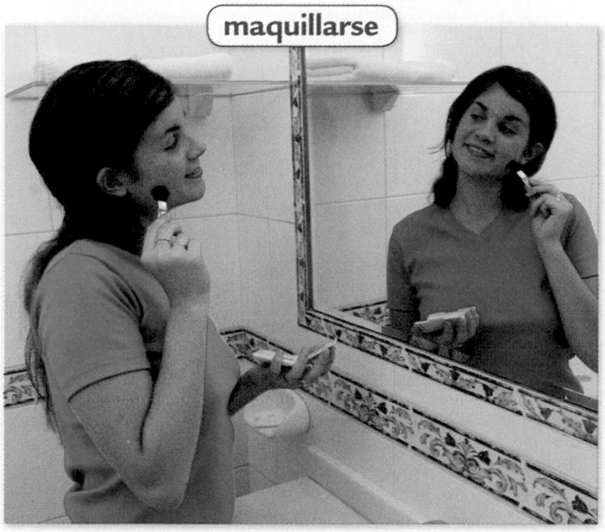

D Por la noche, siempre me lavo **la cara** y me cepillo los dientes antes de acostarme. **Normalmente tengo sueño.** Apago la luz y me duermo muy rápidamente. ¡Hasta mañana!

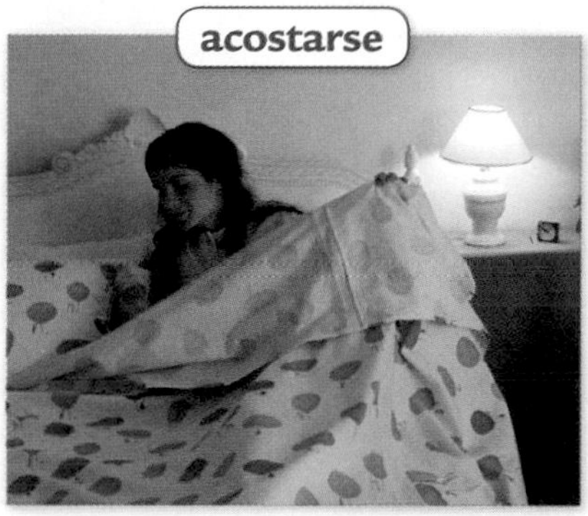

Más vocabulario

el dedo del pie *toe*
la garganta *throat*
el oído *inner ear (hearing)*
la uña *nail*
bañarse *to take a bath*
encender (ie) la luz *to turn on the light*
más tarde *later on*
por fin *finally*
Expansión de vocabulario p. R5
Ya sabes p. R5

¡A responder! Escuchar

Escucha estas acciones y haz cada acción que oyes. *(Listen to the actions and do each one that you hear.)*

@HomeTutor VideoPlus
Interactive Flashcards
ClassZone.com

Práctica de VOCABULARIO

1 ¿Qué necesito?

Hablar
Escribir

Di qué necesitas para estas actividades. *(Tell what is needed to do the activity.)*

el jabón	el cepillo de dientes
el peine	el secador de pelo
la toalla	la pasta de dientes
el champú	la crema de afeitar

modelo: bañarse
Necesito el jabón y la toalla.

1. peinarse
2. secarse el pelo
3. ducharse
4. secarse el cuerpo
5. lavarse el pelo
6. cepillarse los dientes

2 El cuerpo

Hablar
Escribir

Identifica las partes del cuerpo. *(Identify parts of the body.)*

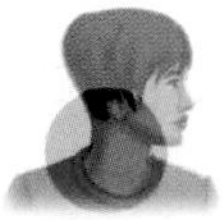

modelo: Es el cuello.

1. 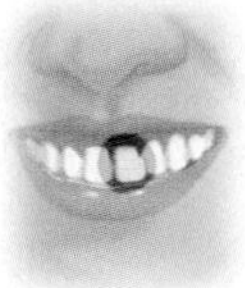
2. 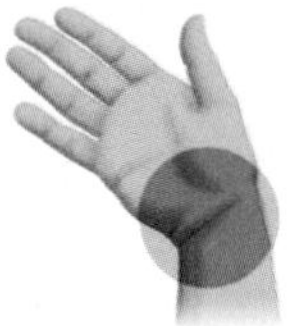
3. 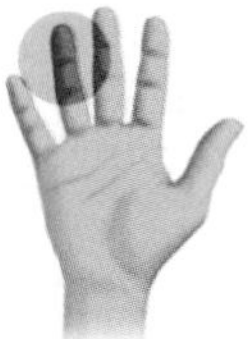
4. 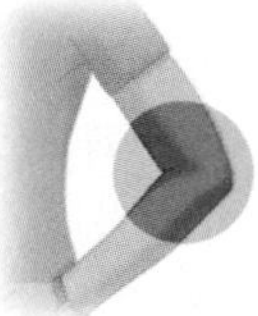
5. 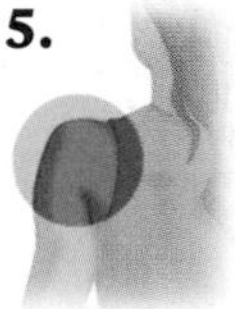
6. 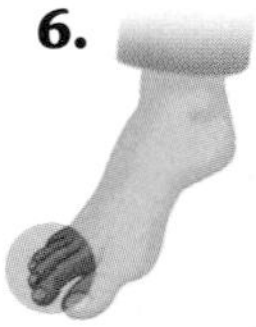

3 ¿Es normal?

Leer
Escribir

Indica si estas rutinas son lógicas o no. Si no son lógicas, cámbialas por rutinas lógicas. *(Tell if these routines are logical. Change the illogical so they are logical.)*

modelo: Por fin, Diego se pone el desodorante y se baña. No es lógica.
Por fin, Diego se pone el desodorante y se pone la ropa.

1. Frecuentemente Diego se entrena y luego se ducha.
2. Cuando Luisa tiene prisa, se pone la ropa lentamente.
3. Por la noche Luisa se maquilla y después enciende la luz.
4. A Diego le duele el oído cuando le duele la garganta.
5. Por fin, Diego apaga la luz y se acuesta.

Expansión
Write two more sentences, one logical and one illogical, and have a classmate identify each one.

Más práctica Cuaderno *pp. 73–75* Cuaderno para hispanohablantes *pp. 73–76*

PARA Y PIENSA

Did you get it? Put the following activities in the order that you would do them most days from morning to night.

a. Me cepillo los dientes.
b. Me despierto.
c. Me levanto.
d. Me ducho.
e. Me acuesto.
f. Me seco el pelo.

Get Help Online
ClassZone.com

VOCABULARIO en contexto

¡AVANZA! **Goal:** Listen to the plans the kids are making. Then talk about people's plans using **pensar** + *infinitive.* ***Actividades 4–5***

¿Recuerdas? **pensar** pp. R6, R30

Telehistoria escena 1

@HomeTutor VideoPlus
ClassZone.com

STRATEGIES

Cuando lees
Consider intentions As you read, consider what the three teenagers plan to do. Do they all agree? Predict whether Tobal will want to be involved.

Cuando escuchas
Listen to intonation To understand the characters' feelings, listen to the intonation of their words. Who sounds pessimistic about Tobal? Who sounds optimistic? What does Tobal's voice express?

VIDEO DVD

AUDIO

Mateo: ¿Por qué llegamos tan temprano?
Diego: No sabemos a qué hora sale Tobal de la casa normalmente. Necesitamos estar aquí temprano para conocerlo.
Luisa: ¿Quién encendió la luz? ¡Tal vez está en casa!
Mateo: ¡Che! ¿Qué le vamos a decir a Tobal?
Diego: Le decimos que queremos hacer una película sobre él.
Luisa: ¡Sí! Queremos saber qué hace generalmente. ¿Cuál es su rutina?
Diego: Le vamos a preguntar: «¿Qué piensa hacer mañana?» «¿Podemos venir a filmarlo?»
Mateo: Va a tener prisa y va a decir que «no». Tengo sueño.
Luisa: Puedes dormir más tarde.
Hombre: ¿A quién buscan?
Diego: A Rafael Tobal. *(realizing whom he is talking to)* ¡Señor Tobal!

Continuará... p. 122

También se dice

Argentina Mateo addresses his friend Diego with the word **che.** In other Spanish-speaking countries:
- **España: tío(a)**
- **Cuba: compadre; comadre**

4 *Comprensión del episodio* ¿Quién(es)?

Escuchar
Leer

Empareja la descripción con la persona. *(Match the description with the person.)*

1. Quiere saber qué piensa hacer Tobal mañana.
2. No le gusta salir tan temprano.
3. Tiene sueño.
4. Vio una luz en la casa.
5. Quiere hacerle preguntas a Tobal.
6. Dice que Tobal no va a hablar con ellos.

Nota gramatical *¿Recuerdas?* **pensar** pp. R6, R30

When the verb **pensar** is followed by an **infinitive,** it means *to plan* or *to plan on.*

Pienso acostarme temprano esta noche.
***I plan** to go (on going) to bed early tonight.*

¿**Piensa usted visitar** el museo?
***Are you planning** to visit the museum?*

5 Los planes de Tobal

Hablar
Escribir

Lee los pensamientos de Tobal y adivina lo que él piensa hacer.
(Read Tobal's thoughts and guess what he's planning to do.)

modelo: Tobal piensa comer.

1. Tengo el pelo sucio.
2. ¿Dónde está mi toalla?
3. Estoy buscando un peine.
4. Necesito el secador de pelo.
5. Hmm... la crema de afeitar... Ah, ¡aquí está!
6. Ahora necesito mi cepillo de dientes.
7. Es muy importante mantenerse en forma.
8. Estoy muy cansado. Tengo sueño.

Expansión
Tell your own plans for the rest of today.

PARA Y PIENSA

Did you get it? In complete sentences, list three things you plan on doing this weekend.

Get Help Online
ClassZone.com

Presentación de GRAMÁTICA

¡AVANZA! **Goal:** Learn how to use reflexive verbs with their pronouns. Use them to talk about what people do for themselves. ***Actividades 6–10***

English Grammar Connection: **Reflexive verbs** describe actions done to or for oneself. In English, **reflexive pronouns** end in *-self* or *-selves* and show that the subject both does and receives the action of the verb.

Reflexive Verbs

Animated Grammar
ClassZone.com

In Spanish, all **reflexive verbs** are expressed with a **reflexive pronoun.**

Here's how: In the infinitive form of **reflexive verbs,** the **reflexive pronoun** attaches to the end: **bañarse.**

When you conjugate **reflexive verbs,** the **pronoun** appears before the conjugated **verb.**

bañarse *to take a bath*			
yo	**me baño**	nosotros(as)	**nos bañamos**
tú	**te bañas**	vosotros(as)	**os bañáis**
usted, él, ella	**se baña**	ustedes, ellos(as)	**se bañan**

Jorgito **se baña** a las ocho. *Jorgito **takes a bath** at eight.*

When a **reflexive verb** follows a **conjugated verb,** use the correct **reflexive pronoun** with the infinitive.

You can *attach* the **pronoun** to the infinitive.

attached
¿A qué hora **quieres despertarte**?
*What time do you want **to wake up**?*

You can also place the **pronoun** *before* the **conjugated verb.**

before
Me quiero despertar a las siete.
*I want **to wake up** at seven.*

Some verbs are not always reflexive.

not reflexive	Yo **despierto** a Celia a las siete.	***I wake up** Celia at seven.*
reflexive	Yo **me despierto** a las siete.	***I wake** (myself) **up** at seven.*

Más práctica
Cuaderno *pp. 76–78*
Cuaderno para hispanohablantes *pp. 77–79*

@HomeTutor
Leveled Grammar Practice
ClassZone.com

Práctica de GRAMÁTICA

6 ¡Necesitan lavarse!

¿Recuerdas? Parts of the body p. R5

Escribir
Hablar

Explica qué necesitan lavarse estas personas. *(Tell what needs washing.)*

modelo: yo / el pelo
Yo necesito lavarme el pelo.

1. Mateo / el brazo
2. nosotros / los pies
3. Diego / el codo
4. tú / las manos
5. Luisa / la muñeca
6. Diego y yo / las uñas
7. yo / la cara
8. ellos / las orejas

Expansión
Put these parts of the body in order from head to toe.

7 Nuestras rutinas

Leer
Escribir

Mateo habla de la rutina diaria de su familia. ¿Qué dice? *(Tell the family's routine.)*

modelo: Por la mañana Mamá _____ (despertarse/dormirse) temprano.
Por la mañana Mamá **se despierta** temprano.

Mamá y Papá **1.** (levantarse/acostarse) primero y van al baño. Papá **2.** (maquillarse/afeitarse) y Mamá **3.** (maquillarse/afeitarse) la cara. Yo **4.** (despertarse/dormirse) lentamente. Entonces voy al baño y **5.** (cepillarse/ducharse). Después yo **6.** (secarse/ducharse) rápidamente con una toalla y **7.** (ponerse/lavarse) la ropa. Por la noche nosotros siempre **8.** (secarse/cepillarse) los dientes y luego **9.** (acostarse/levantarse). Yo leo un poco en la cama, y por fin apago la luz y **10.** (despertarse/dormirse).

Comparación cultural

Patria B *(1925)*, *Xul Solar*

El arte abstracto

¿Cómo usa un(a) artista el arte abstracto para comunicarse? Muchas personas consideran al artista argentino Xul Solar un visionario. Él fue pintor, escultor, poeta e inventor. Inventó dos lenguajes poéticos y unos juegos. Muchas de sus pinturas parecen *(seem)* representar otros universos. La pintura *Patria B* tiene colores vivos *(bright)* e incluye imágenes del sol, la luna *(moon)* y otras formas geométricas, elementos que son comunes en sus obras.

Compara con tu mundo *¿Prefieres el arte abstracto o realista? ¿Por qué? ¿Cuáles son las diferencias entre ellos?*

8 ¿Cuál es tu rutina?

Hablar

Hablen de sus rutinas diarias. *(Discuss your daily routines.)*

modelo: despertarse antes de las seis

A ¿Te **despiertas** antes de las seis?

B No, no **me despierto** antes de las seis. Me despierto a las siete.

1. despertarse fácilmente
2. ducharse por la mañana o por la noche
3. lavarse el pelo todos los días
4. peinarse frecuentemente durante el día
5. acostarse tarde o temprano
6. dormirse difícilmente

Expansión
Write three questions to ask the teacher about his or her routine.

9 Todos los días

Escribir
Hablar

Describe las rutinas de estas personas. *(Describe the routines of these people.)*

modelo: Mi madre se peina con el peine.

mi madre o padre	afeitarse	la crema de afeitar
el (la) maestro(a)	bañarse o lavarse	en el espejo
mis hermanos y yo	maquillarse	el jabón
mis amigos	peinarse	el peine
yo	secarse	la toalla
¿ ?	ponerse	el desodorante

10 ¡A jugar! ¿Quién soy?

Escribir
Hablar

Paso 1 Trabajando en grupos, describan la rutina de una persona o un personaje famoso sin usar su nombre. *(Work in groups to describe the routine of a famous person or character without telling who it is.)*

modelo: Frecuentemente duermo todo el día, pero me levanto para comer. Jon me sirve la comida en mi plato, pero prefiero comer la comida de él. Después de comer, tengo sueño y me acuesto. A veces juego con el perro, Odie. ¿Quién soy?

Paso 2 Lee la descripción a la clase. El grupo que adivina quién es recibe cinco puntos. *(Read the description to the class. The group that guesses the name wins five points.)*

Más práctica Cuaderno *pp. 76–78* Cuaderno para hispanohablantes *pp. 77–79*

PARA Y PIENSA

Did you get it? Can you provide the forms of the following verbs?

1. Yo / lavarse / la cara.
2. Tú / despertarse / temprano.
3. Ustedes / acostarse / tarde.
4. Nosotros / entrenarse / los sábados.

Get Help Online
ClassZone.com

GRAMÁTICA en contexto

¡AVANZA! **Goal:** Listen to Tobal's daily routine and in what order it is done. Then use reflexive verbs to talk about the daily routines of your family and others. ***Actividades 11–13***

Telehistoria escena 2

@HomeTutor VideoPlus
ClassZone.com

STRATEGIES

Cuando lees
Examine the photo first Before reading, look at the photo below. What does it imply about whether Tobal likes the teenagers and whether he might agree to be filmed?

Cuando escuchas
Listen for the sequence Tobal discusses his morning routine in this scene. Listen carefully to the sequence he describes. What does he do first, second, third, and so on?

VIDEO DVD

AUDIO

Diego: Estamos haciendo una película sobre un jugador de fútbol de la Copa Mundial...

Sr. Tobal: ...Y ¿quieren hacer una película sobre mí? ¿Qué quieren saber?

Diego: Sí, queremos saber cómo es su rutina. Por ejemplo: ¿A qué hora se levanta por la mañana normalmente?

Sr. Tobal: Generalmente me despierto a las seis de la mañana para entrenarme.

Mateo: ¡Yo también! ¿Se baña y se peina antes de hacer ejercicio?

Sr. Tobal: Normalmente, después.

Mateo: ¡Yo también! Pero a veces me afeito antes de hacer ejercicio. Y usted, ¿generalmente se baña o se ducha?

Luisa: ¿Y qué pasta de dientes usa?

Sr. Tobal: ¿Piensan hacer una película sobre cómo me cepillo los dientes?

Luisa: No, no. Quiero saber... ¡porque me gustaría tener dientes tan blancos como usted los tiene!

Continuará... p. 127

11 *Comprensión del episodio* ¿Comprendiste?

Leer
Escribir

Corrige los errores en estas oraciones. *(Correct the errors.)*

modelo: Los chicos quieren hacer una película sobre un jugador de los Juegos Olímpicos.
Los chicos quieren hacer una película sobre un jugador de la Copa Mundial.

1. Los chicos quieren saber cómo es la casa de Tobal.
2. Generalmente Tobal se despierta a las cinco de la mañana.
3. Tobal se entrena por la noche.
4. Normalmente Tobal se baña y se peina antes de hacer ejercicio.
5. A veces Mateo se cepilla los dientes antes de hacer ejercicio.
6. Luisa quiere tener uñas tan blancas como Tobal las tiene.

12 ¿A qué hora?

¿Recuerdas? Telling time p. R12

Hablar
Escribir

Digan cuándo las personas en sus familias hacen estas actividades. *(Tell when family members do these activities.)*

modelo: despertarse

A En mi familia nos despertamos temprano.

B Mis padres se despiertan a las seis. Mis hermanos y yo nos despertamos a las seis y media.

1. ducharse
2. peinarse
3. cepillarse los dientes
4. acostarse
5. ponerse la ropa
6. dormirse

Expansión
Compare routines with a classmate. Describe similarities and differences.

13 ¡Vendemos lo mejor!

Escribir
Hablar

Imagina que tú y tus amigos trabajan para una compañía que vende productos para arreglarte. Trabajando en grupo, preparen un anuncio y preséntenlo a la clase.
(Prepare an advertisement for a new bath or hair product.)

¿Quieres secarte rápidamente después de bañarte? Entonces, necesitas nuestra toalla:
La Super Toalla
Cómprala en la tienda
CASA DE HOY
Calle Juan León Mera, #3024
¡Sécate mejor!

PARA Y PIENSA

Did you get it? Complete the following sentences using **acostarse, ponerse, ducharse, despertarse, afeitarse.**

1. Yo _____ el desodorante después de _____ .
2. Muchos hombres _____ todos los días.
3. Tú siempre _____ tarde y _____ temprano. ¿No tienes sueño?

Get Help Online
ClassZone.com

Presentación de GRAMÁTICA

¡AVANZA! **Goal:** Learn how to form the present progressive. Then talk about what is happening and what people are doing. ***Actividades 14–17***

English Grammar Connection: The **present progressive tense** is used to say that something is happening now. In English, you make it by using a form of *to be* with a verb that ends in *-ing*, called a **present participle.**

They **are singing.** Ellos **están cantando.**

Present Progressive

Animated Grammar
ClassZone.com

Use the present tense of **estar** plus the **present participle** to form the **present progressive.**

Here's how: To make a **present participle,** drop the end of the infinitive and add **-ando** (**-ar** verbs) or **-iendo** (**-er**/**-ir** verbs).

	becomes
comprar	**comprando**
comer	**comiendo**
escribir	**escribiendo**

Estoy comprando las toallas.
***I am buying** the towels.*

¿Qué **estás comiendo**?
*What **are you eating**?*

When the stem of an **-er** or **-ir** verb ends in a vowel, change the **-iendo** to **-yendo.**

leer *becomes* **leyendo**

Some **-ir** verbs change vowels in the stem of the present participle form.

e → i: decir *becomes* **diciendo**
o → u: dormir *becomes* **durmiendo**

Pronouns can either be placed *before* the conjugated form of **estar** or *attached* to the end of the **present participle.** When you attach a **pronoun** to the present participle, you need to add an **accent** to the stressed vowel.

before **Me estoy arreglando.** *or* *attached* **Estoy arreglándome.**
I am getting ready. *I am getting ready.*

Más práctica
Cuaderno *pp. 79–81*
Cuaderno para hispanohablantes *pp. 80–83*

@HomeTutor
Leveled Grammar Practice
ClassZone.com

Práctica de GRAMÁTICA

14 ¿Qué están haciendo?

Hablar
Escribir

Di qué están haciendo estas personas. *(Tell what these people are doing.)*

modelo: Mateo y Diego
Mateo y Diego están hablando.

1. yo

2. tú

3. nosotros

4. los gatos

5. Mamá

6. mis amigos y yo

Expansión
Tell what members of your family are doing right now.

15 En la fiesta

Escuchar
Hablar

Luisa está en una fiesta y llama a una amiga por teléfono. Escucha y contesta las preguntas. *(Listen to Luisa and then answer the questions.)*

1. ¿Qué están celebrando?
2. ¿Qué están haciendo los invitados?
3. ¿Qué están haciendo los jóvenes?
4. ¿Qué está haciendo Mateo?
5. ¿Por qué está contento Tobal?

a. Están tocando la guitarra.
b. Están bailando.
c. un cumpleaños
d. Le están trayendo un pastel.
e. Está bebiendo un refresco.

AUDIO

Pronunciación La acentuación

Spanish words do not require a written accent if the word ends in:

1. **n, s** or a **vowel,** and the stress falls on the next-to-last syllable.
2. any consonant other than **n** or **s,** and the stress falls on the last syllable.

A **written accent** is required on the stressed vowel of a word that *does not* follow these two rules. Listen and repeat:

champú **después** **habitación** **béisbol** **fútbol** **fácil**

16 Muchas excusas

Hablar

Está sonando el teléfono y ustedes no quieren contestarlo. ¿Qué están haciendo? *(Tell why you can't answer the phone.)*

modelo: bañarse / afeitarse

A No quiero contestarlo. Estoy bañándome. (Me estoy bañando.)

B No quiero contestarlo. Me estoy afeitando. (Estoy afeitándome.)

Estudiante A

1. levantarse
2. ponerse la ropa
3. peinarse
4. cepillarse los dientes
5. acostarse

Estudiante B

1. lavarse la cara
2. secarse el pelo
3. arreglarse
4. entrenarse
5. ducharse

Expansión
Switch excuses and act out the actions as you say them.

17 ¡Estamos dibujando!

Hablar
Escribir

Comparación cultural

Las tiras cómicas

¿Cómo representan las tiras cómicas (comic strips) *una cultura? Mafalda* es una tira cómica famosa de **Argentina.** Mafalda, una chica de seis años, es curiosa e idealista. No tiene miedo de dar sus opiniones. Le gustan mucho los Beatles, pero no le gusta la sopa. *Copetín* es una tira cómica popular de **Colombia.** Copetín es un chico travieso *(mischievous)* pero simpático que vive en Bogotá. Como Mafalda, él pasa mucho tiempo con un grupo de amigos en su barrio. A los chicos y a los adultos les gustan estas tiras cómicas por sus ideas, personajes únicos y humor.

© 2005 Quino

Mafalda, *de Quino*

© 2005 Ernesto Franco

Copetín, *de Ernesto Franco*

Compara con tu mundo *¿Cuál es una tira cómica que te gusta y por qué? Compárala con la tira cómica* Mafalda.

Trabajando en grupos, hagan una tira cómica sobre su escuela. Usen el presente progresivo. *(Make a comic strip about your school. Use the present progressive.)*

Pistas: hacer, leer, escribir, comer, jugar, dormir, mirar, estudiar

Más práctica Cuaderno *pp. 79–81* Cuaderno para hispanohablantes *pp. 80–83*

PARA Y PIENSA

Did you get it? Say what the following people are doing:

1. Mateo, Luisa y Diego (jugar)
2. Tobal (entrenarse)
3. la señora Montalvo (vender)
4. Mateo (ponerse la ropa)

Get Help Online
ClassZone.com

Todo junto

¡AVANZA! **Goal:** ***Show what you know.*** Listen to the characters talk about what's happening. Then use what you have learned to talk with others about your surroundings, your routines, and your plans. ***Actividades 18–22***

¿Recuerdas? Places in school and around town p. 14

Telehistoria completa

@HomeTutor VideoPlus
ClassZone.com

STRATEGIES

Cuando lees

Understand the verb endings Verb endings give a lot of information. What do the endings **-ando** and **-iendo** indicate about when the action occurs? While reading, find five verbs with this ending.

Cuando escuchas

Identify the leader While listening, identify which teenager is taking charge of the interviewing process. How can you tell? What are the others in this scene doing?

Escena 1 ***Resumen***
Diego, Luisa y Mateo están delante de la casa de Tobal. Quieren hacerle preguntas para su película. Tobal los encuentra primero.

Escena 2 ***Resumen***
Los compañeros hablan con Tobal sobre su rutina como atleta. Él contesta sus preguntas sobre cómo se arregla antes de hacer ejercicio.

VIDEO DVD

AUDIO

Escena 3

Tobal: No vamos a hablar ahora de cómo me pongo la ropa o el desodorante, ¿verdad?

Diego: Primero le pregunto sobre la Copa Mundial. Después, sobre lo que hace ahora. Y por fin, sobre cómo se mantiene en forma.

Luisa: *(to Mateo, who is falling asleep)* Te duermes, y voy a maquillarte.

Señorita: ¿Qué están haciendo?

Luisa: Estamos haciendo una película sobre el señor Tobal.

Señorita: ¡Ah! ¡El famoso Tobal! ¡Qué bárbaro! ¿Y qué les está diciendo?

Mateo: No sé. No estoy escuchando. Creo que está hablando sobre su desodorante.

Diego: ¿Luisa? *(confirms that Luisa has the camera on)* Bien. Estamos filmando. Señor Tobal, usted jugó en los partidos de la Copa Mundial en 1978, el año en que Argentina ganó, ¿verdad? ¿Todavía juega al fútbol?

Tobal: Frecuentemente juego porque es divertido. Pero ahora no soy tan joven y es más difícil. *(laughing)* Cuando juego me duele el cuerpo: los dedos del pie, el cuello, los hombros...

Señorita: ¡Qué bueno! Yo pienso ver este documental.

Mateo y Luisa: ¿De verdad?

Señorita: ¡Sí! Yo soy Mariana Tobal, ¡su hija!

Señorita

18 *Comprensión de los episodios* ¿Qué pasó primero?

Escuchar
Leer

Pon las oraciones en orden cronológico. *(Sequence the sentences.)*

a. Mateo casi se duerme.
b. Tobal habla de dónde le duele el cuerpo.
c. Diego le explica a Tobal de qué van a hablar.
d. La señorita dice que piensa ver el documental.
e. Luisa empieza a filmar.
f. Una señorita quiere saber lo que están haciendo los chicos.

19 *Comprensión de los episodios* ¡A corregir!

Leer
Escribir

Corrige los errores en estas oraciones. *(Correct the errors.)*

modelo: Los chicos quieren jugar al fútbol.
Los chicos quieren hacerle preguntas a Tobal.

1. Primero van a hablar sobre lo que hace Tobal ahora.
2. Los chicos están haciendo una película sobre la Copa Mundial.
3. Mateo está escuchando.
4. Tobal jugó en los partidos de la Copa Mundial en 1980.
5. Tobal ya no juega al fútbol.
6. A Tobal le duelen las manos cuando juega al fútbol.
7. Una señorita piensa ver el partido de fútbol.
8. La hija de Tobal se llama Luisa.

20 ¿Dónde estoy?

¿Recuerdas? Places in school and around town p. 14

Hablar

STRATEGY Hablar
Use what you know In your descriptions, use vocabulary from this lesson as well as any vocabulary you and your classmates have learned from prior lessons or other sources.

Describe un lugar específico y lo que está pasando allí. Tus compañeros van a adivinar dónde estás. Usa de tres a cinco oraciones. *(Describe a specific location and what is happening there. Your classmates will guess where you are. Use three to five sentences.)*

A Estoy bebiendo refrescos. No estoy hablando con mis amigos. Estamos mirando una película. ¿Dónde estoy?

B Estás en el cine.

Expansión
Expand on one of your group's descriptions and share it with the class.

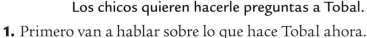

21 Integración

Leer
Escuchar
Hablar

Lee el folleto del campamento deportivo y escucha el diario. Explica cómo es un día típico allí y por qué piensas ir o no. *(Read the sports camp brochure and listen to the audio diary. Explain a typical day there and why you do or do not plan to go.)*

Fuente 1 Folleto

LOS PINOS

¿Piensas ser deportista? Aquí en Los Pinos puedes aprender rápidamente a ser campeón.

La rutina aquí te va a hacer fuerte. Nos levantamos temprano, nos acostamos temprano y nos entrenamos todos los días. Comemos comidas balanceadas cuatro veces al día.

Si acampas aquí, vas a conocer a muchos amigos y aprender a jugar en equipo. ¡Vas a ver que es divertido aprender a jugar mejor! **¡VISÍTANOS!**

Fuente 2 Diario hablado

Listen and take notes
- ¿Qué hacen por la mañana en el campamento?
- ¿Es divertido allí? ¿Cómo sabes?
- ¿Qué piensa hacer el chico?

modelo: La rutina en Los Pinos es difícil. Primero se levantan muy temprano...

22 ¿Somos compatibles?

Escribir

Un(a) estudiante de Buenos Aires viene a tu casa. Describe tu rutina diaria y hazle tres preguntas sobre su rutina. Usa un mínimo de siete palabras para indicar en qué orden y con qué frecuencia haces las actividades. *(Describe your daily routine to an exchange student. Then ask three questions about his or her routine. Use at least seven words of sequence and frequency.)*

modelo: Generalmente me levanto a las seis de la mañana. Primero...

Writing Criteria	Excellent	Good	Needs Work
Content	Your description includes all of the information and questions.	Your description includes some of the information and questions.	Your description includes little information and few questions.
Communication	Most of your description is organized and easy to follow.	Parts of your description are organized and easy to follow.	Your description is disorganized and hard to follow.
Accuracy	Your description has few mistakes in grammar and vocabulary.	Your description has some mistakes in grammar and vocabulary.	Your description has many mistakes in grammar and vocabulary.

Expansión
Write an answer to another student's three questions.

Más práctica Cuaderno *pp. 82–83* Cuaderno para hispanohablantes *pp. 84–85*

PARA Y PIENSA

Did you get it? You got up late and have to meet a friend in a half an hour. Call your friend and describe at least three things you are doing right now to get ready and one thing you plan to do.

Get Help Online
ClassZone.com

Lectura cultural

¡AVANZA! **Goal:** Read about and compare the daily routines of a gaucho in Argentina and a coffee grower in Colombia. Then compare them to your own daily routine.

Comparación cultural

AUDIO

Vivir de la tierra

STRATEGY Leer

Use word families Guess the meaning of at least five new words based on "word families." For example, **cafetero** is in the same word family as **café.** Make a table showing the familiar word, the new word, and its meaning.

Palabra que ya sé	Palabra nueva	Definición
café	*cafetero*	*coffee grower*

Un gaucho argentino en ropa tradicional

La vida[1] del gaucho es la vida de un ganadero[2] que vive de la tierra[3]. La región del gaucho es La Pampa, tierra de mucho sol y de llanos[4]. Estas condiciones determinan lo que hace el gaucho día a día. Los gauchos se levantan temprano para atender el ganado[5] y para mantener los ranchos. El «sueldo»[6] del gaucho es la carne y la piel del ganado que vende.

Estas condiciones también definen qué ropa se pone y qué comida comen él y su familia regularmente. Para trabajar, se pone un sombrero grande para protegerse del sol, del viento y de la lluvia[7]. Se pone pantalones que se llaman «bombachas» y unas botas altas. En la casa del gaucho comen lo que produce el gaucho: por ejemplo, el asado —una variedad de carnes— es el plato típico de los gauchos.

[1] life [2] cattle rancher
[3] land, soil [4] prairie
[5] cattle [6] salary [7] rain

Las pampas de Argentina, la tierra del gaucho.

Cultivos de café, cerca de Armenia, Colombia

Un cafetero colombiano saca los granos de café.

Las montañas[8] de Colombia son ideales para el cultivo del café: son húmedas, altas y frescas. En Colombia, el café es muy importante. Hay una «cultura del café». El café colombiano es famoso también en otros países: es uno de los mejores del mundo[9].

El cafetero colombiano debe trabajar la tierra constantemente. ¿Cómo es un día típico de un cafetero? Los cafeteros se acuestan temprano y se levantan muy temprano todos los días. Normalmente se despiertan entre las dos y las cuatro de la mañana. Se arreglan para salir: se ponen la ruana, o poncho, y el sombrero grande. Algunos todavía van en mula[10] a su trabajo, una tradición de los cafeteros. Van a los campos todos los días para cultivar y mantener[11] el café. Más tarde, deben sacar los granos de café[12] porque luego tienen que prepararlos para convertirlos en la famosa bebida.

---

[8] mountains [9] world [10] mule [11] maintain [12] **granos...** coffee beans

PARA Y PIENSA

¿Comprendiste?

1. ¿Cómo se llama la región de Argentina donde viven los gauchos?
2. ¿Cuáles son las actividades del gaucho? ¿Qué produce el gaucho? ¿El cafetero?
3. ¿Qué se pone un gaucho para trabajar? ¿Un cafetero?
4. Compara la rutina diaria del gaucho con la rutina del cafetero. ¿A qué hora se levantan? ¿Qué se ponen?

¿Y tú?

Compara tu rutina con la rutina de estos trabajadores.

Proyectos culturales

Comparación cultural

Los gestos y el espacio personal

¿Cómo usamos los gestos (gestures) *y la posición del cuerpo en la comunicación?* Decimos mucho con los gestos. Si una persona no habla nuestro idioma *(language)*, a veces podemos usar un gesto para comunicar. Para las personas que hablan el mismo *(same)* idioma, un gesto puede ser una forma rápida y silenciosa de comunicación. Hay gestos que son universales. Otros gestos pueden variar *(vary)* de una cultura a otra. También la distancia que mantenemos durante una conversación varía entre *(between)* culturas.

Ella es tacaña *(stingy)*.
Para indicar que a tu amiga no le gusta gastar dinero, dobla tu brazo y toca el codo con la mano.

¡Qué cara tiene!
Para indicar que tu hermano es maleducado (rude)*, toca tu cara con la mano.*

Manos a la obra.
Para decir «Vamos a trabajar», pásate la mano sobre el brazo opuesto. Repite con la otra mano.

¡Vámonos!
Para indicar que estás listo para ir, comienza con tu mano derecha sobre la izquierda. Entonces, baja tu brazo derecho rápidamente.

Proyecto 1 *El espacio personal*

Durante una conversación, generalmente las personas de países hispanohablantes mantienen una distancia más cerca que las personas de Estados Unidos. Probablemente cuando hablas con diferentes personas, siempre mantienes la misma distancia. En esta actividad, vas a ver los efectos en la conversación de variar el espacio entre tú y otra persona.

Instrucciones

Vas a marcar la distancia en tres situaciones: (1) la de una conversación normal, (2) la de una conversación a una distancia más cerca de lo normal, y (3) la de una conversación a una distancia más lejos de lo normal.

1. Levántate de la silla y habla normalmente con un(a) compañero(a) de clase.
2. Con cinta adhesiva *(tape)* marca en el piso la distancia entre ustedes. Ésta es la distancia «normal».
3. Mide *(Measure)* esa distancia y luego marca otras dos distancias: una más cerca y otra más lejos.
4. Tú y tú compañero(a) deben conversar durante unos pocos minutos en las tres posiciones. ¿Observas diferencias en ustedes en cada distancia? ¿Estás más tranquilo(a) o más nervioso(a)? ¿Cómo está tu compañero(a)?

Proyecto 2 *Los gestos*

Los gestos tienen una variedad de usos. Puedes usarlos para dar énfasis *(emphasis)* a tus palabras o para expresar una idea sin palabras. Dibuja una historieta *(cartoon)* que incluye gestos de países hispanohablantes.

Instrucciones

1. Estudia las fotos de los gestos en esta página.
2. Escribe un diálogo corto entre dos personas que usa dos de los gestos de esta página.

En tu comunidad

Es importante comprender los gestos de diferentes culturas. ¿Qué malentendidos *(misunderstandings)* pueden resultar del uso incorrecto de los gestos que no son universales?

Lección 2

En resumen

Vocabulario y gramática

Animated Grammar
Interactive Flashcards
ClassZone.com

Vocabulario

Talk About Your Daily Routine

acostarse (ue)	*to go to bed*	entrenarse	*to train*
afeitarse	*to shave oneself*	lavarse	*to wash oneself*
apagar la luz	*to turn off the light*	levantarse	*to get up*
arreglarse	*to get ready*	maquillarse	*to put on makeup*
bañarse	*to take a bath*	peinarse	*to comb one's hair*
cepillarse los dientes	*to brush one's teeth*	ponerse la ropa	*to put on clothes*
despertarse (ie)	*to wake up*	la rutina	*routine*
dormirse (ue)	*to fall asleep*	secarse	*to dry oneself*
ducharse	*to take a shower*	tener prisa	*to be in a hurry*
encender (ie) la luz	*to turn on the light*	tener sueño	*to be sleepy*

Parts of the Body

la cara	*face*
el codo	*elbow*
el cuello	*neck*
el dedo	*finger*
el dedo del pie	*toe*
el diente	*tooth*
la garganta	*throat*
el hombro	*shoulder*
la muñeca	*wrist*
el oído	*inner ear (hearing)*
la uña	*nail*

Personal Care Items

el cepillo (de dientes)	*brush (toothbrush)*	el jabón	*soap*
el champú	*shampoo*	la pasta de dientes	*toothpaste*
la crema de afeitar	*shaving cream*	el peine	*comb*
el desodorante	*deodorant*	el secador de pelo	*hair dryer*
		la toalla	*towel*

Clarify Sequence of Events

primero	*first*
entonces	*then; so*
luego	*later; then*
más tarde	*later on*
por fin	*finally*

How Often You Do Things

a veces	*sometimes*
frecuentemente	*frequently*
generalmente	*in general; generally*
normalmente	*usually; normally*

Gramática

Nota gramatical: **Pensar** + infinitive *p. 118*

Reflexive Verbs

All **reflexive verbs** are expressed with a **reflexive pronoun.** The **pronoun** appears before the conjugated **verb.**

bañarse *to take a bath*			
yo	**me baño**	nosotros(as)	**nos bañamos**
tú	**te bañas**	vosotros(as)	**os bañáis**
usted, él, ella	**se baña**	ustedes, ellos(as)	**se bañan**

Present Progressive

Use the present tense of **estar** plus the **present participle** to form the **present progressive.**

estar *to be*	
estoy	estamos
estás	estais
está	están

becomes

comprar	comprando
comer	comiendo
escribir	escribiendo

Estoy comprando los boletos.
I am buying *the tickets.*

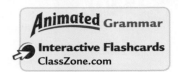

Lección 2

Repaso de la lección

¡LLEGADA!

@HomeTutor
ClassZone.com

Now you can
- discuss your daily routine
- clarify the sequence of events
- say what you and others are doing right now or intend to do

Using
- **pensar** + infinitive
- reflexive verbs
- present progressive

To review
- reflexive verbs, p. 119

1 Listen and understand

AUDIO

Escucha la descripción de la rutina de Diego. Escribe las actividades que él hace. Luego, ponlas en orden y completa las oraciones usando las palabras de la lista. *(Write down Diego's activities. Then put them in order and complete the sentences.)*

acostarse	dormirse
secarse	cepillarse
leer	lavarse
apagar la luz	

1. Primero, Diego _____ y _____ .
2. Entonces, _____ .
3. Luego, _____ y _____ .
4. Más tarde, _____ .
5. Por fin, _____ .

To review
- reflexive verbs, p. 119

2 Discuss your daily routine

Completa la descripción de las rutinas con verbos reflexivos. *(Complete the description using reflexive verbs.)*

Generalmente nuestra casa sigue una rutina muy precisa por la mañana. Primero, a las siete yo busco una toalla y mi champú y __**1.**__ rápidamente. Después, mi padre entra al baño y __**2.**__ la cara. Luego, a las siete y cuarto mis hermanos __**3.**__ y __**4.**__ de la cama. Entran al baño y __**5.**__ los dientes y luego __**6.**__ la ropa. Luego yo necesito el espejo del baño cuando __**7.**__ el pelo con la secadora de pelo. Más tarde mi madre entra al baño con un peine y __**8.**__ frente al espejo. Por fin, todos estamos listos para el desayuno y el día.

To review
- **pensar** + infinitive, p. 118

3 Say what you and others are planning to do

Describe lo que cada persona piensa hacer según el objeto en la foto. *(Describe what people intend to do with these objects.)*

modelo: nosotros
Pensamos acostarnos.

1. Diego

2. tú

3. ustedes

4. yo

5. su hermano

6. las chicas

To review
- present progressive, p. 124

4 Say what you and others are doing right now

Tu mamá no está en casa y te llama por teléfono cada media hora. Dile qué está haciendo tu familia. *(Tell what people in your family are doing.)*

modelo: mi hermana / escribir un correo electrónico
Mi hermana está escribiendo un correo electrónico.

1. yo / hacer la tarea para las clases
2. papá / afeitarse
3. mi hermano(a) / entrenarse
4. mi hermano(a) / arreglarse
5. el perro / dormirse
6. mi abuela y yo / hablar
7. toda la familia / ver televisión
8. mi hermanos / leer

To review
- La Patagonia, p. 87
- Comparación cultural, pp. 120, 126
- Lectura cultural, pp. 130–131

5 Argentina and Colombia

Comparación cultural

Contesta estas preguntas culturales. *(Answer these culture questions.)*

1. ¿Que actividades pueden hacer los turistas en la Patagonia?
2. ¿Qué elementos están en muchas obras de Xul Solar?
3. ¿De dónde son Mafalda y Copetín? Describe estos chicos.
4. ¿Qué hacen los gauchos de Argentina y los cafeteros de Colombia?

Más práctica Cuaderno *pp. 84–95* Cuaderno para hispanohablantes *pp. 86–95*

Get Help Online
ClassZone.com

Comparación cultural

AUDIO

Rutinas del deporte

Lectura y escritura

WebQuest
ClassZone.com

1. **Leer** Sporting routines differ from sport to sport and person to person. Read about the sports Ricardo, Silvia, and Nuria practice, their routines, and famous people who practice the same sports.

2. **Escribir** Using the three descriptions as models, write a short paragraph about a sport you practice or like, your daily routine, and a famous person who also plays this sport.

STRATEGY Escribir

Give the details To write a paragraph about a sport you practice, use boxes like the ones shown.

Deporte	Lugar	Actividades	Persona famosa

Step 1 Draw boxes like those above. In the boxes, add details about your sport, the place you practice it, any special events or activities, and a famous person who plays this sport.

Step 2 Using the details in the boxes, write a paragraph about the sport you practice. Check your writing by yourself or with help from a friend. Make final additions and corrections.

Compara con tu mundo

Use the paragraph you wrote to compare the sport you chose with that of Ricardo, Silvia, or Nuria. How are they similar or different?

Cuaderno *pp. 96–98* Cuaderno para hispanohablantes *pp. 96–98*

Cultura INTERACTIVA ClassZone.com

See these pages come alive!

Colombia

Ricardo

¿Qué tal? Soy Ricardo y estoy entrenándome para una competencia de ciclismo en Bogotá. Para mí es importante tener una rutina. Todos los días me levanto muy temprano y monto en bicicleta por dos horas. Hay una pista de ciclismo cerca de mi casa. Me gustaría ser tan rápido como el ciclista colombiano Santiago Botero, uno de los finalistas en la Vuelta a Francia.

Santiago Botero

Argentina

Silvia

¡Hola! Me llamo Silvia y me encanta jugar al tenis. Soy de Santa Fe, Argentina. Gabriela Sabatini, quien llegó a ser tercera en el ranking mundial de tenis, también es de Argentina. Yo me entreno todos los días porque quiero jugar como ella. Generalmente me levanto temprano y corro en el parque. ¡Ayer corrí siete kilómetros! Este año quiero competir en un campeonato de tenis, ¡y ganar!

Gabriela Sabatini

España

Nuria

¡Saludos de Madrid! Mi nombre es Nuria y todos los días, de la una a las tres de la tarde, voy a una escuela de gimnasia[1]. Mis compañeras y yo somos muy activas y hacemos mucho ejercicio. El sábado pasado, competimos en el Campeonato de Madrid ¡y salimos campeonas! Ese día conocí a Carolina Pascual, ganadora de la medalla de plata[2] en los Juegos Olímpicos de Barcelona '92. ¡Qué fantástico!

[1] gymnastics [2] silver medal

Carolina Pascual

UNIDADES 1-2

Repaso inclusivo

Options for Review

1 Listen, understand, and compare

Escuchar

Listen as Lola describes her hectic routine, then answer the questions that follow:

1. ¿Por qué siempre está cansada Lola?
2. ¿A qué hora se despertó Lola ayer? ¿Se despertó temprano o tarde?
3. ¿Qué hizo Lola primero? ¿Comió Lola antes de ir a la escuela ayer?
4. ¿Con quién habló Lola? ¿Por qué?
5. ¿Quién tiene la mañana más ocupada, Lola o su hermano? ¿Por qué?

What's your morning routine? What's your evening routine? Compare your routine to Lola's. Which is more complicated? Explain why.

2 Be a sports announcer

Hablar

You and your partner are the announcers for your school's soccer team. For three minutes, deliver an ongoing account of what is happening in the game using the present progressive. Cheer on the players as you also take turns providing important information about the game: who is playing, how they are playing, and who is or isn't scoring.

3 Report on a competition

Escribir
Hablar

Find out more about one of the sports competitions presented in Lesson 1 of this unit. When and where does the competition happen? Which countries compete? What prize do the winners receive? Who are some famous athletes that have participated? Present your findings in a collage with images and at least six captions of text. Share your findings in a report to the class.

4 Plan a healthy lifestyle

Hablar

In your group, discuss your daily routine as it relates to exercise and meals. Are there ways to add healthy changes to your day? Think of how to improve your diet and increase the amount of exercise you do. Discuss your ideas and make recommendations to each other for ways to stay healthy.

5 Perform a skit

Hablar
Escribir

With your group, create a skit involving daily routines. You will play the roles of siblings who share a bathroom and run into many conflicts in their morning routines. Brainstorm ideas of possible conflicts with your group and decide on a role for each of you. In your skit, each character should explain what they need to do and items they need to use. You may include props. Write out your lines, practice, and then perform for the class.

6 Describe your ideal summer

Escribir
Hablar

Think about your daily routine on an ideal summer day. Make a chart showing your activities throughout the day and the times for each. Start with when you wake up and how you start your day. Include information about your meals and places you may go. Conclude with your evening routine and the time you go to bed. Share your information with the class.

7 Write a letter to a friend

Leer
Escribir

Imagine you went on the following cycling trip to Argentina. Write a letter to a friend describing your trip with details about your flight there, where you stayed, what you saw, who you met, and what you did.

Vuelta a la Argentina

Esta vuelta ciclística reúne los mejores ciclistas nacionales e internacionales de 25 equipos. Nuestro tour sigue la ruta de esta competencia profesional por siete días mientras recibes la hospitalidad de los argentinos.

Incluido en el tour:
- Montar en bicicleta por cuatro días
- Alojamiento en hoteles
- Lo más delicioso de la comida típica argentina
- Ver las tres partes finales de la Vuelta
- Ir a una recepción con los ciclistas

Es necesario hacer su reservación lo más pronto posible. ¡Llama hoy!
Miami: 305-555-6905
Buenos Aires: 54 11 4366-8251

También hacemos reservaciones de vuelo

UNIDAD 3

Puerto Rico

¡Vamos de compras!

Lección 1

Tema: ***¿Cómo me queda?***

Lección 2

Tema: ***¿Filmamos en el mercado?***

«¡Hola!
Nosotros somos Emilio y Carolina.
Somos de Puerto Rico.»

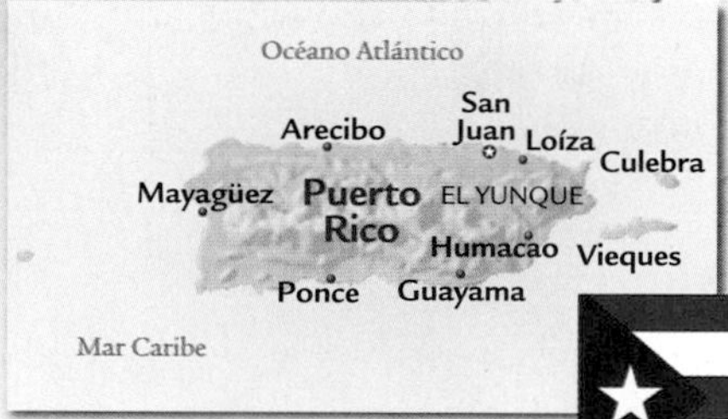

Población: 3.897.960

Área: 3.515 millas cuadradas

Capital: San Juan

Moneda: el dólar estadounidense

Idiomas: español, inglés (los dos son oficiales)

Comida típica: tostones, pernil, arroz con gandules

Gente famosa: Julia de Burgos (escritora), Roberto Clemente (beisbolista), Luis Muñoz Marín (político), Olga Tañón (cantante), Benicio del Toro (actor)

Tostones

Unos timbaleros se preparan para un desfile

◀ **Timbaleros** Un timbalero es alguien que toca los timbales. Los timbales son instrumentos de percusión muy populares en la música tropical. En Puerto Rico hay muchos festivales y desfiles *(parades)* donde puedes escuchar diferentes estilos de música, como plena, bomba, salsa y música folklórica. *¿Hay festivales o conciertos donde vives? ¿Qué instrumentos tocan?*

La arquitectura española Si caminas por el Viejo San Juan, vas a ver casas y edificios españoles de los siglos XVI al XIX. Un ejemplo famoso es el Castillo de San Felipe del Morro, o simplemente «el Morro». Los españoles empezaron a construirlo *(build it)* en el 1539 para defender la isla. Hoy es un museo turístico con muchos artefactos históricos. *¿Hay casas o museos históricos en tu comunidad? ¿Cuáles?* ▶

El Castillo de San Felipe del Morro

Un mural en San Juan que celebra la historia del país

◀ **«¡Somos boricuas!»** Puerto Rico también es conocido como *(known as)* Borinquen o Boriquén, el nombre **taíno** para la isla. Los taínos eran los indígenas que vivían allí antes de la llegada de los españoles. Hoy los puertorriqueños se llaman **boricuas,** una expresión de afirmación cultural. *¿Hay grupos indígenas donde vives o lugares que tienen nombres indígenas?*

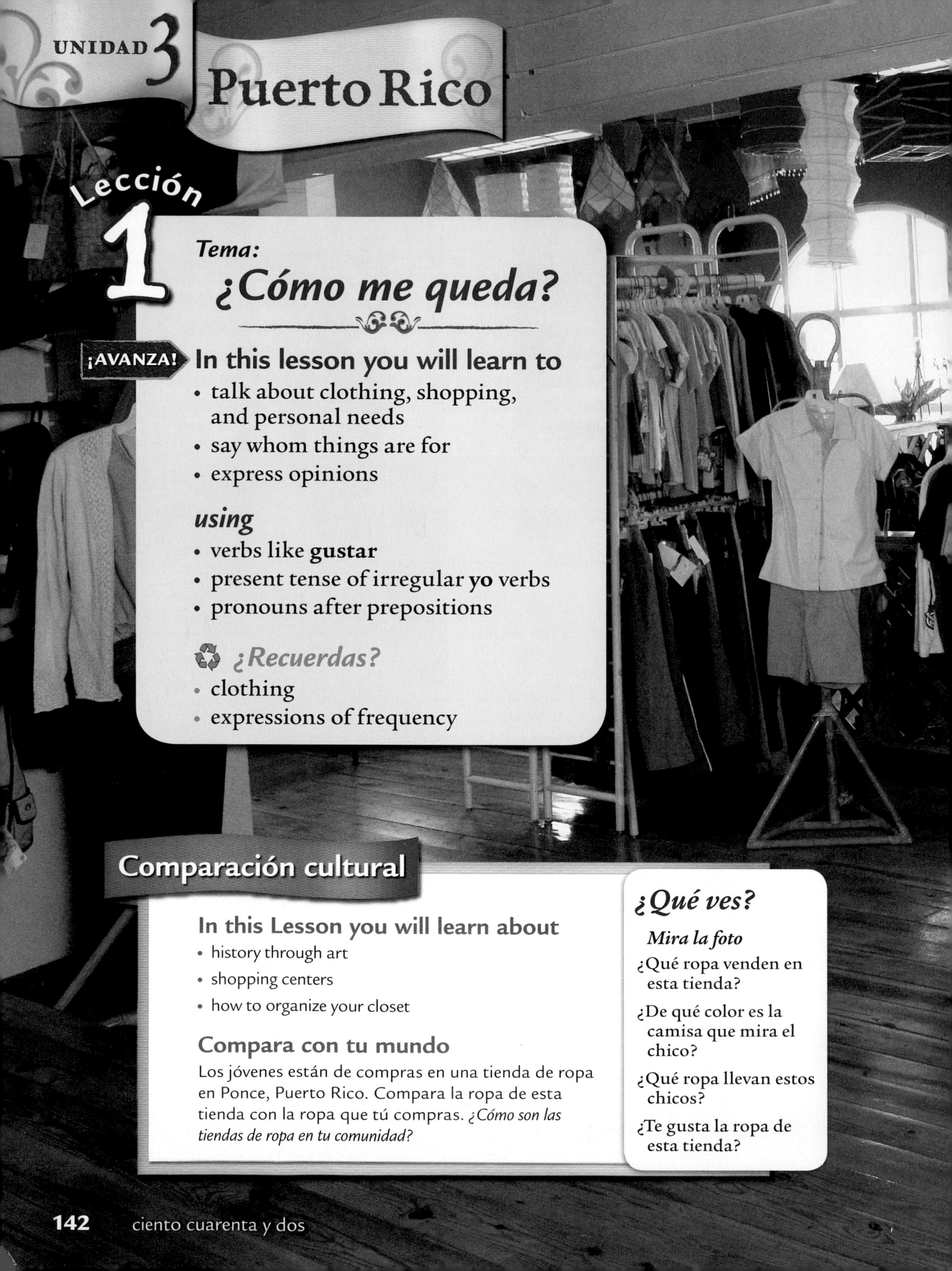

UNIDAD 3

Puerto Rico

Lección 1

Tema:

¿Cómo me queda?

¡AVANZA! **In this lesson you will learn to**

- talk about clothing, shopping, and personal needs
- say whom things are for
- express opinions

using

- verbs like **gustar**
- present tense of irregular **yo** verbs
- pronouns after prepositions

¿Recuerdas?

- clothing
- expressions of frequency

Comparación cultural

In this Lesson you will learn about

- history through art
- shopping centers
- how to organize your closet

Compara con tu mundo

Los jóvenes están de compras en una tienda de ropa en Ponce, Puerto Rico. Compara la ropa de esta tienda con la ropa que tú compras. *¿Cómo son las tiendas de ropa en tu comunidad?*

¿Qué ves?

Mira la foto

¿Qué ropa venden en esta tienda?

¿De qué color es la camisa que mira el chico?

¿Qué ropa llevan estos chicos?

¿Te gusta la ropa de esta tienda?

Online SPANISH CLASSZONE.COM

Featuring...
- Cultura INTERACTIVA
- Animated Grammar
- @HomeTutor

And more...
- Get Help Online
- Interactive Flashcards
- Review Games
- WebQuest
- Self-Check Quiz

Una tienda de ropa
Ponce, Puerto Rico

Presentación de VOCABULARIO

¡AVANZA! **Goal:** Learn the vocabulary about clothes and shopping. Then talk about your clothing preferences and places to shop in your community. ***Actividades 1–3***

VIDEO DVD

AUDIO

A ¡Hola! Soy Emilio. ¿**Es buena idea** ir de compras con una amiga? A mi amiga Carolina siempre le gusta **vestirse** con la ropa más nueva—ropa que **está de moda.** Pero **en mi opinión, es mala idea** vestirte con ropa que está de moda si la ropa no **te queda bien.**

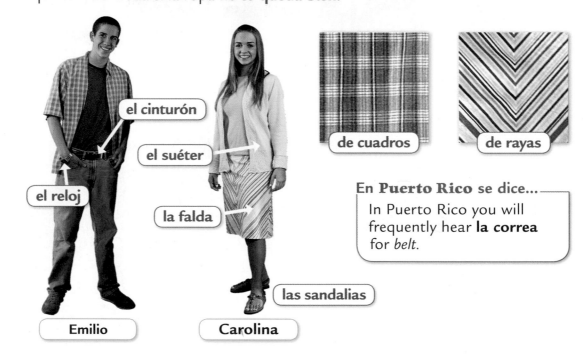

En Puerto Rico se dice...

In Puerto Rico you will frequently hear **la correa** for *belt.*

B Encontrar **la talla** correcta no es siempre fácil. ¿**Cómo me quedan** estos tres **trajes**? ¿Cuál me **recomiendas**? El traje verde es demasiado grande; **me queda flojo.** El traje marrón es muy pequeño; **me queda apretado.** ¡El traje gris me queda muy bien! ¿Lo compro? ¡**Creo que sí**!

C Carolina va a **la joyería** para ver las joyas y tal vez comprar **una pulsera.** Yo voy a la librería para comprar un libro. Luego, vamos los dos a **la zapatería.** Ella quiere comprar unos zapatos y yo **unas botas.**

D También tenemos que comprar champú pero **la farmacia está cerrada.** Entonces vamos a **la panadería** y vemos que **está abierta.** ¡Qué bien! Entramos para comprar pan para la cena.

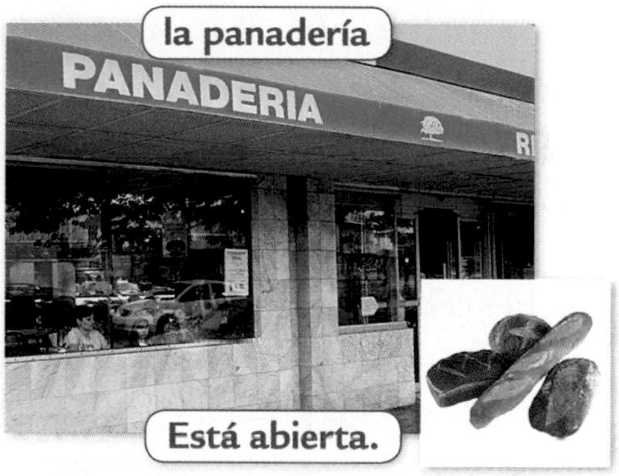

E Si las tiendas están cerradas, a Carolina **le encanta** hacer las compras por **Internet** porque ¡siempre está abierto!

Más vocabulario

el abrigo *coat*
el almacén *department store*
el chaleco *vest*
la gorra *cap*
el número *shoe size*
importar *to be important*
interesar *to interest*
Creo que no. *I don't think so.*
Me parece que... *It seems to me . . .*
Expansión de vocabulario p. R6
Ya Sabes p. R6

¡A responder! Escuchar

Escucha y decide si llevas la ropa o el objeto en las siguientes descripciones. Indica la ropa o el objeto si lo llevas. *(Indicate the clothing or object being described if you are wearing it.)*

@HomeTutor VideoPlus
Interactive Flashcards
ClassZone.com

Práctica de VOCABULARIO

1 De compras

Hablar
Escribir

Di dónde puedes comprar estas cosas. *(Tell where you can buy items.)*

la joyería	la farmacia	la zapatería
la librería	la panadería	el almacén

modelo: las botas
Puedo comprar las botas en una zapatería o un almacén.

1. la pulsera
2. el champú
3. el reloj
4. el pan
5. las sandalias
6. los libros
7. el cinturón
8. la gorra

Expansión
List as many things as you can that you would buy in these places.

2 ¿Cómo le queda?

Hablar
Escribir

¿Cómo le queda esta ropa a Álex, bien o mal? Si le queda mal, explica si le queda floja o apretada. Luego, explica si es buena o mala idea comprarla. *(Tell how the clothing fits. If it fits poorly, say why and explain whether or not he should buy it.)*

modelo: La camisa es muy grande.

A La camisa le queda mal. Le queda floja.

B Es mala idea comprarla.

1. El reloj es muy grande.
2. El abrigo es muy pequeño.
3. El chaleco es la talla correcta.
4. El suéter es muy grande.
5. Estas botas son pequeñas.
6. El traje no es grande y no es pequeño.

3 ¿Qué piensas tú?

Hablar
Escribir

¿Estás de acuerdo con estas oraciones? Contesta con **Creo que sí** o **Creo que no.** Luego da una razón con **Me parece que...** o **En mi opinión....** *(Tell whether or not you agree with these statements, then give a reason.)*

1. Un abrigo es necesario donde vivo.
2. Un estudiante debe ponerse ropa apretada.
3. Es buena idea comprar ropa por Internet.
4. Hay que vestirse de moda todos los días.
5. No debes llevar gorra en clase.
6. Los almacenes deben estar abiertos toda la semana.

Más práctica Cuaderno *pp. 99–101* Cuaderno para hispanohablantes *pp. 99–102*

PARA Y PIENSA

Did you get it? Complete appropriately:
1. Compro botas en la _____ . Necesito un _____ ocho.
2. Los zapatos no me quedan mal. Me quedan _____ .
3. Me gusta vestirme con ropa que está de _____ .

Get Help Online
ClassZone.com

VOCABULARIO en contexto

¡AVANZA! **Goal:** Listen to Marta and Carolina talk about their shopping plans and preferences. Then practice some of the expressions they use to talk about your own and others' opinions. ***Actividades 4–5***

¿Recuerdas? **gustar** p. 12

Telehistoria escena 1

@HomeTutor VideoPlus
ClassZone.com

STRATEGIES

Cuando lees
Use a T-line chart to remember Write **Ropa para la película,** then below make two columns. In the left, write the items Carolina needs for Álex. In the right, list what she needs for Marta.

Cuando escuchas
Put yourself in the scene While listening, identify a role you would take if you could be in the film. For this role, which clothes and colors would you choose for yourself?

VIDEO DVD

AUDIO

Carolina, Marta, and Álex shop for clothes for their movie.

Carolina: Este chaleco debe quedarle bien a Álex.

Marta: Sí, pero, ¿te gustan las rayas? No están de moda.

Carolina: Yo sé, pero ¡a mí me encantan las rayas!

Marta: Pues, tú sabes mejor que yo. Tú eres la directora.

Carolina: Tenemos el chaleco de Álex. Ahora necesitamos tus sandalias y las botas de Álex.

Marta: Puedo comprarlas más tarde en la zapatería, en el centro comercial.

Carolina: ¿Ah, sí? ¡Gracias!

Marta: Y yo... ¿Me pongo una falda para la película? *(holds up a skirt)* ¿O prefieres los vestidos?

Carolina: Hmm... creo que sí, prefiero los vestidos.

Marta: ¿Cómo me queda este vestido? ¿Está bien para la película?

Carolina: En mi opinión... es una mala idea. ¡Es muy... *rojo!*

Marta: ¿Muy *rojo*? Pero me parece que a Álex le encanta.

Continuará... p. 152

4 *Comprensión del episodio* ¡De compras!

Escuchar
Leer

Empareja la descripción con la foto apropiada. *(Match the description with the photo.)*

Carolina

Álex

Marta

1. Le encantan las rayas.
2. Cree que las rayas no están de moda.
3. Va a usar botas.
4. Es la directora de la película.
5. Va a llevar sandalias.
6. El chaleco le va a quedar bien.
7. Va a la zapatería.
8. No le gusta el vestido rojo.

Nota gramatical

¿Recuerdas? **gustar** p. 12

There are other verbs that are formed like **gustar: encantar** *(to delight)*, **interesar** *(to interest)*, **importar** *(to matter; to be important)*, and **quedar** *(to fit)*.

A Marta **le encantan** las pulseras.	*The bracelets **delight** Marta.*
No **te quedan** bien esos zapatos.	*Those shoes **don't fit you** well.*
Nos importa saber tu opinión.	*It **is important to us** to know your opinion.*

5 Opiniones

Hablar
Escribir

Describe las opiniones de las personas en la lista con verbos diferentes. Escribe por lo menos cinco oraciones. *(Describe people's opinions using different verbs. Write at least five sentences.)*

modelo: A Emilio no le interesa ir de compras.

a mí	encantar	el arte
a ti	interesar	el traje
a Emilio	importar	ir de compras
a Carolina	quedar	las botas
a nosotros		los deportes
a mis padres		viajar
		las sandalias
		¿ ?

Expansión
Compare your opinions with a classmate's opinions. How are they similar and how are they different?

PARA Y PIENSA

Did you get it? Complete the following statements.

1. (encantar) A nosotros _____ estas sandalias.
2. (interesar) A él no _____ la moda.

Get Help Online
ClassZone.com

Presentación de GRAMÁTICA

¡AVANZA! **Goal:** Review the irregular **yo** forms of some present-tense verbs. Use them to talk about what you do in contrast to what others do. ***Actividades 6–9***

¿Recuerdas? Clothing p. R6

English Grammar Connection: Just as the English verb *to be* does not follow a pattern in the present tense, many Spanish verbs do not follow the pattern of regular verbs. Such Spanish verbs are called **irregular.**

REPASO Present Tense of Irregular yo Verbs

Animated Grammar
ClassZone.com

Some present-tense verbs are irregular only in the **yo** form. They have endings different from the **-o** ending of regular verbs.

Here's how: The verbs **hacer, poner, salir,** and **traer** end in **-go** in the **yo** form. Compare them with their **tú** forms in the present tense.

	hacer *to make; to do*	**poner** *to put*	**salir** *to go out; to leave*	**traer** *to bring*
yo	**hago**	**pongo**	**salgo**	**traigo**
tú	**haces**	**pones**	**sales**	**traes**

The verbs **decir, venir,** and **tener** also end in **-go** in the **yo** form. All are stem-changing verbs, but only **decir** changes in the **yo** form.

	decir (e → i) *to say; to tell*	**venir (e → ie)** *to come*	**tener (e → ie)** *to have*
yo	**digo**	**vengo**	**tengo**
tú	**dices**	**vienes**	**tienes**

Conocer, dar, saber, and **ver** also have irregular **yo** forms in the present tense.

	conocer *to know; to meet*	**dar** *to give*	**saber** *to know*	**ver** *to see*
yo	**conozco**	**doy**	**sé**	**veo**
tú	**conoces**	**das**	**sabes**	**ves**

Más práctica

Cuaderno *pp. 102–104*

Cuaderno para hispanohablantes *pp. 103–105*

@HomeTutor
Leveled Grammar Practice
ClassZone.com

Práctica de GRAMÁTICA

6 Soy único

¿Recuerdas? Clothing p. R6

Escribir
Hablar

Álex no es como las otras personas que conoce. ¿Qué dice? *(Tell how Álex is unique.)*

modelo: Mi madre siempre ____ las compras. Yo nunca las ____ . (hacer)
Mi madre siempre hace las compras. Yo nunca las hago.

1. Mis padres ____ los domingos a una librería para leer y tomar café. Yo ____ con mis amigos los domingos. (salir)
2. Mi hermana se ____ jeans todo el verano, pero yo me ____ pantalones cortos. (poner)
3. Yo le ____ la ropa que no me queda a mi hermano menor, pero mi hermana se la ____ a una prima. (dar)
4. Mi amiga ____ sombreros para regalar a sus amigas, pero yo no ____ regalos. (hacer)
5. Yo ____ una tienda donde venden unas camisetas bellas, pero mis amigos no la ____ . (conocer)
6. Yo ____ videos por Internet. ¿Los ____ tú? (ver)

Expansión
Tell whether or not you are like Álex. Give a statement about yourself for each example.

7 Las fiestas

Escuchar
Escribir

Indica qué hace Carolina para la fiesta. *(Indicate what Carolina does.)*

a. da fiestas
b. limpia la sala
c. pone la mesa
d. hace las decoraciones
e. sale a la tienda
f. hace un pastel
g. trae galletas
h. ve a los primos

Comparación cultural

Gobernador don Miguel Antonio Ustáriz (*1792*), *José Campeche*

El arte histórico

¿Qué importancia tienen los artistas en la documentación de la historia? José Campeche es considerado el primer pintor reconocido *(well-known)* de **Puerto Rico.** Pintó muchas obras *(works)* religiosas y retratos de figuras políticas del siglo XVIII *(18th century)*. En este retrato, el gobernador Ustáriz tiene un mapa de la ciudad de San Juan. También es posible ver la ciudad por la ventana. Hoy estos mismos *(same)* edificios *(buildings)* y calles forman parte del Viejo San Juan.

Compara con tu mundo *¿Hay lugares donde vives que tienen significado histórico? ¿Por qué son importantes?*

8 ¿Qué le doy?

Escribir Hablar

Tienes que ir a una fiesta de cumpleaños con un regalo para una amiga. Usa los dibujos para escribir un cuento desde la perspectiva del chico.
(Use the illustrations to tell a story from the boy's perspective.)

modelo: tener
No tengo mucho dinero para el regalo.

1. conocer

2. saber

3. traer

4. dar

5. decir

6. ver

Expansión
Expand your story using the verbs **ponerse, venir,** and **hacer** in the **yo** form.

9 ¡Te toca a ti!

Hablar Escribir

Contesta las preguntas en oraciones completas. *(Answer the questions.)*

1. ¿Sales con amigos o con tu familia para comprar ropa?
2. ¿Conoces todas las tiendas en tu comunidad? ¿Sabes cuándo están abiertas y cuándo están cerradas?
3. ¿Sabes cuál es tu talla? ¿Sabes cuál es tu número de zapato?
4. ¿Siempre te pones la ropa o los zapatos antes de comprarlos?
5. ¿Haces compras por Internet? ¿Por qué? ¿Qué compras?
6. ¿Le dices algo a un(a) amigo(a) cuando lo (la) ves con ropa que no le queda bien? ¿Qué le dices?

Más práctica Cuaderno *pp. 102–104* Cuaderno para hispanohablantes *pp. 103–105*

PARA Y PIENSA

Did you get it? Give the **yo** form for the following verbs:
hacer, conocer, salir, decir, traer, poner, dar, ver, saber, venir, tener

Get Help Online
ClassZone.com

GRAMÁTICA en contexto

¡AVANZA! **Goal:** Listen to the recommendations about clothing for Carolina's film. Then, use what you have learned to talk about your activities and to make recommendations of your own. ***Actividades 10–12***

¿Recuerdas? Expressions of frequency p. R8

Telehistoria escena 2

@HomeTutor VideoPlus
ClassZone.com

STRATEGIES

Cuando lees
Consider who is in charge As you read, consider who tries to make the main decisions about clothing for the film. Does everyone agree with this person?

Cuando escuchas
Think ahead while listening Notice how each person expresses feelings in this scene, and then ask yourself what will happen next. Think ahead!

VIDEO DVD

AUDIO

Carolina: ¿Te gusta Álex? *(Marta, looking at her dress in a mirror, nods her head.)* ¿Sí?

Marta: ¿Qué? *(Carolina shakes her head to say "never mind.")* ¿Dónde está el nuevo suéter que quiero comprar?

Carolina: No sé... no lo veo. Mira, aquí te traigo un vestido azul. Ay no, Álex, ¡no me gustan esos pantalones! ¡Y el chaleco te queda demasiado grande!

Álex: Entonces, voy a buscar otros pantalones y un chaleco más pequeño.

Carolina: Está bien. También necesitas una correa negra.

Álex: Aquí no hay. Pero conozco una tienda donde podemos comprar una.

Carolina: ¡Perfecto! Marta, ¿te vas a vestir? Quiero ver cómo te queda el vestido.

Marta: ¡Ahora salgo! *(comes out in the blue dress)* ¿Me pongo esto para la película?

Álex: Te queda bien.

Carolina: ¡No...! *(handing her an ugly dress)* Prefiero este vestido de cuadros.

Continuará... p. 157

También se dice

Puerto Rico Marta uses the cognate **suéter** to refer to a sweater. In other Spanish-speaking countries:

- **Uruguay** **el buzo**
- **Perú** **la chompa**
- **Ecuador** **el saco**
- **España** **la rebeca**

10 *Comprensión del episodio* ¡A corregir!

Escuchar
Leer

Corrige los errores en estas oraciones. *(Correct the errors.)*

modelo: Marta quiere comprar un chaleco.
Marta quiere comprar un suéter.

1. Carolina le trae a Marta un cinturón azul.
2. A Carolina no le gustan las botas que lleva Álex.
3. Álex va a buscar un chaleco más grande.
4. Álex conoce una tienda donde venden gorras.
5. Álex le dice a Marta que el vestido le queda mal.
6. Carolina recomienda un vestido de rayas.

11 ¿Con qué frecuencia? ***¿Recuerdas?*** Expressions of frequency p. R8

Hablar

¿Haces estas actividades **todos los días, de vez en cuando** o **nunca**? Habla con tu compañero(a). *(Find out how often your partner does things.)*

modelo: dar fiestas

A: ¿Das fiestas de vez en cuando?

B: Sí, doy fiestas de vez en cuando. (No, nunca doy fiestas.)

Estudiante A

1. salir con los amigos
2. ponerse una gorra
3. traer la tarea a clase
4. hacer la cama

Estudiante B

1. dar buenos regalos
2. ver películas tristes
3. decirles «hola» a los maestros
4. venir a clase cansado(a)

Expansión
Tell your classmates three things you found out about your partner.

12 De compras

Hablar

Eres estudiante de intercambio y no conoces bien los lugares comerciales en la comunidad. Hazles preguntas a tus compañeros y ellos te van a ayudar. *(Play the role of an exchange student and ask questions about places in your town.)*

el almacén	la zapatería
la farmacia	la joyería
la librería	el centro comercial
la panadería	

A: ¿Conoces un lugar donde puedo comprar...?

B: Yo sé dónde venden... Se llama... Está cerca de...

C: Y yo recomiendo el almacén...

PARA Y PIENSA

Did you get it? Complete the following using **poner, traer, dar** and **conocer.**

1. Yo me _____ un abrigo antes de salir.
2. Yo te _____ un cinturón más grande.
3. ¿Te _____ un chaleco también?
4. Yo _____ una tienda muy buena.

Get Help Online
ClassZone.com

Presentación de GRAMÁTICA

¡AVANZA! **Goal:** Learn the pronouns that follow prepositions. Then, practice the uses of these pronouns by saying whom things are for, whom you go shopping with, and what interests you and your friends. ***Actividades 13–16***

English Grammar Connection: Prepositions (such as *for, from, to,* and *with*) sometimes link **pronouns** to another word in a sentence. Some of the pronouns that follow prepositions are different from the subject pronouns.

I have a gift. The gift is **for me.** **Yo** tengo un regalo. El regalo es **para mí.**

Pronouns after Prepositions

Animated Grammar ClassZone.com

Pronouns that follow **prepositions** are different from subject pronouns and object pronouns.

Here's how: Use these **pronouns** after prepositions like **para, de, a,** and **con.**

Pronouns after Prepositions	
mí	**nosotros(as)**
ti	**vosotros(as)**
él, ella, usted	**ellos, ellas, ustedes**

Notice that these pronouns are the same as the subject pronouns in all forms except **mí** (**yo**) and **ti** (**tú**).

Clara vive **lejos de nosotros.**
*Clara lives **far from us.***

Tengo un regalo **para ti.**
*I have a gift **for you.***

With verbs like **gustar,** use pronouns after the preposition **a** to add emphasis.

A mí no me gusta la ropa de cuadros. *I really don't like plaid clothes.*

The pronoun after **a** can also clarify to whom a sentence refers.

Uncertain **Le** gusta ir a la librería. *He/She/You like(s) to go to the bookstore.*
Certain **A él le** gusta ir a la librería. ***He** likes to go to the bookstore.*

When you use **mí** and **ti** after the preposition **con,** they combine with **con** to form the words **conmigo** and **contigo.**

¿Vas a la fiesta **conmigo** o con Jorge? *Are you going to the party **with me** or with Jorge?*
No voy con él; voy **contigo.** *I'm not going with him; I'm going **with you.***

Más práctica
Cuaderno *pp. 105–107*
Cuaderno para hispanohablantes *pp. 106–109*

@HomeTutor
Leveled Grammar Practice
ClassZone.com

Práctica de GRAMÁTICA

13 ¿Para quién es?

Hablar
Escribir

Di para quiénes son estas cosas. Usa los pronombres correctos. *(Tell whom these items are for.)*

modelo: Marta
El abrigo es para ella.

1. Carolina

2. mi hermano y yo

3. yo

4. Marta

5. tú

6. Papá

7. yo

8. los chicos

14 ¿Qué opinas?

Hablar

Hazle preguntas a tu compañero(a). Usa los verbos **gustar, encantar, importar,** and **interesar.** *(Ask your partner questions.)*

modelo: los conciertos

A: ¿A ti te gustan los conciertos?

B: Sí, a mí me encantan. (No, a mí no me interesan mucho.)

1. las clases difíciles
2. el tenis
3. los exámenes
4. ir al cine
5. las fiestas
6. dibujar
7. sacar buenas notas
8. las vacaciones
9. el Internet

Expansión
Write three things you found out about your partner.

AUDIO

Pronunciación Diptongos

In Spanish, the **strong vowels** are **a, e,** and **o;** the **weak vowels** are **i** and **u.** A **diphthong** is the combination of a weak and a strong vowel or two weak vowels. These combinations create one sound and therefore one syllable.

Listen and repeat, noting the sounds of the **diphthongs** in these words.

afeitar **aduana** **interior** **abierto** **luego** **farmacia**

15 Fui de compras

Hablar

Fuiste de compras el fin de semana pasado. Con otro(a) estudiante, pregúntense y respondan a las preguntas. *(Ask each other the following questions.)*

1. ¿Adónde fuiste, a un almacén o a un centro comercial?
2. ¿Quién fue contigo?
3. ¿Compraste ropa para ti o para otras personas?
4. ¿Qué compraste y para quiénes?
5. ¿A ti te gusta ir de compras con otras personas? ¿Por qué?

16 ¿Qué vamos a comprar?

Leer
Hablar

Comparación cultural

Los centros comerciales

¿Qué expresan los lugares populares sobre una cultura? A muchas personas les gusta ir de compras a Plaza Las Américas en San Juan, **Puerto Rico.** Este centro comercial, el más grande del Caribe, tiene muchas tiendas y restaurantes que también son populares en Estados Unidos. El interior está decorado con arte que representa la naturaleza y la historia de Puerto Rico.

PLAZA
LAS AMÉRICAS
¡Visita nuestras tiendas y lugares de diversión!
Algunos son:
Regalos
Mundo Taíno
Farmacia
El Amal
Librería
Borders
Ropa
Hecho a Mano
Infinito
La Gran Vía
Joyerías
Joyería Universal
Relojes & Relojes
Comida
El Mesón
La Fonda
La Parrilla Argentina
Zapatos
Galería
La Favorita
Entretenimiento
CineVista

El centro comercial más grande de **Perú** es Jockey Plaza en Lima. Su nombre viene del hipódromo *(horse track)* que queda cerca. En Jockey Plaza puedes comer en los restaurantes de comida rápida, jugar boliche *(go bowling)* o ir al cine.

Compara con tu mundo *¿Adónde te gusta ir de compras y por qué?*

Haz planes con tu compañero(a) para ir a varios lugares dentro de Plaza Las Américas. *(Plan your shopping trip.)*

A ¿Quieres ir a la Joyería Universal conmigo? Necesito comprar...

B Sí, quiero ir contigo. También necesito comprar...

Expansión
Continue to discuss what to buy and for whom and refer to stores in your area.

Más práctica Cuaderno *pp. 105–107* Cuaderno para hispanohablantes *pp. 106–109*

PARA Y PIENSA

Did you get it? Tell a friend about your shopping trip.

1. Mi mamá fue de compras _____ . (with me)
2. Compramos esta falda _____ . (for you)

Get Help Online
ClassZone.com

Todo junto

¡AVANZA! **Goal:** ***Show what you know*** Listen to the final scene in the store and the kids' plans for the day. Then, use the language you have learned to talk about fashion trends and shopping in your community. ***Actividades 17–21***

Telehistoria completa

@HomeTutor VideoPlus
ClassZone.com

STRATEGIES

Cuando lees
Check expectations As you begin reading, what do you expect will happen in this scene? Are your expectations fulfilled? Where does each person go at the end? Why?

Cuando escuchas
Listen for places Listen carefully for six places mentioned in the scene. Examples: **el restaurante Las Flores** and **mi casa.** Afterwards, use these words in complete sentences.

Escena 1 ***Resumen***
Carolina y Marta buscan ropa para su película. Álex está con ellas. A Carolina le gusta Álex, pero ella piensa que a Álex le gusta Marta.

Escena 2 ***Resumen***
Marta y Álex se ponen la ropa para la película. Carolina les da su opinión sobre la ropa.

Escena 3

VIDEO DVD

AUDIO

Carolina: ¡Ay! No encuentro mi dinero. Debe estar en casa.

Álex: Yo traigo dinero. ¿Lo necesitas?

Carolina: Gracias, Álex. ¡Pero te doy el dinero después! ¿Qué hora es? No tengo mi reloj.

Marta: Son las once.

Álex: Filmamos a las cuatro en el mercado, ¿no?

Carolina: Sí. Tengo otra ropa aquí de mi casa. *(to Marta)* El suéter y los pantalones son para ti, para la primera parte de la película, y la gorra es para él.

Marta: ¿Quieren ir de compras conmigo? Voy a la zapatería.

Álex: Bueno, sí, y podemos almorzar después.

Marta: Sí, te voy a recomendar un restaurante muy bueno. Conozco uno que se llama Las Flores.

Álex: Sí, sé dónde está. *(to Carolina)* ¿Vienes con nosotros?

Carolina: No, tengo que ir a casa y después a la joyería, luego a la farmacia...

Álex: Entiendo. ¿Te ayudamos?

Carolina: Creo que no, Álex, pero gracias. Mi casa queda lejos de aquí y ustedes deben almorzar.

Marta: Sí, y Álex y yo debemos practicar para la película. *(using her acting voice)* «¿Viene conmigo a la zapatería, señor Álex?»

Álex: «Está bien.» Nos vemos a las cuatro.

Carolina: Está bien.

17 *Comprensión de los episodios* ¿Quién(es)?

Escuchar
Leer

¿De quién(es) habla cada descripción? Contesta con oraciones completas. *(Indicate whom each sentence is describing.)*

1. No encuentra su dinero.
2. No lleva reloj.
3. Recomienda el restaurante Las Flores.
4. Trae dinero.
5. Van a almorzar en el restaurante.
6. Vive lejos.
7. Le importa ayudar a Carolina.
8. Tiene que ir a la joyería.

18 *Comprensión de los episodios* Ya tenemos la ropa

Escuchar
Leer

Contesta las preguntas con oraciones completas. *(Answer the questions.)*

1. ¿Qué buscan para la película?
2. ¿Qué hacen Marta y Álex en la tienda?
3. ¿Qué hace Carolina?
4. ¿A qué hora y dónde van a filmar?
5. ¿Para quién es la gorra?
6. ¿Adónde va Marta?
7. ¿Qué lugar recomienda Marta?
8. ¿Por qué no puede ir Carolina?
9. ¿Por qué no va Álex con ella?

19 La moda

Hablar

STRATEGY Hablar
Enliven the discussion with pictures Illustrate your points by showing pictures of the clothes you're talking about. Use photos of family or friends, newspaper ads, pictures from department-store Web sites, or photos from teen magazines.

Comparen sus opiniones sobre la moda al contestar estas preguntas. *(Discuss fashion trends.)*

Para organizarte

- ¿Cuál es la moda de los chicos hoy día?
- ¿Cuál es la moda de las chicas?
- ¿Es buena idea o mala idea vestirse con ropa que está de moda?

A Me parece que los pantalones de rayas están de moda ahora para los chicos y no me gustan. ¿Te gustan las rayas?

B Sí, a mí me gustan. En mi opinión...

C A mí no me interesa ponerme...

Expansión
Write your answer to the last question and share it with the class.

20 Integración

Leer
Escuchar
Hablar

Lee el anuncio y llama a una zapatería para saber su horario y dónde queda. Después recomiéndale un plan a tu amigo(a) para ir de compras con él o ella. Incluye el día, los lugares, las horas, lo que piensas comprar y para quiénes. *(Read the ad and listen to the recorded message. Present a plan to your friend for going shopping.)*

Fuente 1 Anuncio

Almacén MegaModa
¡CORTAMOS PRECIOS HASTA 22 NOVIEMBRE!
Suéteres de moda para ella
AHORA $14.99
Normalmente $29.99
Faldas de muchos colores
AHORA $18.99
Normalmente $34.99
Abrigos para él
AHORA $69.99
¡Gangas!
en nuestra Joyería
Horas: lunes a viernes, 10-10, sábado y domingo 10-8
Hay un MegaModa cerca de ti:
Centro comercial Plaza las Palmas • Avda. Arenas • Centro Sur

Fuente 2 Mensaje

Listen and take notes

- ¿Dónde queda Zapatolandia?
- ¿Cuándo está abierto? ¿Cuándo está cerrado?
- ¿Por qué debes llevar un amigo contigo si vas este domingo?

modelo: ¿Quieres ir de compras conmigo este domingo? Podemos ir a...

21 Nuestras tiendas

Escribir

En un párrafo, recomienda tres tiendas en tu comunidad y lo que puedes comprar allí. *(Recommend three places to shop and tell what you can buy there.)*

modelo: En nuestra comunidad hay muchas tiendas buenas. Para comprar ropa, recomiendo el almacén Marty Max porque...

Writing Criteria	Excellent	Good	Needs Work
Content	You include three stores and what to buy in each.	You include one or two stores and something to buy.	You include little information for stores or products.
Communication	Most of your paragraph is organized and easy to follow.	Parts of your paragraph are organized and easy to follow.	Your paragraph is disorganized and hard to follow.
Accuracy	Your paragraph has few mistakes in grammar and vocabulary.	Your paragraph has some mistakes in grammar and vocabulary.	Your paragraph has many mistakes in grammar and vocabulary.

Expansión
Write an ad for your favorite store.

Más práctica Cuaderno *pp. 108–109* Cuaderno para hispanohablantes *pp. 110–111*

PARA Y PIENSA

Did you get it? Using the words and expressions you learned, describe three of your clothing, footwear, or accessory items and how they fit you.

Get Help Online
ClassZone.com

Lectura

¡AVANZA! **Goal:** Read about ways to organize your clothes, then discuss these suggestions and compare them to how you organize your closet at home.

AUDIO

Revista de moda

¿Estás cansado de buscar tu ropa en un clóset desorganizado? Este artículo presenta ideas que te van a ayudar.

STRATEGY Leer

Draw two pictures of your closet Draw a picture of your own closet that shows where you now put different types of clothes, shoes, and other items. Then draw a picture that shows how you could reorganize it by following the directions in the reading.

¡organiza tu clóset!

Tener un clóset organizado te lo hace todo más fácil.

Primero, saca todo lo que tienes del clóset. Separa la ropa que usas mucho de la ropa que casi no usas.

De la ropa que no usas frecuentemente, escoge lo que ya no está de moda o lo que ya no te queda. Pon toda esta ropa en una bolsa [1] de plástico y dásela a una organización filantrópica.

1. La ropa formal, como vestidos o trajes: Debes guardarla [2] en plástico a un lado del clóset. Debes colgar [3] al otro lado la ropa que más usas.
2. Camisas, blusas, chalecos: Organízalos por colores y tipo de ropa.
3. Jeans y pantalones: Puedes doblar [4] y colgarlos en ganchos [5] de varios niveles [6] para tener más espacio.

Muchachas, es buena idea hacer esto con las faldas también.

Si tienes estantes [7] en el clóset, debes poner allí la ropa que puedes doblar.

[1] bag [2] to put it away [3] hang [4] fold [5] hooks, hangers [6] levels [7] shelves

Para los que viven lejos de su país tropical, también deben tener ropa para el frío.

- Durante el invierno, guarda toda tu ropa de verano en una maleta o caja[8].
- Durante el verano, guarda la ropa de invierno en la maleta donde guardaste la ropa de verano.

4. Camisetas: Organízalas por colores y tipos.

5. Ropa deportiva: Pon toda tu ropa de ejercicio en un lugar.

6. Suéteres: Ponlos todos juntos y organízalos por colores y tipos.

7. Abrigos: Puedes colgar los que usas frecuentemente en un gancho en la puerta. Puedes colgar los otros al fondo[9] del clóset.

8. Zapatos: Guarda tus zapatos más caros y botas altas en sus cajas en el piso. Para los otros, usa un estante.

9. Usa un gancho largo en la puerta para colgar tus correas y otras cosas.

10. En la parte de arriba, puedes guardar: (muchachos) tu mochila, tus gorras y cosas extras; (muchachas) tu mochila, tus carteras[10] y otros accesorios.

[8] box [9] back [10] purses (Puerto Rico)

PARA Y PIENSA

¿Comprendiste?

1. ¿Qué debes hacer primero para organizar tu clóset?
2. ¿Cómo debes organizar las camisetas y los suéteres?
3. ¿Qué recomienda el artículo para la ropa de verano y de invierno?
4. ¿Cuáles son las diferencias entre el clóset del chico y el clóset de la chica?

¿Y tú?

¿Cómo organizas tu clóset?

Conexiones *La historia*

Los taínos

Cuando Cristobal Colón llegó a las islas del Caribe hace más de quinientos años, encontró a varias sociedades. Una de éstas, los taínos, vivían *(lived)* en Puerto Rico y en otras islas del Caribe.

La ropa de los españoles y la ropa de los taínos eran *(were)* muy diferentes. Los españoles llevaban *(wore)* pocos adornos *(decorations)* y mucha ropa. Los taínos llevaban menos ropa y muchos adornos.

Escribe dos o tres párrafos para comparar la ropa de los taínos a la ropa de los españoles. Nombra *(name)* y describe todos los artículos de ropa y los adornos que llevan los hombres en los dibujos. ¿Por qué se visten de maneras tan diferentes?

Un ejemplo de ropa taína

Una lanza

Un ejemplo de ropa española

Una espada

Proyecto 1 *El lenguaje*

El español y el inglés tienen algunas palabras taínas. En español, escribe el significado *(meaning)* de estas palabras de orígen taíno:

canoa **hamaca**

Busca en Internet otras palabras taínas que todavía usamos en inglés y en español. Escribe sus definiciones en español.

Proyecto 2 *La geografía*

Investiga otras sociedades indígenas que vivían en el Caribe: los nepoya, los suppoyo, los igneri, los lokono, los carib, los ciboney, los lucayo, y los guanahatabey. Haz un mapa para mostrar *(show)* los lugares donde vivían algunos grupos. Escribe dos párrafos para comparar dos grupos. ¿Cómo son distintos? ¿Cómo son similares?

Proyecto 3 *La música*

El güiro y las maracas son dos instrumentos comunes en la música salsa, que es muy popular en Puerto Rico. Algunas *(some)* personas piensan que estos instrumentos vienen de los taínos. Escucha un ejemplo de música salsa. (Dos artistas famosos son Celia Cruz y Rubén Blades.) Después, investiga y escribe sobre los instrumentos que escuchas. ¿Cómo son? ¿De dónde vienen?

Unas maracas

Un güiro

Lección 1

En resumen

Vocabulario y gramática

Animated Grammar
Interactive Flashcards
ClassZone.com

Vocabulario

Talk About Shopping

Clothing and Accessories

el abrigo	*coat*
las botas	*boots*
el chaleco	*vest*
el cinturón	*belt*
la falda	*skirt*
la gorra	*cap*
la pulsera	*bracelet*
el reloj	*watch*
las sandalias	*sandals*
el suéter	*sweater*
el traje	*suit*

Clothing Fit and Fashion

de cuadros	*plaid*
de rayas	*striped*
estar de moda	*to be in style*
el número	*shoe size*
la talla	*clothing size*
vestirse (i)	*to get dressed*
¿Cómo me queda(n)?	*How does it (do they) fit me?*
quedar...	*to fit . . .*
bien	*well*
mal	*badly*
flojo(a)	*loose*
apretado(a)	*tight*

Where You Shop

el almacén	*department store*
la farmacia	*pharmacy*
Internet	*Internet*
la joyería	*jewelry store*
la librería	*bookstore*
la panadería	*bakery*
la zapatería	*shoe store*

Other Shopping Expressions

Está abierto(a).	*It's open.*
Está cerrado(a).	*It's closed.*

Express Preferences and Opinions

Creo que sí.	*I think so.*
Creo que no.	*I don't think so.*
En mi opinión...	*In my opinion . . .*
Es buena idea / mala idea.	*It's a good idea / bad idea.*
Me parece que...	*It seems to me . . .*
encantar	*to delight*
importar	*to be important*
interesar	*to interest*
recomendar (ie)	*to recommend*

Gramática

Nota gramatical: Verbs like **gustar** *p. 148*

REPASO Present Tense Irregular yo Verbs

Some present-tense verbs are irregular only in the **yo** form.

	hacer	poner	salir	traer
yo	**hago**	**pongo**	**salgo**	**traigo**

	conocer	dar	saber	ver
yo	**conozco**	**doy**	**sé**	**veo**

	decir	venir	tener
yo	**digo**	**vengo**	**tengo**

Pronouns after Prepositions

Pronouns that follow **prepositions** are different from subject pronouns and object pronouns. Use these **pronouns** after prepositions like **para, de, a,** and **con.**

Pronouns after Prepositions	
mí	**nosotros(as)**
ti	**vosotros(as)**
él, ella, usted	**ellos, ellas, ustedes**

When you use **mí** and **ti** after the preposition **con,** they combine with **con** to form the words **conmigo** and **contigo.**

Lección 1

Repaso de la lección

¡LLEGADA!

@HomeTutor
ClassZone.com

Now you can
- talk about clothing, shopping, and personal needs
- say whom things are for
- express opinions

Using
- verbs like **gustar**
- present tense of irregular **yo** verbs
- pronouns after prepositions

To review
- verbs like **gustar,** p. 148

1 Listen and understand

AUDIO

Escucha a estas personas y decide dónde van de compras. *(Listen and decide where the people are shopping.)*

a.

b.

c.

d.

e.

f.

To review
- present tense of irregular **yo** verbs, p. 149

2 Talk about clothing, shopping, and personal needs

Completa estas oraciones sobre la ropa y las compras. *(Complete these sentences.)*

modelo: Yo me ____ ropa de moda normalmente. (poner)

1. Antes de ir de compras, yo ____ una lista. (hacer)
2. Yo siempre ____ al centro comercial porque ____ muchas tiendas allí. (ir, conocer)
3. En las tiendas, yo ____ toda la ropa nueva. (ver)
4. Yo ____ dónde puedes encontrar pulseras y relojes bellos. (saber)
5. Mi amiga ____ conmigo al almacén y yo siempre le ____ cómo le queda la ropa. (venir, decir)
6. Yo ____ dinero en efectivo porque no ____ tarjeta de crédito. (traer, tener)
7. Yo les ____ a mis hermanos la ropa que ya no uso. (dar)
8. Después de ir de compras, yo ____ con amigos. (salir)

To review
- pronouns after prepositions, p. 154

3 Say whom things are for

La semana pasada Carolina fue de compras. Explica adónde fue cada día y con quién. Luego, di qué compró ella y para quién.

modelo: Domingo: farmacia/ustedes; champú y jabón/ella
El domingo ella fue a la farmacia con ustedes. Compró champú y jabón para ella.

1. Lunes: zapatería / tú; sandalias / ustedes
2. Martes: panadería / él; galletas / tú
3. Miércoles: joyería / yo; pulseras / nosotras
4. Jueves: librería / tú y yo; libros / ellos
5. Viernes: cine / yo; una entrada / yo

To review
- verbs like **gustar**, p. 148

4 Express opinions

Expresa las opiniones en oraciones afirmativas o negativas según la descripción de su actividad. *(Express opinions based on the description.)*

modelo: Jorge siempre quiere comer manzanas y plátanos.
(Me parece que / encantar / la fruta)
Me parece que a él le encanta la fruta.

1. Alfonso y Nancy ven todas las películas nuevas.
(En mi opinión /encantar / el cine)
2. El chico lleva pantalones de cuadros con una camisa de rayas.
(Me parece que / importar / estar de moda)
3. Usted nunca lleva muchas pulseras, collares o anillos.
(En mi opinión / encantar / las joyas)
4. Nunca visitamos el museo de arte.
(Me parece que / interesar / el arte)
5. Para ti es buena idea estudiar mucho y siempre hacer la tarea.
(En mi opinión / importar / sacar buenas notas)

To review
- Timbaleros, El Morro, p.141
- Comparación cultural, pp. 150, 156

5 Puerto Rico and Peru

Comparación cultural

Contesta estas preguntas culturales. *(Answer these culture questions.)*

1. ¿Cuáles son algunos estilos populares de música en Puerto Rico?
2. ¿Qué es el Morro y dónde está?
3. ¿Qué podemos ver en el retrato del gobernador Ustáriz?
4. ¿Dónde están Plaza Las Américas y Jockey Plaza? ¿Cómo son?

Más práctica Cuaderno *pp. 108–121* Cuaderno para hispanohablantes *pp. 110–121*

Get Help Online
ClassZone.com

UNIDAD 3

Puerto Rico

Lección 2

Tema:

¿Filmamos en el mercado?

¡AVANZA! **In this lesson you will learn to**

- describe past activities and events
- ask for and talk about items at a marketplace
- express yourself courteously

using

- **hace** + expressions of time
- irregular preterite verbs
- preterite of **-ir** stem-changing verbs

¿Recuerdas?

- family, chores
- food

Comparación cultural

In this lesson you will learn about

- *los vejigantes* and traditional masks
- the holiday singers: *las parrandas*
- traditional handicrafts
- going shopping in Puerto Rico, Panamá, and Perú

Compara con tu mundo

Los jóvenes van a filmar en el mercado. Para llegar al mercado, caminan frente al Parque de Bombas, un museo en el centro de Ponce, Puerto Rico. *¿Es nuevo o viejo el centro de tu comunidad? ¿Qué hay en el centro?*

¿Qué ves?

Mira la foto

¿Cuáles son los colores del Parque de Bombas?

¿Te interesa visitar el museo?

¿Qué ropa llevan los jóvenes?

¿Por qué?

Online SPANISH CLASSZONE.COM

Featuring...
- Cultura INTERACTIVA
- Animated Grammar
- @HomeTutor

And more...
- Get Help Online
- Interactive Flashcards
- Review Games
- WebQuest
- Self-Check Quiz

El Parque de Bombas
Ponce, Puerto Rico

Presentación de VOCABULARIO

¡AVANZA! **Goal:** Learn the words and expressions that Emilio and Carolina use in the marketplace. Then practice these to address people politely and to talk about different craft items and what they are made of. ***Actividades 1–2***

VIDEO DVD

AUDIO

A En el mercado de artesanías muchos de **los artículos** están **hechos a mano.** Si quieres comprar artículos de artesanía **baratos,** puedes regatear por un precio más bajo. Si encuentras algo muy bonito pero muy barato, entonces es **una ganga.**

B Aquí un señor vende **esculturas.** Esta escultura es **única.** No hay otra como ésta.

C **Carolina:** Estas joyas son únicas. Son muy **finas. Disculpe, ¿me deja ver** esas pulseras y aquel collar?
Vendedora: **Con mucho gusto,** señorita.
Carolina: ¿Me puede decir si están hechos a mano?
Vendedora: Sí, los hice yo. Las pulseras **son de plata** y el collar **es de oro.** Son muy finos, ¿no?
Carolina: Sí. Son bellos. Gracias por ayudarme.
Vendedora: **De nada.**

D Es buena idea ser simpático cuando compras en el mercado...

Carolina: **Con permiso,** señor. Nos gustaría ver **las pinturas.**
Vendedor: **Pase,** señorita. Pase, muchacho. Estamos aquí para ayudarlos.
Emilio: Gracias, señor.
Vendedor: **No hay de qué.**

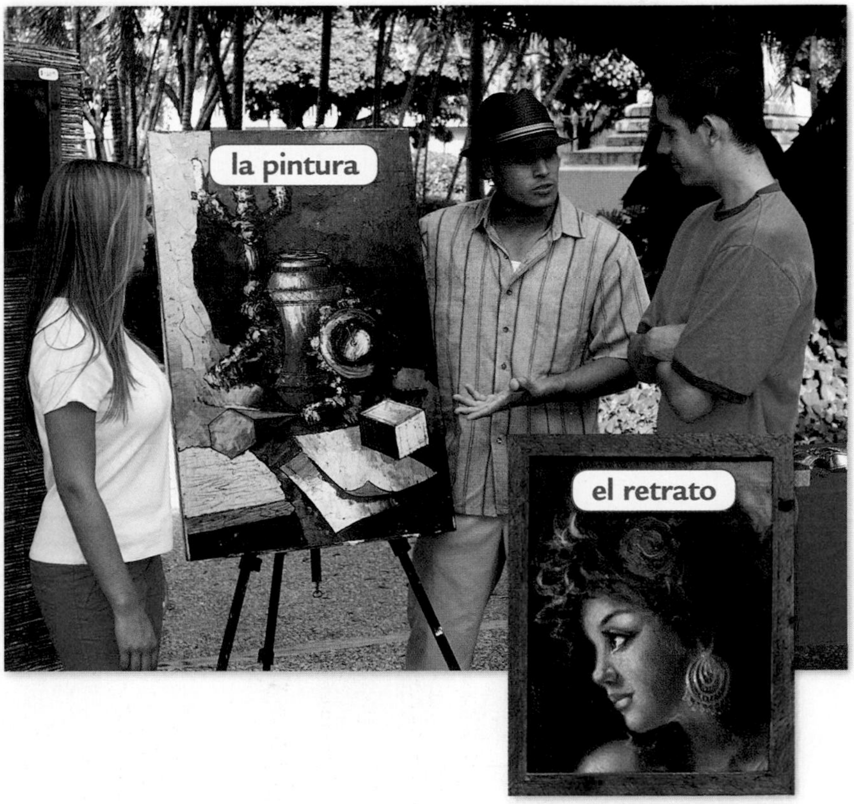

Más vocabulario

el retrato *portrait*
No hay de qué. *Don't mention it.*

Expansión de vocabulario p. R7
Ya sabes p. R7

¡A responder! Escuchar

Escucha las oraciones e indica si son ciertas o falsas según las fotos. Señala con la mano hacia arriba si son ciertas. Señala con la mano hacia abajo si son falsas. *(If the sentence is true, point upwards. If the sentence is false, point downwards.)*

@HomeTutor VideoPlus
Interactive Flashcards
ClassZone.com

Práctica de VOCABULARIO

1 Un regalo especial

Leer
Escribir

Completa las oraciones con la palabra apropiada. *(Complete the sentences.)*

1. Una pintura de una persona se llama (una escultura / un retrato).
2. Una compra es una ganga cuando el precio es (barato / caro).
3. Una escultura es única cuando (no hay otras / hay muchas).
4. Un ejemplo de una cosa de cerámica es (una ventana / un plato).
5. Si una persona hace un artículo de cerámica con las manos, se dice que el artículo (está hecho a mano / es fino).

Expansión
Choose two additional words from the vocabulary and write a definition for each.

2 Disculpe

Hablar
Escribir

¿Qué dicen las personas en estas situaciones?
(Complete each item appropriately.)

De nada.
No hay de qué.
Con permiso.
Pase.
Disculpe.
Perdóneme.

modelo:

1.

2.

3.

4.

Más práctica Cuaderno *pp. 122–124* Cuaderno para hispanohablantes *pp. 122–125*

PARA Y PIENSA

Did you get it? Can you say the following?

1. In a complete sentence, tell what material boots are often made of. What about bracelets? Pencils? Houses?
2. Give two responses to **«Gracias»** and two ways to apologize to someone.

Get Help Online
ClassZone.com

VOCABULARIO en contexto

¡AVANZA! **Goal:** Listen to the scene in the marketplace and Emilio's explanation of why he was late. Then, learn to talk about ongoing events and situations and describe how long people have owned certain items. ***Actividades 3–4***

Telehistoria escena 1

@HomeTutor VideoPlus
ClassZone.com

STRATEGIES

Cuando lees
Empathize with the character
While reading, feel Carolina's increasing frustration. If you were Carolina, why would you be upset? Think of at least two reasons.

Cuando escuchas
Compare the concerns As you listen, compare Marta's concerns to Carolina's. What does each one talk about here? Why do you think Emilio does not say much in this scene?

VIDEO DVD

AUDIO

Carolina and Marta are at an outdoor market waiting for Emilio to return.

Carolina: ¿Dónde está Emilio? ¡Son las cuatro y media! No podemos empezar porque él tiene la cámara.

Marta: *(to a market vendor)* Perdón, señorita, ¿esto está hecho a mano?

Vendedora: Sí, señorita. Es de plata. Y es muy barato.

Marta: ¡Qué bello!

Carolina: *(annoyed)* Marta, ¿me puedes ayudar, por favor? ¡Puedes ver las artesanías después!

Marta: *(to Álex)* Esta pintura es muy bella también. ¡Ay, pero qué cara!

Carolina: ¡Marta! ¡Escucha! ¡No tenemos cámara! ¿Qué vamos a hacer ahora?

Marta: Ay, perdón. ¿Qué me preguntaste? Mira, allí viene Emilio.

Emilio: Lo siento. Hace tres horas que camino por toda la ciudad.

Carolina: ¿Y por qué? ¿Para hacer ejercicio?

Emilio: No, para buscar la cámara. La perdí. **Continuará...** p. 176

3 *Comprensión del episodio* ¡A corregir!

Escuchar
Leer

Corrige los errores en estas oraciones. *(Correct the errors.)*

modelo: Los chicos están en la escuela.
Los chicos están en el mercado.

1. Emilio tiene la pintura.
2. La artesanía que Marta mira es de oro y es cara.
3. La pintura es barata.
4. Hace dos horas que Emilio camina por la ciudad.
5. Emilio caminó para hacer ejercicio.
6. Emilio perdió las artesanías.

Nota gramatical

To describe how long something has been going on, use:

hace + **the period of time** + **que** + **the present tense**

Hace meses que quiero comprar esa pintura, pero todavía no tengo el dinero.
I've been wanting *to buy that painting* ***for months,*** *but I still don't have the money.*

To ask how long something has been going on, use:

cuánto tiempo + **hace** + **que** + **the present tense**

¿**Cuánto tiempo hace que quieres** comprar esa pintura?
How long have you been wanting *to buy that painting?*

4 ¿Cuánto tiempo hace?

Escribir
Hablar

Describe cuánto tiempo hace que estas personas tienen estos artículos.
(Say how long these people have had these items.)

Artículo	Persona	Tiempo
los collares de oro	Carolina	un mes
la escultura de madera	el señor	dos años
la pulsera de plata	Marta	tres años
la pintura famosa	el museo	diez años
su coche	tu familia	¿ ?
tus zapatos favoritos	tú	¿ ?

modelo: **Hace** un mes **que** Carolina tiene los collares de oro.

Expansión
Describe how long you have had some of your favorite possessions.

PARA Y PIENSA

Did you get it? Can you . . . ?
1. ask someone how long they've had that watch
2. say how long you've been at school today

Get Help Online
ClassZone.com

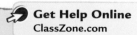

Presentación de GRAMÁTICA

¡AVANZA! **Goal:** Learn five verbs with irregular preterite stems. Then, practice these verbs to communicate past events and tell how long ago they happened. ***Actividades 5–8***

¿Recuerdas? Family p. R15, chores p. R7

English Grammar Connection: To form the past tense of **irregular verbs** in English, you do not add the regular *-ed* ending. Instead, you change the form of the verb.

she **is** *becomes* → she **was** ella **está** *becomes* → ella **estuvo**

Irregular Preterite Verbs

Animated Grammar
ClassZone.com

The verbs **estar, poder, poner, saber,** and **tener** are irregular in the preterite tense. To form the preterite of these verbs, you must change their stems and add irregular preterite endings.

Here's how: Each of these verbs has a unique stem in the preterite, but they all take the same endings.

Verb		Stem	Preterite Endings	
estar	*to be*	**estuv-**	**-e**	**-imos**
poder	*to be able*	**pud-**	**-iste**	**-isteis**
poner	*to put*	**pus-**	**-o**	**-ieron**
saber	*to know*	**sup-**		
tener	*to have*	**tuv-**		

Note that there are no accents on these endings.

¿Dónde **pusiste** mi cartera?
*Where **did you put** my wallet?*

Ella **estuvo** en casa ayer.
***She was** at home yesterday.*

The verb **saber** usually has a different meaning in the preterite. It means *to find out.*

Yo **supe** la verdad ayer.
*I **found out** the truth yesterday.*

Más práctica
Cuaderno *pp. 125–127*
Cuaderno para hispanohablantes *pp. 126–128*

@HomeTutor
Leveled Grammar Practice
ClassZone.com

Práctica de GRAMÁTICA

5 Un regalo especial

Escuchar
Leer

Escucha dónde estuvieron Carlitos y su familia durante una excursión. Completa las oraciones para saber qué pasó. *(Choose the correct answer.)*

1. Carlitos y su familia estuvieron (en San Juan / en Ponce).
2. Cuando la familia llegó allí (tuvo / supo) los planes de mamá.
3. Primero tuvieron que ir (al mercado / al Parque de Bombas).
4. Carlitos (pudo / no pudo) subir a los vehículos.
5. Luego la familia estuvo en (otro museo / la casa de un amigo).
6. La mamá de Carlitos (estuvo una hora / no estuvo) en la tienda.
7. Carlitos (puso / supo) algo en las manos de mamá.

6 Máscaras

Leer
Escribir

Comparación cultural

(izquierda) *Una máscara del vejigante* (abajo) La fiesta del vejigante *(2005), Obed Gómez*

Los vejigantes

¿Cómo reflejan las artesanías la cultura de un país? Una artesanía que se identifica con **Puerto Rico** es la máscara *(mask)* del vejigante. Los vejigantes aparecen en la celebración de Carnaval en Ponce y la Fiesta de Santiago Apóstol en Loíza Aldea. Sus máscaras de colores vivos pueden ser de papel maché o de cáscaras de coco *(coconut shells)*. La pintura de Obed Gómez muestra un desfile *(parade)* tradicional. Los vejigantes pueden ser traviesos *(mischievous)* durante los desfiles, tratando *(trying)* de dar miedo a las personas. Los músicos tocan bomba, un tipo de música de baile de origen africano. Los vejigantes bailan y empiezan cantos, y todos les responden con una rima. Un ejemplo es: *Toco toco toco* ***toco*** */ El vejigante come* ***coco.***

Compara con tu mundo *¿Conoces algunos festivales cerca de tu comunidad? ¿Cómo son?*

Completa este correo electrónico con el pretérito de los verbos **estar, poder, poner, saber** y **tener.** *(Complete with the appropriate form of the preterite tense.)*

Ayer Sofía, Álex y yo __1.__ en el Viejo San Juan. En una tienda de artesanías compramos unas máscaras. Nosotros no __2.__ pagar con tarjeta de crédito, entonces __3.__ que pagar con dinero en efectivo. Salimos de la tienda y yo me __4.__ la máscara de tigre, y Sofía y Álex también se __5.__ sus máscaras. Luego encontramos a mi hermano pequeño. Cuando nos vio, él __6.__ miedo y no __7.__ qué hacer. Fue muy cómico.

7 ¿Quién lo tuvo que hacer? ***¿Recuerdas?*** Family p. R15, chores p. R7

Hablar

Pregúntale a tu compañero(a) quién de su familia tuvo que hacer estos quehaceres la última vez. Usen **tener** en el pretérito. *(Find out who had to do which chores last.)*

1. 

2. 

3. 

4. 

5. 

6. 

Nota gramatical

To describe how long *ago* something happened, use:

hace + **the period of time** + **que** + **the preterite**

Hace dos años que fui a Puerto Rico.
I went *to Puerto Rico* ***two years ago.***

Hace tres horas que me vestí.
I got dressed three hours ago.

8 ¿Hace mucho tiempo?

Hablar

Di cuánto tiempo hace que hiciste estas cosas. *(Tell how long ago you did things.)*

modelo: poner los libros en la mochila

1. estar en el cine
2. poder ir a la playa
3. saber un secreto
4. estar enfermo(a)
5. ponerse los zapatos
6. tener un examen fácil

A ¿Cuánto tiempo hace que pusiste los libros en la mochila?

B Hace dos horas que puse los libros en la mochila.

Expansión
Tell how long ago your partner did three of the activities.

Más práctica Cuaderno *pp. 125–127* Cuaderno para hispanohablantes *pp. 126–128*

PARA Y PIENSA

Did you get it? Can you . . . ?

1. give the preterite forms: **estar (ellos), saber (usted), poner (nosotros)**
2. ask a friend how long ago he/she did something (saw a movie, traveled, etc.)

Get Help Online
ClassZone.com

GRAMÁTICA en contexto

¡AVANZA! **Goal:** Listen to Emilio explain what he did on the way to the marketplace. Then, continue practicing irregular preterite verbs to describe what the characters in the video did and what you did last week. ***Actividades 9–10***

Telehistoria escena 2

@HomeTutor VideoPlus
ClassZone.com

STRATEGIES

Cuando lees
Track the path While reading, track Emilio's path. Where was he earlier that day? List the places in order. What does he realize at the end of the scene?

Cuando escuchas
Notice on-topic and off-topic talk Listen to Emilio's tale of woe and excuses. How much does he stick to the topic, searching for the camera? How much does he veer off the topic?

VIDEO DVD

AUDIO

Emilio is worried because he can't find his camera.

Emilio: La vi encima de la mesa en casa hoy por la mañana. La puse en mi mochila y salí.

Marta: ¿Y no sabes cuándo la perdiste?

Emilio: No, no sé cuándo la perdí. Lo siento mucho. Primero fui a comprar un regalo de cumpleaños para mi madre: este collar. ¡Es de oro y fue una ganga! Hace un año que le compré una pulsera...

Carolina: ¡Emilio! ¡La cámara!

Emilio: ¡Perdón! Estuve un rato en la joyería, después fui a unas tiendas y más tarde comí en un café... Volví al café y a las tiendas, pero no pude encontrarla.

Carolina: ¿Qué estás comiendo?

Emilio: Una galleta de la panadería... *(having a realization)* ¡La panadería!

Continuará... p. 181

9 Comprensión del episodio ¿Comprendiste?

Escuchar
Leer

Empareja la descripción con la cosa o el lugar. *(Match the description to the object or place. Some will be used more than once.)*

1. Emilio la puso en su mochila esta mañana.
2. Emilio comió allí.
3. Emilio la compró hace un año.
4. Es de oro.
5. Fue una ganga.
6. Emilio compró una galleta allí.
7. Emilio no la pudo encontrar en las tiendas.
8. Emilio lo compró para su madre.

a. el café
b. la cámara
c. el collar
d. la joyería
e. la panadería
f. la pulsera

10 La semana pasada

Escribir

Escribe un párrafo sobre la semana pasada. Usa las preguntas como guía. *(Write a paragraph about last week. Use the questions as a guide.)*

Para organizarte

- ¿En qué lugares estuviste la semana pasada?
- ¿Qué ropa te pusiste para ir a esos lugares?
- ¿Tuviste que hablar español? ¿Pudiste hablarlo?
- ¿Supiste de una fiesta divertida? ¿Fuiste a la fiesta?

AUDIO

Pronunciación La letra g

Before **a, o, u,** and the consonants **l** and **r,** the Spanish **g** is pronounced like the English *g* in the word *game.* Listen and repeat.

ga →	**ganga**	**regatear**	**jugar**	**llegada**
go →	**golf**	**juego**	**amigo**	**luego**
gu →	**gusto**	**guapo**	**Gustavo**	**guitarra**
gl / gr →	**globo**	**Gloria**	**grande**	**gracias**

Me gusta ir de compras los domingos para buscar gangas.

A Gregorio le gusta jugar al golf.

PARA Y PIENSA

Did you get it? Put the following statements into the preterite.

1. Tenemos que comprar un regalo hoy.
2. No puedo encontrar un artículo hecho a mano.
3. ¿Estás en el mercado?

Get Help Online
ClassZone.com

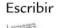

Presentación de GRAMÁTICA

¡AVANZA! **Goal:** Learn the preterite forms of **-ir** stem-changing verbs. Then practice the stem changes in the third person singular and plural. ***Actividades 11–13***

¿Recuerdas? Food pp. R10, R11

English Grammar Connection: Most English verbs in the past tense have the same form no matter who the subject is: *I* ***asked,*** *you* ***asked,*** *they* ***asked.*** In Spanish, however, some verbs must change their **stems** in the past tense depending on the person who carries out the action.

Preterite of -ir Stem-Changing Verbs

Animated Grammar ClassZone.com

Remember that many **-ir** verbs have stem changes in the present tense. These verbs change stems in some forms of the preterite tense too.

Here's how: Stem-changing **-ir** verbs in the preterite change only in the **usted/él/ella** and the **ustedes/ellos/ellas** forms.

Preterite tense e → i

pedir *to ask for*	
pedí	**pedimos**
pediste	**pedisteis**
pidió	**pidieron**

¿**Qué pidieron** en el mercado?
What ***did*** *they* ***ask for*** *at the market?*

Preterite tense o → u

dormir *to sleep*	
dormí	**dormimos**
dormiste	**dormisteis**
durmió	**durmieron**

Zulma **durmió** diez horas anoche.
Zulma ***slept*** *ten hours last night*

Here are some other **e → i** preterite stem-changing verbs that follow the pattern of **pedir.**

preferir	*to prefer*
servir	*to serve*
vestirse	*to get dressed*
competir	*to compete*
seguir	*to follow*

¿Quiénes **compitieron** en el campeonato?
Who ***competed*** *in the championship?*

Nosotros **competimos** y ganamos.
We ***competed*** *and we won.*

Más práctica
Cuaderno *pp. 128–130*
Cuaderno para hispanohablantes *pp. 129–132*

@HomeTutor
Leveled Grammar Practice
ClassZone.com

Práctica de GRAMÁTICA

11 En el mercado

Leer
Escribir

Lee el párrafo sobre una familia que visitó el mercado. Complétalo con los verbos en el pretérito. *(Complete with the appropriate preterite forms.)*

~~competir~~	pedir	servir
dormir	~~preferir~~	~~vestirse~~

Ayer fuimos al mercado. Mi hermano se **1.** en el coche pero lo despertamos cuando llegamos. Mi hermana compró un chaleco de cuero y le gustó tanto que **2.** con el chaleco inmediatamente. Todos los vendedores **3.** por nuestra atención, pero vimos una tienda única y entramos. Mi mamá quiso ver los artículos de cerámica, y le **4.** ayuda al vendedor. Ella le dijo: «Disculpe, ¿me deja ver esas cosas de cerámica?» Él le respondió: «Con mucho gusto, señora. Pase». Luego él nos **5.** refrescos. ¡Qué simpático! Yo compré una pulsera muy fina de plata, pero mi hermana **6.** las pulseras de oro. Fue un día muy divertido.

12 ¡Hay mucha confusión!

¿Recuerdas? Food pp. R10, R11

Hablar
Escribir

Hay un nuevo camarero en el restaurante Las Flores. ¿Qué pidieron los clientes y qué les sirvió el camarero? *(Tell what the customers ordered and what the waiter served by mistake.)*

modelo: yo /  / 

Yo pedí arroz pero el camarero me sirvió una papa.

1. Álex /  / 
2. yo /  / 
3. un señor /  / 
4. Álex y yo /  / 
5. unas chicas /  / 
6. tú /  / 

Expansión
Using expressions of courtesy, create a conversation with the waiter who served the wrong dish.

13 ¿Qué pasó?

Escribir
Hablar

En grupos de tres, escriban oraciones para hablar del pasado.
(Tell what happened in the past.)

modelo: La semana pasada tú competiste en un campeonato de fútbol.

ayer	Carolina	pedir...
anteayer	mis amigos y yo	dormir...
la semana pasada	yo	preferir...
el mes pasado	tú	servir...
el año pasado	los profesores	vestirse...
¿ ?	mi madre o padre	competir...
	¿ ?	

Expansión
Choose three of your favorite sentences to share with another group.

Comparación cultural

Las parrandas

¿Qué importancia tienen las tradiciones en los días festivos? Durante la temporada *(season)* de Navidad en **Puerto Rico,** las parrandas son una tradición. Muchos puertorriqueños caminan en grupos por las calles, cantando canciones navideñas y tocando instrumentos tradicionales. Muchas veces las parrandas continúan hasta la madrugada *(dawn)*. El grupo se detiene *(stops)* en casas de amigos para hacer asaltos navideños. En un asalto, el grupo canta para sorprender *(surprise)* y despertar a la familia. Cantan versos como:

Despierta amigo, despierta,
que venimos a cantarte.
Levántate y abre la puerta,
levántate y abre la puerta,
que queremos saludarte.

Una parranda navideña

En algunas canciones, piden comida y bebida. Normalmente la familia invita al grupo a entrar en la casa, y todos comen y celebran. Después, la familia va con el grupo para repetir esta tradición con otra familia.

Compara con tu mundo *¿Cómo celebra los días festivos tu familia?*

Más práctica Cuaderno *pp. 128–130* Cuaderno para hispanohablantes *pp. 129–132*

PARA Y PIENSA

Did you get it? Give the correct preterite verb form.

1. Ellos _____ (pedir) pizza.
2. Yo _____ (vestirse).
3. Tú _____ (servir) la cena.
4. Emilio _____ (dormir).

Get Help Online
ClassZone.com

Todo junto

¡AVANZA! **Goal:** ***Show what you know*** Listen to the final scene in the marketplace. Then use the expressions you learned to communicate as a buyer or seller in real and online marketplaces. ***Actividades 14–18***

Telehistoria completa

@HomeTutor VideoPlus
ClassZone.com

STRATEGIES

Cuando lees
Read for "inside knowledge" What do you know that Carolina doesn't know? What does she believe is happening? When does she learn the truth?

Cuando escuchas
Listen for a turnaround This scene contains many clues, but Carolina interprets them incorrectly. What are the clues? When she learns what's really happening, everything changes for her. How and why?

Escena 1 ***Resumen***
Carolina y Marta esperan a Emilio. Por fin llega, pero sin la cámara porque la perdió.

Escena 2 ***Resumen***
Carolina y Marta le preguntan a Emilio dónde está la cámara, pero él no sabe. Cuando ven que Emilio está comiendo una galleta, saben dónde está la cámara: en la panadería.

Escena 3

VIDEO DVD
AUDIO

Carolina and Emilio get ready to film. Marta and Álex appear to be speaking to each other but are actually on separate cell phone calls.

Marta: *(speaking into her cell phone)* ¿Quieres ir al cine mañana?

Álex: *(also on his cell phone)* Buena idea.

Carolina: *(frustrated)* Vamos a comenzar...

Marta: *(on phone)* Nos vemos mañana, Jeny.

Álex: *(on phone)* Hasta luego, mamá.

Carolina: ¿Okay? ¡Acción!

Marta: *(filming starts)* Con permiso. ¿Me deja ver esa escultura de piedra?

Álex: Con mucho gusto, señorita.

Marta: Es muy fina. ¿Está hecha a mano?

Álex: Sí, yo la hice.

Marta: Entonces, es única?

Álex: Es única, como usted. Yo me llamo Daniel.

Marta: Y yo soy Ariana.

Carolina: *(interrupts filming)* ¡Un momento! Marta, Álex, ¿por qué se pusieron esa ropa? ¡Ustedes se vistieron para la segunda parte de la película!

Marta: ¡Ay! ¡Tienes razón! ¡Lo siento! *(Marta leaves the set to change.)*

Álex: Carolina, ¿quieres ir al cine conmigo mañana?

Carolina: Pero... pero, ¿no vas con Marta? ¿Ella no te preguntó...?

Álex: ¿Marta? ¡No! Ella va con Jeny. Me gustaría ir contigo.

Carolina: Entonces, ¡sí!

Álex: ¡Perfecto! Hablamos mañana.

14 *Comprensión de los episodios* ¡A corregir!

Escuchar
Leer

Corrige los errores en estas oraciones. *(Correct the errors.)*

modelo: Los chicos están haciendo ejercicio.
Los chicos están haciendo una película.

1. Marta habla por teléfono con Álex.
2. La escultura es de metal.
3. La escultura es muy barata.
4. Álex y Marta se vistieron para la tercera parte de la película.
5. Álex prefiere salir con Marta.
6. Al final, Carolina está muy triste.

15 *Comprensión de los episodios* ¡Vamos a filmar!

Leer
Escribir

Contesta las preguntas. *(Answer the questions.)*

1. ¿Qué perdió Emilio el día de la película?
2. ¿En cuántos lugares estuvo Emilio ese día? ¿Dónde estuvo?
3. ¿Quiénes hablaron por teléfono antes de hacer la película?
4. ¿Cuál es el problema que tuvieron Marta y Álex con la ropa?
5. ¿A quién invitó Álex a ir al cine?

16 Venta de garaje

Hablar

STRATEGY Hablar

Reflect on real experiences Before doing this activity, recall items you've seen at yard sales, garage sales, or flea markets. Think of any items you or your family no longer use that you could "sell" in your role-play.

Están en una venta de garaje. Hagan los papeles de vendedor(a) y cliente. Deben hablar por lo menos de tres artículos. Describan los artículos y su historia y usen expresiones de cortesía. *(Role-play shopping for items at a garage sale. Discuss at least three items and use expressions of time and of courtesy.*

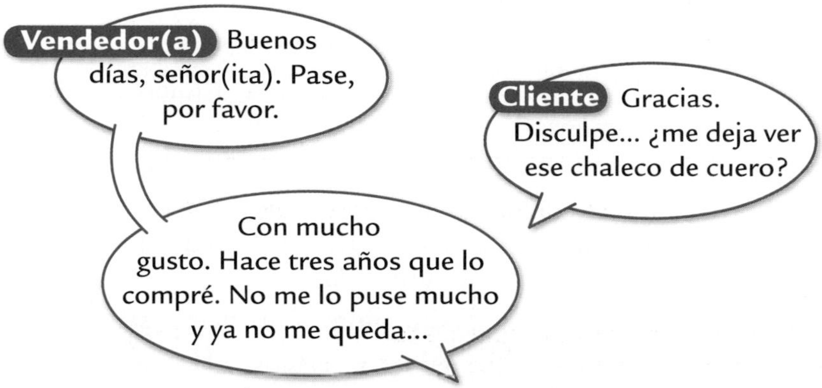

Expansión
Act out your role play for the class. Other groups should listen and write down the items and details.

17 Integración

Leer
Escuchar
Hablar

Lee y escucha las descripciones de un mercado. Describe lo que se puede ver y comprar allí, y recomienda a un artesano que quieres visitar. *(Read and listen to the descriptions. Describe the market and recommend an artisan.)*

Fuente 1 Libro (guía para viajar)

Un cuatro de Eloy

Los instrumentos musicales hechos a mano por Eloy Torres son una de las atracciones del Mercado de la Muralla. Vende cuatros, palitos y otros instrumentos de madera natural. Eloy tuvo la oportunidad de trabajar con una compañía grande, pero él prefirió vender sus cosas únicas aquí en el mercado. Es posible ver su trabajo fino aquí todos los sábados desde las 8:00 hasta las 4:00. ¡Hay que regatear por un precio barato!

Palitos para el ritmo

Fuente 2 Programa de viajes

Listen and take notes

- ¿Cuánto tiempo hace que el mercado está allí?
- ¿Quién es Bety? ¿Qué artículos hace ella?
- ¿Qué otros artículos puedes encontrar en el mercado?

modelo: El Mercado de la Muralla me parece muy interesante. Allí podemos ver...

18 ¡Está hecho a mano!

Escribir

Haz un anuncio para vender un artículo por Internet. Descríbelo con detalles y di cuánto tiempo hace que lo tienes. Dibuja o toma una foto para acompañar la descripción. *(Create an Internet ad to sell an item. Include a drawing or photo.)*

modelo: **A vender—¡barato! Silla de madera**
Necesito vender esta silla fina de madera con decoración de oro. Hace cien años que mi familia la tiene...

FCAT WRITING +

Elements	5–6 points	3–4 points	1–2 points
Focus	Your ad sticks to the topic.	Your ad is partly about other topics.	Your ad is mostly about other topics.
Organization	All of your ad is organized.	Parts of your ad are organized.	Your ad is disorganized.
Support	You include all of the details and a lot of new vocabulary.	You include some details and some new vocabulary.	You include little detail and few vocabulary words.
Conventions	Your ad has few mistakes in grammar and vocabulary.	Your ad has some mistakes in grammar and vocabulary.	Your ad has many mistakes in grammar and vocabulary.

FCAT Writing Support

Expansión
Post your descriptions in the classroom and bid on each other's articles.

Más práctica Cuaderno, *pp. 131–132* Cuaderno para hispanohablantes, *pp. 133–134*

PARA Y PIENSA

Did you get it? Write four sentences using irregular and **-ir** stem-changing verbs to describe a trip you took with someone to a marketplace.

Get Help Online
ClassZone.com

Lectura cultural

¡AVANZA! **Goal:** Read about traditional crafts from Puerto Rico and Panama. Discuss the differences in crafts from different countries.

Comparación cultural

AUDIO

Las artesanías

STRATEGY Leer
Draw a mind map of countries and crafts Draw a mind map with key facts about crafts in Panama and Puerto Rico. Include as many details as possible.

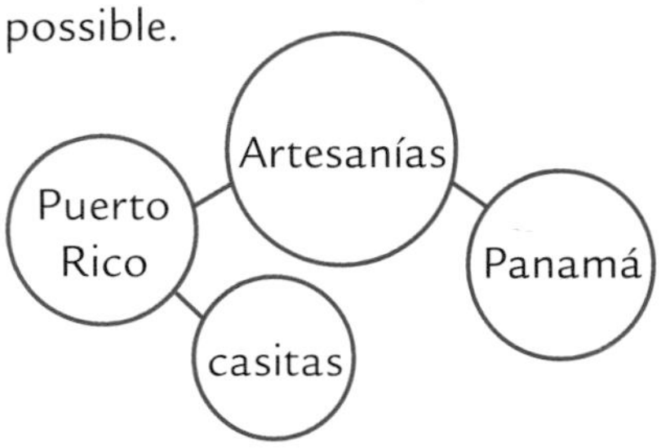

Hay muchas artesanías típicas de Puerto Rico. Dos muy conocidas[1] son la talla[2] de santos[3] y las «casitas». Las tallas son figuras de madera que representan a los santos de la tradición social puertorriqueña. Primero, el artesano o la artesana trabaja la madera; luego la pinta. Estas tallas llevan símbolos que identifican al santo. Las casitas son fachadas[4] en miniatura de casas y edificios[5] históricos. Existen de muchos tamaños[6] y materiales: las más famosas son de cerámica y son muy finas. Hay también algunas de madera y otras que son básicamente pinturas sobre madera o metal. Las fachadas pueden ser de casas históricas, pero también pueden ser de edificios importantes o de lugares tradicionales, como la de Puig y Abraham, en el Viejo San Juan, que hoy en día es un restaurante muy popular.

---

[1] well known [2] carving [3] saints [4] façades [5] buildings [6] sizes

Puerto Rico

Tallas de madera: Los tres reyes

Una casita de cerámica (abajo); la calle Tetuán, Viejo San Juan (derecha).

Panamá

Una mola tradicional decorada con un pájaro de muchos colores

En Panamá también hay ricas tradiciones de artesanías. Las molas son una de éstas. Las molas son telas [7] de colores vivos [8], cortadas y cosidas [9] en diseños [10] del mundo [11] de los cunas. Los cunas, una comunidad indígena [12] de Panamá, hacen estas telas que se conocen internacionalmente. En partes de Panamá también hay artesanos que trabajan la cerámica. Por ejemplo, en el pueblo [13] de La Arena, los artesanos hacen trabajo de cerámica con la arena [14] del lugar. Ellos decoran sus piezas con diseños de la tradición indígena. Las cerámicas de La Arena son únicas.

---

[7] fabrics [8] bright [9] cut and sewn [10] designs [11] mundo [12] native
[13] town [14] sand

PARA Y PIENSA

¿Comprendiste?

1. ¿Qué son las tallas puertorriqueñas?
2. ¿De qué materiales se hacen las «casitas» o fachadas en miniatura?
3. ¿Qué son las molas? ¿Quiénes las hacen?
4. ¿De dónde vienen las ideas y los diseños de los artesanos puertorriqueños y los panameños? ¿Por qué son diferentes las artesanías únicas de estos dos países?

¿Y tú?

¿Qué artesanías hacen en la región donde vives? ¿Cuál te gusta más? ¿Por qué?

Proyectos culturales

Comparación cultural

Máscaras

¿Qué aspectos de la cultura se reflejan (are reflected) *en las celebraciones y los festivales?* Las máscaras *(masks)* tienen un papel *(role)* importante en las celebraciones de las culturas hispanohablantes. Las máscaras antiguas representan fuerzas *(forces)* misteriosas o desconocidas *(unknown)* o símbolos de la cultura. Son hechas de metales preciosos, joyas, madera o barro *(clay)*. Las máscaras modernas se usan en fiestas y festivales para adoptar identidades diferentes o también para representar símbolos de la cultura. Son hechas de tela *(fabric)*, papel o plástico.

Proyecto 1 *Una máscara moderna*

En Puerto Rico, la gente lleva máscaras durante las fiestas de carnaval. Las máscaras representan criaturas fantásticas, animales exóticos o personas extrañas *(strange)*.

Materiales para hacer tu máscara
Papel
Tijeras *(Scissors)*
Marcadores *(Markers)* o lápices de diferentes colores
Pegamento *(Glue)*

Instrucciones

1. Piensa en el diseño para tu máscara. Puede ser simple o fantástico.
2. En el papel, dibuja la forma de la cara. Si quieres llevar la máscara, debe ser del tamaño de tu cara.
3. Corta la máscara del papel con tijeras.
4. Añade *(Add)* color con marcadores.
5. Si quieres llevar tu máscara, ponle un elástico.

Proyecto 2 *Una máscara antigua*

Las máscaras antiguas de los incas y los mayas tienen adornos de joyas, de oro y de plata. Generalmente, representan fuerzas abstractas, imágenes de la religión o animales. Hay máscaras que tienen diseño doble: el sol y la luna, una cara triste y una cara alegre o un animal y una persona. Los incas y los mayas usaban *(used)* las máscaras en varias ceremonias y celebraciones.

Materiales para hacer una máscara doble
Arcilla *(Modeling clay)*

Instrucciones

1. Piensa en el diseño para tu máscara doble y en dos conceptos diferentes que quieres representar.
2. Con la arcilla, forma los dos lados de la máscara.

En tu comunidad

En Estados Unidos hay celebraciones de festivales de países hispanohablantes donde puedes ver máscaras. También puedes ver estas máscaras en tiendas de artesanías o en los museos. En tu comunidad, ¿dónde puedes ver máscaras de países hispanohablantes?

Lección 2

En resumen

Vocabulario y gramática

Animated Grammar
Interactive Flashcards
ClassZone.com

Vocabulario

Items at the Market

los artículos	*goods*
barato(a)	*inexpensive*
la escultura	*sculpture*
fino(a)	*fine*
una ganga	*a bargain*
la pintura	*painting*
el retrato	*portrait*
único(a)	*unique*
(estar) hecho(a) a mano	*(to be) handmade*
ser de...	*to be made of . . .*
cerámica	*ceramic*
cuero	*leather*
madera	*wood*
metal	*metal*
oro	*gold*
piedra	*stone*
plata	*silver*

Expressions of Courtesy

Con mucho gusto.	*With pleasure.*
Con permiso.	*Excuse me.*
De nada.	*You're welcome.*
Disculpe.	*Excuse me.; I'm sorry.*
No hay de qué.	*Don't mention it.*
Pase.	*Go ahead.*
Perdóneme.	*Forgive me.*

Ask for Help

¿Me deja ver...?	*May I see . . . ?*

Gramática

Notas gramaticales: Hace + expressions of time *pp. 172, 175*

Irregular Preterite Verbs

The verbs **estar, poder, poner, saber,** and **tener** have a unique stem in the preterite, but they all take the same endings.

Verb	Stem
estar	estuv-
poder	pud-
poner	pus-
saber	sup-
tener	tuv-

Preterite Endings	
-e	-imos
-iste	-isteis
-o	-ieron

Note that there are no accents on these endings.

Preterite of -ir Stem-changing Verbs

Stem-changing **-ir** verbs in the preterite change only in the **usted/él/ella** and the **ustedes/ellos/ellas** forms.

Preterite tense e → i

pedir *to ask for*	
pedí	pedimos
pediste	pedisteis
pidió	pidieron

Preterite tense o → u

dormir *to sleep*	
dormí	dormimos
dormiste	dormisteis
durmió	durmieron

Lección 2

Repaso de la lección

¡LLEGADA!

@HomeTutor ClassZone.com

Now you can
- describe past activities and events
- ask for and talk about items at a marketplace
- express yourself courteously

Using
- irregular preterite verbs
- preterite of **-ir** stem-changing verbs
- **hace** + expressions of time

To review
- expressions of courtesy, p. 168–169

1 Listen and understand

AUDIO

Escoge la mejor expresión para responder a la persona. *(Choose the appropriate response.)*

1. a. Lo siento.
b. Pase señora.
2. a. No hay de que.
b. Con permiso.
3. a. Gracias.
b. De nada.
4. a. No hay de qué.
b. Con mucho gusto.
5. a. Con permiso.
b. Lo siento, pero cuesta 20 dólares.
6. a. Sí, con permiso.
b. Sí, de nada.

To review
- irregular preterite verbs, p. 173

2 Discuss a past event

Cuando Ale y su hermana llegaron a casa, tuvieron un problema. Completa su cuento con los verbos apropiados en el pretérito. *(Tell what happened using the correct verbs in the preterite.)*

El sábado **1.** (tener/saber) un problema. Fui a la panadería por la mañana con mi hermana. Cuando llegamos a casa, mi hermana no **2.** (tener/poder) abrir la puerta. «¡Está cerrada!» exclamó. Le pregunté «dónde **3.** (poner/estar) tu llave?» Me contestó, «la **4.** (saber/poner) en el abrigo, pero ahora no está allí». Después de tres largas horas llegó nuestra mamá. Le pregunté, «¿dónde **5.** (poder/estar)?» Ella no **6.** (tener/estar) que contestar porque yo lo **7.** (tener/saber) cuando yo vi toda la nueva ropa que compró. Ella **8.** (poder/estar) en el centro comercial. «¿No tienen sus llaves?» nos preguntó Mamá. «¡Ay, perdónenme, hijas, por favor! Pero... ¡compré botas nuevas para ustedes!» ¡Por fin, **9.** (saber/tener) suerte!

To review
- **hace** + expressions of time, p. 172

3 Talk about items at a marketplace

Di cuánto tiempo hace que estas personas buscan estos artículos. *(Say how long the following people have been looking for these items.)*

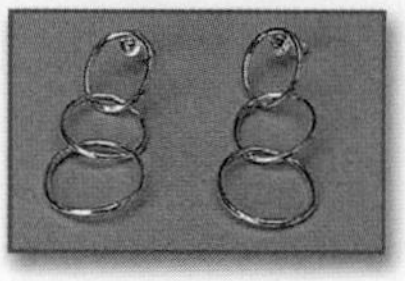

modelo: tú / aretes de / tres horas
Hace tres horas que tú buscas unos aretes de plata.

1. Susana / pulsera de / dos días

2. yo / cinturón de/ una semana

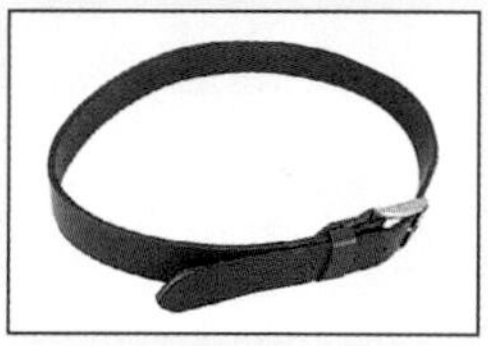

3. ellos / artesanías de / un mes

4. nosotros / collar de / dos horas

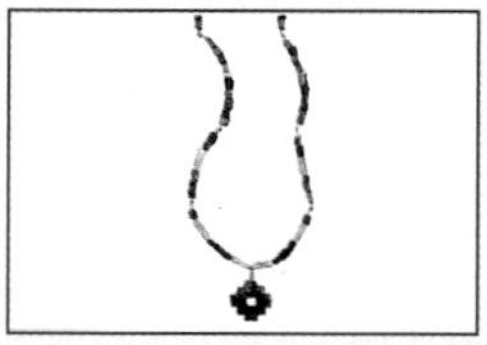

5. ustedes / suéter hecho / un año

6. tú / escultura de / tres días

To review
- **hace** + expressions of time, p. 175
- preterite of **-ir** stem-changing verbs, p. 178

4 Describe past activities

Di cuánto tiempo hace que estas personas hicieron estas actividades. *(Say how long ago these activities happened.)*

modelo: yo / dormir hasta muy tarde
Hace una semana que yo dormí hasta muy tarde.

1. tú / competir en un campeonato
2. El camarero / servir el postre
3. los perros / seguirnos a la casa
4. yo / pedir una ensalada
5. Anita / vestirse con falda
6. ellos / dormir en la sala

To review
- Los taínos, p. 141
- Comparación cultural, pp. 174, 180
- Lectura cultural, p. 184–185

5 Puerto Rico and Panama

Comparación cultural

Contesta estas preguntas culturales. *(Answer these culture questions.)*

1. ¿Cuál es otro nombre para los puertorriqueños? ¿De dónde viene?
2. ¿Qué hacen los vejigantes durante los festivales en Puerto Rico?
3. ¿Qué hacen los puertorriqueños en una parranda? ¿Cuándo las hacen?
4. ¿Cuáles son algunas artesanías típicas de Puerto Rico y Panamá?

Más práctica Cuaderno *pp. 133–144* Cuaderno para hispanohablantes *pp. 135–144*

Get Help Online
ClassZone.com

Comparación cultural

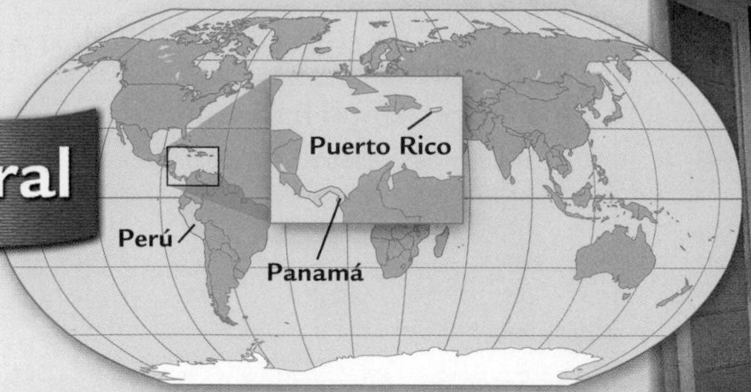

AUDIO

¡Me encanta ir de compras!

Lectura y escritura

WebQuest
ClassZone.com

1. **Leer** Where people shop and what they buy varies around the world. Read about the shopping trips of Marcos, Juanita, and Valeria.

2. **Escribir** Using the three descriptions as models, write a short paragraph about where you shop and what you buy.

> **STRATEGY Escribir**
>
> **Take notes about your shopping trip** Take notes in an organized way and use them to write about your shopping trip.
>
> Dónde → Qué → Resultado

Step 1 First take notes on where you were, then what you bought (and for whom, if it was not for you), and finally the result or response.

Step 2 Write the paragraph about your shopping trip, including all the information in the notes. Check your writing by yourself or with help from a friend. Make final additions and corrections.

Compara con tu mundo

Use the paragraph you wrote to compare your shopping trip with that of Marcos, Juanita, or Valeria. In what ways is your shopping trip different or similar?

Cuaderno *pp. 145–147* Cuaderno para hispanohablantes *pp. 145–147*

Cultura INTERACTIVA ClassZone.com *See these pages come alive!*

Perú

Marcos

¡Hola! Soy Marcos. Me encanta comprar regalos para mi familia. Generalmente voy a un centro comercial pero ayer estuve en unas tiendas en la calle. Allí venden artículos de papel, de madera, de cuero y más. Compré un cinturón para mi papá. Después fui a una zapatería y le compré a mi mamá unas sandalias de cuero muy de moda. ¡Le encantaron!

Panamá

Juanita

¡Saludos desde Panamá! Mi nombre es Juanita. El sábado pasado fue el cumpleaños de mi hermana mayor. Mi amiga fue conmigo a un mercado al aire libre y ella me ayudó a encontrar una pulsera muy fina de plata. A mi hermana le quedó perfecta. ¡Mi hermana menor me pidió una también para su cumpleaños!

Puerto Rico

Valeria

¿Qué tal? Me llamo Valeria y vivo en San Juan, Puerto Rico. A veces voy al centro comercial con mis primas o con una amiga. Muchos muchachos y muchachas van allí a pasar el rato. Ayer mi amiga y yo compramos unos sombreros muy bonitos. También compré un vestido, pero me quedó grande. ¡Me encanta comprar ropa!

UNIDADES 1-3

Repaso inclusivo

Options for Review

1 Listen, understand, and compare

Escuchar

Listen to this announcement about community events and then answer the following questions.

1. ¿A quién le interesa la tienda nueva en el centro comercial?
2. ¿Cuándo está abierta esta tienda? ¿Qué puedes comprar allí?
3. ¿Qué día va a abrir la panadería? ¿A qué hora?
4. ¿Qué recibes si compras un pan?
5. ¿Puedes comprar pan el domingo a las tres? ¿Por qué?

Do you have promotions such as these in your community? Is there a bakery in your community? Does your family buy bread there? Why or why not?

2 Stage a fashion show

Hablar
Escribir

Working in groups, stage a fashion show. Choose an announcer and models and arrange the classroom for the show. Review words for clothing items, textures, and colors. Your show could focus on different trends, such as men's or women's fashions, sportswear, or accessories. Work together to write the announcer's script. As the announcer describes the clothing being modeled, other groups can react to the clothes in the show.

3 Purchase clothing

Hablar

With a partner, role-play a conversation between a clothing store employee and a shopper. The shopper needs to buy an outfit to wear to a special party, and the employee helps the shopper find the right outfit. Discuss the items of clothing, size, colors, and fit. Also include footwear and other accessories. Give your opinions of the items, say why a particular item interests each of you, and why the new clothes are important for a party.

4 Create a floor plan for a crafts fair

Hablar
Escribir

In a group, plan a craft market to raise money for your school. Decide on how many booths, or **tiendas,** you will have as well as how many vendors of each type of craft. Think about where to hold your market and create a floor plan showing where you want the different vendors to set up. Include booths for ceramics, wooden crafts, art, and hand-made clothing items such as hats, scarves, or gloves. Finally create a flier to advertise your market.

5 Buy and sell in the market

Hablar

Role-play buying and selling unique items with classmates. Half of you will be vendors and should pick an object from the classroom or something of your own to sell. Look at it carefully to find all the unique characteristics. Think in terms of its size, color, condition, and possible uses. The other half of the class will be buyers and will have ten dollars to spend. See which vendors can successfully sell their items and at what price, and which buyers get the most for their money. When discussing price, be prepared to bargain.

6 Write a story about a memorable event

Escribir

Think of a past event or experience and turn it into a story. You could write about a fun dance or party, an important game you played in or watched, or just a really great day that you remember. How long ago did it happen? Where did you go? What did you have to do before you went? Whom did you go with or see there? What did you wear? What happened in the end? Feel free to change the outcome for an interesting ending.

7 Work for your community

Hablar
Leer
Escribir

What kind of stores would you welcome to your community? Your group is a committee in charge of approving new businesses. Read the following letter and evaluate whether or not this business would fit into your town. Support your final decision with a list of reasons, then answer the letter to señor Vargas.

Distinguidos señores y señoras:

Soy el director de tres tiendas de artesanías. Quisiera saber si a ustedes les interesa tener una de nuestras tiendas en su comunidad. Hace dos años que abrimos la primera tienda y siempre buscamos nuevos lugares. En las tiendas vendemos joyas de plata y de oro: pulseras, collares, aretes y anillos. Son únicas y típicas de la cultura de Puerto Rico. También tenemos varias esculturas de madera y de metal y todos nuestros artículos están hechos a mano.

Me gustaría conocerlos y presentarles nuestro plan para la tienda. Generalmente nuestras tiendas están abiertas de las 9:00 a.m. a las 8:00 p.m. de lunes a sábado. Están cerradas los domingos. Espero su respuesta.

Atentamente,

Miguel Vargas
Director, Tiendas Encantadas

UNIDAD 4

México

Cultura antigua, ciudad moderna

Lección 1

Tema: ***Una leyenda mexicana***

Lección 2

Tema: ***México antiguo y moderno***

«¡Hola!

Nosotros somos Jorge y Sandra. Somos de México.»

Población: 104.959.594

Área: 761.606 millas cuadradas, un poco menos del triple de Texas

Capital: México, D.F. (Ciudad de México)

Moneda: el peso mexicano

Idiomas: español, maya y otras lenguas indígenas

Comida típica: tamales, enchiladas, tacos

Gente famosa: Alfonso Cuarón (director), Salma Hayek (actriz), Octavio Paz (escritor), Laura Esquivel (escritora)

Tamales

Bailarinas folklóricas en Oaxaca

◀ **El estado de Oaxaca** En México las artesanías, los bailes folklóricos y las comidas típicas reflejan la influencia indígena sobre la cultura. El estado de Oaxaca, donde un 50 por ciento de la población habla un idioma indígena, es conocido por sus importantes sitios arqueológicos, su cerámica, sus telas *(fabrics)* y su famoso chocolate hecho a mano. *¿Qué cosas son típicas de tu estado?*

«¡Viva México!» La Plaza de la Constitución, o el Zócalo, es la plaza principal de la Ciudad de México. Hace 500 años, era el centro de Tenochtitlán, la capital del imperio azteca. Hoy es el corazón del centro histórico y el lugar donde se celebra el Grito *(shout)* de la Independencia cada 15 de septiembre. *¿Cómo celebras el cuatro de julio, el Día de la Independencia de Estados Unidos?*▶

Celebrando el Día de la Independencia

Frieda y Diego Rivera *(1931), Frida Kahlo*

◀ **Frida y Diego** Dos artistas famosos de México son Frida Kahlo (1907–1954) y Diego Rivera (1886–l957). Frida pintó muchos autorretratos *(self-portraits)* con elementos surrealistas y fantásticos. Diego pintó varios murales y pinturas famosos con temas políticos y culturales. Los dos usaban temas folklóricos para afirmar su identidad mexicana. *¿Qué artistas conoces? ¿Cómo pintan?*

UNIDAD 4

México

Lección 1

Tema:

Una leyenda mexicana

¡AVANZA! **In this lesson you will learn to**

- describe continuing activities in the past
- narrate past events and activities
- describe people, places, and things

using

- past participles as adjectives
- the imperfect tense
- preterite and imperfect

¿Recuerdas?

- expressions of frequency
- weather expressions
- daily activities

Comparación cultural

In this lesson you will learn about

- a Oaxacan legend
- community, childhood, and the art of Rodolfo Morales
- traces of the past in Mexico and Nicaragua

Compara con tu mundo

Los jóvenes en la foto están filmando una leyenda *(legend)* mexicana. Están en el auditorio de su colegio en la Ciudad de México. *¿Haces actividades como ésta en tu escuela? ¿Leíste una leyenda? ¿Te gustó?*

¿Qué ves?

Mira la foto

¿Dónde están estos chicos?

¿Qué ropa llevan los chicos?

¿Está contenta o triste la chica?

¿Cómo están los chicos? ¿Enojados? ¿Alegres?

Online SPANISH CLASSZONE.COM

Featuring...
- Cultura INTERACTIVA
- Animated Grammar
- @HomeTutor

And more...
- Get Help Online
- Interactive Flashcards
- Review Games
- WebQuest
- Self-Check Quiz

Auditorio del Colegio Francés Hidalgo
México, Distrito Federal

Presentación de VOCABULARIO

¡AVANZA! **Goal:** Learn the words about legends and stories. Then use what you have learned by naming characters and other elements in a legend.
Actividades 1–2

VIDEO DVD

AUDIO

A ¿Sabes lo que es **una leyenda**? Es una **narración histórica** que **cuenta** algo de la historia de un lugar o de unas personas. Para contar una leyenda, empiezas con la frase **«Había una vez...»**.

Vamos a conocer una leyenda **azteca sobre** dos **jóvenes, los celos** y la historia de dos **volcanes.**

B Primero, presentamos a **los personajes** de nuestra leyenda. **El héroe** es **un guerrero valiente. La heroína** es **la princesa.** Es muy bella, o **hermosa.** El personaje malo es **el enemigo.**

C **El emperador** vive con su hija **querida,** la princesa, en **el palacio.**

Más vocabulario

el (la) dios(a) *god / goddess*	**casarse** *to get married*
la montaña *mountain*	**morir (ue)** *to die*
el mensaje *lesson; message*	**transformar** *to transform*
heroico(a) *heroic*	**Hace muchos siglos...** *Many centuries ago . . .*

Expansión de vocabulario p. R8
Ya sabes p. R8

D La princesa y el guerrero **están enamorados.** El enemigo **tiene celos** de los dos jóvenes porque él también está enamorado de la princesa.

E En nuestra leyenda hay **una guerra. El ejército** del emperador **pelea** con los enemigos en **una batalla.**

F ¿Cómo va a terminar la leyenda? ¿**Regresa** el héroe a su princesa querida? ¿**Llora** la princesa? ¿**Se casan** los dos? ¡Vamos a ver en la Telehistoria!

¡A responder! Escuchar

Escucha las siguientes oraciones. Imita la acción o al personaje que escuchas. *(Listen to the sentences. Mimic the action or character you hear.)*

@HomeTutor VideoPlus
Interactive Flashcards
ClassZone.com

Práctica de VOCABULARIO

1 Había una vez...

Leer
Escribir

Usa los dibujos para completar la leyenda. *(Use the pictures to complete the legend.)*

modelo: Hace muchos siglos un  contó esta 

histórica.

Hace muchos siglos un emperador contó esta leyenda histórica.

Una **1.**  hermosa vive en un **2.** 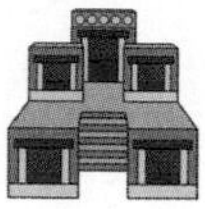 con su padre, el **3.**  azteca. Ella está enamorada de un **4.**  valiente que está con el ejército en una **5.** . Pero un **6.**  quiere casarse con la **7.**  y la lleva a una **8.** . Ella llora y llora. El héroe regresa y busca a su querida **9.** . El **10.**  tiene celos y pelea, pero él muere rápidamente. Los dioses transforman la **11.**  donde murió en un terrible **12.** .

Finalmente, los dos jóvenes pueden casarse y vivir felices.

2 Palabras semejantes

Leer
Escribir

Identifica y empareja las palabras que pertenecen a cada par.
(Match related words.)

los personajes	el volcán	valiente	la batalla
estar enamorado(a)	la narración	la princesa	

modelo: el enemigo, el joven, ____
el enemigo, el joven, los personajes

1. el mensaje, contar, ____
2. el héroe, heroico, ____
3. el ejército, la guerra, ____
4. querido(a), casarse, ____
5. la montaña, transformar, ____
6. la heroína, hermosa, ____

Expansión
Group together more related words from the story.

Más práctica Cuaderno *pp. 148–150* Cuaderno para hispanohablantes *pp. 148–151*

PARA Y PIENSA

Did you get it? 1. Give two ways a legend might begin.
2. Name four characters that might be in a legend.

Get Help Online
ClassZone.com

VOCABULARIO en contexto

¡AVANZA! **Goal:** Listen to Sandra, Beto, and a park ranger describe a legend. Then create descriptive words from verbs to tell a story. ***Actividades 3–4***

Telehistoria escena 1

@HomeTutor VideoPlus
ClassZone.com

STRATEGIES

Cuando lees
Think about legends Before reading, think of six to eight possible adjectives (in English) describing legends. What kind of legends have you read? Which have you liked best?

Cuando escuchas
Listen to participate While listening, imagine that you would like to join the conversation. What topics do you hear? If the conversation interests you, how can you join it?

VIDEO DVD

AUDIO

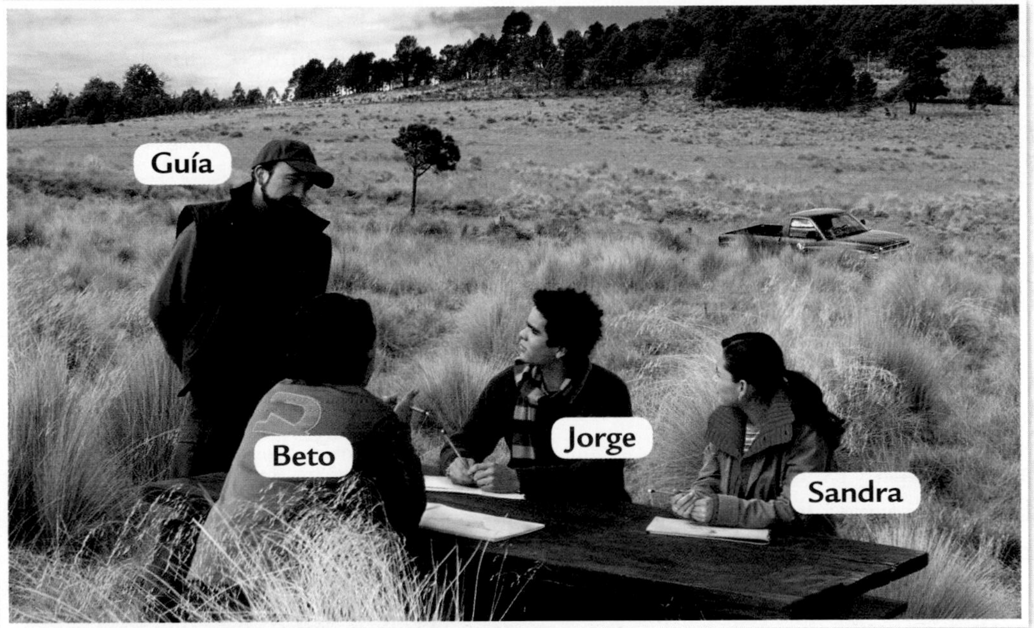

Beto, Jorge, and Sandra, sketching on drawing pads, are trying to think of ideas for an animated film.

Sandra: ¿Una leyenda cómica?

Jorge: No. Una leyenda sobre México. Sobre nuestra historia. No tiene que ser cómica.

Beto: ¿Conoces una leyenda mexicana?

Sandra: Hay una leyenda sobre aquellos volcanes, pero no la conozco.

Guía: *(walking up to the students)* Yo conozco esa leyenda. ¿Cómo están?

Sandra: ¿De veras?

Guía: Claro. Había una vez un emperador azteca. Su hija, la princesa, se llamaba Ixtaccíhuatl.

Jorge: ¿Ixta–Ixtacc–? Ay, ¡qué difícil! ¿Por qué no se llamaba María?

Continuará... p. 206

3 *Comprensión del episodio* La leyenda

Escuchar
Leer

Escoge la respuesta correcta. *(Choose the correct answer.)*

1. Jorge prefiere una leyenda ____ .
a. mexicana **b.** cómica **c.** divertida

2. Hay una leyenda sobre ____ .
a. un palacio **b.** dos princesas **c.** unos volcanes

3. La persona que conoce la leyenda es ____ .
a. Sandra **b.** Beto **c.** el guía del parque

4. La princesa de la leyenda se llamaba ____ .
a. María **b.** Ixtaccíhuatl **c.** Sandra

Nota gramatical

Adjectives that can be formed from verbs are called **past participles.** To form most **past participles,** drop the infinitive ending and add **-ado** for **-ar** verbs or **-ido** for **-er** and **-ir** verbs. They should agree in gender and number with the nouns they describe.

cerrar	La oficina está **cerrada.**	*The office is **closed.***
perder	Estamos **perdidos.**	*We're **lost.***
vestir	Carmen está bien **vestida** hoy.	*Carmen is well **dressed** today.*

If the verb is reflexive, drop the **se** from the infinitive. **peinarse** **peinado**

4 Descripciones

Escribir
Hablar

Describe lo que ves. Usa los verbos para formar los adjetivos en tu descripción. *(Describe what you see. Use the verbs to form adjectives.)*

cerrar	apagar
dormir	perder
enojarse	cansar
vestir	enamorarse

modelo: enojarse
El padre está enojado.

PARA Y PIENSA

Did you get it? Complete the sentences.
1. ¿Decoraste el pastel? Me encantan los pasteles ____ .
2. Yo prefiero esa leyenda. Es mi leyenda ____ .

Get Help Online
ClassZone.com

Presentación de GRAMÁTICA

¡AVANZA! **Goal:** Learn how to form the imperfect tense. Then use the imperfect to describe continuing activities in the past. ***Actividades 5–8***

¿Recuerdas? Expressions of frequency p. R8

English Grammar Connection: There are ways other than the simple past tense *(I studied)* to say that something happened. You can also say *I used to study* or *I was studying.* In Spanish, these ideas are expressed by the **imperfect tense.**

The Imperfect Tense

Animated Grammar
ClassZone.com

The **imperfect** is another past tense in Spanish. How do you use it?

Here's how: The **imperfect** is used to describe something that was not perfected or not completed in the past. You use it to . . .

- talk about something that was happening
- talk about something you used to do
- say how old someone was
- tell what time it was

Regular verbs in the **imperfect** take these endings:

	estar	hacer	salir
yo	**estaba**	**hacía**	**salía**
tú	**estabas**	**hacías**	**salías**
usted, él, ella	**estaba**	**hacía**	**salía**
nosotros(as)	**estábamos**	**hacíamos**	**salíamos**
vosotros(as)	**estabais**	**hacíais**	**salíais**
ustedes, ellos(as)	**estaban**	**hacían**	**salían**

*Note that the **yo** form and the **usted/él/ella** forms are the same.*

Él **estaba** aquí cuando yo **hacía** el pastel. *He **was** here when I **was making** the cake.*

Only three verbs are irregular in the **imperfect.**

ser	ir	ver
era	iba	veía
eras	ibas	veías
era	iba	veía
éramos	íbamos	veíamos
erais	ibais	veíais
eran	iban	veían

Cuando yo **era** niña, **íbamos** a la playa.
*When I **was** little, we **used to go** to the beach.*

Más práctica
Cuaderno *pp. 151–153*
Cuaderno para hispanohablantes *pp. 152–154*

@HomeTutor
Leveled Grammar Practice
ClassZone.com

Práctica de GRAMÁTICA

5 En el pasado

¿Recuerdas? Expressions of frequency p. R8

¿Recuerdas? Expressions of frequency p. R8

Hablar

Habla de lo que hacías cuando tenías ocho años. *(Talk about your childhood activities.)*

0% — 100%

nunca — de vez en cuando — mucho — todos los días/siempre

modelo: hablar

A: ¿Hablabas mucho cuando tenías ocho años?

B: Sí, hablaba siempre. (No, nunca hablaba.) ¿Y tú?

1. llorar
2. jugar
3. pelear
4. dormir
5. salir con amigos
6. ver películas
7. comer verduras

6 Mis libros favoritos

Leer
Escribir

Jorge habla de su niñez. Completa el párrafo con el imperfecto de los verbos. *(Complete the story about Jorge's childhood with the imperfect tense.)*

~~ser~~	ver	~~preferir~~
~~ir~~	~~estar~~	querer
sacar	~~contar~~	~~regresar~~
~~tener~~		

Cuando yo __**1.**__ cinco años, mi madre me __**2.**__ muchas leyendas. Mis favoritas __**3.**__ las leyendas aztecas porque yo __**4.**__ ser un guerrero valiente. Todos los sábados mi madre, mis hermanos y yo __**5.**__ a la biblioteca para sacar libros. Ellos __**6.**__ los libros cortos y fáciles pero yo siempre __**7.**__ las leyendas. A las seis, nosotros siempre __**8.**__ a casa. Mi madre siempre __**9.**__ contenta cuando nos __**10.**__ con muchos libros.

Comparación cultural

La preservación del pasado

¿Qué podemos aprender de los sitios arqueológicos? En San Juan Parangaricutiro, **México,** hay sólo *(only)* las ruinas de una iglesia porque el volcán Paricutín destruyó *(destroyed)* la ciudad. La erupción duró nueve años pero todos pudieron escapar. Un sitio importante en **Nicaragua** es las Huellas de Acahualinca. Allí puedes ver huellas *(footprints)* de más de 6000 años de un grupo de adultos y niños que caminaba a un lago. Las huellas fueron preservadas en barro *(mud)* y cenizas *(ashes)* volcánicas después de la erupción de un volcán.

Compara con tu mundo *¿Por qué son importantes los sitios arqueológicos? ¿Hay algunos en tu región?*

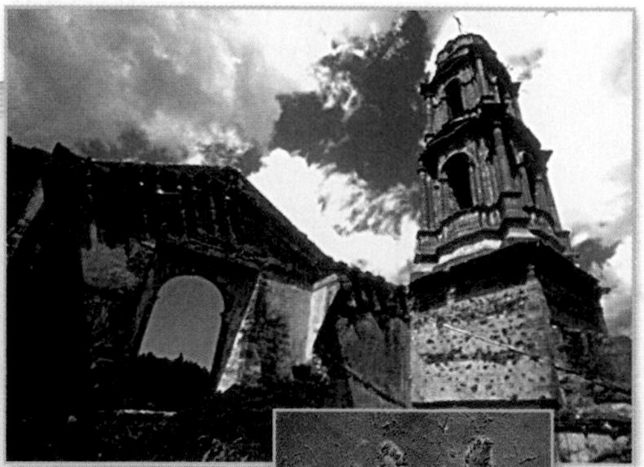

Las ruinas de la iglesia en San Juan Parangaricutiro

Algunas huellas de Acahualinca

7 Una leyenda

Escuchar
Escribir

Escucha la leyenda y contesta las preguntas. *(Listen and answer the questions.)*

1. ¿Dónde vivía la princesa?
2. ¿De quién estaba enamorada?
3. ¿Por qué no podían casarse?
4. ¿Cómo eran las batallas?
5. ¿Por qué lloraba la princesa?
6. ¿Adónde iba la princesa?
7. ¿Con quién hablaba allí? ¿Para qué?
8. ¿Qué pasó después de la guerra?

8 Así era mi vida

Hablar
Escribir

Imagina que ya eres abuelo(a). Contesta las preguntas de tus nietos.
(Imagine that you are a grandparent. Answer your grandchildren's questions.)

1. ¿Dónde vivías cuando eras joven?
2. ¿Cómo era tu casa o apartamento?
3. ¿A qué hora te levantabas los días de clase?
4. ¿Qué hacías después de las clases? ¿Estudiabas mucho?
5. ¿Qué música escuchabas? ¿Qué deportes practicabas?
6. ¿Qué hacías los fines de semana? ¿Durante las vacaciones?

Expansión
Prepare three more questions your grandchildren might ask you, and answer them.

AUDIO

Pronunciación El sonido r y rr

The Spanish **r** in the middle or at the end of a word is pronounced with a single tap of the tongue against the roof of your mouth. It sounds similar to the *d* of the English word *buddy.* Listen to and repeat these words.

emperador **hermoso** **morir** **heroína** **querido** **pero**

The letter **r** at the beginning of a word and the double **rr** within a word is pronounced with several rapid taps of the tongue, or a trill. Listen and repeat.

guerra **narración** **pizarrón** **Ramón** **rayas** **perro**

Los guerreros no quieren pelear en esta batalla.
El emperador está enamorado de la princesa Rafaela.

Más práctica Cuaderno *pp. 151–153* Cuaderno para hispanohablantes *pp. 152–154*

PARA Y PIENSA

Did you get it? Give the imperfect forms:

1. Mis hermanos _____ (pelear).
2. Nosotros _____ (dormir).
3. Tú nunca _____ (ir) al cine.
4. Yo _____ (leer) mucho.

Get Help Online
ClassZone.com

GRAMÁTICA en contexto

¡AVANZA! **Goal:** Listen to the park ranger describe the characters in a legend that happened long ago. Then describe events and people in the past.
Actividades 9–11

¿Recuerdas? Weather expressions p. R8

Telehistoria escena 2

@HomeTutor VideoPlus
ClassZone.com

VIDEO DVD

AUDIO

STRATEGIES

Cuando lees
Compare expectations As you read, compare Jorge's expectations about Popo's future with the emperor's. How do they compare with yours?

Cuando escuchas
Listen for tenses Listen to the park ranger. Which tenses does he use? When does he change tenses? Consider whether you change tenses when telling stories in English.

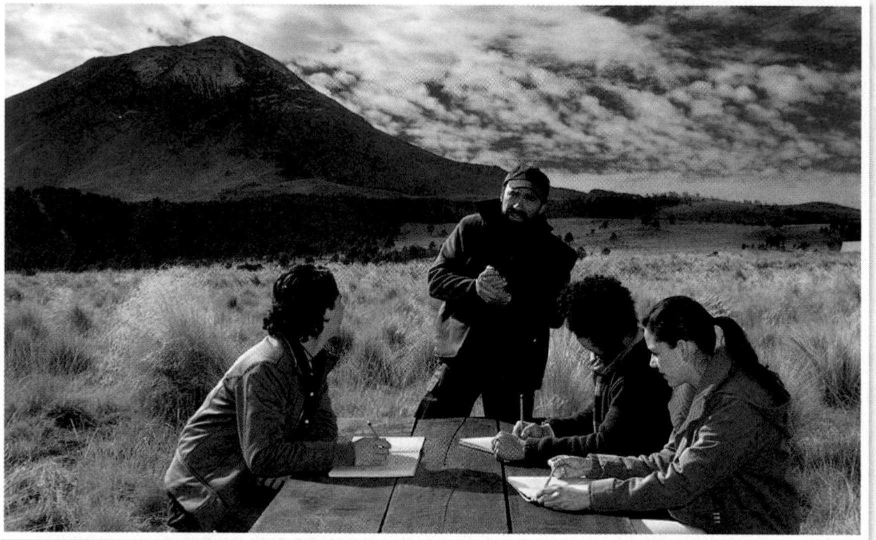

Guía: La princesa Ixtaccíhuatl—bueno, mejor vamos a llamarla Ixta—era muy hermosa, y muchos hombres estaban enamorados de ella.

Sandra: Ixta, la heroína.

Guía: Popocatépetl—bueno, mejor vamos a llamarlo Popo.

Sandra: Ah...sí...¡los nombres de los volcanes!

Guía: ¡Exactamente! Popo era un guerrero valiente del emperador y un día llevó a su ejército a una guerra contra el enemigo.

Beto: ¿Cómo? ¿El emperador no era valiente? ¿Por qué no quería pelear él?

Guía: Él peleó en muchas batallas, pero ya era muy viejo. El emperador le dijo: «Para casarte con mi hija, debes ser valiente en la batalla y ganar la guerra».

Jorge: ¿Qué? ¿Casarse así? ¿Sin dinero? ¿Sin oro?

Guía: Popocatépetl estaba enamorado de Ixtaccíhuatl, y ella estaba enamorada de él. Cuando Popo se fue a la batalla, la princesa Ixta estaba triste y lloró. Popo tenía que regresar para casarse con ella.

Jorge: ¡Ay! ¡Mujeres!

Continuará... p. 211

9 *Comprensión del episodio* ¿Quién era?

Escuchar
Leer

Empareja la descripción con el personaje. Responde con oraciones completas. *(Match and answer in complete sentences.)*

1. Era muy viejo.
2. Llevó al ejército a una guerra.
3. Era la heroína.
4. Estaban enamorados.
5. Era valiente.
6. Estaba triste y lloró.
7. Son los nombres de dos volcanes.
8. Tenía que regresar de la batalla para casarse.

10 Eran las nueve

Hablar

¡Hubo un crimen anoche a las nueve! Uno(a) de ustedes es un(a) detective de policía. Pregúntales a los otros sobre sus actividades. *(One of you is a police detective solving a crime. Ask your classmates about where they were last night at 9:00 and what they were doing.)*

A ¿Dónde estaban anoche a las nueve?

¿Y qué hacían? ¿Con quiénes estaban?...

B Yo estaba en casa.

C Yo estaba en el cine.

Expansión
Take notes as the students in your group speak, then write sentences telling what each was doing.

11 ¡Qué misterioso!

¿Recuerdas? Weather expressions p. R8

Escribir

Escribe el primer párrafo de una leyenda llena de misterio. Incluye una descripción del ambiente y de los personajes. *(Write the first paragraph of a legend. Include a description of the setting and the characters.)*

modelo: Era una noche muy fría. Hacía mucho, mucho viento. Eran las once de la noche y todos dormían. No, no todos. Un guerrero corría por las calles. ¿Por qué? ¿Adónde iba?...

PARA Y PIENSA

Did you get it? Change these sentences from present to imperfect:

1. El enemigo tiene celos.
2. La princesa llora mucho.
3. El emperador es valiente.
4. Los guerreros pelean.

Get Help Online
ClassZone.com

Presentación de GRAMÁTICA

¡AVANZA! **Goal:** Learn the differences between the preterite and imperfect tenses. Then use both to narrate past events. ***Actividades 12–15***

¿Recuerdas? Daily activities pp. 10, R9

English Grammar Connection: English has only one simple tense to describe events that happened in the past. Spanish uses two past tenses: the **preterite** and the **imperfect.**

Preterite and Imperfect

Animated Grammar ClassZone.com

You have learned two verb forms used for the past tense: the **preterite** and the **imperfect.** How do you know when to use each one?

Here's how: Decide whether an action had a specific beginning and ending. Use the **preterite** if the action started and ended at a definite time.

La guerra **empezó** en 1846.
*The war **began** in 1846.*

Santa Ana **fue** presidente de México.
*Santa Ana **was** the president of Mexico.*

Use the **imperfect** to talk about past actions without saying when they began or ended.

Los guerreros no **tenían** miedo del enemigo.
*The warriors **were not afraid** of the enemy.*

El ejército **peleaba** valientemente.
*The army **fought** bravely.*

You can apply both tenses to talk about two overlapping events.

- the **preterite** for the action that occurred
- the **imperfect** for what was going on at the time

Cuando la guerra **terminó,** Santa Ana **era** presidente de México.
*When the war **ended,** Santa Ana **was** president of Mexico.*

Note that you use the preterite of **ser** (**fue**) to say that Santa Ana was *once* president of Mexico, but you use the imperfect of **ser** (**era**) to say that Santa Ana was president during an unspecified time.

Más práctica
Cuaderno *pp.154–156*
Cuaderno para hispanohablantes *pp.155–158*

@HomeTutor
Leveled Grammar Practice
ClassZone.com

Práctica de GRAMÁTICA

12 ¡Los enemigos llegaron!

Hablar
Escribir

Indica qué hacían estas personas cuando los enemigos llegaron. *(Tell what people were doing when the enemy arrived.)*

modelo: el emperador: regresar al palacio / los enemigos: llegar
El emperador **regresaba** al palacio cuando los enemigos **llegaron.**

1. el héroe: mirar por la ventana / el ejército: llegar
2. los jóvenes: bailar / la música: terminar
3. el guerrero: entrenarse para la batalla / el emperador: llamarlo
4. la princesa: dormir / su mamá: despertarla
5. las mujeres: preparar comida / los enemigos: entrar en el palacio
6. los guerreros: salir del palacio / la batalla: empezar

13 Un día diferente

¿**Recuerdas?** Daily activities pp. 10, R9

Hablar
Escribir

Un sábado del verano pasado, muchas personas cambiaron sus rutinas para ir a una fiesta especial. Describe lo que hacían normalmente y lo que no hicieron ese día. *(Describe what people used to do regularly last summer but didn't do the day of the party.)*

modelo: yo
Ese verano yo **leía** todos los sábados, pero el día de la fiesta no **leí.**

1. tú

2. Jorge y yo

3. yo

4. Sandra y Clara

5. Isabel

6. mis padres

Expansión
Describe two summer activities you used to do regularly. Then, describe two that you only did once.

14 ¡El misterio continúa!

Escribir

Regresa al párrafo que escribiste para la actividad 11. Escribe un segundo párrafo de cuatro a siete oraciones para describir lo que pasó después. *(Continue the story you began in Activity 11. Write a second paragraph of four to seven sentences to describe the actions that took place next.)*

modelo: Cuando el guerrero llegó a una casa, llamó a la puerta. Dentro de la casa una persona encendió la luz y...

Expansión
Exchange paragraphs with a partner and write a fun ending for their story.

15 Una historia

Leer
Escribir

Comparación cultural

El artista y su comunidad

¿Cómo representan los artistas su comunidad? Muchas de las pinturas del artista Rodolfo Morales reflejan *(reflect)* sus memorias de la niñez *(childhood)* y la vida en Ocotlán, un pueblo *(town)* cerca de Oaxaca, **México.** La comunidad era muy importante para Morales y él creó *(created)* una fundación para los jóvenes de su pueblo. También ayudó a preservar la naturaleza y la arquitectura de su comunidad, plantando árboles y restaurando *(restoring)* edificios históricos. En esta pintura, una chica con una bandera *(flag)* mexicana juega con su perro.

Compara con tu mundo *¿Te gustaría pintar una representación de tu comunidad? ¿Cómo?*

Niña con bandera *(1997)*, *Rodolfo Morales*

Describe un día de tu niñez, usando el pretérito y el imperfecto. *(Describe a day in your childhood.)*

modelo: Cuando era joven, tenía un perro. Yo jugaba mucho con él. Un día, mi perro vio un gato y salió de la casa...

Más práctica Cuaderno *pp. 154–156* Cuaderno para hispanohablantes *pp. 155–158*

PARA Y PIENSA

Did you get it? Can you decide which verb form is correct in the following statements?

1. Mi prima se (casaba/casó) el año pasado.
2. Cuando yo (era/fui) muy joven, mi mamá me (contaba/contó) leyendas todas las noches.

Get Help Online
ClassZone.com

Todo junto

¡AVANZA! **Goal:** ***Show what you know*** Listen to the ending of the legend and to Sandra and Jorge's reactions. Then retell a story from your past and create a legend of your own. ***Actividades 16–20***

Telehistoria completa

@HomeTutor VideoPlus
ClassZone.com

STRATEGIES

Cuando lees
Connect with the emotions As you read, connect with the emotions of the warriors and princess. Also connect with Jorge's reactions. List at least five expressions that reveal emotions.

Cuando escuchas
Make two kinds of pictures While listening, make a mental picture of all the characters in the legend. Afterwards draw or sketch these characters to use to write a description.

Escena 1 ***Resumen***
Sandra, Jorge y Beto piensan en unas leyendas para su película. Un guía del parque empieza a contarles una leyenda sobre dos volcanes.

Escena 2 ***Resumen***
El guía habla de la princesa Ixtaccíhuatl y Popocatépetl. Popo quería casarse con Ixta, pero primero tenía que ganar la guerra para el padre de Ixta, el emperador.

Escena 3

VIDEO DVD

AUDIO

Guía: Popo fue muy valiente y ganó la guerra. Pero otro guerrero tenía celos de Popo y regresó al palacio primero diciendo que Popo murió en la guerra.

Jorge: ¿Por qué hizo eso?

Guía: Porque él también estaba enamorado de la princesa.

Jorge: ¡Qué horror!

Guía: La princesa Ixta estaba tan triste que murió.

Jorge: ¡No puede ser!

Guía: Cuando Popo volvió al palacio encontró a la princesa. La llevó a la montaña más alta, donde los dioses transformaron al guerrero y a su princesa en dos volcanes, uno al lado del otro. Ixta está tranquila pero a menudo Popo se despierta y llora por ella. Y ésa es la leyenda de estos dos volcanes.

Sandra: ¡Qué hermosa leyenda!

Jorge: *(wiping his eyes)* Creo que debemos hacer una leyenda cómica.

16 *Comprensión de los episodios* ¡A corregir!

Escuchar
Leer

Corrige los errores en estas oraciones. *(Correct the errors.)*

modelo: El enemigo peleó valientemente.
Popo peleó valientemente.

1. Popo perdió la guerra.
2. El emperador tenía celos de Popo.
3. Tres guerreros querían casarse con Ixta.
4. La princesa estaba tan contenta que murió.
5. Popo llevó a la princesa al palacio.
6. Los dioses transformaron a Ixta y a Popo en dos emperadores.

17 *Comprensión de los episodios* El final

Escuchar
Leer

Contesta las preguntas. *(Answer the questions.)*

1 ¿Quién les contó la leyenda a los chicos?
2. ¿Cómo eran los personajes de la leyenda?
3. ¿Quiénes estaban enamorados?
4. ¿Quién tenía celos de Popo y qué hizo?
5. ¿Por qué no se casaron Ixta y Popo?
6. ¿Qué pasó al final del cuento? ¿Qué hace Jorge?

18 ¡Qué pena!

Hablar

STRATEGY Hablar

Review and play with words Return to the emotion expressions you listed from the *Telehistoria completa.* Review your list with your partners, and add to it. Play creatively with these words in your dialog. For example: Use contradictory emotions in one sentence.

Describe una experiencia difícil que tuviste. Tus compañeros van a reaccionar con las siguientes expresiones. Cada persona tiene que contar una experiencia. *(Describe a difficult experience you had, and listen to your classmates' reactions.)*

A Cuando tenía seis años, tuve que abordar un avión por primera vez. Yo no quería ir porque tenía mucho miedo de los aviones.

B ¡Uy!

A Empecé a llorar en el aeropuerto y no quise darle la tarjeta de embarque a la auxiliar de vuelo...

C ¡Qué horrible!

¡Qué malo!
¡Ay, por favor!
¡Qué difícil!
¡Qué triste!
¡Qué horrible!
¡Uy!

19 Integración

Leer
Escuchar
Hablar

Lee la pequeña historia y escucha el cuento. Describe lo que aprendes sobre Cortés y Moctezuma. *(Read and listen to the stories. Retell what you learned.)*

Fuente 1 Caja de chocolate

Cuando el capitán español Hernán Cortés llegó a México en 1519, Moctezuma II era el emperador de los aztecas.
Moctezuma pensó que Cortés era el dios Quetzalcóatl. Le ofreció chocolate, la bebida preferida en los palacios. Los españoles no conocían el chocolate, pero les encantó y luego lo llevaron a España.
Hoy no hay que ser emperador azteca o capitán español para beber el chocolate. Hoy simplemente tienes que comprar Chocolate Azteca: ¡la bebida de los dioses en tu mesa!
CHOCOLATE AZTECA

Fuente 2 Cuento mexicano

Listen and take notes
- ¿Quién era Quetzalcóatl?
- ¿Por qué pensó Moctezuma que Cortés era Quetzalcóatl?
- ¿Qué le dio Moctezuma a Cortés?

modelo: Hernán Cortés era un capitán español. Llegó a Veracruz en 1519...

20 Había una vez...

Escribir

Escribe una leyenda con un héroe, una heroína y un(a) enemigo(a). Describe el ambiente, los personajes, las acciones y la conclusión. Escribe de diez a quince oraciones. *(Write a legend with a hero, heroine, and enemy. Describe the setting, characters, actions, and conclusion.)*

modelo: Había una vez dos jóvenes. Él era muy trabajador y ella era muy inteligente. Un día salieron con sus familias a caminar...

Writing Criteria	Excellent	Good	Needs Work
Content	Your legend includes both verb tenses, three characters, and a fully developed plot.	Your legend includes both verb tenses, three characters, and a somewhat developed plot.	Your legend lacks one or the other verb tense, characters, or plot development.
Communication	Most of your legend is organized and easy to follow.	Parts of your legend are organized and easy to follow.	Your legend is disorganized and hard to follow.
Accuracy	Your legend has few mistakes in grammar and vocabulary.	Your legend has some mistakes in grammar and vocabulary.	Your legend has many mistakes in grammar and vocabulary.

Expansión
Illustrate your legend and read it to your classmates.

Más práctica Cuaderno *pp. 157–158* Cuaderno para hispanohablantes *pp. 159–160*

PARA Y PIENSA

Did you get it? Describe: **1.** something that happened to you last year **2.** something you used to do as a kid **3.** your favorite legend or story

Get Help Online
ClassZone.com

Lectura

¡AVANZA! **Goal:** Read a Mexican legend that explains the origin of fire and why the tail of an opossum is bare. Then discuss the story and other stories you know that explain natural phenomena.

AUDIO

Una leyenda mazateca: El fuego y el tlacuache

STRATEGY Leer

Use arrows to track the storyline To track the storyline, write each event on a separate arrow, showing how one event leads to the next. Add as many arrows as you need.

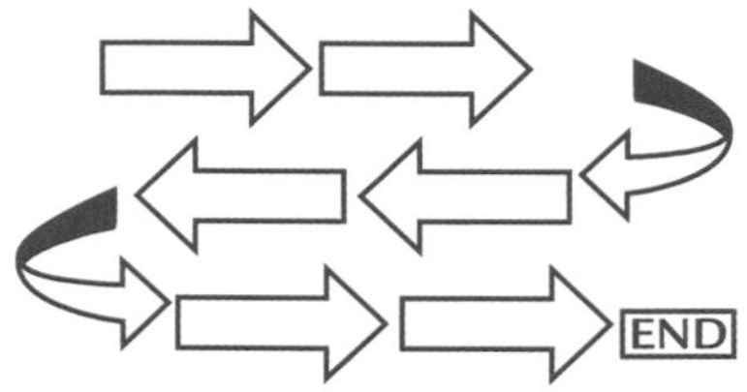

Hay muchas versiones de la leyenda sobre los orígenes del fuego[1]. *Ésta es la que cuentan los mazatecas que viven en la región norte de Oaxaca.*

Hace muchos siglos, en el principio de los tiempos, las personas no conocían el fuego. Un día una piedra[2] en llamas[3] se cayó[4] de una estrella[5]. Todos tenían miedo de acercarse[6]. Pero una mujer vieja se acercó y se llevó el fuego para su casa en una rama[7] seca. Luego la piedra se apagó y los mazatecas se fueron a sus casas.

Pasaban los días y las personas que vivían cerca de la mujer vieja veían que el fuego era bueno y útil. La mujer lo usaba para cocinar la comida y para dar luz y calor. Pero ella no era muy simpática y no le gustaba compartir. Cuando los mazatecas le pedían un poco de fuego, siempre les decía que no.

Un día llegó un tlacuache[8] inteligente y les dijo a los mazatecas que él podía traerles el fuego. Los mazatecas pensaban que eso era imposible. Si ellos no lo podían hacer, ¿cómo lo iba a hacer ese pequeño

[1] fire [2] stone [3] flames [4] **se...** fell [5] star
[6] to approach [7] branch [8] opossum

animal? Pero el tlacuache insistió en que él lo podía hacer y que les iba a dar el fuego a todos.

El tlacuache fue una noche a la casa de la vieja y vio que ella descansaba delante de un gran fuego.

—Buenas tardes, señora —dijo el tlacuache—. ¡Ay, qué frío hace! Con su permiso, me gustaría estar un rato al lado del fuego.

La vieja sabía que sí hacía un frío terrible, y le permitió al tlacuache acercarse al fuego. En ese momento el tlacuache puso su cola[9] directamente en el fuego y luego salió corriendo de la casa con la cola en llamas para darle el fuego a todas las personas de la región.

Y es por eso que los tlacuaches tienen las colas peladas[10].

---

[9] tail   [10] hairless

PARA Y PIENSA

¿Comprendiste?

1. ¿Quiénes son los mazatecas?
2. ¿Quería la mujer vieja darles fuego a los otros? ¿Por qué? ¿Para qué usaba ella el fuego?
3. ¿Cómo pudo entrar el tlacuache a la casa de la vieja? ¿Qué le dijo?
4. ¿Por qué tienen los tlacuaches las colas sin pelo?

¿Y tú?

¿Conoces algunas leyendas que explican fenómenos naturales? ¿Cuáles?

Conexiones *Las ciencias sociales*

La bandera mexicana

El símbolo en el centro de la bandera *(flag)* mexicana ilustra *(illustrates)* una leyenda sobre los orígenes de Tenochtitlán, la capital de la civilización azteca. Dice la leyenda que los aztecas debían construir una gran ciudad donde vieran *(they saw)* un águila *(eagle)* que comía una serpiente *(snake)* encima de un nopal *(prickly pear cactus)*. Cuando los aztecas llegaron al lago *(lake)* Texcoco, vieron ese símbolo y decidieron *(they decided)* construir Tenochtitlán sobre el lago.

Escribe una composición sobre este símbolo. ¿Qué piensas de los imágenes *(images)*? Compara el águila de la bandera mexicana al águila de Estados Unidos. ¿Qué tipos de águilas son? ¿Qué calidades o ideas representan? ¿Cómo son similares o diferentes?

El símbolo de la bandera mexicana

Proyecto 1 *El lenguaje*

Muchos lugares en México todavía tienen nombres en nahuatl (el lenguaje de los aztecas). Combina estas palabras con el sufijo *(suffix)* **-tlán,** que quiere decir **lugar de,** para escribir nombres de lugares: coatl *(snake)*, cihuatl *(woman)*, mazatl *(deer)* y tototl *(bird)*. Luego, escribe el significado de los lugares. Sigue el modelo:

acatl *(reed)* + -tlán = Acatlán *(place of reeds)*

Proyecto 2 *Las ciencias*

Los aztecas llegaron al lago Texcoco en 1325. Cuando los españoles llegaron en 1519, 400.000 personas vivían en Tenochtitlán. Investiga y escribe sobre los métodos que usaron los aztecas para construir una ciudad sobre un lago y cómo ha cambiado *(has changed)* el lago con el tiempo.

Proyecto 3 *La salud*

Cuando México ganó la independencia de España en 1821, unas monjas *(nuns)* inventaron los chiles en nogada. Los ingredientes del plato representan los colores de la bandera: el chile y el perejil *(parsley)* son verdes, la salsa es blanca y las semillas de granada *(pomegranate seeds)* son rojas. Busca una receta *(recipe)* para este plato. Escribe una composición sobre los ingredientes y cómo afectan a la salud.

Los chiles en nogada

Lección 1

En resumen

Vocabulario y gramática

Animated Grammar
Interactive Flashcards
ClassZone.com

Vocabulario

Talk About a Legend

Characters

el (la) dios(a)	*god / goddess*	el héroe	*hero*
el ejército	*army*	la heroína	*heroine*
el emperador	*emperor*	el (la) joven	*young man / woman*
el (la) enemigo(a)	*enemy*		
el (la) guerrero(a)	*warrior*	la princesa	*princess*

Places

la montaña	*mountain*
el palacio	*palace*
el volcán	*volcano*

Events

la batalla	*battle*	llorar	*to cry*
la guerra	*war*	morir (ue)	*to die*
casarse	*to get married*	pelear	*to fight*
contar (ue)	*to tell (a story)*	regresar	*to return*
llevar	*to take; to carry*	transformar	*to transform*

Parts of a Legend

la leyenda	*legend*
el mensaje	*lesson; message*
la narración	*narration*
el personaje	*character*

Descriptions

azteca	*Aztec*	histórico(a)	*historic; historical*
estar enamorado(a) (de)	*to be in love (with)*	querido(a)	*beloved*
		los celos	*jealousy*
		tener celos	*to be jealous*
hermoso(a)	*handsome; pretty*	valiente	*brave*
heroico(a)	*heroic*		

Narrate Past Events

Había una vez...	*Once upon a time there was / were . . .*
Hace muchos siglos...	*Many centuries ago . . .*
sobre	*about*

Gramática

Nota gramatical: Past participles as adjectives *p. 202*

The Imperfect Tense

The **imperfect** is used to describe something that was not perfected or not completed in the past. Regular verbs in the **imperfect** take these endings:

estar	hacer	salir
estaba	**hacía**	**salía**
estabas	**hacías**	**salías**
estaba	**hacía**	**salía**
estábamos	**hacíamos**	**salíamos**
estabais	**hacíais**	**salíais**
estaban	**hacían**	**salían**

Preterite and Imperfect

Use the **preterite** if the action started and ended at a definite time.

La guerra **empezó** en 1846.
*The war **began** in 1846.*

Use the **imperfect** to talk about past actions without saying when they began or ended.

Los guerreros no **tenían** miedo del enemigo.
*The warriors **were not afraid** of the enemy.*

You can apply both tenses to talk about two overlapping events.

Cuando la guerra **terminó,** Santa Ana **era** presidente de México.
*When the war **ended,** Santa Ana **was** president of Mexico.*

Lección 1

Repaso de la lección

¡LLEGADA!

@HomeTutor
ClassZone.com

Now you can
- describe continuing activities in the past
- narrate past events and activities
- describe people, places, and things

Using
- past participles as adjectives
- the imperfect tense
- preterite and imperfect

To review
- preterite and imperfect, p. 208

1 Listen and understand

AUDIO

Escucha la descripción de las actividades de Gregorio y Andrés. Haz una copia de la tabla para escribir lo que quería hacer Gregorio o Andrés y lo que ellos hicieron al final. Usa el imperfecto o el preterito. *(Create a Venn diagram comparing and contrasting Gregorio and Andrés. Use the imperfect and the preterite to fill in the diagram)*

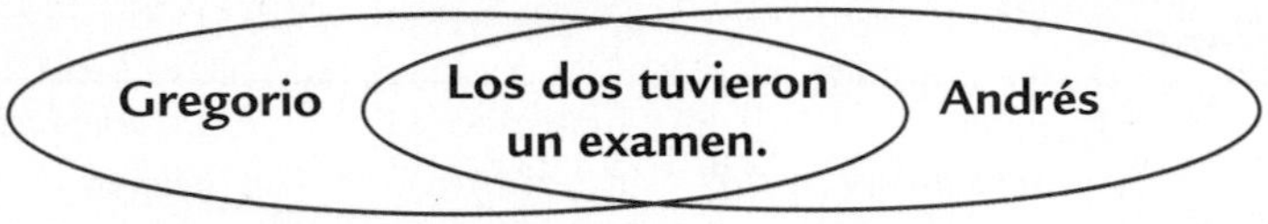

Pistas: tener un examen, querer estudiar en la biblioteca, preferir estudiar en la casa, (no) querer escuchar música, (preferir) sentarse en la mesa, sentarse en el sofá, estudiar con el libro, usar los apuntes, sacar una buena/mala nota, estudiar o jugar al fútbol

To review
- the imperfect tense, p. 203

2 Describe continuing activities in the past

Usa los dibujos para describir las rutinas de la familia de Norma cuando era jóven. *(Describe the routines of Norma's family, when she was younger)*

modelo: yo
Me levantaba a las siete.

1. papá

2. yo

3. mis hermanos y yo

4. mis padres

5. mis hermanos

6. nosotros

To review
- past participles as adjectives, p. 202

3 Describe what people and things are like

Describe a las personas y los objetos con adjectivos formados de los verbos de la lista. *(Describe the people and things using the verbs to make adjectives.)*

pintar	perder	preparar	querer	casar	cansar

modelo: El ejército va a la batalla con todo lo necesario. El ejército está **preparado.**

1. El emperador se casó hace un mes. Ahora es un hombre ____ .
2. El ejército va a perder otra batalla. Ésta es una guerra ____ .
3. Prepararon la sopa con queso. Es una sopa ____ con queso.
4. Pintaron la escultura a mano. Es una escultura ____ a mano.
5. Los guerreros hicieron ejercicio todo el día. Ahora están ____ .
6. El héroe está enamorado de la princesa. Es su princesa ____ .

To review
- preterite and imperfect, p. 208

4 Narrate past events

Escribe las formas de los verbos en el imperfecto o pretérito para describir una leyenda. *(Complete the sentences with the preterite and imperfect verb forms.)*

Había una vez en un palacio una princesa que **1.** (vivir) con su padre, el emperador. La princesa **2.** (querer) casarse con Carlos, pero él no **3.** (tener) dinero. El emperador **4.** (ver) que su hija **5.** (estar) enamorada del joven. El emperador **6.** (estar) enojado y **7.** (ir) a la casa de Carlos. Cuando el emperador **8.** (llegar), Carlos y un enemigo del emperador **9.** (estar) peleando y Carlos **10.** (ganar). El joven **11.** (ser) un heroe y el emperador le **12.** (dar) permiso para casarse con su hija. El próximo mes, la princesa y Carlos **13.** (casarse).

To review
- El Zócalo, p. 195
- Comparación cultural, pp. 204, 210
- Lectura, pp. 214–215

5 Mexico and Nicaragua

Comparación cultural

Contesta estas preguntas culturales. *(Answer these culture questions.)*

1. ¿Qué día celebran los mexicanos en el Zócalo? ¿Cuándo es?
2. ¿Qué hay en San Juan Parangaricutiro, México? ¿De quiénes son las Huellas de Acahualinca?
3. ¿Qué era muy importante para el artista mexicano Rodolfo Morales?
4. En la leyenda mazateca, ¿quién le trajo el fuego a los mazatecas?

Más práctica Cuaderno *pp. 159–170* Cuaderno para hispanohablantes *pp. 161–170*

Get Help Online
ClassZone.com

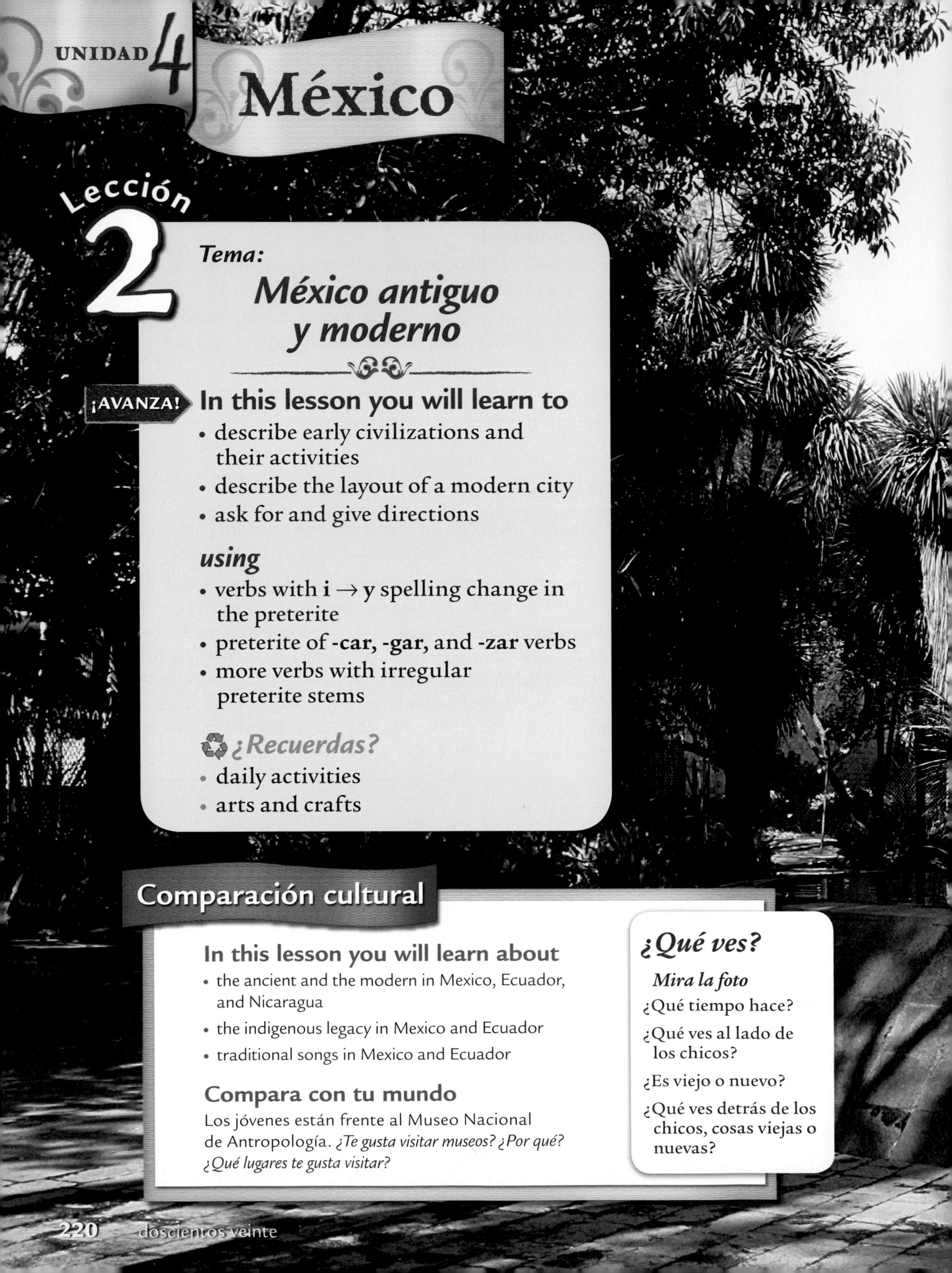

UNIDAD 4

México

Lección 2

Tema:

México antiguo y moderno

¡AVANZA! **In this lesson you will learn to**

- describe early civilizations and their activities
- describe the layout of a modern city
- ask for and give directions

using

- verbs with **i** → **y** spelling change in the preterite
- preterite of **-car, -gar,** and **-zar** verbs
- more verbs with irregular preterite stems

¿Recuerdas?

- daily activities
- arts and crafts

Comparación cultural

In this lesson you will learn about

- the ancient and the modern in Mexico, Ecuador, and Nicaragua
- the indigenous legacy in Mexico and Ecuador
- traditional songs in Mexico and Ecuador

Compara con tu mundo

Los jóvenes están frente al Museo Nacional de Antropología. *¿Te gusta visitar museos? ¿Por qué? ¿Qué lugares te gusta visitar?*

¿Qué ves?

Mira la foto

¿Qué tiempo hace?

¿Qué ves al lado de los chicos?

¿Es viejo o nuevo?

¿Qué ves detrás de los chicos, cosas viejas o nuevas?

Online SPANISH CLASSZONE.COM

Featuring...

- Cultura INTERACTIVA
- Animated Grammar
- @HomeTutor

And more...

- Get Help Online
- Interactive Flashcards
- Review Games
- WebQuest
- Self-Check Quiz

El Museo Nacional de Antropología
México, Distrito Federal

Presentación de VOCABULARIO

¡AVANZA! **Goal:** Learn words to discuss early civilizations and modern cities. Then use what you have learned to talk about cities, both ancient and modern. ***Actividades 1–2***

VIDEO DVD

AUDIO

A En México encontramos lo **antiguo** y lo **moderno.** Vemos lo antiguo en **las ruinas** de diferentes **civilizaciones.** Puedes conocer **los templos, las pirámides** y otros **monumentos** a los dioses de **religiones antiguas.**

la estatua

la pirámide

el calendario azteca

las herramientas

B En **las excavaciones** de las ruinas encontramos **objetos** de estas civilizaciones antiguas. Sabemos que ellos usaron **herramientas** y eran **agricultores.** Practicaban **la agricultura** y también **cazaban** animales para su comida. Usaban **un calendario** para contar los días del año.

la excavación

las ruinas toltecas

C El México moderno es **avanzado.** En **la Ciudad** de México puedes ver **edificios** nuevos, como este **rascacielos** o esta **catedral.**

el rascacielos

la catedral

Más vocabulario

la acera *sidewalk*
la cuadra *city block*
la tumba *tomb*
construir *to build*
desde *from*
(en) la esquina *(on) the corner*
entre *between*
frente a *across from*
hasta *to; until*

Expansión de vocabulario p. R9
Ya sabes p. R9

D ¿**Cómo llegas** a los lugares importantes? La mejor manera de conocer esta ciudad es visitar sus **barrios** y **plazas.** Camina por **las avenidas** o toma el metro o un autobús. Lo antiguo y lo moderno están delante de ti.

el semáforo

cruzar

doblar a la derecha

doblar a la izquierda

seguir derecho

¡A responder! Escuchar

Escucha esta lista de palabras. Levanta la mano derecha si lo encuentras en una ruina. Levanta la mano izquierda si lo encuentras en una ciudad moderna. *(Raise your right hand if the word you hear is found in ancient ruins; raise your left if it is found in a modern city.)*

@HomeTutor VideoPlus
Interactive Flashcards
ClassZone.com

Práctica de VOCABULARIO

1 ¿Cuál es?

Leer Escribir

Identifica la palabra o la frase que no pertenece al grupo. *(Tell which word or phrase doesn't belong in the group.)*

modelo: el monumento, la estatua, el semáforo, la tumba
el semáforo

1. la plaza, el objeto, la ciudad, la avenida
2. la acera, el barrio, la cuadra, el calendario
3. cazar, cruzar, seguir derecho, doblar a la izquierda
4. la civilización antigua, las ruinas toltecas, el rascacielos, la excavación
5. la agricultura, la herramienta, la pirámide, el agricultor
6. el templo, construir, la religión, la catedral

2 ¿Dónde queda?

Escribir

Mira el mapa y di el nombre del lugar o del objeto según la descripción. *(Look at the map and tell the name of the place or object being described.)*

modelo: Está en la esquina de la calle María y la avenida Sombra.
Es el semáforo.

1. Está entre el café y el museo, frente a la plaza.
2. Está en el centro de la plaza.
3. Este edificio está en la esquina de la avenida Sol y la calle María.
4. Si sales del templo y doblas a la derecha, llegas a esta calle.
5. Desde el semáforo debes seguir derecho por toda la avenida Sombra hasta llegar allí.
6. Si estás en la plaza, cruzas la avenida Sol. Está en el centro de la cuadra.

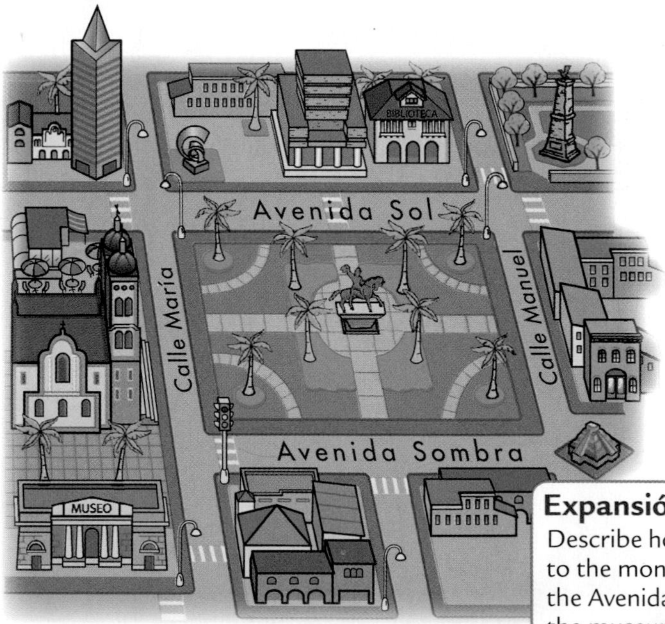

Expansión
Describe how to get to the monument on the Avenida Sol from the museum.

Más práctica Cuaderno *pp. 171–173* Cuaderno para hispanohablantes *pp. 171–174*

PARA Y PIENSA

Did you get it? How many words can you say from memory . . . ?
1. about ancient civilizations 2. about modern cities

Get Help Online
ClassZone.com

VOCABULARIO en contexto

¡AVANZA! **Goal:** Listen to Sandra, Jorge, and Beto as they ask for directions to get to the ruins in Tula. Then talk about objects you would find in an ancient site. ***Actividades 3–4***

Telehistoria escena 1

@HomeTutor VideoPlus
ClassZone.com

STRATEGIES

Cuando lees
Analyze the journey Try to visualize the woman's directions, or draw a map. Where do the teenagers first want to go? Why? Where do they want to go afterwards? Do you think they will get there?

Cuando escuchas
Look while you listen While listening, look at the woman's and the teenagers' gestures for giving and receiving directions. How do they help you understand? Do you use similar gestures?

VIDEO DVD

AUDIO

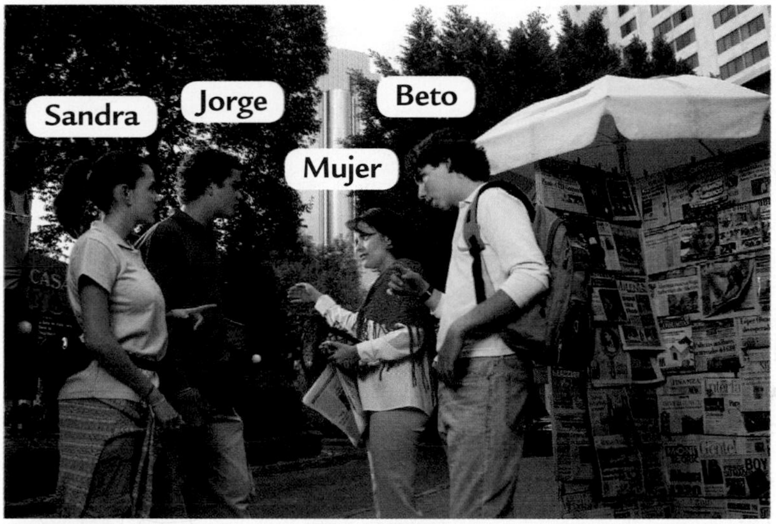

Beto: *(out of breath)* Perdón, ¿está el cine Diana en este barrio?

Mujer: *(pointing)* Sí. Cerca de ese rascacielos.

Jorge: ¿Cómo llegamos allí? ¿Seguimos derecho?

Mujer: Deben doblar a la izquierda y caminar dos cuadras. Después doblan a la derecha y van hasta el siguiente semáforo. El cine está en la esquina. Pero ¿está cerrado?

Sandra: No vamos al cine, vamos a la parada de autobuses frente al cine. Vamos para Tula.

Mujer: ¡A Tula! ¿A ver las ruinas? ¿Es para el colegio?

Jorge: No, no. Hace unos días que filmamos una película sobre leyendas mexicanas, y ahora queremos saber más sobre la historia de México.

Mujer: ¡Fantástico! ¿A qué hora sale el autobús?

Sandra: Muy pronto. ¡Gracias! *(To the boys, who are going the wrong way.)* ¡A la izquierda!

Continuará... p. 230

También se dice

México A woman says to the teens that their plans are **¡Fantástico!** meaning *Great!* or *Fantastic!* In other Spanish-speaking countries:

- **Argentina, Uruguay, Cuba** **¡Qué bárbaro!**
- **Ecuador** **¡Qué buena nota!**
- **Perú** **¡Qué bacán!**

3 *Comprensión del episodio* ¿Comprendiste?

Escuchar
Leer

Escoge la respuesta correcta. *(Choose the correct answer.)*

1. Los chicos buscan ____ .
  a. el cine
  b. el rascacielos

2. El cine está ____ .
  a. abierto
  b. cerrado

3. Para llegar al cine, deben ____ .
  a. seguir derecho
  b. doblar a la izquierda

4. Los chicos van a Tula para ____ .
  a. filmar las ruinas
  b. estudiar la historia de México

Nota gramatical

Verbs such as **leer** *(to read)* and **construir** *(to build)* change the **i** to **y** in the **él/ella/usted** and **ellos/ellas/ustedes** forms of the preterite.

leer:	**leí**	**leímos**	**construir:**	**construí**	**construimos**
	leíste	**leísteis**		**construiste**	**construisteis**
	leyó	**leyeron**		**construyó**	**construyeron**

Note that the letter **i** carries an accent in the other preterite forms of the verb **leer.**

4 En la clase de historia

Hablar
Escribir

Describe lo que hicieron estas personas en la clase de historia. *(Tell what people did.)*

modelo: Jorge: leer un libro sobre
Jorge leyó un libro sobre un templo.

1. Jaime y Luis: construir

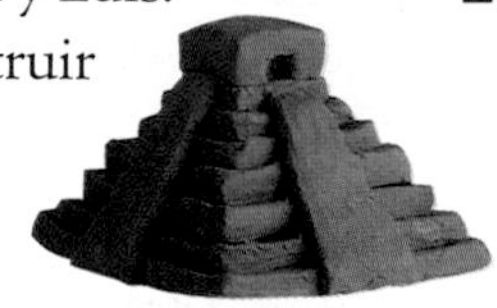

2. yo: leer un libro sobre

3. usted: construir

4. Sandra: leer algo sobre

5. nosotros: construir

6. tú: leer un libro sobre

Expansión
Talk about what your English class read this year.

PARA Y PIENSA

Did you get it? Give the preterite forms of **leer** or **construir.**

1. Los toltecas ____ templos grandes.
2. Ustedes ____ una leyenda azteca.
3. La compañía ____ un rascacielos.
4. Nosotros ____ el calendario.

Get Help Online
ClassZone.com

Presentación de GRAMÁTICA

¡AVANZA! **Goal:** Learn the spelling changes of **-car, -gar,** and **-zar** verbs in the preterite. Then use these verbs to say what you did. ***Actividades 5–8***

¿Recuerdas? Daily activities pp. 10, R9

English Grammar Connection: Some verbs are spelled differently in the past tense in order to maintain their pronunciation. English verbs that end in the letter *c*, for example, have a *k* added before the *-ed* ending to maintain the hard *c* sound.

Present: I pani**c**. *Past:* I pani**ck**ed.

Preterite of -car, -gar, and -zar Verbs

Animated Grammar ClassZone.com

In the preterite, verbs that end in **-car, -gar,** and **-zar** are spelled differently in the **yo** form to maintain their pronunciation.

Here's how:

buscar	**c**	*becomes* →	**qu**	**(yo) busqué**
pagar	**g**	*becomes* →	**gu**	**(yo) pagué**
empezar	**z**	*becomes* →	**c**	**(yo) empecé**

tú Form	yo Form
¿**Buscaste** las ruinas? *Did you look for the ruins?*	Sí, **busqué** las ruinas. *Yes, I looked for the ruins.*
¿**Pagaste** la cuenta? *Did you pay the bill?*	No, no **pagué** la cuenta. *No, I didn't pay the bill.*
¿Cuándo **empezaste** la excavación? *When did you begin the excavation?*	**Empecé** la excavación ayer. *I began the excavation yesterday.*

Here are some other verbs that change in the same way.

-car	-gar	-zar
sacar	**llegar**	**almorzar**
tocar	**jugar**	**comenzar**

Más práctica
Cuaderno *pp. 174–176*
Cuaderno para hispanohablantes *pp. 175–177*

@HomeTutor
Leveled Grammar Practice
ClassZone.com

Práctica de GRAMÁTICA

5 El día de Jorge

Leer
Escribir

Lee el párrafo sobre el día de Jorge. Luego cambia los verbos indicados para escribir el cuento desde tu perspectiva. *(Read the paragraph and then change the boldfaced verbs to tell the story from your perspective.)*

modelo: Esta mañana Jorge **apagó** la luz y **salió** de la casa.
Esta mañana yo **apagué** la luz y **salí** de la casa.

(1.) **Almorzó** temprano porque tenía mucha hambre. Luego (2.) **buscó** el cine con Sandra y Beto. Pronto (3.) **llegó** al cine y (4.) **cruzó** la calle para subir al autobús. (5.) **Pagó** el boleto y (6.) **empezó** el viaje para Tula. No (7.) **practicó** deportes hoy, pero (8.) **tocó** la guitarra.

Expansión
Tell three things you did yesterday using three of these verbs.

6 ¿Adónde fue?

Escuchar

¿Puedes encontrar los lugares que Luisa visitó en un barrio antiguo de la Ciudad de México? Mientras escuchas, dobla a la izquierda o la derecha según el punto de vista de Luisa. Escribe la letra del edificio o del lugar que Luisa visitó en cada paso. *(Note the letter of the locations on the map that Luisa visits.)*

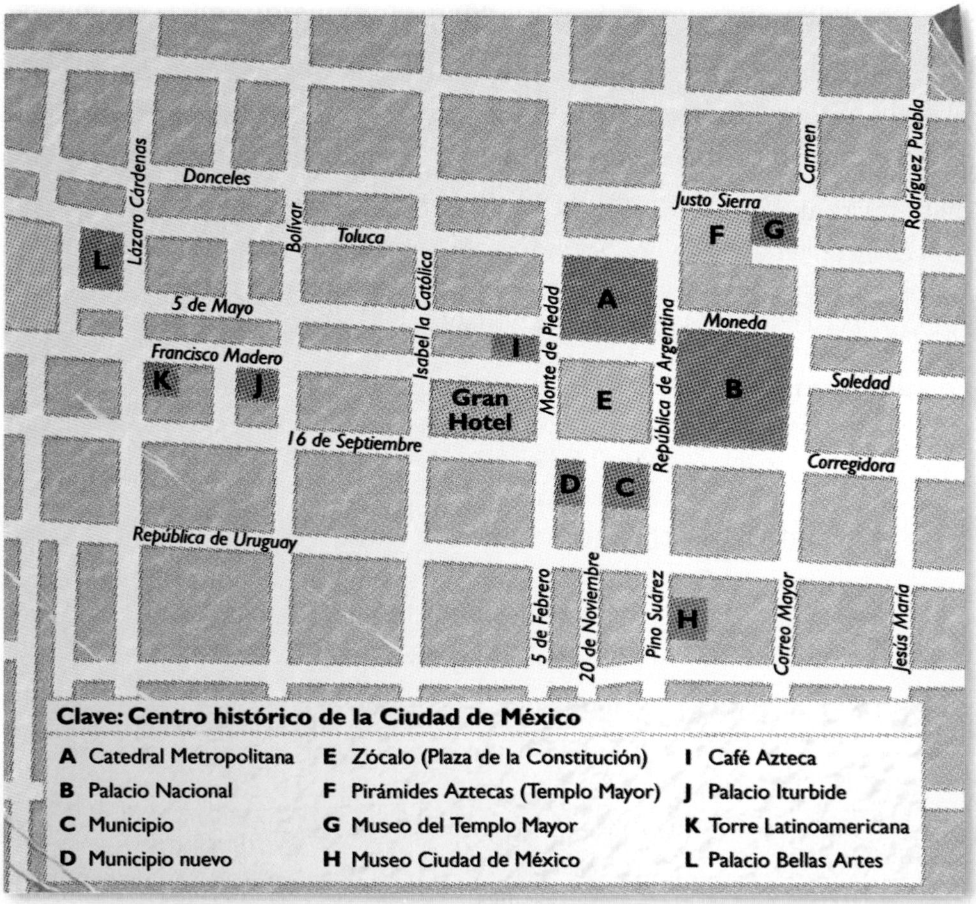

7 La semana pasada

¿Recuerdas? Daily activities pp. 10, R9

Escribir
Hablar

¿Hiciste estas actividades la semana pasada? Anota tus respuestas y luego compáralas con las de un(a) compañero(a). *(Tell whether or not you did these activities last week. Write your answers and compare with a partner.)*

modelo: sacar la basura

A ¿Sacaste la basura?

B Sí, (No, no) la saqué. ¿Y tú?

1. almorzar en un restaurante
2. tocar la guitarra
3. llegar tarde a clase
4. jugar al tenis
5. empezar la tarea
6. pagar una cuenta
7. practicar deportes
8. cruzar una avenida

Expansión
Write three things your partner did last week.

8 ¡A jugar! En la excavación

Hablar

Di lo que hiciste en la excavación. Repite lo que oyes y añade más información. *(Say something you did at the excavation. Repeat what you hear and add more information.)*

A Cuando llegué a la excavación, busqué una tumba.

B Cuando llegué a la excavación, busqué una tumba y crucé la plaza.

C Cuando llegué a la excavación, busqué una tumba, crucé la plaza y ...

Comparación cultural

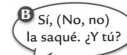

La palabra chile *viene de náhuatl.*

Palabras indígenas

¿Cómo puede un idioma (language) *influir* (influence) *en otro idioma?* Más de un millón de mexicanos hablan náhuatl, el idioma de los aztecas. Las palabras *chocolate, tomate* y *chile* son de origen náhuatl. Quechua, el idioma indígena más común en Sudamérica, fue el idioma de los incas. *Llama, papa* y *pampa* son palabras quechuas. Muchos lugares tienen nombres indígenas también. El nombre del volcán Ixtaccíhuatl en **México** es náhuatl y significa «mujer dormida». En **Ecuador** hay un volcán con el nombre Guagua Pichincha; *guagua* es una palabra quechua que significa «bebé».

Compara con tu mundo *¿Conoces algunas palabras en inglés que vienen de otros idiomas?*

Más práctica Cuaderno *pp. 174–176* Cuaderno para hispanohablantes *pp. 175–177*

PARA Y PIENSA

Did you get it? Complete the following sentences in the preterite.

1. Yo (apagar) _____ el radio.
2. Yo (practicar) _____ el español.
3. Yo (comenzar) _____ la tarea.
4. Yo (jugar) _____ al béisbol.

Get Help Online
ClassZone.com

GRAMÁTICA en contexto

¡AVANZA! **Goal:** Listen to the history of the Toltecs in Tula. Then continue to practice the verbs with spelling changes in the preterite as you talk about activities you did. ***Actividades 9–10***

Telehistoria escena 2

@HomeTutor VideoPlus
ClassZone.com

STRATEGIES

Cuando lees
Seek the civilization Read the scene to learn about the Toltecs in Tula. Write down the Toltecs' activities and accomplishments. Write the things that interest you. How can you learn more?

Cuando escuchas
Listen for reasons Listen for the reasons suggested for why the statue looks unhappy. Are these reasons based on facts? What can you tell from the intonation?

VIDEO
DVD

AUDIO

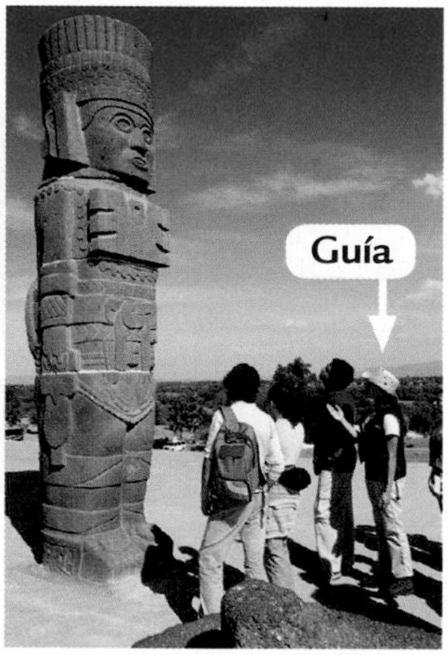

Jorge, Beto and Sandra get off the bus and are greeted by the tour guide.

Guía Turística: ¡Bienvenidos a Tula! Hace muchos siglos—antes de los aztecas—una civilización muy antigua, los toltecas, construyó estas pirámides y monumentos.

Beto: *(joking to Jorge)* ¡Es una estatua de mi tío!

Sandra: ¡Sshh!

Guía Turística: No sabemos mucho sobre la gente de Tula. Sabemos que eran grandes militares, algunos cazaban y otros eran agricultores. Hacían cerámica y esculturas de dioses, como ésta.

Jorge: No está muy alegre, ¿verdad?

Sandra: *(joking)* No, creo que no almorzó.

Jorge: *(laughing)* O que sacó una mala nota en la clase de matemáticas.

Beto: *(laughs)* O que pagó demasiado por ese sombrero.

Continuará... p. 235

9 *Comprensión del episodio* ¿Cierto o falso?

Escuchar
Leer

Indica si las oraciones sobre los toltecas son ciertas o falsas. Corrige las falsas.
(Tell whether the statements are true or false. Correct the false ones.)

1. Vivían en Tula.
2. Construyeron pirámides y monumentos.
3. Peleaban con los aztecas.
4. Eran militares y agricultores.
5. Cazaban.
6. Hacían artículos de cuero.
7. Hacían esculturas de sus dioses.

10 ¿Qué hiciste?

Hablar
Escribir

Contesta las preguntas sobre lo que hiciste la semana pasada.
(Answer questions about what you did last week.)

1. ¿Practicaste deportes? ¿Qué deportes practicaste? ¿Con quiénes jugaste?
2. ¿Compraste un artículo de ropa? ¿Qué compraste? ¿Pagaste demasiado o fue una ganga?
3. ¿Tocaste la guitarra o el piano? ¿Dónde? ¿Por cuánto tiempo?
4. ¿Buscaste un objeto perdido? ¿Qué objeto? ¿Lo encontraste?
5. ¿Comenzaste a leer un libro? ¿Qué libro leíste? ¿Te gustó?
6. ¿Fuiste a un lugar interesante? ¿Adónde fuiste? ¿Llegaste tarde o temprano?

Expansión
Choose three of your answers and explain why you did or didn't do certain activities. Include as many details as possible.

AUDIO

Pronunciación El sonido s

The Spanish **s** is pronounced like the *s* of the English word *sell*. The Spanish **c** (before **e** and **i**) and **z** make this same sound. Listen and repeat.

s	**Sandra**	**sobre**
z	**azteca**	**cazar**
ce	**cero**	**acera**
ci	**ciudad**	**edificio**

Los aztecas eran una civilización avanzada.

La princesa cruzó el río a la izquierda en busca de su palacio.

Note that in central and northern Spain, the letters **c** (before **e** and **i**) and **z** are pronounced like the *th* of the English word *think*.

PARA Y PIENSA

Did you get it? Complete with the preterite forms of the verbs.
1. Yo _____ (buscar) la excavación.
2. Yo _____ (pagar) demasiado.
3. Sandra no _____ (almorzar).
4. Nosotros _____ (llegar) tarde.

Get Help Online
ClassZone.com

Presentación de GRAMÁTICA

¡AVANZA! **Goal:** Learn more irregular preterite stems and endings. Then use them to describe a visit to an ancient site. ***Actividades 11–14***

¿Recuerdas? Arts and crafts p. 168

English Grammar Connection: Some English verbs completely alter their root forms in the past tense. They do not take the standard past-tense endings of *-d* and *-ed*.

to **bring** He **brought** **traer** Él **trajo**

More Verbs with Irregular Preterite Stems

Animated Grammar ClassZone.com

The verbs **venir, querer, decir,** and **traer** are irregular in the preterite.

Here's how: All four verbs have irregular **preterite stems. Venir** and **querer** take the same **preterite endings** as **estar, poder, poner, saber,** and **tener.**

Verb		Stem	Irregular Preterite Endings	
venir	*to come*	**vin-**	**-e**	**-imos**
querer	*to want*	**quis-**	**-iste**	**-isteis**
			-o	**-ieron**

¿Ustedes **vinieron** de la biblioteca?
***Did** you **come** from the library?*

The verb **querer** usually has a different meaning in the preterite. It means *tried.*

Quisimos ver las ruinas, pero no pudimos.
*We **tried** to see the ruins, but we couldn't.*

The **preterite stems** of **decir** and **traer** end in **j.** Use the same irregular **preterite endings** as above, but drop the **i** from the **ustedes/ellos/ellas** ending.

Verb		Stem	ustedes/ellos/ellas
decir	*to say; to tell*	**dij-**	**dijeron**
traer	*to bring*	**traj-**	**trajeron**

Ellos **trajeron** unas cerámicas de México. *They **brought** some ceramics from Mexico.*

Marcos me **dijo** que están hechas a mano. *Marcos **told** me that they're handmade.*

Más práctica

Cuaderno *pp. 177–179*

Cuaderno para hispanohablantes *pp. 178–181*

@HomeTutor
Leveled Grammar Practice
ClassZone.com

Práctica de GRAMÁTICA

11 En el museo

¿**Recuerdas?** Arts and crafts p. 168

Hablar
Escribir

No se permite tomar fotos en el museo. Di lo que pasó.
(Tell what happened at the museum when people tried to take photos.)

modelo: Beto/el guía
Beto quiso tomar una foto de la escultura pero **el guía** le dijo que no.

1. Sandra/nosotros

2. yo/tú

3. Jorge/mis amigos

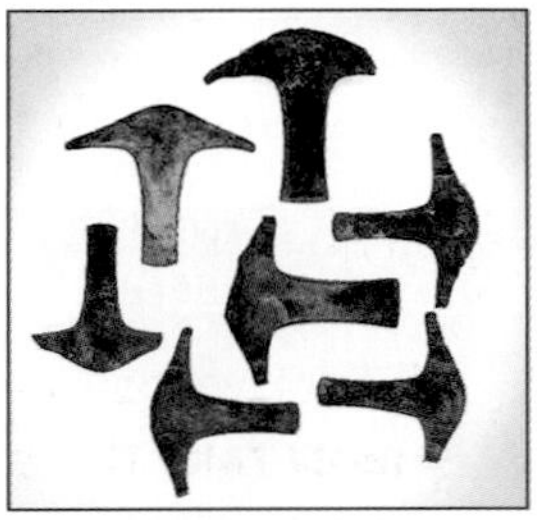

4. tú/la directora

5. mis padres/yo

6. nosotros/el profesor

Expansión
Tell something you wanted to do but couldn't, and why.

12 Una excursión a Tula

Leer
Escribir

Sandra habla de su experiencia en Tula. Completa el párrafo con el pretérito de los verbos apropiados. Puedes usar algunos verbos más de una vez.
(Complete with the preterite forms of the appropriate verbs. Verbs may be used more than once.)

venir ser traer querer tomar decir

Nuestro día en Tula **1.** fantástico. Yo **2.** la cámara y **3.** fotos excelentes. El guía nos **4.** que los toltecas eran una civilización muy antigua pero avanzada. Ellos construyeron unas estatuas altísimas llamadas «Los Atlantes». Otros turistas **5.** con nosotros y ellos **6.** mucho dinero para comprar recuerdos. Nosotros **7.** comprar recuerdos, pero no tuvimos tiempo. Al final del día Beto y yo **8.** : «Estamos muy cansados».

13 Una excursión imaginaria

Hablar
Escribir

Imagina que tú y tus compañeros fueron a una excavación de ruinas antiguas con el (la) profesor(a) de español. Contesten las preguntas para describir lo que pasó. *(Answer the questions to tell about an imaginary trip to an excavation of ancient ruins with your Spanish class.)*

1. ¿Quiénes vinieron?
2. ¿Quiénes quisieron venir, pero no pudieron? ¿Por qué?
3. ¿Qué trajeron los estudiantes? ¿Qué trajo el (la) profesor(a)?
4. ¿Buscaste un objeto perdido? ¿Qué objeto? ¿Lo encontraste?
5. ¿Qué encontraron en las ruinas?
6. ¿Qué dijeron todos después?

Expansión
Describe an actual field trip that you took.

14 A las ruinas

Leer
Escribir

Comparación cultural

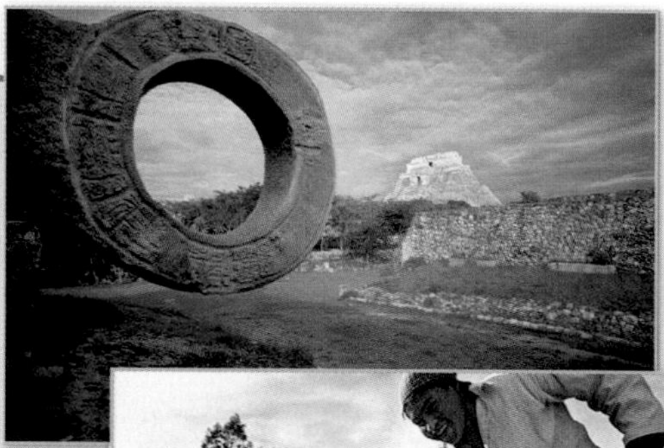

Un aro antiguo en Uxmal

Un deporte antiguo

¿Cómo perduran (endure) *los deportes con el tiempo?* En **México** el juego de pelota tiene una historia de más de 3000 años. Hay ruinas de más de 600 canchas antiguas donde civilizaciones como los olmecas, los toltecas, los mayas y los aztecas jugaron juegos de pelota. Los jugadores golpeaban *(hit)* una pelota pesada *(heavy)* de goma *(rubber)* con sus caderas *(hips)*, brazos o un bate especial. No podían usar ni las manos ni los pies. En algunas canchas, tenían que pasar la pelota por un aro *(ring)* en la pared. Adultos y niños en Sinaloa, México todavía juegan ulama, una versión del juego antiguo. Juegan en equipos de tres o cinco. Pierden puntos si la pelota cae *(falls)* o toca *(touches)* las manos o los pies.

Un partido de ulama

Compara con tu mundo *¿Qué es diferente y similar entre ulama y otros deportes modernos que conoces?*

Escribe lo que pasó durante una visita a las ruinas de una cancha en México. *(Write about a visit to the ruins of a ballcourt.)*

Pistas: venir, traer, querer, decir, tomar, ser, ir, ver

modelo: Mis padres vinieron conmigo a las ruinas. Trajimos una cámara. Tomé una foto de...

Más práctica Cuaderno *pp. 177–179* Cuaderno para hispanohablantes *pp. 178–181*

PARA Y PIENSA

Did you get it? Write the correct preterite forms.

1. Jorge (venir) conmigo.
2. Mis amigos (traer) un mapa.
3. ¿Qué (decir) ustedes?
4. Silvia y yo (querer) tomar fotos.

Get Help Online
ClassZone.com

Todo junto

¡AVANZA! **Goal:** ***Show what you know*** Listen to the final scene at the ruins in Tula. Then, use what you have learned to discuss where people went and what happened. ***Actividades 15–19***

Telehistoria completa

@HomeTutor VideoPlus
ClassZone.com

STRATEGIES

Cuando lees
Follow the plot While reading, follow the story plot. What does Jorge find and where? Responding to him, does the official give her real message directly or indirectly? What is the joke?

Cuando escuchas
Listen for seriousness Notice the seriousness in the official's voice when she mentions "a very advanced civilization." What does her face say? How does she contribute to the scene?

Escena 1 ***Resumen***
Beto, Jorge y Sandra buscan la parada de autobuses para ir a Tula. Una mujer les dice cómo llegar. Ellos le dicen a la mujer por qué quieren ir a Tula.

Escena 2 ***Resumen***
Una guía turística les cuenta la historia de Tula a los jóvenes. Habla de la cultura de los toltecas. Los jóvenes miran una estatua de un dios tolteca.

VIDEO DVD

AUDIO

Escena 3

Beto: *(looking at his watch)* Tenemos que regresar. Debemos estar en casa a las seis.

Sandra: ¿Dónde está Jorge? Estaba aquí cuando fui a comprar un refresco.

Beto: Allí está.

Jorge: *(approaching Beto and Sandra)* ¡Eh! Encontré algo: ¡un objeto!

Beto: ¿Qué es? ¿Una herramienta antigua? ¿Un tesoro?

Sandra: ¿Dónde lo encontraste?

Jorge: Pues, yo estaba allí. Quería tomar una foto del templo pero no podía verlo bien desde aquí. Cuando crucé la plaza, encontré el objeto.

Guía: *(cleaning off the object Jorge found)* Ya pude limpiarlo un poco. Es de una civilización muy avanzada.

Jorge: ¿De verdad?

Guía: Sí, sí, dice: «Hecho en México, 2006».

15 Comprensión de los episodios ¡A corregir!

Escuchar
Leer

Corrige los errores en estas oraciones. *(Correct the errors.)*

modelo: Sandra quiere saber dónde está Beto.
Sandra quiere saber dónde está Jorge.

1. Los chicos deben estar en casa a las siete.
2. Sandra compró una herramienta.
3. Jorge encontró un calendario.
4. Jorge quería tomar una foto de la plaza.
5. La guía pudo vender el objeto.
6. La guía dijo que el objeto era de una civilización muy antigua.
7. El objeto fue hecho en Tula hace muchos siglos.

16 Comprensión de los episodios ¿Qué pasó?

Escuchar
Leer

Contesta las preguntas. Usa oraciones completas. *(Answer the questions in complete sentences.)*

1. ¿Por qué buscaban los chicos la parada de autobuses?
2. ¿Qué aprendieron sobre los toltecas?
3. ¿Por qué estaba emocionado Jorge?
4. ¿Qué dijo la guía sobre el objeto que encontró Jorge?

17 ¿Cómo llego a...?

Hablar

STRATEGY Hablar
Use your imagination Be imaginative as you consider interesting places to go in your community and the directions you would give to others. What would make this discussion serious? Comical? Try both ways!

Eres un(a) turista en tu comunidad. Pregúntale a tu compañero(a) cómo llegar a tres lugares. Luego cambien de papel. *(You are a tourist in your community. Ask how to get to three places. Then change roles.)*

la plaza	la biblioteca	el restaurante
el edificio	el café	el cine
la catedral	el centro comercial	el parque

A ¿Cómo llego al edificio Monroe?

B Desde la escuela caminas hasta la calle Oak y doblas a la derecha. Luego debes seguir derecho por cinco cuadras hasta ...

Expansión
Write directions to somewhere near your school, then exchange papers with your partner and figure out the location each of you gave directions to.

18 Integración

Leer
Escuchar
Hablar

Mira el mapa y escucha a la guía. Luego describe tu visita al museo, lo que viste y lo que aprendiste. *(Look at the map, listen to the audio guide, and describe your museum visit.)*

Fuente 1 Mapa del museo

Fuente 2 Audio-guía

Listen and take notes
- ¿Qué quiere decir «Mexica»?
- ¿Dónde queda el Templo Mayor? ¿Qué objetos encontraron allí?

modelo: Fui al museo de antropología y aprendí muchas cosas. Primero entré a la Sala de...

19 Una ciudad interesante

Escribir

Describe un viaje que hiciste a una ciudad real o imaginaria. Describe los edificios que viste, los lugares que visitaste y lo que hiciste allí. *(Write a description of a trip to a real or imaginary city. Describe what you saw and what you did.)*

modelo: El año pasado mi familia y yo hicimos un viaje a la capital de México, el Distrito Federal. Vi rascacielos modernos y otros...

Writing Criteria	Excellent	Good	Needs Work
Content	Your description is in the preterite and includes a wide variety of city-related vocabulary.	Your description is mostly in the preterite and includes some city-related vocabulary.	Your description has many errors in the preterite and not much city-related vocabulary.
Communication	Your description is organized and easy to follow.	Parts of your description are organized and easy to follow.	Your description is not well organized and is hard to follow.
Accuracy	Your description has few mistakes in grammar and vocabulary.	Your description has some mistakes in grammar and vocabulary.	Your description has many mistakes in grammar and vocabulary.

Expansión
Research a historic site in Mexico before you write. Use drawings or photos to illustrate your description.

Más práctica Cuaderno *pp. 180–181* Cuaderno para hispanohablantes *pp. 182–183*

PARA Y PIENSA

Did you get it? **1.** Name one thing the Toltecs did. **2.** Describe an ancient object you've seen. **3.** Give directions to a modern place in your city.

Get Help Online
ClassZone.com

Lectura cultural

¡AVANZA! **Goal:** Read about the presence of indigenous cultures in Oaxaca and Otavalo. Then discuss the contributions of indigenous societies to Mexico, Ecuador, and the United States.

Comparación cultural

AUDIO

Los zapotecas y los otavaleños

STRATEGY Leer

Draw a chart On a separate sheet, make a chart of the various aspects of the indigenous cultures in Oaxaca and Otavalo. Follow the chart below.

Información	Oaxaca	Otavalo
civilización antigua		
qué producen ahora		
ceremonias ancestrales		

La región de Oaxaca tiene base sobre[1] antiguas civilizaciones como la zapoteca. Monte Albán, la antigua capital zapoteca, es una zona de ruinas de más de 1.300 años. Allí hay un campo de pelota, una gran plaza, un palacio, varios templos y otros edificios y estructuras. Todavía hoy, la presencia de los zapotecas es muy fuerte en Oaxaca. Hoy continúan la tradición de trabajo en cerámica con técnicas tradicionales: usan, por ejemplo, decoraciones zapotecas auténticas. También, todos los años, los oaxaqueños celebran la Guelaguetza, una ceremonia indígena ancestral. La palabra «guelaguetza» es zapoteca y quiere decir[2] «regalo».

[1] is based on [2] means

México

Ceremonia de la Guelaguetza

La famosa cerámica oaxaqueña de barro (clay) *negro*

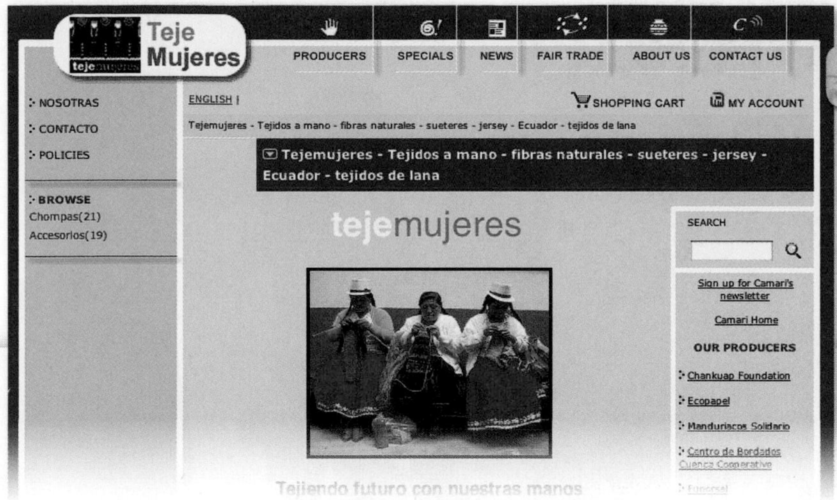

Ecuador

Hoy muchos otavaleños pueden vender sus artesanías por Internet al mercado internacional.

El pasado y el presente de los otavaleños es parte esencial del Ecuador moderno. Los indígenas de Otavalo vivían en Ecuador antes del imperio inca y su civilización prospera magníficamente en el presente. Hoy en día, los otavaleños están muy bien organizados comercialmente. Producen artículos de ropa y de decoración con tejidos[3] de colores únicos. Venden estos productos en Ecuador, pero también por otros países de Latinoamérica, Estados Unidos y Europa. Se consideran[4] internacionalmente un modelo para el progreso económico de los pueblos. También, todavía celebran ceremonias ancestrales. Todos los años, al final del verano, celebran la fiesta del Yamor, en honor a la madre tierra.[5]

Una vendedora en un mercado de textiles, Otavalo

[3] fabrics [4] **Se...** They are regarded [5] **madre...** mother earth

PARA Y PIENSA

¿Comprendiste?

1. ¿Cuál es una de las civilizaciones que son la base de Oaxaca?
2. ¿Qué es Monte Albán? ¿Qué puedes ver en Monte Albán?
3. ¿Cómo puedes ver la presencia de la cultura zapoteca hoy en Oaxaca?
4. ¿Dónde venden los otavaleños los productos que hacen?
5. ¿Qué es el Yamor? ¿Cuándo lo celebran los otavaleños?

¿Y tú?

¿Cuáles son las contribuciones de la gente indígena en Estados Unidos?

Proyectos culturales

Comparación cultural

Canciones tradicionales de México y Ecuador

¿Por qué a veces varían de un país a otro las canciones tradicionales de los países hispanohablantes? Hay canciones que puedes escuchar en todos los países hispanohablantes. Muchas de estas canciones llegaron de España; otras empezaron en América y se extendieron por todo el continente. Hay otras canciones que son de una región o país específico. Estas canciones son productos de una cultura local y no extienden más allá *(beyond)* de su región de origen.

Proyecto 1 *Allá en el Rancho Grande*

México Una categoría de canción regional es **la ranchera.** Es típica de México. Aquí tenemos una de las rancheras más famosas.

Allá en el rancho grande

Allá en el rancho *(ranch)* grande,
Allá donde vivía,
Había una rancherita *(ranch girl)*,
Que alegre me decía,
Que alegre me decía:

Te voy a hacer los calzones *(riding pants)*
Como los usa el ranchero *(rancher)*.
Te los comienzo de lana *(wool)*
Te los acabo *(finish)* de cuero.

ALLÁ EN EL RANCHO GRANDE
A - llá en el rancho gran - de,
a - llá don - de vi - ví - a,

Proyecto 2 *Que llueva*

Ecuador Esta canción para niños tiene sus orígenes en España. Los niños de Ecuador y de otros países de Latinoamérica la cantan con versos diferentes de los originales.

Que llueva *(Let it rain)*

Que llueva, que llueva,
El quetzal está en
la cueva *(cave)*,
Los pajaritos *(birds)* cantan,
Las nubes *(clouds)* se levantan.
Que sí, que no,
que caiga un chaparrón
(let it pour).

Repite y sustituye **el quetzal** con:
- el cóndor
- la tortuga
- la serpiente
- el jaguar

En tu comunidad

Hay canciones en español que cantamos en Estados Unidos. ¿Cuáles son las canciones en español que conoces?

Lección 2

En resumen

Vocabulario y gramática

Animated Grammar
Interactive Flashcards
ClassZone.com

Vocabulario

Ancient Civilizations

Characteristics

antiguo(a)	*ancient*	el objeto	*object*
avanzado(a)	*advanced*	la pirámide	*pyramid*
el calendario	*calendar*	la religión	*religion*
la civilización	*civilization*	las ruinas	*ruins*
la estatua	*statue*	el templo	*temple*
la herramienta	*tool*	la tumba	*tomb*
el monumento	*monument*		

Activities

la agricultura	*agriculture*
cazar	*to hunt*
construir	*to build*
la excavación	*excavation*

People

el (la) agricultor(a)	*farmer*
los toltecas	*Toltecs*

Modern Civilization

City Layout

la acera	*sidewalk*
la avenida	*avenue*
el barrio	*neighborhood*
la catedral	*cathedral*
la ciudad	*city*
la cuadra	*city block*
el edificio	*building*
moderno(a)	*modern*
la plaza	*plaza; square*
el rascacielos	*skyscraper*

Ask For and Give Directions

¿Cómo llego a...?	*How do I get to . . . ?*	desde	*from*
cruzar	*to cross*	entre	*between*
doblar...	*to turn . . .*	frente a	*across from*
a la derecha	*to the right*	hasta	*to*
a la izquierda	*to the left*	(en) la esquina	*(on) the corner*
seguir (i) derecho	*to go straight*	el semáforo	*traffic light*

Gramática

Nota gramatical: Verbs with **i** → **y** spelling change in the preterite *p. 226*

Preterite of -car, -gar, and -zar verbs

In the preterite, verbs that end in **-car, -gar,** and **-zar** are spelled differently in the **yo** form to maintain the pronunciation.

buscar	c	*becomes*	qu	(yo)	busqué
pagar	g	*becomes*	gu	(yo)	pagué
empezar	z	*becomes*	c	(yo)	empecé

More Verbs with Irregular Preterite Stems

The verbs **venir, querer, decir,** and **traer** have irregular **preterite stems.**

Verb	Stem	Irregular Preterite Endings	
venir	vin-	-e	-imos
querer	quis-	-iste	-isteis
		-o	-ieron

Verb	Stem	ustedes/ellos/ellas
decir	dij-	dijeron
traer	traj-	trajeron

Lección 2

Repaso de la lección

¡LLEGADA!

@HomeTutor
ClassZone.com

Now you can
- describe early civilizations and their activities
- describe the layout of a modern city
- ask for and give directions

Using
- verbs with **i** →**y** spelling changes in the preterite
- preterite of **-car, -gar,** and **-zar** verbs
- more verbs with irregular preterite stems

To review
- verbs with **i→y** spelling change in the preterite, p. 226

1 Listen and understand

AUDIO

Rosario describe una lección sobre civilizaciones antiguas. Escucha y luego combina frases de las columnas para describir lo que pasó. *(Listen and combine phrases from each column to describe Rosario's lesson.)*

modelo: Catarina y Rosario leyeron un libro sobre las ruinas.

Catarina Rosario Catarina y Rosario la maestra	construir leer	la agricultura y la vida los templos religiosos un modelo de una excavación las ruinas unas pirámides un resumen una estatua un reporte

To review
- more verbs with irregular preterite stems, p. 232

2 Describe early civilizations and their activities

Beto hizo una excursión a Teotihuacán. Completa su tarjeta con el pretérito de **venir, querer, traer** y **decir.** *(Complete the postcard with the preterite forms of the correct verbs.)*

Queridos primos,
Ayer estuvimos en Teotihuacán. Una guía __1.__ con nosotros y nos __2.__ que hace mucho tiempo Teotihuacán era un centro religioso. Isabel y yo __3.__ una cámara y fuimos a la parte más alta de la Pirámide del Sol para tomar fotos. Mi amigo Paco __4.__ ir también pero la pirámide era demasiado alta y no pudo. Después fuimos a la Pirámide de la Luna y al Palacio de los Jaguares. Nosotros __5.__ ver también el templo de Quetzalcóatl, pero no tuvimos tiempo. Me encantó Teotihuacán.
¿Por qué no __6.__ ustedes conmigo?
Hasta pronto, Beto

To review
- preterite of **-car, -gar,** and **-zar** verbs, p. 227

3 Describe the layout of a modern city

Mira el mapa de Coyoacán. Hay cinco rutas de diferentes colores. Describe dónde empezaste y cómo llegaste a cada lugar. *(Describe where you started and how you got to the places on the map.)*

empezar	caminar	cruzar	llegar	doblar	almorzar

1. ¿Dónde empezaste?
2. ¿Cómo llegaste a la casa de Frida Kahlo desde el museo?
3. ¿Cómo fuiste de la casa de Frida Kahlo a la casa histórica?
4. ¿Cómo fuiste de la casa histórica al mercado?
5. ¿Dónde almorzaste?
6. ¿Cómo llegaste a la Plaza Hidalgo desde el mercado?

To review
- Artistas mexicanas, p. 195
- Comparación cultural, pp. 229, 234
- Lectura cultural, pp. 238–239

4 Mexico and Ecuador

Comparación cultural

Contesta estas preguntas culturales. *(Answer these culture questions.)*

1. ¿Quiénes son dos artistas mexicanos famosos?
2. ¿Cuáles son algunas palabras de origen náhuatl y de origen quechua?
3. ¿Qué es ulama?
4. ¿Cuáles son algunas celebraciones importantes de los oaxaqueños y los otavaleños?

Más práctica Cuaderno *pp. 182–193* Cuaderno para hispanohablantes *pp. 184–193*

Get Help Online ClassZone.com

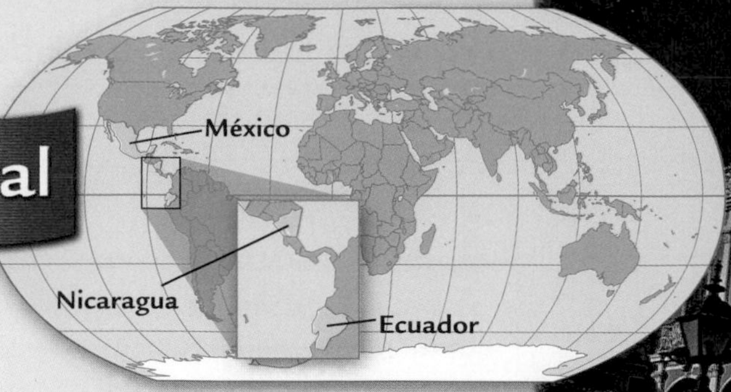

Comparación cultural

AUDIO

Lo *antiguo* y lo **moderno** en mi ciudad

Lectura y escritura

WebQuest
ClassZone.com

1. **Leer** Cities vary around the world. Some are old, some are modern. Others exhibit buildings or structures from the present and the past. Read the descriptions of the cities where Martín, Elena, and Raúl live.

2. **Escribir** Using the three descriptions as models, write a short paragraph about the city or town where you live and about its history. If there are examples of modern architecture or historic buildings and structures, describe them.

STRATEGY Escribir
Use a T-table To compare how your city or town was in the past and how it is in the present, use a T-table like the one shown here.

Mi ciudad en el presente	Mi ciudad en el pasado

Step 1 On the left, describe your city or town in the present (buildings, monuments, rivers, parks, etc.). On the right, write about its history or those who lived there.

Step 2 Use the information in the two columns to help you write your paragraph. Check your writing by yourself or with help from a friend. Make final additions and corrections.

Compara con tu mundo

Use the paragraph you wrote about a city or town and compare it with the place where Raúl, Elena, or Martín lives. In which ways is your city or town similar to the other one? In which ways is it different?

Cuaderno *pp. 194–196* Cuaderno para hispanohablantes *pp. 194–196*

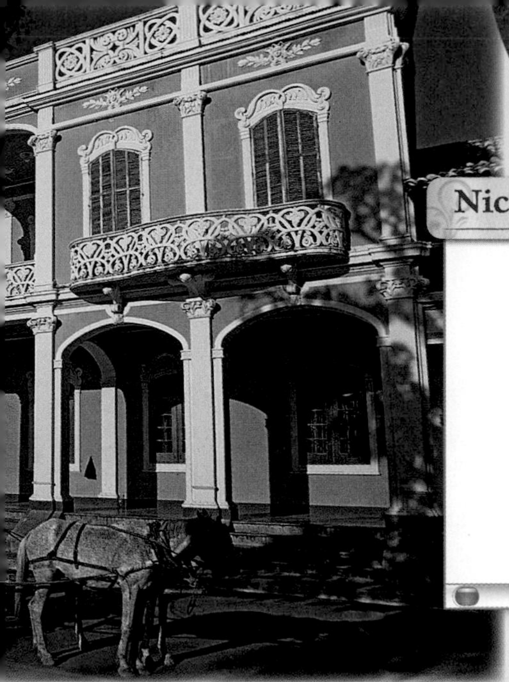

Nicaragua

Martín

¡Saludos desde Nicaragua! Soy Martín y vivo en Granada. Ésta es la ciudad colonial más antigua construida en América. Todavía puedes ver edificios y catedrales que tienen más de 300 años. Las puertas y las ventanas de las casas tienen diseños[1] coloniales típicos. Muchas personas que viven aquí prefieren viajar por la ciudad en coches tirados por caballos[2] como lo hacían antes. ¡A veces pienso que estoy viviendo en otro siglo!

[1] designs [2] **tirados**...horse-drawn carriages

Ecuador

Elena

¿Qué tal? Me llamo Elena y vivo en Quito, una ciudad de contrastes. En el barrio histórico, los templos, edificios y monumentos antiguos me dan una idea de cómo era la ciudad en el pasado. ¡Me encanta! Pero también me gusta caminar por el área moderna y admirar los rascacielos grandes.

México

Raúl

¡Hola! Soy Raúl. Vivo en Cancún, México, muy cerca de la playa. Vivir aquí es muy interesante. Es un lugar moderno pero con mucha historia. Hace muchos siglos los mayas vivieron aquí y construyeron palacios y templos. Es posible ver las ruinas aquí, pero el edificio que me gusta más es este hotel moderno inspirado en las pirámides mayas. ¡Qué original!

EL GRAN DESAFÍO

In this video you will meet six teenagers from Mexico who are going to take part in the first phase of a competition. Each team will participate in four different challenges and each challenge is worth one point. The team that wins the most points will move on to participate in the final Gran Desafío competition where they will compete against winners from other countries. The grand prize is a year of studies at the UNAM, an apartment in Mexico City, and 100,000.00 pesos for living expenses for one year.

Meet the participants!

El profesor: ¡Hola a todos! Me llamo Miguel Dávila. Soy colombiano y profesor de historia contemporánea en la Universidad Nacional Autónoma de México. Soy el director de la competencia.

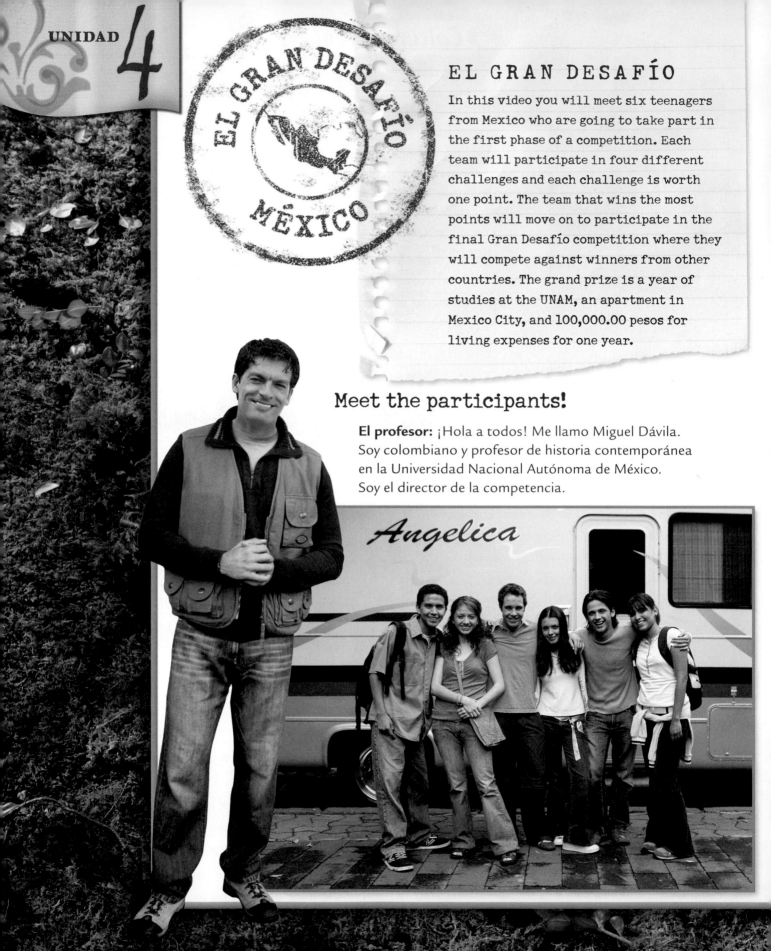

Equipo 1

Luis: Me llamo Luis. Soy trabajador y tranquilo.

Ana: ¡Hola! Soy Ana. Soy artística y muy simpática.

Equipo 2

Marta: Yo soy Marta. Me gustan las cosas fáciles. No quiero trabajar demasiado.

Carlos: Me llamo Carlos. Soy muy organizado, pero soy un poco tímido.

Equipo 3

Raúl: Hola. Yo soy Raúl. Soy muy cómico, pero también soy desorganizado.

Mónica: Me llamo Mónica. Soy inteligente y seria.

UNIDADES 1-4

Repaso inclusivo

Options for Review

1 Listen, understand, and compare

Escuchar

Listen to this guide give a tour of Mexico City's Zócalo and then answer the following questions.

1. ¿Cuál es el otro nombre para el Zócalo?
2. ¿Quién vive en el Palacio Nacional?
3. ¿Qué está frente al Palacio Nacional?
4. ¿Dónde hay muchos objetos antiguos?
5. ¿Qué está delante del Templo Mayor?

Does your town have a main square or center? What can you find there?

2 Plan a tour

Escribir

Research an ancient site in Mexico, draw a map of the site, and plan a tour of the area. The map should include any plazas, temples, pyramids, and other important buildings on the site. Then write a script of what you would tell tourists about each spot on the tour.

3 Create a city

Hablar

In your group, think of a name for a new city. Discuss what buildings and places are important to include in your city and how the layout should be organized. Think about where people in the community will live and work, as well as where they will participate in recreational activities. Draw a plan or map of your city. Present your design to the class, explaining the various elements you included and why your group included them.

4 Interview a hero

Escribir
Hablar

Role-play an interview between a reporter and someone, real or imaginary, whom you consider a hero. First, you and your partner should create a list of questions to ask the hero. Include questions about what he or she was like as a child and questions about important past events and current activities. Then, role-play the interview.

5 Write a story

Escribir

Write a short story with a young child as a main character. Narrate your story in the past as you tell about an event or events that happened. Be sure to include descriptions of your characters. Possible settings for your story may include during school or after school, during a sports activity, or during a special event. Add illustrations and share your story with the class.

6 Plan a trip

Hablar
Escribir

Role-play a conversation between a travel agent and a new customer. The customer has gone on the same trip every year and now wants to go somewhere new. As the customer, describe where you used to go and what you used to do on vacation. As the travel agent, ask the customer about what activities he or she likes and doesn't like. Based on the customer's preferences, recommend a new vacation destination. Work with the customer to design an itinerary that includes flights, hotels, and activities. You may do research on travel in Spanish-speaking countries to help in your role-play.

7 Draw a map and give directions

Leer
Escribir

A new student at your school has a list of things to do but needs help finding where to go to complete each task. Look over the list to determine the locations in your community that the student should visit. Then, sketch a map of the area involved and prepare a set of written directions to each place starting from your school. Include the street names and any other information that would help the student arrive at a location.

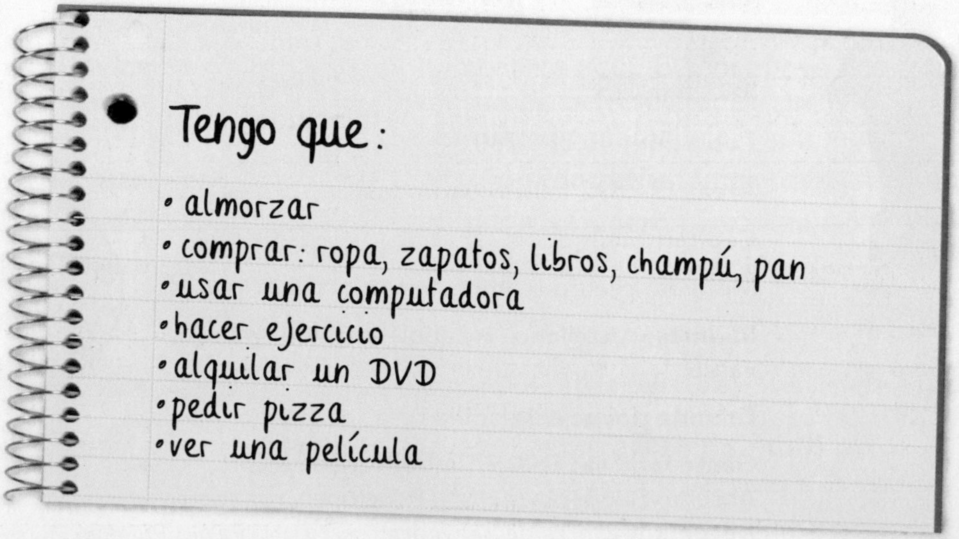
Tengo que:
• almorzar
• comprar: ropa, zapatos, libros, champú, pan
• usar una computadora
• hacer ejercicio
• alquilar un DVD
• pedir pizza
• ver una película

UNIDAD 5

España

¡A comer!

Lección 1

Tema: ***¡Qué rico!***

Lección 2

Tema: ***¡Buen provecho!***

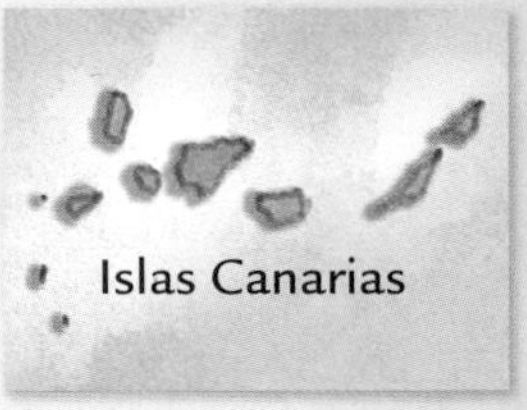

«¡Hola!

Nosotros somos José Luis y Beatriz. Somos de España.»

Población: 40.280.780

Área: 194.897 millas cuadradas

Capital: Madrid

Moneda: el euro (comparte con otros 11 países)

Idiomas: castellano (español), catalán, gallego, vasco

Comida típica: ensaladilla rusa, gazpacho, paella

Gente famosa: Pedro Almodóvar (director), Antonio Banderas (actor), Penélope Cruz (actriz), Miguel Cervantes de Saavedra (escritor), Pablo Picasso (artista), Carmen Laforet (escritora)

Ensaladilla Rusa

Una churrería en Madrid

Churros y chocolate Los españoles salen a veces a las **churrerías** por la tarde y por la noche después de la cena. Allí comen **churros** o **porras**, dos tipos de masa frita *(fried dough)*, y beben un chocolate muy espeso *(thick)* y muy rico. También les gusta comer churros para el desayuno. *¿Hay una comida especial que te gusta compartir con amigos?*

El Greco y Toledo Doménikos Theotokópoulos, «El Greco» (1541–1614), nació en Grecia, pero llegó a ser un artista importante para España. Vivió muchos años en Toledo, una ciudad medieval a 44 millas de Madrid. Su pintura *Vista de Toledo* es especial por su aspecto dramático e irreal, que la hace parecer mucho más moderna de lo que es. *¿Qué pinturas famosas conoces?*

Vista de Toledo *(1597), El Greco*

Casa Batlló, Barcelona

Gaudí y la arquitectura de Barcelona Un arquitecto famoso de Cataluña es Antoni Gaudí (1852–1926). Gaudí era modernista y construyó muchos edificios interesantes y decorativos en Barcelona. Usaba curvas y otras formas, texturas y colores de la naturaleza y de la fantasía. *¿Qué casas o edificios interesantes hay en tu comunidad?*

UNIDAD 5

España

Lección 1

Tema:

¡Qué rico!

¡AVANZA! **In this lesson you will learn to**

- identify and describe ingredients
- talk about food preparation and follow recipes
- give instructions and make recommendations

using

- adjectives ending in **-ísimo**
- **usted / ustedes** commands
- pronoun placement with commands

¿Recuerdas?

- staying healthy
- chores

Comparación cultural

In this lesson you will learn about

- still life painting and the Catalán artist Àngel Planells
- tapas of Spain
- food in the poetry of Pablo Neruda

Compara con tu mundo

Los chicos en la foto están en la plaza principal de Toledo, España. *Donde vives, ¿hay una plaza o un lugar donde los jóvenes pueden pasar su tiempo libre?*

¿Qué ves?

Mira la foto

¿Qué tienen los chicos en las manos?

¿Qué piensas que está comiendo el chico?

¿Hay muchas personas en este lugar?

¿Qué están haciendo?

Plaza Zocodover
Toledo, España

Presentación de VOCABULARIO

¡AVANZA! **Goal:** Learn new words about recipe ingredients, food preparation, and flavors. Then identify and describe foods you like and dislike. *Actividades 1–3*

VIDEO DVD

AUDIO

A ¡Hola! Soy José Luis y voy a entrar en este **supermercado** porque aquí venden las verduras y frutas más **frescas.** Más tarde, Beatriz y yo vamos a preparar una comida **deliciosa.**

B Beatriz **bate** los huevos para **una tortilla de patatas. Los ingredientes** son patatas, **cebolla,** huevos y **sal.** Y claro, ella necesita **el aceite** para cocinarla. Para preparar la ensalada voy a **mezclar** el aceite con **el vinagre** y un poco de **limón.** Lo **añado** a la ensalada con sal y **pimienta.** Siempre **pruebo** la comida. ¡Qué deliciosa!

C Hay ingredientes necesarios en la cocina como **el azúcar** para los postres y **la mayonesa** y **la mostaza** para los sándwiches. Es necesario saber cómo cocinar los ingredientes. Por ejemplo, los puedes **freír** en aceite **caliente** o **hervir** en agua. Ahora, frío la cebolla y hiervo **las zanahorias.**

En España se dice...

En España otra palabra para **sándwich** es **el emparedado**.

D Todas las comidas tienen **sabor.** ¿Cuál es el sabor que prefieres? ¿Algo **agrio** como un limón o **dulce** como el chocolate? ¿Algo **picante** como la mostaza o algo **salado** como las patatas fritas? Para ti, ¿cuál es la comida más deliciosa?

Más vocabulario

la merienda *afternoon snack*
cenar *to have dinner*
desayunar *to have breakfast*
sabroso(a) *tasty*
¡Qué asco! *How disgusting!*

Expansión de vocabulario p. R10
Ya sabes p. R10

¡A responder! Escuchar

Escucha las siguientes frases. Decide si habla del sabor de una comida o de cómo preparar la comida. Levanta la mano derecha si es un sabor. Levanta la mano izquierda si es cómo preparar algo.

@HomeTutor VideoPlus
Interactive Flashcards
ClassZone.com

Práctica de VOCABULARIO

1 Muchos sabores

Hablar Escribir

Identifica las comidas o los ingredientes que corresponden a las descripciones.

las zanahorias	el azúcar
las espinacas	la lechuga
el limón	la mostaza
las fresas	el vinagre

modelo: Es de color amarillo.
el limón, la mostaza

1. Es un ingrediente en los postres.
2. Las puedes comer calientes o frías.
3. Son frutas.
4. Son de color verde.
5. Tienen sabor dulce.
6. Tienen sabor agrio.
7. Puede ser picante.
8. Es rica en sándwiches.

2 ¿Es lógico?

Leer Escribir

¿Son lógicas estas oraciones? Si no, cámbialas a oraciones lógicas.

modelo: Freímos la lechuga.
No es lógico. Freímos la cebolla.

1. Las fresas con azúcar tienen sabor picante.
2. Comemos la merienda por la tarde.
3. Hervimos las zanahorias en vinagre caliente.
4. Compramos los ingredientes para la receta en el supermercado.
5. Desayunamos por la noche.
6. Mezclamos la mostaza con el vinagre para tener un sabor dulce.

3 ¡Qué asco!

Hablar Escribir

¿Te gustan estas combinaciones? Si no te gustan, explica lo que prefieres.

modelo: las hamburguesas (cebolla)

A: ¿Te gustan las hamburguesas con cebolla?

B: Sí, ¡qué sabrosas! ¿Y a ti?

A: ¡Qué asco! Las prefiero con mostaza.

1. el helado (ajo)
2. la sopa (zanahorias)
3. la pizza (mayonesa)
4. los huevos (pimienta)
5. las papas fritas (azúcar)
6. la ensalada (aceite y vinagre)

Expansión
List the ingredients that would be in your most delicious meal and in your least delicious meal.

Más práctica Cuaderno *pp. 197–199* Cuaderno para hispanohablantes *pp. 197–200*

PARA Y PIENSA

¿Comprendiste? Completa las frases con la palabra más lógica.
1. Las fresas con azúcar son (picantes/dulces/saladas).
2. Quiero (batir/probar/hervir) la mostaza.

Get Help Online
ClassZone.com

VOCABULARIO en contexto

¡AVANZA! **Goal:** Notice the descriptions and foods that Beatriz and José Luis mention. Then, learn how to add emphasis to your own descriptions of foods using **-ísimo.** ***Actividades 4–5***

Telehistoria escena 1

@HomeTutor VideoPlus
ClassZone.com

VIDEO DVD
AUDIO

STRATEGIES

Cuando lees
Use acronyms for lists Invent acronyms to remember lists that you read. What colorful things go on the table? (Example: TEZ for **tomates, espinacas, zanahorias.**) What did Virginia buy at the supermarket?

Cuando escuchas
Consider your own preferences While listening, think about the foods mentioned in this scene. Which ones have you eaten? Which do you like? Which do you dislike?

Beatriz: ¡Todo está bellísimo!

José Luis: Sí. Los actores están arreglándose para la escena. Vamos a ver si está todo: la tortilla de patatas, el postre de fresas...

Beatriz: Una tortilla de patatas. ¿Tú sabes cocinar?

José Luis: Sí, un poco.

Beatriz: Mi tío Vicente, el chef, hace una tortilla de patatas sabrosísima.

José Luis: *(to his friend, Juan)* Juan, quiero muchas verduras en la mesa. Necesitamos mucho color: espinacas, zanahorias, tomates...

Beatriz: *(to José Luis)* Mira, Virginia llegó del supermercado. *(unloading groceries)* Gracias. Aceite, mostaza, mayonesa, pimienta, sal, lechuga...

José Luis: Esa lechuga, ¿está fresca?

Beatriz: ¡Fresquísima! *(tries to hide it from him)* Allí está todo, señor director. ¿Empezamos?

José Luis: *(doubtful)* Sí. Pero, ¿la lechuga está fresca?

Continuará... p. 262

4 *Comprensión del episodio* Preparando la escena

Escuchar
Leer

Escoge la respuesta correcta.

1. Los actores están _____ .
   a. bellísimos
   b. arreglándose
   c. cocinando
2. José Luis cocina _____ .
   a. todos los días
   b. mucho
   c. un poco
3. El tío Vicente es _____ .
   a. chef
   b. maestro
   c. director
4. José Luis piensa que hay un problema con _____ .
   a. las espinacas
   b. la mayonesa
   c. la lechuga

Nota gramatical

To add emphasis to some **adjectives,** you can attach the ending **-ísimo(a, os, as).** If the adjective ends in a vowel, drop it before adding the ending.

bello(a) ¡Esta cocina es **bellísima**! *This kitchen is **very (extremely) beautiful**!*

When the last consonant in the adjective is **c, g,** or **z,** spelling changes are required before adding **-ísimo(a, os, as).**

c→**qu** **rico→riquísimo** g→**gu** **largo→larguísimo** z→**c** **feliz→felicísimo**

5 ¡Está sabrosísimo!

Hablar
Escribir

Describe las comidas que encuentras en una fiesta. Usa adjetivos con **-ísimo.**

dulce	rico	salado
fresco	picante	sabroso
	bueno	

modelo: Esta sopa de cebolla está buenísima.

1. 

2. 

3. 

4. 

5. 

6. 

Expansión
Use an **-ísimo** adjective to describe your favorite food.

PARA Y PIENSA

¿Comprendiste? Usa adjetivos diferentes con **-ísimo** para describir estas cosas: las espinacas, el helado, el supermercado, la cocina.

Get Help Online
ClassZone.com

Presentación de GRAMÁTICA

¡AVANZA! **Goal:** Learn how to make **usted** and **ustedes** commands. Then use them to give instructions and make recommendations. ***Actividades 6–9***

English Grammar Connection: Both English and Spanish have verb forms for **commands.** In English commands, you omit the subject *you.*

Usted/Ustedes Commands

Animated Grammar ClassZone.com

To tell someone respectfully to do or not do something, use **usted commands.** Commands require a change in verb endings.

Here's how: You form **usted commands** with the **yo** form of verbs in the present tense. Drop the **-o** and add the following **endings.**

		Commands	
Infinitive	**Present Tense**	**usted**	**ustedes**
probar (ue)	**yo pruebo**	**pruebe**	**prueben**
comer	**yo como**	**coma**	**coman**
añadir	**yo añado**	**añada**	**añadan**

Pruebe el té.
***Taste** the tea.*

Coman la merienda.
***Eat** the snack.*

Añada más sal.
***Add** more salt.*

Add **no** before the verb to make commands negative.

No añada más sal.
***Don't add** more salt.*

Some common verbs have irregular **usted/ustedes** command forms.

	dar	**estar**	**ir**	**saber**	**ser**
usted	**dé**	**esté**	**vaya**	**sepa**	**sea**
ustedes	**den**	**estén**	**vayan**	**sepan**	**sean**

Vaya a la cocina. ***Go** to the kitchen.*

No **estén** tristes. *Don't **be** sad.*

Verbs ending in **-car, -gar,** and **-zar** have a spelling change in the command form.

buscar → **busque** **pagar** → **pague** **empezar** → **empiece**

Más práctica
Cuaderno *pp. 200–202*
Cuaderno para hispanohablantes *pp. 201–203*

@HomeTutor
Leveled Grammar Practice
ClassZone.com

Práctica de GRAMÁTICA

6 Recomendaciones

Hablar
Escribir

Estás escribiendo un libro de cocina básica. Haz recomendaciones sobre cómo preparar la comida. Usa la forma de **usted.**

modelo: llevar la receta al supermercado
Lleve la receta al supermercado.

xvi

Recomendaciones para tener éxito en la cocina

1. ir a un supermercado bueno
2. buscar los ingredientes más frescos
3. poner los ingredientes en la cocina
4. ser organizado
5. leer bien la receta
6. añadir los ingredientes uno por uno
7. mezclar bien los ingredientes
8. probar el plato frecuentemente
9. no estar triste si el plato no está perfecto

Expansión
Write another food preparation tip using a formal command.

7 Unas espinacas deliciosas

Escuchar

Escucha lo que dice el cocinero y pon los pasos de la receta en orden.

a. Hay que freír el ajo y la cebolla.
b. Hay que mezclar todo.
c. Hay que hervir las espinacas.
d. Hay que servirlo muy caliente.
e. Hay que probar el plato.
f. Hay que añadir pimienta y limón.

Comparación cultural

La naturaleza muerta

¿Qué revelan el estilo (style) *y el tema de una naturaleza muerta sobre un(a) artista?* Una naturaleza muerta *(still life)* es una pintura de artículos inanimados. Algunos temas frecuentes son flores *(flowers)*, frutas, platos o instrumentos. Esta pintura del artista Àngel Planells muestra una mesa con varias comidas. En otras obras, Planells fue influido *(influenced)* por su amigo Salvador Dalí, el pintor surrealista famoso. Los dos eran de Cataluña, una región en el noreste de **España.**

Naturaleza muerta *(circa 1925), Àngel Planells i Cruanyes*

Compara con tu mundo *¿Qué debe estar en una naturaleza muerta de una comida típica para ti? Compara esa comida con la comida de esta pintura.*

8 Necesito ayuda

Hablar
Escribir

Estás en la cocina con unas personas que no saben cocinar. Ayúdalos con mandatos *(commands)* en la forma de **ustedes.**

modelo: freír la cebolla en la mostaza

A ¿Debemos **freír** la cebolla en la mostaza?

B No, **no frían** la cebolla en la mostaza.

1. batir la lechuga
2. comprar ingredientes frescos
3. mezclar el azúcar y las fresas
4. añadir agua al aceite caliente
5. hervir la mayonesa
6. probar el plato antes de servirlo

Expansión
Choose two of your friends' incorrect statements and indicate what they should do instead.

9 ¿Qué hacemos?

Hablar
Escribir

Contesta las preguntas de una familia nueva en tu comunidad. Usa mandatos en la forma de **ustedes.**

modelo: ¿Adónde vamos para comer una merienda dulce?
Vayan a la panadería Maggie's.

1. ¿A qué restaurante llamamos para pedir una pizza deliciosa?
2. ¿Dónde pedimos hamburguesas sabrosas?
3. ¿Adónde vamos y qué pedimos si tenemos mucha sed?
4. ¿Dónde cenamos si queremos comida picante?
5. ¿Dónde desayunamos si tenemos mucha hambre?
6. ¿En qué supermercado compramos ingredientes frescos?

AUDIO

Pronunciación La letra d

The Spanish **d** can have a hard sound or a soft sound. At the beginning of a sentence, after a pause, or after the letters **l** or **n,** the **d** has a hard sound like the *d* of the English word *day.* In all other cases, the **d** sounds like the soft *th* sound of the English word *the.*

Listen to and repeat these phrases, noticing the soft and hard sounds of **d.**

Daniela, ¿vas al mercado?
Adiós, David.
¡La merienda está deliciosa!
Nos vemos el domingo.

Más práctica Cuaderno *pp. 200–202* Cuaderno para hispanohablantes *pp. 201–203*

PARA Y PIENSA

¿Comprendiste? Da los mandatos de **usted** y **ustedes:**

1. hacer: _____ una tortilla.
2. empezar: _____ a cocinar.
3. ir: _____ al supermercado.
4. batir: _____ los huevos.

Get Help Online
ClassZone.com

GRAMÁTICA en contexto

¡AVANZA! **Goal:** Notice the commands that José Luis and the actors use. Then, use **usted** and **ustedes** commands to complete a recipe and give advice. ***Actividades 10–12***

¿Recuerdas? Staying healthy p. 90

Telehistoria escena 2

@HomeTutor VideoPlus
ClassZone.com

STRATEGIES

Cuando lees
Identify structure and events Identify where in the scene the events shift from preparing to acting. What happens after the acting starts? Does it go as planned?

Cuando escuchas
Listen for true feelings Listen for the positive and negative comments made by the guests. What do they say? Do any feelings not correspond with the words spoken?

VIDEO DVD

AUDIO

José Luis: *(reviewing premise of film for actors)* Bueno. Los señores Vega invitaron a los señores García a una comida en su jardín. Los señores García son personas muy importantes. ¿Vale? ¡Acción!

Sra. Vega: Por favor, coman.

Sra. García: ¡Está deliciosa!

Sr. García: *(to José Luis, breaking character)* ¡No! No está sabrosa. ¿Frieron las patatas para la tortilla?

José Luis: Corte. *(meekly)* No. Las hervimos... en agua.

Sr. Vega: ¡Está saladísima! ¡Qué asco!

José Luis: Entonces, no coma la tortilla, señor Vega. Coma la ensalada...

Sr. Vega: *(apologetically)* Perdón... pero la ensalada está un poco agria. Tiene demasiado vinagre. Y la lechuga no está fresca.

Beatriz: Beban un poco de agua, por favor.

Sra. Vega: *(whispering to the others)* ¡Estos chicos no cocinan nada bien!

Beatriz: Esperen un momento. No coman más, por favor. *(to José Luis)* José Luis, necesitamos ayuda. Vamos al restaurante de mi tío, ¿vale?

José Luis: Señoras, señores, vamos a filmar la escena mañana. Por favor, vayan a casa, y regresen mañana a las siete de la mañana.

Sra. García: *(wanting them to feel better)* Pero... ¡está todo delicioso!

Sr. García laughs.

Continuará... p. 267

También se dice

España Los jóvenes dicen «¿Vale?» para decir «¿Está bien?». En otros países:
- **México** ¿Sale?
- **Colombia** ¿Bueno?

10 *Comprensión del episodio* ¡Qué asco!

Escuchar / Leer

¿Quiénes reciben estos mandatos *(commands)*? Puede haber más de una respuesta correcta.

1. Diga: «Por favor, coman.»
2. No coma la tortilla.
3. Prueben la tortilla.
4. Beban un poco de agua.
5. Digan: «Está deliciosa.»
6. Prueben el postre.
7. Empiecen todos a comer.
8. Coma la ensalada.

a. el señor García
b. la señora García
c. el señor Vega
d. la señora Vega

11 ¿Cómo se hace una tortilla de patatas?

Hablar / Escribir

Usa los dibujos para explicar los pasos de la receta. Usa mandatos en la forma de **usted.**

1.

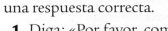

2

3.

4.

5.

6.
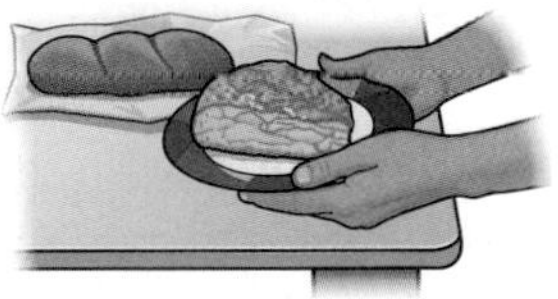

Expansión
Come up with four steps for a simple recipe you like.

12 En la clase de ejercicio

♻ ***¿Recuerdas?*** Staying healthy p. 90

Hablar / Escribir

Están en la clase de educación física. Uno de ustedes es el instructor y tiene que contestar las preguntas de los estudiantes. Usa mandatos. Luego cambien de papel.

A ¿Es importante beber mucha agua?

Instructor Sí, beban mucha agua.

B ¿Qué debemos comer?

Coman...

PARA Y PIENSA

¿Comprendiste? Usa seis mandatos en la forma de **ustedes** para decirles a tus amigos qué tienen que hacer para preparar una ensalada.

Get Help Online
ClassZone.com

Presentación de GRAMÁTICA

¡AVANZA! **Goal:** Learn where to place pronouns with **usted** and **ustedes** commands. Then use pronouns in your instructions to people you don't know well, to your teacher, and to your friends and family. ***Actividades 13–16***

¿Recuerdas? Chores p. R7

English Grammar Connection: You often use **pronouns** with **commands** to direct the action of the **verb** at someone or something. For both affirmative and negative commands in English, you place pronouns *after* the verb.

after	*attached*	*after*	*before*
Give me the ball.	**Déme** la pelota.	Don't **touch them.**	No **los toque.**

Pronoun Placement with Commands

Animated Grammar
ClassZone.com

In Spanish, the placement of pronouns depends on whether a **command** is **affirmative** or **negative.**

Here's how:

In **affirmative commands,** you *attach* **object pronouns** to the end of the **verb.**

attached

Affirmative: **Llévenos** al supermercado.
Take us *to the supermarket.*

Pónganlas en la mesa.
Put them *on the table.*

Note that when a pronoun is attached to an affirmative command of two syllables or more, the stressed vowel carries an accent.

In **negative commands,** you place **object pronouns** *before* the **verb** and after **no.**

before

Negative: **No le venda** esta camisa.
Don't sell her *this shirt.*

No lo prueben.
Don't taste it.

Más práctica

Cuaderno *pp. 203–205*

Cuaderno para hispanohablantes *pp. 204–207*

@HomeTutor
Leveled Grammar Practice
ClassZone.com

Práctica de GRAMÁTICA

13 ¡A cocinar!

Hablar
Escribir

Dile a la señora Vega lo que debe y no debe hacer con estos ingredientes. Usa mandatos en la forma de **usted.**

modelo: freír

A: ¿Qué hago con los huevos? ¿Los frío?

B: Sí, fríalos.

1. hervir

2. probar

3. batir

4. no freír

5. no añadir

6. no servir

Expansión
Now tell señora Vega to do the opposite:
¿Los huevos?
No los fría.

14 ¡Mucho trabajo!

¿Recuerdas? Chores p. R7

Hablar
Escribir

Tú y tu hermano(a) tienen que hacer unos quehaceres antes de salir. ¿Cuáles son? Pregúntale a tu madre o a tu padre si ustedes tienen que hacer estas actividades.

modelo: limpiar los baños

A: ¿Tenemos que limpiar los baños?

B: Sí, límpienlos. (No, no los limpien.)

1. barrer el suelo
2. cortar el césped
3. sacar la basura
4. lavar los platos
5. hacer las camas
6. pasar la aspiradora
7. poner la mesa
8. darle de comer al perro

15 Nuevas reglas

Escribir

Pídele a tu maestro(a) de español que haga o no haga cinco cosas para la clase. Escribe tus ideas en una lista.

modelo: 1. No nos dé tarea todos los días.
2. Ayúdenos con...

Expansión
List in Spanish the five most frequent commands used by your teacher.

16 ¡Prueben las tapas!

Hablar

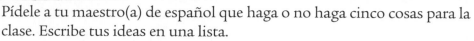

Comparación cultural

Las tapas

¿Cuál es la relación entre las tradiciones y la comida? Una tradición en **España** es comer tapas, que son porciones pequeñas de comida. A muchos españoles les gusta ir a un restaurante con los amigos para conversar y comer tapas antes de cenar. Las aceitunas *(olives)*, el jamón, los calamares *(squid)* y los pulpos *(octopus)* son tapas típicas. Otra tapa es la ensaladilla rusa, una mezcla de patatas, zanahorias, guisantes *(peas)* y mayonesa. Una tapa muy popular es la tortilla de patatas. Este tipo de tortilla es muy diferente a las tortillas que encontramos en **México** y en **Centroamérica,** que son delgadas y de maíz *(corn)* o harina *(flour)*.

Compara con tu mundo *¿Qué tapa te gustaría probar y por qué? ¿Comes alguna comida similar a las tapas?*

Aceitunas

Pulpos

Tortilla de patatas

Vas a probar unas tapas en tu clase de español. En tu grupo, hagan los papeles de un(a) profesor(a) y sus estudiantes. Hablen sobre las tapas y usen mandatos.

Pistas: probar, comer, poner, dar, servir

Profesor Las tapas están calientes. Pónganlas en la mesa.

A Señor, déme la tortilla de patatas.

Profesor La ensalada rusa es deliciosa también. Pruébenla.

B Sírvame más, por favor.

Más práctica Cuaderno *pp. 203–205* Cuaderno para hispanohablantes *pp. 204–207*

PARA Y PIENSA

¿Comprendiste? Contesta en el afirmativo y luego en el negativo. Cada vez usa un mandato de **usted** y un pronombre de objeto directo.

1. ¿Corto las zanahorias? **2.** ¿Bato los huevos?

Get Help Online
ClassZone.com

Todo junto

¡AVANZA! **Goal:** ***Show what you know.*** Listen as the kids prepare a Spanish tortilla from a recipe. Use what you have learned to talk about preparing and tasting food and to write a recipe of your own. ***Actividades 17–21***

Telehistoria completa

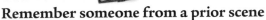

@HomeTutor VideoPlus
ClassZone.com

STRATEGIES

Cuando lees
Remember someone from a prior scene
Remember Beatriz's uncle, who was mentioned in Scenes 1 and 2. What is his profession? How does that relate to his role in Scene 3? Why is he an authority here?

Cuando escuchas
Listen for the surprise ending
Tío Vicente wants to be helpful to José Luis. What does he want to tell him? Do you think José Luis gets the message?

Escena 1 ***Resumen***
José Luis y Beatriz se preparan para filmar su película. Ponen una mesa con mucha comida que preparó José Luis.

Escena 2 ***Resumen***
En la escena, los actores están comiendo. Prueban algunos platos, pero todos están horribles. No pueden terminar la escena.

VIDEO DVD

AUDIO

Escena 3

José Luis: Ahora vamos a usar una receta. *(reading from a cookbook)* «Ingredientes: aceite, cuatro patatas grandes, una cebolla grande, cuatro huevos y sal.» «Primero, corte las patatas y las cebollas. Fríalas despacio en el aceite caliente.»

Beatriz mixes and adds ingredients.

José Luis: *(reading)* «Bata los huevos, mézclelos con las patatas y la cebolla, y añada la sal. Fríalo, pero no lo cocine demasiado.»

Tío Vicente: ¿Qué estáis haciendo?

Beatriz: Estamos preparando una tortilla de patatas, tío Vicente, para el video. ¿Y tú?

Tío Vicente: Estoy comiendo la merienda.

Time has passed and the tortilla is ready.

José Luis: *(cutting a little piece)* Pruébela. ¿No tiene un sabor buenísimo?

Tío Vicente: No. ¡Está malísima! ¿Queréis saber el ingrediente secreto para hacer una tortilla perfecta?

Tío Vicente's assistant prepares a dish and turns on the blender.

José Luis: Perdón, repítalo por favor. ¿Cuál es el ingrediente secreto?

Just as Tío Vicente starts to speak, the assistant turns the blender on again.

17 *Comprensión de los episodios* Siga la receta

Escuchar
Leer

Pon los pasos de la receta en orden cronológico.

a. Bata los huevos.
b. Añada la sal.
c. No lo cocine demasiado.
d. Corte las patatas y las cebollas.
e. Mézclelos con las patatas y la cebolla.
f. Fríalas despacio en el aceite caliente.

18 *Comprensión de los episodios* ¡A cocinar!

Escuchar
Leer

Contesta las preguntas en oraciones completas.

1. ¿Qué hacen los chicos antes de filmar?
2. ¿Quiénes necesitan probar las comidas?
3. ¿Qué dicen ellos del sabor de las diferentes comidas?
4. ¿Qué preparan los chicos en la cocina del tío Vicente?
5. ¿Qué dice el tío Vicente sobre la tortilla de patatas?
6. ¿Sabes cuál es el ingrediente secreto? ¿Por qué?

19 En la cocina

Hablar

STRATEGY Hablar
Use an order for remembering and speaking Decide on a sequence for serving the foods in the meal. Organize the role-play based on this expected order of foods to make remembering and speaking easier.

Ustedes están en la cocina de un nuevo chef. Preparen una conversación entre el (la) chef, la Señora Pruébalotodo (a quien le gusta todo) y el Señor Nadalegusta (a quien no le gusta nada). Hablen de un mínimo de cinco comidas.

modelo:

Chef: Ésta es mi tortilla deliciosa. Pruébenla.
Sra. Pruébalotodo: ¡Está sabrosísima!
Sr. Nadalegusta: En mi opinión está saladísima. No me dé más, por favor.
Chef: Pues, beba usted un poco de agua antes de comer las espinacas.
Sra. Pruébalotodo: Me encantan las espinacas. Sírvame más, por favor.
Sr. Nadalegusta: ¡Qué asco! Tienen un sabor muy...

20 Integración

Leer
Escuchar
Hablar

Lee la lista de ingredientes y escucha el programa «Cocinando con Nacho». Luego da instrucciones para preparar una ensalada con vinagreta *(vinaigrette)* para la cena.

Fuente 1 Lista de ingredientes

VINAGRETA
INGREDIENTES:
8 CENTILITROS (CL.) DE ACEITE
4 CL. DE VINAGRE ROJO
1 GRAMO (G.) DE MOSTAZA
1 DIENTE DE AJO
20 G. DE CEBOLLA
2 CL. DE ZUMO DE LIMÓN
SAL
PIMIENTA

Fuente 2 Programa de cocina

Listen and take notes

- ¿Es difícil hacer la vinagreta?
- ¿Cuándo debes prepararla?
- ¿Qué ingredientes recomienda Nacho para la ensalada?

modelo: Escúchenme, amigos. Vamos a empezar a hacer la ensalada para esta noche. Primero...

21 Mi receta

Escribir

Escribe la receta de uno de tus platos favoritos. Incluye una lista de los ingredientes (un mínimo de cinco) y los pasos que hay que seguir.

Receta para Arroz con pollo
De la cocina de Daniel Torres
Ingredientes: pollo, una cebolla...
Pasos: 1. Corte el pollo.
2. Fría...

Writing Criteria	Excellent	Good	Needs Work
Content	You include five or more ingredients and a good range of vocabulary.	You include three to four ingredients and a fair range of vocabulary.	You include one or two ingredients and the vocabulary is very limited.
Communication	Your recipe is organized and easy to follow.	Parts of your recipe are organized and easy to follow.	Your recipe is disorganized and hard to follow.
Accuracy	Your recipe has few mistakes in grammar and vocabulary.	Your recipe has some mistakes in grammar and vocabulary.	Your recipe has many mistakes in grammar and vocabulary.

Expansión
Write two sentences to describe the flavor of the food you are writing a recipe for.

Más práctica Cuaderno *pp. 206–207* Cuaderno para hispanohablantes *pp. 208–209*

PARA Y PIENSA

¿Comprendiste? Usa mandatos en la forma de **ustedes** para darles dos consejos a José Luis y Beatriz.

Get Help Online
ClassZone.com

Lectura

¡AVANZA! **Goal:** Read the following two poems by Chilean poet Pablo Neruda. Then discuss the poems and write one of your own to describe a food or condiment you appreciate.

Dos odas de Pablo Neruda

Pablo Neruda (1904–1973) fue un famoso poeta chileno (Premio Nobel de Literatura, 1971). Neruda escribió muchas odas[1]. En sus odas, Neruda describe las cosas más básicas de la vida[2]. Por ejemplo, escribió una oda a la mesa y otra a la silla, objetos que usamos todos los días. También escribió odas a muchos alimentos[3] esenciales como la cebolla, el limón, la sal y el aceite. Lee los siguientes versos de Neruda.

STRATEGY Leer

Make a comparison chart

In a chart, list at least four images or metaphors per ode. Compare them by (a) meaning and (b) impact on you. Which are your favorites?

	sal	aceite
1	canta con una boca ahogada por la tierra	
2		
3		
4		

Oda a la sal

Esta sal
del salero[4]
yo la vi en los salares[5].
Sé que
no van a creerme,
pero
canta,
canta la sal, la piel
de los salares,
canta
con una boca ahogada[6]
por la tierra[7].
Me estremecí[8] en aquellas
soledades[9]
cuando escuché
la voz[10]
de
la sal
en el desierto...

[1] odes [2] life [3] food items [4] saltshaker [5] salt mines
[6] stifled [7] earth [8] **Me...** I shuddered [9] lonely places [10] voice

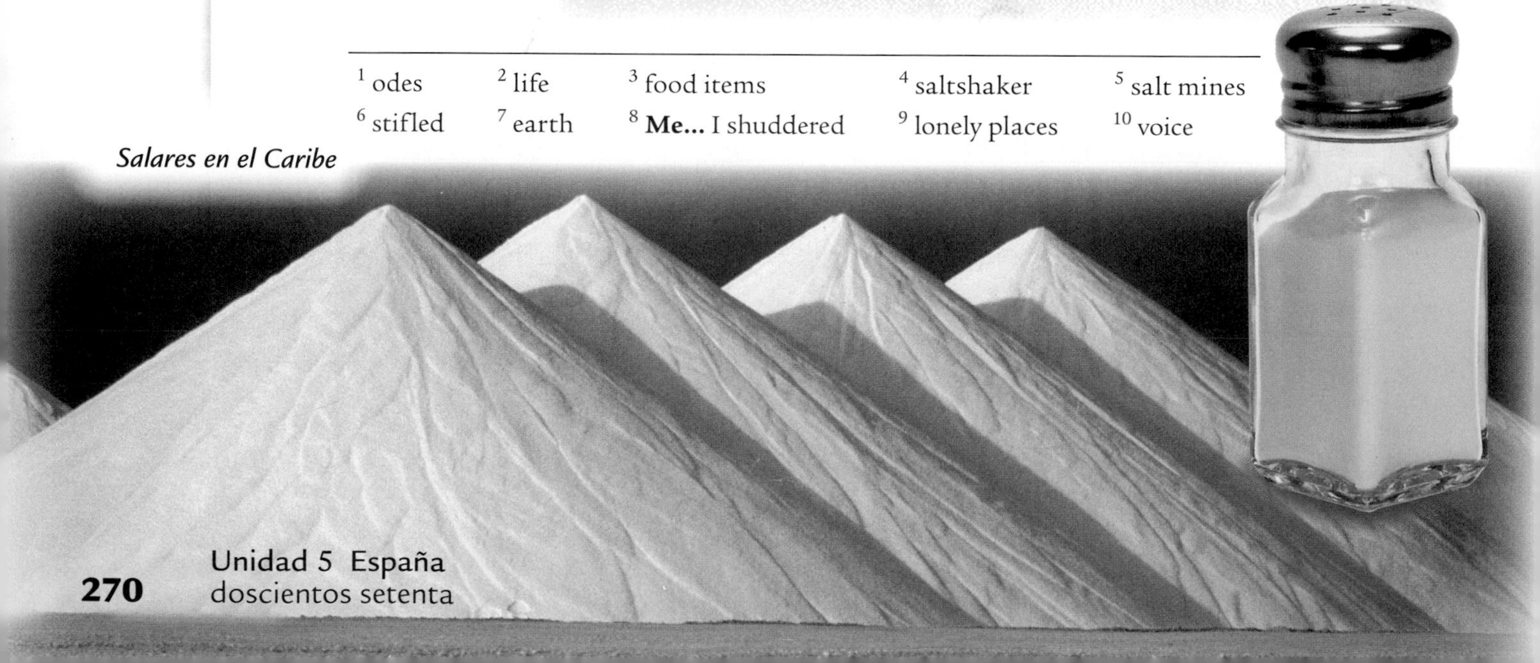

Salares en el Caribe

Olivar en Extremadura, España

Oda al aceite

...allí
en
los secos[1]
olivares[2], [...]
la cápsula
perfecta
de la oliva
llenando[3]
con sus constelaciones el follaje[4]:
más tarde
las vasijas[5],
el milagro[6],
el aceite. [...]

Aceite, [...]
llave celeste de la mayonesa,
suave y sabroso
sobre las lechugas, [...]
Aceite, [...]
eres idioma
castellano[7]:
hay sílabas de aceite,
hay palabras
útiles[8] y olorosas[9]
como tu fragante materia...

[1] dry [2] olive groves [3] filling up [4] foliage [5] containers
[6] miracle [7] **idioma...** Spanish language [8] useful [9] fragrant

PARA Y PIENSA

¿Comprendiste?

1. ¿Quién es Pablo Neruda? ¿Qué hace Neruda en sus odas?
2. ¿Sobre qué cosas escribió Neruda algunas odas?
3. Según Neruda, ¿qué hace la sal? ¿Dónde puedes escuchar la sal?
4. ¿De qué tipo de aceite escribe Neruda?

¿Y tú?

¿Qué otros alimentos conoces? ¿Cómo describes sus características básicas? Escribe un pequeño poema para rendirle homenaje *(pay homage)* a uno de estos alimentos.

Conexiones *La geografía*

Las comunidades autónomas

El país de España se divide *(is divided)* en diecisiete comunidades autónomas *(autonomous communities)*. En una comunidad autónoma, el gobierno *(government)* tiene mucho control sobre las leyes *(laws)* y la economía. Cada *(each)* una de las comunidades autónomas tiene su propia manera *(own way)* de gobernar y su propia cultura. Siete comunidades tienen un idioma *(language)* oficial además del *(in addition to)* español. Los cinco idiomas regionales son aragonés, catalán, gallego, valenciano y vasco.

Mira el mapa y lee los nombres de las comunidades autónomas. ¿Qué comunidades hablan los idiomas regionales? Para cada idioma, escribe la(s) comunidad(es) donde se habla. ¿Puedes adivinar *(guess)* cuáles idiomas son similares al portugués y al francés?

España

Proyecto 1 *La salud*

Busca tres comidas o platos de diferentes regiones de España. Anota los platos y las comunidades autónomas donde se preparan *(they are prepared)*. Luego, investiga uno y describe cómo se prepara. ¿Cuáles ingredientes son buenos para la salud? ¿Por qué?

Proyecto 2 *La historia*

Muchos españoles se identifican *(identify)* con su comunidad autónoma más que con su país. Esta actitud *(attitude)* es el resultado de una larga historia política y social. Muchos grupos distintos han vivido *(have lived)* en diferentes partes de España. Investiga sobre la historia de España en una enciclopedia o la biblioteca. Haz una cronología *(timeline)* de los grupos que vivieron en España desde el año 800 a.C. hasta el año 1492.

Proyecto 3 *La música*

Hay muchos tipos de música en España, como el flamenco, el fandango y la sardana. Escucha un ejemplo de música española y describe la música: los instrumentos, el ritmo y otros detalles. Escribe la(s) comunidad(es) autónoma(s) donde se toca la música que escuchaste.

Una bailaora de flamenco con castañuelas

Lección 1

En resumen

Vocabulario y gramática

Animated Grammar
Interactive Flashcards
ClassZone.com

Vocabulario

Ingredients

el aceite	*oil*	la mayonesa	*mayonnaise*
el ajo	*garlic*	la mostaza	*mustard*
el azúcar	*sugar*	la pimienta	*pepper*
la cebolla	*onion*	la sal	*salt*
las espinacas	*spinach*	el vinagre	*vinegar*
la fresa	*strawberry*	la zanahoria	*carrot*
la lechuga	*lettuce*	el ingrediente	*ingredient*
el limón	*lemon*	el supermercado	*supermarket*

Discuss Food Preparation

añadir	*to add*
batir	*to beat*
freír (i)	*to fry*
hervir (ie)	*to boil*
mezclar	*to mix*
probar (ue)	*to taste*
la receta	*recipe*
la tortilla de patatas	*potato omelet*

Describe Food

el sabor	*flavor*	fresco(a)	*fresh*
agrio(a)	*sour*	picante	*spicy; hot*
caliente	*hot (temperature)*	sabroso(a)	*tasty*
delicioso(a)	*delicious*	salado(a)	*salty*
dulce	*sweet*	¡Qué asco!	*How disgusting!*

Having Meals

cenar	*to have dinner*
desayunar	*to have breakfast*
la merienda	*afternoon snack*

Gramática

Nota gramatical: Adjectives ending in **-ísimo** *p. 258*

Usted/Ustedes Commands

You form **usted commands** with the **yo** form of verbs in the present tense. Drop the **-o** and add the following **endings.**

Infinitive	Present Tense	usted	ustedes
probar (ue)	**yo pruebo**	**pruebe**	**prueben**
comer	**yo como**	**coma**	**coman**
añadir	**yo añado**	**añada**	**añadan**

Pronoun Placement with Commands

In **affirmative commands,** you *attach* **object pronouns** to the end of the **verb.**

attached

Affirmative: Llévenos al supermercado.
Take us *to the supermarket.*

In **negative commands,** you place **object pronouns** *before* the **verb** and after **no.**

before

Negative: No le venda esta camisa.
Don't sell her *this shirt.*

Lección 1

Repaso de la lección

¡LLEGADA!

@HomeTutor ClassZone.com

Now you can
- identify and describe ingredients
- talk about food preparation and follow recipes
- give instructions and make recommendations

Using
- adjectives ending in **-ísimo**
- **usted / ustedes** commands
- pronoun placement with commands

To review
- **usted** commands, p. 259
- pronoun placement with commands, p. 264

1 Listen and understand

AUDIO

Escucha una receta para ensaladilla rusa: una ensalada de patatas con mayonesa. ¿Qué debes hacer con los ingredientes en cada paso? Escoge el verbo o los verbos apropiados y escribe mandatos.

cortar	hervir	freír
mezclar	batir	probar
añadir	poner	servir

modelo: cuatro patatas y una zanahoria: ____
Córtelas.

1. las patatas y la zanahoria: ____
2. la cebolla: ____
3. 1/4 de litro de aceite, un huevo, un poco de vinagre y sal: ____ y ____
4. las patatas, las zanahoria y la mayonesa: ____
5. la ensalada y la sal: ____ y ____
6. la ensalada de patatas, un plato: ____
7. un huevo, la cebolla y pimienta roja: ____
8. la ensalada: ____

To review
- adjectives ending in **-ísimo,** p. 258

2 Identify and describe ingredients

Lee las reacciones a la comida. Describe la comida con el adjetivo correcto con **-ísimo.**

modelo: La tortilla de patatas tiene demasiada sal. (dulce / salado)
Está saladísima.

1. La ensalada está perfecta. (salado / fresco)
2. El postre tiene demasiado azúcar. (dulce / agrio)
3. ¡Qué asco! Este plato no tiene buen sabor. (fresco / malo)
4. Hmmm. El helado está muy sabroso. (malo / rico)
5. Hay mucha pimienta en la sopa. (dulce / picante)
6. ¡Qué delicioso está el pollo! (salado / sabroso)

To review
- **ustedes** commands, p. 259

3 Give instructions and make recommendations

Hay nuevos jóvenes trabajando en el supermercado. Su jefe les da instrucciones. ¿Qué dice?

modelo: empezar a lavar las zanahorias
Empiecen a lavar las zanahorias.

1. probar la lechuga
2. ir a traer más espinacas
3. buscar esta mostaza
4. escribir los precios correctos
5. darle unas fresas a la señora.
6. saber los precios de limones
7. ser organizados con el aceite y vinagre
8. estar contentos cuando trabajan

To review
- **usted** commands, p. 259
- pronoun placement with commands, p. 264

4 Talk about food preparation and follow recipes

Los señores Díaz nunca están de acuerdo. El señor Díaz es positivo y la señora Díaz es negativa. ¿Qué dice cada uno sobre cómo preparar la comida?

modelo: poner/en el sándwich
el señor Díaz: **Póngala** en el sándwich.
La señora Díaz: **No la ponga** en el sándwich.

1. poner/en la hamburguesa

2. cortar/para la ensalada

3. freír/para la tortilla

4. mezclar/en la ensalada de frutas

5. hervir/para la la merienda

6. añadir/a la sopa

To review
- Churrerías, p. 251
- Comparación cultural, pp. 260, 266
- Lectura, pp. 270–271

5 Spain

Comparación cultural

Contesta estas preguntas culturales.

1. ¿Qué piden los españoles en las churrerías?
2. ¿De dónde era Àngel Planells? ¿Qué hay en su naturaleza muerta?
3. ¿Cuándo comen tapas los españoles?
4. ¿Cómo describe Pablo Neruda el aceite?

Más práctica Cuaderno *pp. 208–219* Cuaderno para hispanohablantes *pp. 210–219*

Get Help Online
ClassZone.com

UNIDAD 5

España

Lección 2

Tema:

¡Buen provecho!

¡AVANZA! **In this lesson you will learn to**

- order meals in a restaurant
- talk about meals and dishes
- describe food and service

using

- affirmative and negative words
- double object pronouns

¿Recuerdas?

- prepositions of location
- pronoun placement with commands

Comparación cultural

In this lesson you will learn about

- Spanish artist María Blanchard
- dining schedules and specialties in Spain, Uruguay, and El Salvador
- Spanish and El Salvadoran recipes to make

Compara con tu mundo

Los chicos en la foto están comiendo al aire libre en la terraza *(terrace)* de un restaurante en Toledo, España. *¿Te gusta comer en restaurantes? ¿Qué tipo de restaurante prefieres?*

¿Qué ves?

Mira la foto

¿Qué están haciendo las personas en la foto?

¿Qué edificios ves en la ciudad? ¿Cómo son?

¿Es una ciudad antigua o moderna?

Online SPANISH CLASSZONE.COM

Featuring...
- Cultura INTERACTIVA
- Animated Grammar
- @HomeTutor

And more...
- Get Help Online
- Interactive Flashcards
- Review Games
- WebQuest
- Self-Check Quiz

Un restaurante al aire libre
Toledo, España

Presentación de VOCABULARIO

¡AVANZA! **Goal:** Learn to identify items in a place setting, describe various dishes, and order in a restaurant. Then, talk about your restaurant and dining preferences. ***Actividades 1–3***

VIDEO DVD

AUDIO

A Estamos en el restaurante del tío Vicente. El camarero es **muy atento.** Nos trae el menú y pedimos. Beatriz pide **la paella** y yo pido **un plato vegetariano, los espaguetis.** Es **una especialidad de la casa.** Todo parece riquísimo.

¿Me puede traer más agua?
Sí, claro. ¿Y para comer?
los espaguetis
la paella

B De **entremés** pedimos **el gazpacho.** Es una sopa fría de tomates y otras verduras frescas, **mezcladas** y **molidas.** Para prepararla, usas verduras **crudas,** no **cocidas.**

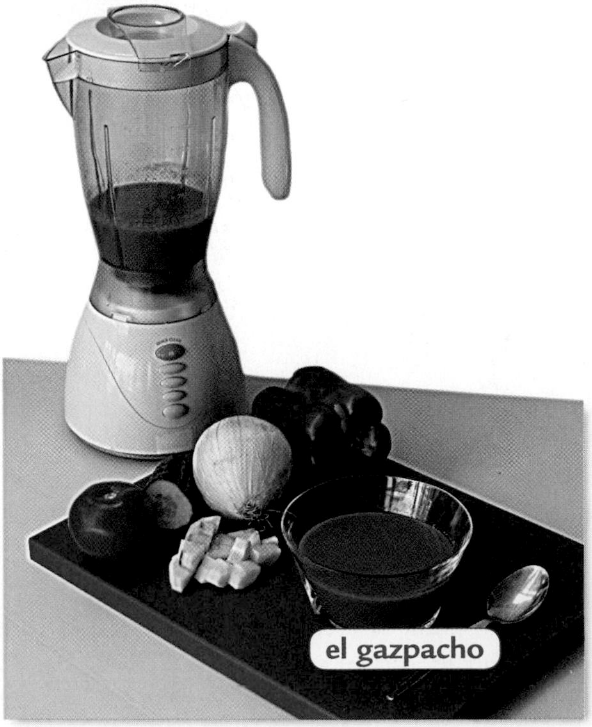

Más vocabulario

el caldo *broth*
frito(a) *fried*
hervido(a) *boiled*
batido(a) *beaten*
¿Cuál es la especialidad de la casa? *What is the specialty of the house?*
¡Buen provecho! *Enjoy!*
¡Excelente! *Excellent!*
Muy amable. *Very kind.*
Gracias por atenderme. *Thank you for your service.*

Expansión de vocabulario p. R11
Ya sabes p. R11

C Hay más especialidades en este restaurante. A nosotros nos encantan **el filete a la parrilla, el pollo asado** y **las chuletas de cerdo.** ¡Son muy deliciosos!

D ¿Qué pedimos de postre? ¿**El flan** o **la tarta de chocolate**? ¿Y **un té para beber**?

E ¿Por qué no vamos a otro lugar para el postre? Podemos ir a **una heladería** para comer helado o a **una pastelería** para pasteles. ¡Vamos!

¡A responder! Escuchar

Escucha esta lista de palabras. Levanta la mano derecha si es una comida. Levanta la mano izquierda si es un objeto que usas para comer.

@HomeTutor VideoPlus
Interactive Flashcards
ClassZone.com

Práctica de VOCABULARIO

1 ¿Qué usas?

Hablar
Escribir

Explica qué usas cuando comes estas comidas.

modelo: Cuando como un filete a la parrilla, uso un tenedor y un cuchillo.

1.

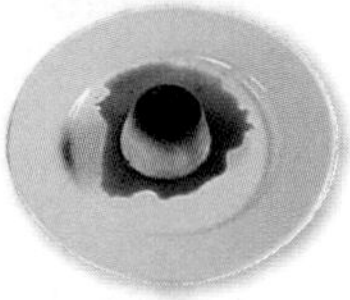

2.

3.

4.

2 ¡Muy atento!

Leer
Escribir

Completa la conversación.

amable	atenderme	entremés	gazpacho	té
asado	especialidad	frito	provecho	traer

Cliente: ¿Cuál es la __**1.**__ de la casa?
Camarero(a): El pollo. Lo servimos __**2.**__ o __**3.**__ .
Cliente: ¿Me puede __**4.**__ el pollo asado, por favor?
Camarero(a): Sí, ¡cómo no! ¿Quiere un __**5.**__ ?
Cliente: Sí, el __**6.**__ . Y para beber, un vaso de __**7.**__ frío. Gracias por __**8.**__ . Muy __**9.**__ .
Camarero(a): ¡Buen __**10.**__ !

Expansión
Play the roles with a partner. Change the items of food that are discussed.

3 ¿Y tú?

Hablar
Escribir

Contesta las preguntas, indicando tus preferencias.

1. En restaurantes, ¿pides platos vegetarianos o platos con carne?
2. ¿Cuál es un plato que te gusta?
3. ¿Cómo prefieres las verduras? ¿Hervidas, fritas o crudas?
4. ¿Prefieres ir a una heladería o una pastelería? ¿Qué pides allí?

Más práctica Cuaderno *pp. 220–222* Cuaderno para hispanohablantes *pp. 220–223*

PARA Y PIENSA

¿Comprendiste? ¿Qué le dices al camarero si... ?
1. quieres saber qué plato especial tienen **2.** él hizo un buen trabajo

Get Help Online
ClassZone.com

VOCABULARIO en contexto

¡AVANZA! **Goal:** Focus on tío Vicente's instructions to the kids in the following scene. Then tell someone how to set a table. ***Actividades 4–5***

¿Recuerdas? Prepositions of location p. R9

Telehistoria escena 1

@HomeTutor VideoPlus
ClassZone.com

STRATEGIES

Cuando lees

Make it personal How many types of food are mentioned or implied in this scene? Which ones would you like to try, including those at the **heladería** and the **pastelería**?

Cuando escuchas

Listen for the real meaning What do you think Beatriz really means when she whispers about working in other places? Is she serious or playful? How do you know?

VIDEO DVD

AUDIO

Tío Vicente: Debéis poner la servilleta aquí. El tenedor va a la izquierda. El cuchillo va encima de la servilleta. La cuchara al lado del cuchillo. Y... el vaso aquí.

Beatriz: *(whispering to José Luis)* ¿Por qué estamos trabajando aquí?

José Luis: ¡Porque necesitamos más dinero para terminar la película!

Tío Vicente: A escribir...

Beatriz: *(whispering)* ¿Por qué no trabajamos en una heladería? ¡Así, mientras trabajamos, podemos comer helado!

Tío Vicente: A escribir. Las especialidades para hoy son: filete a la parrilla, pollo asado y espaguetis.

Beatriz: *(whispering)* O en una pastelería. ¡Mmmm! *(José Luis shushes her.)*

Tío Vicente: De entremés tenemos gazpacho. *(José Luis makes a face.)* Tenéis que servirlo. No tenéis que comerlo.

Beatriz: Muy amable, gracias.

Continuará... p. 286

4 *Comprensión del episodio* Los nuevos camareros

Escuchar
Leer

Escoge la respuesta correcta.

1. Tío Vicente les enseña a José Luis y a Beatriz dónde poner ____ .
  a. la servilleta, el tenedor, el cuchillo, la cuchara y el vaso
  b. las especialidades para hoy
  c. el dinero que les dan los clientes

2. Una de las especialidades para hoy es ____ .
  a. chuletas de cerdo
  b. paella
  c. espaguetis

3. José Luis y Beatriz trabajan en el restaurante porque necesitan ____ .
  a. aprender a cocinar
  b. comer helado
  c. dinero para hacer su película

4. A José Luis no le gusta ____ .
  a. la carne molida
  b. el gazpacho
  c. el filete a la parrilla

5 ¿Dónde pongo...? *¿Recuerdas?* Prepositions of location p. R9

Escribir
Hablar

Explícale a tu compañero(a) cómo poner la mesa.

modelo: la servilleta

A ¿Dónde pongo la servilleta?

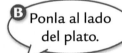

B Ponla al lado del plato.

1. el tenedor
2. el cuchillo
3. la cuchara
4. el vaso

Expansión
Draw an unusual place setting, and don't let your partner see it. Your partner will draw it based on your verbal instructions. Compare your drawings.

PARA Y PIENSA

¿Comprendiste? ¿Qué usas para comer las siguientes comidas?
1. Como un filete con ____ y ____ . **2.** Como caldo con ____ .

Get Help Online
ClassZone.com

Presentación de GRAMÁTICA

¡AVANZA! **Goal:** Learn affirmative and negative words and how to use them correctly. Then use them to talk about restaurant offerings and to discuss your plans for the weekend. ***Actividades 6–9***

English Grammar Connection: To express a negative idea in English, you often use a **negative word** followed by an **affirmative word.** In Spanish, negative ideas sometimes require two **negative words,** called a **double negative.**

Affirmative and Negative Words

Animated Grammar
ClassZone.com

Indefinite words refer to non-specific people, things, or situations and can be **affirmative** or **negative.** How do you use them in Spanish?

Here's how:

Affirmative Words		Negative Words	
algo	*something*	**nada**	*nothing*
alguien	*someone*	**nadie**	*no one*
algún/alguno(a)	*some*	**ningún/ninguno(a)**	*none, not any*
o... o	*either . . . or*	**ni... ni**	*neither . . . nor*
siempre	*always*	**nunca**	*never*
también	*also*	**tampoco**	*neither, either*

Alguno(a) and **ninguno(a)** have different forms before masculine singular **nouns.**

alguno *becomes* → **algún** | **ninguno** *becomes* → **ningún**

¿Quieres **algún** filete?
*Do you want **some** steak?*

No, no quiero **ningún** plato con carne.
*No, I do **not** want **any** dish with meat.*

A **double negative** is required in Spanish when **no** comes before the verb. Indefinite words that follow **no** must be negative.

No veo **nada.** *I do **not** see **anything.***

When **alguien** or **nadie** is the object of a verb, it is preceded by the personal **a.**

¿Conoces **a alguien** de España?
*Do you know **anyone** from Spain?*

No, no conozco **a nadie** de España.
*No, I do **not** know **anyone** from Spain.*

Más práctica
Cuaderno *pp. 223–225*
Cuaderno para hispanohablantes *pp. 224–226*

@HomeTutor
Leveled Grammar Practice
ClassZone.com

Práctica de GRAMÁTICA

6 ¡Qué pesimista!

Hablar
Escribir

Tú y tu amigo(a) pesimista trabajan en un restaurante. ¿Qué dicen? Usen palabras afirmativas o negativas.

A: Siempre es divertido trabajar en un restaurante.

B: Nunca es divertido trabajar en un restaurante.

1. Algún cliente me va a decir: «Muy amable.»
2. Alguien va a darme una buena propina.
3. Los clientes van a pedir o el pollo asado o los espaguetis.
4. También van a pedir el filete a la parrilla.
5. De postre servimos algo sabroso hoy.
6. No vamos a tener ningún problema.

7 ¡Me encanta el flan!

Escuchar
Escribir

Escucha lo que dice Beatriz e indica si las oraciones son ciertas o falsas. Corrige las oraciones falsas.

1. No hay nadie famoso en la familia de Beatriz.
2. Si algún día tienes hambre, debes comer en la casa de Beatriz.
3. Nadie cocina como el tío de Beatriz.
4. La madre y la abuela de Beatriz preparan comidas sabrosísimas.
5. No hay nada más rico que el flan que hace Beatriz.

Expansión
Create two additional optimistic statements and two pessimistic statements.

Comparación cultural

La inspiración artística

¿Cómo escogen (choose) *los artistas los temas de sus pinturas?* La artista española María Blanchard estudió pintura en Madrid, **España** y París, Francia. Era amiga del pintor mexicano Diego Rivera y otros artistas famosos. Además *(besides)* de pintar, enseñó clases de arte. Con el dinero que recibió de la venta *(sale)* de sus pinturas, Blanchard pudo ayudar a su familia, y su hermana y sus hijos vinieron a vivir con ella. Uno de sus temas preferidos era escenas de familias y niños. En esta pintura vemos una chica joven que está probando unos postres y tartas dulces.

La niña con pasteles *(circa 1921), María Blanchard*

Compara con tu mundo *¿Qué piensas de la pintura? ¿Representa un día especial? ¿Qué comes en un día especial para ti?*

8 ¡Venga a vernos!

Leer
Hablar
Escribir

Lee este anuncio del restaurante Casa Isabel y contesta las preguntas.

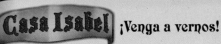

Casa Isabel ¡Venga a vernos!

Siempre estamos cocinando algo delicioso en el restaurante Casa Isabel. No hay nada como nuestro gazpacho, un entremés sabrosísimo. También tenemos algunas especialidades riquísimas de la casa, como nuestra paella grandísima- ¡es única! Si le gusta la carne, puede pedir o las chuletas de cerdo o el filete a la parrilla. ¡Nunca va a encontrar carnes más frescas y sabrosas! Servimos platos vegetarianos, como los espaguetis. ¡Nadie prepara espaguetis como éstos! Si prefiere algo pequeño, tenemos un rico caldo de pollo con verduras. En fin, no hay ningún otro restaurante como el nuestro, ¡ni en España ni en todo el mundo!

Horas Comida: 12:00–16:00 Cena: 20:00–24:00 Avenida América 20 • Toledo Tel: 925-555-222

1. ¿Es verdad que nunca preparan comida deliciosa en el restaurante Casa Isabel?
2. ¿Hay algún entremés sabroso? ¿Cuál es?
3. ¿El anuncio recomienda la paella? ¿Cómo sabes?
4. Si alguien no tiene mucha hambre, ¿qué puede pedir?
5. ¿Por qué son especiales los platos con carne? ¿Y los espaguetis?
6. ¿Hay muchos restaurantes como éste? ¿Por qué?

9 ¿Qué vais a hacer?

Hablar
Escribir

Hablen de sus planes para el sábado.

modelo: comer algo en un restaurante

A: ¿Tu y tu amigo(a) vais a comer algo en un restaurante?

B: No, no vamos a comer nada en un restaurante. (Sí, vamos a comer pollo asado en un restaurante.)

1. ver alguna película nueva
2. visitar a alguien
3. comprar algo
4. mirar la televisión
5. ir a alguna fiesta
6. hacer algo interesante

Expansión
For your "yes" answers, describe your plans further. For "no" answers, explain why you will not do the activity.

Más práctica Cuaderno *pp. 223–225* Cuaderno para hispanohablantes *pp. 224–226*

PARA Y PIENSA

¿Comprendiste? Da lo contrario *(opposite)* de...

1. alguien: _____
2. nunca: _____
3. ningún: _____
4. algo: _____
5. o... o: _____
6. también: _____

Get Help Online
ClassZone.com

GRAMÁTICA en contexto

¡AVANZA! **Goal:** Notice the affirmative and negative words in Beatriz's conversation with a restaurant customer. Then, use affirmative and negative words to talk about restaurants in your community. ***Actividades 10–12***

Telehistoria escena 2

@HomeTutor VideoPlus
ClassZone.com

STRATEGIES

Cuando lees
Read for specific details While reading, identify and count the errors Beatriz makes while serving. What do you think her problem is: little knowledge, lack of interest, or something else?

Cuando escuchas
Alternate general and focused attention Use general and focused attention for understanding and memory. Listen three times, placing attention on (a) the scene, (b) the customer, (c) Beatriz.

VIDEO DVD

AUDIO

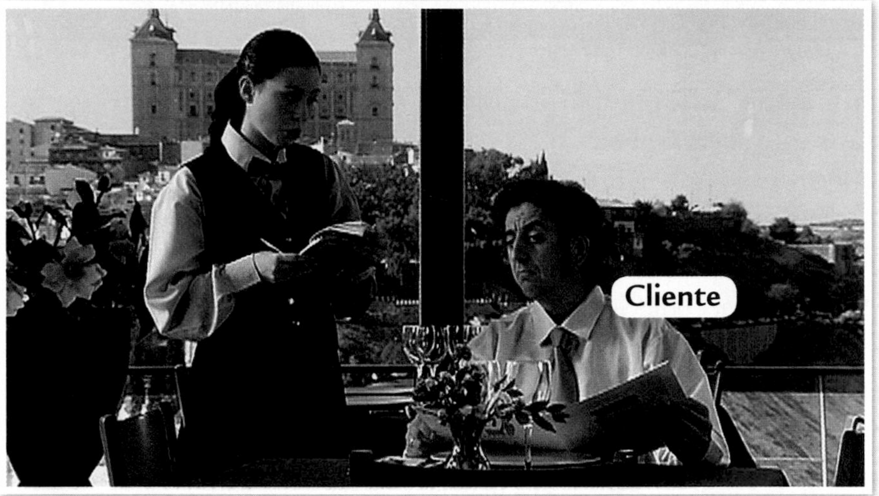

Cliente: ¿Nadie trabaja aquí? ¿Cuál es la especialidad de la casa?

Beatriz: Ninguna. Pero las chuletas de cerdo están muy buenas.

Cliente: ¿Cómo las preparan?

Beatriz: *(searching her notes)* Las preparan...o hervidas en caldo, o molidas y batidas con huevo. *(Customer looks shocked; Beatriz checks again.)* No. Perdón. Están crudas.

Cliente: *(disgusted)* ¿Y el filete también está crudo?

Beatriz: *(reading her notes)* Lo preparan frito en aceite con algo...alguna verdura, creo.

Cliente: No me gusta ni el pollo asado ni el plato vegetariano. Me gustaría la paella.

Beatriz: ¡Excelente! ¿Y para beber? ¿Un refresco?

Cliente: No, gracias.

Beatriz: ¿Tal vez un té frío con limón?

Cliente: No, tampoco. Nada, gracias.

Beatriz: Muy bien. *(walks away then returns)* Perdone. ¿Qué pidió?

Cliente: ¡La PAELLA!

Continuará... p. 291

También se dice

España Beatriz recomienda las chuletas **de cerdo.** En otros países la carne de cerdo es:
- **México, Cuba** **el puerco**
- **Chile, Ecuador, Perú** **el chancho**
- **Venezuela** **el cochino**
- **El Salvador** **el cuche**

10 *Comprensión del episodio* En el restaurante

Escuchar
Leer

Empareja la descripción con la persona.

1. Quiere saber cómo preparan las chuletas de cerdo.
2. No le gusta ni el pollo asado ni el plato vegetariano.
3. Hace la pregunta, «¿Nadie trabaja aquí?»
4. Dice que las chuletas están crudas.
5. No comprende bien lo que escribió.
6. Dice que no hay ninguna especialidad.
7. Pide la paella.
8. No pide nada para beber.

11 Una investigación

Hablar
Escribir

Alguien se llevó una receta secreta del chef Vicente. Contesta las preguntas del detective desde la perspectiva del chef. Usa palabras negativas.

modelo: ¿Alguien trabaja aquí toda la noche?
No, **nadie** trabaja aquí toda la noche.

1. ¿Las ventanas siempre están abiertas por la noche?
2. ¿Hay algún perro aquí?
3. ¿Algo especial pasó en el restaurante anoche?
4. ¿Alguien habló con usted en la cocina?
5. ¿Usted vio a alguien nervioso?
6. ¿Tiene usted alguna pregunta para mí?

12 Los restaurantes

Hablar

Hablen de tres restaurantes de su comunidad. ¿Cuál prefieres? Usen palabras afirmativas y negativas.

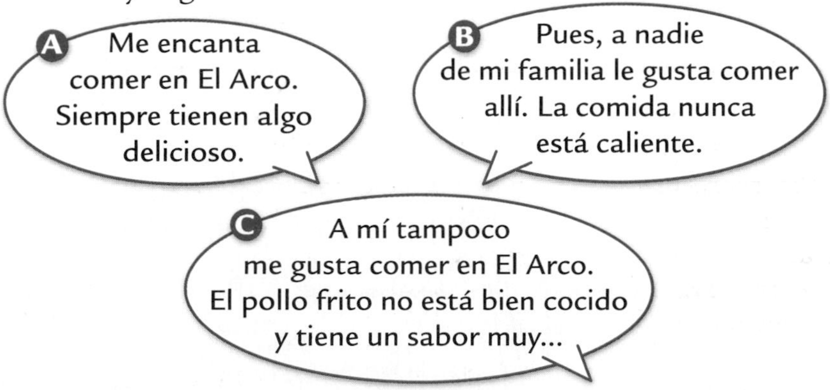

A Me encanta comer en El Arco. Siempre tienen algo delicioso.
B Pues, a nadie de mi familia le gusta comer allí. La comida nunca está caliente.
C A mí tampoco me gusta comer en El Arco. El pollo frito no está bien cocido y tiene un sabor muy...

Expansión
Write down your group's opinion of one of the restaurants and share it with the class. Include at least three affirmative or negative words.

PARA Y PIENSA

¿Comprendiste? Escribe lo contrario en español:
1. Voy a pedir **algo** frito. **2. Nadie** me dio una buena propina.

Get Help Online
ClassZone.com

Presentación de GRAMÁTICA

¡AVANZA! **Goal:** Learn how to place two object pronouns in a sentence. Then use both pronouns to talk about food and service. ***Actividades 13–16***

¿Recuerdas? Pronoun placement with commands p. 264

English Grammar Connection: When two object pronouns are used in the same sentence in English, the **direct object pronoun** often appears first after the verb, and the **indirect object pronoun** becomes the object of a preposition.

The waiter brings **Elena the bill.** The waiter brings **it** to **her.**

Double Object Pronouns

Animated Grammar ClassZone.com

In Spanish, **direct object pronouns** and **indirect object pronouns** appear before the **conjugated verb.** How do you place both in the same sentence?

Here's how: In sentences with both object pronouns, the **indirect object pronoun** comes first.

La camarera **nos trajo el caldo** a **Juan y** a **mí.**
*The waitress brought **the broth** to **Juan and me.***

indirect object → **nos**, *direct object* → **lo**

La camarera **nos lo trajo.**
*The waitress brought **it** to **us.***

When a conjugated verb appears with an **infinitive** or a verb in the **-ndo** form, you can put the **pronouns** *before* the conjugated verb, or you can *attach* them to the **infinitive** or **-ndo** form.

before		*attached*
Me los vas a **pedir.**	*or*	Vas a **pedírmelos.**
Me los estás **pidiendo.**	*or*	Estás **pidiéndomelos.**

When you attach pronouns, you need to add an **accent** to the stressed vowel.

If both pronouns start with the letter **l,** change the **indirect object pronoun** to **se.**

Le pedí **la cuenta** al **camarero.** *I asked the **waiter** for the **bill.***	**le** *becomes* → **se**	**Se la** pedí. *I asked **him** for **it.***
¿**Les** puedes llevar **el té** a esas **mujeres**? *Can you take the **tea** to those **women**?*	**les** *becomes* → **se**	¿Puedes llevár**selo**? *Can you take **it** to **them**?*

Más práctica

Cuaderno *pp. 226–228*
Cuaderno para hispanohablantes *pp. 227–230*

@HomeTutor
Leveled Grammar Practice
ClassZone.com

Práctica de GRAMÁTICA

13 ¿A quién?

Hablar
Escribir

Hay un grupo de siete clientes y el camarero le da instrucciones al asistente. ¿Qué es lo que dice? Sigue el modelo.

modelo: ¿A quién le vamos a servir el gazpacho? / el señor
Vamos a servírselo al señor. (Se lo vamos a servir al señor.)

1. ¿A quién le vamos a servir el entremés? / a todos
2. ¿A quién le vamos a dar la especialidad de la casa? / a la señora
3. ¿A quién le vamos a traer los filetes a la parrilla? / a esos hombres
4. ¿A quién le vamos a traer más servilletas? / al chico
5. ¿A quién le vamos a poner otro tenedor? / a la abuela
6. ¿A quién le vamos a dar la cuenta? / a los padres

14 ¡Sírvanselo!

¿Recuerdas? Pronoun placement with commands p. 264

Hablar
Escribir

Los señores Cruz están dando una fiesta en un restaurante y no están de acuerdo *(they don't agree)*. ¿Qué le dicen al camarero?

modelo: la señora / el señor

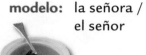

Camarero ¿Le sirvo el caldo a la señora?

Sra. Cruz Sí, sírvaselo.

Sr. Cruz No, no se lo sirva a la señora. Sírvaselo al señor.

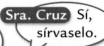

1. la chica / el chico 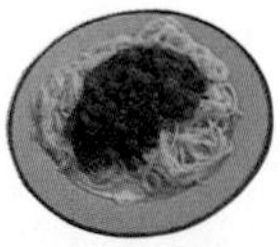
2. el chico / la chica 
3. los señores / nosotros 
4. Sara y Juan / mí 
5. ustedes / ellos 
6. los jóvenes / las señoras 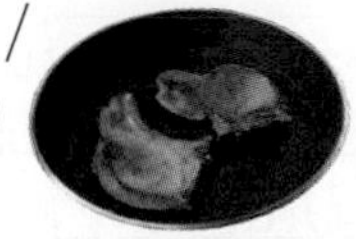

Expansión
Using double object pronouns, give a command to the waiter for each item as if you were the guest(s).

AUDIO

Pronunciación Las letras h, g y j

We know that the Spanish **h** is silent. To form the sound that approximates the English *h*, Spanish uses the letter **g** (before **e** and **i**) or **j**. Listen and repeat.

h	→	**hola**	**huevo**	**zanahoria**	**hervido**
g	→	**Geraldo**	**vegetariano**	**página**	**gimnasio**
j	→	**junio**	**jardín**	**ajo**	**mujer**

15 ¡No se lo recomiendo!

Escuchar
Escribir

Escucha la conversación y escribe lo que piden la chica y el chico.

Especialidades del día

Entremeses

Ensalada de verduras ✿ Ensalada de huevos
Gazpacho ✿ Tortilla de patatas

Platos principales

Cada plato viene con arroz, patatas o verduras.

Hamburguesas ✿ Pescado Vicente
Pollo a la mexicana ✿ Sándwich de queso

16 ¿Cuándo comemos?

Escribir
Hablar

Comparación cultural

Las horas de comer

¿Cómo varían (vary) *los horarios de la comida entre países?* En **España,** muchas personas no cenan hasta las 9:00 o las 10:00 de la noche. Comen un desayuno pequeño entre las 7:00 y las 9:00 y un almuerzo grande entre la 1:30 y las 3:30. En **Uruguay** normalmente cenan después de las 8:00. En **El Salvador** cenan más temprano, entre las 6:00 y las 7:00. En los dos países las personas desayunan entre las 7:00 y las 9:00 y almuerzan entre las 12:00 y las 2:00. Generalmente el almuerzo es la comida principal. El almuerzo y la cena pueden durar *(last)* una o dos horas en estos tres países.

Cenando en la Plaza Mayor de Salamanca, España

Compara con tu mundo *¿A qué hora comes el desayuno, el almuerzo y la cena? Compara tu horario con estos países.*

Pregúntale a otro(a) estudiante sobre las horas que un camarero en España, Uruguay y El Salvador le sirve las comidas diferentes.

Pistas: servir, dar, traer

A ¿En Uruguay, cuándo te sirve el almuerzo el camarero?

B El camarero me lo sirve a la una. ¿En España, cuándo...?

Más práctica Cuaderno *pp. 226–228* Cuaderno para hispanohablantes *pp. 227–230*

PARA Y PIENSA

¿Comprendiste? Contesta con pronombres de objeto directo e indirecto.

1. ¿Les vas a servir las chuletas a los señores? No, _____ .
2. ¿Me vas a traer el flan? Sí, _____ .

Get Help Online ClassZone.com

Todo junto

¡AVANZA! **Goal:** ***Show what you know.*** Identify the expressions José Luis and his customers use. Then use what you have learned to have a conversation with a waiter and to recommend restaurants. ***Actividades 17–21***

Telehistoria completa

@HomeTutor VideoPlus
ClassZone.com

STRATEGIES

Cuando lees
Track the change of mind As you read, notice that Beatriz's mind seems to change about the job. What causes this? Do you think the change will be permanent?

Cuando escuchas
Compare characters' speech Compare how José Luis (this scene) and Beatriz (Scene 2) talk to customers. Who is more helpful and professional? How do customers respond?

Escena 1 ***Resumen***
El tío Vicente les enseña a Beatriz y a José Luis a trabajar como camareros en su restaurante. Beatriz no lo escucha.

Escena 2 ***Resumen***
Beatriz empieza su nuevo trabajo, pero tiene problemas. Ella está muy desorganizada y hace muchos errores.

VIDEO DVD

AUDIO

Escena 3

José Luis: Aquí están sus filetes. ¡Buen provecho! *(A customer calls to him.)*

Cliente 2: Necesito la cuenta. ¿Me la puede traer, por favor? Tengo prisa.

José Luis nods and goes to table two.

Cliente 3: Por favor, ¿me puede traer el flan? *(to her dinner partner)* ¿Lo compartimos? *(Partner nods.)*

José Luis goes to table seven.

Cliente 4: Perdón. Gracias por atendernos. ¡Eres muy atento, y un camarero excelente!

José Luis smiles. Beatriz approaches.

José Luis: *(quickly)* Beatriz, ésta es la cuenta del señor de la mesa cinco. ¿Se la puedes dar? Y en la mesa dos quieren un flan. ¿Se lo puedes servir?

Beatriz: No quiero trabajar en un restaurante.

José Luis: Ni yo tampoco. Es un trabajo muy difícil.

Beatriz: ¿Qué podemos hacer? *(José Luis reaches into pocket and finds a fifty euro note.)* ¿Alguien te dio una buena propina?

José Luis: Sí... me la dieron unas señoras muy simpáticas de la mesa siete.

A waiter approaches with numerous plates.

Beatriz: *(brightly)* ¿Te podemos ayudar?

17 *Comprensión de los episodios* En el restaurante

Escuchar
Leer

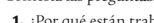

Completa las oraciones.

1. Un señor necesita la cuenta porque tiene (prisa / hambre).
2. Una señora y su amigo van a compartir (un filete / un flan).
3. Dos señoras le dicen a José Luis que es un (chef / camarero) excelente.
4. Beatriz dice que no quiere trabajar en un (restaurante / cine).
5. Beatriz piensa que alguien le dio una buena (cuenta / propina) a José Luis.
6. Al final Beatriz y José Luis quieren (conocer / ayudar) a otro camarero.

18 *Comprensión de los episodios* ¡Eres muy atento!

Escuchar
Leer

Contesta las preguntas.

1. ¿Por qué están trabajando en un restaurante Beatriz y José Luis?
2. ¿El trabajo de camarera es fácil o difícil para Beatriz?
3. ¿Qué piden algunos de los clientes de Beatriz y José Luis?
4. ¿Qué dicen dos señoras de José Luis?
5. ¿A Beatriz y a José Luis les gusta trabajar en un restaurante?
6. ¿Por qué están contentos al final?

19 ¡Buen provecho!

Hablar

STRATEGY Hablar

Decide the intonations to use Choose each person's intonation (serious, light, factual, uncertain). Vary the intonations in your group. When ready, each person employs his or her chosen intonation. What are the effects?

Ustedes están en un restaurante. Preparen una conversación entre un(a) nuevo(a) camarero(a) y dos clientes que van a pedir un entremés, un plato principal, algo para beber y un postre. Incluyan algunos problemas. Usen un mínimo de diez expresiones del vocabulario nuevo.

modelo: **Camarero(a):** En qué les puedo servir?
Cliente 1: ¿Cuál es la especialidad de la casa?
Camarero(a): No sé. Un momento... La especialidad para hoy es chuletas hervidas.
Cliente 1: ¿Chuletas hervidas? ¡Qué asco! No me las traiga.
Cliente 2: Tampoco quiero las chuletas. ¿Me puede traer...?

Expansión
Act out your conversation, adding props. The customers should comment on the food and ask for the bill.

20 | Integración

Leer
Escuchar
Hablar

Lee la crítica (*review*) en una revista (*magazine*) y escucha otra en la radio. Compara los dos restaurantes, decide en cuál quieres cenar y recomiéndaselo a alguien.

Fuente 1 Revista

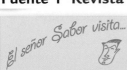

El señor Sabor visita...

EL RESTAURANTE LA MADRILEÑA

Llegué a las 20:00 un sábado a este restaurante simple y moderno. Vi que no había nadie allí cenando, pero quería probar sus especialidades. Pedí un gazpacho y un camarero atento me lo trajo rápidamente. Estaba riquísimo y muy diferente. Después pedí el filete a la parrilla con huevo frito porque me lo recomendaron. ¡Estaba excelente! Al final quería algo dulce y pedí la tarta de chocolate, pero no estaba cocida en el centro. Le pregunté al camarero si tenían algún otro postre y me trajo el flan. Tampoco me gustó. Mi recomendación: no pida los postres. Pero las especialidades son deliciosas.

comida: ✓✓✓
decoración: ✓✓
servicio: ✓✓✓

✓ = malo ✓✓✓✓✓ = excelente

Fuente 2 Radio

Listen and take notes
• ¿Es bello o feo el restaurante España Antigua?
• ¿Cómo es la comida?
• ¿Cuándo debes ir al restaurante? ¿Por qué?

modelo: El restaurante España Antigua me parece muy interesante. Yo te lo recomiendo. Allí sirven...

21 | Un anuncio

Escribir

Prepara un anuncio de radio para tu restaurante favorito (o un restaurante inventado). Incluye información sobre las especialidades, la preparación de la comida y el servicio.

modelo: ¡Visítenos en Super Sports Grill! Nuestro restaurante tiene muchas especialidades deliciosas. Servimos pizza, hamburguesas y espaguetis. Preparamos las hamburguesas con carne molida fresca. Son sabrosísimas.

Writing Criteria	Excellent	Good	Needs Work
Content	You include many details and an excellent range of vocabulary.	You include some details and a fair range of vocabulary.	The details and vocabulary are very limited.
Communication	Most of your ad is organized and easy to follow.	Parts of your ad are organized and easy to follow.	Your ad is disorganized and hard to follow.
Accuracy	Your ad has few mistakes in grammar and vocabulary.	Your ad has some mistakes in grammar and vocabulary.	Your ad has many mistakes in grammar and vocabulary.

Expansión
Post your ads in the classroom. Draw a graph showing the number of times each restaurant was chosen.

Más práctica Cuaderno *pp. 229–230* Cuaderno para hispanohablantes *pp. 231–232*

PARA Y PIENSA

¿Comprendiste? Da tres frases que puedes usar y tres preguntas que puedes hacer si eres cliente en un restaurante.

Get Help Online ClassZone.com

Lectura cultural

¡AVANZA! **Goal:** Read about and compare some local foods and traditional dishes in Madrid and Montevideo. Then discuss the traditional dishes that you eat where you live.

Comparación cultural

Dos tradiciones culinarias

AUDIO

STRATEGY Leer
Use a mind map for comparisons Draw a mind map with connecting circles and lines to provide all the facts about the traditional restaurants and foods found in Madrid and Montevideo.

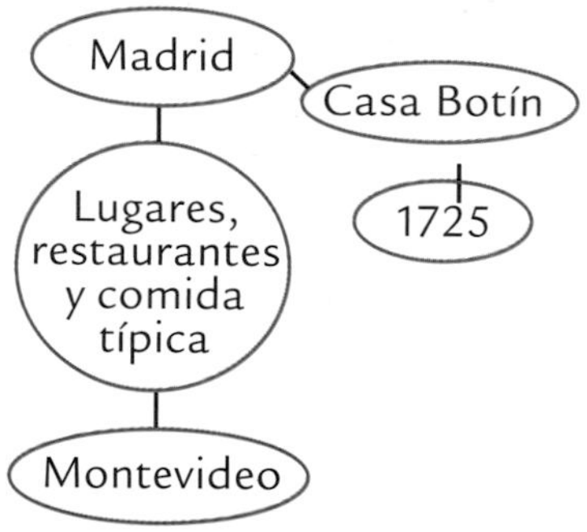

El cocido madrileño es la comida más típica de Madrid. Este guiso [1] es de garbanzos, [2] diferentes verduras y carnes. Se hierve en agua y se sirve en tres platos separados, o vuelcos: la sopa, las verduras con los garbanzos, y la carne. Estos platos forman la base del típico menú madrileño. El mejor lugar para probar un menú madrileño es el restaurante Sobrino de Botín. Este restaurante se abrió en el año 1725. Está en un edificio del año 1590 y queda en un barrio histórico, en la calle de los Cuchilleros, cerca de la Plaza Mayor. Según el *Libro Guinness de los récords,* la Casa Botín, como también se conoce, es el restaurante más antiguo del mundo. En la Casa Botín sirven platos tradicionales de carne como el cochinillo [3] asado y el cordero [4] asado. Es un restaurante favorito de muchos españoles. Pero también muchos turistas lo visitan todos los días.

---

[1] stew [2] chickpeas [3] suckling pig [4] lamb

El restaurante madrileño Sobrino de Botín

El cordero asado con verduras, un plato típico madrileño

Uruguay

Un restaurante en Colonia del Sacramento, una ciudad en la costa de Uruguay

Un plato con tomate y mariscos

La carne, el pescado y los mariscos[5] son los alimentos[6] básicos de la región donde queda Montevideo. La parrillada (carne asada en una parrilla) es el plato de carne tradicional de la región. Como[7] Montevideo queda en la costa, el pescado y los mariscos siempre están muy accesibles y son, por eso[8], los otros alimentos básicos. Un lugar muy especial para ir a comer parrilladas, pescado y mariscos en Montevideo es el Mercado del Puerto. El Mercado del Puerto se construyó en 1868. Es grande y muy bello: está hecho de metal, de piedra y de vidrio[9]. Generalmente, la gente va al Mercado del Puerto para almorzar, no para cenar; muy pocos restaurantes están abiertos para la cena.

---

[5] shellfish [6] foods [7] Since [8] **por...** therefore [9] glass

PARA Y PIENSA

¿Comprendiste?

1. ¿Cuál es una especialidad de Madrid?
2. ¿En qué restaurante de Madrid puedes ir a comer platos madrileños?
3. ¿Cuáles son dos productos que comen mucho en Montevideo?
4. ¿Cuándo construyeron el Mercado del Puerto?
5. ¿Cuál es una comida básica de España y Uruguay?

¿Y tú?

¿Qué platos o comidas tradicionales hay en la región donde vives?

Proyectos culturales

Comparación cultural

Comida en España y El Salvador

¿Cómo puede la comida representar el estilo de vida (lifestyle) *de una cultura?* Las tapas de **España** son pequeños platos individuales. Su presentación tiene tanta importancia como su sabor y generalmente se sirven en restaurantes. Los españoles comen tapas entre *(between)* comidas. En **El Salvador**, las tortillas son pequeñas y hechas de maíz *(corn)* o harina *(flour)*. Los salvadoreños las comen diariamente *(daily)*, generalmente en casa. Las sirven para acompañar una comida o las usan como ingrediente de un plato principal.

Proyecto 1 *Tapas*

España Los ingredientes de esta **tapa** son muy típicos de la cocina *(cuisine)* española. Es fácil hacer esta receta en casa.

Ingredientes para Pan con tomate, ajo y jamón

Pan tostado
Ajo
Tomate picado *(chopped)*
Aceite de oliva
Jamón

Instrucciones

1. Frota *(rub)* el pan tostado, todavía caliente, con el ajo y pon el tomate encima.
2. Unta *(brush)* el pan y tomate con aceite de oliva.
3. Pon una tajada *(slice)* de jamón encima.

Proyecto 2 *Sincronizadas*

El Salvador ¿Qué obtienes si añades queso y jamón a dos tortillas? ¡Obtienes **sincronizadas**!

Ingredientes para Sincronizadas

2 tortillas
¼* taza de queso blanco, cheddar o mozzarella, rallado *(grated)*
1 tajada de jamón

Instrucciones

1. Pon el queso rallado y el jamón en una tortilla.
2. Pon otra tortilla encima y ponlas en una sartén *(pan)* sin aceite.
3. Cocina las tortillas hasta derritir *(melt)* el queso.
4. Si quieres, puedes añadir ingredientes adicionales encima de la sincronizada como salsa, frijoles o guacamole.

* un cuarto de

En tu comunidad

Visita un supermercado en tu comunidad para ver si vende comidas típicas de países hispanohablantes. ¿Cuáles son? ¿En qué idiomas están las etiquetas *(labels)*?

Lección 2

En resumen

Vocabulario y gramática

Animated Grammar
Interactive Flashcards
ClassZone.com

Vocabulario

Phrases used in Restaurants

Ordering

¿Cuál es la especialidad de la casa?	*What is the specialty of the house?*
¿Me puede traer...?	*Can you bring me . . .?*
Y para comer (beber)...	*And to eat (drink) . . .*
¡Buen provecho!	*Enjoy!*

Compliments

¡Excelente!	*Excellent!*
Muy amable.	*Very kind.*
Muy atento(a).	*Very attentive.*
Gracias por atenderme.	*Thank you for your service.*

Dessert Places

la heladería	*ice cream shop*
la pastelería	*pastry shop*

Setting the Table

la cuchara	*spoon*
el cuchillo	*knife*
la servilleta	*napkin*
el tenedor	*fork*
el vaso	*glass*

Restaurant Dishes

el caldo	*broth*
la chuleta de cerdo	*pork chop*
el entremés	*appetizer*
los espaguetis	*spaghetti*
la especialidad	*specialty*
el filete a la parrilla	*grilled steak*
el flan	*custard*
el gazpacho	*cold tomato soup*
la paella	*traditional Spanish rice dish*
el plato vegetariano	*vegetarian dish*
el pollo asado	*roasted chicken*
la tarta de chocolate	*chocolate cake*
el té	*tea*

Food Preparation

batido(a)	*beaten*
cocido(a)	*cooked*
crudo(a)	*raw*
frito(a)	*fried*
hervido(a)	*boiled*
mezclado(a)	*mixed*
molido(a)	*ground*

Gramática

Affirmative and Negative Words

Indefinite words refer to non-specific people, things, or situations and can be **affirmative** or **negative.**

Affirmative Words		Negative Words	
algo	*something*	**nada**	*nothing*
alguien	*someone*	**nadie**	*no one*
algún / alguno(a)	*some*	**ningún / ninguno(a)**	*none, not any*
o... o	*either . . . or*	**ni... ni**	*neither . . . nor*
siempre	*always*	**nunca**	*never*
también	*also*	**tampoco**	*neither, either*

Double Object Pronouns

In sentences with both object pronouns, the **indirect object pronoun** comes first.

indirect object → **nos**; *direct object* → **lo**

La camarera **nos lo** trajo.
*The waitress brought **it** to **us**.*

You can put the **pronouns** *before* the conjugated verb or *attach* them to the **infinitive** or **-ndo** form.

before: **Me los** vas a **pedir.** *or* *attached*: Vas a **pedírmelos.**

Lección 2

Repaso de la lección

¡LLEGADA!

@HomeTutor ClassZone.com

Now you can
- order meals in a restaurant
- talk about meals and dishes
- describe food and service

Using
- affirmative and negative words
- double object pronouns

To review
- double object pronouns, p. 288

1 Listen and understand

AUDIO

Escucha lo que dice la camarera en un restaurante y escoge la respuesta lógica.

1. a. Si, me gustaría la especialidad de la casa.
   b. Me gustaría agua por favor.
2. a. ¡Excelente! Tráigamelos, por favor.
   b. ¡Buen provecho!
3. a. ¿Me puede traer una cuchara, por favor?
   b. ¿Me puede traer un tenedor, por favor?
4. a. Gracias. Sí, tráigamelos, por favor.
   b. ¡Qué sabroso! Parece muy rico.
5. a. ¿Cuál es la especialidad de la casa?
   b. Sí, un té por favor, y dígame, ¿qué hay de postre?
6. a. ¡Qué rico! Sí, tráigamela, por favor.
   b. ¡Qué sabroso! Sí, tráigaselos, por favor.
7. a. ¿Me lo puede traer, por favor?
   b. Gracias por atenderme.

To review
- affirmative and negative words, p. 283

2 Describe food and service

Este restaurante tiene muchos problemas pero hay soluciones. Cambia las oraciones para solucionar los problemas.

modelo: No hay ni flan ni tarta.
Hay **o** flan **o** tarta.

1. Nadie nos dice «buenas tardes» cuando entramos.
2. Nunca hay servilletas en la mesa.
3. El pollo asado siempre está crudo.
4. No hay nada bonito sobre la mesa.
5. Nunca hay ningún entremés sabroso.
6. Tampoco están frescas las ensaladas.
7. Siempre sirven el caldo frío.
8. Algunos clientes salen enojados.

To review
- double object pronouns, p. 288

3 Talk about meals and dishes

Hay un nuevo camarero y no sabe cómo servirles a los clientes. Contesta sus preguntas lógicamente con **sí** o **no** y dile qué debe hacer.

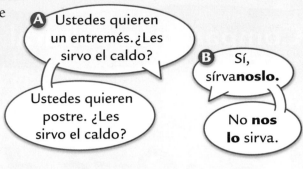

A Ustedes quieren un entremés. ¿Les sirvo el caldo?

B Sí, sírva**noslo.**

Ustedes quieren postre. ¿Les sirvo el caldo?

No **nos lo** sirva.

1. Ustedes piden el postre. ¿Les sirvo los espaguetis?
2. La niña quiere sopa. ¿Le sirvo el gazpacho?
3. Usted tiene ganas de comer comida cruda. ¿Le traigo una ensalada?
4. El jóven busca un plato vegetariano. ¿Le doy el filete a la parrilla?
5. Al señor le encanta el postre. ¿Le traigo el flan?
6. Usted prefiere platos con arroz. ¿Le sirvo la paella?

To review
- double object pronouns, p. 288

4 Talk about meals and dishes

Estas personas necesitan algo para poder comer. Completa las oraciones con el objeto que necesitan y los pronombres apropiados.

modelo: La señora necesita ____ para servir el flan. Su hijo ____ ____ da.
La señora necesita **platos** para servir el flan. Su hijo **se los** da.

1. Yo necesito ____ para comer el caldo. El camarero ____ ____ trae.
2. ¿Necesitas ____ para limpiarte las manos? La camarera ____ ____ da.
3. Los niños necesitan ____ para beber su leche. Su padre ____ ____ trae.
4. Usted necesita ____ para cortar las chuletas de cerdo. Yo ____ ____ doy.
5. Nosotros necesitamos ____ para comer los espaguetis. Nuestra amiga ____ ____ va a traer.

To review
- El Greco, p. 251
- Comparación cultural, pp. 284, 290
- Lectura cultural, pp. 294–295

5 Spain, El Salvador, and Uruguay

Comparación cultural

Contesta estas preguntas culturales.

1. ¿De dónde era el artista «El Greco»? ¿Dónde vivió por muchos años?
2. ¿Dónde estudió la artista María Blanchard?
3. Generalmente, ¿cuándo cenan los españoles, los uruguayos y los salvadoreños?
4. ¿Dónde está la Casa Botín? ¿Por qué es especial?

Más práctica Cuaderno *pp. 231–242* Cuaderno para hispanohablantes *pp. 233–242*

Get Help Online
ClassZone.com

Comparación cultural

AUDIO

¡Qué delicioso!

Lectura y escritura

WebQuest
ClassZone.com

1 **Leer** Every country has its own typical foods. Read the descriptions of different foods by Danilo, Juan, and Saskia.

2 **Escribir** Write a brief paragraph on a typical dish of your country. You may include a recipe or just talk about a special dish and how it is prepared. Use the three descriptions as models.

STRATEGY Escribir

Gather all the details Use a pyramid like the one shown to gather all the necessary details for your paragraph about food.

Step 1 At the top, write the name of the food or dish (example: spaghetti). Below that, write the ingredients, then how to prepare it, and finally any interesting facts about it.

Step 2 Use the information in the pyramid to help you write the paragraph. Check your writing by yourself or with help from a friend. Make final additions and corrections.

Compara con tu mundo

Use the paragraph you wrote about a typical food and compare that dish to the typical dish described by Danilo, Juan, or Saskia. In what ways are they alike? In what ways are they different?

Cuaderno *pp. 243–245* Cuaderno para hispanohablantes *pp. 243–245*

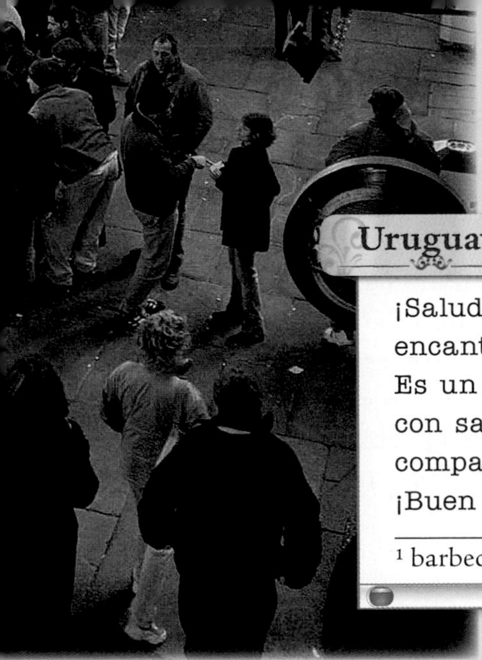

Uruguay

Danilo

¡Saludos desde Montevideo! Yo me llamo Danilo. Me encanta comer asado[1] con amigos en un buen restaurante. Es un plato simple pero sabroso de carne sazonada[2] con sal, pimienta y vinagre. Después del asado, todos compartimos un mate, una bebida caliente de hierbas[3]. ¡Buen provecho!

[1] barbecue [2] seasoned [3] herbs

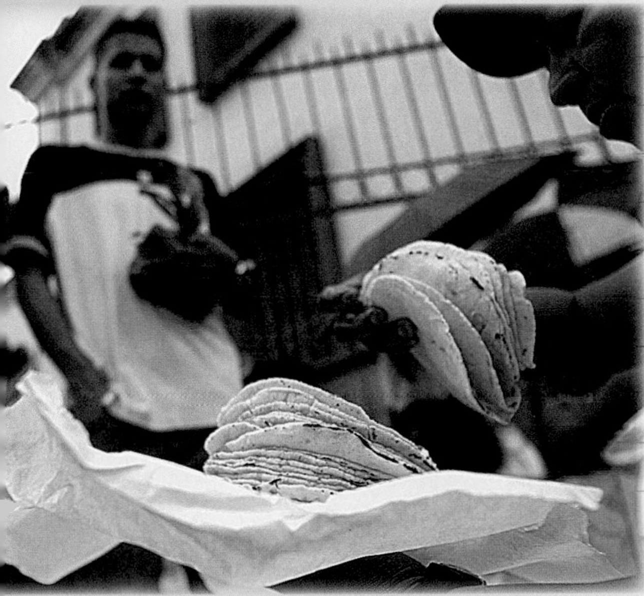

El Salvador

Juan

¡Hola! Me llamo Juan y soy de El Salvador. Aquí comemos muchas tortillas de maíz[4]. A veces las comemos solas pero muchas veces las rellenamos[5] con carne, frijoles y queso. Entonces se llaman pupusas. Las comemos con curtido, que es repollo[6], zanahoria y cebolla en vinagre salado. ¡Mmmm, qué ricas!

[4] corn [5] stuff [6] cabbage

España

Saskia

¡Qué tal! Soy Saskia y vivo en Valencia. Me parece que la comida más rica de España es la paella. Para hacerla, voy al mercado y compro ingredientes como pollo, tomate, arroz y muchos mariscos[7] fresquísimos. Los domingos me gusta preparar una paella grande. La llevo a la playa y se la sirvo a toda mi familia. ¡Nos encanta!

[7] seafood

EL GRAN DESAFÍO MÉXICO

EL DESAFÍO

VIDEO DVD

El desafío de hoy tiene dos partes. En la primera parte, una persona de cada equipo debe preparar una mesa para cuatro personas. El equipo que lleva todo en menos tiempo, gana. En la segunda parte, la otra persona debe probar varios platos de comida y decir qué son.

Antes del video

1. Mira la foto y di dónde piensas que está. ¿Qué piensas que Raúl va a hacer?

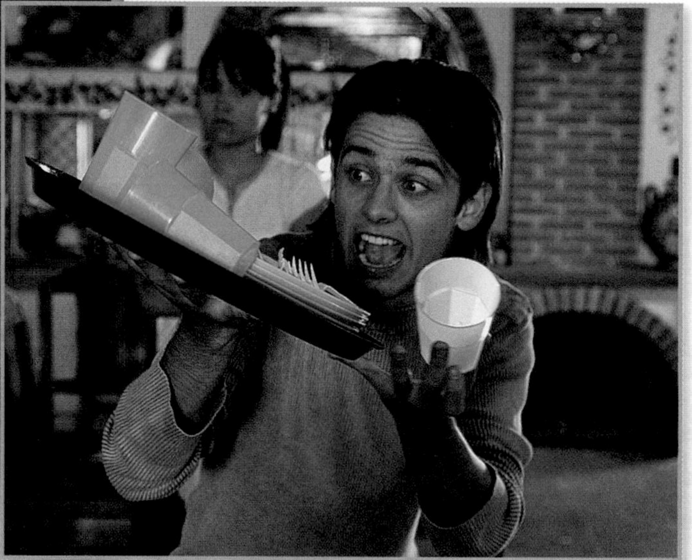

2. Describe lo que hace Carlos. Compáralo con Raúl.

3. ¿Qué comida piensas que tiene que probar Mónica?

El grupo llega al primer desafío.

Mira el video: Toma apuntes

- Describe lo que pasa con Raúl.
- Escribe cómo es Carlos.
- Escribe lo que prueba Marta.
- Escribe lo que prueba Mónica.
- ¿Quién prueba la fresa con mostaza y sal?
- Escribe los diferentes tipos de sabores que escuchas.

Después del video

1. ¿Qué equipo ganó este primer desafío?
2. ¿Quién pensabas que iba a ganar la primera parte del desafío? ¿Y la segunda parte?
3. ¿Por qué tenía Luis que ganar la segunda parte del desafío?
4. ¿Cuál es tu opinión de Marta? ¿Piensas que su equipo puede ganar?

@HomeTutor VideoPlus
ClassZone.com

Repaso inclusivo

Options for Review

1 Listen, understand, and compare

Escuchar

Listen to this conversation between a brother and sister in a supermarket in Spain and then answer the following questions.

1. ¿Qué quiere servir Ignacio en la fiesta?
2. ¿Qué compran Carmen y Ignacio para la ensalada?
3. ¿Cuántos pollos compran?
4. ¿Qué quiere servir Carmen para el postre? ¿Por qué?
5. ¿Qué postres van a servir en la fiesta?

What would you buy if you were preparing for a party? Compare with what Carmen and Ignacio purchase.

2 Host your own cooking show

Hablar

You are the star of a cooking show. Decide on a dish to make for your audience and then present your show. The show should teach your audience how to prepare the specialty that you have selected. Use **ustedes** commands when telling your audience what to do.

3 Open a restaurant

Hablar
Escribir

Role-play a conversation between two friends who are going to open a restaurant. Choose a name and location for your restaurant. Discuss the foods you will serve and hours you will be open. Also talk about the furniture, utensils, and waitstaff you will need. Try to use as many object pronouns as possible to avoid repeating the same nouns over and over. Then design a menu listing some of your specialties in each category: appetizers, main course, dessert, and beverages.

4 Prepare for a camping trip

Hablar

Your class is going on a three-day trip to a wilderness camp. In groups of four or more, come up with a list of food, clothing, and other supplies that you will need to bring. Then divide your group in half and discuss what each half of the group will need to do in order to prepare for the trip. Use **ustedes** commands to tell the other half of your group what to do.

5 Write a restaurant guide

Escribir

Create a guide that includes reviews of four to five restaurants in your area. Describe each restaurant and some of its specialties. Be sure to mention each restaurant's location and price range. Use the preterite and imperfect to describe a past experience at each restaurant. Give each restaurant a rating, such as a number of stars or grade (1–10). Conclude your reviews with a suggestion to your reader, using an **usted** command.

6 Run an auction

Hablar

Your class is going to hold an auction to raise money for a class trip. Each member of your group should think of three to five items to include in your auction and then draw a picture of each item on a separate sheet of paper. Choose one person in your group to be the auctioneer, who will hold up each item one by one and describe it. As bidders, take turns offering different amounts of money **(Le doy cinco dólares, Le doy diez dólares,...)**. The auctioneer will declare an item as sold **(¡Vendido(a)!)** and give it to the winner, confirming the final price **(Se lo (la) doy a usted por veinte dólares)**.

7 Take a survey

Leer
Escribir
Hablar

The survey below is about students' activities and preferences. Answer each question with a complete sentence. Then compare your answers in a group with other classmates. Compile your results in a graph or chart and share your information with the class.

Las preferencias de los estudiantes

1. ¿Qué es algo que te gusta comprar en el centro comercial?
2. ¿Tienes alguna comida favorita? ¿Qué?
3. ¿Practicas algún deporte?
4. ¿Tocas algún instrumento?
5. ¿Cuál es alguna película que te gusta?
6. ¿Quién es alguien que te ayuda con la tarea?
7. ¿Hay algún color que prefieres?
8. ¿Quién es alguien famoso que quieres conocer?
9. ¿Qué es algo que haces después de las clases?
10. ¿Vas a algún lugar especial para pasar un rato con los amigos?

UNIDAD 6

Estados Unidos

¿Te gusta el cine?

Lección 1

Tema: ***¡Luces, cámara, acción!***

Lección 2

Tema: ***¡Somos estrellas!***

«¡Hola!
Nosotros somos Tamara y Gilberto. Somos de Estados Unidos.»

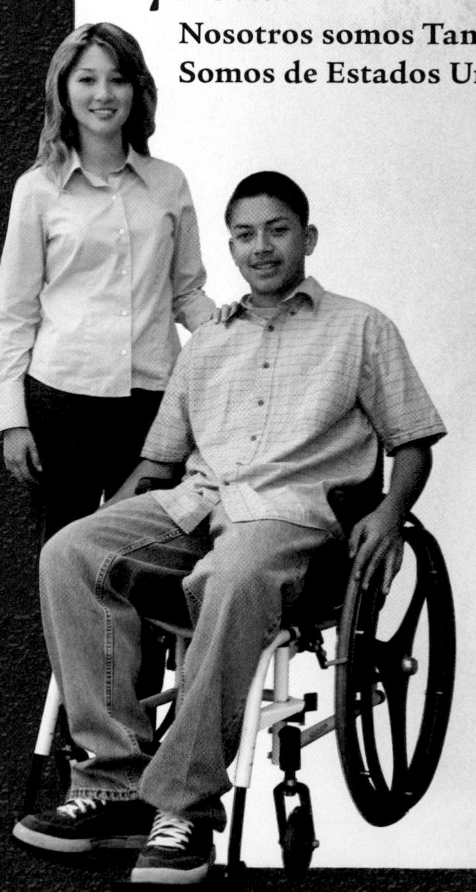

Población: 293.655.404

Población de ascendencia hispana: 41.322.070

Población latina de Los Ángeles: 1.719.073 (46,5% de la población general)

Ciudad con más latinos: Nueva York (más de 2.000.000)

Comida de inspiración latina: fajitas, burritos, nachos

Gente famosa: Luis Álvarez (físico), César Chávez (activista), Ellen Ochoa (astronauta), Luis Valdez (director)

Fajitas

Recuerdos de Ayer, Sueños de Mañana *(1982), Judithe Hernández*

◀ **El nombre de Los Ángeles** Este mural, pintado en el garaje Brunswig, representa la historia de la ciudad de Los Ángeles. Cuando fundaron la ciudad, los españoles la llamaron «El Pueblo *(town)* de Nuestra Señora la Reina *(queen)* de los Ángeles del Río de Porciúncula». El río Porciúncula ahora se llama el río de Los Ángeles. *¿Conoces la historia del nombre de tu calle, ciudad o estado?*

Celebraciones mexicoamericanas En el condado *(county)* de Los Ángeles, aproximadamente un 45 por ciento de la población es latino. La mayoría *(majority)* son mexicanos y mexicoamericanos. Por eso, hay muchas celebraciones públicas para días festivos mexicanos, como el Día de la Independencia y el Cinco de Mayo. *¿Hay celebraciones de otros países en tu comunidad? ¿Cuáles?* ▶

Mujeres vestidas con ropa tradicional mexicana para un desfile

John Leguizamo con Renee Chabria; América Ferrera; Gael García Bernal

◀ **Hispanos en Hollywood** Hay muchos actores y directores de países hispanos o de origen hispano en Hollywood hoy. El cine latino, hecho en Hollywood o importado de otros países, es cada día más popular en Estados Unidos. *¿Qué películas, actores o directores hispanos conoces?*

UNIDAD 6

Estados Unidos

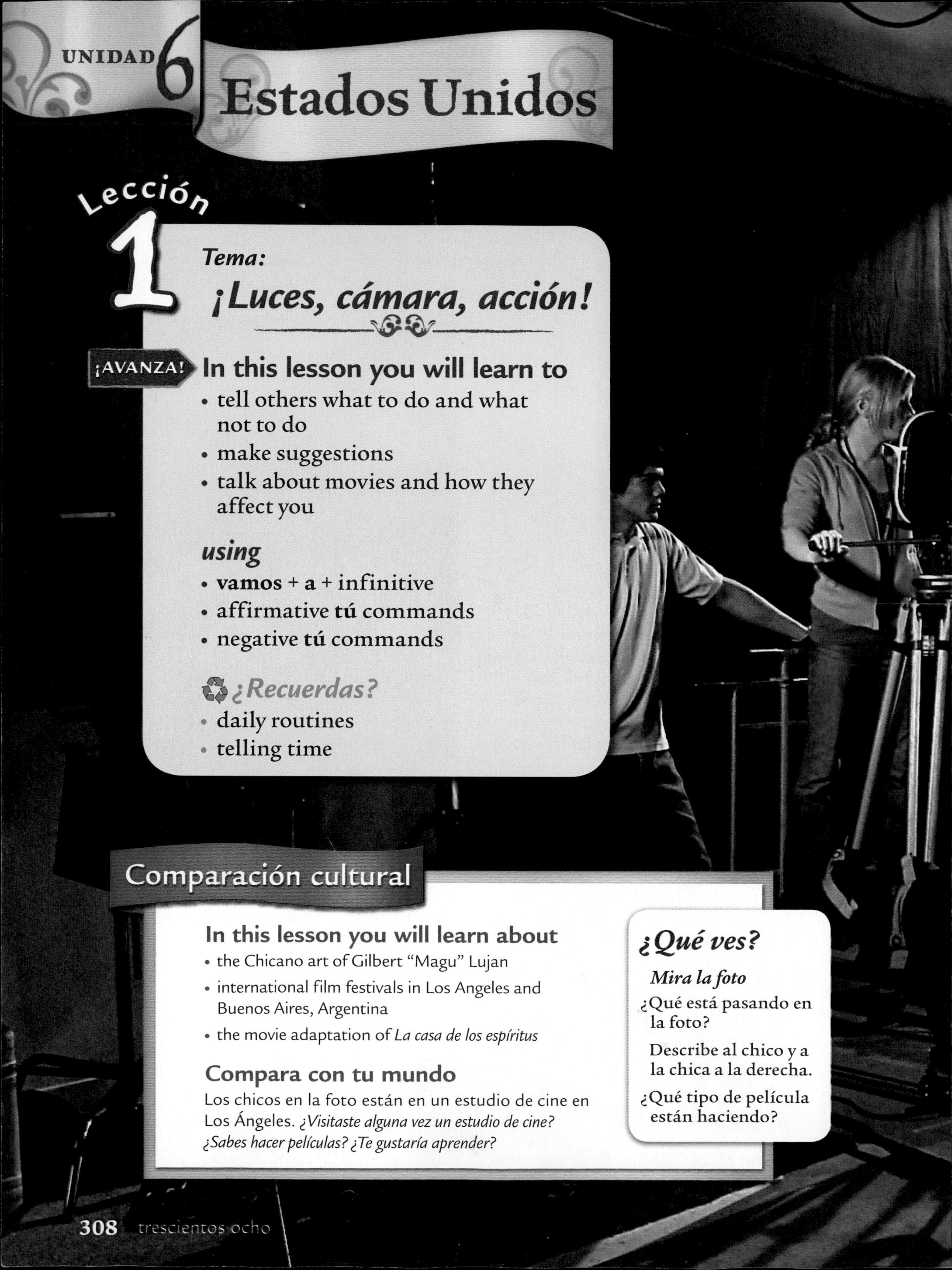

Lección 1

Tema:

¡Luces, cámara, acción!

¡AVANZA! **In this lesson you will learn to**

- tell others what to do and what not to do
- make suggestions
- talk about movies and how they affect you

using

- **vamos** + **a** + infinitive
- affirmative **tú** commands
- negative **tú** commands

¿Recuerdas?

- daily routines
- telling time

Comparación cultural

In this lesson you will learn about

- the Chicano art of Gilbert "Magu" Lujan
- international film festivals in Los Angeles and Buenos Aires, Argentina
- the movie adaptation of *La casa de los espíritus*

Compara con tu mundo

Los chicos en la foto están en un estudio de cine en Los Ángeles. *¿Visitaste alguna vez un estudio de cine? ¿Sabes hacer películas? ¿Te gustaría aprender?*

¿Qué ves?

Mira la foto

¿Qué está pasando en la foto?

Describe al chico y a la chica a la derecha.

¿Qué tipo de película están haciendo?

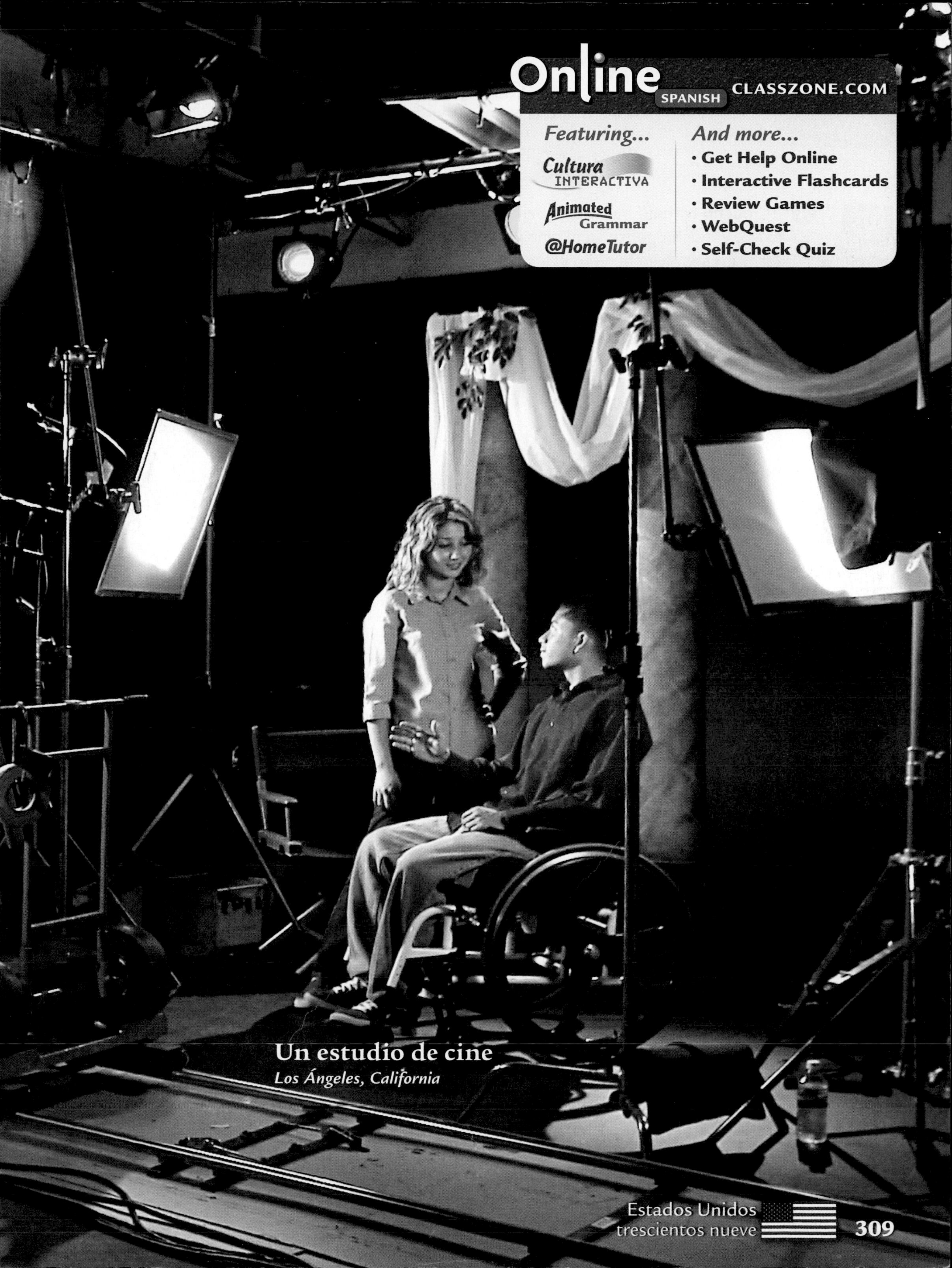

Un estudio de cine
Los Ángeles, California

Presentación de VOCABULARIO

¡AVANZA! **Goal:** Learn some words about movies and moviemaking. Then, talk with your classmates about what kinds of movies you like. ***Actividades 1–2***

VIDEO DVD

AUDIO

A Es mucho trabajo hacer una película, pero es divertido. Si una película **tiene éxito,** y mucha **gente** va al cine para verla, **el director** y **los actores** pueden ser **famosos.** Muchos directores prefieren usar **una cámara de cine** para **filmar** películas muy profesionales.

B También es posible usar **una cámara de video** para filmar, y algunas **cámaras digitales** también filman **escenas** cortas. Una buena película empieza con una buena historia: **el argumento.** Entonces, **el guionista** escribe **el guión.** Los actores estudian el guión y practican sus **papeles.** Antes de filmar, ellos se visten y se ponen **el maquillaje.** Luego, el director los ayuda a **hacer los papeles** frente a la cámara.

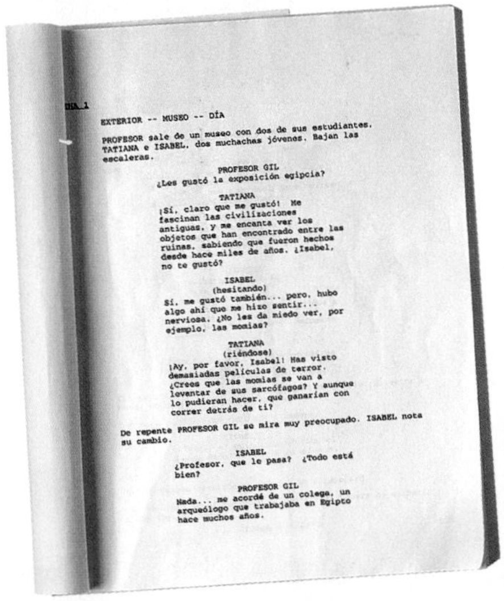

el guión

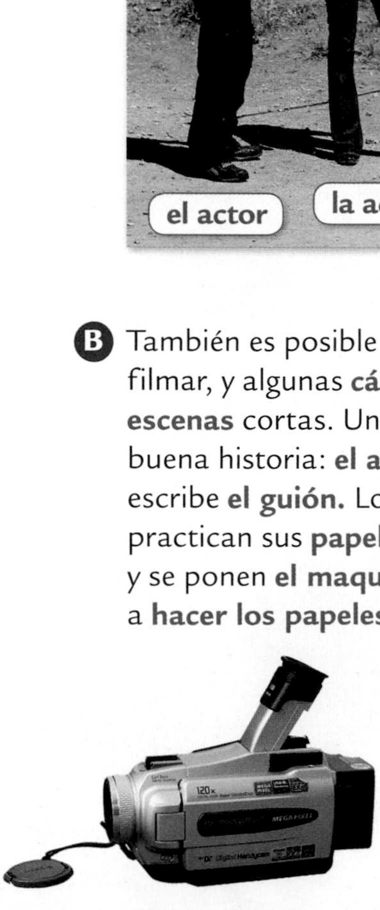

la cámara de video

la cámara digital

el maquillaje

C ¿Cómo sabes si una película es buena? **Una comedia** es buena si **te hace reír,** y **un drama** es bueno si **te hace llorar. Una película de terror** tiene éxito si **te da miedo,** y **un documental** es interesante si aprendes mucho sobre algo.

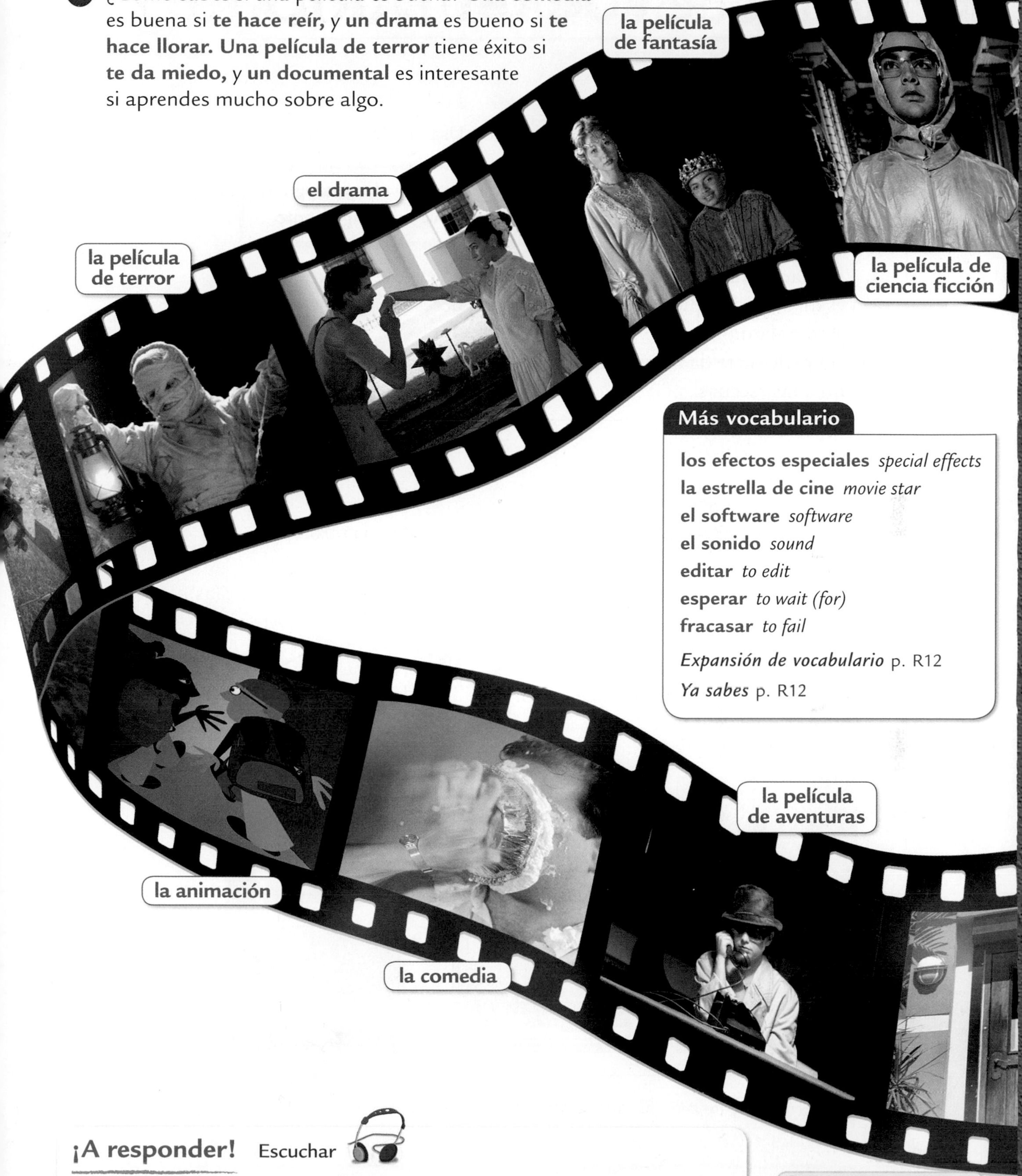

Más vocabulario

los efectos especiales *special effects*
la estrella de cine *movie star*
el software *software*
el sonido *sound*
editar *to edit*
esperar *to wait (for)*
fracasar *to fail*

Expansión de vocabulario p. R12
Ya sabes p. R12

¡A responder! Escuchar

Escucha las descripciones. Levanta la mano izquierda si describe a una persona. Levanta la mano derecha si describe una cosa.

@HomeTutor VideoPlus
Interactive Flashcards
ClassZone.com

Práctica de VOCABULARIO

1 ¿Quién es?

Leer
Hablar
Escribir

Identifica la persona o el objeto que se describe. Usa oraciones completas.

el documental	el guionista	la directora	el camarógrafo
la estrella de cine	la comedia	el micrófono	el argumento

1. Es un actor famoso.
2. Les dice a todos qué deben hacer.
3. Escribe el guión.
4. Esta película te da información.
5. Filma las escenas.
6. Esta película te hace reír.
7. Lo necesitas para hacer el sonido.
8. Es lo que cuenta el guión.

Expansión
Write definitions for four more vocabulary words.

2 ¿Y tú?

Hablar
Escribir

¿Te interesa el cine? ¿Qué tipo de películas prefieres? Da una razón para explicar si te gusta o no. Cambien de papel.

Pistas para el Estudiante B: Son... aburridos(as), interesantes, divertidos(as). Me hacen... llorar, reír. Me dan miedo.

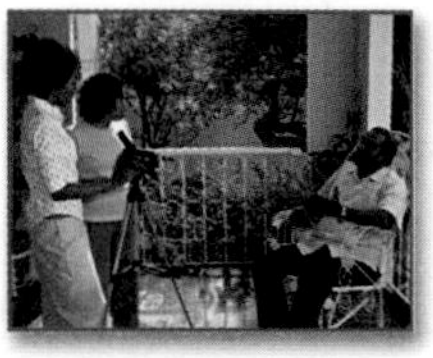

A ¿Te gustan los documentales?

B Sí, me gustan los documentales. Son interesantes.

1. 

2. 

3. 

4. 

5. 

6. 

Más práctica Cuaderno *pp. 246–248* Cuaderno para hispanohablantes *pp. 246–249*

PARA Y PIENSA

¿Comprendiste? Para cada oración, da la idea opuesta *(opposite)*.
1. La película **fracasó.** 2. La película **me hizo reír.**

Get Help Online
ClassZone.com

VOCABULARIO en contexto

¡AVANZA! **Goal:** Notice the language Gilberto and Tamara use as they decide what kind of movie to make. Then, imagine you are making a movie, and make suggestions to your friends about what to do. ***Actividades 3–4***

Telehistoria escena 1

@HomeTutor VideoPlus
ClassZone.com

STRATEGIES

Cuando lees
Chart the key information Based on this scene, make a chart showing (a) three film types, (b) who prefers each type, and (c) what's necessary for each type.

Cuando escuchas
Listen for persuasion tactics While listening, notice the characters' persuasion tactics. What do Gilberto and Tamara do or say to persuade each other?

VIDEO DVD

AUDIO

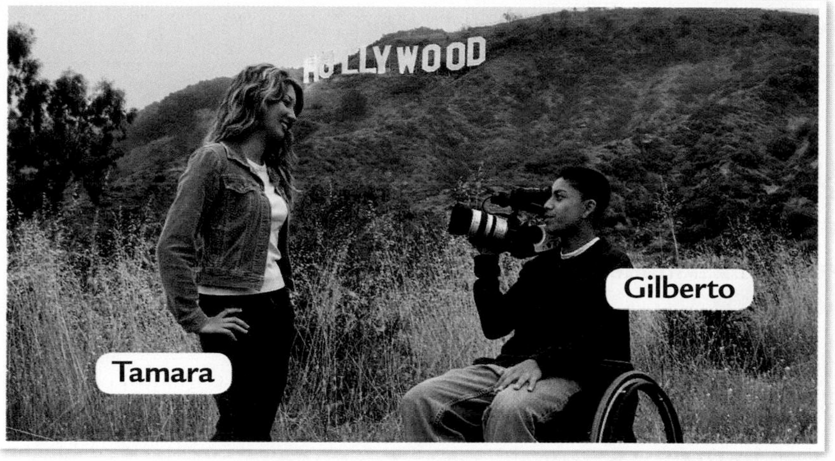

Tamara: *(aghast)* ¿Una película de terror? ¡No! ¡No me gustan las películas de terror!

Gilberto: Vimos una película de terror la semana pasada.

Tamara: Sí. Y me dio miedo. ¡Vamos a hacer una película de fantasía! ¡O de ciencia ficción!

Gilberto: ¡No tenemos dinero para los efectos especiales! Para una película de terror necesitamos algo de maquillaje, nada más.

Tamara: Entonces, un drama. O una comedia. A mí me gustan las comedias.

Gilberto: Para hacer una comedia necesitamos actores o actrices cómicos.

Tamara: Yo soy cómica. Mira... *(makes a funny face)*

Gilberto: ¿Eso es cómico? Nuestra película va a fracasar. *(Tamara makes a face.)* ¡Vamos a filmar la película de terror! Yo sé que la podemos hacer bien.

Tamara: ¿Tú piensas que puedo ser una buena actriz para una película de terror?

Gilberto: ¡Corre! ¡Rápido!

Tamara: *(terrified)* ¿Qué?

Gilberto: *(laughing)* ¡Eres la actriz perfecta! **Continuará...** p. 318

También se dice

Los Ángeles Tamara dice que no le gustan las **películas de terror.** Otras frases que se usan son **películas de horror** o **películas de miedo.**

3 *Comprensión del episodio* ¿Qué película hacemos?

Escuchar
Leer

Escoge la respuesta correcta.

1. A Tamara no le gustan ____ .
   a. las películas de terror
   b. las comedias
2. La película que vio Tamara la semana pasada ____ .
   a. la hizo reír
   b. le dio miedo
3. Tamara y Gilberto necesitan efectos especiales para hacer ____ .
   a. una película de ciencia ficción
   b. una película de terror
4. Para una película de terror sólo necesitan ____ .
   a. algo de maquillaje
   b. una cámara digital

Nota gramatical

When you want to say *Let's . . . !*, use **vamos** + **a** + **infinitive.**

¡**Vamos a ver** una película! ***Let's see** a movie!*

4 ¡A trabajar!

Hablar
Escribir

Tú y tus amigos tienen que hacer una película. Diles tus ideas de cómo hacerla.

modelo: hacer
¡Vamos a hacer una película de terror!

1. escribir

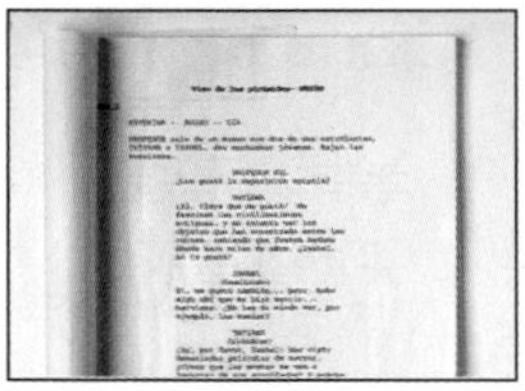

2. comprar

3. tomar fotos con

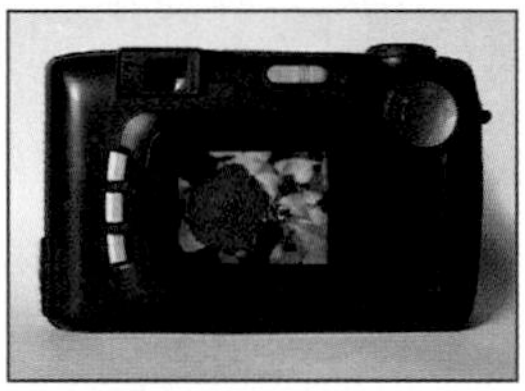

4. filmar con

5. usar

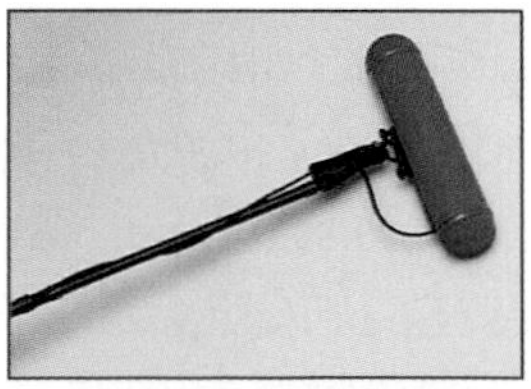

6. buscar

Expansión
Use **vamos a** to make five suggestions you might say to your friends about weekend plans.

PARA Y PIENSA

¿Comprendiste? Completa estas sugerencias *(suggestions)* para tus amigos.

1. ¡ ____ ver un ____ !
2. ¡ ____ filmar una ____ !
3. ¡ ____ escribir un ____ !
4. ¡ ____ buscar el ____ !

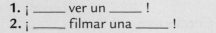

Get Help Online
ClassZone.com

Presentación de GRAMÁTICA

¡AVANZA! **Goal:** Learn how to form affirmative **tú** commands. Then practice using them to tell someone you know well to do something. ***Actividades 5–8***

¿Recuerdas? Daily routines p. 114, telling time p. R12

English Grammar Connection: Remember that you use commands to tell someone to do something. In English, there is only one command form. In Spanish, there are formal commands (**usted**) and **familiar commands** (**tú**).

REPASO Affirmative tú Commands

Animated Grammar ClassZone.com

You use **affirmative tú commands** to tell someone you know well to do something. How do you form these commands?

Here's how: Regular **affirmative tú commands** are the same as the **usted/él/ella** form of a verb in the present tense.

Present Tense	Affirmative tú Command
Él **escribe** el guión y **filma** la película. *He **writes** the script and **films** the movie.*	**Escribe** el guión y **filma** la película. ***Write** the script and **film** the movie.*

The verbs **hacer, ir,** and **ser** are irregular in the **tú command** form.

hacer	**Haz** un documental.	***Make** a documentary.*
ir	**Ve** al cine.	***Go** to the movie theater.*
ser	¡**Sé** bueno!	***Be** good!*

Some irregular **tú commands** are based on the present-tense **yo** form. For these verbs, drop the **-go** ending to form the commands.

	yo Form	tú Command
decir	**digo**	**di**
poner	**pongo**	**pon**
salir	**salgo**	**sal**
tener	**tengo**	**ten**
venir	**vengo**	**ven**

The rules of pronoun placement also apply to **affirmative tú commands.**

Attach **pronouns** to affirmative commands. — **Dime.** ***Tell me.***

When you attach **pronouns** to verbs with two or more syllables, add an **accent** to show stress. — **Preséntanos** a la directora. ***Introduce us** to the director.*

Más práctica
Cuaderno *pp. 249–251*
Cuaderno para hispanohablantes *pp. 250–252*

@HomeTutor
Leveled Grammar Practice
ClassZone.com

Práctica de GRAMÁTICA

5 Muchas instrucciones

Hablar
Escribir

Eres un(a) director(a). Dale instrucciones a tu compañero(a) y él o ella va a hacer la acción. Cambien de papel.

modelo: empezar a llorar

1. correr
2. decir qué hora es
3. poner una mano en el escritorio
4. hacer el papel de un profesor
5. tener prisa
6. ser cómico(a)
7. cerrar los ojos
8. bailar

Expansión
Give each other two more instructions to act out.

6 Así se hace

Escuchar
Escribir

Escucha lo que le dice Gilberto a alguien que quiere aprender a hacer películas. Escribe los mandatos *(commands)* que él da.

modelo: Primero _____ una cámara de video.
Primero **compra** una cámara de video.

1. _____ en qué tipo de película quieres hacer.
2. _____ el guión.
3. _____ a los actores y a las actrices.
4. _____ con la ropa y el maquillaje.
5. _____ las escenas con tu cámara de video.
6. _____ la película con software.
7. _____ una buena película.
8. _____ a pedirme ayuda.

Comparación cultural

El arte chicano

¿Cómo expresan los artistas su identidad cultural? La palabra **chicano** se usa para una persona de Estados Unidos de herencia *(heritage)* mexicana. Gilbert «Magu» Lujan es un artista chicano. Formó Los Four, un grupo de artistas que tuvo la primera exposición de arte chicano en **Los Ángeles** en 1974 y pintó muchos murales en la ciudad. Aztlán, un tema frecuente en el arte chicano, es el lugar de origen de los aztecas según *(according to)* sus leyendas. En *Returning to Aztlán,* vemos un coche *lowrider,* un icono de la cultura chicana. También hay una imagen al revés *(upside down)* de **México.** Esto expresa la forma especial de los chicanos de ver el mundo.

Returning to Aztlán *(1983), Gilbert «Magu» Lujan*

Compara con tu mundo *¿Cómo afecta tu herencia la forma en que ves el mundo?*

7 ¡Arréglate! ¿Recuerdas? Daily routines p. 114, telling time p. R12

Hablar

Ayuda a tu compañero(a) a estar listo(a) para la película que se va a filmar mañana a las ocho de la mañana. Recomienda siempre una hora antes de lo que él o ella dice.

A ¿Debo despertarme a las siete y diez?

B No, despiértate a las seis y diez.

1. 

2. 

3. 

4. 

5. 

6. 

8 Estrella de cine

Hablar
Escribir

Tu amigo(a) quiere ser estrella de cine. Dile qué debe hacer.

modelo: mirar
Mira muchas películas para aprender más del cine.

1. hablar **3.** practicar **5.** hacer **7.** empezar **9.** ir
2. leer **4.** aprender **6.** salir **8.** esperar **10.** ponerse

Expansión
Organize your ideas into a letter of advice to the friend.

AUDIO

Pronunciación La letra f

The Spanish **f** sounds like the *f* in the English word *fix.* Unlike English, when you hear /f/ in Spanish, it is represented by a single **f.** There is no *ph, gh,* or *ff* in Spanish. Listen and repeat.

teléfono **efectos** **micrófono** **diferente** **profesor**

Más práctica Cuaderno *pp. 249–251* Cuaderno para hispanohablantes *pp. 250–252*

PARA Y PIENSA

¿Comprendiste? Dile al actor qué tiene que hacer para tu película.
1. aprender bien el papel
2. venir aquí a las 7:00
3. ponerse este sombrero
4. contarle el argumento a la actriz

Get Help Online
ClassZone.com

GRAMÁTICA en contexto

¡AVANZA! **Goal:** Notice the commands Gilberto uses to direct Tamara as they practice a scene. Then use commands to give advice to teens who ask for help. ***Actividades 9–10***

Telehistoria escena 2

@HomeTutor VideoPlus
ClassZone.com

STRATEGIES

Cuando lees
Consider roles List sequentially all the roles Gilberto takes. Could he share any of these roles with others? If so, how? What is Tamara's role?

Cuando escuchas
Listen for cause and effect How does Tamara respond to Gilberto's directions? What positive and negative effects does Niki's absence have?

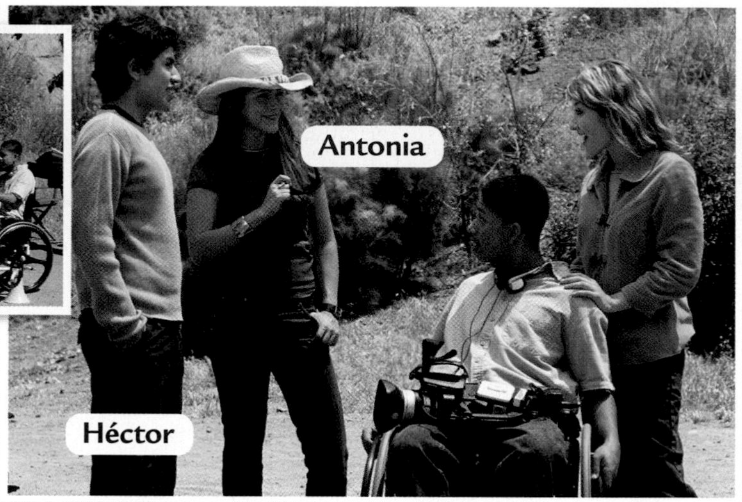

VIDEO DVD

AUDIO

Gilberto: ¿Dónde está Niki? *(Tamara shrugs.)* ¡Vamos a practicar la escena! *(to the soundperson)* No necesitamos el micrófono todavía. *(to Tamara)* Ve allí. Empieza a caminar. Ahora espera. Escucha. Mira detrás de ti. Ahora corre rápidamente. *(Tamara runs by quickly.)* Bien, ahora necesitamos...

Héctor: ¡Gilberto! ¿Qué tal? Alguien me dijo que estás haciendo una película.

Gilberto: Hola, Héctor. Sí, estamos haciendo una película corta.

Héctor: ¡Muy bien! ¿Y tú eres el director?

Gilberto: Primero fui el guionista. Y ahora soy el director y el camarógrafo. Luego voy a editar la película.

Tamara puts her cell phone away and shakes her head.

Tamara: Niki no puede venir. ¿Qué vamos a hacer?

Gilberto: *(to Héctor)* Necesitamos a una actriz. Es un papel pequeño, de una página, pero es un papel importante.

Antonia: ¿Puedo ayudar? Soy actriz. Me llamo...

Tamara: *(recognizing her)* ¡Antonia Reyes!

Continuará... p. 323

9 *Comprensión del episodio* Filmando la escena

Escuchar
Leer

Empareja la descripción con el personaje. Puedes usar las respuestas más de una vez.

1. Hoy es camarógrafo.	**a.** Tamara
2. Es una actriz famosa.	**b.** Gilberto
3. Es el director de esta película.	**c.** Héctor
4. Hace lo que le dice el director.	**d.** Antonia
5. Escribió el guión.	
6. Es un amigo de Gilberto.	

10 ¿Qué hago?

Leer
Hablar
Escribir

Dales consejos *(advice)* a estos jóvenes.

modelo: Andrés, diles a tus padres que vas a limpiar tu cuarto y hazlo. Limpia un poco todos los días.

Expansión
Write down another situation. Exchange with a partner and have him or her respond with appropriate advice.

PARA Y PIENSA

¿Comprendiste? Usa mandatos para darle algunos consejos a tu amiga sobre:

1. qué película debe ir a ver y cuándo
2. lo que debe hacer antes, durante y después de la película

Get Help Online
ClassZone.com

Presentación de GRAMÁTICA

¡AVANZA! **Goal:** Learn how to form negative **tú** commands. Then practice using them to tell someone you know well not to do something. ***Actividades 11–14***

English Grammar Connection: To form a negative command in English, you add *do not* or *don't* before the verb. In Spanish, you add **no** before the verb and change the verb ending.

Negative tú Commands

Animated Grammar ClassZone.com

You learned that negative **usted** commands begin with the word **no** and change the verb ending. **Negative tú commands** follow a similar pattern.

Here's how: You form **negative tú commands** with the **yo** form of verbs in the present tense.

-ar verbs **-o** *changes to* → **-es**

-er, -ir verbs **-o** *changes to* → **-as**

Infinitive	Present Tense	Negative tú Commands
mirar	**yo miro**	¡No **mires** esa película de terror! ***Don't watch*** *that horror film!*
poner	**yo pongo**	¡No **pongas** el micrófono allí! ***Don't put*** *the microphone there!*
escribir	**yo escribo**	¡No **escribas** otra escena! ***Don't write*** *another scene!*

Verbs that end in **-car, -gar,** and **-zar** have spelling changes.

tocar → **no toques** **jugar** → **no juegues** **almorzar** → **no almuerces**

The **negative tú command** forms of some **verbs** are irregular.

dar	**no des**	**saber**	**no sepas**
estar	**no estés**	**ser**	**no seas**
ir	**no vayas**		

Pronouns with **negative tú commands** appear before the **verb.**

¿Ves esta cámara? No **se la des.** *Do you see this camera? Don't* ***give it to her.***

Más práctica

Cuaderno *pp. 252–254*

Cuaderno para hispanohablantes *pp. 253–256*

@HomeTutor Leveled Grammar Practice ClassZone.com

Práctica de GRAMÁTICA

11 ¡La estrella quiere mandar!

Hablar
Escribir

El director tiene problemas con su estrella de cine. La estrella les da mandatos a las personas que trabajan en la película, pero el director no está de acuerdo. ¿Qué le dicen a cada persona?

modelo: comprar el almuerzo ahora

Estrella ¡**Compra** el almuerzo ahora!

Director ¡No, **no** lo **compres** ahora!

1. filmar la escena otra vez
2. apagar la cámara
3. sacar al actor de aquí
4. usar la cámara digital
5. traer más maquillaje
6. hacer más café
7. llamar a (mi) agente
8. editar el guión

12 En el estudio

Hablar
Escribir

Estás mirando la filmación de una película. ¿Qué les dice el director enojado a los estudiantes en tu grupo?

escuchar	hablar
comer	beber
dormir	salir
tomar	jugar

modelo: ¡Miguel! No salgas, por favor.

Expansión
Think of some off-limits activities for your Spanish class and the negative commands that your teacher might give.

13 ¡No lo hagas!

Hablar
Escribir

Hay un(a) estudiante nuevo(a) en su escuela. Hablen de las cosas que no debe hacer para tener éxito. Hagan una lista de sus diez mejores ideas.

modelo:

1. No hables inglés en la clase de español.
2. No vayas a la biblioteca los viernes por la tarde.
3. No seas un(a) estudiante perezoso(a).
4. No...

Expansión
Give affirmative commands of things to do to succeed in school.

14 ¡No te portes mal en el festival!

Leer
Escribir

Comparación cultural

Festivales internacionales de cine

¿Cuál es la importancia de los festivales de cine? El Festival Internacional de Cine Latino de **Los Ángeles** es una oportunidad para los directores latinos de Estados Unidos, España y Latinoamérica para presentar sus películas. El actor famoso Edward James Olmos fue uno de sus fundadores *(founders)* y muchas otras estrellas de cine vienen al festival cada año. Algunos eventos son galas, talleres *(workshops)* de cine para jóvenes y entrevistas *(interviews)* abiertas al público con directores y guionistas. En **Argentina,** el Festival Internacional de Cine de Mar del Plata tiene eventos similares. Este gran festival está abierto a directores de todos los países. Al final del festival hay una ceremonia que presenta premios en categorías como mejor actor y actriz, mejor guión y mejor director.

Edward James Olmos con la actriz puertorriqueña Lymari Nadal en el Festival de Cine Latino

Compara con tu mundo *¿Qué oportunidades hay en tu región para alguien que quiere hacer una película?*

Tu amigo va a venir al festival contigo, pero no sabe cómo portarse *(behave).* Dile lo que no debe hacer.

Pistas: llegar, traer una mochila, tomar fotos, hablar, ser nervioso(a), vestirse, ponerse

modelo: No llegues tarde. No te pongas una gorra.

Más práctica Cuaderno *pp. 252–254* Cuaderno para hispanohablantes *pp. 253–256*

PARA Y PIENSA

¿Comprendiste? Dile a tu hermano(a) menor lo que no debe hacer durante una película en el cine:

1. hablar **2.** correr **3.** tener miedo **4.** dormirse

Get Help Online
ClassZone.com

Todo junto

¡AVANZA! **Goal:** ***Show what you know*** Listen as Tamara works with a movie star in Gilberto's film. Then, use what you have learned to discuss films with classmates and to write your own mini-screenplay. ***Actividades 15–19***

Telehistoria completa

@HomeTutor VideoPlus
ClassZone.com

STRATEGIES

Cuando lees
Describe and compare personalities
Make notes about the personalities of Antonia and Tamara. How are their personalities similar or different?

Cuando escuchas
Listen for disruptions Notice the two disruptions during this scene. Who is responsible? What happens? Does he or she need more self-control? How might the others feel?

Escena 1 ***Resumen***
Gilberto y Tamara se preparan para filmar una película de terror. A Tamara no le gustan las películas de terror porque le dan miedo.

Escena 2 ***Resumen***
Antes de filmar, los jóvenes esperan a una actriz, pero nunca llega. Otra actriz, la famosa Antonia Reyes, los ayuda.

VIDEO DVD

AUDIO

Escena 3

Gilberto: ¡Esto es excelente! Ahora sé que vamos a tener éxito con esta película.

Tamara: *(looking at Antonia in awe)* ¡Pero ella es una estrella de cine!

Gilberto: No estés nerviosa. Ella es la prima de Héctor. Las personas famosas también pueden ser simpáticas.

Antonia: Aquí está tu guión, Gilberto. Me gusta el argumento.

Gilberto: Pues... ¡gracias! Bueno, vamos a empezar. *(The girls take their places.)* No empiecen antes de escuchar «acción». Bueno, tú sabes eso, ¿no? ¡Acción!

Antonia: ¡Espera! No salgas. Es peligroso. *(Tamara laughs.)*

Gilberto: ¡Corte! Tamara, esto no es una comedia.

Tamara: Lo siento. ¡Me hizo reír!

Gilberto: Pues, no la mires. ¿Está bien? Y no respondas rápidamente. ¡Acción!

Antonia: ¡Espera! ¡No salgas! Es peligroso.

Tamara: *(trying to calm her)* Regreso en diez minutos.

Antonia: *(fighting tears)* Tengo miedo.

Gilberto: *(whispering)* Tamara, di: «Tengo que salir».

Tamara: *(sniffling)* ¡Perdón! ¡Me hizo llorar!

Gilberto: Pues, ¡ahora sabemos por qué Antonia es una estrella de cine!

15 *Comprensión de los episodios* ¡Acción!

Escuchar
Leer

Corrige los errores en estas oraciones.

modelo: Gilberto dice que esto es malo.
Gilberto dice que esto es excelente.

1. Gilberto sabe que van a fracasar con esta película.
2. Tamara es una estrella de cine.
3. Antonia está nerviosa.
4. Antonia es la prima de Tamara.
5. A Antonia le gusta la animación.
6. Las actrices no deben empezar antes de escuchar «corte».

16 *Comprensión de los episodios* La película

Escuchar
Leer

Contesta las preguntas.

1. ¿Qué tipo de película prefiere hacer Gilberto? ¿Por qué?
2. ¿Quiénes llegan durante la filmación?
3. ¿Quién es Antonia?
4. Tamara no puede hacer su papel fácilmente. ¿Por qué no?
5. ¿Cómo sabes que Antonia es buena actriz?

17 ¿Cuál es mejor?

Hablar

STRATEGY Hablar
List and discuss List reasons to see these films: **comedia, drama, terror, aventura,** and **ciencia ficción.** Discuss and then choose your favorite. Optional: After a class vote, show percentages in a pie chart.

Tu grupo quiere alquilar un video este sábado, pero ustedes no pueden decidir qué película seleccionar. ¿Qué dicen?

A Prefiero alquilar la película... Tiene muchos efectos especiales y...

B Si te gustan los efectos especiales, alquila la película...

C Esa película me hizo llorar. No la alquiles. Busca...

Expansión
Once you agree on a movie, tell the class which one you chose and why.

18 Integración

Leer
Escuchar
Hablar

Lee el horario del cine y escucha las críticas de la película. Describe las críticas para tu amigo y explícale por qué quieres o no quieres ir a ver esta película.

Fuente 1 Horario de cine

"...una película divertida... ¡Ve a verla hoy!"
– E. Castillo, WAUU
LOS DEL OTRO MUNDO
Raquel Delgado
Iván Guerrero

Los del otro mundo (Ciencia ficción): Una joven estudiante encuentra problemas y aventuras cuando un ejército extraterrestre llega a Los Ángeles en secreto. Con Raquel Delgado, Iván Guerrero. Director: Elías Godoy.

Cine Pacífico **Horario: 12:15 2:30 4:45 7:00 9:15**

Fuente 2 Las críticas

Listen and take notes

- ¿Quién recomienda la película?
- ¿Qué dicen los dos de los efectos especiales?
- ¿Qué dice la segunda crítica sobre el argumento?

modelo: ¡Vamos a ver *Los del otro mundo* esta noche! Es la nueva película de...

19 ¡Soy guionista!

Escribir

Escribe el guión de una escena corta para una película. Debe incluir un mínimo de ocho mandatos familiares.

modelo:

(Dentro de una casa antigua, por la noche...)
Federico: ¿Cómo vamos a salir? ¡Escucha! ¿Viene alguien?
Aurora: Espera. No estés nervioso. Yo sé qué hacer.
(Alguien abre la puerta)
Enemigo: ¡Ja! Los encontré. ¡Dame el mapa, señorita!

FCAT WRITING +

Elements	5–6 points	3–4 points	1–2 points
Focus	Your script sticks to the topic.	Your script is partly about other topics.	Your script is mostly about other topics.
Organization	Your script is organized.	Parts of your script are organized.	Your script is disorganized.
Support	You include eight or more **tú** commands and an excellent range of vocabulary.	You include five to seven **tú** commands and a fair range of vocabulary.	You include only a few **tú** commands, and the vocabulary is very limited.
Conventions	Your script has few mistakes in grammar and vocabulary.	Your script has some mistakes in grammar and vocabulary.	Your script has many mistakes in grammar and vocabulary.

FCAT Writing Support

Expansión
Your classmates will help you present your scene to the class.

Más práctica Cuaderno *pp. 255–256* Cuaderno para hispanohablantes *pp. 257–258*

PARA Y PIENSA

¿Comprendiste? Dale dos consejos a Tamara y dos a Gilberto sobre su película usando mandatos afirmativos y negativos.

Get Help Online
ClassZone.com

Lectura

¡AVANZA! **Goal:** Read excerpts from a contemporary Latin American novel that was made into an American film. Then talk about this novel and others you know that have been made into movies.

La casa de los espíritus

La película estadounidense The House of the Spirits *(1993) es una adaptación de la primera novela de la escritora chilena Isabel Allende,* La casa de los espíritus. *En estos fragmentos, conocemos a Clara, un personaje importante del libro.*

STRATEGY Leer
Summarize to understand
To help you manage this complex passage, try to restate each paragraph in a few short phrases or sentences as you go along. If you are having trouble, go back and reread, jotting down notes or questions.

Primer párrafo:

1. Clara decidió no hablar.
2.
3.

Clara tenía diez años cuando decidió que no valía la pena hablar y se encerró en el mutismo [1]. Su vida [2] cambió notablemente. El médico de la familia, el gordo y afable doctor Cuevas, intentó curarle el silencio con píldoras [3] de su invención, con vitaminas en jarabe [4] y tocaciones de miel [5] de bórax en la garganta pero sin ningún resultado aparente [...]

La nana tenía la idea de que un buen susto [6] podía conseguir que la niña hablara [7] y se pasó nueve años inventando recursos [8] desesperados para aterrorizar [9] a Clara, con lo cual sólo consiguió [10] inmunizarla contra la sorpresa y el espanto [11]. Al poco tiempo Clara no tenía miedo de nada [...]

---

[1] **se...** shut herself into silence [2] life [3] pills [4] syrup
[5] applications of honey-based remedy [6] fright, scare
[7] **podía...** would make the girl talk again [8] ways
[9] terrify, frighten [10] managed to [11] fright

La pequeña Clara leía mucho. Su interés por la lectura era indiscriminado y le daban lo mismo [12] los libros mágicos de los baúles encantados [13] de su tío Marcos, que los documentos del Partido Liberal que su padre guardaba [14] en su estudio. Llenaba incontables [15] cuadernos con anotaciones [16] privadas, donde fueron quedando registrados [17] los acontecimientos [18] de ese tiempo, que gracias a eso no se perdieron borrados por la neblina del olvido [19], y ahora yo puedo usarlos para rescatar [20] su memoria [...]

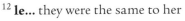

[12] **le...** they were the same to her
[13] **baules...** magical chests
[14] kept
[15] countless
[16] annotations, entries
[17] **fueron...** were being recorded
[18] happenings, events
[19] **borrados...** erased by the fog of oblivion
[20] rescue

PARA Y PIENSA

¿Comprendiste?

1. ¿Quién es la autora de *La casa de los espíritus*? ¿De dónde es?
2. ¿Cómo es el personaje de Clara?
3. ¿Qué le pasa a Clara a los diez años?
4. ¿Por qué le pierde Clara el miedo a todo?
5. ¿Qué cosas le ayudan a Clara a recordar en la vida?

¿Y tú?

¿Qué otras películas conoces que son adaptaciones de novelas? En general, ¿te gustan las películas basadas en novelas o te gustan más las novelas originales? ¿Por qué?

Conexiones *Las ciencias sociales*

Los murales de Los Ángeles

La ciudad de Los Ángeles se conoce como «la capital de murales» *(murals)* del mundo *(world)*. Durante los años sesenta, algunos artistas mexicoamericanos empezaron a pintar *(paint)* murales para expresar sus opiniones sobre los derechos civiles *(civil rights)* y otros temas sociales. En 1974, un grupo de artistas y estudiantes empezó *The History of California,* un mural que documenta la historia de la región desde tiempos prehistóricos.

En esta sección del mural hay una hacienda *(plantation)* típica del siglo diecinueve. Mira al hombre que está a la izquierda. ¿Quién piensas que es? ¿Cómo es? ¿Qué ropa lleva? ¿Qué está mirando? ¿Cómo es la casa? ¿Qué pasa en el patio? Escribe tres párrafos en que contestas estas preguntas y explicas los detalles del mural.

Una sección de The History of California

Proyecto 1 *El arte*

Haz un mural pequeño de temas sociales. Escribe un párrafo en que explicas el significado del mural.

Proyecto 2 *Las ciencias*

Algunos murales en Los Ángeles están dañados *(damaged)*. Escribe una composición sobre la deterioración de los murales. Nombra los procesos del medio ambiente *(environment)* que dañan *(damage)* los murales. ¿Cómo son responsables las personas? ¿Cómo podemos evitar *(avoid)* estos daños?

Proyecto 3 *La historia*

Los artistas de Los Ángeles se inspiraron en la tradición muralista mexicana. Esta tradición empezó con los mayas y los aztecas, y siguió con artistas como Diego Rivera, David Siqueiros, José Orozco y otros. Escribe dos párrafos que describen este mural maya. ¿Qué llevan las personas? ¿Qué piensas que hacen?

Detalle de un mural maya en Bonampak, Chiapas

Lección 1

En resumen

Vocabulario y gramática

Animated Grammar
Interactive Flashcards
ClassZone.com

Vocabulario

Making Movies

On the Set

el argumento	*plot*
editar	*to edit*
los efectos especiales	*special effects*
la escena	*scene*
esperar	*to wait (for)*
filmar	*to film*
fracasar	*to fail*
el guión	*screenplay*
hacer un papel	*to play a role*
el maquillaje	*makeup*
el sonido	*sound*
tener éxito	*to be successful*

Equipment

la cámara de cine	*movie camera*
la cámara digital	*digital camera*
la cámara de video	*video camera*
el micrófono	*microphone*
el software	*software*

People Involved with Movies

el actor	*actor*
la actriz	*actress*
el (la) camarógrafo(a)	*cameraman / camerawoman*
el (la) director(a)	*director*
la estrella de cine	*movie star*
famoso(a)	*famous*
la gente	*people*
el (la) guionista	*screenwriter*

Types of Movies

la animación	*animation*
la comedia	*comedy*
el documental	*documentary*
el drama	*drama*
la película...	*. . . film*
de aventuras	*action*
de ciencia ficción	*science fiction*
de fantasía	*fantasy*
de terror	*horror*

How Movies Affect You

Me da miedo.	*It scares me.*
Me hace reír.	*It makes me laugh.*
Me hace llorar.	*It makes me cry.*

Gramática

Nota gramatical: **Vamos** + **a** + infinitive *p. 314*

REPASO Affirmative tú Commands

Regular **affirmative tú commands** are the same as the **usted/él/ella** form in the present tense.

Present Tense	Affirmative tú command
Él **escribe** el guión y **filma** la película. *He **writes** the script and **films** the movie.*	**Escribe** el guión y **filma** la película. ***Write** the script and **film** the movie.*

Some irregular **tú commands** are based on the present-tense **yo** form.

	yo form	tú command
decir	**digo**	**di**
poner	**pongo**	**pon**
salir	**salgo**	**sal**
tener	**tengo**	**ten**
venir	**vengo**	**ven**

Negative tú Commands

Negative tú commands begin with the word **no** and change the verb ending.

-ar verbs **-o** *changes to* **-es**
-er, -ir verbs **-o** *changes to* **-as**

Infinitive	Present Tense	Negative tú Commands
mirar	yo miro	¡**No mires** esa película de terror!
comer	yo pongo	¡**No pongas** el micrófono allí!
escribir	yo escribo	¡**No escribas** otra escena!

Lección 1

Repaso de la lección

¡LLEGADA!

@HomeTutor
ClassZone.com

Now you can
- tell others what to do and what not to do
- make suggestions
- talk about movies and how they affect you

Using
- **vamos + a +** infinitive
- affirmative **tú** commands
- negative **tú** commands

To review
- movies and how they affect you, p. 311

1 Listen and understand

AUDIO

Escucha las descripciones de las películas y escoge el tipo de película que corresponde a cada descripción.

1. drama / comedia
2. fantasía / documental
3. ciencia ficción / animación
4. terror / aventuras
5. comedia / animación
6. documental / fantasía
7. aventuras / terror
8. comedia / drama

To review
- **vamos + a +** infinitive, p. 314

2 Make suggestions

Es difícil hacer una película. Lee cada problema y sugiere una solución.

modelo: La cámara de cine no sirve. (usar la cámara digital / usar la cámara de video)
Vamos a usar la cámara de video.

1. Es difícil escuchar a los actores. (poner el micrófono más cerca / ponerles más maquillaje)
2. El argumento no es muy interesante. (editar el guión / esperar el software nuevo)
3. No pueden ver las caras de los actores. (usar los efectos especiales / filmar con luces)
4. Quisimos hacer una buena película de ciencia ficción, pero nuestra película es aburrida. (añadir efectos especiales / hacer una película de aventuras)
5. Necesitamos una actriz famosa. (llamar a una estrella de cine / buscar una camarógrafa)
6. Es necesario editar la escena después de filmarla. (tener éxito / usar el software)

To review
- affirmative **tú** commands, p. 315
- negative **tú** commands, p. 320

3 Tell others what to do and what not to do

Los jóvenes hacen una película en una clase de drama y el maestro les dice qué deben hacer. ¿A quién le habla?

el camarógrafo	la directora	el actor	la guionista

1. Escribe una escena de batalla. Escríbela con mucha acción.
2. Haz el papel del profesor viejo. Sé una persona simpática pero desorganizada.
3. Usa esta nueva cámara de video. No tenemos cámara de cine.
4. Hay unos problemas con esta escena. Edítala, por favor.
5. Trabaja con la guionista, el camarógrafo y los actores para hacer cada escena perfecta.
6. Lee el guión muchas veces para saber qué tienes que decir.
7. No filmes todavía; estamos practicando.
8. Diles a todos dónde tienen que estar y qué deben hacer.

To review
- affirmative **tú** commands, p. 315
- negative **tú** commands, p. 320

4 Tell others what to do and what not to do

Tu amiga es actriz y tiene entrevista con un director. Dale consejos.

modelo: llegar tarde a la entrevista
No llegues tarde.

1. usar micrófono
2. beber mucha agua antes de la entrevista
3. hacer reír al director
4. practicar con el guión
5. ponerse mucho maquillaje
6. tener miedo

To review
- Hispanos en L.A. p. 307
- Comparación cultural, pp. 316, 322
- Lectura, pp. 326–327

5 The United States, Mexico and Argentina

Comparación cultural

Contesta estas preguntas culturales.

1. ¿Qué días festivos mexicanos celebran en Los Ángeles? ¿Por qué?
2. ¿Qué quiere decir la palabra **chicano?**
3. ¿Qué eventos tienen el Festival Internacional de Cine Latino de Los Ángeles y el Festival Internacional de Cine de Mar del Plata?
4. ¿Cómo se llama la novela de Isabel Allende que también es una película? Describe el personaje de Clara.

Más práctica Cuaderno *pp. 257–268* Cuaderno para hispanohablantes *pp. 259–268*

Get Help Online
ClassZone.com

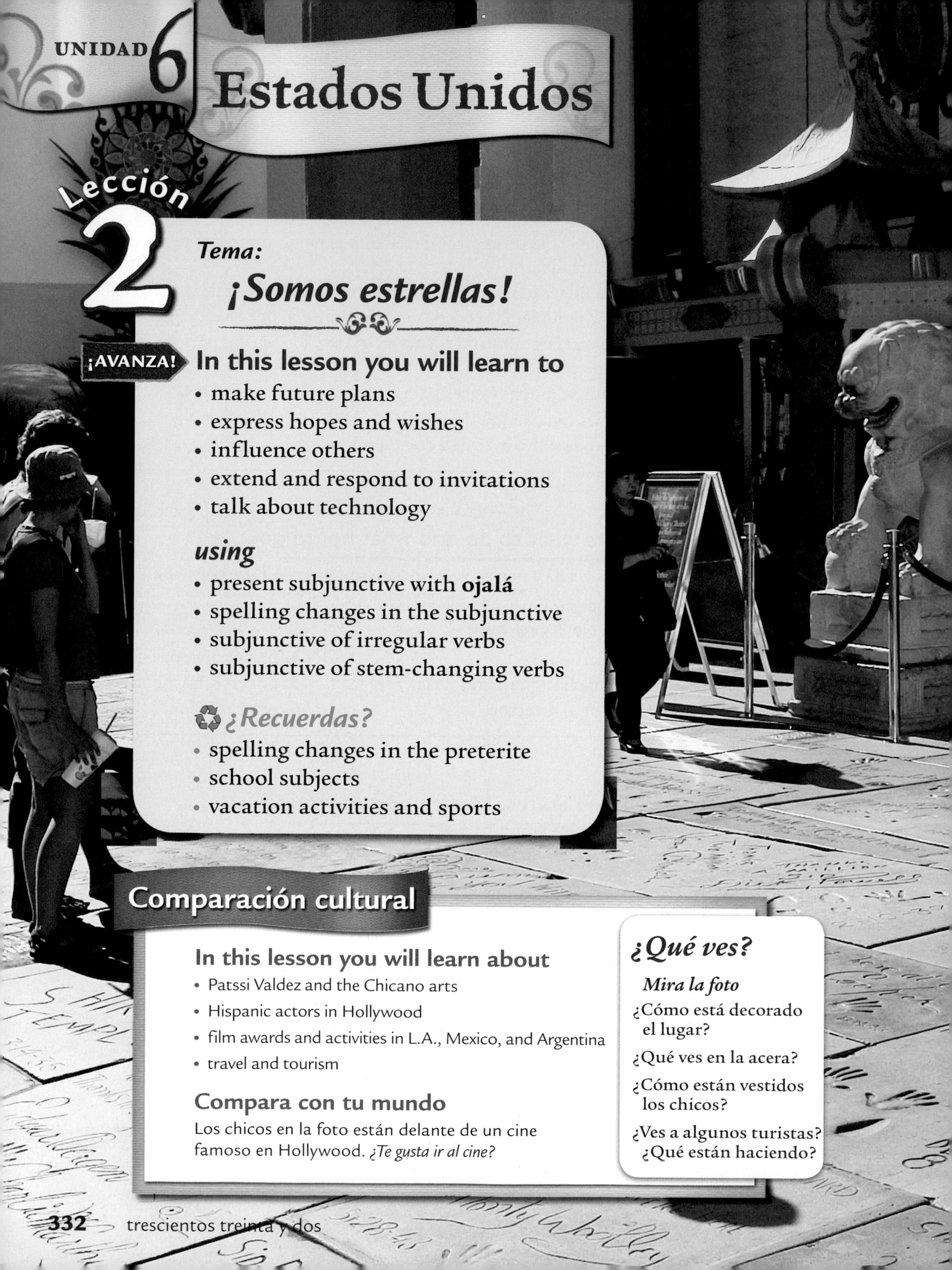

UNIDAD 6

Estados Unidos

Lección 2

Tema:

¡Somos estrellas!

¡AVANZA! **In this lesson you will learn to**
- make future plans
- express hopes and wishes
- influence others
- extend and respond to invitations
- talk about technology

using
- present subjunctive with **ojalá**
- spelling changes in the subjunctive
- subjunctive of irregular verbs
- subjunctive of stem-changing verbs

¿Recuerdas?
- spelling changes in the preterite
- school subjects
- vacation activities and sports

Comparación cultural

In this lesson you will learn about
- Patssi Valdez and the Chicano arts
- Hispanic actors in Hollywood
- film awards and activities in L.A., Mexico, and Argentina
- travel and tourism

Compara con tu mundo
Los chicos en la foto están delante de un cine famoso en Hollywood. *¿Te gusta ir al cine?*

¿Qué ves?
Mira la foto

¿Cómo está decorado el lugar?

¿Qué ves en la acera?

¿Cómo están vestidos los chicos?

¿Ves a algunos turistas? ¿Qué están haciendo?

Grauman's Chinese Theater
Hollywood, California

Presentación de VOCABULARIO

¡AVANZA! **Goal:** Learn some expressions for making and accepting invitations by phone and computer. Then use the expressions in conversation, and talk to your classmates about your telephone and computer activities. ***Actividades 1–3***

VIDEO DVD

AUDIO

A Los invitamos al **estreno** de nuestra película este **fin de semana.** Vamos a **estrenar,** o presentar por primera vez, nuestra película de terror, *Salió de las pirámides.*

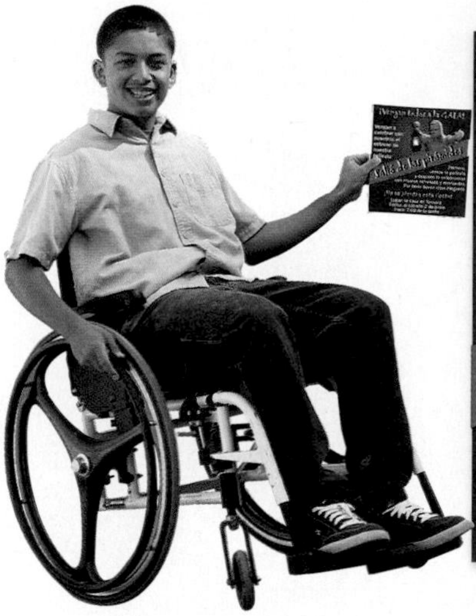

la invitación

¡Vengan todos a la GALA!
Vengan a celebrar con nosotros el estreno de nuestra película:
Salió de las pirámides
Primero, vemos la película y después lo celebramos con música, refrescos y meriendas. Por favor lleven ropa elegante.
¡No se pierdan esta fiesta!
Lugar: la casa de Tamara
Fecha: el sábado 2 de junio
Hora: 7:00 de la tarde

el fin de semana

jueves
viernes
sábado/ domingo
ESTRENO
EXAMEN DE HISTORIA

B Invitamos a todos nuestros amigos. Tamara llama a algunas amigas por **teléfono celular.**

Tamara
Madre

Madre: ¿Aló?

Tamara: Hola, soy Tamara. ¿**Está** Silvia?

Madre: **Un momento,** Tamara. ¡Silvia! ¡Silvia!... **No, no está.**

Tamara: ¿Puedo **dejar un mensaje**?

Madre: **¡Cómo no!**

Tamara: Por favor, dígale que yo la llamé para invitarla a nuestro estreno. ¡Gracias!

C **Andrea:** ¿Diga?

Tamara: Hola, soy Tamara. ¿**Puedo hablar con** Andrea?

Andrea: Soy Andrea. ¡Hola! Recibí tu invitación.

Tamara: Ah, ¿sí? Entonces, ¿quieres venir al estreno?

Andrea: **Sí, me encantaría.** Me parece muy divertido.

Tamara: **¡Claro que sí!** Va a ser muy divertido. **¡Te lo juro!**

Andrea: **¡Estoy convencida!** Nos vemos allí.

Tamara
Andrea

D **Estoy en línea** para invitar a otros amigos. Prefiero usar **el mensajero instantáneo** porque es rápido, pero no todos mis amigos lo tienen, como Héctor. A él le mando un correo electrónico. Pero, ¿cuál es su **dirección electrónica**? Pienso que es: hector5@film4la.edu.

estar en línea
el teclado
el ratón

Se dice...

Para decir una dirección electrónica:
hector@film4la.edu

@ = arroba **. = punto**

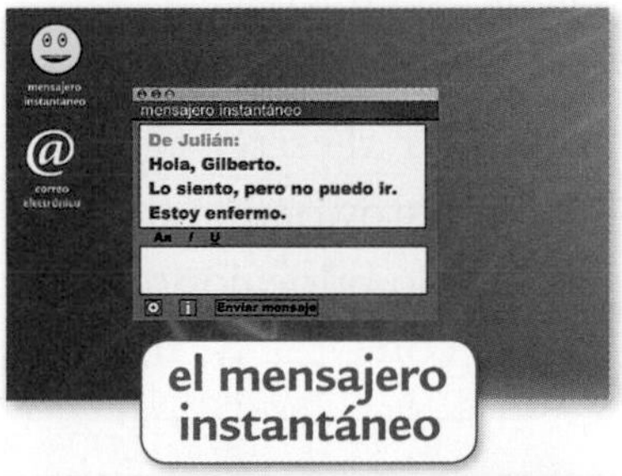

mensajero instantáneo
De Julián:
Hola, Gilberto.
Lo siento, pero no puedo ir.
Estoy enfermo.
Enviar mensaje
el mensajero instantáneo

hacer clic en

E Por fin estamos en **la gala** para el estreno. Por eso estamos vestidos con **ropa elegante.** ¡Mira, nos dieron un premio por nuestra película!

Estoy muy emocionado. ¡Te digo la verdad! ¡Quisiera dar las gracias a todos mis amigos por hacer posible este día tan especial!
el corbatín
la ropa elegante

Más vocabulario

el (la) próximo(a) *next*
la corbata *tie*
la crítica *review*
el icono *icon*
¡Qué lástima! *What a shame!*
Te lo aseguro. *I assure you.*
¿Bueno? *Hello? (when answering the telephone)*
¡Ojalá! *I hope so!*
Expansión de vocabulario p. R13
Ya sabes p. R13

¡A responder! Escuchar

Escucha cada oración e indica la foto que le corresponde.

@HomeTutor VideoPlus
Interactive Flashcards
ClassZone.com

Práctica de VOCABULARIO

1 ¿Vienes al estreno?

Escribir
Hablar

Completa las oraciones para saber cómo responden los amigos de Tamara y Gilberto a su invitación.

fin de semana	ropa elegante
corbata	la crítica
la invitación	un mensaje
la gala	el teclado

1. ¿Me dejaste _____ ? No lo escuché.
2. No recibí _____ para la fiesta. ¡Qué lástima!
3. ¡Claro que sí! Me encantaría ir a _____ .
4. No me voy a poner ni corbatín ni _____ . ¡Te lo juro!
5. No podemos ir el próximo _____ .
6. ¿Ir al estreno? ¡Cómo no! Me encanta llevar _____ .
7. Estoy ocupado esa noche, pero voy a leer _____ el próximo día.
8. No pude contestar tu correo electrónico porque tuve un problema con _____ de mi computadora.

Expansión
Tell how you would respond to an invitation to a movie premiere.

2 ¿Qué dices?

Escuchar

Responde a lo que escuchas con la respuesta más lógica.

1. **a.** Un momento.
   b. ¡Te digo la verdad!
2. **a.** En este icono.
   b. En línea.
3. **a.** ¡Claro que sí!
   b. ¡Qué lástima!
4. **a.** Sí, me encantaría.
   b. No, no está.
5. **a.** ¡Ojalá!
   b. ¿Bueno?
6. **a.** ¡Cómo no!
   b. ¡Estoy convencido!

3 ¿Y tú?

Hablar
Escribir

Contesta las preguntas en oraciones completas.

1. ¿Mandas muchos correos electrónicos? ¿A quiénes?
2. ¿Qué haces con el ratón y con el teclado para mandar un correo electrónico?
3. ¿Cuál es tu dirección electrónica?
4. ¿Prefieres hablar con tus amigos por mensajero instantáneo o por teléfono celular? ¿Por qué?
5. ¿Mandas invitaciones por Internet?
6. ¿Haces algunas tareas en línea? ¿Qué más haces en línea?

Más práctica Cuaderno *pp. 269–271* Cuaderno para hispanohablantes *pp. 269–272*

PARA Y PIENSA

¿Comprendiste? Escribe dos frases para...
1. aceptar una invitación **2.** convencer a alguien **3.** contestar el teléfono

Get Help Online
ClassZone.com

VOCABULARIO en contexto

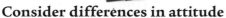

¡AVANZA! **Goal:** Notice the expressions Tamara uses to convince Gilberto as she prepares an invitation. Use the expressions you have learned to make an invitation by phone to a friend. ***Actividades 4–5***

Telehistoria escena 1

@HomeTutor VideoPlus
ClassZone.com

STRATEGIES

Cuando lees
Consider differences in attitude
How do Tamara's and Gilberto's attitudes contrast? Who is more optimistic? List three points on which they differ, and what each says to show his/her opinion.

Cuando escuchas
Listen for content, tone, and effect
What does Tamara say to convince Gilberto? What tone (examples: enthusiastic, factual, angry, pleasant) does she use? Is she successful? How do you know?

VIDEO DVD

AUDIO

Tamara: Gilberto, estoy escribiendo las invitaciones para nuestro estreno. ¿Qué te parece esto? *(reading)* «Vengan a celebrar con nosotros el estreno de nuestra película. La gala comienza a las 7:00.»

Gilberto: ¿Gala? ¿Va a ser una gala?

Tamara: ¡Claro que sí! Ahora, ¿cuándo puede ser? ¿El próximo fin de semana?

Gilberto: ¡No! Sabes que debemos terminar la película primero, ¿no? Necesito tres o cuatro semanas para editarla.

Tamara: Estoy muy emocionada. ¡Las críticas van a ser buenas!

Gilberto: Nadie va a escribir una crítica de nuestra película.

Tamara: ¡Claro que sí! Vamos a tener muchas críticas. Y muy buenas. ¡Estoy convencida!

Gilberto: Tenemos que terminar la película primero.

Tamara: *(continues typing)* «Por favor lleven ropa elegante y corbata.»

Gilberto: Nuestros amigos no se van a poner ropa elegante.

Tamara: ¡Cómo no! ¡Te lo aseguro! Van a venir a ver a las estrellas de cine.

Gilberto: ¿Estrellas de cine? ¿En nuestro estreno?

Tamara: ¡Cómo no! Tenemos una actriz famosa en nuestra película: ¡Antonia Reyes!

Gilberto: Sí, ¡por dos minutos!

Continuará... p. 342

4 *Comprensión del episodio* ¿Vienes al estreno?

Escuchar
Leer

Escoge la respuesta correcta.

1. Tamara está escribiendo las invitaciones para ____ .
2. La gala comienza a ____ .
3. La gala no puede ser ____ .
4. Tamara está muy ____ .
5. Tamara piensa que las críticas van a ser ____ .
6. Tienen que terminar la película ____ .
7. Gilberto dice que sus amigos no se van a poner ____ .
8. En la película hay una actriz ____ .

a. primero
b. emocionada
c. ropa elegante
d. buenas
e. famosa
f. el estreno
g. las siete
h. el próximo fin de semana

5 Por teléfono

Hablar

Invita a tu compañero(a) a una gala. Usa el vocabulario nuevo.

¿Quieres ir a...?	¿Puedo dejar un mensaje?	¿Está...?
Nos vemos a las...	Soy...	No, no está.
¡Te lo aseguro!	¿Puedo hablar con...?	Un momento.
¡Claro que sí!	¿Aló? / ¿Diga? / ¿Bueno?	¡Qué lástima!

A ¿Aló?
B Buenos días. ¿Puedo hablar con Andrea?
Soy Andrea.
Hola, Andrea. Soy Tomás. ¿Quieres...?

Expansión
Switch roles and have a new conversation with a different outcome.

PARA Y PIENSA

¿Comprendiste? ¿Cuáles son...?

1. dos partes de una computadora
2. dos cosas que haces con una computadora
3. dos cosas que un chico se puede poner para ir a una gala
4. dos direcciones electrónicas que sabes

Get Help Online
ClassZone.com

Presentación de GRAMÁTICA

¡AVANZA! **Goal:** Learn how to form the present subjunctive. Then use the subjunctive with **ojalá que...** to express hopes. ***Actividades 6–9***

¿Recuerdas? Spelling changes in the preterite p. 227

English Grammar Connection: In English, you say *I hope that . . .* to express hopes or wishes. Verbs that follow such expressions of hope do not require a special verb form. In Spanish, they do, and it is called the **present subjunctive.**

Present Subjunctive with Ojalá

Animated Grammar
ClassZone.com

One way to express a hope or wish is to use the phrase **ojalá que...** with the **present subjunctive.** How do you form the **subjunctive** of regular verbs?

Here's how: Use what you already know about forming **usted** commands.

-ar verbs = **-e** endings **-er, -ir** verbs = **-a** endings

Present Subjunctive of Regular Verbs

	hablar	tener	escribir
yo	**hable**	**tenga**	**escriba**
tú	**hables**	**tengas**	**escribas**
usted, él, ella	**hable**	**tenga**	**escriba**
nosotros(as)	**hablemos**	**tengamos**	**escribamos**
vosotros(as)	**habléis**	**tengáis**	**escribáis**
ustedes, ellos(as)	**hablen**	**tengan**	**escriban**

These forms are the same in the subjunctive.

Fact: **Ganamos** un premio hoy.
We're winning a prize today.

Hope: ¡**Ojalá que ganemos** un premio hoy!
I hope that we win a prize today!

Stem-changing **-ar** and **-er** verbs in the present tense also change in the **subjunctive.**

pensar	e → ie
piense	**pensemos**
pienses	**penséis**
piense	**piensen**

poder	o → ue
pueda	**podamos**
puedas	**podáis**
pueda	**puedan**

Más práctica

Cuaderno *pp. 272–274*

Cuaderno para hispanohablantes *pp. 273–275*

@HomeTutor
Leveled Grammar Practice
ClassZone.com

Práctica de GRAMÁTICA

6 ¡Estoy preocupado!

Escribir

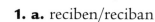

Gilberto está preocupado sobre el estreno de la película. ¿Qué dice?

modelo: Ojalá que yo ____ (poder) editar la película fácilmente.
Ojalá que yo **pueda** editar la película fácilmente.

1. Ojalá que mis amigos ____ (tomar) muchas fotos.
2. Ojalá que Julián ____ (recibir) su invitación por correo electrónico.
3. Ojalá que mis padres ____ (pensar) que el estreno es divertido.
4. Ojalá que algunas estrellas de cine ____ (mirar) nuestra película.
5. Ojalá que yo ____ (ver) a mucha gente famosa esa noche.
6. Ojalá que a Antonia le ____ (gustar) la película.
7. Ojalá que tú ____ (encontrar) fácilmente el lugar del estreno.
8. Ojalá que la película no ____ (fracasar).

7 Antes del estreno

Escuchar

En cada número, Gilberto va a decir dos oraciones sobre el estreno este fin de semana. Escoge el verbo que usa en cada oración.

1. **a.** reciben/reciban
   b. tengo/tenga
2. **a.** conozco/conozca
   b. conocemos/conozcamos
3. **a.** vienen/vengan
   b. traen/traigan
4. **a.** hace/haga
   b. quiero/quiera
5. **a.** estrenan/estrenen
   b. puedo/pueda
6. **a.** llama/llame
   b. llama/llame
7. **a.** trabajas/trabajes
   b. piensas/pienses
8. **a.** gano/gane
   b. gano/gane
9. **a.** pienso/piense
   b. tengo/tenga

Expansión
Express another hope that you might have.

Comparación cultural

Medios artísticos

¿Por qué usan los artistas diferentes medios? Patssi Valdez es una artista chicana de **Los Ángeles.** Ella es pintora, pero empezó con otros medios *(mediums)*. Participó en el arte interpretativo *(performance art)* y en la fotografía. También trabajó como diseñadora *(designer)* de ropa y de escenarios *(sets)* de cine. Ella fue la artista oficial para la quinta edición de los Premios Grammy Latino. Sus diseños estaban en las invitaciones, las entradas y en el programa para el evento. Valdez dice que la música es una inspiración en la creación de su arte.

Valdez presenta su arte oficial para los Premios Grammy Latino.

Compara con tu mundo *¿Cuál de los medios artísticos que usa Valdez te interesa y por qué?*

Nota gramatical

¿*Recuerdas?* Spelling changes in the preterite p. 227

When forming the present subjunctive of verbs ending in **-car, -gar,** or **-zar,** change the spelling of the verb stem.

sacar	c	*becomes*	**qu**	**saque, saques...**
pagar	g	*becomes*	**gu**	**pague, pagues...**
empezar	z	*becomes*	**c**	**empiece, empieces...**

8 ¡Buena suerte!

Escribir

Lee las oraciones y usa **ojalá** para expresar tus deseos *(wishes)*.

modelo: Miguel toca en el concierto mañana. (tocar su canción nueva)
Ojalá que él **toque** su canción nueva.

1. Mi hermana no debe hablar por teléfono durante la película. (apagar su teléfono celular)
2. Nosotros tenemos que llegar al estreno a las siete. (llegar a tiempo)
3. La película debe ser interesante. (comenzar con efectos especiales)
4. Nuestros amigos tienen que buscarnos en la entrada del cine. (no buscarnos dentro del cine)
5. Los actores van a almorzar a las doce y media. (almorzar con nosotros)
6. Yo voy a ver una película peruana. (practicar el español)

9 ¡Ojalá!

Hablar
Escribir

Tú y tu compañero(a) van al estreno. Hablen de lo que desean.

A ¡Ojalá que la película empiece muy pronto!

B ¡Ojalá que tú vengas al estreno!

el director	empezar	estrellas de cine
yo	hacer	los papeles
tú	ganar	temprano
los actores	conocer	un premio
nosotros(as)	ponerse	ropa elegante
la película	venir	un corbatín
¿ ?	¿ ?	¿ ?

Más práctica Cuaderno *pp. 272–274* Cuaderno para hispanohablantes *pp. 273–275*

PARA Y PIENSA

¿Comprendiste? Da la forma correcta del subjuntivo.
1. Ojalá que tú (venir) al estreno. 2. Ojalá que tus amigos no (pagar).

Get Help Online
ClassZone.com

GRAMÁTICA en contexto

¡AVANZA! **Goal:** Listen to how the friends make invitations and express hopes about their movie. Talk about your own hopes for school and vacation. ***Actividades 10–12***

¿Recuerdas? School subjects p. R14, activities p. 60, sports p. 90

Telehistoria escena 2

@HomeTutor VideoPlus
ClassZone.com

STRATEGIES

Cuando lees
Evaluate the success Determine whether Gilberto and Tamara meet their goals. In this scene, do they work further on the film? Do they reach their friends?

Cuando escuchas
Notice the "phone voice" Can you notice any differences when Tamara talks on the phone as compared to when she talks with Gilberto?

VIDEO DVD

AUDIO

Tamara: *(to Gilberto)* Tú escríbele a Julián, y yo llamo a Amanda. *(on the phone)* ¿Bueno? ¿Está Amanda?

Gilberto: Hmmm... ¿Cuál es la dirección electrónica de Julián? *(starts typing)* Bueno... ¡Ojalá que llegue mi correo electrónico!

Tamara: *(on the phone)* Amanda, ¿estás allí? Soy Tamara. ¿Recibiste mi invitación? Ojalá que puedas venir al estreno. ... ¿Sí? ¡Muy bien! Hasta luego. *(hangs up)*

Gilberto: ¿Tienes mensajero instantáneo?

Tamara: Sí. Con el ratón, haz clic en ese icono amarillo. ¿Lo ves?

Gilberto: Ah, sí, lo veo. Pero Tamara...

Tamara: Un momento. Estoy llamando a Silvia.

Gilberto: Debemos estar trabajando en la película.

Tamara: ¿Bueno? Hola, señora. ¿Puedo hablar con Silvia, por favor?... ¿No está? Ay, ¡qué lástima! Pues, ¿puedo dejarle un mensaje? ... Sí, espero. *(to Gilberto)* ¡Ojalá que ganemos el premio del festival!

Gilberto: Si termino la película, vamos a ganar. ¿Practicaste lo que vas a decir?

Continuará... p. 347

También se dice

Los Ángeles Tamara, una mexicoamericana, contesta el teléfono con **¿Bueno?** En otros países:
- **España** **¿Dígame?** o **¿Diga?**
- **Cuba, Uruguay** **¿Oigo?**
- **Ecuador, Colombia, Perú** **¿Aló?**

10 *Comprensión del episodio* Invitando a los amigos

Escuchar
Leer

Completa las oraciones con las palabras más apropiadas.

1. Gilberto quiere mandarle un correo electrónico a ____ .
2. Tamara habla por teléfono con Amanda sobre ____ .
3. Para usar el mensajero instantáneo, Gilberto tiene que hacer clic en ____ amarillo.
4. Tamara no puede hablar con ____ porque no está.
5. Tamara quiere ganar ____ del festival.
6. Gilberto quiere terminar ____ .

11 Mañana

¿Recuerdas? School subjects p. R14

Hablar
Escribir

Tú y tu compañero(a) están usando el mensajero instantáneo para hablar de sus clases mañana. ¿Qué dicen?

enseñar	sacar	hacer
contestar	tomar	tener
llegar	usar	ver
necesitar		

A Ojalá que yo no llegue tarde a la clase de matemáticas.

B Ojalá que veamos una película en la clase de...

12 Durante el verano

¿Recuerdas? Vacation activities pp. 60, R3, sports pp. 90, R4

Escribir
Hablar

Escribe cinco deseos que tienes para este verano. Luego habla con dos compañeros sobre sus esperanzas *(hopes)*.

A Ojalá que mi equipo de fútbol juegue en el campeonato este verano.

B Ojalá que mis amigos y yo nademos en la playa.

C Ojalá que yo...

Expansión
For each hope you expressed, give a reason why you want it to happen.

PARA Y PIENSA

¿Comprendiste? Expresa tus esperanzas para el fin de semana.

1. él / tener / mensajero instantáneo
2. tú / pagar / mi entrada para el cine
3. todos / ponerse / ropa elegante
4. la gala / empezar / temprano

Get Help Online
ClassZone.com

Presentación de GRAMÁTICA

¡AVANZA! **Goal:** Learn the subjunctive forms of some irregular verbs and **-ir** stem-changing verbs. Use them with **ojalá que...** to express more wishes for the future. ***Actividades 13–16***

English Grammar Connection: In English, hope is often expressed with the present tense *(I hope that he **comes.**)*. In Spanish, hope requires the **subjunctive.**

More Subjunctive Verbs with Ojalá

Animated Grammar ClassZone.com

The verbs **dar, estar, ir, saber,** and **ser** are irregular in the subjunctive.

Here's how:

dar	estar	ir	saber	ser
dé	esté	vaya	sepa	sea
des	estés	vayas	sepas	seas
dé	esté	vaya	sepa	sea
demos	estemos	vayamos	sepamos	seamos
deis	estéis	vayáis	sepáis	seáis
den	estén	vayan	sepan	sean

Ojalá que **vayan** a la gala. *I hope they **go** to the gala.*

Stem-changing **-ir** verbs in the present tense also change stems in the **subjunctive.**

The **e** → **i** stem change applies to all forms.

Ojalá que ellos **pidan** un entremés.
*I hope they **order** an appetizer.*

pedir e → i	
pida	pidamos
pidas	pidáis
pida	pidan

The **e** → **ie** stem change applies to all forms except **nosotros** and **vosotros.** Those forms change **e** → **i.**

preferir e → ie, i	
prefiera	prefiramos
prefieras	prefiráis
prefiera	prefieran

The **o** → **ue** stem change applies to all forms except **nosotros** and **vosotros.** Those forms change **o** → **u.**

dormir o → ue, u	
duerma	durmamos
duermas	durmáis
duerma	duerman

Más práctica

Cuaderno *pp. 275–277*
Cuaderno para hispanohablantes *pp. 276–279*

@HomeTutor
Leveled Grammar Practice
ClassZone.com

Práctica de GRAMÁTICA

13 El estreno

Hablar
Escribir

Expresa los deseos de los amigos de Gilberto y Tamara para el estreno.

modelo: Antonia Reyes: estar en la gala
Ojalá que Antonia Reyes esté en la gala.

1. ellos: servir comida buena
2. nosotros: saber qué decir
3. la película: ser buena
4. Gilberto: dar las gracias a Antonia
5. los personajes de la película: no morir
6. tú: no dormirse durante la película

14 Un estudiante de intercambio

Leer
Hablar

Un estudiante de intercambio viene a tu escuela por seis meses. Lee su información y habla con un(a) compañero(a) sobre sus esperanzas para su visita. Usen **ojalá.**

modelo: darnos (información, un recuerdo)

A Ojalá que nos dé más información sobre sus intereses.

B Ojalá que nos dé un recuerdo de Argentina.

Nombre: Marcelo Gutiérrez
Edad: 16 años
Ciudad: La Plata, Argentina
Dirección electrónica: mgu12@correocentro7.com
Clase favorita: el álgebra
Comida favorita: carne a la parrilla
Intereses: las computadoras, los deportes, el cine, viajar
Familia: mis padres, un hermano menor
Información adicional: Mi familia y yo esquiamos en Bariloche cada año. Me encantan los deportes. También me interesa estar en línea y hablar con mis amigos por mensajero instantáneo. Este año quiero practicar mi inglés y conocer a nuevos amigos en Estados Unidos.

1. ser (simpático, aburrido)
2. saber (hablar inglés, jugar)
3. estar (en nuestra clase, triste)
4. preferir (la música, las películas)
5. vivir (cerca, con mi familia)
6. ir (al cine, a la gala)

AUDIO

Pronunciación Linking vowels

In spoken Spanish, words are generally linked together. This is especially true if a word that ends with a **vowel** comes *before* a word that starts with a **vowel** or the letter **h.** Listen and repeat, noticing the linking of words.

¿Puedo hablar con la amiga de Alicia? **Me encantaría hablar con ella.**

15 ¡Vamos a bailar!

Hablar
Escribir

Tú y tu amigo(a) van a un baile elegante este sábado. Hablen de sus esperanzas para este evento especial.

servir refrescos	ser
ponerse una corbata	ir
saber bailar	estar
tomar fotos	dar

A Ojalá que todos vayamos a un restaurante.

Ojalá que...

B Ojalá que Álex me dé flores.

Expansión
Create an invitation to this dance.

16 Las estrellas de cine y televisión

Leer
Hablar

Comparación cultural

Wilmer Valderrama

Los actores hispanos en Hollywood

¿Cuánto sabes sobre la herencia de los actores populares? Muchas estrellas de televisión y cine americano tienen herencia *(heritage)* hispana. La mayoría trabaja en **Los Ángeles,** el centro de la industria del cine. El actor venezolano Wilmer Valderrama vino a Estados Unidos cuando tenía 13 años y no podía hablar inglés. Lo aprendió en el colegio y en sus clases de drama. Luego tuvo mucho éxito en el programa *That '70s Show.* La actriz Alexis Bledel hace muchas películas y también trabaja en televisión. Su primer papel importante fue en el programa *Gilmore Girls.* Ella aprendió el español como primer idioma. Su padre es argentino y su madre es mexicana.

Alexis Bledel

Compara con tu mundo *¿Conoces a otros actores hispanos? ¿Quiénes son?*

Habla con otro(a) estudiante sobre tus esperanzas para estos actores y otros que conoces.

Pistas: conocer, hacer, tomar fotos, ver, hablar, poder, ir

A Ojalá que pueda conocer a Wilmer Valderrama.

B Ojalá que Alexis Bledel haga el papel de...

Más práctica Cuaderno *pp. 275–277* Cuaderno para hispanohablantes *pp. 276–279*

PARA Y PIENSA

¿Comprendiste? Da las formas del subjuntivo.

1. Ojalá que nosotros (pedir) pizza.
2. Ojalá que ustedes (estar) contentos.
3. Ojalá que tú (ir) también.
4. Ojalá que él (saber) cómo llegar.

Get Help Online
ClassZone.com

Todo junto

¡AVANZA! **Goal:** ***Show what you know.*** Listen to Tamara's acceptance speech. Then use what you have learned to create a speech of your own and to convince someone to accept your invitation to an event. ***Actividades 17–21***

Telehistoria completa

@HomeTutor VideoPlus
ClassZone.com

STRATEGIES

Cuando lees

Imagine the triumph Think about how Tamara feels and notice all the people she thanks. Have you witnessed stars thanking lots of people at award ceremonies? How is her speech similar or different?

Cuando escuchas

Separate believing and dreaming Listen carefully to Tamara. Does she believe what she says, or is she merely "dreaming aloud" about something she wants? What happens when Gilberto reminds her of their work?

Escena 1 ***Resumen***
Tamara está preparando las invitaciones para el estreno de su película. Gilberto le dice que necesitan terminar la película primero.

Escena 2 ***Resumen***
Gilberto y Tamara invitan a sus amigos al estreno. Gilberto piensa que va a ganar el premio del festival si terminan la película.

Escena 3

VIDEO DVD

AUDIO

Tamara: *(emotional, holding a statuette)* Muchas gracias a todos. Muchas gracias. Estoy muy emocionada. Ojalá que sepan lo importante que este premio es para mí. Quisiera dar las gracias a mi familia, a mi profesor el señor Galván, al resto del equipo, a mis amigos y a todos los que hicieron posible esta película. ¡Ojalá que estén todos aquí! Y quisiera dar las gracias... ¡a Gilberto, el director! Gilberto, ¡ojalá que estés contento! *(raising the statuette in the air)* ¡Gracias!

Gilberto: ¡Muy bien! Y muy bonito vestido. Hablas bien, pero ojalá que me des un minuto para hablar yo también.

Tamara: ¿Qué? ¿Quieres hablar tú también?

Gilberto: ¡Claro que sí! Pero primero tengo que hacer otra cosa.

Tamara: ¿Qué cosa?

Gilberto: *(exasperated)* ¡Tengo que terminar de editar esta película! ¡Debemos mandarla mañana!

Tamara: ¡Ay, Gilberto! ¡Qué aburrido!

17 *Comprensión de los episodios* ¡A corregir!

Escuchar
Leer

¿Qué dice Tamara? Corrige los errores en estas oraciones.

modelo: Muchas gracias a Antonia Reyes.
Muchas gracias a todos.

1. Estoy muy deprimida.
2. Ojalá que sepan lo importante que este amigo es para mí.
3. Quisiera dar las gracias a todos los que hicieron posible esta gala.
4. Ojalá que estén mis padres aquí.
5. Gilberto, ¡ojalá que estés enojado!
6. ¡Ay, Gilberto! ¡Qué lástima!

18 *Comprensión de los episodios* ¡Vamos a ganar!

Escuchar
Leer

Contesta las preguntas.

1. ¿Qué hacen Tamara y Gilberto antes de su estreno?
2. ¿A quiénes invitan al estreno?
3. ¿Qué piensa Gilberto de la película?
4. ¿Qué hace Tamara en la última escena?
5. ¿Está contento Gilberto? ¿Por qué?
6. ¿Qué tiene que hacer Gilberto?

19 Por teléfono

Hablar

STRATEGY Hablar
Use different approaches When trying to persuade your partner to accompany you, use different approaches (examples: urgent, polite, overly insistent, secretive). Try different ways to say no, too. Which approaches are most comfortable to you? Which have better results with your partner?

Ganaste dos entradas a un evento. Habla por teléfono y convence *(convince)* a tu compañero(a) que vaya contigo. Usen expresiones como **¡te digo la verdad!, ¡te lo aseguro!** y **¡cómo no!** Después cambien de papel.

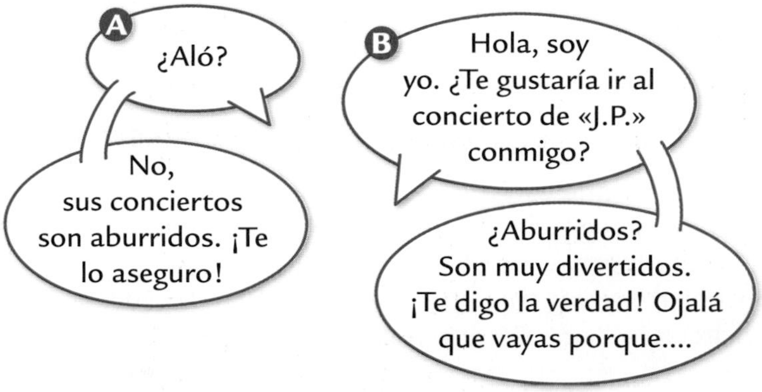

A ¿Aló?
B Hola, soy yo. ¿Te gustaría ir al concierto de «J.P.» conmigo?
No, sus conciertos son aburridos. ¡Te lo aseguro!
¿Aburridos? Son muy divertidos. ¡Te digo la verdad! Ojalá que vayas porque....

Expansión
Write a brief review of the event.

20 Integración

Leer
Escuchar
Hablar

Lee la invitación y escucha el mensaje de Teresa. Luego llama a tu amigo(a) para darle la información sobre la fiesta y decirle cuáles son tus esperanzas.

Fuente 1 Invitación

Invitenlínea
¡Vamos a celebrar!
Teresa y Enrique te invitan a...
La Gran Gala
Lugar: la casa de Teresa
Avda. Los Olivos 22, #4
Fecha: sábado, el 4 de agosto
Hora: a las 7:00 de la tarde
Mapa
Acabamos de llegar de nuestro viaje a Argentina. Ven a celebrar con nosotros nuestra llegada. Vamos a tener música de tango, refrescos, decoraciones y meriendas argentinas. ¡Ojalá que te veamos allí!
Haz clic aquí para responder:
Sí
No
Tal vez

Fuente 2 Mensaje en tu teléfono celular

Listen and take notes

- ¿Qué van a hacer a las ocho?
- ¿Cómo te debes vestir?
- ¿Qué debes hacer para saber cómo llegar?

modelo: Aló, ¿Paty? Tengo la información para ti sobre la gala en casa de Teresa el próximo sábado. Empieza a las 7:00 de la tarde...

21 La graduación

Escribir

Vas a hablar en tu graduación. Escribe lo que vas a decir. Describe cinco recuerdos de tus clases, profesores, amigos o actividades. Expresa tres esperanzas para el futuro usando **ojalá.**

modelo: Hoy celebramos todo el trabajo que hicimos en la escuela. Ojalá que ustedes tengan éxito en el futuro... Quisiera dar las gracias a...

Writing Criteria	Excellent	Good	Needs Work
Content	You include more than five memories, three hopes, and an excellent range of vocabulary.	You include three to five memories, two to three hopes, and a fair range of vocabulary.	You include only a few memories and hopes, and the vocabulary is very limited.
Communication	Most of your speech is organized and easy to follow.	Parts of your speech are organized and easy to follow.	Your speech is disorganized and hard to follow.
Accuracy	Your speech has few mistakes in grammar and vocabulary.	Your speech has some mistakes in grammar and vocabulary.	Your speech has many mistakes in grammar and vocabulary.

Expansión
Write five things your friends might say to you after your speech.

Más práctica Cuaderno *pp. 278–279* Cuaderno para hispanohablantes *pp. 280–281*

PARA Y PIENSA

Get Help Online
ClassZone.com

¿Comprendiste? Completa la conversación entre dos amigos.

Ana: ¿Vas a la gala?
José: ¡ __1.__ ! ¿Y tú?
Ana: Creo que no.
José: ¡Qué __2.__ ! Va a ser divertido.
Ana: ¿Te vas a poner ropa __3.__ ?
José: Sí, me pongo un __4.__ .

Lectura cultural

¡AVANZA! **Goal:** Read about and compare two important prizes for film in the U.S. and Mexico. Then discuss award ceremonies and movies you like that have won awards.

Comparación cultural

AUDIO

El Óscar y el Ariel: dos premios prestigiosos

STRATEGY Leer
Compare Oscar and Ariel
Use a Venn diagram to compare the two great prizes, the Oscar and the Ariel. In the center, write down similarities. In the non-overlapping parts of the circles, write down differences. Make sure you have included all key information.

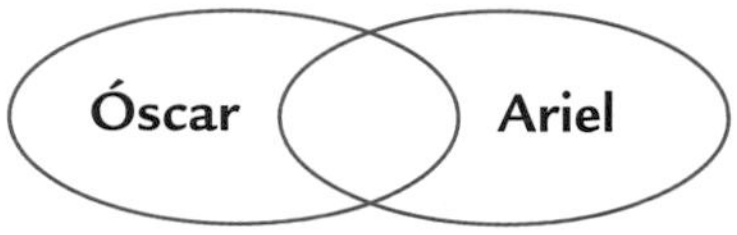

Todo el mundo conoce el Óscar, el premio de la Academia de Hollywood. Pero no todos conocen su simbolismo e historia.

La estatuilla[1] representa a un caballero[2] con una espada[3], sobre un carrete[4] de película de cinco radios[5]. Los radios simbolizan las cinco profesiones originales de la Academia: los actores, los guionistas, los directores, los productores y los técnicos.

En su origen, «Óscar» era solamente un sobrenombre[6] que inició Margaret Herrick, la bibliotecaria[7] de la Academia; decía que la estatuilla del caballero era como su tío Óscar. Luego, otros empezaron a referirse a la estatuilla y al premio como «el Óscar».

El primer premio fue otorgado[8] en 1929. El puertorriqueño José Ferrer fue el primer actor hispano que recibió el Óscar de Mejor Actor, en el año 1950, por su papel en *Cyrano de Bergerac.* Rita Moreno, también puertorriqueña, fue la primera actriz hispana en ganar el premio por su papel en *West Side Story* en 1961.

Estados Unidos

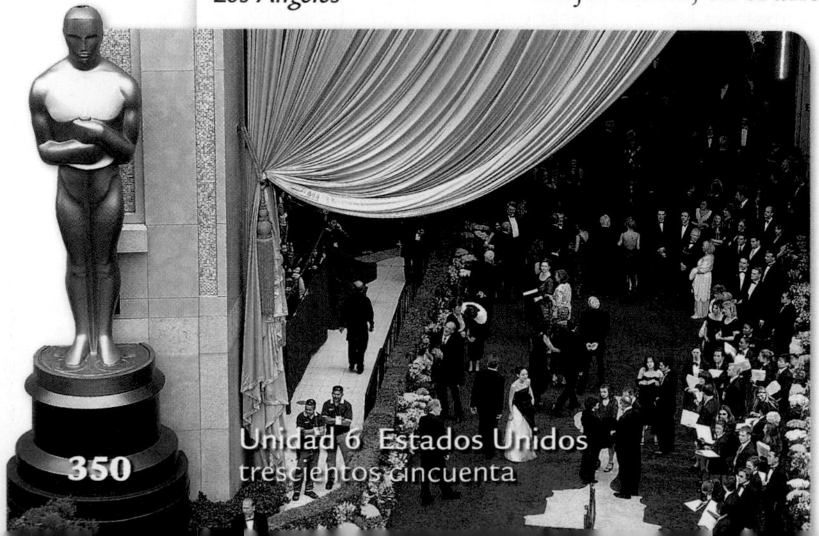

Ceremonia del Óscar, Los Ángeles

[1] statuette [2] knight [3] sword
[4] reel [5] spokes [6] nickname
[7] librarian [8] awarded

Ceremonia del Ariel, en el Palacio de Bellas Artes, Ciudad de México

En México, el premio nacional de cine es el Ariel. Se lo otorga la Academia Mexicana de Artes y Ciencias Cinematográficas a las estrellas de cine mexicano cada primavera.

Como el Óscar, la estatuilla del Ariel es simbólica. El hombre alado[9] representa la libertad del espíritu y del arte, un deseo de ascender[10] y también la unidad de la cultura hispanoamericana.

La Academia se creó[11] durante la «Época de Oro» en los años 40. El cine mexicano prosperaba con un grupo de grandes estrellas, como María Félix, Dolores del Río, Pedro Infante y Cantinflas (Mario Moreno). Hoy día, la Academia reconoce[12] a los mejores del cine con los premios Ariel.

---

[9] winged [10] **deseo...** desire to soar [11] was created [12] recognizes

PARA Y PIENSA

¿Comprendiste?

1. ¿Cuáles son las cinco profesiones de la Academia de Hollywood?
2. ¿Cuándo empezaron a dar el premio Óscar?
3. ¿Quiénes son los primeros hispanos en recibir el premio?
4. ¿Qué representa el Ariel?

¿Y tú?

¿Te gusta ver la ceremonia de los premios Óscar o de otros premios? ¿Por qué? ¿Qué película que te gusta recibió un premio?

Proyectos culturales

Comparación cultural

Viajes y turismo

¿Cuáles son los beneficios del turismo para el turista y para los residentes de un lugar? Una manera *(way)* excelente de conocer otro país es visitarlo. Ya aprendiste algo sobre varios países. ¿Hay algún país que te gustaría visitar? Antes de viajar es una buena idea informarte. Hacer una feria de viajes *(travel fair)* te ayudará a entender los dos lados del turismo: la experiencia del turista como huésped *(guest)* en otro país y la experiencia de los residentes del país que acogen *(welcome)* a los turistas.

Proyecto 1 *Los residentes*

¿En qué país te gustaría ser residente? ¿Qué información puedes presentar a los turistas para darles la mejor imagen de tu país? Prepara un folleto *(brochure)* o póster para una feria de viajes que enseña a posibles visitantes cómo es tu país, cómo es la gente y cómo es su cultura. Puedes incluir información sobre el clima, la ropa, las comidas y atracciones turísticas.

Materiales para hacer tu folleto turístico

Papel de construcción o póster
Fotos
Pegamento *(glue)*
Marcadores *(markers)* o lápices de diferentes colores
Tijeras *(scissors)*

Instrucciones

1. Busca información sobre el país que representas. Puedes usar Internet o buscar guías y folletos turísticos de agencias de viajes o de aerolíneas.
2. Haz un folleto o póster con la información que encontraste. Sé creativo.
3. El día de la feria, prepara una caseta *(booth)* para presentar la información a tus compañeros.

Proyecto 2 *Los turistas*

¿Qué país te gustaría visitar como turista? Planea un itinerario para una visita de cinco días en ese país. Luego, escribe un diario personal *(journal)* de los eventos de cada día.

Instrucciones para tu diario personal

1. Busca información sobre el país que quieres visitar. Piensa en qué debe saber un turista: ¿Qué atracciones hay? ¿En qué fechas hay días festivos? ¿Qué transporte hay? ¿Qué tiempo hace? ¿A qué hora come la gente?
2. Planea el itinerario para tu visita.
3. Ahora, imagina que fuiste allí. Escribe en tu diario personal qué hiciste cada día, qué viste y qué comiste.

En tu comunidad

¿Qué recursos *(resources)* existen en tu comunidad para turistas? ¿Están disponibles *(available)* en español?

Lección 2

En resumen

Vocabulario y gramática

Animated Grammar
Interactive Flashcards
ClassZone.com

Vocabulario

Extending and Responding to Invitations

By E-mail

la dirección electrónica	*e-mail address*
estar en línea	*to be online*
hacer clic en	*to click on*
el icono	*icon*
el mensajero instantáneo	*instant messaging*
el ratón	*mouse*
el teclado	*keyboard*

On the Telephone

dejar un mensaje	*to leave a message*
el teléfono celular	*cellular phone*
¿Aló?; ¿Bueno?; ¿Diga?	*Hello?*
¿Está...?	*Is . . . there?*
No, no está.	*No, he's / she's not.*
Un momento.	*One moment.*
¿Puedo hablar con...?	*May I speak to . . .?*

Convincing Others

¡Cómo no!	*Of course!*
¡Estoy convencido(a)!	*I'm convinced!*
¡Te digo la verdad!	*I'm telling you the truth!*
Te lo aseguro.	*I assure you.*
¡Te lo juro!	*I swear to you!*

The Invitation

la invitación	*invitation*
el fin de semana	*weekend*
el (la) próximo(a)	*next*

Accepting and Declining

¡Claro que sí!	*Of course!*
¡Qué lástima!	*What a shame!*
Sí, me encantaría.	*Yes, I would love to.*

The Movie Premiere

la corbata	*tie*
el corbatín	*bow tie*
la gala	*gala; formal party*
la ropa elegante	*formalwear*
estrenar	*to premiere*
el estreno	*premiere*
la crítica	*review*

Express Hopes and Wishes

¡Ojalá!	*I hope so!*

Acceptance Speech Phrases

Estoy muy emocionado(a).	*I'm overcome with emotion.*
Quisiera dar las gracias a...	*I would like to thank . . .*

Gramática

Nota gramatical: Spelling changes in the subjunctive *p. 341*

Present Subjunctive with Ojalá

Use **ojalá que...** with the **present subjunctive** to express hopes and wishes.

-ar verbs = **-e** endings **-er, -ir** verbs = **-a** endings

hablar	tener	escribir
hable	tenga	escriba
hables	tengas	escribas
hable	tenga	escriba
hablemos	tengamos	escribamos
habléis	tengáis	escribáis
hablen	tengan	escriban

More Subjunctive Verbs with Ojalá

The verbs **dar, estar, ir, saber,** and **ser** are irregular in the subjunctive.

dar	estar	ir	saber	ser
dé	esté	vaya	sepa	sea
des	estés	vayas	sepas	seas
dé	esté	vaya	sepa	sea
demos	estemos	vayamos	sepamos	seamos
deis	estéis	vayáis	sepáis	seáis
den	estén	vayan	sepan	sean

Lección 2

Repaso de la lección

¡LLEGADA!

@HomeTutor ClassZone.com

Now you can
- make future plans
- express hopes and wishes
- influence others
- extend and respond to invitations
- talk about technology

Using
- present subjunctive with **ojalá**
- spelling changes in the subjunctive
- subjunctive of irregular verbs
- subjunctive of stem-changing verbs

To review
- present subjunctive with **ojalá,** p. 339

1 Listen and understand

AUDIO

Escucha las conversaciones por teléfono y escoge las respuestas más lógicas.

1. a. ¡Cómo no! ¿Necesito llevar un corbatín?
b. Sí, prefiero usar el mensajero instantáneo.
2. a. Lo siento. No puedo ir.
b. ¿Puedo dejarle mensaje, por favor?
3. a. ¡Qué lástima! Ya recibí otra invitación.
b. ¡Te lo juro!
4. a. Sí, me encantaría.
b. Ojalá que vaya.
5. a. Estoy convencido.
b. Quisiera dar las gracias a mi familia.
6. a. ¡Claro que sí!
b. Estoy muy emocionado.

To review
- present subjunctive with **ojalá,** p. 339
- spelling changes in the subjunctive, p. 341

2 Make future plans and express hopes and wishes

La madre de Silvia expresa sus esperanzas para un espectáculo en la escuela el próximo fin de semana. ¿Qué le dice a Silvia?

modelo: todos / pagar antes de entrar
Ojalá que todos paguen antes de entrar.

1. nosotros / llegar temprano
2. el programa / empezar a las 7:00
3. los padres / apagar sus teléfonos celulares
4. tú / practicar mucho antes del evento
5. Raúl / tocar la guitarra
6. la gala / comenzar después del programa

To review
- present subjunctive with **ojalá,** p. 339
- subjunctive of irregular verbs, p. 344
- subjunctive of stem-changing verbs, pp. 339, 344

3 Express hopes and wishes

Completa estas oraciones de unas personas que hacen una película.

modelo: yo / pensar en un buen argumento
Ojalá que yo piense en un buen argumento.

1. yo / ser cómico
2. el guión / no ser aburrido
3. todos / ir al estreno
4. yo / filmar bien las escenas
5. la estrella del cine / querer el papel
6. los actores / saber qué decir y hacer
7. esta comedia / tener éxito
8. ellos / darme un premio

To review
- present subjunctive with **ojalá,** p. 339
- subjunctive of irregular verbs, p. 344
- subjunctive of stem-changing verbs, pp. 339, 344
- spelling changes in the subjunctive p. 341

4 Talk about technology

Estás con Gilberto en un cibercafé. Primero empareja sus comentarios a la izquierda con tus reacciones a la derecha. Luego forma oraciones completas con **ojalá.**

1. Esta computadora no tiene ratón.
2. Hice clic en el icono correcto. Ahora estoy esperando.
3. Quiero hablar con Marisa por mensajero instantáneo.
4. Estoy esperando un correo de Toño sobre la gala.
5. Tina me tiene que llamar hoy.
6. Ay, pero ¡mi teléfono celular está en casa!

a. ella / saber tu número de teléfono celular
b. él / tener tu dirección electrónico
c. nosotros / poder usar el teclado para hacer clic
d. ella / estar en línea
e. ella / dejarte un mensaje
f. tú / llegar a la página web que buscas

To review
- El nombre de L.A., p. 307
- Comparación cultural, pp. 340, 346
- Lectura cultural, pp. 350–351

5 The United States and Mexico

Comparación cultural

Contesta estas preguntas culturales.

1. ¿Cuál fue el nombre original de Los Ángeles?
2. ¿Para qué evento hizo Patssi Valdez el arte oficial?
3. ¿De dónde son Alexis Bledel y Wilmer Valderrama?
4. ¿Cuáles son los premios de cine importantes en Estados Unidos y México? Describe las estatuas.

Más práctica Cuaderno *pp. 280–291* Cuaderno para hispanohablantes *pp. 282–291*

Get Help Online
ClassZone.com

Comparación cultural

AUDIO

Aficionados al cine y a la televisión

Lectura y escritura

WebQuest
ClassZone.com

1 **Leer** Many people are involved in making the television shows and movies you like to watch. Read the descriptions about movies and television by Alex, Mariano, and Estela.

2 **Escribir** Write a brief paragraph about what you like about movies or television and what you would do if you worked in these fields. Use the three descriptions as models.

STRATEGY **Escribir**
Organize your likes and work-related interests Use a table to organize what you like about movies and television and what you would like to do if you worked in these fields.

Step 1 In the table, write what you like about movies and TV (first column) and then what you'd do (examples: write scripts, act, produce, direct, film) if you worked in the field of movies and TV (second column).

Step 2 Use the information in the two columns to help you write your paragraph. Check your writing by yourself or with help from a friend. Make final additions and corrections.

Compara con tu mundo

Use the paragraph you wrote about movies or television and compare it to the one by Alex, Mariano, or Estela. In what ways are your likes and work-related interests similar to that person's? In what ways are they different?

Cuaderno *pp. 292–294* Cuaderno para hispanohablantes *pp. 292–294*

Estados Unidos

Álex

¡Hola! Mi nombre es Álex y vivo en Los Ángeles. Algún día me gustaría trabajar para un estudio donde hacen películas de animación, como «Shrek». En mi computadora estoy editando una película animada que hice. Hacer las escenas en la computadora es difícil y necesito software más avanzado. Pero espera algunos años, y ¡vas a ver mi nombre en la pantalla grande!

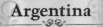

Argentina

Mariano

¡Saludos desde Buenos Aires! Me llamo Mariano y me gustaría trabajar como camarógrafo. Ahora estoy tomando clases en el Taller de Cine El Mate[1]. Mi maestro es muy bueno y me enseña a filmar con una cámara de cine profesional. Quiero hacer documentales sobre gente famosa de Argentina, como Evita. ¿Viste la película de Hollywood sobre ella? Mi documental va a contar su historia desde otra perspectiva. ¡Ojalá que tenga éxito!

[1] **Taller...** film school that offers workshops for teens

México

Estela

¿Qué tal? Soy Estela y vivo en México. Soy aficionada a las telenovelas[2] mexicanas. Siempre me hacen llorar. A diferencia de las telenovelas de Estados Unidos, las mexicanas tienen menos episodios y duran[3] un año como máximo. La popularidad de las telenovelas mexicanas es enorme, y los actores y actrices en estos dramas son tan populares como las estrellas de Hollywood. ¡A mí me gustaría ser una estrella de telenovelas!

[2] soap operas [3] last

EL GRAN DESAFÍO MÉXICO

EL DESAFÍO

VIDEO DVD

En el desafío de hoy, cada equipo va a tener que actuar una escena de una película. Cada equipo va a tomar un papel de un sombrero. El papel dice qué pelicula van a hacer. Luego el profesor les va a dar un guión, y después van a practicar y actuar la escena.

Antes del video

1. ¿Qué escena crees que están actuando Marta y Carlos?

2. ¿Por qué piensas que Luis está enojado?

3. ¿Qué está haciendo Raúl? ¿Por qué crees que Mónica está enojada? ¿Qué equipo crees que va a ganar este desafío?

Preparando para hacer películas

Mira el video: Toma apuntes

- Según Mónica, ¿por qué no le gustan a Raúl las películas de terror?
- ¿Qué tipo de película practican Raúl y Mónica?
- Describe la película que están practicando Carlos y Marta.
- ¿Quién practica una película de aventuras?
- ¿Por qué no pueden terminar Ana y Luis de actuar su escena?

Después del video

1. ¿Qué equipo ganó este desafío? ¿Por qué ganó?
2. ¿Qué grupo pensabas que iba a ganar este desafío?
3. ¿Por qué piensas que Luis está un poco deprimido al final de este desafío?
4. ¿Cuál es tu opinión de Raúl? ¿Por qué piensas que quiere participar en el Gran Desafío?

@HomeTutor VideoPlus
ClassZone.com

Repaso inclusivo

Options for Review

1 Listen, understand, and compare

Escuchar

Listen to the speech and then answer the following questions:

1. ¿Por qué habla esta persona?
2. ¿En qué tipo de gala está la persona que habla?
3. ¿Quién es esta persona?
4. ¿Tuvo éxito el proyecto?
5. ¿Por qué dice que no es la única persona responsable?
6. ¿A quiénes les da gracias esta persona?

Think about a prize that you have won or a difficult job or project that you completed. Who helped you in some way? How would you thank the people who helped you?

2 Write and act out a dramatic scene

Escribir
Hablar

Write a short dramatic scene for an action, horror, or adventure movie that you will present with your partner. In your script, write lines to express what your characters hope will or won't happen. Finally present your scene to the class and try to deliver your lines as if you were a famous actor or actress!

3 Role-play a parent-teen conversation

Hablar

Role-play a conversation between a parent and a teen about cell phones. The teen tells the parent what he or she hopes for the cell phone: color, size, connection to e-mail and Internet, hours of use. The parent gives the teen rules for using the phone, such as how much the phone should cost, how many hours it can be used, how not to lose it, and whom to call or not call.

4 Create a movie poster

Escribir

Create a poster for your favorite movie. You can either draw or paste images as in a collage. Include a title in Spanish, and an image and description for each of the main characters. Complete your poster with a review describing the kind of movie, the basic plot, the important events that happened in the movie, how the movie made you feel, and why you chose it for your poster.

5 Invite your friends

Hablar

Choose one of the following scenarios: organizing a group of friends to play a game of soccer, to play together in a rock band, or to spend the afternoon shopping. Role-play different phone conversations to invite members of the group to do the activity. They should accept or decline by the end of each conversation.

6 Report on a red carpet event

Hablar
Escribir

Talk about the stars as they walk down the red carpet before a big awards gala. Describe what they are wearing, whom they are walking and talking with, and how the crowd is reacting. Present your report to the class or write it as a news article.

7 Write to your parents

Leer
Escribir

You want your parents to buy you a new computer, a digital video camera, and software for editing movies. They are reluctant to make such an expensive purchase. Write them a short letter of ten lines that explains why you want this equipment and what you hope to do with it.

¡OFERTA ELECTRÓNICA!
Sé director de películas en tu tiempo libre.
Compra una computadora y una cámara de video digital y recibe, sin costo, el software para editar películas. Incluidos: el software para la animación, el sonido, los efectos especiales. Compatible con la mayoría de las cámaras de video.
¡Llámanos ya! 1-880-555-1234

UNIDAD 7

República Dominicana

Soy periodista

Lección 1

Tema: ***Nuestro periódico escolar***

Lección 2

Tema: ***Somos familia***

«¡Hola!

Nosotros somos Víctor y Lorena.
Somos de la República Dominicana.»

Población: 8.833.634

Área: 18.815 millas cuadradas; comparte la isla de Hispañola con Haití

Capital: Santo Domingo

Moneda: el peso dominicano

Idioma: español

Comida típica: camarones con tayota, cazabe, mangú

Gente famosa: Julia Álvarez (escritora), Juan Pablo Duarte (patriota), Juan Luis Guerra (cantante), Pedro Martínez (beisbolista), Oscar de la Renta (diseñador)

Camarones con tayota

Jóvenes jugando al básquetbol en Santo Domingo

◀ **La vida tranquila** Los dominicanos tienen una cultura relajada *(relaxed)*, abierta y cálida *(warm)*. Siempre ofrecen una sonrisa *(smile)* de bienvenida para la gente de otros países. A los jóvenes les importa pasar el tiempo con sus familias y con sus amigos. *¿Cómo es la gente de tu comunidad?*

La colonia más antigua La isla de la República Dominicana fue el primer lugar de las Américas donde llegaron los exploradores españoles. Santo Domingo tiene una zona colonial de gran importancia histórica. Allí puedes encontrar bellas casas de la época colonial y también los edificios europeos más antiguos de Latinoamérica. *¿Hay una zona o calle histórica donde vives?* ▶

Una calle de la Zona Colonial de Santo Domingo

El surf de vela en Cabarete

◀ **Deportes acuáticos** La República Dominicana es un destino popular para turistas de todo el mundo. Conocida por sus bellas playas caribeñas, la isla ofrece muchos deportes acuáticos como el surf de vela, el esquí acuático, el buceo y la pesca submarina *(deep sea fishing)*. *¿Vives cerca del mar o de un lago o río? ¿Qué actividades haces allí?*

UNIDAD 7

República Dominicana

Lección 1

Tema:

Nuestro periódico escolar

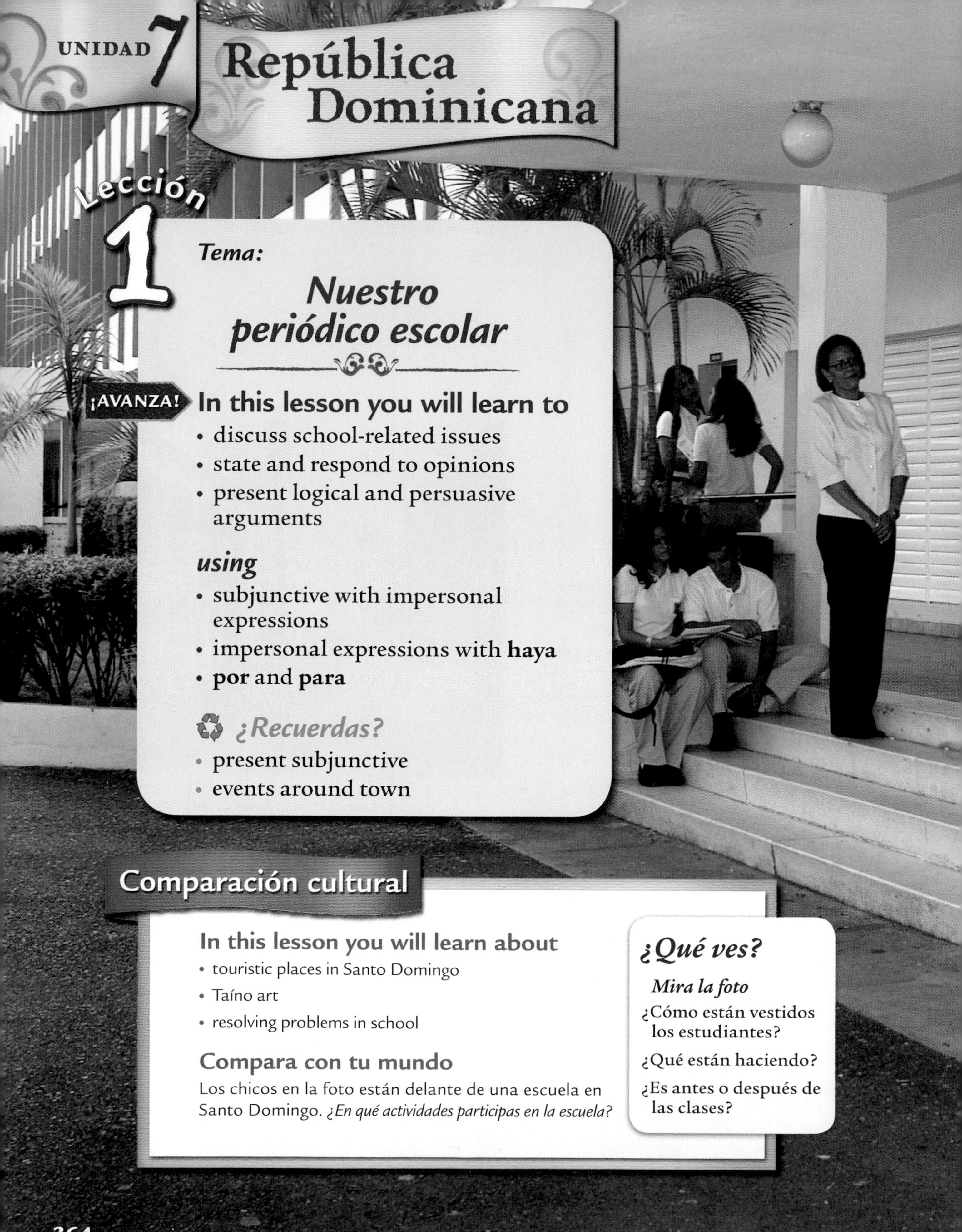

¡AVANZA! **In this lesson you will learn to**

- discuss school-related issues
- state and respond to opinions
- present logical and persuasive arguments

using

- subjunctive with impersonal expressions
- impersonal expressions with **haya**
- **por** and **para**

¿Recuerdas?

- present subjunctive
- events around town

Comparación cultural

In this lesson you will learn about

- touristic places in Santo Domingo
- Taíno art
- resolving problems in school

Compara con tu mundo

Los chicos en la foto están delante de una escuela en Santo Domingo. *¿En qué actividades participas en la escuela?*

¿Qué ves?

Mira la foto

¿Cómo están vestidos los estudiantes?

¿Qué están haciendo?

¿Es antes o después de las clases?

Online SPANISH CLASSZONE.COM

Featuring...
- Cultura INTERACTIVA
- Animated Grammar
- @HomeTutor

And more...
- Get Help Online
- Interactive Flashcards
- Review Games
- WebQuest
- Self-Check Quiz

Colegio Calasanz
Santo Domingo, República Dominicana

Presentación de VOCABULARIO

¡AVANZA! **Goal:** Learn some newspaper-related terms and phrases for stating opinions. Then identify people that work on a school newspaper and complete an interview between an editor and a student. ***Actividades 1–2***

VIDEO DVD

AUDIO

A ¡Hola! Soy Tania y trabajo para *La Semana,* **el periódico** de nuestra escuela. **Publicamos artículos** sobre **cuestiones** importantes para los estudiantes. **Es necesario que** nuestro periodista, Víctor, **entreviste** a diferentes estudiantes para saber sus **opiniones.**

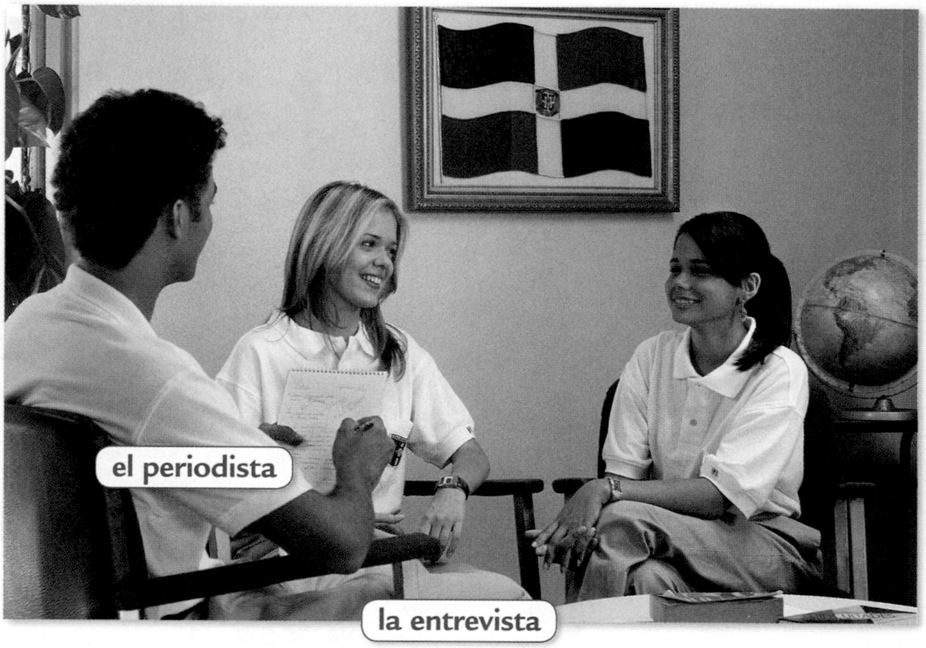

B **Es importante que** nosotros trabajemos juntos para **investigar** una idea, **presentarla** y **explicarla** bien en el periódico. **Por eso,** el papel de cada uno de nosotros es importante. **El escritor** y **el periodista** escriben los artículos. Yo, como **editora, no sólo** trabajo con ellos, **sino también** con nuestra **fotógrafa.** Ella toma todas las fotos para los artículos.

C **Es preferible que** nuestro periódico presente mucha **información.** Presentamos entrevistas y opiniones, pero también publicamos **noticias** importantes de la escuela y **anuncios.**

D Esta semana hay un artículo sobre la **presión de grupo** y cómo es difícil para los jóvenes. Otro es sobre la **amistad,** y se llama «Los amigos: ¿Por qué son importantes?».

E Nuestro periódico es para toda **la comunidad escolar.** Por eso, **es bueno que** cada estudiante tenga la oportunidad de **describir** su **punto de vista** sobre **la vida** y de leer los puntos de vista de los otros. A veces no **estamos de acuerdo con** las ideas. **Sin embargo,** es necesario que publiquemos todas.

el titular

el artículo

el periódico escolar

❋ La Semana ❋
UNA PUBLICACIÓN PARA NUESTRA COMUNIDAD ESCOLAR

Opiniones

Los amigos: ¿Por qué son importantes?

Mónica Ramírez

Una amiga es alguien que siempre te dice la verdad. Es alguien que siempre está a tu lado cuando tienes problemas y también cuando estás feliz. No sólo es una persona con quien haces actividades y pasas mucho tiempo, sino también es una persona a quien le puedes contar tus secretos, sabiendo que te va a comprender y que no se los va a decir a nadie. ¡Todo esto es muy importante!

Nelson Morales

Es importante tener a alguien que siempre te ayude durante los momentos difíciles y que siempre habla bien de ti. Los amigos nunca deben hablar mal el uno del otro. En mi opinión, si hablas mal de mí cuando no estoy presente, no eres mi amigo. Éste es un gran problema para muchos muchachos. Por eso, es importante que sepas si tus amigos son amigos de verdad.

Noticias

A investigar: la presión de grupo

Tenemos un problema en nuestra escuela: la presión de grupo. Ocurre cuando un estudiante tiene miedo de no ser aceptado por los otros estudiantes.

La presión de grupo no siempre se manifiesta en palabras. Dice la estudiante Aracely Ortiz: «A veces los chicos te dicen directamente que no les gusta cómo eres o cómo te vistes. Sin embargo, a veces simplemente ves que todos se visten de una manera, hablan de una manera o hacen la misma actividad. Tú empiezas a hacer lo mismo porque tienes miedo de ser diferente».

Esta presión puede traer malos efectos. Muchos estudiantes dicen que a causa de la presión de grupo están deprimidos o nerviosos. Algunos empiezan a tener problemas porque los presionan a participar en actividades negativas. Sin embargo, hay algunos, como Javier Portillo, que piensan que es malo que todos los estudiantes tengan la misma forma de vestir y de pensar.

«Es importante que no tengamos miedo de decir nuestras opiniones. Por eso, hay que decir que no a la presión de grupo. Yo tengo que ser yo. Es malo que algunos estudiantes hagan lo que los otros quieren en vez de lo que quieren ellos mismos».

Anuncio

Festival de música

15 de abril, 3:00
Auditorio

Entradas 70 pesos
(35 pesos para estudiantes)
¡Vengan con sus familias!

Más noticias

Nuestro equipo de béisbol gana campeonato local (Deportes, p. 4)

Se ofrecen nuevas clases de arte para todos en el museo (Comunidad, p. 2)

Clase de ciencias hace excursión a la selva (La vida escolar, p. 6)

el anuncio

la comunidad escolar

Más vocabulario

por un lado... por otro lado
on the one hand . . . on the other hand

Es malo que...
It's not good that . . .

Expansión de vocabulario p. R14

Ya sabes p. R14

¡A responder! Escuchar 🎧

Escucha las siguientes oraciones. Si escuchas un hecho *(fact)*, señala con la mano hacia arriba. Si escuchas una opinión, señala con la mano hacia abajo.

@HomeTutor VideoPlus
Interactive Flashcards
ClassZone.com

Práctica de VOCABULARIO

1 ¿Quieres ser periodista?

Leer
Escribir

Completa esta entrevista entre Rosa (**R**), la editora del periódico escolar, y Pedro (**P**), un estudiante que quiere ser periodista.

R: ¿Te gusta investigar __**1.**__ (cuestiones/titulares) importantes para los estudiantes?

P: Por un lado, sí, y por __**2.**__ (eso/otro) lado, no. Me gusta entrevistar a los estudiantes, pero no me gusta mucho investigar por Internet.

R: En la entrevista, ¿escuchas todas __**3.**__ (las opiniones/las noticias)?

P: No sólo escucho, __**4.**__ (sin embargo/sino también) tomo apuntes.

R: Y si no estás de __**5.**__ (acuerdo/amistad) con alguien, ¿qué haces?

P: Sólo describo su punto de __**6.**__ (vista/vida) en mi artículo.

R: En tu opinión, ¿es necesario publicar un periódico escolar con __**7.**__ (anuncios/la presión de grupo)?

P: Es preferible no tener muchos. __**8.**__ (Sólo/Sin) embargo, algunos son necesarios.

R: __**9.**__ (Explica/Entrevista) por qué te interesa ser periodista.

P: Para mí, es muy importante presentar información sobre la escuela, la comunidad y __**10.**__ (el escritor/la vida).

Expansión
Explain why you think Pedro would or would not be a good reporter.

2 ¿Quién es?

Leer
Escribir

Identifica a la persona según la descripción.

modelo: **Esta persona dice cuáles son los artículos que van a publicar. Es la editora.**

1. Toma fotos para el periódico.
2. Decide cuáles son los titulares.
3. Entrevista a personas.
4. Escribe artículos o libros.
5. Busca e investiga las noticias.
6. Lee los artículos y busca errores.

Más práctica Cuaderno *pp. 295–297* Cuaderno para hispanohablantes *pp. 295–298*

PARA Y PIENSA

¿Comprendiste? ¿Quiénes son tres personas que trabajan para un periódico escolar? ¿Cuáles son sus responsabilidades?

Get Help Online
ClassZone.com

VOCABULARIO en contexto

¡AVANZA! **Goal:** Notice the words Víctor and Tania use to talk about their article on a school-related issue. Then, talk to a classmate about important topics, related to school, work, and life. ***Actividades 3–4***

Telehistoria escena 1

@HomeTutor VideoPlus
ClassZone.com

STRATEGIES

Cuando lees
Pay attention to influence This scene presents Tania, Lorena, and Víctor. As you read, consider who has the most influence here. How can you tell from their words?

Cuando escuchas
Listen for "do's" and "don'ts"
What is Víctor supposed to do? What is Víctor not supposed to do? Do you think he will follow these instructions?

VIDEO DVD

AUDIO

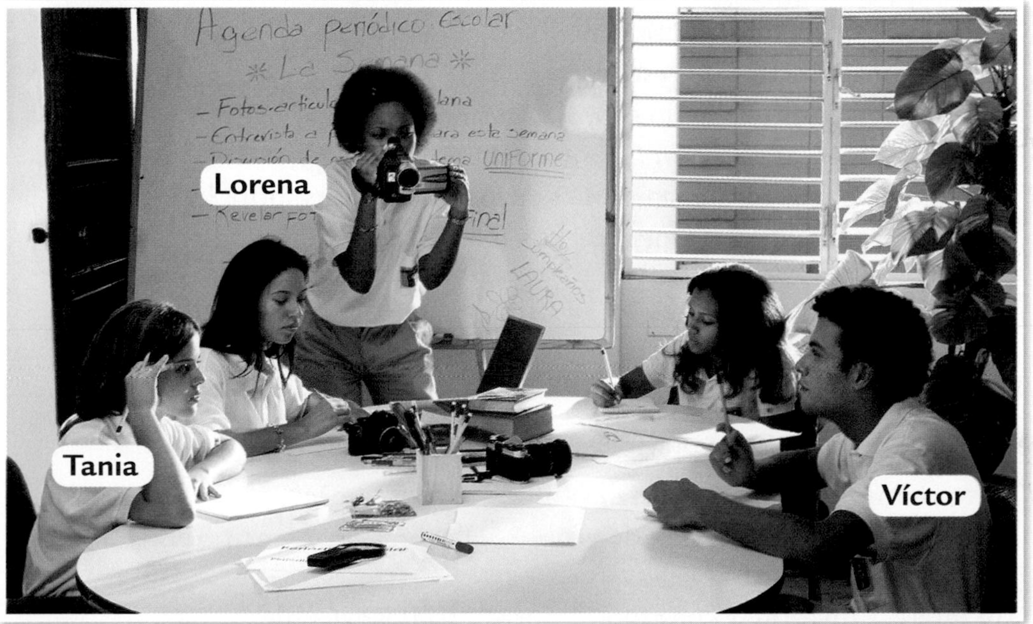

Tania: Quiero publicar un artículo sobre la presión de grupo y la ropa en la escuela. *(stares at Lorena, annoyed)* Lorena, ¿qué estás haciendo?

Lorena: Filmando para mi documental. Es sobre el periódico escolar.

Tania: Víctor, tú eres nuestro periodista. ¿Puedes entrevistar a algunos estudiantes?

Víctor: Sí, pero voy a necesitar un fotógrafo o una fotógrafa. *(He looks toward the female photographer hopefully.)*

Tania: No. Sólo debes pedir opiniones sobre la noticia de que no vamos a usar uniforme el próximo año.

Lorena: *(still filming)* ¡Qué mala idea! Los estudiantes van a tener que ponerse ropa diferente todos los días.

Tania: Bueno, ahora sabemos la opinión de la directora del documental.

Continuará... p. 374

3 *Comprensión del episodio* Los personajes

Escuchar
Leer

Empareja los personajes con las descripciones.

Tania

Víctor

Lorena

1. Es periodista.
2. Está haciendo un documental.
3. Prefiere tener un fotógrafo durante las entrevistas.
4. Trabaja para el periódico escolar.
5. Va a entrevistar a algunos estudiantes.
6. Quiere publicar un artículo sobre la presión de grupo y la ropa en la escuela.
7. Debe investigar sobre las opiniones de los estudiantes.
8. Piensa que nadie quiere tener que ponerse ropa diferente todos los días.

4 ¿Y tú?

Escribir
Hablar

Contesta las preguntas. Usa oraciones completas.

1. En tu opinión, ¿es importante la amistad? ¿Por qué?
2. ¿Es buena o mala la presión de grupo? ¿Hay presión de grupo entre los buenos amigos? Explica.
3. ¿Te interesa investigar cuestiones controversiales? ¿Cuáles?
4. ¿Prefieres hacer entrevistas o presentar información?
5. ¿Te gustaría trabajar para el periódico escolar o para el periódico de tu comunidad?
6. ¿Qué te gustaría ser: periodista, editor(a), fotógrafo(a) o escritor(a)? ¿Por qué?

Expansión
Interview a classmate and take notes. Use your notes to write a paragraph summarizing his or her response.

PARA Y PIENSA

¿Comprendiste? Escoge la palabra que no pertenezca *(doesn't belong)* al grupo.

1. la opinión	las noticias	el punto de vista
2. el titular	el artículo	la amistad
3. escolar	describir	explicar

Get Help Online
ClassZone.com

Presentación de GRAMÁTICA

¡AVANZA! **Goal:** Learn how to use the subjunctive with impersonal expressions. Use these expressions to state opinions about school issues. ***Actividades 5–8***

¿Recuerdas? Present subjunctive pp. 339, 344

English Grammar Connection: Some **impersonal expressions** suggest that something should happen, but there is no guarantee that it actually will. In both English and Spanish, such expressions are followed by verbs in the **subjunctive.**

It's important that he **go.** — **Es importante que** él **vaya.**

Subjunctive with Impersonal Expressions

Animated Grammar ClassZone.com

You know how to form the subjunctive and how to use it after expressions of hope. You also use the **subjunctive** after some **impersonal expressions** to show uncertainty that something will happen.

Here's how: When an **impersonal expression** gives an opinion that something should happen, the verbs that follow are in the **subjunctive.**

Fact: Mis amigos y yo **estudiamos** para los exámenes.
*My friends and I **study** for the exams.*

Opinion: **Es importante que** todos **estudiemos** para los exámenes.
*It's important that **we** all **study** for the exams.*

In the second example, the speaker thinks it is important that everyone study, but it is uncertain that everyone will.

Use the **subjunctive** with **impersonal expressions** to tell what you think is necessary, important, preferable, good, or bad.

Es necesario que presentemos la verdad. — *It's necessary that **we present** the truth.*
Es preferible que escribas tres artículos. — *It's preferable that **you write** three articles.*
Es bueno que tenga la cámara. — *It's a good idea that **she have** the camera.*
Es malo que publiquen ese titular. — *It's bad that **they may publish** that headline.*

Pronouns appear before verbs in the **subjunctive.**

Es importante que **nos expliques** tu punto de vista.
*It's important that **you explain** to **us** your point of view.*

Más práctica
Cuaderno *pp. 298–300*
Cuaderno para hispanohablantes *pp. 299–301*

@HomeTutor
Leveled Grammar Practice
ClassZone.com

Práctica de GRAMÁTICA

5 Un buen periódico

¿Recuerdas? Present subjunctive pp. 339, 344

Hablar
Escribir

Víctor expresa sus opiniones. ¿Qué dice?

modelo: Es importante que los periodistas _____ (entrevistar) a muchas personas.
Es importante que los periodistas **entrevisten** a muchas personas.

1. Es bueno que yo _____ (ser) periodista.
2. Es necesario que nosotros _____ (publicar) un buen periódico.
3. Es necesario que tú _____ (presentar) la información.
4. Es bueno que la editora _____ (explicar) su punto de vista.
5. Es malo que algunos periodistas no _____ (decir) la verdad.
6. Es preferible que nosotros _____ (investigar) bien antes de escribir los artículos.

6 En mi opinión...

Hablar
Escribir

Trabajando en grupos, expresen sus opiniones sobre la vida escolar en su colegio. Lleguen a un acuerdo.

(no) es bueno que...
(no) es importante que...
(no) es malo que...
(no) es necesario que...
(no) es preferible que...

modelo: Los estudiantes hablan español en la clase de español.
(No) Es importante que los estudiantes hablen español en la clase de español.

1. Los maestros explican bien la tarea.
2. Ponen muchos anuncios en el periódico.
3. Mis amigos y yo tenemos una fuerte amistad.
4. Los estudiantes (no) usan uniforme para las clases.
5. El periódico escolar publica información muy personal.
6. Los estudiantes siempre están de acuerdo.

Expansión
Add three more opinions using three impersonal expressions.

AUDIO

Pronunciación Las letras b y v

In Spanish the letters **b** and **v** are pronounced almost the same. As the first letter of a word, at the beginning of a sentence, or after the letters **m** or **n,** they are pronounced like the hard *b* of the English word *balloon.* Listen and repeat.

bueno **embargo** **vamos** **investigar**

In the middle of a word, a softer sound is made. To make this sound, keep your lips slightly apart. Listen and repeat.

sabemos **entrevista** **levanta** **Bolivia**

Nota gramatical

You already know that **hay** means *there is / there are*. The infinitive is **haber.** The subjunctive form is **haya.**

Es importante que **haya** entrevistas con los estudiantes en el periódico escolar.
*It's important that **there be** interviews with students in the school paper.*

7 ¿Es necesario?

Hablar
Escribir

Con tu compañero(a), hablen de lo que debe haber en un periódico escolar.

Pistas: necesario, bueno, importante, preferible, malo

modelo: titulares cortos

A: ¿Es necesario que haya titulares cortos?

B: Sí, (No, no) es necesario que haya titulares cortos.

1. fotos de los estudiantes
2. entrevistas con los maestros
3. noticias escolares
4. diferentes puntos de vista
5. muchos anuncios
6. información interesante

8 Recomendaciones turísticas

Escribir

Comparación cultural

Los Tres Ojos

El Faro a Colón

Sitios de Santo Domingo

¿Qué atrae (attracts) *a los turistas a una región?* En Santo Domingo, la capital de la **República Dominicana,** muchos turistas van en bote *(boat)* para ver Los Tres Ojos, tres lagunas dentro de cuevas *(caves)* que están debajo de la tierra. También los turistas pueden ir al Faro a Colón, un monumento dedicado al explorador famoso: Cristóbal Colón. Cada noche el monumento proyecta *(projects)* luces fuertes, como un faro *(lighthouse)*, que tienen forma de cruz *(cross)*. La Ciudad Colonial, la parte antigua de la capital, atrae a muchos turistas por sus edificios históricos.

Compara con tu mundo *¿Cuáles son los lugares turísticos más interesantes de tu región?*

Escribe un artículo corto con tus recomendaciones para los turistas en la República Dominicana.

modelo: Es necesario que vayas a Santo Domingo. Es importante que...

Más práctica Cuaderno *pp. 298–300* Cuaderno para hispanohablantes *pp. 299–301*

PARA Y PIENSA

¿Comprendiste? Da la forma correcta de los verbos.

1. Es bueno que nosotros no _____ (publicar) muchos anuncios.
2. Para mí, es preferible que los estudiantes _____ (vestirse) con uniforme.

Get Help Online
ClassZone.com

GRAMÁTICA en contexto

¡AVANZA! **Goal:** Focus on the opinions and arguments the students make during the newspaper interview. Then, listen and respond to others' opinions and talk about working for a school newspaper. ***Actividades 9–11***

Telehistoria escena 2

@HomeTutor VideoPlus
ClassZone.com

STRATEGIES

Cuando lees

Consider your views Have you ever experienced peer pressure (or advertising pressure) about clothes? What is your opinion about school uniforms?

Cuando escuchas

Listen for opinions Listen for expressions for asking and giving opinions. Example: **¿Les gusta..., o prefieren... ?** List at least five, and practice them.

VIDEO DVD

AUDIO

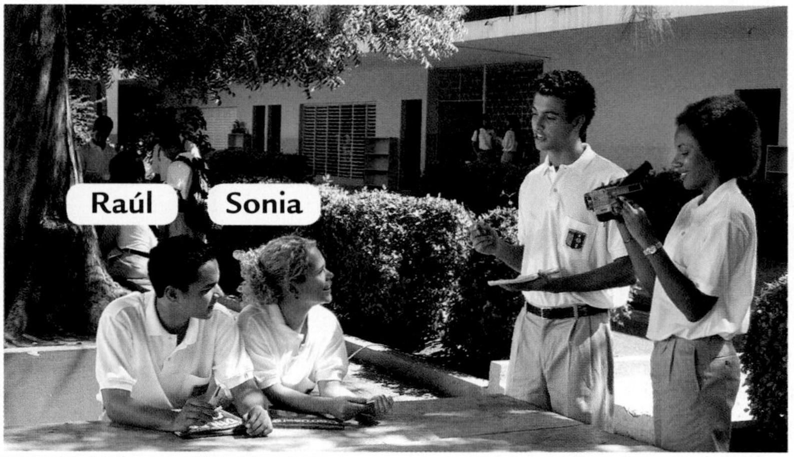

Víctor: ¿Puedo hacerles una pregunta?

Raúl: ¿Para las noticias de la televisión?

Víctor: No, soy periodista del periódico escolar. *(boasting; referring to Lorena)* Ella está haciendo un documental sobre mi vida. *(Raúl acts surprised.)* No, no. Lorena va a hacer un documental sobre el periódico de la escuela. Yo estoy haciendo entrevistas en la comunidad escolar.

Raúl: Y las entrevistas, ¿sobre qué son?

Víctor: Son sobre la cuestión del uniforme. ¿Cuál es su punto de vista? ¿Les gusta el uniforme, o prefieren no usarlo el próximo año?

Raúl: No me gusta el uniforme. En mi opinión, es muy feo. Sin embargo, es preferible que lo usemos para no tener que comprar mucha ropa nueva. Es una cuestión de dinero para muchos estudiantes.

Sonia: A mí me gusta el uniforme. Si no usamos uniforme, todos los días vamos a tener que vestirnos con ropa de moda. Es importante que no tengamos esa presión porque ya tenemos mucha presión en nuestras vidas.

Lorena: ¡Estoy de acuerdo contigo! *(to Víctor)* Te dije que a los estudiantes no les iba a gustar la idea.

Víctor: ¡Es bueno que te tengamos aquí para explicar qué piensa todo el mundo!

Continuará... p. 379

También se dice

República Dominicana Raúl dice que usar uniforme es una cuestión de **dinero.** En otros países:

- **Ecuador, Colombia** plata
- **España** pasta
- **México** lana
- **Puerto Rico** chavo

9 *Comprensión del episodio* Opiniones

Escuchar Leer

Escoge la respuesta correcta según la Telehistoria.

1. Víctor les hace una pregunta a los estudiantes para ____ .
   - **a.** las noticias de la televisión
   - **b.** el periódico escolar
2. Las entrevistas son sobre ____ .
   - **a.** la cuestión del uniforme
   - **b.** la presión de grupo
3. Para Raúl, es preferible que ____ .
   - **a.** usen el uniforme
   - **b.** no usen el uniforme porque es feo
4. Sonia prefiere ____ .
   - **a.** vestirse con ropa de moda todos los días
   - **b.** usar uniforme en la escuela

10 Una entrevista

Escuchar Escribir

Escucha esta entrevista entre un periodista y dos jóvenes, Micaela y Sergio. En otro papel escribe quién da cada opinión.

1. Es importante que hablemos de la presión de grupo.
2. La presión de grupo es un problema en nuestra escuela.
3. La presión de grupo no es un problema muy grande.
4. Nadie quiere ser diferente.
5. Nuestra ropa y nuestras actividades son similares.
6. Todos somos muy diferentes y eso está bien.
7. Mis amigos y yo somos únicos.
8. Para mí, no hay ningún problema.

Expansión
Explain Micaela's and Sergio's opinions about peer pressure. Which one sees it as a problem? Why? What's your opinion?

11 ¡A trabajar!

Hablar

Van a comenzar un periódico escolar. En grupos de tres, hablen de sus planes según sus papeles: editor(a), escritor(a), periodista o fotógrafo(a). Usen expresiones impersonales con el subjuntivo.

modelo: las fotos

A Yo pienso ser el fotógrafo. Es necesario que haya buenas fotos.

B Yo pienso ser la editora. Es importante que un artículo empiece con una foto interesante.

C Prefiero ser el periodista. Es preferible que el periodista trabaje con el fotógrafo.

1. los artículos
2. las entrevistas
3. los anuncios
4. las noticias
5. los titulares
6. los puntos de vista

PARA Y PIENSA

¿Comprendiste? Cambia estas oraciones para expresar una opinión.

1. El fotógrafo toma fotos interesantes. (Es importante que...)
2. El editor está de acuerdo con las opiniones. (No es necesario que...)

Get Help Online ClassZone.com

Presentación de GRAMÁTICA

¡AVANZA! **Goal:** Learn the different meanings and uses of **por** and **para.** Then use them to complete a story and to talk about activities. ***Actividades 12–14***
¿Recuerdas? Events around town p. 14

English Grammar Connection: In English, the preposition *for* can indicate cause *(Thanks **for** your help)* or destination *(The book is **for** you)*. Spanish uses two prepositions to express these ideas: **por** and **para.**

Por and para

Animated Grammar ClassZone.com

The prepositions **por** and **para** have similar meanings but different uses in Spanish. How do you know which one to use?

Here's how:

The preposition **por** can mean *for, through, in, because,* and *by.* Use **por** when referring to

- the **cause of** or **reason for** an action

  Por eso, ella escribió el artículo.
  ***For** that reason, she wrote the article.*

  Gracias **por** el regalo.
  *Thanks **for** the gift.*

- **means** of communication

  Te llamo **por** teléfono.
  *I'll call you **by** phone.*

- **periods of time**

  Mari fue a Samaná **por** un mes.
  *Mari went to Samaná **for** one month.*

  Vengo **por** la tarde.
  *I'll come **in** the afternoon.*

- **movement through** a place

  Los turistas pasan **por** la aduana.
  *The tourists are going **through** customs.*

  Fui a México **por** Texas.
  *I went to Mexico **through** Texas.*

The preposition **para** can mean *for, in order to, to,* and *by.* Use **para** when referring to

- **goals** to reach or **purposes** to fulfill

  Practicamos **para** ganar el partido.
  *We practice **in order to** win the game.*

- **movement toward** a place

  Salíamos **para** la escuela a las siete.
  *We used to leave **for** school at seven.*

- the **recipient** of an action or object

  Estas fotos son **para** Laura.
  *These photos are **for** Laura.*

- an **opinion**

  Para mí, es una cuestión de tiempo.
  ***To** me, it's a question of time.*

- **deadlines** to meet

  Escribe el artículo **para** el viernes.
  *Write the article **by** Friday.*

- **employment**

  Sara trabaja **para** el periódico.
  *Sara works **for** the newspaper.*

Use **por** to indicate cause rather than purpose. Think of **para** as moving you toward the word, or destination, that follows.

Más práctica
Cuaderno *pp. 301–303*
Cuaderno para hispanohablantes *pp. 302–305*

@HomeTutor
Leveled Grammar Practice
ClassZone.com

Práctica de GRAMÁTICA

12 Periodista por un día

Leer
Escribir

Víctor cuenta lo que pasó un día cuando encontró a Lorena. Para saber lo que cuenta, cambia los dibujos a expresiones con **por.**

El sábado pasado salí de la casa **1.**  . Tenía que encontrar a mi amiga Lorena en el parque. Llegué allí, pero no la encontré. Entonces, la llamé **2.**  . «¿Dónde estás? », le pregunté. Me dijo, «Estoy caminando **3.**  ». Por fin la encontré. Ella llevaba un cuaderno y yo le pregunté por qué. Me explicó, «Estoy trabajando para el periódico **4.**  . Tengo que entrevistar a diferentes personas sobre las actividades de su vida diaria. Quiero pasear **5.**  . ¡Y tú me vas a ayudar!» Me dio otro cuaderno y una pluma y salimos para el centro de la ciudad. Llegamos a casa **6.**  .

13 Buscando trabajo

Leer
Escribir

El editor del periódico escolar entrevista a Teresa porque necesita una nueva fotógrafa. Completa su conversación con **por** o **para.**

Editor: Mucho gusto, soy David, el editor. Gracias **1.** venir.

Teresa: Teresa Muñoz. Es un placer. Me encanta tomar fotos. **2.** eso, me gustaría trabajar **3.** el periódico como fotógrafa.

Editor: ¿Usas una cámara digital **4.** tomar fotos?

Teresa: Sí. Yo sé usar todas las cámaras, pero **5.** mí es más divertido usar la cámara digital. Traigo unas fotos conmigo que tomé **6.** mi clase de arte. Aquí están.

Editor: ¡Qué bellas! ¡Eres una fotógrafa excelente! ¿Puedes trabajar **7.** la tarde?

Teresa: Sí, pero necesito salir **8.** la casa a las cinco. Vivo un poco lejos. Tengo que pasar **9.** el parque central **10.** llegar a mi casa.

Editor: No hay problema. ¿Puedes tener todas las fotos listas **11.** los jueves?

Teresa: ¡Bien! Si tengo algún problema, te llamo **12.** teléfono.

Expansión
Working with a partner and referring to the grammar explanations, explain why you chose **por** or **para.**

14 ¿Qué hacemos? ¿Recuerdas? Events around town p. 14

Hablar

Lean el calendario y hagan planes para este fin de semana. Usen expresiones con **por** y **para.**

Pistas: salir para, comprar boletos para, ir para ver (escuchar), pasar por, por la mañana (la tarde, la noche), ¿por cuántas horas?

VIERNES

Comedia de pie
Se presentan comediantes en el Club Arroyo. Comienza a las 10:00 p.m.

Noche de merengue
Baile con orquestas en vivo en la discoteca Jet Set. A partir de las 8:00 de la noche.

Estreno de hoy
Se estrena «El premio de oro» en el Cine Centro. A las 7:25 p.m.

SÁBADO

Show de moda
Vea toda la ropa nueva que está de moda. Centro comercial Plaza Central. A las 11:00 a.m.

Música en vivo
Los Chicos Locos llevan su rock al Café de Sol. El concierto empieza a las 8:00 p.m. Entradas a la venta a partir de las 7:00.

DOMINGO

Excursión turística
El Parque Nacional de Los Haitises es uno de los puntos más bellos del país. Conózcalo en la excursión que se organiza este domingo. Operada por MedioTours. Sale a las 9:00 a.m. y vuelve a las 5:00 p.m.

Teatro clásico
El Grupo Shakespeare presenta *Romeo y Julieta* en el Teatro Nacional. A las 3:00 y a las 8:00 p.m.

Partido de béisbol
Los Tigres del Licey y Los Leones del Escogido juegan esta noche a las 5:00 p.m. en el Estadio Quisqueya.

A ¡Vamos a comprar boletos **para** el show de comedia el viernes!

B Es preferible que vayamos a la discoteca **por** la noche.

C Podemos ir a la discoteca **por** dos horas antes del show.

Comparación cultural

El arte taíno

¿Qué influencia tienen las culturas indígenas en el arte moderno? Los taínos, un grupo indígena, vivían en la **República Dominicana,** Puerto Rico y otras islas del Caribe cuando Colón llegó en 1492. En estos países puedes encontrar algunas pictografías antiguas de los taínos que representan personas, animales y elementos naturales. Charlie Simón, un artista dominicano, usa imágenes *(images)* y símbolos taínos en muchas de sus pinturas.

Pictografía taína, Utuado, Puerto Rico

Remembranzas Taínas *(2003), Charlie Simón*

Compara con tu mundo *¿Sabes algo sobre alguna cultura indígena en Estados Unidos? ¿Qué sabes de su arte o cultura?*

Más práctica Cuaderno *pp. 301–303* Cuaderno para hispanohablantes *pp. 302–305*

PARA Y PIENSA

¿Comprendiste? Completa el párrafo *(paragraph)* con **por** y **para.**

Trabajo **1.** el periódico de la comunidad. Tengo que escribir un artículo **2.** mañana. **3.** eso tengo que trabajar hoy **4.** la tarde.

Get Help Online ClassZone.com

Todo junto

¡AVANZA! **Goal:** ***Show what you know*** Listen as Lorena interviews Tania about her role at the newspaper. Then use what you have learned to debate with classmates using persuasive arguments and to write a newspaper article about a school-related issue. ***Actividades 15–19***

Telehistoria completa

@HomeTutor VideoPlus
ClassZone.com

STRATEGIES

Cuando lees
Read for opinions and logic While reading, find opinions about (a) being an editor and (b) wearing uniforms. Each opinion has logical reasons behind it. What are Tania's opinion and logic? What are Lorena's?

Cuando escuchas
Use your list Before listening, recall all the useful opinion-asking and opinion-giving expressions from Scene 2. Listen for new opinion expressions in Scene 3. Add them to your list.

Escena 1 ***Resumen***
Tania, la editora del periódico escolar, y Víctor, el periodista, están preparando la próxima edición. Lorena quiere hacer un documental sobre su trabajo.

Escena 2 ***Resumen***
Víctor pasa por la escuela para entrevistar a los estudiantes sobre la cuestión del uniforme. Lorena está con él y filma las entrevistas.

Escena 3

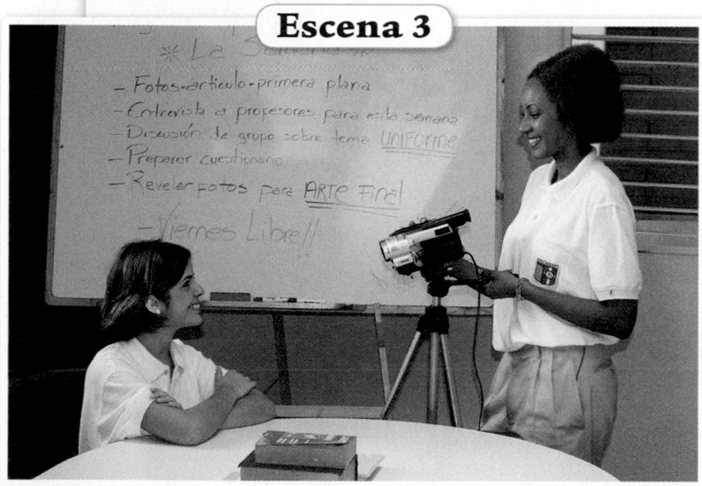

VIDEO DVD

AUDIO

Lorena: ¿Puedes explicar por qué te gusta ser la editora del periódico?

Tania: Porque me gusta investigar sobre los problemas escolares y presentar las opiniones de los estudiantes. Por un lado es divertido. Pero por otro lado...

Lorena: ¿Por otro lado?

Tania: Por otro lado es mucho trabajo. Siempre tenemos que terminar el periódico para los jueves a las cinco. Y por eso siempre estoy aquí por mucho tiempo después de las clases.

Lorena: ¿Cuál es el titular del periódico de hoy?

Tania: *(reading)* «¡Los estudiantes quieren uniformes!»

Lorena: ¡Sí! ¡Los uniformes no sólo son más bonitos, sino también más baratos! Los estudiantes no tienen dinero para comprar ropa diferente todas las semanas y...

Tania: ¡Lorena! ¡Para una directora tú hablas mucho! ¿El documental es sobre el periódico, o sobre lo que tú piensas?

Lorena: Perdón, pero también tengo mis opiniones.

Tania: Pues, por eso tal vez debes hacer una película sobre tu vida.

15 *Comprensión de los episodios* ¡A corregir!

Escuchar
Leer

Corrige los errores en estas oraciones.

1. Para Tania, es bueno que el periódico presente las opiniones de los maestros.
2. Siempre tienen que terminar el periódico para los viernes.
3. Es malo que Tania pase poco tiempo trabajando después de las clases.
4. El titular para el periódico de hoy es «¡Los padres quieren uniformes!»
5. Para Lorena, los uniformes no sólo son feos, sino también son más caros.
6. Para una editora, Lorena habla mucho.

16 *Comprensión de los episodios* Tengo mis opiniones

Escuchar
Leer

Contesta las preguntas. Usa oraciones completas.

1. ¿Qué hacen Tania y Víctor?
2. ¿Qué está haciendo Lorena?
3. ¿A quiénes entrevista Víctor? ¿Por qué?
4. ¿Por qué es bueno que Tania trabaje para el periódico?
5. ¿Qué dice Tania sobre su trabajo como editora?
6. ¿Cuál es la opinión de Lorena sobre los uniformes?

17 ¡No estamos de acuerdo!

Hablar

STRATEGY Hablar
Chart the reasons and the evidence Regardless of your group's position, make a chart containing at least three or four reasons in favor of uniforms and the same number against. Knowing both sets of reasons helps your group argue more effectively. On the chart, support your group's opinions with evidence (from the Internet or library) about actual policies on school clothing.

Ustedes van a decidir si deben usar uniformes en su colegio el próximo año. Algunos piensan que es mala idea y otros piensan que es buena idea. Divídanse en grupos y expresen sus opiniones en un debate.

Grupo 1

A: Para mí, los uniformes son feos.

B: Por eso, es preferible que no los usemos.

Grupo 2

C: Por un lado tienen razón, pero...

D: En mi opinión...

Expansión
Take a class vote on whether or not to recommend uniforms to the administration. List the reasons.

18 Integración

Leer
Escuchar
Hablar

Trabajas para el periódico escolar. Escucha el mensaje del periodista y explícale al editor cómo hay que editar el artículo según la información que te da. ¿Qué otros detalles puede investigar el periodista?

Fuente 1 Artículo del periódico escolar

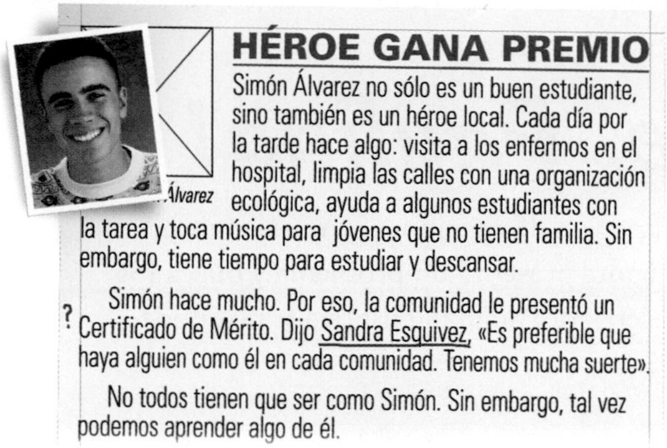

HÉROE GANA PREMIO

...Álvarez

Simón Álvarez no sólo es un buen estudiante, sino también es un héroe local. Cada día por la tarde hace algo: visita a los enfermos en el hospital, limpia las calles con una organización ecológica, ayuda a algunos estudiantes con la tarea y toca música para jóvenes que no tienen familia. Sin embargo, tiene tiempo para estudiar y descansar.

? Simón hace mucho. Por eso, la comunidad le presentó un Certificado de Mérito. Dijo Sandra Esquivez, «Es preferible que haya alguien como él en cada comunidad. Tenemos mucha suerte».

No todos tienen que ser como Simón. Sin embargo, tal vez podemos aprender algo de él.

Fuente 2 Mensaje de periodista

Listen and take notes
- ¿Por qué hace Simón todas estas actividades?
- ¿Cómo conoce Sandra a Simón?
- ¿Cuándo le dieron el premio?

modelo: Llamó el periodista. Es importante que editemos el artículo...

19 Un artículo

Escribir

Entrevista a tus amigos sobre un problema escolar. Luego, escribe un artículo con un mínimo de ocho oraciones y un titular.

modelo: **¡Los estudiantes prefieren otro horario!**
Para muchos estudiantes es preferible que las clases empiecen más tarde....

Writing Criteria	Excellent	Good	Needs Work
Content	You include several detailed opinions, an appropriate headline, and an excellent range of vocabulary.	You include some detail, a fairly appropriate headline, and a fair range of vocabulary.	The opinions and vocabulary are very limited. The headline is missing or is inappropriate.
Communication	Most of your article is organized and easy to follow.	Parts of your article are organized and easy to follow.	Your article is disorganized and hard to follow.
Accuracy	Your article has few mistakes in grammar and vocabulary.	Your article has some mistakes in grammar and vocabulary.	Your article has many mistakes in grammar and vocabulary.

Expansión
Prepare your article for publication. If possible, include a photograph of the friends you interviewed.

Más práctica Cuaderno *pp. 304–305* Cuaderno para hispanohablantes *pp. 306–307*

PARA Y PIENSA

¿Comprendiste? Da tu opinión sobre el horario de tu escuela.

1. Para mí...
2. Es preferible que...
3. Por la mañana/tarde...
4. Es bueno/malo que...

Get Help Online
ClassZone.com

Lectura

¡AVANZA! **Goal:** Read about a problem that a high school student has and the advice she receives from a newspaper columnist. Compare her advice with the advice you would give her.

¡Ayúdame, Paulina!

AUDIO

Este artículo es de la página de opiniones y consejos de un periódico. Una estudiante presenta un problema y busca los consejos. Luego, la escritora Paulina Pensativa le responde.

STRATEGY Leer
Summarize ideas and add your own On a separate sheet, draw three conversation boxes, one to summarize Neomi's written request, one for Paulina's response, and one for your own response. What do you think Neomi should do?

Neomi
Su problema:____________
Causa del problema: ______
Su reacción al problema: ___

Paulina
Su Solución: ___________
Por qué y cómo puede ayudar a Neomi _________

Yo
Mi Solución: ___________
Por qué y cómo puedo ayudar a Neomi _________

EL DIARIO QUISQUEYANO

Querida Paulina
Consejos para los jóvenes de hoy

POR PAULINA PENSATIVA

QUERIDA PAULINA:
Me llamo Neomi. Tengo quince años y vivo en Salcedo. El verano pasado, mi familia y yo nos mudamos [1] aquí de Santo Domingo. En mi liceo [2] de antes, era muy estudiosa. Iba a todas mis clases, siempre hacía la tarea y sacaba buenas notas. Me gustaban todas las materias [3]. También tenía buenas amigas y practicaba deportes.

Pero después de mudarme aquí, algo cambió. En mi nuevo liceo, las clases ya no me interesan. Me encuentro [4] muy aburrida en el aula [5] y sin ganas de estudiar. A veces no estoy de acuerdo con lo que dicen los maestros, y no les escucho bien. Para mí es difícil no sólo ir al liceo, sino también quedarme allí por todo el día.

Hace poco tiempo, dejé de hacer la tarea y de ir a algunas clases. Ahora estoy empezando a reprobar [6] materias. Los maestros me dicen que si no vuelvo a estudiar, voy a tener que repetir curso [7]. Por eso pienso dejar el liceo.

Lo único que me interesa es el arte. Soy artística y me encanta dibujar. Prefiero pasar el día dibujando un retrato, no tomando un examen. Pero mis padres dicen que es importante que yo me quede en el liceo. No sé qué hacer. ¡Ayúdame, por favor!

[1] moved [2] high school [3] school subjects [4] I find myself
[5] classroom [6] to fail [7] **repetir...** to repeat a grade

QUERIDA NEOMI: Me parece que todavía no estás adaptada[8] a tu nuevo liceo. Antes estabas contenta entre todas las personas que conocías. Todavía no conoces ni el lugar donde te encuentras ni a la gente que son tus compañeros. Es necesario que seas paciente. Te vas a adaptar; es una cuestión de tiempo.

Sin embargo, si no te gustan las clases, es bueno que hables con tus maestros. Explícales tu punto de vista, y te aseguro que ellos te van a escuchar. Tal vez enseñan cosas que ya aprendiste. Los maestros están abiertos a tus opiniones sobre lo que quieres aprender.

También, si tu pasión es el arte, ¿por qué no tomas una clase adicional? Si estudias lo que te interesa, puede ayudar tu autoestima[9] y aumentar[10] tu interés en otras materias. ¡Ojalá que haya una escuela de bellas artes en Salcedo que puedas investigar!

Tus padres tienen razón. Es importante que no dejes el liceo. Por un lado, hay que tomar tiempo para adaptarte. Por otro lado, debes hacer todo lo que puedas para estar contenta con tus estudios. Dijiste que eras buena estudiante. Yo digo que todavía lo eres. ¡Suerte!

[8] adjusted [9] self-esteem [10] to increase

PARA Y PIENSA

¿Comprendiste?

1. ¿Por qué piensa Neomi dejar el liceo?
2. ¿Qué dicen sus padres sobre su problema?
3. Nombra *(name)* tres cosas que Paulina dice para ayudarla.

¿Y tú?

¿Con qué consejos de Paulina estás de acuerdo? ¿Qué consejos diferentes le darías *(would you give)* a Neomi?

Conexiones *El arte*

Oscar de la Renta

Oscar de la Renta es uno de los diseñadores de moda *(fashion designers)* más famosos del mundo *(world)*. Nació *(he was born)* en la República Dominicana en 1932. Los productos del diseñador de la Renta incluyen ropa, accesorios, zapatos, joyas, perfumes y muebles. Él ha recibido *(has received)* premios no sólo por sus diseños y sus perfumes, sino también por su caridad *(charity)* y sus contribuciones a las artes.

La naturaleza *(nature)* de la República Dominicana está presente en muchos diseños del señor de la Renta. Contesta esta pregunta según los diseños que ves en las fotos: ¿cómo reflejan estos diseños la naturaleza tropical del país? Diseña un conjunto *(outfit)* con influencia tropical, explica tu diseño y escribe los nombres de los artículos de ropa.

Dos vestidos para primavera y verano

Proyecto 1 *Las ciencias sociales*

El señor de la Renta hace mucho trabajo humanitario. Construyó dos escuelas en su país para los niños de bajos recursos *(disadvantaged)*. Busca más información sobre sus trabajos humanitarios y escribe una composición sobre estos trabajos y su importancia.

Proyecto 2 *Las matemáticas*

Busca tres artículos de ropa de Oscar de la Renta con precios en dólares. Calcula cuánto costarían en pesos dominicanos. Usa Internet para encontrar la tasa de cambio *(exchange rate)*.

Proyecto 3 *El lenguaje*

Oscar de la Renta creó un perfume que se llama Rosamor. ¿Qué palabras forman este nombre compuesto *(compound)*? ¿Qué significan? El lema *(slogan)* de este perfume es *Live, Love, Laugh*. Traduce *(Translate)* el lema al español. ¿Te gusta el lema más en español o en inglés? ¿Por qué? Escribe un lema nuevo para este perfume.

El diseñador Oscar de la Renta

Lección 1

En resumen

Vocabulario y gramática

Animated Grammar
Interactive Flashcards
ClassZone.com

Vocabulario

Discussing Important Issues

la cuestión	*question; issue*	por eso	*for that reason; that's why*
la opinión	*opinion*	sin embargo	*however*
el punto de vista	*point of view*	no sólo... sino también	*not only . . . but also*
por un lado... por otro lado...	*on the one hand . . . on the other hand . . .*	estar / no estar de acuerdo con	*to agree / disagree with*

School-related Issues

la amistad	*friendship*
la comunidad	*community*
escolar	*school (adj.); school-related*
la presión de grupo	*peer pressure*
la vida	*life*

The School Newspaper

Contents

el anuncio	*advertisement*
el artículo	*article*
la entrevista	*interview*
la información	*information*
las noticias	*news*
el periódico	*newspaper*
el titular	*headline*

Roles

el (la) editor(a)	*editor*
el (la) escritor(a)	*writer*
el (la) fotógrafo(a)	*photographer*
el (la) periodista	*reporter*

Functions

describir	*to describe*	investigar	*to investigate*
entrevistar	*to interview*	presentar	*to present*
explicar	*to explain*	publicar	*to publish*

Expressing Opinions

Es bueno que...	*It's good that . . .*
Es importante que...	*It's important that . . .*
Es malo que...	*It's not good that . . .*
Es necesario que...	*It's necessary that . . .*
Es preferible que...	*It's preferable that . . .*

Gramática

Nota gramatical: Impersonal expressions with **haya** *p. 373*

Subjunctive with Impersonal Expressions

When an **impersonal expression** gives an opinion that something should happen, the verbs that follow are in the **subjunctive.**

Fact: Mis amigos y yo **estudiamos** para los exámenes.
*My friends and I **study** for the exams.*

Opinion: **Es importante que** todos **estudiemos** para los exámenes.
*It's important that **we** all **study** for the exams.*

In the second example, the speaker thinks it is important that everyone study, but it is uncertain that everyone will.

Por and para

The prepositions **por** and **para** have similar meanings but different uses in Spanish. How do you know which one to use?

- Use **por** to indicate cause rather than purpose.
- Think of **para** as moving you toward the word, or destination, that follows.

Lección 1

Repaso de la lección

¡LLEGADA!

@HomeTutor
ClassZone.com

Now you can
- discuss school-related issues
- state and respond to opinions
- present logical and persuasive arguments

Using
- subjunctive with impersonal expressions
- impersonal expressions with **haya**
- **por** and **para**

To review
- subjunctive with impersonal expressions, p. 371

1 Listen and understand

AUDIO

El director de la escuela quiere sacar las máquinas que venden dulces y refrescos. Decide si las oraciones que siguen son **ciertas** o **falsas** y corrige las falsas. Usa el diagrama Venn para organizar los puntos de vista.

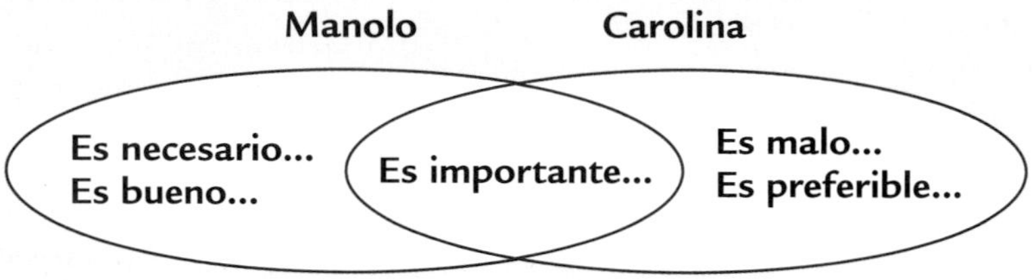

1. Para Manolo, es necesario que los adultos les digan qué hacer.
2. Carolina piensa que es malo que comamos tanto azúcar.
3. Carolina dice que es importante que haya comida rápida en la escuela.
4. Manolo piensa que deben vender algunas cosas saludables.
5. Manolo dice que no es bueno que puedan comprar dulces por la tarde.
6. En la opinión de Carolina, sólo deben vender frutas, jugos y agua.

To review
- impersonal expressions with **haya,** p. 373

2 Present logical and persuasive arguments

Di lo que es necesario para hacer un buen periódico escolar.

fotógrafos	titulares interesantes	comunidad
anuncios	escritores	periódico

modelo: importante / artículos con...
Es importante que haya artículos con titulares interesantes.

1. importante / entrevista en...
2. preferible / computadoras para...
3. malo / demasiados...
4. necesario / opiniones de...
5. bueno / una cámara digital para...

To review
- subjunctive with impersonal expressions, p. 371

3 State and respond to opinions

Escribe oraciones afirmativas o negativas con expresiones impersonales para expresar tu opinión.

modelo: malo / el(la) maestro(a) / dar exámenes
(No) Es malo que el maestro dé exámenes.

1. necesario / mis amigos / ser cómicos
2. preferible / mis amigos y yo / siempre estar de acuerdo
3. importante / los novios / salir en grupos
4. importante / yo / saber hablar español
5. preferible / yo / llevar ropa elegante a la escuela
6. malo / todos los estudiantes / no practicar deportes
7. necesario / los maestros / entender a los estudiantes
8. importante / tú / ir a clase todos los días

To review
- **por** and **para,** p. 376
- subjunctive with impersonal expressions, p. 371

4 Discuss school-related issues

Completa las preguntas con **por** o **para** y contéstalas.

modelo: ¿Deben tener escuelas diferentes ____ los chicos y las chicas?
¿Deben tener escuelas diferentes **para** los chicos y las chicas?
(No, no) Estoy de acuerdo con eso. Es importante que ellos estudien en diferentes escuelas (tengan la misma escuela).

1. ¿Es preferible que los estudiantes no vayan al cine ____ la tarde?
2. ¿Es malo que los estudiantes hablen ____ teléfono celular en clase?
3. ¿Es importante que los estudiantes hagan la tarea ____ aprender más?
4. ¿Los estudiantes sacan malas notas ____ la presión de grupo?
5. ¿Es necesario que los estudiantes compren regalos ____ los maestros?
6. ¿Hay que estudiar ____ mucho tiempo antes de los exámenes finales?

To review
- La vida tranquila, Deportes acuáticos, p. 363
- Comparación cultural, pp. 373, 378

5 Dominican Republic

Comparación cultural

Contesta estas preguntas culturales.

1. ¿Cómo es la gente dominicana en general?
2. ¿Cuáles son algunos deportes acuáticos populares en la República Dominicana?
3. ¿Adónde van muchos turistas en Santo Domingo?
4. ¿Qué cultura indígena inspira al artista Charlie Simón?

Más práctica Cuaderno *pp. 306–317* Cuaderno para hispanohablantes *pp. 308–317*

Get Help Online ClassZone.com

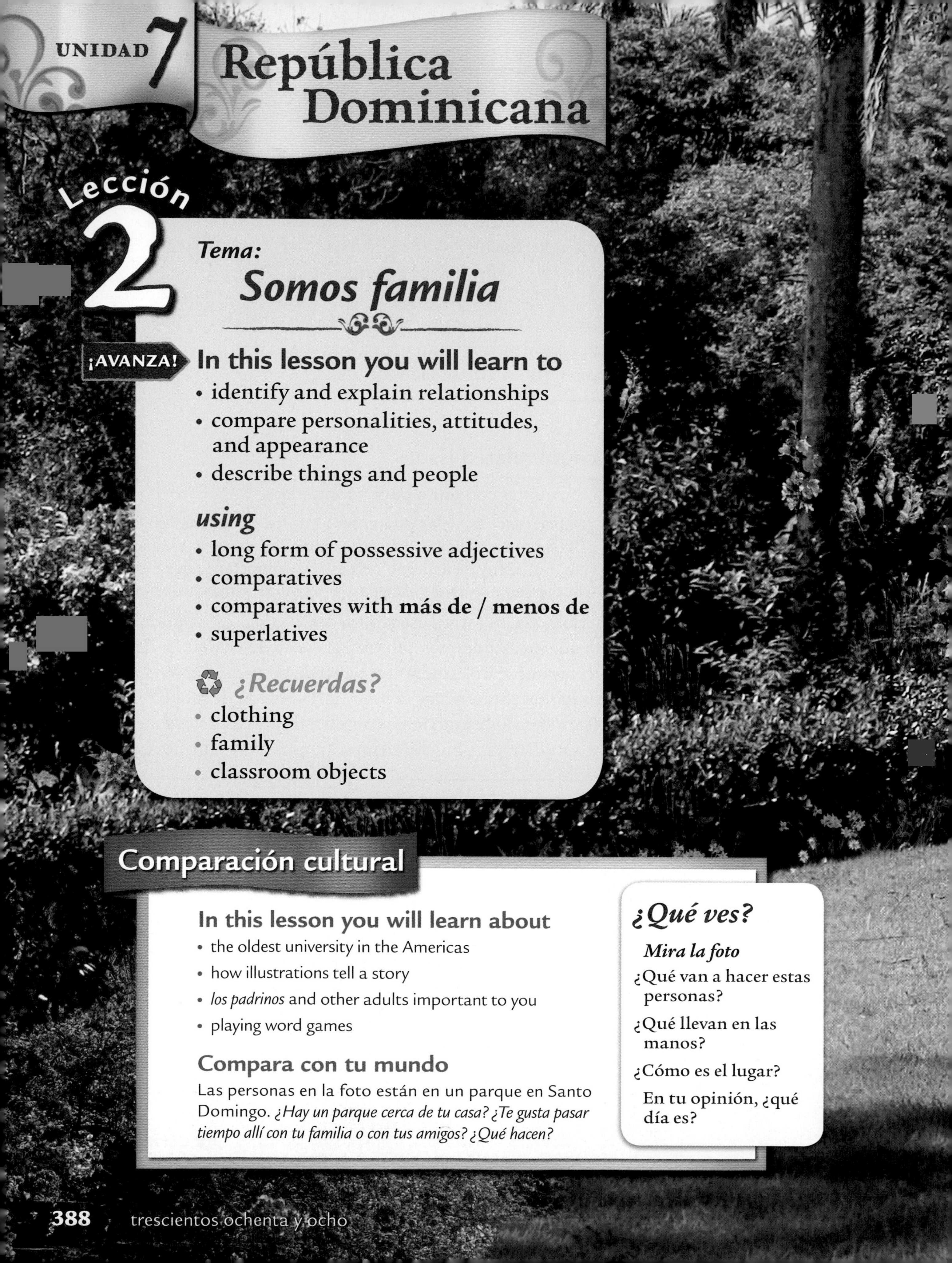

UNIDAD 7

República Dominicana

Lección 2

Tema:

Somos familia

¡AVANZA! **In this lesson you will learn to**

- identify and explain relationships
- compare personalities, attitudes, and appearance
- describe things and people

using

- long form of possessive adjectives
- comparatives
- comparatives with **más de / menos de**
- superlatives

¿Recuerdas?

- clothing
- family
- classroom objects

Comparación cultural

In this lesson you will learn about

- the oldest university in the Americas
- how illustrations tell a story
- *los padrinos* and other adults important to you
- playing word games

Compara con tu mundo

Las personas en la foto están en un parque en Santo Domingo. *¿Hay un parque cerca de tu casa? ¿Te gusta pasar tiempo allí con tu familia o con tus amigos? ¿Qué hacen?*

¿Qué ves?

Mira la foto

¿Qué van a hacer estas personas?

¿Qué llevan en las manos?

¿Cómo es el lugar?

En tu opinión, ¿qué día es?

Online SPANISH CLASSZONE.COM

Featuring...
- Cultura INTERACTIVA
- Animated Grammar
- @HomeTutor

And more...
- Get Help Online
- Interactive Flashcards
- Review Games
- WebQuest
- Self-Check Quiz

Jardín Botánico Nacional de Santo Domingo

Santo Domingo, República Dominicana

Presentación de VOCABULARIO

¡AVANZA! **Goal:** Learn words to describe people and their relationships to each other and to talk about places in town. Then, use the words to complete descriptions of people and explain a family tree. ***Actividades 1–2***

VIDEO DVD

AUDIO

A ¡Hola! Me llamo Lorena y mi **apellido** es Muñiz. Les quiero presentar algunos de mis **parientes.** Aquí hay una foto de mi hermana Cecilia con su **esposo** José. Se casaron el año pasado. Al lado de Cecilia están mis padres. ¡Qué **orgullosos están**! Ahora son los **suegros** de José, y yo soy su **cuñada.** Es un hombre simpático, y todos **nos llevamos bien.**

B ¿Quieres ver como era yo de **niña**? Aquí hay una foto mía con mi **padrino,** Tío Tomás y mi **madrina,** Tía Yolanda. Son como padres para mí. Son muy **generosos.** Ellos me dieron mi **pez,** Inez y mi **pájaro,** Pepito. Pepito es muy **tímido** y sólo le gusta estar conmigo.

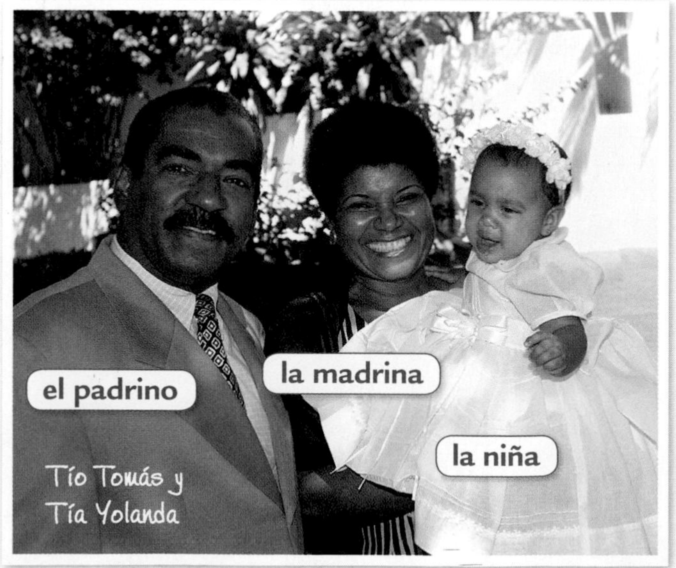

C Aquí estoy con mis **compañeras del equipo** de fútbol. Son muy simpáticas y **la entrenadora** es muy **sincera** con nosotros: siempre nos dice la verdad. ¡Nos encanta jugar este deporte **popular**!

las compañeras de equipo

la entrenadora de deportes

Más vocabulario

paciente *patient*
impaciente *impatient*
enojarse *to get angry*
el cuñado *brother-in-law*
el sobrino *nephew*
la sobrina *niece*
entenderse bien *to understand each other well*
entenderse mal *to misunderstand each other*
discutir *to argue*
Expansión de vocabulario p. R15
Ya sabes p. R15

D Me gustaría **quedarme** más tiempo para ver fotos con ustedes pero tengo que **irme. Tengo una cita** en **el consultorio** del dentista y luego tengo que ir al **banco** para sacar dinero y al **correo** para mandarle un regalo a mi prima. ¡Nos vemos!

el consultorio

el banco

el correo

¡A responder! Escuchar

Escucha los nombres e indica a la persona o las personas apropiadas en las fotos de la familia de Lorena.

Práctica de VOCABULARIO

1 ¿Cómo es?

Hablar Escribir

Describe a las personas. Escoge la palabra correcta que completa la oración.

impaciente	popular	paciente	tímido
orgulloso	sincero	generoso	

1. Lucía tiene miedo de conocer a personas nuevas. Es ____ .
2. Guillermo tiene muchísimas amistades. Es ____ .
3. A Claudia no le gusta esperar. Siempre tiene prisa. Es una persona ____ .
4. Ignacio siempre llega a una fiesta con muchos regalos. Es ____ .
5. Cuando Verónica tiene que esperar, no se enoja. Es una persona ____ .
6. Rafael siempre saca buenas notas y practica mucho los deportes. Sus padres están muy ____ de él.
7. Carolina es muy simpática y siempre te dice la verdad. Es ____ .

Expansión
Use two of the above adjectives to describe yourself.

2 La familia de Carmen

Leer Escribir

Completa la descripción de la familia de Carmen según el dibujo.

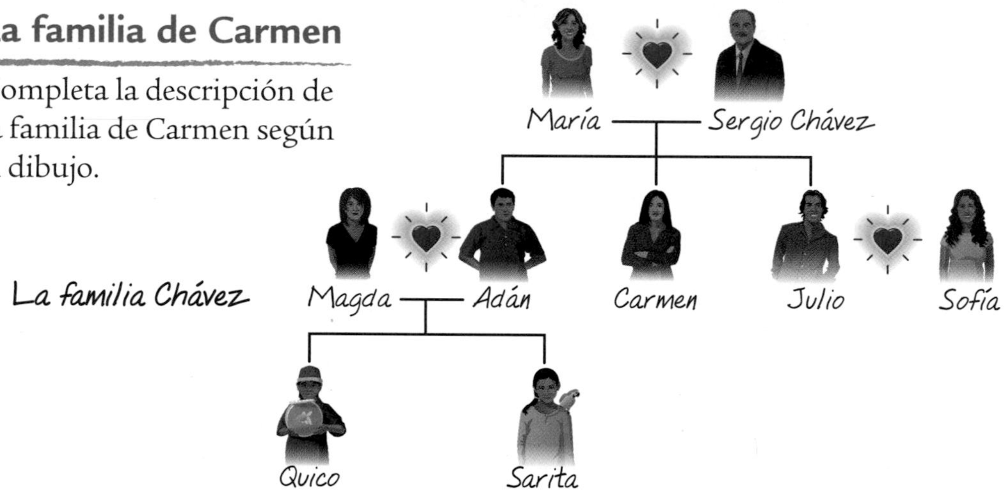

Me llamo Carmen y mi apellido es **1.** . Hace seis años que mi hermano Adán se casó con **2.** . Ahora yo soy la **3.** de Magda. Ella se lleva bien con su suegro, **4.** . Claro, es mi papá y él es muy simpático. A veces ella se entiende mal con mi mamá, su **5.** . ¡Qué lástima! Adán y Magda tienen dos hijos hermosos, una niña, **6.** y un niño, **7.** . Me encantan mis **8.** . Quico tiene un **9.** y Sarita tiene un **10.** . Ojalá que mi hermano Julio se case pronto con su novia, **11.** . Ella es muy divertida.

Más práctica Cuaderno *pp. 318–320* Cuaderno para hispanohablantes *pp. 318–321*

PARA Y PIENSA

¿Comprendiste?

Get Help Online ClassZone.com

1. Describe a tres personas de tu familia usando tres adjetivos nuevos.
2. ¿Cuáles son dos animales que alguien puede tener como mascota *(pet)*?

VOCABULARIO en contexto

¡AVANZA! **Goal:** Notice the descriptions of people and things that Lorena and her mother use. Then learn how to use the long form of possessive adjectives to show relationships and ownership. ***Actividades 3–4***

¿Recuerdas? Clothing pp. 144, R6

Telehistoria escena 1

@HomeTutor VideoPlus
ClassZone.com

STRATEGIES

Cuando lees
Find kinship words People use nouns, like **madre** and **padre,** to show kinship (family relationships). While reading, list six Spanish kinship nouns you encounter. Add more when you read Scene 2.

Cuando escuchas
Listen for descriptive words Listen for the adjectives Lorena's mother uses to describe her relatives, including her mother-in-law. What phrases describe how she gets along with them?

VIDEO
DVD

AUDIO

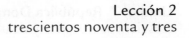

Lorena's camera is set up in the kitchen. She is trying to interview her mom.

Lorena: ¡Por favor, Mami! ¡Sólo diez minutos!

Madre: No puedo quedarme a hablar contigo. Primero, necesito ir al banco y al correo. Luego, tengo una cita con el doctor. Tengo que estar en el consultorio como a la una. Y después voy de compras con una amiga mía.

Lorena: Pero yo tengo que hacer la película. Si gano el premio, vas a estar muy orgullosa de mí, ¿no? Ahora, háblame sobre tu esposo. ¿Cómo es?

Madre: Es tu padre. ¡Pregúntale a él! Esta película tuya es sobre un periódico, ¿no?

Lorena: Ahora no. Ahora se llama «Mi vida en la República Dominicana» y es un documental sobre nuestra familia, nuestra historia y nuestros problemas.

Madre: *(speaking emphatically to the camera)* Todos nuestros parientes son muy simpáticos y nos llevamos muy bien. No tenemos problemas.

Lorena: La gente dice que las mujeres no se llevan bien con sus suegras. ¿Discutes tú con tu suegra?

Madre: *(biting her lip)* Claro que no. Tu abuela es una mujer muy sincera y muy generosa. Nos entendemos bien. Ahora me tengo que ir.

Continuará... p. 398

3 *Comprensión del episodio* Un documental familiar

Escuchar
Leer

Escoge la respuesta correcta.

1. La madre de Lorena no puede quedarse porque ____ .
   - **a.** va al banco y al correo
   - **b.** tiene una cita con su esposo
2. La madre de Lorena va de compras con ____ .
   - **a.** su amiga
   - **b.** su suegra
3. Lorena dice que ____ .
   - **a.** tiene que hacer la película
   - **b.** hace una película sobre un periódico
4. La madre de Lorena dice que ____ .
   - **a.** las mujeres discuten con sus suegras
   - **b.** ella y su suegra se entienden bien

Nota gramatical

Possessive adjectives show relationships or possession. You know the short forms (**mi, tu, su,** etc.). They also have long forms which agree in gender and number with the **nouns** they describe. These long forms follow the **noun** for emphasis or are used without a noun as a pronoun.

mío(a), míos(as)	**nuestro(a), nuestros(as)**
tuyo(a), tuyos(as)	**vuestro(a), vuestros(as)**
suyo(a), suyos(as)	**suyo(a), suyos(as)**

Juan es un **amigo mío.**
*Juan is a friend **of mine.***

¿Ese **libro** es **tuyo**?
*Is that book **yours**?*

Sí, es **mío.**
*Yes, it's **mine.***

4 ¿Son tuyos? ¿*Recuerdas?* Clothing pp. 144, R6

Hablar
Escribir

Un(a) amigo(a) tuyo(a) está en tu casa y quiere saber si estos artículos son tuyos o si son de tu hermano. Mira el dibujo y respóndele a tu amigo(a).

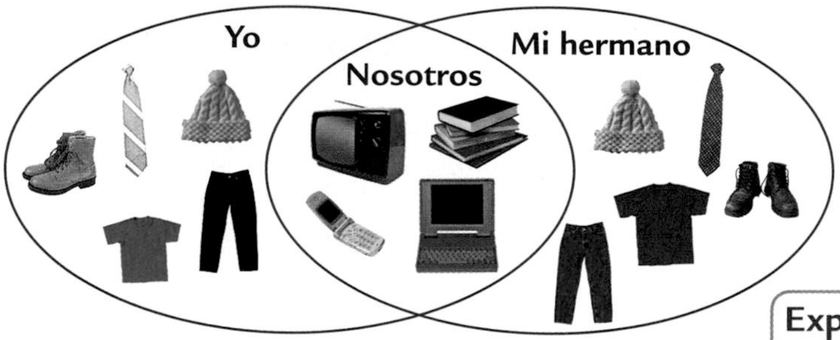

A ¿La camiseta roja es tuya o suya?

B La camiseta roja es **suya.** La camiseta **mía** es azul.

Expansión
Following the same structure, write five sentences about items that you and your partner have.

PARA Y PIENSA

¿Comprendiste? Completa el diálogo entre la chica y su cuñada.

—¿Estas camisetas son __**1.**__ (tuyas/suyas/mías)?
—No, no son mías, ¡son nuestras!
—¿Sí? ¡Qué __**2.**__ (tímida/generosa/paciente) eres!

Get Help Online
ClassZone.com

Presentación de GRAMÁTICA

¡AVANZA! **Goal:** Review how to form comparisons between people or things. Then compare people in your family and in your classroom. ***Actividades 5–8***

¿Recuerdas? Family p. R15, classroom objects p. R14

English Grammar Connection: **Comparatives** are expressions used to compare two people or things. In English, comparative adjectives are formed by adding *-er* to the end of the word or by using *more, less,* or *as.*

REPASO Comparatives

Animated Grammar
ClassZone.com

There are several phrases for making comparisons in Spanish. They compare differences and similarities between people and things.

Here's how: Use the following phrases with an **adjective** to compare *qualities.* Use them with a **noun** to compare *quantities.*

más... que *more . . . than*	Lorena es **más generosa que** yo. *Lorena is **more generous than** I.*
menos... que *less . . . than*	Tengo **menos dinero que** Tania. *I have **less money than** Tania.*
tan... como *as . . . as*	Víctor es **tan tímido como** Sonia. *Víctor is **as shy as** Sonia.*

When using **tan** to compare quantities, it changes to agree with the noun.

tanto(s)... como *as . . . as*	Tienes **tantas opiniones como** yo. *You have **as many opinions as** I.*

When a comparison does not involve qualities or quantities, use these phrases.

más que... *more than . . .*	Me gusta leer **más que** escribir. *I like to read **more than** write.*
menos que... *less than . . .*	Francisca juega al fútbol **menos que** al tenis. *Francisca plays soccer **less than** tennis.*
tanto como... *as much as . . .*	Viajo **tanto como** tú. *I travel **as much as** you.*

The following comparative words are irregular.

mayor	**menor**	**mejor**	**peor**
older	*younger*	*better*	*worse*

Mis hermanos son **menores que** yo. *My brothers are **younger than** I.*

Más práctica
Cuaderno *pp. 321–323*
Cuaderno para hispanohablantes *pp. 322–324*

@HomeTutor
Leveled Grammar Practice
ClassZone.com

Práctica de GRAMÁTICA

5 Somos diferentes

Hablar
Escribir

José habla de los miembros *(members)* de su familia. ¿Qué dice?

modelo: Mi suegro es (más / mayor) paciente que mi suegra.
Mi suegro es más paciente que mi suegra.

1. Mi padre tiene (tan / tantos) años como mi madre.
2. Cecilia es (tanto / menor) que yo.
3. Tengo (menor / menos) primos que tú.
4. Hablo (tan / tanto) como mis primos.
5. Lorena es tan paciente (que / como) su madre.
6. Mi pájaro canta (mejor / tanto) que el pájaro de mi hermana.
7. Mis parientes son (más / tan) generosos como los parientes de mi esposa.
8. Cecilia es menos tímida (que / como) yo.
9. Mi padrino es (más / mayor) que mi madrina.

6 Mi familia

¿Recuerdas? Family p. R15

Hablar
Escribir

Habla de las características de los miembros de tu familia. ¿Cómo se comparan?

modelos: Mis abuelos son **tan** pacientes **como** mis padres.
Mi prima es **más** cómica **que** yo.

más
menos
tan

generoso
impaciente
orgulloso
paciente
artístico
popular
sincero
tímido
cómico

que
como

Expansión
Write two sentences comparing yourself to a friend.

AUDIO

Pronunciación Los diptongos ie y ue

The combination of the weak vowel **i** or **u** with the strong vowel **e** forms one sound in a single syllable. This sound is called a diphthong. Listen and repeat.

pariente **paciente** **bien** **suegro** **bueno** **puedo**

7 Julio y Julia

Hablar
Escribir

Usen la información dada para comparar a Julio y a Julia.

CIBER@MIGOS

Nombre: Julio
Edad: 15 años
Hermanos: 3
Animales: 2 peces, 2 pájaros, 1 perro
¿Cómo eres? Soy alto. Soy muy sociable, pero un poco impaciente. No me gusta esperar—¡prefiero hacer!
¿Qué te gusta hacer? Me encanta correr, y soy campeón de deportes. Me interesan el arte y la música, pero no sé ni dibujar ni cantar bien. ¡Quiero aprender! Toco un poco la guitarra.
E-mail: perritoj@tierra2.do

Nombre: Julia
Edad: 16 años
Hermanos: 2
Animales: 1 pez, 2 pájaros, 2 gatos
¿Cómo eres? Soy baja y tengo el pelo largo. Soy tímida, pero cómica. Soy muy paciente y tranquila.
¿Qué te gusta hacer? Soy artística; toco el piano, canto y dibujo muy bien. Mi padre es entrenador de fútbol, pero yo no soy deportista. ¡Prefiero quedarme en casa y leer!
E-mail: gatita@tierra2.do

modelo: dibujar

A ¿Quién dibuja mejor?

B Julia dibuja mejor que Julio.

1. pájaros
2. atlético
3. peces
4. sociable
5. alto
6. cantar
7. mayor
8. menor

Expansión
Make three statements comparing yourself to either Julio or Julia.

Nota gramatical

To compare numbers with **más** and **menos,** you use **de** instead of **que.**

Susana tiene **más de** diez peces.
*Susana has **more than** ten fish.*

El pájaro cuesta **menos de** 500 pesos.
*The bird costs **less than** 500 pesos.*

8 En mi mochila

¿Recuerdas? Classroom objects p. R14

Hablar

¿Qué tienes en tu mochila? En grupos, compara lo que tienes con lo que tienen tus compañeros.

A ¿Quién tiene más de tres lápices?

B Yo tengo más de tres. Yo tengo siete.

C Tengo menos de tres. Tengo uno.

Más práctica Cuaderno *pp. 321–323* Cuaderno para hispanohablantes *pp. 322–324*

PARA Y PIENSA

Get Help Online
ClassZone.com

¿Comprendiste?

1. Compara a dos estudiantes en tu clase usando **tan... como.**
2. Describe el número de estudiantes en tu clase usando **menos de.**

GRAMÁTICA en contexto

¡AVANZA! **Goal:** Notice the comparisons Tío Tomás uses to describe Lorena's mother and father. Then use comparatives to understand and discuss a radio advertisement. ***Actividades 16–20***

Telehistoria escena 2

@HomeTutor VideoPlus
ClassZone.com

STRATEGIES

Cuando lees
Read for personal information Read Tomás's descriptions of Lorena's mother and father. To what degree are Lorena's parents' personalities similar? What's your evidence? What secret does Tomás reveal?

Cuando escuchas
Use a T-line for comparisons Make a T-line. On top, write **Los padres de Lorena.** As you listen, write descriptions of **su madre** on the left. On the right, write descriptions of **su padre.**

VIDEO DVD

AUDIO

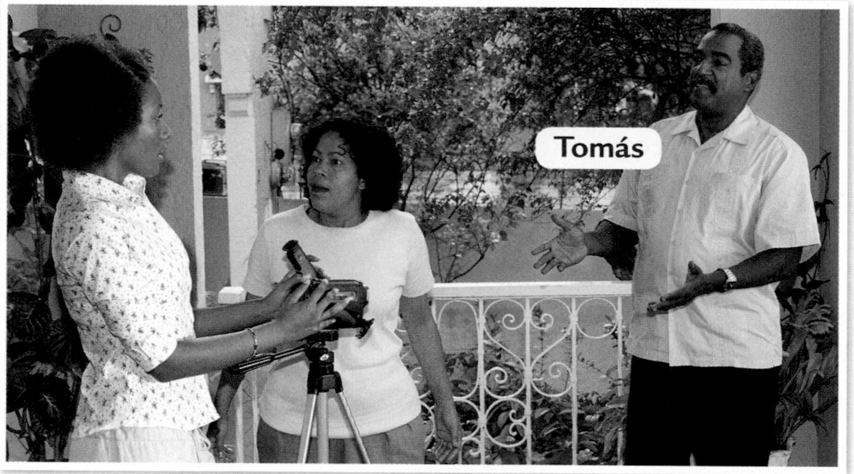

Lorena has set up her camera outside and is interviewing her godfather Tomás.

Tomás: Soy más viejo que el sol. Tus padres son mucho más jóvenes que yo. Tú sabes que tu madre es mi sobrina.

Lorena: Sí, ya sé, padrino. ¿Cómo era mi madre cuando era niña?

Tomás: ¿Tu madre? Tan impaciente como tú. Pero era muy contenta, muy popular. Le gustaba salir con muchachos más que estudiar.

Lorena: *(laughing)* ¿Mi mamá? ¡Esto es mejor que una película!

Tomás: Tu padre era tímido, pero muy sincero, más sincero que los otros muchachos en la escuela. El novio de tu madre, ése era menos serio que tu padre ...

Lorena: ¿El novio de mami? ¿Quién era?

Tomás: *(trying to remember)* Alfonso, hombre, Alfonso... ¿Cuál era su apellido?

Lorena's mom bursts in.

Madre: ¡Tomás! ¿Qué le estás diciendo a Lorena? Me voy a enojar. Eres peor que un niño. *(into the camera)* Y tú, ¡nada de películas sobre la familia!

Continuará... p. 403

9 *Comprensión del episodio* ¿Cómo eran?

Escuchar
Leer

Corrige los errores en estas oraciones.

modelo: **Los padres de Lorena son menos jóvenes que Tomás.**
Los padres de Lorena son más jóvenes que Tomás.

1. Cuando era niña, la madre de Lorena era tan impaciente como José.
2. A la madre de Lorena le gustaba salir con sus amigas más que estudiar.
3. El padre de Lorena era más popular que los otros muchachos.
4. Alfonso era más serio que el padre de Lorena.
5. La madre de Lorena se va a dormir.
6. La madre de Lorena dice que Tomás es peor que un entrenador.

10 Un anuncio

Escuchar
Escribir

Escribe los números del 1 al 6. Escucha el anuncio para Telefontástico. Luego, lee la información que sigue. Escribe **sí** si es correcta y **no** si no es correcta.

En comparación con los otros teléfonos, el Telefontástico...

1. tiene menos problemas con el sonido.
2. toma mejores fotos.
3. tiene conecciones más lentas.
4. es más bonito.
5. es tan pequeño.
6. es más barato.

Expansión
Would you like to purchase this phone? Tell why or why not.

Comparación cultural

Una universidad antigua

¿Cómo cambian las universidades con el tiempo? La Universidad Autónoma de Santo Domingo (UASD) es la universidad más antigua de las Américas y la universidad más grande de la **República Dominicana.** Fue fundada *(founded)* en 1538 con cuatro escuelas: teología *(theology)*, derecho *(law)*, artes y medicina. Hoy los estudiantes pueden estudiar éstas y otras asignaturas *(subjects)* como ciencias, arquitectura y economía. También pueden participar en deportes y actividades extracurriculares.

La Biblioteca Central de la UASD

Compara con tu mundo *¿Qué universidades hay en tu región? Compáralas con la UASD.*

PARA Y PIENSA

¿Comprendiste? Completa las oraciones con una comparación.

1. Tu pájaro es muy inteligente, pero tu pez no es muy inteligente. El pez es _____ .
2. Ella lee mucho. Su hermano también lee mucho. Ella lee _____ .

Get Help Online
ClassZone.com

Presentación de GRAMÁTICA

¡AVANZA! **Goal:** Learn how to use superlatives to describe people, places, and things. Then compare family members, classmates, and places in your community using superlative phrases. ***Actividades 16–20***

English Grammar Connection: Superlatives are expressions you use to compare three or more items. In English, you form superlatives by adding *-est* to the end of an adjective or by saying *the most* or *the least* before the adjective.

Superlatives

Animated Grammar ClassZone.com

In Spanish, you form **superlatives** by using **más** and **menos.**

Here's how: When you want to say that something has the *most* or the *least* of a certain quality, use a definite article with **más** or **menos.** You use **de** after the adjective to say from what group you are comparing.

el (la) más...	**el (la) menos...**
los (las) más...	**los (las) menos...**

Estos pájaros son **los más bellos de** la tienda.
*These birds are **the prettiest in** the store.*

When the **noun** is part of the superlative phrase, place it *between* the article and the superlative word.

Eres **la persona menos tímida** que conozco. *You are **the least shy person** I know.*

When you refer to an idea or concept, use the neuter article **lo.**

Lo más importante es estudiar. ***The most important** thing is to study.*

Use the **irregular** forms you learned with comparatives when referring to the best, worst, oldest, and youngest. You use them *without* **más** and **menos.**

Adjective		Superlative	
bueno	*good*	**el (la) mejor**	*the best*
malo	*bad*	**el (la) peor**	*the worst*
viejo	*old (for person)*	**el (la) mayor**	*the oldest*
joven	*young (for person)*	**el (la) menor**	*the youngest*

Mis botas son **buenas,** pero tus botas son **las mejores.**
*My boots are good, but your boots are **the best.***

Más práctica
Cuaderno *pp. 324–326*
Cuaderno para hispanohablantes *pp. 325–328*

@HomeTutor
Leveled Grammar Practice
ClassZone.com

Práctica de GRAMÁTICA

11 En mi comunidad

Hablar
Escribir

Describe los lugares en tu comunidad. Usa superlativos.

modelo: restaurante / popular
El restaurante Casa Mamita es el más (menos) popular de la comunidad.

1. el banco / grande
2. la tienda / pequeña
3. el cine / divertido
4. los monumentos / importantes
5. el consultorio / limpio
6. el parque / bonito
7. las casas / viejas
8. los señores del correo / simpáticos

12 Mi familia

Hablar
Escribir

Describe a la familia Romano. Usa superlativos.

modelo: bajo(a)
Toño es el más bajo de la familia.

1. tímido(a)
2. joven
3. impaciente
4. alto(a)
5. viejo(a)
6. orgulloso(a)

Expansión
Use these same characteristics to describe your family members with superlative statements.

13 ¡Somos los mejores!

Hablar
Escribir

Ustedes van a recibir premios cómicos al final del año. Escriban unas descripciones positivas usando el superlativo.

Miguel
El estudiante con la mochila más grande
Lina
La estudiante más estudiosa de la clase

14 ¡Es cierto!

Hablar

En grupos, preparen un anuncio de radio para un lugar en su comunidad. Usen superlativos. Después uno de ustedes o todo el grupo debe presentar el anuncio a la clase.

Vengan a la zapatería Vega, la mejor zapatería de nuestra comunidad.

¡Es cierto! Vega es la zapatería más popular de todas.

Esta tienda es tan popular porque no es tan cara como las otras tiendas. ¡Les decimos la verdad!

Expansión
Turn your radio ad into a magazine ad with illustrations and text.

15 Describe a la familia

Escribir

Comparación cultural

Las ilustraciones

¿Cómo ayudan las ilustraciones a contar un cuento (story)? Belkis Ramírez es una artista importante de la **República Dominicana.** Ella hace esculturas y grabados sobre madera *(wood engravings)*. Algunos de sus grabados, como éste de una familia, son ilustraciones en *El cuento del cafecito* por Julia Álvarez. Álvarez es una escritora que creció *(grew up)* en la República Dominicana. Ella y su esposo tienen un cafetal *(coffee farm)* allí y esto fue una inspiración para su cuento. En esta ilustración de Ramírez, un padre y una madre leen un libro con sus hijos. Por la ventana, se ve un árbol y plantas del cafetal.

Family Reading *(2001), Belkis Ramírez*

Compara con tu mundo *¿Conoces algunos libros que tienen ilustraciones interesantes? ¿Cuáles? ¿Por qué te gustan las ilustraciones?*

Describe a tu familia o a otra familia que conoces. Usa superlativos.

Pistas: alto, viejo, cómico, trabajador, desorganizado

modelo: En mi familia, mi padre es el más alto. Mi madre es...

Más práctica Cuaderno *pp. 324–326* Cuaderno para hispanohablantes *pp. 325–328*

PARA Y PIENSA

¿Comprendiste? Completa las oraciones con expresiones superlativas.

1. _____ es _____ más _____ de la familia.
2. _____ es _____ mejor _____ de la comunidad.

Get Help Online
ClassZone.com

Todo junto

¡AVANZA! **Goal:** ***Show what you know*** Listen as Lorena uncovers more family secrets. Then use comparatives and superlatives to describe people and their family relationships. ***Actividades 16–20***

Telehistoria completa

@HomeTutor VideoPlus
ClassZone.com

STRATEGIES

Cuando lees

Use clues to guess a secret While reading, use background clues to guess the secret Cecilia tells José. Try to figure it out *before* Lorena does. What is the secret?

Cuando escuchas

Check and list family information Listen for the family members' secrets. Afterwards, list the family members and put a check by those who have secrets. List their secrets.

Escena 1 ***Resumen***
Lorena decide hacer su documental sobre su familia. Quiere entrevistar a su madre para saber los secretos de la familia.

Escena 2 ***Resumen***
Lorena entrevista a su padrino Tomás. Él le dice que hace muchos años, su madre tenía un novio que se llamaba Alfonso. La madre de Lorena se enoja.

VIDEO DVD

AUDIO

Escena 3

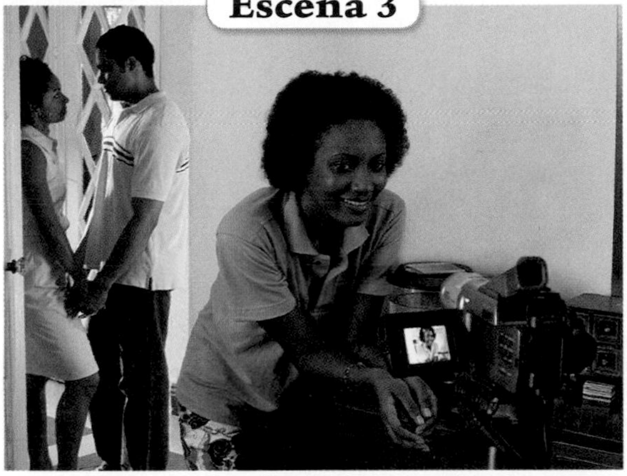

Lorena has her camera set up next to her fish bowl and is filming herself.

Lorena: *(quietly to the camera)* Me llamo Lorena Muñiz. Y esta película es sobre los secretos más grandes de mi familia. Mi madre era la muchacha más popular del barrio y mi padre el muchacho más tímido. ¿Cómo se casaron? ¿Quién era el novio secreto de mi madre? *(turns camera off and speaks to fish)* Ahora tengo que saber más. Mi pez: ¿tiene secretos?

Voices of Cecilia and José are heard in the hall; Lorena peeks out.

José: ¡Ésta es la mejor noticia de mi vida!

Cecilia: *(excited)* Sí, pero no se lo vamos a decir a nadie todavía. ¿Tú estás de acuerdo?

Lorena: *(to herself)* Parece que mi hermana y mi cuñado tienen un secreto. *(She tiptoes to their bedroom door.)*

José: Está bien. Estoy de acuerdo.

Cecilia: Lo más difícil es no poder decirle nada a nuestra familia ahora.

Lorena: *(screams happily)* ¡Voy a tener un sobrino!

Cecilia: ¡Lorena! *(Lorena runs to her room, slams and locks the door.)* Lorena, ¡Abre la puerta! ¿Lo escuchaste todo? Lorena, ¡Me voy a enojar!

Lorena: *(to her camera)* Parece que esta familia tiene secretos interesantes. ¡Hay mucho más por conocer!

16 *Comprensión de los episodios* Secretos

Escuchar
Leer

Corrige los errores en estas oraciones.

1. La madre de Lorena era la muchacha más tímida del barrio.
2. El padre de Lorena tenía una novia secreta.
3. José habla de la peor noticia de su vida.
4. José y Cecilia no están de acuerdo sobre el secreto.
5. Lorena piensa que ella va a tener un hermano.
6. Cecilia se enoja con José.

17 *Comprensión de los episodios* ¡Nada de películas!

Escuchar
Leer

Contesta con oraciones completas.

1. ¿Le gusta a la madre de Lorena la idea de tener un documental sobre su familia? Explica.
2. ¿Con quién habla Lorena en la segunda escena para saber más de la historia de su familia?
3. ¿Cómo describe Tomás a los padres de Lorena?
4. ¿Cuáles son algunos de los secretos de la familia de Lorena?

18 ¡Muy interesante!

Hablar

STRATEGY Hablar
Make a family tree Decide on a famous family and draw a family tree. Add characteristics for each person. Beneath the tree, describe who gets along and who doesn't. Practice your description of the family several times with the tree, then without it.

Describan a una familia famosa, de la televisión o de las tiras cómicas. Hablen de las relaciones entre ellos y describan las características de las personas.

A En la familia Smith hay muchos problemas. Los parientes no se entienden bien.

B Es cierto. La señora Smith siempre discute con su esposo y con su suegra.

C El señor Smith es más paciente que su esposa, pero es muy tímido. Casi nunca dice nada cuando los niños pelean.

Expansión
Compare the family you discussed to your "ideal family."

19 Integración

Leer
Escuchar
Hablar

Lucas y su novia hicieron una prueba *(test)* de personalidad en una revista *(magazine)*. Lee y escucha sus resultados y compara sus personalidades. ¿Piensas que se entienden bien?

Fuente 1 La prueba de Lucas

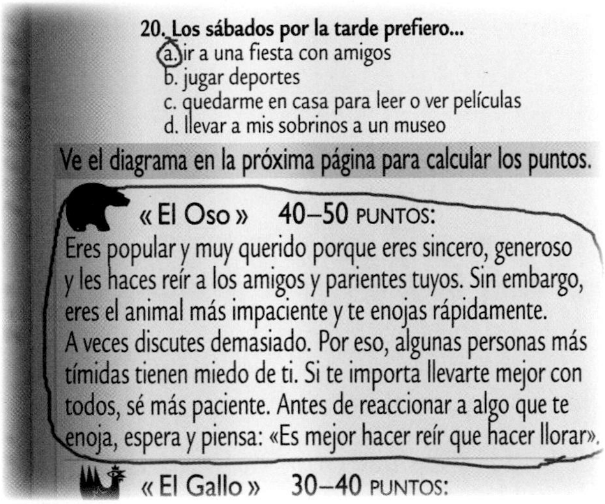

20. Los sábados por la tarde prefiero...
a. ir a una fiesta con amigos
b. jugar deportes
c. quedarme en casa para leer o ver películas
d. llevar a mis sobrinos a un museo

Ve el diagrama en la próxima página para calcular los puntos.

« El Oso » 40–50 PUNTOS:
Eres popular y muy querido porque eres sincero, generoso y les haces reír a los amigos y parientes tuyos. Sin embargo, eres el animal más impaciente y te enojas rápidamente. A veces discutes demasiado. Por eso, algunas personas más tímidas tienen miedo de ti. Si te importa llevarte mejor con todos, sé más paciente. Antes de reaccionar a algo que te enoja, espera y piensa: «Es mejor hacer reír que hacer llorar».

« El Gallo » 30–40 PUNTOS:

Fuente 2 Mensaje de su novia

Listen and take notes
- ¿Qué animal es la novia?
- ¿Cuáles son algunas características de su animal? ¿Le gustan las fiestas?
- ¿Para ella, cuál es la cosa más importante en una amistad?

modelo: Lucas y la novia suya son muy diferentes...

20 Entre familia

Escribir

Escribe una carta a la consejera del periódico, «Sara Sábelotodo», describiendo un problema real o imaginario entre parientes.

modelo: Querida Sara,
Mi hermano Sami es menor que yo. Por eso, tengo que quedarme en casa con él cuando mi madre tiene una cita...

Writing Criteria	Excellent	Good	Needs Work
Content	Your letter is detailed with many vocabulary words, comparisons, and superlatives.	Your letter includes some details and vocabulary words and structures from the lesson.	Your letter has very few details and a limited range of lesson vocabulary and structures.
Communication	Most of your letter is organized and easy to follow.	Parts of your letter are organized and easy to follow.	Your letter is disorganized and hard to follow.
Accuracy	Your letter has few mistakes in grammar and vocabulary.	Your letter has some mistakes in grammar and vocabulary.	Your letter has many mistakes in grammar and vocabulary.

Expansión
Exchange letters with a classmate and answer his or her letter from the perspective of Sara Sábelotodo.

Más práctica Cuaderno *pp. 327–328* Cuaderno para hispanohablantes *pp. 329–330*

PARA Y PIENSA

¿Comprendiste? Describe con un adjetivo superlativo:
1. a una persona de tu familia **2.** una mascota *(pet)* tuya o de un amigo

Get Help Online ClassZone.com

Lectura cultural

¡AVANZA! **Goal:** Read about the tradition of **padrinos** in Latin America. Then discuss this relationship and compare it to the bonds that exist among American families and friends.

Comparación cultural

AUDIO

Los padrinos

STRATEGY Leer

Chart the tradition Use a chart to understand the tradition of **padrinos** in Latin America.List key information about **padrinos** and their role.

Información clave	Padrinos de boda	Padrinos de bautizo
Quiénes son		
Su papel		
Cómo ayudan a una familia		

En los países latinoamericanos existen dos tipos de padrinos: los padrinos de boda[1] y los padrinos de bautizo[2].

En Paraguay, como en muchos otros países de Latinoamérica, cuando dos novios se casan, éstos escogen[3] a un hombre y a una mujer como los padrinos para su boda. A diferencia de las bodas estadounidenses en que los novios generalmente escogen a sus mejores amigos o hermanos para ser los testigos[4], o *best man* y *maid of honor,* en los países latinoamericanos, el padrino y la madrina son los testigos principales y casi siempre son una pareja[5] casada. Normalmente uno de ellos es pariente o del novio o de la novia.

La función de los padrinos de boda no termina con la ceremonia de matrimonio. Los padrinos tienen un papel muy importante en la vida familiar. Comparten los momentos más importantes de la vida de los esposos.

Paraguay

Los padrinos de boda tienen un papel importante.

[1] wedding [2] baptism [3] choose [4] witnesses
[5] couple

República Dominicana

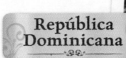

Unos padrinos orgullosos con su ahijado

Antes del nacimiento[6] de un niño, muchos padres dominicanos, como en otras partes de Latinoamérica, escogen a los padrinos de su futuro hijo. Los padrinos pueden ser parientes o amigos de los padres. Muchas veces éstos son los padrinos de la boda, especialmente en el caso del primer hijo del matrimonio. Es en el momento del bautizo del niño cuando los padrinos y los padres se convierten en[7] compadres.

Los padrinos sirven como segundos padres para el niño, o el ahijado. Si los padres no pueden continuar cuidando[8] a su hijo, los compadres se hacen cargo de criarlo[9]. Están presentes en muchas fiestas familiares y ocasiones importantes, como los cumpleaños y las graduaciones escolares.

Como vemos, el papel de los padrinos es muy especial, y la relación entre ellos y sus ahijados es una parte integral de la cultura latinoamericana.

---

[6] birth [7] become [8] taking care of [9] **se hacen...** they take charge of raising him

PARA Y PIENSA

¿Comprendiste?

1. ¿Quiénes son los padrinos en las bodas paraguayas?
2. ¿Por qué son importantes los padrinos despúes de la boda?
3. Generalmente, ¿quiénes son los padrinos de un bautizo?
4. Si los padres no pueden cuidar a su hijo, ¿qué papel toman los compadres?

¿Y tú?

¿Hay personas en tu vida que son como familia pero que no son tus parientes? ¿Por qué son importantes para ti?

Proyectos culturales

Comparación cultural

Jugando con palabras

¿Cómo puedes divertirte con el español? El español te presenta muchas posibilidades para jugar con las palabras.

Proyecto 1 *Onomatopeya*

Se llama **onomatopeya** cuando las palabras imitan sonidos. ¿Sabías que los sonidos que hacen los animales se escriben diferente en español y en inglés?

Aquí tienes unos ejemplos:

caballo	*jin*
gallina *(hen)*	*cló-cló*
gallo *(rooster)*	*quiquiriquí*
gato	*miau*
oveja *(sheep)*	*beeeee*
pájaro	*pío pío*
perro	*guau*
vaca *(cow)*	*mu*

Estos sonidos también se escriben diferente:

campana *(bell)*	*¡tilin-tilán!*
reloj	*¡tictac!*
tambor *(drum)*	*¡rataplán!*
explosión	*¡cataplúm!*
motor	*¡runrun!*
estornudo *(sneeze)*	*¡achís!*

1. Para esta actividad, todos los participantes van a recibir una tarjeta. Algunas tarjetas van a tener ilustraciones de animales y otras van a tener una palabra que representa un sonido.
2. Después de recibir una tarjeta, camina por la clase y busca la pareja *(match)* de tu tarjeta. Si recibes una tarjeta con un sonido, repite el sonido en voz alta *(out loud)* cuando buscas la pareja.

Proyecto 2 *Trabalenguas*

Los trabalenguas son expresiones y frases que son difíciles de pronunciar. Cuando aprendes un trabalenguas, primero trata *(try)* de entender el significado *(meaning)*. Luego, di las palabras lentamente y pronúncialas correctamente. Después, di la frase lo más rápido posible, pero sin errores de pronunciación. ¿Cuántos trabalenguas puedes memorizar?

1. ¿Usted no nada nada? No, no traje traje.
2. Debajo del puente de Guadalajara había un conejo debajo del agua.
3. Juan tuvo un tubo y el tubo que tuvo se le rompió.
4. Pepe puso un peso en el piso del pozo.
5. A mí me mima mi mamá.

En tu comunidad

Existen muchos otros trabalenguas en español. Si conoces a algún hispanohablante en tu comunidad, pregúntale cuáles otros trabalenguas conoce él o ella. Luego, trata de decirlos.

Lección 2

En resumen

Vocabulario y gramática

Animated Grammar
Interactive Flashcards
ClassZone.com

Vocabulario

The Extended Family

el apellido	*last name*
la cuñada	*sister-in-law*
el cuñado	*brother-in-law*
la esposa	*wife*
el esposo	*husband*
la madrina	*godmother*
el (la) niño(a)	*child*
la novia	*girlfriend; fiancée*
el novio	*boyfriend; fiancé*
el padrino	*godfather*
el (la) pariente	*relative*
la sobrina	*niece*
el sobrino	*nephew*
la suegra	*mother-in-law*
el suegro	*father-in-law*

Relationships with Others

discutir	*to argue*
enojarse	*to get angry*
entenderse (ie) bien	*to understand each other well*
entenderse (ie) mal	*to misunderstand each other*
estar orgulloso(a) (de)	*to be proud (of)*
llevarse bien	*to get along well*
llevarse mal	*to not get along*

Personality Characteristics

generoso(a)	*generous*
impaciente	*impatient*
paciente	*patient*
popular	*popular*
sincero(a)	*sincere*
tímido(a)	*shy*

Other Important People

el (la) compañero(a) de equipo	*teammate*
el (la) entrenador(a) de deportes	*coach*

Pets

el pájaro	*bird*
el pez	*fish*

Doing Errands

el banco	*bank*
el consultorio	*doctor's / dentist's office*
el correo	*post office*
irse	*to go; to leave*
quedarse	*to stay*
tener una cita	*to have an appointment*

Gramática

Notas gramaticales: Possessive adjectives, long form *p. 394,* Comparatives with **más de** / **menos de** *p. 397*

REPASO Comparatives

Use the following phrases with an **adjective** to compare *qualities.* Use them with a **noun** to compare *quantities.*

más... que
more . . . than

menos... que
less . . . than

tan... como
as . . . as

Tengo **menos dinero que** Tania.
*I have **less money than** Tania.*

When a comparison does not involve qualities or quantities, use these phrases.

más que...
more than . . .

menos que...
less than . . .

tanto como...
as much as . . .

Viajo **tanto como** tú.
*I travel **as much as** you.*

Superlatives

When you want to say that something has the *most* or the *least* of a certain quality, use a definite article with **más** or **menos**.

el (la) más... **los (las) más...**	*the most*
el (la) menos... **los (las) menos...**	*the least*

When the **noun** is part of the superlative phrase, place it *between* the article and the superlative word.

Lección 2

Repaso de la lección

¡LLEGADA!

@HomeTutor
ClassZone.com

Now you can
- identify and explain relationships
- compare personalities, attitudes, and appearance
- describe things and people

Using
- long form of possessive adjectives
- comparatives
- comparatives with **más de / menos de**
- superlatives

To review
- comparatives, p. 395
- superlatives, p. 400

1 Listen and understand

AUDIO

Escucha las descripciones de varias personas en la familia de Margarita. ¿Puedes indentificarlas? Escribe la letra que corresponde al nombre.

a. **b.** **c.** **d.** **e.** **f.** **g.** **h.**

1. Carlota
2. Jorge
3. Juan
4. Daniel
5. Laura
6. Silvia
7. Pique
8. Fufu

To review
- comparatives, p. 395

2 Compare personalities, attitudes and appearance

Escribe comparaciones de las personas y animales.

modelo: A Teresa no le gusta esperar el tren, pero a Luis no le importa esperar. ¿Quién es menos impaciente?
Luis es menos impaciente que Teresa.

1. Gregorio y Carla se entienden bien. Sus cuñados discuten mucho. ¿Quienes se llevan mejor?
2. El pájaro Juanito come mucho más que el otro, Zuzu. ¿Probablemente, cuál es más pequeño?
3. Ana levanta pesas tanto como su entrenadora. ¿Quién es más fuerte?
4. El padrino de Cecilia es cómico pero su padre le hace reír muchísimo. ¿Quién es menos serio?
5. Zacarías tiene cinco años y Nincis tiene dos. ¿Quién es menor?
6. Yo estudio tanto como tú. ¿Quién es más estudioso?

To review
- long form of possessive adjectives, p. 394

3 Identify and explain kinship and relationships

Varias personas describen a parientes suyos. Expresa lo que dicen en otras palabras. Sigue el modelo.

modelo: **La esposa de mi hermano es alta.**
La cuñada mía es alta.

1. El esposo de tu madrina es generoso.
2. Los niños de nuestro hermano son impacientes.
3. La madre de su esposo no es tímida.
4. El esposo de tu hermana es sincero.
5. Las hijas de mi hermana son populares.
6. El padre de su esposa es viejo.
7. La esposa de nuestro padrino es paciente.
8. Los padres de mi esposa son orgullosos.

To review
- superlatives, p. 400
- comparatives with **más de / menos de,** p. 397

4 Describe things and people

Usa el anuncio de mascotas *(pets)* para contestar las preguntas.

modelo: **¿Qué gato cuesta más de 400 pesos?**
El gato gris cuesta más de 400 pesos.

1. ¿Cuesta un pez más de 40 pesos?
2. ¿Qué cuesta más, el pájaro o el perro grande?
3. ¿Qué cuesta menos que el gato blanco?
4. ¿Los perros cuestan más de 1.000 pesos?
5. ¿Cuál es el mejor precio por una mascota?
6. ¿Cuál es la mascota más cara?
7. ¿Qué mascota es tan cara como los peces?
8. ¿Cuál es el gato menos caro?

MASCOTAS DE VENTA:

Un perro grande, de un año, 1.500 pesos

Dos perros pequeños por 6.000 pesos

Un pájaro bonito por 300 pesos

10 peces por 300 pesos

Un gato blanco, 400 pesos

Un gato gris, 450 pesos

To review
- La colonia más antigua, p. 363
- Comparación cultural, pp. 399, 402
- Lectura cultural, pp. 406–407

5 Dominican Republic

Comparación cultural

Contesta estas preguntas culturales.

1. ¿Dónde puedes encontrar casas coloniales en la República Dominicana?
2. ¿Cuál es la universidad más antigua de las Américas?
3. ¿Qué libro tiene ilustraciones de Belkis Ramírez? ¿Quién lo escribió?
4. Generalmente, ¿a quiénes escogen los padres dominicanos para ser padrinos de su hijo o hija?

Más práctica Cuaderno *pp. 329–340* Cuaderno para hispanohablantes *pp. 331–340*

Get Help Online
ClassZone.com

Comparación cultural

AUDIO

Una persona importante para mí

Lectura y escritura

WebQuest ClassZone.com

1 Leer We all have a special person whom we admire or who is important in our lives. Read the descriptions of people who are special to Anahí, Eduardo, and Pedro.

2 Escribir Write a brief paragraph about someone whom you admire or who is important in your life. Use the three descriptions as models.

STRATEGY Escribir

Use a star for an important person
Draw a star. Use the points of the star to help you write the paragraph about a person who is important to you.

Step 1 At each point, write a fact about the person: name, relationship to you (examples: dad, friend, or favorite teacher), personality, work or hobby, and importance to you.

Step 2 Use the information from the star to write the paragraph. Check your writing by yourself or with help from a friend. Make final additions and corrections.

Compara con tu mundo

Use the paragraph you wrote about a special person and compare it with the description by Anahí, Eduardo, or Pedro. In what ways are the special people alike? In what ways are they different?

Cuaderno *pp. 341–343* Cuaderno para hispanohablantes *pp. 341–343*

Paraguay

Anahí

¿Qué tal? Soy Anahí y vivo en Asunción. Una persona importante para mí es Silvia, mi compañera de baile. Las dos estudiamos danzas folklóricas paraguayas. Silvia comenzó a tomar clases cuando era muy pequeña y ahora es la mejor de la clase. Ahora estamos aprendiendo los pasos[1] de una polca paraguaya. Es un baile complicado y es necesario que practiquemos todos los días. Por suerte, Silvia me está ayudando. ¡Tiene mucha paciencia!

[1] steps

Guatemala

Eduardo

¡Hola! Me llamo Eduardo y vivo en Guatemala. La persona más querida para mí es mi madrina. Nos entendemos muy bien. A ella no le gusta quedarse mucho en la casa, por eso ella y yo hacemos caminatas largas. Mi madrina no sólo es generosa sino muy inteligente también. Además, a ella le encanta cocinar ¡y a mí me encanta comer!

República Dominicana

Pedro

¡Saludos desde Santo Domingo! Me llamo Pedro. Una persona importante para mí es nuestro entrenador de béisbol. Se llama Luis García y entrena a los muchachos en la escuela. Es una persona muy paciente y sincera, y juega muy bien. Dice que lo más importante en el deporte es divertirse mucho y llevarse bien con los compañeros de equipo.

EL GRAN DESAFÍO MÉXICO

EL DESAFÍO

VIDEO DVD

En el desafío de hoy, cada equipo debe entrevistar a un artista mexicano y luego escribir un artículo sobre su vida en México. No tienen que escribir toda su vida, sólo deben describir su rutina.

Antes del video

1. Describe el lugar donde están Raúl y Mónica. ¿Qué hacen?

2. ¿Qué piensas que están haciendo Ana y Luis?

3. ¿Piensas que le gusta a Marta estar allí? ¿Por qué?

Después del desafío

Mira el video: Toma apuntes

- ¿Por qué quiere Ana llamar al profesor?
- Escribe cómo es la rutina de don Alberto.
- ¿Por qué no terminan Marta y Carlos su entrevista?
- ¿Entrevistan Ana y Luis a don Alberto? ¿Qué están haciendo?
- Describe los diferentes tipos de arte que ves en el estudio de don Alberto.

Después del video

1. ¿Cómo es don Alberto?
2. ¿Qué tipo de trabajo presentaron Ana y Luis? ¿Qué piensas de Ana?
3. ¿Qué grupo ganó este desafío? ¿Por qué piensas que ganó este grupo?
4. ¿Por qué perdieron los otros grupos? ¿Qué hicieron?

@HomeTutor VideoPlus
ClassZone.com

UNIDADES 1-7

Repaso inclusivo

Options for Review

1 Listen, understand, and compare

Escuchar

Listen to this portion of a children's educational radio program in the Dominican Republic and then answer the following questions.

1. ¿Cuántos apellidos tienen muchos niños en la República Dominicana?
2. ¿Qué quieren decir apellidos que terminan en -ez, -iz o -az?
3. ¿Cuál es un ejemplo de un apellido que describe a una persona?
4. ¿De dónde vienen los apellidos Calle, Toledo y De la Costa?
5. ¿Cuál es un apellido que describe el trabajo del padre?

What is your last name? Do you know about its meaning or origin?

2 Debate an issue

Hablar

In groups of four to six students, choose a topic or issue to debate. It can be an issue in your school, community, or something in the news. Then divide into two teams. Each team will argue one side of the issue. Work with your team to brainstorm arguments and write down reasons that support them. Finally, debate the other team. Be sure to present supporting facts and explain your points of view clearly.

3 Talk on a radio show

Hablar

Role-play a conversation between a caller and a talk show host on a radio advice program. As the caller, think of a unique or funny problem that might exist between real or imaginary family members. Then make a call to the radio show to describe the problem and the family members involved. As the host of the show, offer your opinion and give advice to the caller. Remember to use phrases related to telephone conversations in your role-play.

4 Write for a celebrity magazine

Escribir

Write a feature article on a celebrity of your choice, using photos you can find on the Internet or from magazines. Make up a story about an interesting past event in the celebrity's life, such as a vacation or premiere. Talk about his or her home, family, and interests. Show your celebrity in a photo with other people and describe how they get along. Include a catchy headline and captions for your photos.

5 Publish a class newspaper

Hablar
Escribir

Your group will be publishing the first edition of a class newspaper. Together think of a name for your newspaper and decide on a job for each of you: editor, photographer, writer, and reporter. Your newspaper should include an editorial, an interview of students, news stories about the school or community, and some photos or illustrations. Use the computer to produce as much as possible. Display your newspaper in the classroom.

6 Create a list of awards

Escribir
Hablar

Write a list of awards for places or products in your community. Include categories such as the best and worst bank, the most and least popular restaurant, the most and least expensive store, or the most or least delicious sandwiches. Present your list to the class with explanations for each award comparing the places or products.

7 Enter a contest to win a pet

Leer
Escribir

Read the following ad about a pet shop that is giving away a pet to the person with the best composition. Write a paragraph explaining why it is important or necessary for you to have a pet **(una mascota).** Include what is good about having a pet, what's bad about not having one, and which animal it is preferable to have. Post your entries around the classroom and vote on the winning entry.

MUNDO DE ANIMALES
¡VEN A NUESTRA TIENDA PARA LAS MEJORES GANGAS!
TENEMOS TODO PARA EL ANIMAL EN TU VIDA. ¡PRECIOS BARATÍSIMOS!
Casitas para tu pájaro por sólo RD$1.160,00
Comida para tu pez por sólo RD$1.16,20
Collares para gatos y perros por sólo RD$99.80
¡Competencia para jóvenes! Escríbenos una carta y puedes ganar un gato, perro, pájaro o pez. Explica qué animal quieres ganar y da tu opinión sobre por qué es importante tenerlo. Llámanos para más información.

UNIDAD 8

Ecuador

Nuestro futuro

Lección 1
Tema: ***El mundo de hoy***

Lección 2
Tema: ***En el futuro...***

«¡Hola!
Nosotros somos Nicolás y Renata. Somos de Ecuador.»

Población: 13.212.742

Área: 109.483 millas cuadradas

Capital: Quito

Moneda: el dólar estadounidense, desde el año 2000

Idiomas: español, quechua y otras lenguas indígenas

Comida típica: llapingachos, fritada, locro

Gente famosa: Oswaldo Guayasamín (artista), Gilda Holst (escritora), Julio Jaramillo (cantante), Jefferson Pérez (atleta), Diego Serrano (actor)

Llapingachos

Celebración de las artes, Plaza Santo Domingo, Quito

Agosto: el mes de las artes Durante el mes de agosto se puede ver en Quito muchos eventos culturales por toda la ciudad. Se presenta al público lo mejor del cine, del teatro, del baile, de la música, del arte y de las artesanías. *¿Hay alguna celebración de las artes en tu escuela o comunidad?*

Las islas Galápagos Muchos turistas y científicos van a estas islas fascinantes para ver sus raras especies de animales, como las tortugas gigantes *(giant tortoises)* y los pingüinos de las Galápagos. Charles Darwin empezó sus estudios sobre el origen de las especies aquí, observando las 14 especies de piqueros *(finches)* que viven en las islas. *¿Qué animales son típicos de tu región?*

Iguanas marinas en la Isla de Santiago

Inti Raymi y Aya Uma Cada junio en Ecuador se celebra el Inti Raymi, o la Fiesta del Sol. El líder de los bailes es el Aya Uma, un espíritu de la naturaleza. El participante que hace el papel se pone una máscara de dos caras que representan el día y la noche. La máscara tiene unos ornamentos encima que pueden representar los meses del año o las plantas de la cosecha *(harvest)*. *¿Hay un festival especial en tu comunidad? ¿Cuál?*

Un baile del Inti Raymi, con máscaras de Aya Uma

UNIDAD 8

Ecuador

Lección 1

Tema:

El mundo de hoy

¡AVANZA! **In this lesson you will learn to**

- express what is true and not true
- discuss environmental problems and solutions
- talk about future actions or events

using

- spelling change of **-ger** verbs
- other impersonal expressions
- future tense of regular verbs

¿Recuerdas?

- expressions of frequency
- vacation activities

Comparación cultural

In this lesson you will learn about

- protecting wildlife in Ecuador and Venezuela
- cultural heritage represented through art
- volunteer programs in Ecuador

Compara con tu mundo

Los chicos en la foto están en un parque en Quito, Ecuador. *¿Puedes describir un parque bonito que visitaste? ¿Era como éste o era diferente?*

¿Qué ves?

Mira la foto

¿Qué ves en el parque?

¿Qué ves en la distancia?

¿Qué hacen los chicos?

¿Están jugando o trabajando?

Online SPANISH **CLASSZONE.COM**

Featuring...

- Cultura INTERACTIVA
- Animated Grammar
- @HomeTutor

And more...

- Get Help Online
- Interactive Flashcards
- Review Games
- WebQuest
- Self-Check Quiz

El Parque Suecia

Quito, Ecuador

Presentación de VOCABULARIO

¡AVANZA! **Goal:** Learn words relating to environmental conservation. Then use these words to discuss environmental problems and solutions. ***Actividades 1–2***

VIDEO DVD

AUDIO

A ¡Hola! Soy Nicolás y estoy **trabajando de voluntario** en el parque. Los otros **voluntarios** y yo queremos **proteger la naturaleza,** entonces estamos limpiando el parque. Mi amiga Renata está **recogiendo** la basura y poniéndola en **el basurero.**

B **El smog** es una de las causas de **la destrucción** de **la capa de ozono.** Por el smog no **respiramos aire puro.** Algunos **consumidores** quieren ser más **responsables** y usan **vehículos híbridos.** Estos coches usan menos **petróleo** y no **dañan** tanto **el medio ambiente.**

Más vocabulario

el bosque *forest; woods*
el medio ambiente *environment*
apenas *barely*
Expansión de vocabulario p. R16
Ya sabes p. R16

C Es importante que no usemos todos **los recursos naturales** del **mundo.** **Conservar**los es **la responsabilidad** de todos. Para conservar, nosotros reciclamos. ¡**El reciclaje** es fácil!

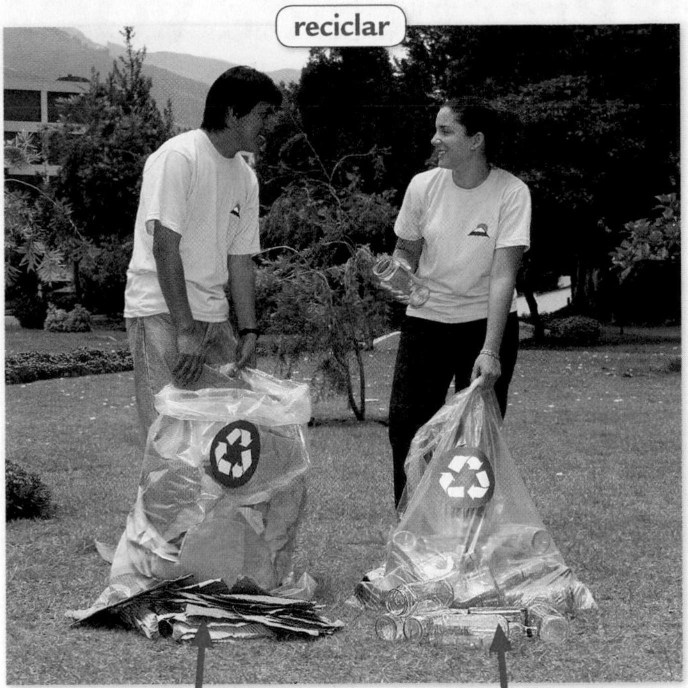

D Es **sumamente** importante que protejamos **las selvas** y **las especies en peligro de extinción.** **Poco a poco** el mundo pierde sus bosques por la deforestación y **los incendios forestales.** ¿Qué puedes hacer tú para ayudar?

las especies en peligro de extinción

La tortuga verde

El ocelote

¡A responder! Escuchar

Escribe una **P** en un lado del papel para **problema.** Escribe una **S** en el otro lado del papel para **solución.** Escucha las siguientes pistas y levanta la **P** si lo que escuchas es un problema para el medio ambiente. Levanta la **S** si es una solución que ayuda a la naturaleza.

@HomeTutor VideoPlus
Interactive Flashcards
ClassZone.com

Práctica de VOCABULARIO

1 El medio ambiente

Escribir

Decide cuál es la categoría apropiada para las siguientes palabras.

modelo: el aire puro

Recursos naturales	Problemas	Soluciones
el aire puro		

1. el árbol
2. la deforestación
3. los voluntarios
4. los incendios forestales
5. el bosque
6. el smog
7. el reciclaje
8. la destrucción de la capa de ozono
9. el petróleo
10. conservar
11. los vehículos híbridos
12. la selva
13. la naturaleza

Expansión
Choose one natural resource from the chart and write two sentences linking it to the corresponding problem and solution.

2 La encuesta

Leer
Hablar

Completa la encuesta *(survey)* para determinar si proteges el medio ambiente.

Respuestas: A. **siempre** B. **a veces** C. **nunca**

1. Recojo la basura en las calles y la pongo en los basureros.
2. Reciclo el vidrio, el cartón y el papel.
3. Leo artículos sobre la deforestación y la destrucción de la capa de ozono.
4. Escribo cartas al editor del periódico sobre los problemas de la contaminación.
5. Mi familia usa un vehículo híbrido.
6. Trabajo de voluntario(a) para limpiar los parques.
7. Participo en programas para proteger las especies en peligro de extinción.
8. Creo que todos los consumidores tienen la responsabilidad de conservar los recursos naturales del mundo.

Puntos	Clave	
A = 4	20–32:	Eres sumamente responsable.
B = 2	10–19:	Eres bastante responsable.
C = 0	0–9:	El medio ambiente apenas te importa.

Más práctica Cuaderno *pp. 344–346* Cuaderno para hispanohablantes *pp. 344–347*

PARA Y PIENSA

¿Comprendiste? ¿Cuáles son... ?
1. tres materiales que se pueden reciclar
2. tres problemas del medio ambiente

Get Help Online
ClassZone.com

VOCABULARIO en contexto

¡AVANZA! **Goal:** Listen to Nicolás and Renata talk about some environmental problems in Ecuador. Then talk to your classmates about what you do to protect nature. ***Actividades 3–4***

Telehistoria escena 1

@HomeTutor VideoPlus
ClassZone.com

STRATEGIES

Cuando lees
Group concepts with a mind map
In the center circle, write **el medio ambiente.** Write key concepts (e.g. **el agua**) in attached circles and write information related to concepts (**el agua: limpia**) in outside circles.

Cuando escuchas
Ponder problems and predict
While listening, list the specific environmental problems and predict whether Nicolás and Renata will get to speak with Sr. Andrade to discuss them.

VIDEO DVD

AUDIO

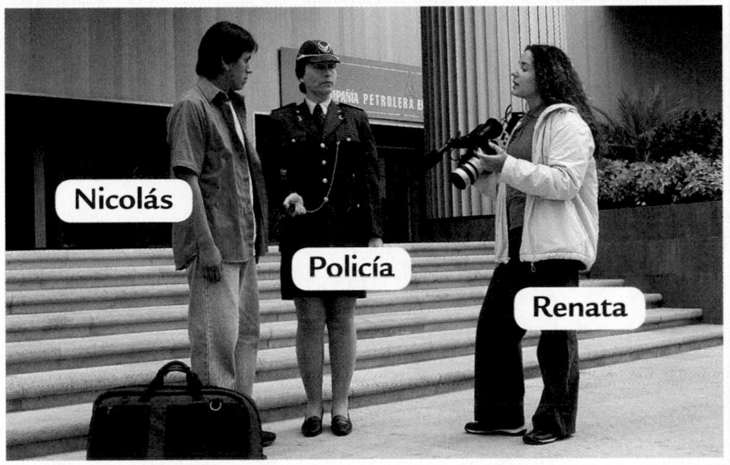

Renata films Nicolás outside the headquarters of the Compañía Petrolera Ecuatoriana.

Nicolás: Hace muchos años, los bosques ecuatorianos estaban bien conservados. La gente bebía agua limpia y respiraba aire puro. Pero hoy día, la deforestación de la selva es un problema, y muchas especies están en peligro de extinción…

A policewoman approaches.

Policía: ¿Qué están haciendo, jóvenes?

Renata: Estamos haciendo una película sobre cómo esta compañía daña el medio ambiente. ¡Vamos a hablar con el presidente de la compañía, el señor Andrade, y decirle que es sumamente importante proteger la naturaleza!

Policía: ¿Quién les dio permiso para filmar aquí?

Nicolás: Pues, nadie.

Policía: Entonces no pueden proteger el medio ambiente en esta esquina. Lo siento mucho.

The policewoman is distracted; the teens run into the building.

Continuará… p. 430

También se dice

Ecuador Para hablarles a los chicos, la policía los llama **jóvenes.** En otros países:
- **México** chavos
- **muchos países** muchachos

3 *Comprensión del episodio* ¿Cierto o falso?

Escuchar
Leer

Decide si la oración es cierta o falsa según el video. Corrige las falsas.

1. En Ecuador hace muchos años la gente bebía agua sucia.
2. Nicolás dice que hoy no hay tantas especies en peligro de extinción como antes.
3. La película es sobre cómo la compañía protege el medio ambiente.
4. El señor Andrade les dio permiso a los jóvenes para hacer su película.
5. La policía dice que no pueden filmar en esa esquina.

Nota gramatical

Remember that sometimes you need to change the spelling of certain verb forms to keep the pronunciation of the verb stem the same. The verbs **recoger** and **proteger** change the **g** to **j** before the vowels **o** and **a** to keep the soft /j/ sound.

¿**Recoges** basura en las calles?
Sí, yo la **recojo.**

Protegemos los árboles en el parque.
Es importante que **protejamos** los animales.

4 ¿Proteges el medio ambiente?

Escribir
Hablar

Decide qué cosas **recoges** y cuáles **proteges.** Escribe oraciones completas diciendo si lo haces y luego pregúntale a tu compañero(a) si lo hace también.

modelo: Yo recojo la basura.

A ¿Recoges la basura?

B Sí, (No, no) recojo la basura. ¿Y tú?

1. 

2. 

3. 

4. 

5. 

Expansión
Write your opinion about your classmate's responses. **No es bueno que Julio no recoja la basura.**

PARA Y PIENSA

¿Comprendiste? Contesta las preguntas en frases completas.

1. ¿Proteges los recursos naturales?
2. ¿Recoges basura en las calles? ¿Es bueno que (no) lo hagas?

Get Help Online
ClassZone.com

Presentación de GRAMÁTICA

¡AVANZA! **Goal:** Learn when to use verbs in the present tense or subjunctive with impersonal expressions about truth. Then use these expressions to say what is true and not true about environmental issues. ***Actividades 5–8***

English Grammar Connection: In English, all impersonal expressions about truth, whether affirmative or negative, are followed by verbs in the **present tense.** In Spanish, some negative impersonal expressions about truth are followed by verbs in the **subjunctive.**

It's not true that he **sings** well. No es cierto que él **cante** bien.

Other Impersonal Expressions

Animated Grammar ClassZone.com

You have learned that the **subjunctive** is used after some **impersonal expressions** to show uncertainty. If an impersonal expression deals with *certainty*, however, the verbs that follow are in the **present tense.**

Here's how:

Impersonal expressions with the words **cierto** and **verdad** express certainty in the **affirmative** and are followed by the **present tense.**

Es cierto que respiramos aire puro.
It's true that we breathe *clean air.*

Es verdad que trabajan de voluntarios.
It's true that they work *as volunteers.*

When these expressions are made **negative,** they imply doubt or disbelief. The impersonal expressions **No es cierto que** and **No es verdad que** are followed by verbs in the **present subjunctive.**

No es cierto que respiremos aire puro.
It's not true that we breathe *clean air.*

No es verdad que trabajen de voluntarios.
It's not true that they work *as volunteers.*

Más práctica
Cuaderno *pp. 347–349*
Cuaderno para hispanohablantes *pp. 348–350*

@HomeTutor
Leveled Grammar Practice
ClassZone.com

Práctica de GRAMÁTICA

5 Opiniones

Hablar
Escribir

A Renata y a Nicolás les gusta expresar sus opiniones sobre el medio ambiente. ¿Qué dicen? Usa el subjuntivo o el presente del verbo.

modelo: No es verdad que los voluntarios no **sean** importantes. (ser)

1. No es verdad que la gente siempre _____ la basura. (recoger)
2. Es cierto que todos nosotros _____ reciclar. (poder)
3. No es cierto que todos _____ proteger la naturaleza. (querer)
4. Es cierto que el mundo _____ muchas especies en peligro de extinción. (tener)
5. Es verdad que estas especies _____ por la contaminación y la deforestación. (morir)
6. Es verdad que nuestra película _____ un poco controversial. (ser)
7. No es cierto que los consumidores _____ los recursos naturales. (conservar)
8. Es cierto que la compañía del señor Andrade _____ el medio ambiente. (dañar)

Expansión
Tell whether or not you agree with each statement.

6 ¡No es verdad!

Hablar
Escribir

Expresa tu punto de vista sobre el medio ambiente.

modelo: Todos los consumidores reciclan.
No es cierto que todos los consumidores reciclen.

(No) Es verdad que...
(No) Es cierto que...

1. Hay destrucción de la capa de ozono.
2. Hay programas de reciclaje en todas las comunidades.
3. Respiramos aire puro en nuestra comunidad.
4. Todas las compañías son sumamente responsables.
5. La gente quiere proteger el medio ambiente.
6. Necesitamos las selvas y la naturaleza.
7. Los incendios forestales son un problema grande.

AUDIO

Pronunciación La letra p

The letter **p** in Spanish is similar to the *p* in English, except that it is pronounced without the little burst of air that the English *p* has. Hold your hand an inch in front of your mouth as you say the word *paper* to feel the burst of air. You should not feel this as you listen to and pronounce the following words.

papel **profesión** **alpinista** **político** **puro**

7 Problemas y soluciones

Hablar
Escribir

Identifiquen el problema y recomienden una solución.

A Es verdad que hay especies en peligro de extinción.

B Es importante que protejamos los bosques y las selvas.

Estudiante A

Problemas

1. las especies en peligro de extinción
2. la basura en muchos lugares
3. la deforestación
4. la contaminación del agua
5. la destrucción de la capa de ozono
6. mucho vidrio y cartón en la basura
7. el smog

Estudiante B

Soluciones

reciclar
respirar aire puro
proteger los bosques y las selvas
recoger la basura
limpiar el agua
usar vehículos híbridos

8 Los animales

Leer
Escribir

Comparación cultural

Especies en peligro de extinción

¿Cómo pueden los países proteger los animales? La Estación Científica Charles Darwin, en las Islas Galápagos de **Ecuador,** tiene programas para proteger las tortugas gigantes *(giant tortoises)*. Estas tortugas pueden pesar *(weigh)* más de 400 libras *(pounds)* y vivir más de cien años. La organización FUDENA de **Venezuela** trabaja para proteger el oso de anteojos *(spectacled bear)*. Este oso, el único en Sudamérica, está en peligro por la deforestación y la caza. Estos problemas también afectan al jaguar, que vive en las selvas de Centroamérica y Sudamérica.

El oso de anteojos

La tortuga gigante

Compara con tu mundo *¿Conoces algunas especies en peligro de extinción en Estados Unidos? ¿Cuáles?*

Escribe sobre estas especies y da tus opiniones.

Pistas: (No) Es verdad, (No) Es cierto, Es bueno, Es necesario

modelo: Es bueno que haya programas para proteger...

Más práctica Cuaderno *pp. 347–349* Cuaderno para hispanohablantes *pp. 348–350*

PARA Y PIENSA

¿Comprendiste? Completa las oraciones.

1. No es verdad que todos los consumidores _____ (ser) responsables.
2. Es cierto que nosotros _____ (necesitar) proteger el medio ambiente.

Get Help Online
ClassZone.com

GRAMÁTICA en contexto

¡AVANZA! **Goal:** Focus on how Nicolás and Renata communicate urgency. Then use impersonal expressions to say what is important and true or untrue about your life and the environment. ***Actividades 9–11***

Telehistoria escena 2

@HomeTutor VideoPlus
ClassZone.com

STRATEGIES

Cuando lees
Look for types of persuasion
In this scene, Renata and Nicolás try two types of persuasion. Which do you think is more effective? How does the receptionist respond at first, then later?

Cuando escuchas
Listen for the chief concern
"Protecting" is the concern here. What do the teenagers want to protect? Whom does the receptionist want to protect? Listen for how they each try to do this.

VIDEO DVD

AUDIO

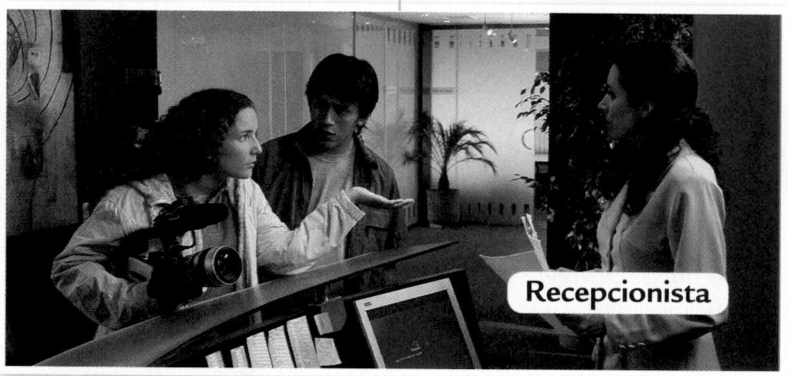

Nicolás and Renata enter the offices of Compañía Petrolera Ecuatoriana.

Nicolás: Quisiéramos hablar con el señor Andrade.

Recepcionista: ¿Ustedes tienen una cita? ¿El señor Andrade sabe que están aquí?

Nicolás: No señorita, pero es muy importante que hablemos con él. Estamos haciendo una película sobre el reciclaje y queremos saber qué hace esta compañía para proteger el medio ambiente.

Recepcionista: Lo siento, pero el señor Andrade no va a estar hoy en su oficina.

Renata: ¡No puede ser! ¡No es cierto que el señor Andrade no esté aquí hoy! Estamos en Quito sólo un día y tenemos que filmar nuestra película. Es necesario que lo veamos hoy. Sabemos que su compañía trabaja mucho por conservar los recursos naturales.

Nicolás: Simplemente queremos entrevistar al señor Andrade.

Recepcionista: Es imposible. El señor Andrade tiene hoy una cita en el Restaurante Independencia. *(Nicolás and Renata smile and head for the door.)* ¿Por qué les dije dónde va a estar?

Continuará... p. 435

9 *Comprensión del episodio* ¿Tienen una cita?

Escuchar
Leer

Empareja cada descripción con la(s) persona(s) correcta(s).

1. Quiere entrevistar al señor Andrade.
2. No va a estar en la oficina hoy.
3. Está en Quito sólo un día.
4. Tiene una cita en un restaurante.

a. el señor Andrade
b. Renata
c. Nicolás

10 Es verdad que...

Hablar

Expresen sus opiniones sobre estas cuestiones. Usen estas expresiones: **(no) es cierto, (no) es verdad, (no) es bueno, (no) es importante.**

modelo: Los jóvenes ayudan mucho en la casa.

A No es verdad que ayudemos mucho. Yo apenas ayudo en la casa.

B Es cierto que algunos jóvenes se quedan siempre en su cuarto, pero yo hago muchos quehaceres. Por ejemplo...

C Es bueno que tú hagas quehaceres, pero muchos...

1. Los estudiantes necesitan hacer más ejercicio y comer mejor.
2. Los jóvenes discuten mucho con sus padres.
3. Las chicas hablan más que los chicos.
4. Los chicos son más estudiosos que las chicas.
5. Los estudiantes necesitan tomar exámenes para aprender.

Expansión
Bring up another issue and express your viewpoints.

11 Puntos de vista

Escuchar

Escucha los diferentes puntos de vista de estas personas. Escribe (+) si la persona tiene una actitud positiva y (–) si tiene una actitud negativa hacia *(toward)* la protección del medio ambiente.

PARA Y PIENSA

¿Comprendiste? Cambia estas oraciones positivas en oraciones negativas.

1. Es cierto que el señor Andrade está en su oficina hoy.
2. Es verdad que Renata y Nicolás tienen una cita con el señor Andrade.

Get Help Online
ClassZone.com

Presentación de GRAMÁTICA

¡AVANZA! **Goal:** Learn how to form the future tense of regular verbs. Then talk about future actions or events. ***Actividades 12–15***

¿Recuerdas? Expressions of frequency p. R8, vacation activities pp. 60, R3

English Grammar Connection: In English, you form the **future tense** with the word *will* before an infinitive, minus the word *to.* In Spanish, you also form the **future tense** with the infinitive, but with a verb ending attached.

We **will dance.** Nosotros **bailaremos.**

Future Tense of Regular Verbs

Animated Grammar ClassZone.com

You have learned one way to talk about future actions in Spanish using **ir a** + *infinitive*. Spanish also has a **future tense.** How do you form it?

Here's how:

You attach **endings** to the infinitive to form the **future tense** of regular verbs. These endings are the same for **-ar, -er,** and **-ir** verbs.

Infinitive		Future Tense Endings	
trabajar	+	-é	-emos
recoger		-ás	-éis
escribir		-á	-án

Trabajaré de voluntario para proteger el medio ambiente.
I will volunteer *to protect the environment.*

¿**Recogerán** la basura en el parque mañana?
Will they pick up *trash in the park tomorrow?*

Escribiremos un artículo sobre la deforestación.
We will write *an article about deforestation.*

Notice that all future tense endings have accents except **nosotros.**

Más práctica

Cuaderno *pp. 350–352*
Cuaderno para hispanohablantes *pp. 351–354*

@HomeTutor Leveled Grammar Practice ClassZone.com

Práctica de GRAMÁTICA

12 ¡A trabajar!

Hablar
Escribir

Tú y tu clase son voluntarios en un proyecto ecológico. ¿Cómo ayudarán?

modelo: nosotros: limpiar la comunidad
Nosotros **limpiaremos** la comunidad.

1. yo: traer muchos basureros
2. nosotros: recoger toda la basura
3. mi amigo: escribir un artículo
4. el fotógrafo: tomar fotos
5. los periodistas: entrevistar a la gente
6. nosotros: trabajar mucho

13 ¿Cómo será el futuro?

Hablar
Escribir

Renata escribe una introducción para el video. Completa su párrafo con los verbos apropiados en el futuro.

compartir	respirar
encontrar	ser
hablar	ver
perder	vivir

Nicolás y yo estamos preocupados por el futuro de nuestro mundo. La contaminación __1.__ un problema horrible si no hacemos algo ahora. Por el smog, muchas personas __2.__ aire sucio y el mundo __3.__ poco a poco la capa de ozono. Las personas __4.__ en un mundo muy diferente si no ayudamos. Con nuestra película tú __5.__ como puedes ayudar. Los personajes de la película te __6.__ de cómo conservar y proteger los recursos naturales. Si trabajamos todos, __7.__ las soluciones a tiempo y __8.__ un mundo mejor.

Comparación cultural

Las artesanías y el arte

¿Cómo pueden los artistas incorporar las artesanías en su arte? Al artista ecuatoriano Oswaldo Viteri le gusta usar varios colores y texturas en su arte. Él es conocido por sus collages que incluyen muñecos de trapo *(rag dolls)*, una artesanía típica de **Ecuador.** El título de esta obra, *Taita Sol,* es una combinación de quechua y español. Refleja la mezcla de las dos culturas en Ecuador: la indígena y la europea. En quechua, *taita* significa «padre», y el sol era un símbolo importante de la cultura indígena.

Compara con tu mundo *¿Viste alguna vez arte que usa diferentes tipos de materiales? Descríbelo.*

Taita Sol *(1987),*
Oswaldo Viteri

14 Durante el verano

¿Recuerdas? Expressions of frequency p. R8

Hablar
Escribir

¿Qué piensan hacer ustedes durante el verano? Hablen de sus planes.

modelo: nadar / tú

A ¿Nadarás durante el verano?

B Sí, nadaré todos los días.

1. leer / tú
2. viajar / tus padres
3. acampar / tu familia
4. montar a caballo / tu hermano(a)
5. ir a pescar / tú
6. mirar la televisión / tú y tus amigos
7. acostarse tarde / tú
8. levantarse tarde / tú

Expansión
Think of three additional activities you will do this summer and write about them using the future tense.

15 ¡Conoceremos las Galápagos!

¿Recuerdas? Vacation activities pp. 60, R3

Leer
Hablar

Ustedes irán de vacaciones a Ecuador. Lean este anuncio turístico y hablen de sus planes.

A Iremos a las islas Galápagos y veremos muchos animales interesantes.

B ¡Claro que sí! También montaremos en bicicleta.

C Visitaremos muchos lugares interesantes. Tomaré fotos de un...

ISLA SANTA CRUZ
ECOTURISMO EN
LAS ISLAS GALÁPAGOS
Eco Hotel Isleño
Descubre las islas, disfruta de la naturaleza en un viaje único. Ve las atracciones de las islas Galápagos por día. Descansa y relaja en nuestro alojamiento por noche.
Descubre las islas
• excursiones diarias guiadas a las islas protegidas en barco: Bartolomé, Seymour, Santa Fe y más opciones
• observación de aves
• programa de buceo
• ciclismo de montaña
• caminatas
Descansa en nuestro hotel
• 21 habitaciones cómodas con aire acondicionado
• piscina y jacuzzi
• restaurante cuatro estrellas
• paquetes de 4 a 8 días
¡TU VIAJE AQUÍ SERÁ INOLVIDABLE!

Más práctica Cuaderno *pp. 350–352* Cuaderno para hispanohablantes *pp. 351–354*

PARA Y PIENSA

¿Comprendiste? Escribe estas oraciones en el futuro.

1. Trabajo mucho para conservar los recursos naturales.
2. Mi familia y yo vamos al parque para recoger basura.
3. Muchas personas nos ven en la televisión.

Get Help Online
ClassZone.com

Todo junto

¡AVANZA! **Goal:** ***Show what you know*** Listen as Sr. Andrade talks to Nicolás about his company. Then talk about environmental solutions for the Earth's future. ***Actividades 16–20***

Telehistoria completa

@HomeTutor VideoPlus
ClassZone.com

STRATEGIES

Cuando lees
Compare and judge Make a table to compare Nicolás's accusations (left column) and Sr. Andrade's defense (right column). Be the judge and decide who wins.

Cuando escuchas
Listen for the argument style Consider how Nicolás and Sr. Andrade make their arguments. What words and tones do they use? Who is more convincing?

Escena 1 ***Resumen***
Renata y Nicolás están filmando un documental sobre cómo las compañías dañan el medio ambiente. Una policía les dice que no pueden filmar en la esquina.

Escena 2 ***Resumen***
Los jóvenes entran en la oficina para entrevistar al señor Andrade. La recepcionista les dice que él tiene una cita en un restaurante.

Escena 3

VIDEO DVD

AUDIO

Sr. Andrade

Nicolás pretends to be a waiter while Renata operates the camera.

Nicolás: ¿Quiere más agua, señor? *(Sr. Andrade nods.)* ¡Un momento, señor! Antes de beber, usted debe saber que esta agua viene de la selva y que hay mucha contaminación en esa selva. ¿Todavía tiene sed?

Sr. Andrade: ¿Perdón?

Nicolás: Pues, su compañía es responsable por esa contaminación. Señor Andrade, es cierto que su compañía daña muchos bosques cada año, ¿no?

Sr. Andrade: ¡No! No es verdad que hagamos eso. Somos responsables.

Nicolás: Sí, es cierto que ustedes son responsables. Son responsables por el smog que vemos en el aire y por la destrucción de la capa de ozono. ¿Cuándo respiraremos aire puro otra vez, señor Andrade?

Sr. Andrade: Escuche... ¿usted, cómo se llama?

Nicolás: Yo soy Nicolás Callejas Montalvo.

Sr. Andrade: Escuche, Nicolás, yo sé que está enojado por la contaminación del medio ambiente. Yo también. Hace dos años que soy presidente de esta compañía, y hoy en día las cosas son muy diferentes. Por ejemplo, este año comenzó nuestro nuevo programa de reciclaje. Así protegemos más el aire, el agua y los bosques. Por favor, pasen por mi oficina mañana. Allí hablaremos y yo responderé a todas sus preguntas. ¿Qué les parece?

Renata: ¡Allí estaremos!

16 *Comprensión de los episodios* ¡A corregir!

Escuchar
Leer

Corrige los errores en estas oraciones.

1. Nicolás dice que apenas hay contaminación en la selva.
2. Nicolás dice que los consumidores dañan muchos bosques.
3. El señor Andrade está de acuerdo con lo que dice Nicolás.
4. Nicolás piensa que la compañía del señor Andrade es responsable por los incendios forestales.
5. Nicolás está enfermo por la contaminación del medio ambiente.
6. Ahora la compañía tiene un programa de voluntarios.
7. El señor Andrade dice que quieren dañar el mundo.
8. Nicolás, Renata y el señor Andrade hablarán más el próximo domingo.

17 *Comprensión de los episodios* ¿Qué opinan?

Escuchar
Leer

Contrasta las dos perspectivas, escribiendo detalles de los tres episodios. Escribe por lo menos tres frases para cada uno.

1. Nicolás y Renata piensan que...
2. El señor Andrade explica que...

18 Candidato para presidente

Hablar

STRATEGY Hablar

Use a problem-solution chart for brainstorming To prepare for the interview, organize your candidate's ideas into a two-column chart. On the left, list the environmental problems. On the right, list solutions corresponding to each problem. Use the written information to guide the interview.

Uno de ustedes quiere ser el presidente y los otros en el grupo son periodistas. Primero, hagan una lista de las ideas importantes del candidato sobre el medio ambiente y los planes para el futuro. Luego hagan una entrevista para la televisión usando verbos en el futuro.

Pistas: investigar problemas, proteger el medio ambiente, empezar un programa de reciclaje

modelo: **Periodista A:** ¿Cómo protegerá usted el medio ambiente?
Candidato(a): Es importante que nosotros protejamos nuestro mundo. Reciclaremos y conservaremos más en este país.
Periodista B: ¿Investigará usted los problemas del smog?

Expansión
Write a summary of the candidate's positions.

19 Integración

Leer
Escuchar
Hablar

Lee los consejos en una página web y escucha el anuncio. Luego dales consejos a las personas en tu casa sobre lo que pueden hacer para conservar.

Fuente 1 Página web ecológica

HTTP://www.econet.ec2
EcoNet
Hay algunas cosas fáciles que puedes hacer en tu casa para proteger el medio ambiente:
¡Conserva los recursos!
¡Reduce la contaminación de las aguas!
Apaga las luces que no estás usando.
Usa menos agua cuando te cepillas los dientes y te duchas.
Usa detergentes biodegradables para lavar la ropa y los platos.
Usa productos naturales como vinagre blanco, bicarbonato de soda y limón para limpiar la casa. Son baratos y efectivos.

Fuente 2 Anuncio

Listen and take notes

- ¿Qué problema hay en el mundo?
- ¿Qué puedes reciclar?
- ¿Qué puedes hacer si recibes un regalo?

modelo: Es cierto que hay mucho que podemos hacer para conservar. Primero...

20 Nuestro mundo

Escribir

Escribe un artículo sobre el medio ambiente para el periódico. Describe tres problemas y ofrece soluciones para cada problema.

modelo: Hoy vivimos en un mundo bello con recursos naturales e importantes. Sin embargo, el futuro será diferente si no protegemos la naturaleza. Es necesario que...

Writing Criteria	Excellent	Good	Needs Work
Content	Your article is detailed, with lesson vocabulary, future verbs, and impersonal expressions.	Your article includes some details and vocabulary words, future verbs, and impersonal expressions.	Your article has few details, vocabulary words, future verbs, and impersonal expressions.
Communication	Most of your article is organized and easy to follow.	Parts of your article are organized and easy to follow.	Your article is disorganized and hard to follow.
Accuracy	Your article has few mistakes in grammar and vocabulary.	Your article has some mistakes in grammar and vocabulary.	Your article has many mistakes in grammar and vocabulary.

Expansión
Exchange papers with a partner and compare your problems and solutions. Make suggestions on how to improve each of your articles.

Más práctica Cuaderno *pp. 353–354* Cuaderno para hispanohablantes *pp. 355–356*

PARA Y PIENSA

¿Comprendiste? Completa las oraciones.

1. No es verdad que todos _____ (reciclar).
2. Mañana nosotros _____ (recoger) todo el vidrio y el papel en la casa.

Get Help Online
ClassZone.com

Lectura

¡AVANZA! **Goal:** Read about a community service organization in Ecuador. Then discuss the kinds of volunteer work offered and those that interest you.

AUDIO

Sitio web: Fundación Bello Ecuador

Lee este sitio web sobre una organización que ofrece oportunidades para trabajar de voluntario.

STRATEGY Leer

Make a mind map Create a mind map showing the objective and the programs of the Fundación Bello Ecuador. Add as many details as you can with circles and lines.

http://www.fbe.org.ec

Información y programas | **Cómo ayudarnos** | **Formulario[1] para programas** | **Galería de fotos** | **Contáctenos**

Entrenamiento en temas ecológicos

Información general sobre Ecuador

¡Nuevo! Participa en proyecto cultural y económico en los Andes y aprende sobre las culturas y artesanías indígenas.

Haz clic aquí para más información

Fundación Bello Ecuador (FBE) es una organización privada sin fines lucrativos[2]. Contamos con[3] donaciones y voluntarios para realizar[4] nuestros programas.

Nuestro objetivo es mejorar[5] la vida para toda la gente ecuatoriana. Trabajamos con varias organizaciones sociales en proyectos de educación, de desarrollo[6] rural, social, cultural y económico y de conservación del medio ambiente.

---

[1] application form
[2] **sin...** non-profit
[3] **Contamos...** We count on
[4] to fulfill, make happen
[5] to improve
[6] development

Programas De Voluntarios En Ecuador

Información y programas **Cómo ayudarnos** **Formulario para programas** **Galería de fotos** **Contáctenos**

Otros enlaces[7]

Clases de quechua y otros idiomas[8] indígenas

Entrenamiento[9] en temas ecológicos

Información general sobre Ecuador

¡Nuevo! Participa en proyecto cultural y económico en los Andes y aprende sobre las culturas y artesanías indígenas.

Haz clic aquí para más información

Aquí hay algunos de los trabajos que ofrecemos

Programas de reforestación y conservación de plantas amazónicas: Trabaja en las selvas y jardines botánicos.

Investigaciones biológicas y programas de protección de especies en peligro de extinción: Ayuda a investigar los problemas de los animales de la selva amazónica o en las Galápagos. También ayuda a buscarles soluciones.

Programas de educación sobre el medio ambiente: Da clases de biología, ecología, conservación y reciclaje a niños y adultos de varias comunidades.

Programas de desarrollo rural: Trabaja en el campo para la construcción de escuelas y el desarrollo de la infraestructura y el sistema de agricultura.

Programas de salud: Trabaja en clínicas y hospitales o en programas de educación sobre la salud.

[7] links [8] languages [9] Training

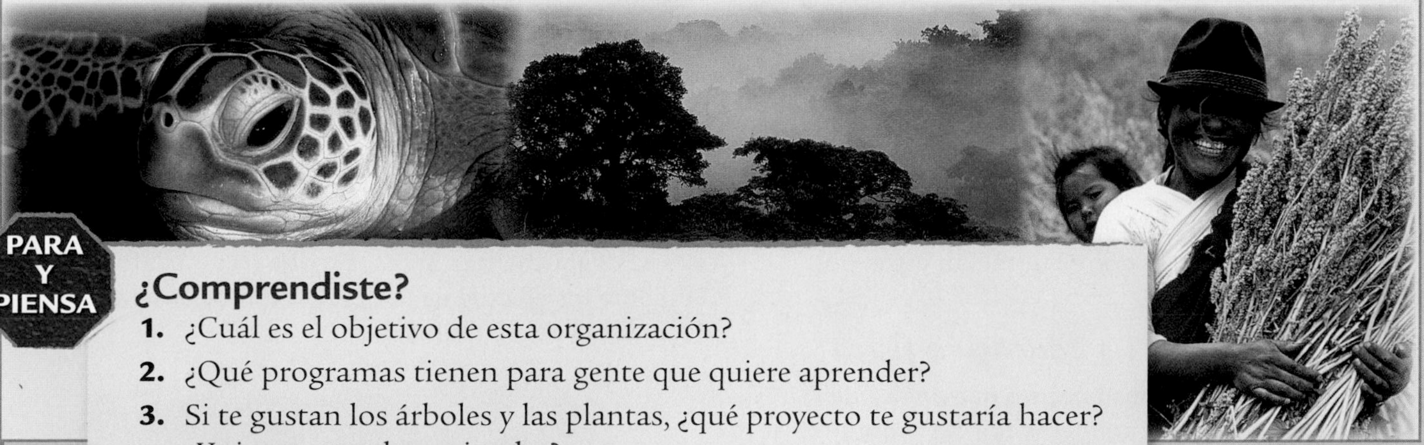

PARA Y PIENSA

¿Comprendiste?

1. ¿Cuál es el objetivo de esta organización?
2. ¿Qué programas tienen para gente que quiere aprender?
3. Si te gustan los árboles y las plantas, ¿qué proyecto te gustaría hacer? ¿Y si te gustan los animales?
4. Si a alguien le interesa enseñar, ¿cuáles de los programas le gustarían?

¿Y tú?

¿Te gustaría trabajar de voluntario(a) en Ecuador? ¿Qué te gustaría hacer?

Conexiones *Las ciencias*

Los parques nacionales de Ecuador

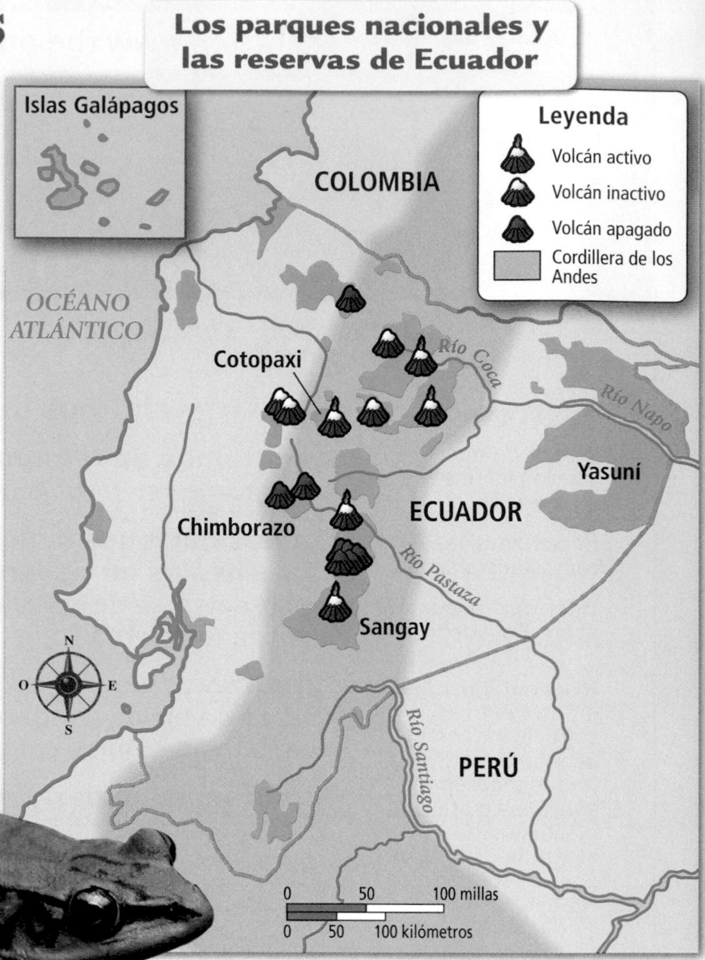

Ecuador tiene 33 reservas y parques nacionales. Estos parques tienen un área total de 12,7 millones de acres–18 por ciento del área total de Ecuador. El parque más famoso es el archipiélago de Colón, o las Islas Galápagos. Pero el parque más grande es el parque Yasuní, en la región amazónica, que tiene 2,4 millones de acres. El Yasuní también tiene muchos tipos de fauna: unas 500 especies de pájaros; más de 200 especies de anfibios y reptiles, incluyendo 62 serpientes y 43 ranas *(frogs)* de árbol, y 81 especies de murciélagos *(bats)*.

Busca información y escribe un reporte sobre los animales de la región amazónica. ¿Por qué piensas que allí viven tantos *(so many)* animales? ¿Cómo es el clima *(climate)*? ¿Qué tipos de flora encuentras allí? ¿Qué efectos causan los seres humanos *(human beings)* en la región?

Una rana de árbol

Proyecto 1 *La geografía*

Aunque el parque nacional Yasuní está en la región amazónica, el río Amazonas no pasa por Ecuador. Mira el mapa y escribe los nombres de tres ríos de la región amazónica. Después explica dónde empiezan, por dónde pasan y dónde terminan estos ríos.

Proyecto 2 *La educación física*

Mucha gente va a los parques nacionales de Ecuador para dar caminatas por las montañas y los volcanes. Busca un parque de Ecuador con montañas o volcanes y planea un viaje allí. ¿Qué deportes o actividades vas a hacer? ¿Qué debes llevar contigo? ¿Cómo debes prepararte físicamente?

Proyecto 3 *La salud*

La selva amazónica es muy importante para la conversión de dióxido de carbono a oxígeno. Sin embargo, la gente ha cortado *(have cut)* tantos árboles que el área de la selva hoy es mucho más pequeña que antes. Escribe tres párrafos sobre los efectos de la destrucción de la selva en la salud del ser humano.

El río Tigre

Lección 1

En resumen

Vocabulario y gramática

Animated Grammar
Interactive Flashcards
ClassZone.com

Vocabulario

The Environment and Conservation

Natural Resources

el aire puro	*clean air*
el árbol	*tree*
el bosque	*forest; woods*
la naturaleza	*nature*
el petróleo	*oil*
los recursos naturales	*natural resources*
la selva	*jungle*

Recycling

el basurero	*trash can*
el cartón	*cardboard*
el (la) consumidor(a)	*consumer*
el reciclaje	*recycling*
los vehículos híbridos	*hybrid vehicles*
el vidrio	*glass*

Environmental Responsibilities

conservar	*to conserve*
proteger	*to protect*
reciclar	*to recycle*
recoger	*to pick up*
la responsabilidad	*responsibility*
responsable	*responsible*

Environmental Issues

la capa de ozono	*ozone layer*
la contaminación	*contamination; pollution*
dañar	*to damage*
la deforestación	*deforestation*
la destrucción	*destruction*
las especies en peligro de extinción	*endangered species*
los incendios forestales	*forest fires*
el medio ambiente	*environment*
el mundo	*world*
respirar	*to breathe*
el smog	*smog*

Expressing Truth and Doubt

Es cierto que...	*It is true that . . .*
Es verdad que...	*It is true that . . .*
No es cierto que...	*It is not true that . . .*
No es verdad que...	*It is not true that . . .*

Community Service

trabajar de voluntario(a)	*to volunteer*
el (la) voluntario(a)	*volunteer*

Other Words and Phrases

apenas	*barely*
poco a poco	*little by little*
sumamente	*extremely*

Gramática

Nota gramatical: Spelling change of **-ger** verbs *p. 426*

Other Impersonal Expressions

- Impersonal expressions with the words **cierto** and **verdad** express certainty in the **affirmative** and are followed by the **present tense.**

  Es cierto que respiramos aire puro.
  ***It's true that we breathe** clean air.*

- When these expressions are made **negative,** they imply doubt or disbelief and are followed by verbs in the **subjunctive.**

  No es cierto que respiremos aire puro.
  ***It's not true that we breathe** clean air.*

Future Tense of Regular Verbs

You attach **endings** to the infinitive to form the **future tense** of regular verbs. These endings are the same for **-ar, -er,** and **-ir** verbs.

Infinitive		Future Tense Endings	
trabajar	+	-é	-emos
recoger		-ás	-éis
escribir		-á	-án

¿**Recogerán** la basura en el parque mañana?
***Will they pick up** trash in the park tomorrow?*

Lección 1

Repaso de la lección

¡LLEGADA!

@HomeTutor ClassZone.com

Now you can
- express what is true and not true
- discuss environmental problems and solutions
- talk about future actions or events

Using
- spelling change of **-ger** verbs
- other impersonal expressions
- future tense of regular verbs

To review
- future tense of regular verbs, p. 432

1 Listen and understand

AUDIO

La maestra presenta problemas que afectan el medio ambiente. Escoge una solución y escribe lo que podemos hacer en el futuro para ayudar.

recoger la basura	reciclar el cartón y el vidrio
tomar el autobús o el tren	proteger los bosques y las selvas
comprar vehículos híbridos	no dañar los lugares donde viven

modelo: 1. Nosotros...
Nosotros compraremos vehículos híbridos.

1. Nosotros...
2. La gente...
3. Yo...
4. Nosotros...
5. Los voluntarios...

To review
- spelling changes of **-ger** verbs, p. 426

2 Discuss environmental problems and solutions

Escribe oraciones que describen consideraciones importantes para proteger el medio ambiente.

modelo: (importante) La gente protege el medio ambiente.
Es importante que la gente proteja el medio ambiente.

1. (bueno) Yo recojo el cartón para reciclarlo.
2. (necesario) Los consumidores protegen la capa de ozono.
3. (importante) Nosotros protegemos los recursos naturales.
4. (preferible) Tú recoges la basura en el parque.
5. (bueno) Ustedes protegen unas especies en peligro de extinción.
6. (importante) La gente recoge los papeles en la calle.

To review
- other impersonal expressions, p. 427

3 Express what is true and not true

Describe tu comunidad usando oraciones con **(no) es cierto que** y **(no) es verdad que.**

modelo: Hay  Es verdad que hay incendios forestales.

1. No hay  .
2. Recogemos  en las calles.
3. Protegemos  .
4. Hay  .
5. Todos reciclan  .
6. La contaminación del  es un problema.

To review
- future tense of regular verbs, p. 432

4 Talk about future actions or events

¿Que harán estas personas en el verano para proteger el mundo?

modelo: ustedes / reciclar el cartón y el vidrio
Ustedes reciclarán el cartón y el vidrio.

1. Mis amigos y yo / trabajar de voluntario
2. Mis padres / comprar un vehículo híbrido
3. Tú / escribir un artículo sobre la deforestación
4. Los consumidores / leer sobre la destrucción de la capa de ozono
5. Nosotros / respirar aire puro
6. La gente / recoger la basura

To review
- Las Galápagos, Inti Raymi, p. 419
- Comparación cultural, pp. 429, 433

5 Ecuador and Venezuela

Comparación cultural

Contesta estas preguntas culturales.

1. ¿Qué animales puedes ver en las Galápagos?
2. ¿Cómo son las máscaras del festival Inti Raymi? ¿Qué representan?
3. ¿Cuáles son algunos lugares u organizaciones en Latinoamérica que protegen a las especies en peligro de extinción?
4. ¿Qué usa el artista Oswaldo Viteri en sus collages?

Más práctica Cuaderno *pp. 355–366* Cuaderno para hispanohablantes *pp. 357–366*

Get Help Online
ClassZone.com

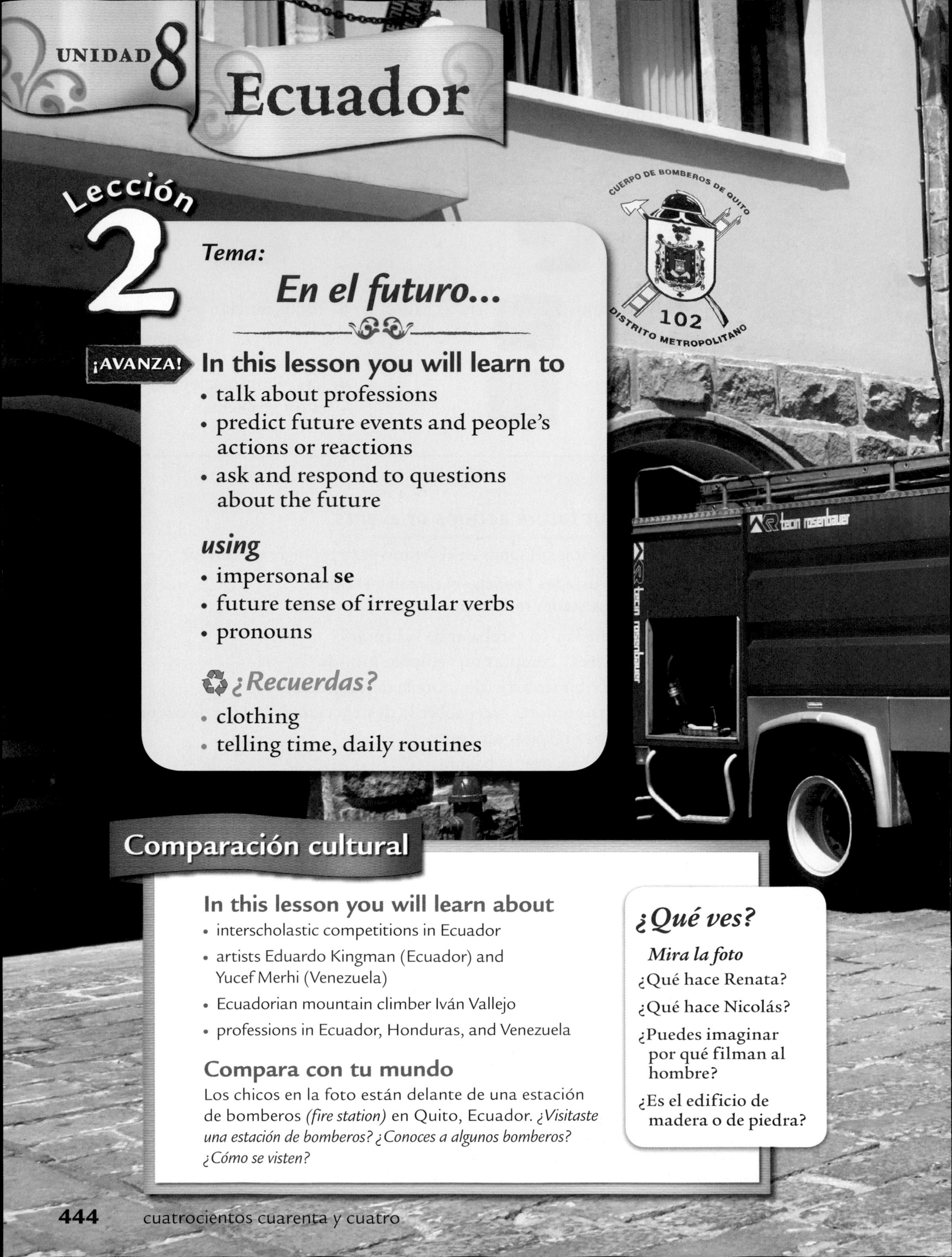

UNIDAD 8

Ecuador

Lección 2

Tema:

En el futuro...

¡AVANZA! **In this lesson you will learn to**

- talk about professions
- predict future events and people's actions or reactions
- ask and respond to questions about the future

using

- impersonal **se**
- future tense of irregular verbs
- pronouns

¿Recuerdas?

- clothing
- telling time, daily routines

Comparación cultural

In this lesson you will learn about

- interscholastic competitions in Ecuador
- artists Eduardo Kingman (Ecuador) and Yucef Merhi (Venezuela)
- Ecuadorian mountain climber Iván Vallejo
- professions in Ecuador, Honduras, and Venezuela

Compara con tu mundo

Los chicos en la foto están delante de una estación de bomberos *(fire station)* en Quito, Ecuador. *¿Visitaste una estación de bomberos? ¿Conoces a algunos bomberos? ¿Cómo se visten?*

¿Qué ves?

Mira la foto

¿Qué hace Renata?

¿Qué hace Nicolás?

¿Puedes imaginar por qué filman al hombre?

¿Es el edificio de madera o de piedra?

Una estación de bomberos
Quito, Ecuador

Presentación de VOCABULARIO

¡AVANZA! **Goal:** Learn to talk about professions and hobbies. Then, identify people's professions by their appearances or descriptions. ***Actividades 1–2***

VIDEO DVD

AUDIO

A Hola, soy Renata. ¿Qué **profesión** tendré **en el futuro**? Me gusta viajar en avión, así que puedo ser **piloto.** O tal vez puedo ser **profesora** y enseñar a los jóvenes. ¿Y tú? Aquí hay unas posibilidades si quieres ayudar a los enfermos.

¿Qué profesión te gustaría tener?

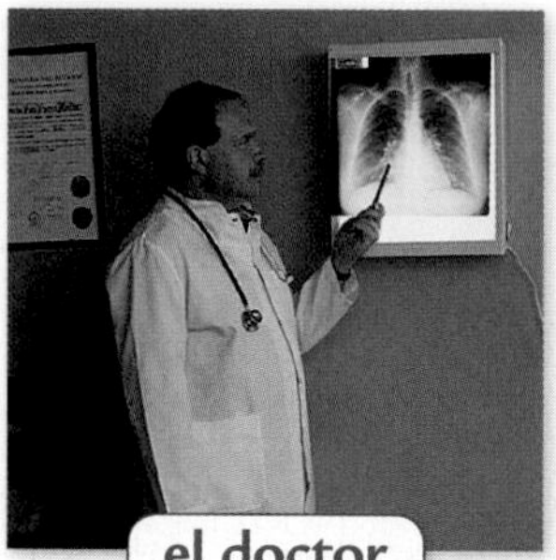
el doctor

la dentista

el veterinario

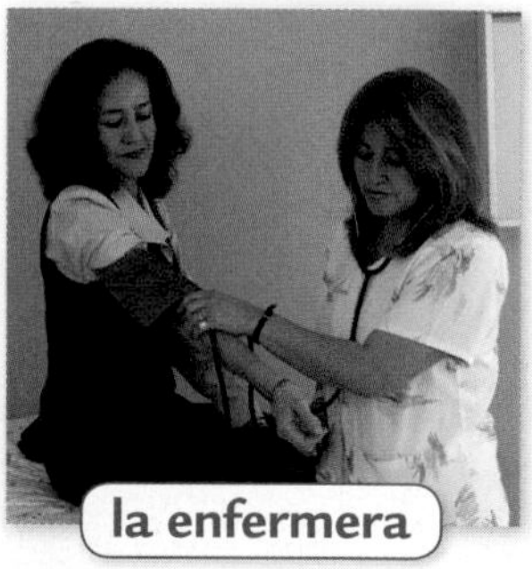
la enfermera

B Si eres creativo, tal vez una de estas profesiones te puede interesar. En todas tienes que saber dibujar y usar tu imaginación. Por ejemplo **el arquitecto** dibuja edificios y **el carpintero** los construye con la madera.

el artista

el arquitecto

la diseñadora

el carpintero

Más vocabulario

el (la) abogado(a) *lawyer*
el (la) agente de bolsa *stockbroker*
el hombre de negocios *businessman*
la mujer de negocios *businesswoman*
el (la) ingeniero(a) *engineer*
el (la) político(a) *politician*
el (la) programador(a) *programmer*

Expansión de vocabulario p. R17
Ya sabes p. R17

C Si te gusta ayudar a la gente e investigar los problemas, puedes ser **detective** o **policía.** O puedes ser **bombero** y apagar los incendios. También puedes ser **cartero:** es menos peligroso ¡si no tienes miedo de los perros!

el policía

la bombera

el cartero

D ¿Te parece divertido ser **alpinista** y **escalar montañas**? ¿O tal vez trabajar de **buceador** y **descubrir** peces en el mar? Es difícil **ganarse la vida** con estos **oficios.** Pero es importante que te interese tu profesión.

el alpinista

la buceadora

En Ecuador se dice...

En Ecuador **un(a) alpinista** se llama **un(a) andinista** porque la persona escala las montañas de los Andes.

E El mundo va a ser muy diferente en el futuro. **Algún día los robots** van a hacer muchos trabajos. **Los científicos** van a descubrir **conocimientos** importantes, como **curas** para **mejorar** la salud de la gente. ¡Tal vez mi amigo Nicolás y yo podemos ser científicos!

el robot

los científicos

¡A responder! Escuchar

Escucha las descripciones de las profesiones e indica la foto que corresponde a cada una.

@HomeTutor VideoPlus
Interactive Flashcards
ClassZone.com

Práctica de VOCABULARIO

1 Algún día

Hablar
Escribir

¿Qué piensan ser estas personas en el futuro?

modelo: Hugo
Algún día Hugo será carpintero.

bombero(a)	mujer de negocios
carpintero(a)	policía
cartero(a)	veterinario(a)
enfermero(a)	

1. Alicia **2.** Ana **3.** Alonso **4.** Saúl **5.** José **6.** Marisol

2 ¿Cuál es su oficio?

Leer
Escribir

Identifica el oficio según la descripción.

modelo: Busca soluciones a los problemas tecnológicos.
Es ingeniero o científico.

abogado(a)	agente de bolsa	científico(a)	ingeniero(a)
alpinista	arquitecto(a)	detective	carpintero(a)
piloto	buceador(a)	diseñador(a)	político(a)

1. Tiene talento para las matemáticas.
2. Pasa mucho tiempo afuera.
3. Sabe de ciencias.
4. Se gana la vida investigando.
5. Usa algunas herramientas.
6. Sabe de aviones.
7. Las personas le piden ayuda y les dice qué deben hacer.
8. Tiene talento para dibujar.

Expansión
Write descriptions of three professions not matched in this activity.

Más práctica Cuaderno *pp. 367–369* Cuaderno para hispanohablantes *pp. 367–370*

PARA Y PIENSA

¿Comprendiste? ¿Cuál es una profesión que...?
1. alguien puede tener para ganarse la vida o pasar el tiempo libre
2. te gustaría tener y por qué

Get Help Online
ClassZone.com

VOCABULARIO en contexto

¡AVANZA! **Goal:** Identify the professions that the characters discuss. Then learn how to use the impersonal **se** to read and write classified ads. ***Actividades 3–4***

Telehistoria escena 1

@HomeTutor VideoPlus
ClassZone.com

STRATEGIES

Cuando lees
Predict what the person will say School counselor Sra. Gutiérrez listens to Nicolás's and Renata's desire to become professional filmmakers. Do you think she hears that idea often? How do you think she'll respond?

Cuando escuchas
Listen for likes and dislikes Listen to Renata's and Nicolás's responses to each suggestion from the counselor. Which suggestions does each person like and not like? How do you know?

VIDEO DVD

AUDIO

Renata and Nicolás meet with their career counselor, Sra. Gutiérrez.

Sr. Andrade: *(on video)* «Creo que podremos dar otros cien mil dólares para el proyecto de reciclaje.»

Renata shuts off the video.

Sra. Gutiérrez: ¡Es un documental muy bueno! Pero, como ustedes saben, es muy difícil ganarse la vida con este tipo de trabajo.

Renata: ¡Pero, ésa es la profesión que nos gusta!

Sra. Gutiérrez: La semana que viene es «La semana de profesiones y oficios». Pueden visitar dos o tres lugares de trabajo diferentes.

Nicolás: ¿Como qué, por ejemplo?

Sra. Gutiérrez: Renata, tú eres muy inteligente y trabajadora. ¿Piensas ser doctora, o veterinaria o profesora tal vez?

Renata: ¡No me gusta la medicina, ni los perros, ni los gatos! Pero a mí me gusta la escuela. Hmmm... ¡Podré ser profesora!

Sra. Gutiérrez: Nicolás, ¿te gustaría ganarte la vida como abogado o agente de bolsa?

Nicolás: No. No quiero ponerme una corbata todos los días para ir al trabajo.

Sra. Gutiérrez: ¡Entonces tengo una muy buena idea para ustedes!

Continuará... p. 454

También se dice

Ecuador La señora Gutiérrez habla de trabajos para **ganarse la vida.** En otros países:

- **Puerto Rico ganarse las habichuelas**
- **Perú ganarse los frijoles**
- **España, Argentina ganarse el pan**

3 Comprensión del episodio ¿Qué piensas ser?

Escuchar
Leer

Decide si las oraciones son ciertas o falsas. Corrige las respuestas falsas.

1. A la señora Gutiérrez no le gustó el documental.
2. La señora Gutiérrez dice que es difícil ganarse la vida haciendo películas.
3. La próxima semana es «La semana de vacaciones».
4. A Renata no le gustaría ser veterinaria.
5. A Nicolás le gustaría tener la profesión de abogado o de agente de bolsa.

Nota gramatical

The **impersonal se** can be used with a verb when the subject of a sentence does not refer to any specific person.

Aquí **se** habla español.	**Se** buscan profesores.	¿Cómo **se** dice...?
Spanish is spoken here.	*Professors are needed.*	*How does one say . . . ?*

4 Anuncios clasificados

Leer
Hablar

Lee los anuncios y pregúntale a tu compañero(a) si le interesa cada uno. Cambien de papel.

A Se buscan policías. ¿Te interesa ese oficio?

B Sí, (No, no) me gustaría ser policía porque...

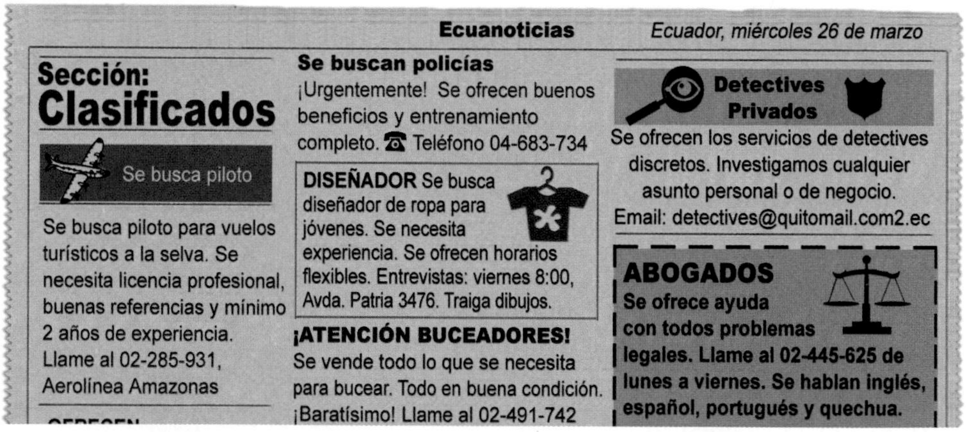

Ecuanoticias *Ecuador, miércoles 26 de marzo*

Sección: Clasificados

Se busca piloto

Se busca piloto para vuelos turísticos a la selva. Se necesita licencia profesional, buenas referencias y mínimo 2 años de experiencia. Llame al 02-285-931, Aerolínea Amazonas

Se buscan policías
¡Urgentemente! Se ofrecen buenos beneficios y entrenamiento completo. ☎ Teléfono 04-683-734

DISEÑADOR Se busca diseñador de ropa para jóvenes. Se necesita experiencia. Se ofrecen horarios flexibles. Entrevistas: viernes 8:00, Avda. Patria 3476. Traiga dibujos.

¡ATENCIÓN BUCEADORES!
Se vende todo lo que se necesita para bucear. Todo en buena condición. ¡Baratísimo! Llame al 02-491-742

Detectives Privados
Se ofrecen los servicios de detectives discretos. Investigamos cualquier asunto personal o de negocio. Email: detectives@quitomail.com2.ec

ABOGADOS
Se ofrece ayuda con todos problemas legales. Llame al 02-445-625 de lunes a viernes. Se hablan inglés, español, portugués y quechua.

Expansión
Work together to write an ad for a job opening, a service, or something for sale.

PARA Y PIENSA

¿Comprendiste? Escribe estas oraciones otra vez usando el **se impersonal.**

1. Aquí vendemos robots.
2. Aquí las personas hablan español.
3. En la oficina todos usan corbata.
4. Buscamos programadores.

Get Help Online
ClassZone.com

Presentación de GRAMÁTICA

¡AVANZA! **Goal:** Learn how to form the future tense of some irregular verbs. Then ask and respond to questions about the future. ***Actividades 5–7***

English Grammar Connection: In English, there are no irregular verbs in the future tense because the future-tense form is the same for all verbs. In Spanish, some verbs have irregular stems in the future tense.

Future Tense of Irregular Verbs

Animated Grammar ClassZone.com

Irregular verbs in the future tense use the same endings as regular verbs, but the infinitive stem changes.

Here's how: Some infinitives lose a letter.

saber *becomes* **sabr-**

saber *to know*	
sabré	**sabremos**
sabrás	**sabréis**
sabrá	**sabrán**

The verbs **haber, poder,** and **querer** also follow this pattern.

haber → **habr-**
poder → **podr-**
querer → **querr-**

¿Qué **podrá** hacer la doctora?
*What **will** the doctor **be able** to do?*

Some infinitives change a letter.

poner *becomes* **pondr-**

poner *to put, to place*	
pondré	**pondremos**
pondrás	**pondréis**
pondrá	**pondrán**

The verbs **salir, tener,** and **venir** also follow this pattern.

salir → **saldr-**
tener → **tendr-**
venir → **vendr-**

Algún día, **tendremos** más curas.
*Some day, **we will have** more cures.*

Decir and **hacer** do not follow either pattern.

decir → **dir-** **hacer** → **har-**

Más práctica
Cuaderno *pp. 370–372*
Cuaderno para hispanohablantes *pp. 371–373*

@HomeTutor
Leveled Grammar Practice
ClassZone.com

Práctica de GRAMÁTICA

5 Un futuro mejor

Hablar
Escribir

Renata piensa que el futuro será mejor. ¿Qué dice?

modelo: Hoy hay muchos problemas con el medio ambiente.
En el futuro no **habrá** tantos problemas con el medio ambiente.

1. Hoy los políticos no saben cómo mejorar el mundo.
2. Hoy los científicos no pueden descubrir todas las curas.
3. Hoy ponemos muchas especies de animales en peligro de extinción.
4. Hoy pocas personas tienen vehículos híbridos.
5. Hoy los estudiantes vienen a la escuela con muchos libros.
6. Hoy hacemos la tarea con papel y lápiz.
7. Hoy salimos de la ciudad para respirar aire puro.
8. Hoy pocas personas quieren trabajar de voluntarios.

Expansión
Tell whether you agree or disagree with the statements about the future, and why.

6 En cinco años

Hablar

Hablen de cómo serán sus vidas dentro de cinco años.

modelo: decir siempre la verdad

A: ¿Dirás siempre la verdad?

B: Sí, (No, no) diré siempre la verdad.

1. venir a esta escuela
2. querer visitar a tus amigos
3. tener que trabajar todos los días
4. ponerse ropa elegante para el trabajo
5. salir mucho con tu familia
6. hacer tu cama todos los días
7. poder acostarse muy tarde
8. saber más en cinco años que hoy

AUDIO

Pronunciación Palabras que terminan en -ción y -cción

The letter **c** in Spanish words that end in **-ción** is pronounced like the /s/ of the English word *city.* Listen and repeat.

nación **extinción** **contaminación** **deforestación**

If a word ends in **-cción** the double **c** (**cc**) sounds like the /ks/ of the English word *accent.* Listen and repeat.

lección **acción** **destrucción** **dirección**

7 En el futuro

Escribir
Hablar

Escribe oraciones sobre el futuro de estas personas. Luego, tú y tu compañero(a) van a hacerse preguntas sobre lo que escribieron.

yo tú tú y yo los abogados los policías los políticos los profesores los robots ¿ ?	ponerse querer salir tener venir poder decir ganarse hacer usar	la vida como... muchos quehaceres la corbata todos los días el trabajo de por Internet los vehículos híbridos muchas responsabilidades ¿ ?

A ¿Qué harás en el futuro?

B Yo tendré que ir a la escuela todos los días porque seré profesor(a).

Comparación cultural

El artista y su ciudad

¿Cómo expresan los artistas su punto de vista en su arte? Eduardo Kingman es un artista ecuatoriano importante. Una característica de sus pinturas es la presencia de personas con manos grandes. En *Lugar natal,* vemos una ciudad que parece *(seems)* estar entre dos manos grandes. La ciudad es Loja, **Ecuador,** el lugar de nacimiento de Kingman. ¿Por qué piensas que son importantes las manos en esta pintura?

Lugar natal *(1989),*
Eduardo Kingman

Compara con tu mundo *¿De dónde eres? Compara ese lugar con la pintura de Loja.*

Más práctica Cuaderno *pp. 370–372* Cuaderno para hispanohablantes *pp. 371–373*

PARA Y PIENSA

Get Help Online
ClassZone.com

¿Comprendiste? Da la forma correcta de los verbos en el futuro.

1. Nosotros (saber) dibujar.
2. Tú (venir) a la oficina conmigo.
3. El dentista me (decir) cómo están mis dientes.
4. Yo (poder) escalar montañas algún día.

GRAMÁTICA en contexto

¡AVANZA! **Goal:** Focus on the future tense verbs that Nicolás and Renata use to talk about their careers. Then discuss people's future plans and guess your classmates' future careers. ***Actividades 8–10***

Telehistoria escena 2

@HomeTutor VideoPlus
ClassZone.com

STRATEGIES

Cuando lees
Make an inference After reading this conversation, try to infer (guess intelligently based on information) how much Nicolás and Renata like their counselor. There are several clues.

Cuando escuchas
Concentrate on words for professions Before listening, recall words for professions from **Escena 1.** Listen for more "profession" words in this scene. After listening, practice saying and writing all the profession words you know.

VIDEO DVD

AUDIO

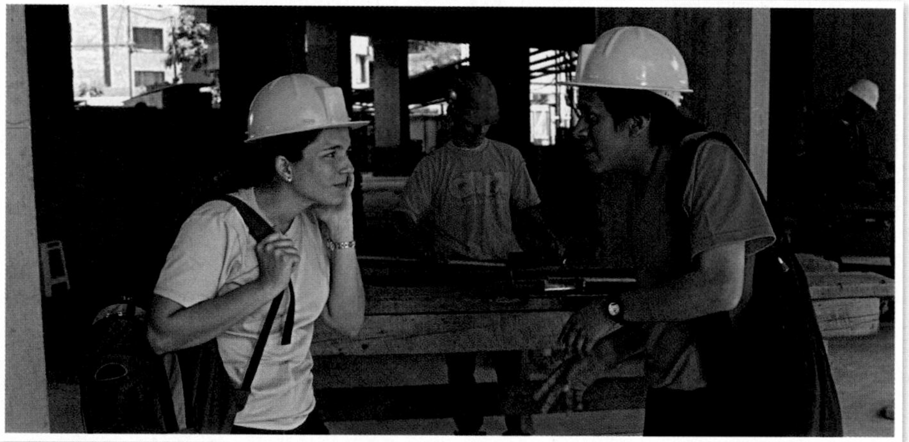

Renata and Nicolás are visiting a house construction site.

Nicolás: ¿Por qué piensa la señora Gutiérrez que querremos ser carpinteros?

Renata: ¡Porque así no tendremos que llevar ropa elegante al trabajo!

Nicolás: ¿Adónde irás mañana?

Renata: *(not happy)* Haré mi primera visita al consultorio de un dentista.

Nicolás: *(also not happy)* Yo estaré con los bomberos. ¿Y el jueves?

Renata: Creo que acompañaré al cartero.

Nicolás: Yo tengo que observar el trabajo de un ingeniero. Pero no iré.

Renata: La señora Gutiérrez se enojará. ¿Qué le vas a decir?

Nicolás: Le diré que ser ingeniero me parece aburrido.

Renata: ¡Qué bueno que tengo un año más de colegio! Pero tú, ¿qué harás el año próximo?

Nicolás: Estudiaré para ser hombre de negocios, como mi papá. Pero realmente no sé si me gustará. Lo sabré el año que viene.

Renata: ¡Tendrás que ponerte corbata! Pero trabajar en una oficina tranquila será fantástico, ¿no?

Continuará... p. 459

8 *Comprensión del episodio* ¿Quién es?

Escuchar
Leer

Empareja las descripciones con las personas.

1. Piensa que los chicos querrán ser carpinteros.
2. Hará una visita al consultorio de un dentista.
3. Estará con los bomberos.
4. Acompañará al cartero.
5. No irá a observar el trabajo de un ingeniero.
6. Se enojará si Nicolás no va al trabajo.
7. Dirá que ser ingeniero le parece aburrido.
8. Esudiará para ser hombre de negocios.

a. la señora Gutiérrez
b. Nicolás
c. Renata

9 Entrevista

Escuchar
Escribir

Escucha la entrevista con una joven estrella de cine y completa la información que falta.

10 ¡A jugar! Diez preguntas

Hablar

Decide qué profesión tendrás en el futuro y escríbela en un papel secreto. Tus compañeros te harán preguntas para descubrirla. No podrán preguntar directamente *«¿Serás dentista?»* Si alguien sabe el oficio, puede decirlo. Si no tiene razón, no puede jugar más en el turno. Si tiene razón, el turno termina y todos cambian de papel.

A ¿Tendrás que usar corbata para ir al trabajo?

B No. No tendré que usar corbata.

C ¿Trabajarás en un consultorio?

Sí. Trabajaré en un consultorio...

PARA Y PIENSA

¿Comprendiste? Usa la forma correcta de los verbos **ponerse, salir** y **tener** en el futuro.
1. El abogado ____ a las cinco.
2. Tú ____ que trabajar mucho para ganarte la vida.
3. El científico no ____ una corbata.

Get Help Online
ClassZone.com

Presentación de GRAMÁTICA

¡AVANZA! **Goal:** Review direct object, indirect object, and reflexive pronouns. Then use them to give advice and discuss future routines. ***Actividades 11–15***

¿Recuerdas? Clothing pp. 61, 144, telling time p. R12, daily routines p. 114

English Grammar Connection: Pronouns act as substitutes for nouns. In English, the kinds of pronouns that receive the action of the verb are **direct object, indirect object,** and **reflexive.**

REPASO Pronouns

Animated Grammar ClassZone.com

In Spanish, **reflexive pronouns, indirect object pronouns,** and **direct object pronouns** all function in relation to the action of the verb in a sentence.

Here's how:

Pronouns

Reflexive		Indirect Object		Direct Object	
me	nos	me	nos	me	nos
te	os	te	os	te	os
se	se	le	les	lo/la	los/las

Note that only the ***usted/él/ella*** *and* ***ustedes/ellos/ellas*** *forms are different.*

Reflexive pronouns appear with **reflexive verbs.** Together, they refer to the same person, place, or thing as the subject.

Él **se gana** la vida como carpintero.

Indirect object pronouns answer *to whom?* or *for whom?* about the verb.

La ingeniera **le** habla al **arquitecto.**
La ingeniera **le** habla.

Direct objects pronouns answer *whom?* or *what?* about the verb.

El enfermero hizo **los exámenes.**
El enfermero **los** hizo.

When both object pronouns appear in the same sentence, the **indirect object** goes first. When both pronouns start with **l,** change the **indirect object** to **se.**

Delsi **le** explica **la tarea** a **Juan.**
Delsi **se la** explica.

Attach pronouns to **affirmative commands.** Place them before **negative commands.**

Dímelo más tarde.
No me lo digas ahora.

Más práctica
Cuaderno *pp. 373–375*
Cuaderno para hispanohablantes *pp. 374–377*

@HomeTutor
Leveled Grammar Practice
ClassZone.com

Práctica de GRAMÁTICA

11 Muchas decisiones

¿Recuerdas? Clothing pp. 61, 144

Hablar Escribir

Tu compañero(a) va a una entrevista para un trabajo en un banco. Contesta sus preguntas.

modelo: ¿Debo comprar un abrigo nuevo para la entrevista?
Sí, cómpra**lo**. (No, no **lo** compres.)

1. ¿Puedo llevar sandalias?
2. ¿Necesito comprar un reloj?
3. ¿Puedo usar una gorra?
4. ¿Debo llevar muchas joyas?
5. ¿Necesito comprar un traje?
6. ¿Necesito ponerme un cinturón?

Expansión
Repeat the activity, giving the opposite instructions for a job outdoors.

12 ¿Qué les doy?

Hablar Escribir

Un político tiene que responder a los problemas de las personas en la comunidad. Hagan los papeles del político y de su consejero *(advisor)*.

modelo: los bomberos/una nueva estación

Político Los bomberos pidieron una nueva estación. ¿Qué **les** doy?

Consejero **Dé**les la estación. Es importante que la tengan.

1. la doctora Márquez / ayuda para mejorar su clínica
2. los científicos de la universidad / dinero para buscar curas
3. los carteros / nuevos uniformes
4. el profesor Sánchez / más libros para la escuela
5. los policías / más dinero para proteger a la gente
6. las familias de la calle Nogales / una piscina pública en el parque

13 ¡Necesito consejos!

Hablar Escribir

Tu hermano es carpintero. Pregúntale cómo lo puedes ayudar.

modelo: dar las fotos de la casa (a la señora)

Tú ¿Le doy las fotos de la casa a la señora?

Carpintero Sí, dáselas. (No, no se las des.)

1. traer agua (a ti)
2. pedir los nuevos planes (de la arquitecta)
3. llevar estas herramientas (a esos hombres)
4. buscar más madera (para ti)
5. comprar nuevos lápices (para ustedes)
6. dar esta tiza (al hombre con la camisa roja)
7. mandar un correo electrónico (a las diseñadoras)
8. pedir pizza (para nosotros)

14 Listos para el concurso

Leer
Hablar

Comparación cultural

Un estudiante del Colegio Internacional compite en un concurso de oratoria en Guayaquil, Ecuador.

Los concursos intercolegiales

¿Cuál es el beneficio de las competencias académicas para los estudiantes? Muchos estudiantes en **Ecuador** participan en concursos intercolegiales, que son competencias contra otras escuelas. Compiten en muchas asignaturas *(subjects)* como música, poesía *(poetry)*, oratoria *(speech)*, ciencias, arte y matemáticas. Los estudiantes pueden ganar trofeos, medallas o becas *(scholarships)*. Todos ganan experiencia, tal vez para sus profesiones en el futuro.

Compara con tu mundo *¿Participaste en algún concurso similar? Descríbelo.*

Pregúntale a tu compañero(a) sobre qué hará para prepararse para un concurso.

Pistas: acostarse temprano, leer el libro de... , explicar las reglas (a tus amigos), hablar (a tu maestro), comer un desayuno nutritivo, tocar la guitarra

A ¿Leerás el libro de ciencias?

B Sí, lo leeré. (No, no lo leeré.)

15 Mi futura rutina

¿Recuerdas? Telling time p. R12, daily routines p. 114

Escribir

Describe el trabajo que harás en el futuro y tu rutina ideal para un día típico en ese trabajo.

Pistas: ser, trabajar, ayudar, levantarse, vestirse, quedarse, irse, acostarse

modelo: Algún día seré artista. No tendré que levantarme a las seis. Podré levantarme a las once si quiero. Me quedaré en casa todo el día. No tendré que ir a ninguna oficina. Pintaré retratos de mis amigos y se los regalaré. Después de pintar todo el día, me acostaré muy tarde: a la una o las dos de la mañana.

Más práctica Cuaderno *pp. 373–375* Cuaderno para hispanohablantes *pp. 374–377*

PARA Y PIENSA

¿Comprendiste? Contesta las preguntas usando los pronombres *(pronouns)* correctos.

1. ¿Mandarás correos electrónicos a tus clientes en tu futuro trabajo?
2. ¿Darás información a las personas enfermas si eres doctor(a)?
3. ¿Tendrás que ponerte uniforme para ser bombero(a)?

Get Help Online
ClassZone.com

Todo junto

¡AVANZA! **Goal:** ***Show what you know*** Listen and discover what Renata and Nicolás will do in the future. Then predict future events and role play a conversation between a teenager and parents about professions. ***Actividades 16–20***

Telehistoria completa

@HomeTutor VideoPlus
ClassZone.com

STRATEGIES

Cuando lees
Identify pronouns While reading, write down examples of direct object pronouns, indirect object pronouns, and reflexive pronouns from this scene. Pay attention to the word order.

Cuando escuchas
Listen to reactions Listen to Nicolás's and Renata's reactions to the career possibilities that are mentioned. What do they each choose for a profession?

Escena 1 ***Resumen***
Renata y Nicolás hablan con la guía de carreras de su colegio, la señora Gutiérrez. Ella les dice que es difícil ganarse la vida en el cine y que deben investigar otras carreras.

Escena 2 ***Resumen***
La señora Gutiérrez manda a los jóvenes a un sitio de construcción para ver el trabajo de los carpinteros. Allí, ellos hablan de varias carreras que podrán tener.

VIDEO DVD

AUDIO

Escena 3

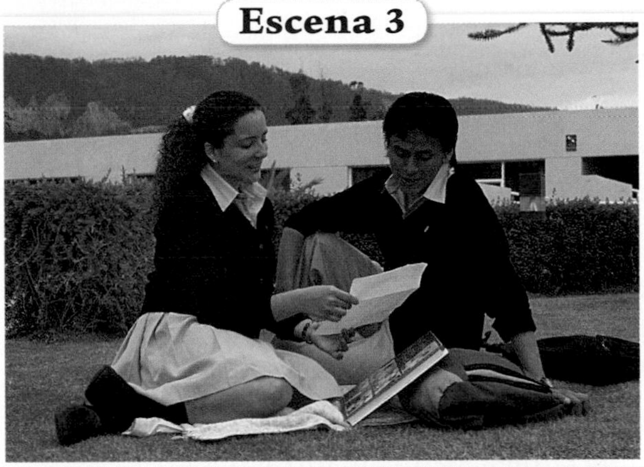

Renata is reading a book and falling asleep when Nicolás approaches.

Nicolás: Despiértate. ¿Qué estás leyendo?

Renata: Estoy leyendo un libro: *Cómo encontrar la profesión perfecta.*

Nicolás: Entonces dime: ¿qué serás en el futuro? ¿Policía? ¿Artista? ¿Buceadora?

Renata: ¡Ninguna de esas profesiones! ¡Y sabes muy bien que no puedo ganarme la vida como buceadora! Tal vez seré científica.

Nicolás: *(laughs)* ¿Tú? ¿Científica?

Renata: ¡Sí! Algún día, voy a hacer un robot que me ayudará a peinarme el pelo.

Nicolás: ¿Te gustaría hacer películas conmigo?

Renata: Nicolás, ¿qué dices? Tú vas a ser un hombre de negocios.

Nicolás: ¿Ah sí? Pues... Los hombres de negocios... ¡no van a la escuela de cine! *(holds up a letter)*

Renata: ¿Qué es? ¡Dámelo!

Nicolás: Es del Instituto de Cine. Me invitan a estudiar allí. ¡Empezaré en septiembre!

Renata: ¿Pero no se enojará tu papá?

Nicolás: Pues, con el tiempo nos entenderemos.

Renata: ¡Felicidades! ¡Creo que serás un excelente director de cine!

Nicolás: Y yo creo que serás la amiga de un excelente director de cine. ¡Vamos a decírselo a la señora Gutiérrez!

16 *Comprensión de los episodios* ¡A corregir!

Escuchar
Leer

Corrige los errores en estas oraciones.

1. Renata no puede ganarse la vida como científica.
2. Algún día Renata hará un robot que la ayudará a vestirse.
3. Nicolás invita a Renata a hacer la tarea con él en el futuro.
4. Nicolás va a estudiar en la escuela de arte.
5. Nicolás recibió un correo electrónico importante.
6. Nicolás dice que él y su papá se enojarán con el tiempo.

17 *Comprensión de los episodios* La profesión perfecta

Escuchar
Leer

Contesta las preguntas.

1. La señora Gutiérrez no les recomienda a los chicos una profesión en el cine. ¿Por qué?
2. ¿Qué visitas harán Nicolás y Renata durante «La semana de profesiones y oficios»?
3. ¿Por qué piensa Nicolás estudiar para ser hombre de negocios?
4. ¿Por qué está contento Nicolás en el último episodio? ¿Qué hará en septiembre?

18 ¡Se enojarán!

Hablar

STRATEGY Hablar

Consider pros and cons Before the conversation, think of at least five careers. Make them as interesting and varied as possible. Which ones might parents prefer and why? Which ones might their children prefer and why? Make a list of pros and cons of each career from different family members' viewpoints.

Hagan los papeles de tres miembros de una familia: padre, madre e hijo(a). Hablen de los planes profesionales. Cambien de papel.

Hijo: Algún día pienso ser artista. Dibujaré retratos y haré pinturas muy bonitas.

Madre: ¡Ay, hijo! No sé. ¿Podrás ganarte la vida con eso?

Hijo: ¡Cómo no! Yo venderé todo muy caro.

Padre: No, hijo. Trabajarás conmigo en nuestra tienda. Serás hombre de negocios, como yo...

Expansión
Act out one of your scenarios for the class.

19 Integración

Leer
Escuchar
Hablar

Lee el póster y escucha las noticias. Invita a alguien a ir contigo a la exposición, describe qué podrán ver allí y da tu opinión sobre los robots. ¿Cuáles otros inventarán?

Fuente 1 Póster

¿Sabías que...
...algún día los robots podrán limpiar tu casa?
...y cocinarán tus cenas?
Descubrirás mucho más si vienes a la...
EXPO INTERNACIONAL DE ROBOTS
Del 12 de junio al 28 de agosto
Universidad de Quito

Fuente 2 Las noticias

Listen and take notes
- ¿Quiénes vienen a presentar en la Expo?
- ¿Qué presentará Ramón Aguilera?
- ¿Está de acuerdo la estudiante con el señor Aguilera? ¿Por qué?

modelo: Habrá una Expo de robots en la Universidad de Quito. Allí podremos ver...

20 Mi futuro

Escribir

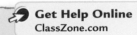

Haz una descripción de tu futura vida para el anuario *(yearbook)*. Describe tus estudios, tu profesión, tu horario y tu familia del futuro.

modelo: Me llamo Laura Serrano. En el futuro iré a la universidad y estudiaré para ser arquitecta. Después...

Writing Criteria	Excellent	Good	Needs Work
Content	Your description uses the future, pronouns, and a good range of vocabulary.	Your description has some use of the future, pronouns, and vocabulary.	Your description has little use of the future, pronouns, and vocabulary.
Communication	Most of your description is organized and easy to follow.	Parts of your description are organized and easy to follow.	Your description is disorganized and hard to follow.
Accuracy	Your description has few mistakes in grammar and vocabulary.	Your description has some mistakes in grammar and vocabulary.	Your description has many mistakes in grammar and vocabulary.

Expansión
Prepare your description with a picture of yourself for a class publication.

Más práctica Cuaderno *pp. 376–377* Cuaderno para hispanohablantes *pp. 378–379*

PARA Y PIENSA

¿Comprendiste? ¿Qué harán estas personas en el futuro?
1. tú **2.** los científicos **3.** los robots

Get Help Online
ClassZone.com

Lectura cultural

¡AVANZA! **Goal:** Read about two South Americans with uncommon professions. Then discuss what they have achieved and what you want to achieve in the future.

Comparación cultural

AUDIO

Dos profesiones únicas

STRATEGY Leer
Analyze the achievements
Create a chart to understand each of the two men and their achievements. In Column 1 list at least four categories of information (see below). Complete the empty boxes in Columns 2 and 3.

Categorías	Iván Vallejo	Yucef Merhi
País		
Profesión		
¿Qué hizo?		
¿Por qué es una persona única?		

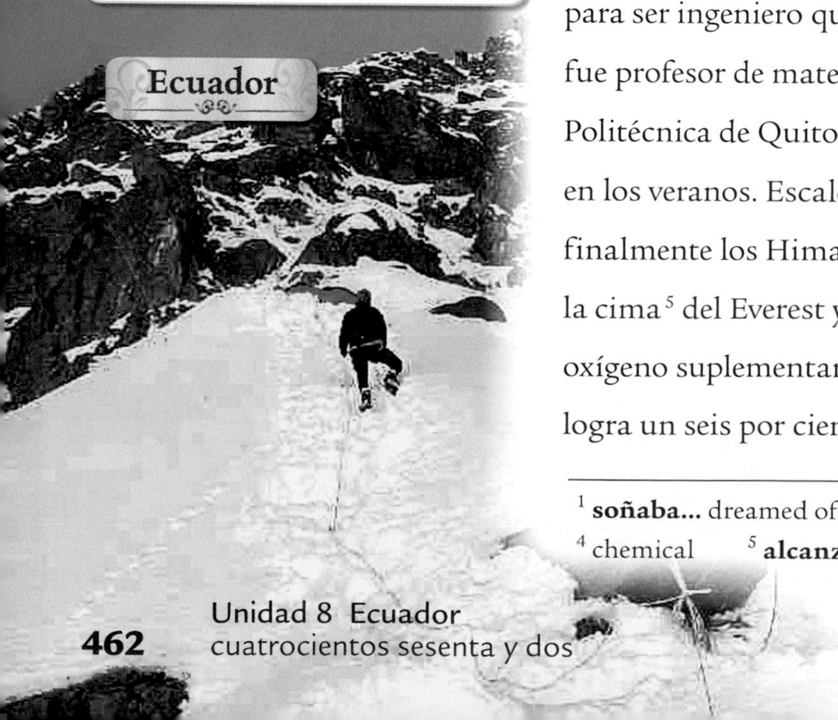

Ecuador

Iván Vallejo es un andinista famoso de Ambato, Ecuador. Cuando tenía siete años veía el volcán de Tungurahua desde su ciudad y soñaba con[1] escalarlo. Años después trabajaba durante los veranos para comprarse su equipo[2] de andinismo. Empezó a escalar las montañas de la región. Comenzó con las más pequeñas y terminó con la más alta de Ecuador: el Chimborazo.

Iván Vallejo

Mientras tanto[3] seguía sus estudios. Estudió en la universidad para ser ingeniero químico[4]. Luego fue profesor de matemáticas en la Politécnica de Quito y escalaba montañas en los veranos. Escaló varias montañas de los Andes, los Alpes y finalmente los Himalayas. Fue el primer ecuatoriano que alcanzó la cima[5] del Everest y uno de pocos alpinistas que lo hicieron sin oxígeno suplementario, algo muy difícil de lograr[6]: solamente lo logra un seis por ciento de las personas que lo intentan.

[1] **soñaba...** dreamed of [2] gear [3] **Mientras...** Meanwhile
[4] chemical [5] **alcanzó...** reached the summit [6] achieve

Venezuela

Participantes en una exposición interactiva de Yucef Merhi

Yucef Merhi es artista, poeta y programador. Es de Caracas, Venezuela. Cuando tenía ocho años en 1985 empezó a experimentar con la tecnología y el arte: le añadió un teclado a su consola de videojuego Atari 2600 para transformarla en computadora primitiva. Con ella programó películas digitales.

Ahora sigue usando la tecnología para crear[7] y presentar su arte y poesía. Usa computadoras, videojuegos, el Internet, telescopios y muchas otras cosas en sus exposiciones internacionales. En 2005 estrenó su Super Atari Poetry 2005, una máquina interactiva. Las personas se sientan[8] en frente de tres consolas de videojuego conectadas a tres televisores. Las consolas están programadas para crear poemas que cambian de colores. También inventó un Reloj Poético que transforma el tiempo en poesía y crea 86.400 poemas al día.

Merhi no sólo trabaja como artista-poeta-programador, sino también como consultor de informática[9] y diseñador de sitios Web para varias compañías.

Merhi con su reloj que toma fotos

[7] create [8] **se...** sit [9] **consultor...** IT consultant

PARA Y PIENSA

¿Comprendiste?

1. ¿Cuándo empezó Iván Vallejo a pensar en escalar montañas?
2. ¿Qué le hace un alpinista—o andinista— especial?
3. ¿Quién es Yucef Merhi? ¿Cuál es su profesión?
4. ¿Qué hizo cuando tenía ocho años? ¿Y qué hace ahora?

¿Y tú?

¿Qué te gustaría hacer en el futuro? ¿Es algo muy único o difícil?

Proyectos culturales

Comparación cultural

Noticias de Ecuador y Venezuela

¿Cómo nos afectan las noticias de otros países? Cuando ves un noticiero *(newscast)* en la televisión, normalmente ves solamente los presentadores y reporteros. Pero también hay, entre otros, los camarógrafos, los escritores y los productores. Todas estas personas trabajan para presentar un reportaje bien investigado y preparado. Si sigues las noticias, serás una persona informada.

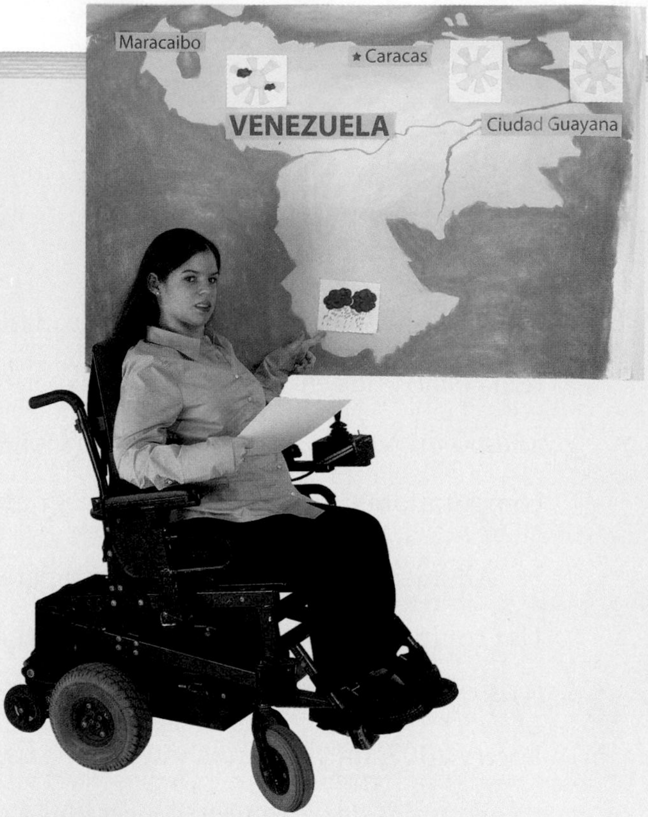

Proyecto 1 *Noticiero ecuatoriano*

Ecuador En este proyecto, buscarás información sobre los eventos de Ecuador. Luego, presentarás los resultados de tu búsqueda a tu clase. Harás una presentación simulando un noticiero televisado.

Instrucciones para tu noticiero ecuatoriano

1. Busca información sobre los eventos de Ecuador. Usa Internet para encontrar las noticias más recientes.
2. Prepara una emisión *(broadcast)* de cinco minutos, presentando los titulares de las noticias de Ecuador y otros eventos de importancia internacional.
3. Si tienes una cámara de video, filma tu presentación. Si no la tienes, haz tu presentación delante de la clase.

Proyecto 2 *Noticiero venezolano*

Venezuela Después de completar el primer proyecto, sabrás cómo buscar información sobre los eventos de otros países. Esta vez, tu emisión será un reporte sobre el tiempo de Venezuela.

Instrucciones para tu noticiero venezolano

1. En Internet, busca información sobre el pronóstico *(forecast)* meteorológico de una ciudad de Venezuela.
2. Prepara una presentación de predicciones del tiempo para los próximos cinco días en esa ciudad.
3. Presenta tu información a la clase.

En tu comunidad

La televisión en español llega a casi todas partes de Estados Unidos. ¿Presentan noticias de tu comunidad en español?

Lección 2

En resumen

Vocabulario y gramática

Animated Grammar
Interactive Flashcards
ClassZone.com

Vocabulario

Careers and Professions

el (la) abogado(a)	*lawyer*
el (la) agente de bolsa	*stockbroker*
el (la) arquitecto(a)	*architect*
el (la) artista	*artist*
el (la) bombero(a)	*firefighter*
el (la) carpintero(a)	*carpenter*
el (la) cartero(a)	*postman / postwoman*
el (la) científico(a)	*scientist*
el (la) dentista	*dentist*
el (la) detective	*detective*
el (la) diseñador(a)	*designer*
el (la) doctor(a)	*doctor*
el (la) enfermero(a)	*nurse*
el hombre / la mujer de negocios	*businessman / businesswoman*
el (la) ingeniero(a)	*engineer*
el (la) piloto	*pilot*
el (la) policía	*policeman / policewoman*
el (la) político(a)	*politician*
el (la) profesor(a)	*teacher; professor*
el (la) programador(a)	*programmer*
el (la) veterinario(a)	*veterinarian*

Discuss Career Choices

ganarse la vida como...	*to earn a living as . . .*
el oficio	*occupation*
la profesión	*profession*
¿Qué profesión te gustaría tener?	*What do you want to be?*

Discuss Scientific Advances

el conocimiento	*knowledge*
la cura	*cure*
descubrir	*to discover*
mejorar	*to improve*
el robot	*robot*

Pastimes

el (la) alpinista	*mountain climber*
el (la) buceador(a)	*scuba diver*
escalar montañas	*to climb mountains*

Talk About the Future

Algún día...	*Some day . . .*
En el futuro...	*In the future . . .*

Gramática

Nota gramatical: Impersonal **se** *p. 450*

Future Tense of Irregular Verbs

Irregular verbs in the future tense use the same endings as regular verbs, but the infinitive stem changes.

- Some infinitives lose a letter.

saber *becomes* **sabr-**

- Some infinitives change a letter.

poner *becomes* **pondr-**

saber *to know*	
sabré	sabremos
sabrás	sabréis
sabrá	sabrán

poner *to put; to place*	
pondré	pondremos
pondrás	pondréis
pondrá	pondrán

REPASO Pronouns

Pronouns

Reflexive		Indirect Object		Direct Object	
me	nos	me	nos	me	nos
te	os	te	os	te	os
se	se	le	les	lo/la	los

- **Reflexive pronouns** appear with **reflexive verbs.** Together, they refer to the same person, place, or thing as the subject.
- **Indirect object pronouns** answer *to whom?* or *for whom?* about the verb.
- **Direct objects pronouns** answer *whom?* or *what?* about the verb.

Lección 2

Repaso de la lección

¡LLEGADA!

@HomeTutor
ClassZone.com

Now you can
- talk about professions
- predict future events and people's actions or reactions
- ask and respond to questions about the future

Using
- impersonal **se**
- future tense of irregular verbs
- pronouns

To review
- future tense of irregular verbs, p. 451

1 Listen and understand

AUDIO

Los estudiantes hablan de lo que harán en el futuro durante una clase sobre oficios y profesiones. Escoge la profesión que corresponde a cada descripción.

a. el/la cartero(a)
b. el/la carpintero(a)
c. el/la científico(a)
d. el/la agente de bolsa
e. el/la bombero(a)
f. el/la alpinista
g. el/la veterinario(a)
h. el/la doctor(a)

To review
- impersonal **se,** p. 450

2 Talk about professions

¿Qué se dice en las ventanas de los negocios en el centro? Escribe una expresión con el **se** impersonal.

modelo: comprar
Se compran joyas.

1. hablar

2. vender

3. buscar

4. alquilar

5. estrenar

6. construir

7. enseñar

8. vender

To review
- future tense of irregular verbs, p. 451

3 Predict future events and people's actions or reactions

Escribe predicciones sobre cómo será el mundo en el año 2050.

modelo: los profesores: (casi nunca / frecuentemente) hacer las clases por Internet
Los profesores frecuentemente harán las clases por Internet.

1. los doctores: saber curar (más /menos) enfermedades
2. haber (más / menos) smog
3. tú: tener robots para limpiar la casa
4. (más /menos) estudiantes: salir de la escuela hablando español
5. los políticos: (generalmente / apenas) decir la verdad
6. yo: querer vivir (aquí / en otra cuidad)
7. nosotros: poder mejorar (mucho / poco) el medio ambiente
8. la gente: poner computadoras en (muchos / ningunos) cuartos de sus casas

To review
- future tense of irregular verbs, p. 451
- pronouns, p. 456

4 Ask and respond to questions about the future

Contesta las preguntas sobre tu futuro con pronombres.

modelo: ¿Te pondrás uniforme cuando trabajas?
Sí, me lo pondré. (No, no me lo pondré.)

1. ¿Protegerás el medio ambiente?
2. ¿Tendrás hijos?
3. ¿Les darás dinero a los científicos que buscan curas?
4. ¿Harás un viaje a otro país?
5. ¿Les escribirás correos electrónicos a tus amigos?
6. ¿Estudiarás las ciencias?
7. ¿Le dirás tu opinión al editor del periódico?
8. ¿Te darán dinero tus padres?
9. ¿Te ganarás la vida como ingeniero(a)?
10. ¿Escalarás montañas?

To review
- Quito en agosto, p. 419
- Comparación cultural, pp. 453, 458
- Lectura cultural, pp. 462–463

5 Ecuador and Venezuela

Comparación cultural

Contesta estas preguntas culturales.

1. ¿Qué hay en Quito durante el mes de agosto? ¿Por qué?
2. ¿Qué ves en la pintura *Lugar natal* de Eduardo Kingman?
3. ¿Qué son concursos intercolegiales? ¿Qué pueden ganar los estudiantes?
4. ¿De dónde son Iván Vallejo y Yucef Merhi? Describe sus profesiones.

Más práctica Cuaderno *pp. 378–389* Cuaderno para hispanohablantes *pp. 380–389*

Get Help Online
ClassZone.com

Comparación cultural

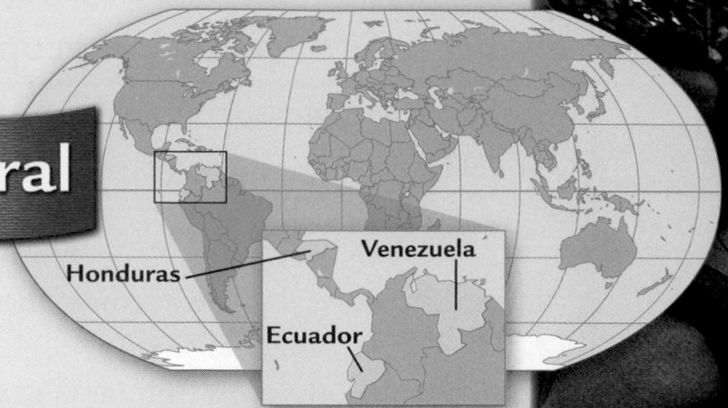

Las profesiones y el mundo de hoy

AUDIO

Lectura y escritura

WebQuest
ClassZone.com

1. **Leer** Many people choose professions that allow them to help others or protect the environment. Read the descriptions of different professions by Mario, Roberto, and Tania.

2. **Escribir** Write a brief paragraph about a profession that would allow you to help others or protect the environment. Use the descriptions as models.

STRATEGY Escribir
Analyze with a chart Use a chart to help you write a paragraph about a profession in which you could help others or protect the environment.

Profesión	Qué se hace	Cómo ayuda	Por qué me gusta

Step 1 In the chart, write the profession (examples: teacher, police officer), what people do in this profession, how it helps others or protects the environment, and why you like it.

Step 2 Use the information from the chart to help you write the paragraph. Check your writing by yourself or with help from a friend. Make final additions and corrections.

Compara con tu mundo

Use the paragraph you wrote about a profession and compare it with that of Mario, Roberto, or Tania. In what ways are they alike? In what ways are they different?

Cuaderno *pp. 390–392* Cuaderno para hispanohablantes *pp. 390–392*

Ecuador

Mario

¡Hola! Soy Mario y vivo en la región de la selva amazónica ecuatoriana. En mis ratos libres trabajo de voluntario en una reserva natural. Mi sueño[1] es ser científico y descubrir cómo conservar el medio ambiente de la selva. Aquí hay una gran variedad de plantas y animales y es necesario protegerlos. Es cierto que existen leyes para proteger los bosques y evitar[2] la deforestación, pero no es cierto que sean suficientes. Todos nosotros tenemos la responsabilidad de hacer algo más.

[1] dream [2] avoid

Venezuela

Roberto

¡Saludos desde Venezuela! Me llamo Roberto y me encantan los animales. Yo seré veterinario. Trabajaré principalmente con el ganado[3] y con los perros y gatos. Pero en mi opinión, los veterinarios deben atender no solamente a los animales domésticos sino también a los animales de la selva, como serpientes, pájaros y monos[4]. Yo ayudaré a proteger las especies en peligro de extinción.

[3] cattle [4] monkeys

Honduras

Tania

¿Qué tal? Mi nombre es Tania y vivo en Honduras. Quisiera ayudar a mi país en los momentos de crisis. En 1998, Honduras sufrió[5] un gran desastre natural, el huracán Mitch. La destrucción fue increíble. Muchas casas, escuelas, universidades y hospitales fueron destruidos. Todavía hoy se ven los daños[6]. Por eso en la universidad estudiaré para ser arquitecta. Construiré casas más fuertes que soportarán[7] el paso de un huracán.

[5] suffered [6] damages [7] will withstand

EL GRAN DESAFÍO MÉXICO

EL DESAFÍO

VIDEO DVD

Los equipos están empatados. En este último desafío, los equipos tendrán que descubrir la profesión de unas personas. Sólo les pueden hacer una pregunta, y ellos sólo pueden contestar sí o no.

Antes del video

1. ¿Qué piensas que está haciendo Marta?

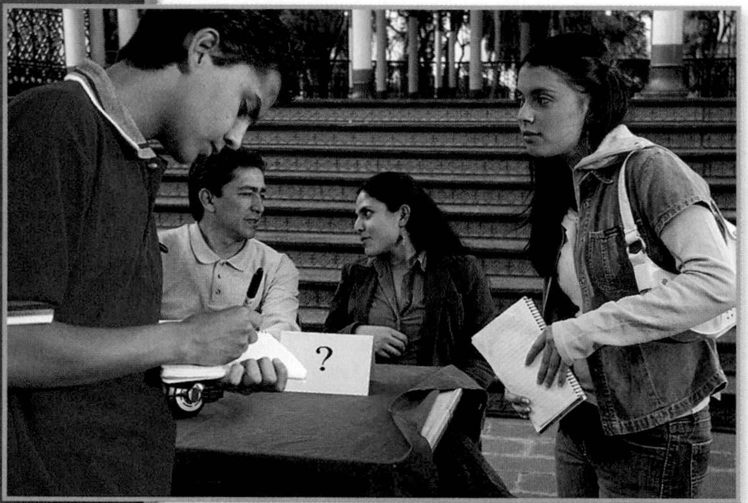

2. Mientras el profesor habla, ¿qué está haciendo Raúl?

3. ¿Qué piensas que están haciendo Ana y Luis? Haz predicciones sobre qué equipo va a ganar.

Los grupos preparan sus preguntas.

Mira el video: Toma apuntes

- ¿Por qué es mejor que Mónica haga las preguntas?
- Escribe sobre Ana y Luis. ¿Cómo son sus preguntas?
- Describe lo que hace Marta. ¿Qué piensa Carlos?
- ¿Por qué no pueden hacer sus preguntas Carlos y Marta?
- Escribe las profesiones de los voluntarios.

Después del video

1. ¿Qué equipo pensabas que iba a ganar?
2. ¿Qué grupo pasará al próximo desafío? ¿Por qué piensas que ganaron?
3. Piensa en los tres equipos. Escribe las características buenas y malas de cada equipo.

@HomeTutor VideoPlus
ClassZone.com

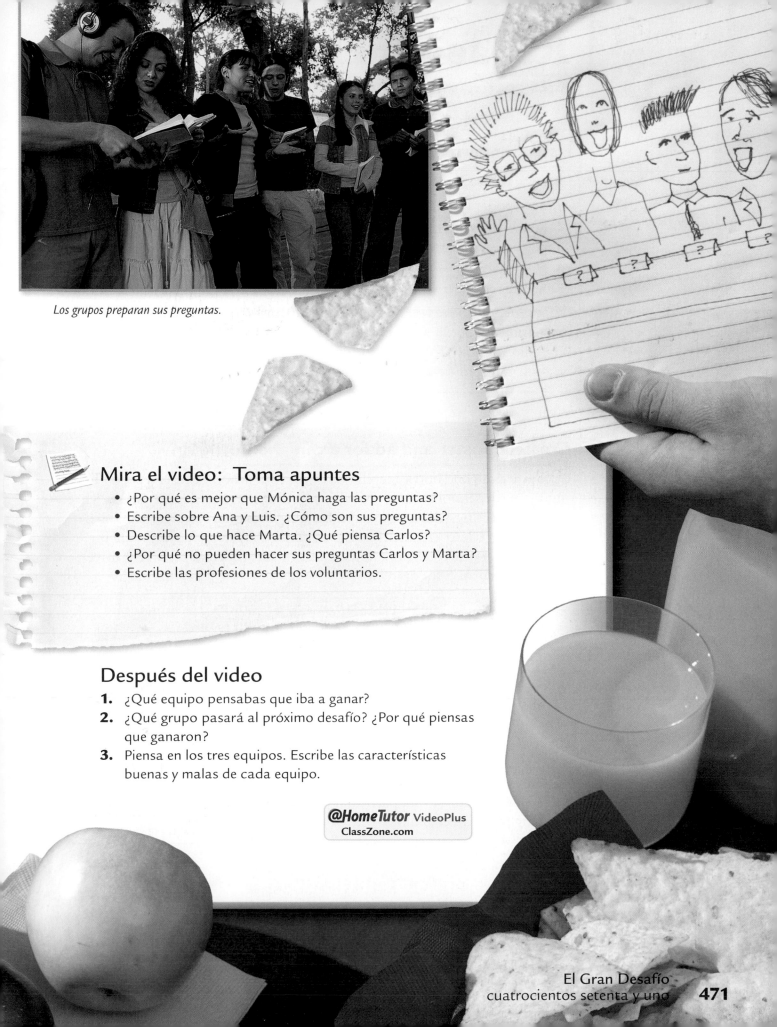

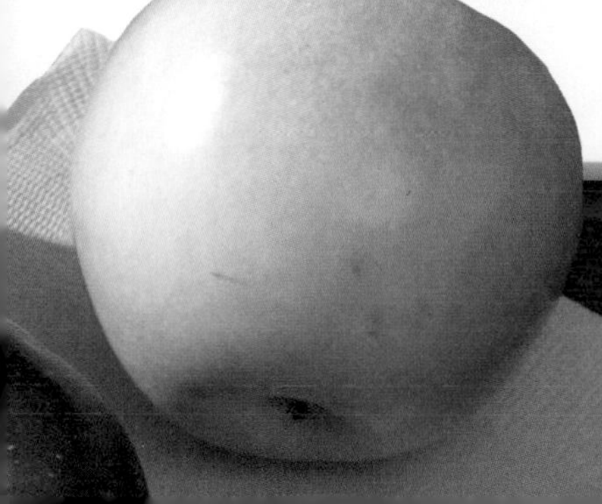

UNIDADES 1-8

Repaso inclusivo

Options for Review

1 Listen, understand, and compare

Escuchar

Listen to this radio advertisement and then answer the following questions.

1. Para poder trabajar en los oficios del futuro, ¿qué necesitas tener?
2. ¿Qué es *Profesiones para mañana?*
3. ¿Es necesario saber qué profesión quieres para *Profesiones para mañana?*
4. ¿Qué hace *Profesiones para mañana* para los estudiantes?
5. Si quieres hablar con *Profesiones para mañana,* ¿qué tienes que hacer?

What professions are you most interested in and why? Have you ever had the opportunity to speak with someone who has a profession that interests you? What did you learn from them? How will knowing Spanish help you in the professions that interest you?

2 Create a poster and ad for a can and bottle drive

Hablar
Escribir

Organize a can and bottle recycling drive in your school. Create a poster to put up in the school to announce the collection. Explain details such as what you are collecting, when, and where. Include what group is organizing the drive and for what reason. Also write an ad for the newspaper announcing the can and bottle collection. In your ad, provide information on the drive and also the reason for doing it.

3 Discuss career options

Hablar

Role-play a conversation between a guidance counselor and a student. As the student, you are unsure about what you will do after high school. Ask the counselor for advice and give your opinion about the counselor's suggestions. As the guidance counselor, ask about the student's interests. Also ask about any jobs he or she is already familiar with, perhaps because of a parent, relative, or a friend's parent. Discuss whether the student needs further education for that particular job or career, and make suggestions for reaching their career goal.

4 Predict the future

Hablar
Escribir

What will life be like 500 years from now? With a partner, discuss your predictions for the future. What will technology be like? What will people wear? What will homes be like? What will people do for fun? Present your predictions in a poster with illustrations and write catchy headlines in the future tense for each image.

5 Teach young students

Hablar

Your group has been asked by your school principal to give a talk at the local elementary school. You are to talk to the children about protecting the environment. Talk about the basics: why it is important to throw trash in the trash can and not on the ground, why it is necessary to recycle, and whether it is better to ride bikes or ask their parents to drive them. Present your talk to the class.

6 Talk about your life

Escribir

Write two paragraphs about the following statement: **Mi vida hoy es mejor que hace diez años.** In the first paragraph, describe what your life was like ten years ago and compare it to your life today. In the second paragraph, tell whether the statement is true or not true and give reasons why.

7 Nominate someone for an award

Leer
Escribir

Read the following ad that appears in your local newspaper for nominations for a community service award. Respond to the letter with a recommendation of someone you know or a person you make up.

¡Se buscan recomendaciones!

Hay muchas personas en nuestra comunidad que hacen muchas cosas buenas para la comunidad. Nuestro periódico quiere saber quiénes son estas personas y el trabajo voluntario que hacen. Se buscan las recomendaciones de ustedes porque nos gustaría conocer a estas personas y darles las gracias. Les daremos un premio a los voluntarios que hacen una diferencia para toda nuestra comunidad.

Recursos

Expansión de vocabulario

Unidad 1 . . . . **R2**

Unidad 2 . . . . **R4**

Unidad 3 . . . . **R6**

Unidad 4 . . . . **R8**

Unidad 5 . . . . **R10**

Unidad 6 . . . . **R12**

Unidad 7 . . . . **R14**

Unidad 8 . . . . **R16**

Para y piensa Self-Check Answers **R18**

Resumen de gramática **R23**

Glosario

español-inglés **R37**

inglés-español **R54**

Índice **R70**

Créditos **R82**

¡Vamos de viaje!

Ya sabes

Getting around town

a pie	by foot
la calle	street
en autobús	by bus
en coche	by car
encontrar (ue)	to find
llegar	to arrive
tomar	to take

Possessions

la cosa	thing
el disco compacto	compact disc
el lector DVD	DVD player
el radio	radio
el televisor	television set
el tocadiscos compactos	CD player
los videojuegos	video games

Expansión de vocabulario

Travel documents

el certificado de nacimiento	birth certificate
la inmigración	immigration
la visa	visa

At the airport

casa de cambio	currency exchange office

Airplane travel

aterrizar	to land; to touch down
la escala	stopover; layover
hacer escala en	to stop over in
la ventanilla	window
un vuelo sin escala	direct flight
el pasillo	aisle

Places around town

el campo de golf	golf course
el centro de videojuegos	arcade
el centro recreativo	recreation center
la discoteca	discotheque
la iglesia	church
el municipio	town hall; city hall
la sinagoga	synagogue

Unidad 1 Lección 2
Expansión de vocabulario

Cuéntame de tus vacaciones

Ya sabes

Vacation activities

bucear	to scuba dive
el mar	the sea
nadar	to swim
patinar	to skate
patinar en línea	to rollerblade
la playa	the beach
tomar el sol	to sunbathe

Gifts and souvenirs

dar	to give
envolver(ue)	to wrap
nuevo(a)	new
el papel de regalo	wrapping paper
recibir	to receive
el regalo	gift

Interrogatives

adónde	to where
cómo	how
cuál(es)	which (ones)
cuándo	when
cuánto(a)	how much
cuántos(as)	how many
dónde	where
por qué	why
qué	what
quién	who

Describing the past

anoche	last night
ayer	yesterday

Expansión de vocabulario

Vacation activities

el barco	boat
el bote de vela / velero	sailboat
la canoa	canoe
hacer un crucero	to go on a cruise
hacer esquí acuático	to go water skiing
hacer moto acuática	to go jet skiing
hacer el surf de vela	to windsurf
la isla	island

At the amusement park

los autitos chocadores	bumper cars
la montaña rusa	rollercoaster
el parque de diversiones	amusement park
subir a	to ride
el tobogán acuático	water slide
la vuelta al mundo	Ferris wheel

Lodging

la cabaña	cabin
el (la) huésped	guest

La Copa Mundial

Ya sabes

Sports

el básquetbol	basketball
el béisbol	baseball
el fútbol americano	football
ganar	to win
la natación	swimming
perder (ie)	to lose
el tenis	tennis
el voleibol	volleyball

Sports equipment

el bate	bat
el casco	helmet
el guante	glove
los patines en línea	rollerblades
la pelota	ball
la raqueta	racket

Sporting events

los aficionados	fans
el campeón, la campeona	champion
el campo	field
la cancha	court
el equipo	team
el (la) ganador(a)	winner
el (la) jugador(a)	player

Staying healthy

doler	to hurt, to ache
fuerte	strong
herido(a)	hurt
la salud	health
sano(a)	healthy

Expansión de vocabulario

Sports equipment

el arco	goal
el cesto; la canasta; el aro	hoop; basket
los esquís	skis
los guantes de boxeo	boxing gloves

Athletes

el (la) arquero(a)	goalkeeper
el (la) bateador(a)	batter
el (la) lanzador(a)	pitcher
el (la) porrista	cheerleader

Sporting events

el árbitro	umpire
batear	to bat
el boxeo	boxing
caerse	to fall
la carrera	race
la gimnasia	gymnastics
hacer un aro	make a basket
la lucha (libre)	wrestling
saltar	to jump

Staying healthy

practicar yoga	to do yoga
perder peso	to lose weight
subir de peso	to gain weight
usar las máquinas para hacer ejercicio	to use exercise machines

Unidad 2 Lección 2

Expansión de vocabulario

¿Qué vamos a hacer?

Ya sabes

Parts of the body

la boca	mouth
el brazo	arm
la cabeza	head
el corazón	heart
el cuerpo	body
el estómago	stomach
la mano	hand
la nariz	nose
el ojo	eye
la oreja	ear
el pelo	hair
el pie	foot
la piel	skin
la pierna	leg
la rodilla	knee
el tobillo	ankle

Expressions with tener

tener	to have
tener ganas de...	to feel like . . .
tener que	to have to

Expansión de vocabulario

Personal care

alisarse el pelo	to straighten one's hair
la base	foundation
la colonia	cologne
cortarse el pelo	to cut one's hair
los cortaúñas	nail clipper
el esmalte	nailpolish
la loción (para después de afeitarse)	aftershave
el perfume	perfume
el pintalabios/el lápiz	lipstick
pintarse el pelo (las uñas)	to color one's hair (nails)
el rímel	mascara
rizarse el pelo	to curl one's hair
la seda dental	dental floss
la sombra de ojos	eye shadow

Parts of the body

los pulmones	lungs

Unidad 3 Lección 1

Expansión de vocabulario

¿Cómo me queda?

Ya sabes

Clothing

la blusa	blouse
los calcetines	socks
la camisa	shirt
la camiseta	T-shirt
la chaqueta	jacket
el gorro	winter hat
los jeans	jeans
llevar	to wear
los pantalones	pants
los pantalones cortos	shorts
la ropa	clothing
el sombrero	hat
el vestido	dress
los zapatos	shoes

Colors

amarillo(a)	yellow
anaranjado(a)	orange
azul	blue
blanco(a)	white
marrón	brown
negro(a)	black
rojo(a)	red
verde	green

Store expressions

abrir	to open
cerrar (ie)	to close
comprar	to buy

Preferences and opinions

gustar	to like
necesitar	to need
pensar (ie)	to think
preferir (ie)	to prefer
querer (ie)	to want

Expansión de vocabulario

Clothing

la bata	bathrobe
la bufanda	scarf
los guantes	gloves
la minifalda	miniskirt
los pantalones deportivos	sweat pants
las pantuflas	slippers
el pijama	pajamas
el saco	jacket (of a suit)
la sudadera (con capucha)	(hooded) sweat shirt

Clothing fit

corto(a)	short
largo(a)	long

Shopping

ahorrar	to save
la caja	cash register
la carnicería	butcher shop
el centro de restaurantes de comida rápida	food court
el cheque de pago de sueldo	pay check
la cuenta corriente	checking account
el estipendio	allowance
la juguetería	toy store
la peluquería	hair salon; barbershop
el quiosco	kiosk
el salón de belleza	beauty salon
la tienda de discos	music store

Unidad 3 Lección 2

Expansión de vocabulario

¿Filmamos en el mercado?

Ya sabes

Buying at the market

¿Cuánto cuesta(n)?	How much does it (do they) cost?
Cuesta(n)...	It (They) costs . . .
el dinero	money
el dólar	dollar
el euro	euro
pagar	to pay
el precio	price

Expressions of courtesy

Lo siento.	I'm sorry.
perdón	excuse me
por favor	please

Chores

acabar de	to have just . . .
ayudar	to help
barrer el suelo	to sweep the floor
cocinar	to cook
cortar el césped	to cut the grass
darle de comer al perro	to feed the dog
decir	to say; to tell
hacer	to do; to make
hacer la cama	to make the bed
lavar los platos	to wash the dishes
limpiar la cocina	to clean the kitchen
pasar la aspiradora	to vacuum
planchar la ropa	to iron
poner la mesa	to set the table
los quehaceres	chores
sacar la basura	to take out the trash

Expansión de vocabulario

Buying at the market

delicado(a)	delicate
el (la) comprador(a)	buyer
en venta	on sale
frágil	fragile
ofrecer	to offer
el pago	payment
pedir una rebaja	to ask for a lower price
el puesto	stand
rebajar el precio	to lower the price
el (la) vendedor(a)	seller

To ask for help

¿Me puede ayudar?	Can you help me?
Necesito ayuda.	I need help.

Una leyenda mexicana

Ya sabes

Expressions of frequency

de vez en cuando	once in while
muchas veces	often, many times
mucho	a lot
nunca	never
siempre	always
todos los días	every day

Weather expressions

Hace calor.	It is hot.
Hace frío.	It is cold.
Hace sol.	It is sunny.
Hace viento.	It is windy.
Llueve.	It is raining.
Nieva.	It is snowing.
¿Qué tiempo hace?	What is the weather like?

Expansión de vocabulario

Telling a story

amar	to love
el amor	love
el capítulo	chapter
el cuento; la historia	story
de repente	suddenly
la magia	magic
mágico(a)	magical
la novela	novel
romántico(a)	romantic
un suceso	event

Characters in a story

la bruja	witch
el dragón	dragon
el duende	elf
el hada	fairy
el mago	wizard
el monstruo	monster
el (la) protagonista	main character

Expressions of frequency

a menudo	often
jamás	never
por siempre	forever
raras veces	rarely

Unidad 4 Lección 2

Expansión de vocabulario

México antiguo y moderno

Ya sabes

Prepositions of location

al lado (de)	next to
cerca (de)	near
debajo (de)	under
delante (de)	in front (of)
dentro (de)	inside (of)
detrás (de)	behind
encima (de)	on (top of)
lejos (de)	far (from)

Describing location

allí	there
aquí	here

Daily activities

correr	to run
descansar	to rest
dibujar	to draw
empezar (ie)	to begin
llegar	to arrive
nadar	to swim
pagar	to pay
pasear	to go for a walk
trabajar	to work

Expansión de vocabulario

Ancient civilizations

la cultura	culture
la emperatriz	empress
los indígenas	indigenous / native people
el líder	leader
el príncipe	prince
la reina	queen
el reino	kingdom
el rey	king
la sociedad	society

Parts of a city

la autopista	highway
el cruce / la intersección	intersection (of streets)
el metro	subway
el puente	bridge
el túnel	tunnel

Prepositions of location

a lo largo (de)	along
adentro	inside
afuera	outside
alrededor (de)	around
hacia	toward
más allá	beyond

Expansión de vocabulario

¡Qué rico!

Ya sabes

Food

el agua	water
beber	to drink
la bebida	drink
el brócoli	broccoli
el café	coffee
el cereal	cereal
comer	to eat
la fruta	fruit
la galleta	cookie
el huevo	egg
el jugo de naranja	orange juice
la leche	milk
el pan	bread
la patata	potato
el tomate	tomato
las uvas	grapes
el yogur	yogurt

Describe food

horrible	horrible
nutritivo(a)	nutritious
rico(a)	tasty; delicious

Expansión de vocabulario

Food

el aguacate	avocado
el cacahuate; el maní	peanut
el chicle	gum
los dulces	candy
el durazno	peach
las galletas saladas	crackers
las galletitas	cookies
los guisantes	peas
las habichuelas	green beans
el maíz	corn
las palomitas	popcorn
las papitas	chips
la pera	pear
la piña	pineapple
la salsa picante	hot sauce
la toronja; el pomelo	grapefruit

Food preparation

a gusto	to one's taste
calentar (ie)	to heat
la cucharada	tablespoon
la cucharadita	teaspoon
enfriar	to cool
la harina	flour
una taza	a cup

Describe food

amargo(a)	bitter
el gusto	taste; flavor
saber a	to taste like

Unidad 5 Lección 2 — Expansión de vocabulario

¡Buen provecho!

Ya sabes

Ordering food

costar (ue)	to cost
la cuenta	bill
el menú	menu
la mesa	table
el plato principal	main course
preparar la comida	to prepare food / a meal
la propina	tip
pedir (i)	to order, to ask for
servir (i)	to serve

Restaurant dishes

el arroz	rice
el bistec	beef
el helado	ice cream
las papas fritas	French fries
el pastel	cake
el sándwich de jamón y queso	ham and cheese sandwich
la sopa	soup

Expansión de vocabulario

Ordering food

¿En qué le(s) puedo servir?	How can I help you?
el anfitrión; la anfitriona	host; hostess
el (la) cocinero(a)	cook

Restaurant dishes

el atún	tuna
el batido	milkshake
la berenjena	eggplant
el churro	fritter; cruller
la empanada	meat or cheese-filled pastry
los fideos	noodles
los mariscos	seafood
el pavo	turkey
el puré de patatas	mashed potatoes
el queso parmesano	Parmesan cheese
la salsa de tomate	tomato sauce

Table setting

la jarra	pitcher
el mantel	tablecloth
el tazón	bowl

Food preparation and taste

bien cocido(a)	done; well-cooked
congelado(a)	frozen
quemado(a)	burnt

Unidad 6 Lección 1

Expansión de vocabulario

¡Luces, cámara, acción!

Ya sabes

Movies

alquilar un DVD	to rent a DVD
la película	movie
la ventanilla	ticket window
ver	to see

Telling time

¿A qué hora es... ?	At what time is . . . ?
¿Qué hora es?	What time is it?
A la(s)...	At . . . o'clock.
Es la... / Son las...	It is . . . o'clock.
de la mañana	in the morning
de la tarde	in the afternoon
de la noche	at night
la hora	hour; time
menos	to; before
tarde	late
temprano	early
y cuarto	quarter past
y (diez)	(ten) past
y media	half past

Expansión de vocabulario

Making a movie

la actuación	acting
el disfraz	costume
el escenario	set; stage
el exterior	outdoors
el largometraje	feature-length movie
el rodaje	filming

Editing a movie

los audífonos	headphones
la banda de sonido	soundtrack
el doblaje	dubbing
la orquesta	orchestra
los subtítulos	subtitles

People involved with movies

el (la) cinematógrafo(a)	cinematographer
el (la) sonidista	soundperson
trabajar de extra	to work as an extra

Movie awards

ortogar	to grant; to award
los premios	awards
el reconicimiento	acknowledgment

Expansión de vocabulario

¡Somos estrellas!

Ya sabes

Parties

bailar	to dance
cantar	to sing
celebrar	to celebrate
dar una fiesta	to give a party
las decoraciones	decorations
decorar	to decorate
las entradas	tickets
los invitados	guests
invitar a	to invite
el globo	balloon

Telephone and e-mail

contestar	to answer
escribir correos electrónicos	to write e-mails
hablar por teléfono	to talk on the phone
usar la computadora	to use the computer
¿Cuál es tu /su número de teléfono?	What is your / your *(formal)* phone number?
Mi número de teléfono es...	My phone number is . . .

Days of the week

el día	day
la semana	week
lunes	Monday
martes	Tuesday
miércoles	Wednesday
jueves	Thursday
viernes	Friday
sábado	Saturday
domingo	Sunday

Expansión de vocabulario

Computer terminology

el apodo	screen name
el archivo junto	attachment
bajar música	to download music
el blog	blog
borrar	to delete
la cadena de email	e-mail chain (forward)
charlar en línea	to chat
comenzar / terminar la sesión	to log on/to log off
la contraseña	password
cortar y pegar	to cut and paste
los enlaces	links
escribir a máquina	to type
la sonrisa; la carita feliz (emoticono)	smiley face (emoticon)

Telephone terminology

el correo de voz	voice mail
la doble línea	call waiting
la llamada	phone call

Accepting or declining an invitation

asistir a	to attend
¡Encantado(a)!	I would love to!
Me parece...	That sounds . . .
...genial	. . . great
...fantástico	. . . fantastic
...chévere	. . . cool
...fabuloso	. . . fabulous
Tal vez otro día.	Maybe another day.

Convincing others

Confía en mí.	Trust me.
No estoy bromeando.	I'm not kidding.
Sin duda.	Without a doubt.
Te prometo.	I promise.

Unidad 7
Lección 1

Expansión de vocabulario

Nuestro periódico escolar

Ya sabes

School subjects

el arte	art
las ciencias	science
el español	Spanish
la historia	history
el horario	schedule
el inglés	English
las matemáticas	math

Classroom objects

el borrador	eraser
la calculadora	calculator
el cuaderno	notebook
el escritorio	desk
el (la) estudiante	student
el examen	test
el lápiz	pencil
el mapa	map
la mochila	backpack
el papel	paper
el pizarrón	blackboard
la pluma	pen
la silla	chair
la tiza	chalk
la ventana	window

School activities

aprender	to learn
enseñar	to teach
sacar una buena / mala nota	to get a good / bad grade
tomar apuntes	to take notes

Expansión de vocabulario

School-related issues

la asamblea	assembly
la beca	scholarship
los chismes	gossip
la detención	detention
el reglamento de la vestimenta	dress code

School activities

actuar en una obra	to act in a play
el anuario	yearbook
el comité estudiantil	student council
una reunión	meeting
ser miembro de	to be a member of
la sociedad de honor	honor society
tomar parte en	to participate / take part in

School subjects

el álgebra	algebra
la banda	band
la biología	biology
el coro	choir
la educación física	physical education
los estudios sociales	social studies
la geometría	geometry
la hora de estudio	study hall
la orquesta	orchestra
la química	chemistry

After school

el casillero	locker
cuidar niños	to baby-sit
la licencia de manejar	driver's license
manejar	to drive
el permiso de manejar	driver's permit
trabajar a tiempo parcial	to work part-time

Unidad 7 Lección 2

Expansión de vocabulario

Somos familia

Ya sabes

Family

la abuela	grandmother
el abuelo	grandfather
los abuelos	grandparents
la hermana	sister
el hermano	brother
la hija	daughter
el hijo	son
la madrastra	stepmother
la madre	mother
el padrastro	stepfather
el padre	father
los padres	parents
el (la) primo(a)	cousin
la tía	aunt
el tío	uncle

Characteristics

bueno(a)	good
grande	big
guapo(a)	handsome
joven	young
malo(a)	bad
pequeño(a)	small
viejo(a)	old

Pets

el (la) gato(a)	cat
el (la) perro(a)	dog

Possessive adjectives

mi(s)	my
tu(s)	your *(familiar)*
su(s)	his, her, its, their, your *(formal)*
nuestro(a)(s)	our

Expansión de vocabulario

Family

adoptivo(a)	adopted
el (la) bisabuelo(a)	great-grandfather / -grandmother
el (la) biznieto(a)	great-grandson / -granddaughter
los(as) gemelos(as)	twins
el (la) hermanastro(a)	stepbrother / stepsister
el (la) hijastro(a)	stepson / stepdaughter
el matrimonio	marriage
el (la) medio(a) hermano(a)	half brother / half sister
el (la) miembro(a)	member(s)
el (la) nieto(a)	grandson / granddaughter
la pareja	couple

Personality characteristics

animado(a)	animated; upbeat
antipático(a)	disagreeable
atrevido(a)	daring
comprensivo(a)	understanding
extrovertido(a)	outgoing
fiel	faithful
honesto(a)	honest
modesto(a)	modest
motivado(a)	motivated
talentoso(a)	talented
travieso(a)	mischievous
vanidoso(a)	vain

Pets

el conejo	rabbit
el lagarto	lizard
la mascota	pet

Relationships

abrazar	to hug
contar con los demás	to count on others
la cooperación	cooperation

El mundo de hoy

Ya sabes

Environmental responsibilities

compartir	to share
limpio(a)	clean
poder (ue)	to be able; can
el problema	problem
sucio(a)	dirty
vivir	to live

Seasons

la estación	season
el invierno	winter
el otoño	autumn; fall
la primavera	spring
el verano	summer

Useful words

ahora	now
casi	almost
muy	very
otro(a)	other
porque	because
todos(as)	all
un poco	a little
ya	already

Expansión de vocabulario

Community service

los ancianos	the elderly
el centro de rehabilitación	rehabilitation center
el comedor de beneficencia	soup kitchen
la gente sin hogar	the homeless
el hogar para ancianos	nursing home
el hospital	hospital
los necesitados	the unfortunate
la pobreza	poverty

The environment

la amenaza	threat
el clima	climate
el efecto invernadero	greenhouse effect
la erosión	erosion
extinguirse	to become extinct
el planeta	planet
reutilizar	to reuse
la tierra	Earth; land; ground

Nature

el agua dulce	fresh water
la araña	spider
la flor	flower
los insectos	insects
el lago	lake
la mariposa	butterfly
el río	river
la serpiente	snake

Impersonal expressions

Es imposible que...	It's impossible that . . .
Es improbable que...	It's unlikely that . . .
Es lógico que...	It is logical that . . .
Es mejor que...	It is better that . . .
Es peligroso que...	It is dangerous that . . .
Es una lástima que...	It's a shame that . . .

Unidad 8 Lección 2

Expansión de vocabulario

En el futuro...

Ya sabes

Careers and professions

el (la) atleta	athlete
la camarera	waitress
el camarero	waiter

Pastimes

andar en patineta	to skateboard
caminar	to walk
levantar pesas	to lift weights
montar en bicicleta	to ride a bike
practicar deportes	to practice / play sports
tocar la guitarra	to play the guitar

Other useful words

antes de	before
después (de)	afterward; after
durante	during
hoy	today
mañana	tomorrow
si	if
tal vez	perhaps; maybe
todavía	still; yet

Expansión de vocabulario

Professions

el (la) autor(a)	author
el (la) banquero(a)	banker
el (la) comediante	comedian
el (la) contador(a)	accountant
el (la) empresario(a)	businessperson
el (la) gerente	manager
el (la) intérprete	interpreter
el (la) juez(a)	judge
el (la) mecánico(a)	mechanic
el (la) músico(a)	musician

Professions continued

el (la) obrero(a)	laborer
el (la) peluquero(a)	hairdresser
el (la) recepcionista	receptionist
el (la) técnico(a)	technician; repairman
el (la) trabajador(a) social	social worker
el (la) traductor(a)	translator

Remunerations/benefits

beneficios	benefits
días personales	personal days
jubilación privada	pension plan
seguro médico	health insurance
sueldo	salary

Talk about the future

anticipar	anticipate
la ceremonia de graduación	graduation ceremony
la escuela técnica	technical school
especializarse en	to major in
la esperanza	hope
la facultad de derecho / de medicina	law / medical school
graduarse	to graduate
una oportunidad	opportunity
solicitar una beca	to apply for a scholarship
el título	degree
la universidad	university

Para y piensa
Self-Check Answers

Lección preliminar

p. 5
1. Ella, una (la)
2. Tú, el
3. Nosotros, los

p. 9
1. b
2. c
3. a

p. 13
Answers will vary. Possible answers:
A mi amiga le gusta practicar deportes, ir de compras y mirar la televisión.
A mi me gusta mirar la televisión y practicar deportes, pero no me gusta ir de compras.

p. 17
1. a
2. c
3. b

p. 21
1. es
2. es
3. está
4. está

p. 25
1. escribo
2. duerme
3. almorzamos
4. estudias

p. 28
1. vamos a
2. va a
3. voy a
4. Van a

Unidad 1 Costa Rica

Lección 1

p. 38 Práctica de vocabulario
Answers will vary. Possible answers:
hacer la maleta, comprar los boletos, ir a la agencia de viajes, hablar con un(a) agente de viajes, hacer un itinerario, tener un pasaporte, confirmar el vuelo, ir al aeropuerto, hacer cola, facturar el equipaje, pasar por seguridad

p. 40 Vocabulario en contexto
1. Tengo que ir al reclamo de equipaje. Tengo que pasar por la aduana. (Tengo que tomar un taxi. Tengo que ir a la oficina de turismo.)
2. Veo a un(a) auxiliar de vuelo.

p. 43 Práctica de gramática
1. Sí, voy a prepararlo. (Sí, lo voy a preparar.)
2. Sí, los veo.

p. 45 Gramática en contexto
1. Sí, lo tengo.
2. Sí, la necesitas.
3. Sí, los vamos a comprar. (Sí, vamos a comprarlos.)
4. Sí, la llama.

p. 48 Práctica de gramática
1. me
2. les

p. 51 Todo junto
Answers will vary. Possible answers:
El agente de viajes nos hace un itinerario. Los pasajeros hacen cola en el aeropuerto para facturar el equipaje. El auxiliar de vuelo les da sus tarjetas de embarque.

Lección 2

p. 62 Práctica de vocabulario
1. un hotel, un hostal
2. (No) Me gusta regatear.
3. Pago con dinero en efectivo (tarjeta de crédito).
4. montar a caballo, acampar, ir a pescar, dar una caminata, hacer una excursión

p. 64 Vocabulario en contexto
1. Dónde
2. Cúales
3. Cuánto
4. Por qué

p. 67 Práctica de gramática
1. Sí, (No, no) acampamos.
2. Sí, (No, no) visitamos a los abuelos.
3. Sí, (No, no) estudié mucho.
4. Sí, (No, no) tomé fotos.

p. 69 Gramática en contexto
1. descansé
2. estudió
3. viajaron
4. dibujaste

p. 72 Práctica de gramática
1. fue
2. vi
3. hizo
4. diste

p. 75 Todo junto
Answers will vary. Possible answers:
1. Acampé con mi familia.
2. Hicimos una excursión a las montañas.
3. Monté a caballo.

Unidad 2 Argentina

Lección 1

p. 92 Práctica de vocabulario
1. la red
2. el ciclismo
3. el premio

p. 94 Vocabulario en contexto
1. lentamente
2. rápidamente
3. seriamente

p. 97 Práctica de gramática
1. metí
2. recibimos
3. perdió
4. bebieron

p. 99 Gramática en contexto
1. corrieron
2. comiste
3. vendió
4. escribí
5. recibimos
6. salieron

p. 102 Práctica de gramática
1. esta
2. ese
3. aquellos (aquellas)

p. 105 Todo junto
Answers will vary. Possible answers:
Para mantenerse en forma, hay que seguir una dieta balanceada.
Yo bebí mucha agua. Comí frutas y verduras. Mi familia y yo preparamos comidas saludables.

Lección 2

p. 116 Práctica de vocabulario
Possible answer (3, 4, and 5 will vary):
1. b
2. c
3. d
4. f
5. a
6. e

p. 118 Vocabulario en contexto
Answers will vary. Possible answers:
1. Pienso dormir.
2. Pienso salir con mis amigos.
3. Pienso visitar a mis tíos.

p. 121 Práctica de gramática
1. Yo me lavo la cara.
2. Tú te despiertas temprano.
3. Ustedes se acuestan tarde.
4. Nosotros nos entrenamos los sábados.

p. 123 Gramática en contexto
1. me pongo, ducharme
2. se afeitan
3. te acuestas, te despiertas

p. 126 Práctica de gramática
1. Están jugando.
2. Se está entrenando. (Está entrenándose.)
3. Está vendiendo.
4. Se está poniendo la ropa. (Está poniéndose la ropa.)

p. 129 Todo junto
Answers will vary. Possible answer:
Me estoy peinando. Estoy secándome el pelo. Me estoy poniendo los zapatos. Pienso salir en diez minutos.

Unidad 3 Puerto Rico

Lección 1

p. 146 Práctica de vocabulario
1. zapatería, número
2. bien
3. moda

p. 148 Vocabulario en contexto
1. nos encantan
2. le interesa

p. 151 Práctica de gramática
hago, conozco, salgo, digo, traigo, pongo, doy, veo, sé, vengo, tengo

p. 153 Gramática en contexto
1. pongo
2. traigo (doy)
3. doy (traigo)
4. conozco

p. 156 Práctica de gramática
1. conmigo
2. para ti

p. 159 Todo junto
Answers will vary. Possible answers:
1. Tengo un chaleco viejo. Me queda muy flojo.
2. Tengo una falda de cuadros. Está de moda y me queda bien.
3. Mis nuevas botas negras me quedan apretadas.

Lección 2

p. 170 Práctica de vocabulario
Answers will vary. Possible answers:
1. Las botas frecuentemente son de cuero. Las pulseras son de plata o de oro (*also:* de metal, de cuero, de madera). Los lápices normalmente son de madera. Las casas pueden ser de madera o de piedra.
2. *Responses:* De nada. No hay de qué. *Apologies:* Disculpe. Perdóneme.

p. 172 Vocabulario en contexto
1. ¿Cuánto tiempo hace que tienes ese reloj?
2. Hace una (dos, tres...) hora(s) que estoy en la escuela.

p. 175 Práctica de gramática
1. ellos estuvieron, usted supo, nosotros pusimos
2. ¿Cuánto tiempo hace que viste una película (viajó)?

p. 177 Gramática en contexto
1. Tuvimos que comprar un regalo hoy (ayer).
2. No pude encontrar un artículo hecho a mano.
3. ¿Estuviste en el mercado?

p. 180 Práctica de gramática
1. pidieron
2. me vestí
3. serviste
4. durmió

p. 183 Todo junto
Answers will vary. Possible answer:
Mi amiga y yo estuvimos tres horas en el mercado de San Juan. No pude encontrar un cinturón de cuero en mi talla. Mi amiga no tuvo dinero. Ella prefirió pagar con tarjeta de crédito.

Unidad 4 México

Lección 1

p. 200 Práctica de vocabulario
1. Había una vez... Hace muchos siglos...
2. un emperador, una princesa, un enemigo, un guerrero (*also:* un dios, un héroe, una heroína)

p. 202 Vocabulario en contexto
1. decorados 2. preferida

p. 205 Práctica de gramática
1. peleaban 3. ibas
2. dormíamos 4. leía

p. 207 Gramática en contexto
1. El enemigo tenía celos.
2. La princesa lloraba mucho.
3. El emperador era valiente.
4. Los guerreros peleaban.

p. 210 Práctica de gramática
1. casó
2. era, contaba

p. 213 Todo junto
Answers will vary. Possible answers:
1. El año pasado gané un premio.
2. Siempre jugaba en el jardín con nuestro perro.
3. Mi leyenda favorita es la del Zorro. Era un héroe que se vestía de negro y siempre ayudaba a las personas cuando lo necesitaban.

Lección 2

p. 224 Práctica de vocabulario
Answers will vary. Possible answers:
1. templo, tumba, ruinas, pirámide, monumento, estatua, civilizaciones avanzadas, civilizaciones antiguas, herramientas, calendario, excavación, objeto, tolteca
2. ciudad moderna, edificio, rascacielos, catedral, templo, semáforo, monumento, estatua, avenida, plaza, barrio, cuadro

p. 226 Vocabulario en contexto
1. construyeron 3. construyó
2. leyeron 4. leímos

p. 229 Práctica de gramática
1. apagué 3. comencé
2. practiqué 4. jugué

p. 231 Gramática en contexto
1. busqué 3. almorzó
2. pagué 4. llegamos

p. 234 Práctica de gramática
1. vino 3. dijeron
2. trajeron 4. quisimos

p. 237 Todo junto
Answers will vary. Possible answers:
1. Los toltecas construyeron templos y estatuas grandes.
2. Yo vi herramientas antiguas en el Museo de Antropología.
3. Hay un rascacielos grande cerca de mi casa. Si sales de mi casa, doblas a la derecha y sigues derecho por tres cuadras; lo vas a ver a la izquierda.

Unidad 5 España

Lección 1

p. 256 Práctica de vocabulario
1. dulces 2. probar

p. 258 Vocabulario en contexto
Answers will vary. Possible answers:
1. Las espinacas están fresquísimas.
2. El helado está sabrosísimo.
3. El supermercado es grandísimo.
4. La cocina es bellísima.

p. 261 Práctica de gramática
1. haga, hagan 3. vaya, vayan
2. empiece, empiecen 4. bata, batan

p. 263 Gramática en contexto
Answers will vary. Possible answers:
1. Primero, vayan al supermercado.
2. Compren lechuga fresquísima.
3. En la cocina, mezclen aceite, vinagre y sal.
4. Añadan el aceite y vinagre a la lechuga.
5. Corten un tomate.
6. Sirvan la ensalada.

p. 266 Práctica de gramática
1. Sí, córtelas. / No, no las corte.
2. Sí, bátalos. / No, no los bata.

p. 269 Todo junto
Answers will vary. Possible answers:
1. Hagan una tortilla sabrosa.
2. No añadan demasiada sal.

Lección 2

p. 280 Práctica de vocabulario
1. ¿Cuál es la especialidad de la casa?
2. Gracias por atenderme. (Muy amable. Usted es muy atento.)

p. 282 Vocabulario en contexto
1. un tenedor, un cuchillo
2. una cuchara

p. 285 Práctica de gramática
1. nadie 4. nada
2. siempre 5. ni... ni
3. algún 6. tampoco

p. 287 Gramática en contexto
1. No voy a pedir nada frito.
2. Alguien me dio una buena propina.

p. 290 Práctica de gramática
1. no se las voy a servir; no voy a servírselas.
2. te lo voy a traer; voy a traértelo.

p. 293 Todo junto
Answers will vary. Possible answers:
Frases:
Gracias por atenderme. Muy amable. ¡Excelente! Me gustaría...
Preguntas:
¿Cuál es la especialidad de la casa?
¿Me puede traer...? ¿Tienen algún...?
¿Cómo preparan...?

Unidad 6 Estados Unidos

Lección 1

p. 312 Práctica de vocabulario

1. La película **tuvo éxito.**
2. La película **me hizo llorar.**

p. 314 Vocabulario en contexto

Answers will vary. Possible answers:

1. ¡Vamos a ver un drama!
2. ¡Vamos a filmar una película de aventuras!
3. ¡Vamos a escribir un guión!
4. ¡Vamos a buscar el software!

p. 317 Práctica de gramática

1. Aprende bien el papel.
2. Ven aquí a las siete.
3. Ponte este sombrero.
4. Cuéntale el argumento a la actriz.

p. 319 Gramática en contexto

Answers will vary. Possible answers:

1. Ve a ver la nueva comedia de Antonia Reyes este fin de semana.
2. Compra las entradas en Internet. No llegues tarde. Después, llámame para decirme si te gustó.

p. 322 Práctica de gramática

1. No hables.
2. No corras.
3. No tengas miedo.
4. No te duermas.

p. 325 Todo junto

Answers will vary. Possible answers:

1. Tamara, haz bien tu papel. No nos hagas reír.
2. Gilberto, termina de editar la película. No estés nervioso.

Lección 2

p. 336 Práctica de vocabulario

1. Sí, me encantaría. ¡Claro que sí! ¡Cómo no!
2. Te lo aseguro. Te lo juro. ¡Te digo la verdad! ¡Estoy convencido(a)!
3. ¿Aló? ¿Bueno? ¿Diga?

p. 338 Vocabulario en contexto

1. el teclado, el ratón (*also, from* Lección 1: el software; *from* Unidad 1: la pantalla)
2. hago clic, mando correos electrónicos, uso el mensajero instantáneo, estoy en línea (*also possible:* mando invitaciones, busco algo en Internet)
3. una corbata, un corbatín (ropa elegante)
4. *Answers will vary. Sample answer:* miguelf@correo2.com, daly@web1.com.cu

p. 341 Práctica de gramática

1. vengas
2. paguen

p. 343 Gramática en contexto

1. Ojalá que él tenga mensajero instantáneo.
2. Ojalá que tú pagues mi entrada para el cine.
3. Ojalá que todos se pongan ropa elegante.
4. Ojalá que la gala empiece temprano.

p. 346 Práctica de gramática

1. pidamos
2. estén
3. vayas
4. sepa

p. 349 Todo junto

1. Cómo no (Claro que sí)
2. lástima
3. elegante
4. corbatín

Unidad 7 República Dominicana

Lección 1

p. 368 Práctica de vocabulario

Answers will vary. Possible answers:

1. Escritor: escribe los artículos
2. Fotógrafo: toma fotos para el periódico
3. Periodista: investiga las noticias, entrevista a la gente
4. Editor: corrige errores, decide qué artículos van a publicar

p. 370 Vocabulario en contexto

1. las noticias
2. la amistad
3. escolar

p. 373 Práctica de gramática

1. publiquemos
2. se vistan

p. 375 Gramática en contexto

1. Es importante que el fotógrafo tome fotos interesantes.
2. No es necesario que el editor esté de acuerdo con las opiniones.

p. 378 Práctica de gramática

1. para
2. para
3. por
4. por

p. 381 Todo junto

Answers will vary. Possible answers:

1. Para mí, es malo que tengamos que levantarnos tan temprano.
2. Es preferible que las clases empiecen más tarde.
3. Por la mañana me gustaría dormir más y desayunar tranquilamente.
4. Es bueno que salgamos a las tres, pero podemos salir a las cuatro si empezamos más tarde por la mañana.

Lección 2

p. 392 Práctica de vocabulario

Answers will vary. Possible answers:

1. Mi abuela es muy generosa. Mis padrinos son sinceros. Mi hermano es impaciente.
2. Un pájaro, un pez (un perro, un gato, un ratón)

p. 394 Vocabulario en contexto

1. tuyas
2. generosa

p. 397 Práctica de gramática

Answers will vary. Possible answers:

1. Rebeca es tan estudiosa como Carlos.
2. Hay menos de 20 estudiantes en la clase.

p. 399 Gramática en contexto

1. menos inteligente que el pájaro
2. tanto como su hermano

p. 402 Práctica de gramática

Answers will vary. Possible answers:

1. Mi mamá es la más paciente de la familia.
2. Mi Ranchito es el mejor restaurante de la comunidad.

p. 405 Todo junto

Answers will vary. Possible answers:

1. Mi sobrino es el más joven de la familia.
2. Mi pájaro es el más bello del mundo.

Unidad 8 Ecuador

Lección 1

p. 424 Práctica de vocabulario

1. el papel, el cartón, el vidrio (*also:* el metal)
2. *Possible answers:* la contaminación, el smog, la deforestación, los incendios forestales, la destrucción de la capa de ozono, la basura

p. 426 Vocabulario en contexto

1. Sí (No, no) protejo los recursos naturales.
2. Sí (No, no) recojo basura en las calles. Es bueno que lo haga.

p. 429 Práctica de gramática

1. sean
2. necesitamos

p. 431 Gramática en contexto

1. No es cierto que el señor Andrade esté en su oficina hoy.
2. No es verdad que Nicolás y Renata tengan una cita con el señor Andrade.

p. 434 Práctica de gramática

1. Trabajaré mucho para conservar los recursos naturales.
2. Mi familia y yo iremos al parque para recoger basura.
3. Muchas personas nos verán en la televisión.

p. 437 Todo junto

1. reciclemos; reciclen
2. recogeremos

Lección 2

p. 448 Práctica de vocabulario

1. artista (buceador, alpinista)
2. *Answers will vary. Possible answer:* Me gustaría ser detective porque me interesan los misterios y me encanta investigar.

p. 450 Vocabulario en contexto

1. Aquí se venden robots.
2. Aquí se habla español.
3. En la oficina se usa corbata.
4. Se buscan programadores.

p. 453 Práctica de gramática

1. Nosotros sabremos dibujar.
2. Tú vendrás a la oficina conmigo.
3. El dentista me dirá cómo están mis dientes.
4. Yo podré escalar montañas algún día.

p. 455 Gramática en contexto

1. saldrá
2. tendrás
3. se pondrá

p. 458 Práctica de gramática

1. Sí (No, no) se los mandaré.
2. Sí (No, no) se la daré.
3. Sí, me lo tendré que poner.

p. 461 Todo junto

Answers will vary. Possible answers:

1. Yo seré bombero.
2. Los científicos descubrirán la cura para el cáncer.
3. Los robots harán los quehaceres de la casa.

❖Resumen de gramática

Nouns, Articles, and Pronouns

Nouns

Nouns identify people, animals, places, things, and feelings. All Spanish nouns, even if they refer to objects, are either **masculine** or **feminine.** They are also either **singular** or **plural.** Nouns ending in **-o** are usually masculine; nouns ending in **-a** are usually feminine.

To form the **plural** of a noun, add **-s** if the noun ends in a vowel; add **-es** if it ends in a consonant.

Singular Nouns

Masculine	Feminine
abuelo	abuela
chico	chica
hombre	mujer
papel	pluma
zapato	blusa

Plural Nouns

Masculine	Feminine
abuelo**s**	abuela**s**
chico**s**	chica**s**
hombre**s**	mujer**es**
papel**es**	pluma**s**
zapato**s**	blusa**s**

Articles

Articles identify the class of a noun: masculine or feminine, singular or plural. **Definite articles** are the equivalent of the English word *the.* **Indefinite articles** are the equivalent of *a, an,* or *some.*

Definite Articles

	Masculine	Feminine
Singular	**el** chico	**la** chica
Plural	**los** chicos	**las** chicas

Indefinite Articles

	Masculine	Feminine
Singular	**un** chico	**una** chica
Plural	**unos** chicos	**unas** chicas

Pronouns

Pronouns take the place of nouns. The pronoun used is determined by its function or purpose in a sentence.

Subject Pronouns

yo	nosotros(as)
tú	vosotros(as)
usted	ustedes
él, ella	ellos(as)

Direct Object Pronouns

me	nos
te	os
lo, la	los, las

Indirect Object Pronouns

me	nos
te	os
le	les

RESUMEN DE GRAMÁTICA

Nouns, Articles, and Pronouns (continued)

Pronouns After Prepositions

mí	nosotros(as)
ti	vosotros(as)
usted	ustedes
él, ella	ellos(as)

Reflexive Pronouns

me	nos
te	os
se	se

Adjectives

Adjectives describe nouns. In Spanish, adjectives match the **gender** and **number** of the nouns they describe. To make an adjective plural, add **-s** if it ends in a vowel; add **-es** if it ends in a consonant. The adjective usually comes after the noun in Spanish.

Adjectives

	Masculine	Feminine
Singular	el chico alt**o**	la chica alt**a**
	el chico inteligente	la chica inteligente
	el chico joven	la chica joven
	el chico trabajador	la chica trabajador**a**
Plural	los chicos alto**s**	las chicas alta**s**
	los chicos inteligente**s**	las chicas inteligente**s**
	los chicos jóven**es**	las chicas jóven**es**
	los chicos trabajador**es**	las chicas trabajadora**s**

Sometimes adjectives are shortened when they are placed in front of a masculine singular noun.

Shortened Forms

alguno	**algún** chico
bueno	**buen** chico
malo	**mal** chico
ninguno	**ningún** chico
primero	**primer** chico
tercero	**tercer** chico

Adjectives (continued)

Possessive adjectives indicate who owns something or describe a relationship between people or things. They agree in number with the nouns they describe. **Nuestro(a)** and **vuestro(a)** must also agree in gender with the nouns they describe.

Possessive adjectives also have long forms that follow the noun for emphasis. Expressed without the noun, they act as pronouns.

	Masculine Short Form		Masculine Long Form	
Singular	**mi** amigo	**nuestro** amigo	amigo **mío**	amigo **nuestro**
	tu amigo	**vuestro** amigo	amigo **tuyo**	amigo **vuestro**
	su amigo	**su** amigo	amigo **suyo**	amigo **suyo**
Plural	**mis** amigos	**nuestros** amigos	amigos **míos**	amigos **nuestros**
	tus amigos	**vuestros** amigos	amigos **tuyos**	amigos **vuestros**
	sus amigos	**sus** amigos	amigos **suyos**	amigos **suyos**

	Feminine Short Form		Feminine Long Form	
Singular	**mi** amiga	**nuestro** amiga	amiga **mía**	amiga **nuestra**
	tu amiga	**vuestro** amiga	amiga **tuya**	amiga **vuestra**
	su amiga	**su** amiga	amiga **suya**	amiga **suya**
Plural	**mis** amigas	**nuestras** amigas	amigas **mías**	amigas **nuestras**
	tus amigas	**vuestras** amigas	amigas **tuyas**	amigas **vuestras**
	sus amigas	**sus** amigas	amigas **suyas**	amigas **suyas**

Demonstrative Adjectives and Pronouns

Demonstrative adjectives and pronouns describe the location of a person or a thing in relation to the speaker. Their English equivalents are *this, that, these,* and *those.*

Demonstrative Adjectives

Demonstrative adjectives agree in gender and number with the noun they describe.

Demonstrative Adjectives

	Masculine	Feminine
Singular	**este** chico	**esta** chica
	ese chico	**esa** chica
	aquel chico	**aquella** chica
Plural	**estos** chicos	**estas** chicas
	esos chicos	**esas** chicas
	aquellos chicos	**aquellas** chicas

Demonstrative Adjectives and Pronouns (continued)

Demonstrative Pronouns

Demonstrative pronouns agree in gender and number with the noun they replace.

Demonstrative Pronouns

	Masculine	Feminine
Singular	éste	ésta
	ése	ésa
	aquél	aquélla
Plural	éstos	éstas
	ésos	ésas
	aquéllos	aquéllas

Comparatives and Superlatives

Comparatives

Comparatives are used to compare two people or things.

Comparatives

	más (+)	menos (–)	tan, tanto(s), tanto (=)
with adjectives	**más** serio **que...**	**menos** serio **que...**	**tan** serio **como...**
with nouns	**más** cosas **que...**	**menos** cosas **que...**	**tantas** cosas **como...**
with verbs	Me gusta leer **más que** pasear.	Me gusta pasear **menos que** leer.	Me gusta hablar **tanto como** escuchar.

There are a few irregular comparative words. When talking about the age of people, use **mayor** and **menor.** When talking about qualities, use **mejor** and **peor.**

Age	Quality
mayor	mejor
menor	peor

When comparing numbers, use **de** instead of **que.**
más de cinco...
menos de cinco...

Superlatives

Superlatives are used to set apart one item from a group. They describe which item has the most or least of a quality.

Superlatives

	Masculine	Feminine
Singular	**el más** caro	**la más** cara
	el anillo **más** caro	**la** blusa **más** cara
	el menos caro	**la menos** cara
	el anillo **menos** caro	**la** blusa **menos** cara
Plural	**los más** caros	**las más** caras
	los anillos **más** caros	**las** blusas **más** caras
	los menos caros	**las menos** caras
	los anillos **menos** caros	**las** blusas **menos** caras

The ending **-ísimo(a)** can be added to an adjective to intensify it.

Singular	caldo riqu**ísimo**	sopa riqu**ísima**
Plural	huevos riqu**ísimos**	tortillas riqu**ísimas**

Adverbs

Adverbs tell *when, where, how, how long,* or *how much.* They can be formed by adding **-mente** to the singular feminine form of an adjective.

Adjective		Adverb
alegre	→	alegre**mente**
fácil	→	fácil**mente**
general	→	general**mente**
normal	→	normal**mente**
triste	→	triste**mente**
lento(a)	→	lenta**mente**
activo(a)	→	activa**mente**
rápido(a)	→	rápida**mente**
serio(a)	→	seria**mente**
tranquilo(a)	→	tranquila**mente**

Affirmative and Negative Words

Affirmative or **negative** words are used to talk about indefinite or negative situations.

Affirmative Words	Negative Words
algo	nada
alguien	nadie
algún/alguno(a)	ningún/ninguno(a)
o... o	ni... ni
siempre	nunca
también	tampoco

Verbs: Regular Verbs

Regular verbs ending in **-ar, -er,** or **-ir** always have regular endings.

Simple Indicative Tenses

-ar Verbs

Infinitive	Present Participle	Past Participle
hablar	hablando	hablado

Present	habl**o**	habl**amos**
	habl**as**	habl**áis**
	habl**a**	habl**an**
Preterite	habl**é**	habl**amos**
	habl**aste**	habl**asteis**
	habl**ó**	habl**aron**
Imperfect	habl**aba**	habl**ábamos**
	habl**abas**	habl**abais**
	habl**aba**	habl**aban**
Future	hablar**é**	hablar**emos**
	hablar**ás**	hablar**éis**
	hablar**á**	hablar**án**

-er Verbs

Infinitive	Present Participle	Past Participle
vender	vendiendo	vendido

Present	vend**o**	vend**emos**
	vend**es**	vend**éis**
	vend**e**	vend**en**
Preterite	vend**í**	vend**imos**
	vend**iste**	vend**isteis**
	vend**ió**	vend**ieron**
Imperfect	vend**ía**	vend**íamos**
	vend**ías**	vend**íais**
	vend**ía**	vend**ían**
Future	vender**é**	vender**emos**
	vender**ás**	vender**éis**
	vender**á**	vender**án**

Verbs: Regular Verbs (continued)

-ir Verbs

Infinitive	Present Participle	Past Participle
compartir	compartiendo	compartido

Present	compart**o**	compart**imos**
	compart**es**	compart**ís**
	compart**e**	compart**en**
Preterite	compart**í**	compart**imos**
	compart**iste**	compart**isteis**
	compart**ió**	compart**ieron**
Imperfect	compart**ía**	compart**íamos**
	compart**ías**	compart**íais**
	compart**ía**	compart**ían**
Future	compartir**é**	compartir**emos**
	compartir**ás**	compartir**éis**
	compartir**á**	compartir**án**

Command Forms

		tú Commands	**usted** Commands	**ustedes** Commands
-ar Verbs	+	habl**a**	habl**e**	habl**en**
	–	no habl**es**	no habl**e**	no habl**en**
-er Verbs	+	vend**e**	vend**a**	vend**an**
	–	no vend**as**	no vend**a**	no vend**an**
-ir Verbs	+	compart**e**; no	compart**a**; no	compart**an**; no
	–	compart**as**	compart**a**	compart**an**

Subjunctive Forms

-ar Verbs	habl**e**	habl**emos**
	habl**es**	habl**éis**
	habl**e**	habl**en**
-er Verbs	vend**a**	vend**amos**
	vend**as**	vend**áis**
	vend**a**	vend**an**
-er Verbs	compart**a**	compart**amos**
	compart**as**	compart**áis**
	compart**a**	compart**an**

Stem-Changing Verbs

Present Tense

Stem-changing verbs in the present tense change in all forms except **nosotros(as)** and **vosotros(as).**

e → ie

pensar	pi**e**nso	pensamos
	pi**e**nsas	pensáis
	pi**e**nsa	pi**e**nsan

Other **e → ie** stem-changing verbs are **cerrar, comenzar, despertarse, empezar, encender, entender, hervir, perder, preferir, querer** and **recomendar.**

o → ue

poder	p**ue**do	podemos
	p**ue**des	podéis
	p**ue**de	p**ue**den

Other **o → ue** stem-changing verbs are **acostarse, almorzar, costar, doler, dormir, encontrar, envolver, probar** and **volver.**

e → i

servir	s**i**rvo	servimos
	s**i**rves	servís
	s**i**rve	s**i**rven

Other **e → i** stem-changing verbs are **competir, freír, pedir, seguir** and **vestirse.**

u → ue

jugar	j**ue**go	jugamos
	j**ue**gas	jugáis
	j**ue**ga	j**ue**gan

Jugar is the only verb with a **u → ue** stem-change.

Preterite Tense

Stem-changing **-ir** verbs in the present tense also change stems in some forms of the preterite.

e → i

pedir	pedí	pedimos
	pediste	pedisteis
	p**i**dió	p**i**dieron

o → u

dormir	dormí	dormimos
	dormiste	dormisteis
	d**u**rmió	d**u**rmieron

Present Subjunctive

Stem-changing **-ar** and **-er** verbs in the present tense also change stems in the same forms of the subjunctive.

e → ie

pensar	p**ie**nse	pensemos
	p**ie**nses	penséis
	p**ie**nse	p**ie**nsen

o → ue

poder	p**ue**da	podamos
	p**ue**das	podáis
	p**ue**da	p**ue**dan

u → ue

jugar	j**ue**gue	juguemos
	j**ue**gues	juguéis
	j**ue**gue	j**ue**guen

Stem-changing **-ir** verbs in the present tense change stems in *all* forms of the subjunctive.

e → ie, i

preferir	pref**ie**ra	pref**i**ramos
	pref**ie**ras	pref**i**ráis
	pref**ie**ra	pref**ie**ran

o → ue, u

dormir	d**ue**rma	d**u**rmamos
	d**ue**rmas	d**u**rmáis
	d**ue**rma	d**ue**rman

e → i

pedir	p**i**da	p**i**damos
	p**i**das	p**i**dáis
	p**i**da	p**i**dan

Present Participles

Some verbs have stem changes as present participles.

decir	→	d**i**ciendo
dormir	→	d**u**rmiendo
pedir	→	p**i**diendo
poder	→	p**u**diendo
servir	→	s**i**rviendo
venir	→	v**i**niendo
vestir	→	v**i**stiendo

Verbs: Spelling Changes

The following verbs undergo spelling changes in some forms to maintain their pronunciation.

c → qu	**Preterite**	**Subjunctive**	**Command**
buscar			
yo	bus**qu**é	bus**qu**e	
tú	buscaste	bus**qu**es	no bus**qu**es
usted/él/ella	buscó	bus**qu**e	bus**qu**e
nosotros(as)	buscamos	bus**qu**emos	
vosotros(as)	buscasteis	bus**qu**éis	
ustedes/ellos(as)	buscaron	bus**qu**en	bus**qu**en

like **buscar**: explicar, pescar, practicar, publicar, sacar, secar(se), tocar

g → gu	**Preterite**	**Subjunctive**	**Command**
jugar (ue)			
yo	ju**gu**é	jue**gu**e	
tú	jugaste	jue**gu**es	no jue**gu**es
usted/él/ella	jugó	jue**gu**e	jue**gu**e
nosotros(as)	jugamos	ju**gu**emos	
vosotros(as)	jugasteis	ju**gu**éis	
ustedes/ellos(as)	jugaron	jue**gu**en	jue**gu**en

like **jugar**: apagar, investigar, llegar, pagar,

z → c	**Preterite**	**Subjunctive**	**Command**
almorzar (ue)			
yo	almor**c**é	almuer**c**e	
tú	almorzaste	almuer**c**es	no almuer**c**es
usted/él/ella	almorzó	almuer**c**e	almuer**c**e
nosotros(as)	almorzamos	almor**c**emos	
vosotros(as)	almorzasteis	almor**c**éis	
ustedes/ellos(as)	almorzaron	almuer**c**en	almuer**c**en

like **almorzar**: cazar, comenzar, cruzar, empezar

Verbs: Spelling Changes (continued)

i → y	**Present**	**Preterite**
construir		
yo	constru**y**o	construí
tú	constru**y**es	construiste
usted/él/ella	constru**y**e	constru**y**ó
nosotros(as)	construimos	constru**y**eron
vosotros(as)	construís	construisteis
ustedes/ellos(as)	constru**y**en	constru**y**eron

present participle: constru**y**endo

g → j	**Present**	**Subjunctive**	**Command**
proteger			
yo	prote**j**o	prote**j**a	
tú	proteges	prote**j**as	no prote**j**as
usted/él/ella	protege	prote**j**a	prote**j**a
nosotros(as)	protegemos	prote**j**amos	
vosotros(as)	protegéis	prote**j**áis	
ustedes/ellos(as)	protegen	prote**j**an	prote**j**an

like **proteger**: recoger

Verbs: Irregular Verbs

The following verbs are irregular in some forms. The irregular forms are **boldface.**

conocer

Present	**conozco,** conoces, conoce, conocemos, conocéis, conocen

dar

Present	**doy,** das, da, damos, dais, dan
Preterite	**di, diste, dio, dimos, disteis, dieron**
Subjunctive	**dé, des, dé, demos, deis, den**
Commands	da (tú), **no des** (neg. tú), **dé** (usted), **den** (ustedes)

decir

Present	**digo**, dices, dice, decimos, decís, dicen
Preterite	**dije, dijiste, dijo, dijimos, dijisteis, dijeron**
Future	**diré, dirás, dirá, diremos, diréis, dirán**
Commands	**di** (tú), no digas (neg. tú), diga (usted), digan (ustedes)

estar

Present	**estoy**, **estás, está,** estamos, estáis, **están**
Preterite	**estuve, estuviste, estuvo, estuvimos, estuvisteis, estuvieron**
Subjunctive	**esté, estés, esté,** estemos, estéis, **estén**
Commands	está (tú), **no estés** (neg. tú), **esté** (usted), **estén** (ustedes)

hacer

Present	**hago,** haces, hace, hacemos, hacéis, hacen
Preterite	**hice, hiciste, hizo, hicimos, hicisteis, hicieron**
Future	**haré, harás, hará, haremos, haréis, harán**
Commands	**haz** (tú), no hagas (neg. tú), haga (usted), hagan (ustedes)

ir

Present	**voy, vas, va, vamos, vais, van**
Preterite	**fui, fuiste, fue, fuimos, fuisteis, fueron**
Imperfect	**iba, ibas, iba, íbamos, ibais, iban**
Subjunctive	**vaya, vayas, vaya, vayamos, vayáis, vayan**
Commands	**ve** (tú), **no vayas** (neg. tú), **vaya** (usted), **vayan** (ustedes)

leer

Preterite	leí, **leíste, leyó, leímos, leísteis, leyeron**
Progressive	**leyendo**

poder

Preterite	**pude, pudiste, pudo, pudimos, pudisteis, pudieron**
Future	**podré, podrás, podrá, podremos, podréis, podrán**

poner

Present	**pongo,** pones, pone, ponemos, ponéis, ponen
Preterite	**puse, pusiste, puso, pusimos, pusisteis, pusieron**
Future	**pondré, pondrás, pondrá, pondremos, pondréis, pondrán**
Commands	**pon** (tú), no pongas (neg. tú), ponga (usted), pongan (ustedes)

querer

Preterite	**quise, quisiste, quiso, quisimos, quisisteis, quisieron**
Future	**querré, querrás, querrá, querremos, querréis, querrán**

saber

Present	**sé,** sabes, sabe, sabemos, sabéis, saben
Preterite	**supe, supiste, supo, supimos, supisteis, supieron**
Future	**sabré, sabrás, sabrá, sabremos, sabréis, sabrán**
Subjunctive	**sepa, sepas, sepa, sepamos, sepáis, sepan**
Commands	sabe (tú), **no sepas** (neg. tú), **sepa** (usted), **sepan** (ustedes)

salir

Present	**salgo,** sales, sale, salimos, salís, salen
Future	**saldré, saldrás, saldrá, saldremos, saldréis, saldrán**
Commands	**sal** (tú), no salgas (neg. tú), salga (usted), salgan (ustedes)

ser

Present	**soy, eres, es, somos, sois, son**
Preterite	**fui, fuiste, fue fuimos, fuisteis, fueron**
Imperfect	**era, eras, era, éramos, erais, eran**
Subjunctive	**sea, seas, sea, seamos, seáis, sean**
Commands	**sé** (tú), **no seas** (neg. tú), **sea** (usted), **sean** (ustedes)

Verbs: Irregular Verbs (continued)

tener

Present	**tengo, tienes, tiene,** tenemos, tenéis, **tienen**
Preterite	**tuve, tuviste, tuvo, tuvimos, tuvisteis, tuvieron**
Future	**tendré, tendrás, tendrá, tendremos, tendréis, tendrán**
Commands	**ten** (tú), no tengas (neg. tú), tenga (usted), tengan (ustedes)

traer

Present	**traigo,** traes, trae, traemos, traéis, traen
Preterite	**traje, trajiste, trajo, trajimos, trajisteis, trajeron**

venir

Present	**vengo, vienes, viene,** venimos, venís, **vienen**
Preterite	**vine, viniste, vino, vinimos, vinisteis, vinieron**
Future	**vendré, vendrás, vendrá, vendremos, vendréis, vendrán**
Commands	**ven** (tú), no vengas (neg. tú), venga (usted), vengan (ustedes)

ver

Present	**veo,** ves, ve, vemos, veis, ven
Preterite	**vi, viste, vio, vimos, visteis, vieron**
Imperfect	**veía, veías, veía, veíamos, veíais, veían**

Glosario español-inglés

This Spanish-English glossary contains all the active vocabulary words that appear in the text as well as passive vocabulary lists.

A

a to, at
A la(s)... At... o'clock. **I**
a pie on foot **I**
¿A qué hora es/son...? At what time is/are...? **I**
a veces sometimes **2.2**
abierto(a) open
Está abierto(a). It's open. **3.1**
el (la) abogado(a) lawyer **8.2**
abordar to board **1.1**
el abrigo coat **3.1**
abril April **I**
abrir to open **I**
la abuela grandmother **I**
el abuelo grandfather **I**
los abuelos grandparents **I**
aburrido(a) boring **I**
acabar de... to have just... **I**
acampar to camp **I, 1.2**
la acción (*pl.* las acciones) action
el aceite (cooking) oil **5.1**
la aceituna olive
la acera sidewalk **4.2**
acercarse to approach
acompañar to accompany; to go or come with
¿Quieres acompañarme a...? Would you like to come with me to...? **I**
el acontecimiento event, happening
acostarse (ue) to go to bed **I, 2.2**
Pienso acostarme temprano. I plan to go to bed early.
la actitud attitude
la actividad activity **I**
activo(a) active **2.1**
el actor actor **6.1**
la actriz (*pl.* las actrices) actress **6.1**
el acuario aquarium **I**
acuerdo: estar/no estar de acuerdo con to agree/disagree with **7.1**
además de besides, in addition to
Adiós. Goodbye. **I**
adivinar to guess
adjunto(a) attached
¿Adónde? (To) Where? **I**
¿Adónde vas? Where are you going? **I**
adquirir to acquire
la aduana customs
pasar por la aduana to go through customs **1.1**
el aeropuerto airport **1.1**
afectar to affect
afeitarse to shave oneself **I, 2.2**
el (la) aficionado(a) fan, sports fan **I**
la agencia de viajes travel agency **1.1**
el (la) agente agent
el (la) agente de bolsa stockbroker **8.2**
el (la) agente de viajes travel agent **1.1**
agosto August **I**
el (la) agricultor(a) farmer **4.2**
la agricultura agriculture **4.2**
agrio(a) sour **5.1**
el agua (fem.) water **I**
las aguas termales hot springs
el (la) ahijado(a) godchild
ahogado(a) stifled, choked
ahora now **I**
el aire air
al aire libre outside; open-air **I**
el aire puro clean air **8.1**
el ajo garlic **5.1**
al to the **I**
al aire libre outside; open-air **I**
al lado (de) next to **I**
al revés upside down
el ala (fem.) wing
alado(a) winged
alegre happy; upbeat
la alfombra rug **I**
algo something **I, 5.2**
alguien someone **I, 5.2**
algún some **5.2**
Algún día... Some day... **8.2**
alguno(a) some, any **I, 5.2**
allí there **I**
el almacén (*pl.* los almacenes) department store **3.1**
almorzar (ue) to eat lunch **I**
el almuerzo lunch **I**
¿Aló? Hello? (on telephone) **I, 6.2**
el alojamiento lodging **1.2**
el (la) alpinista mountain climber **8.2**
alquilar to rent **I**
alquilar un DVD to rent a DVD **I**
alto(a) tall **I**
la altura height
amable kind
Muy amable. Very kind. **5.2**
amarillo(a) yellow **I**
el ambiente setting
ambos(as) both
el (la) amigo(a) friend **I**
la amistad friendship **7.1**
el amor love
anaranjado(a) orange (color) **I**
andar: andar en patineta to skateboard **I**
el anillo ring **I, 1.2**
la animación animation **6.1**
el ánimo spirit
anoche last night **I**
la anotación (*pl.* las anotaciones) annotation, entry
anteayer the day before yesterday **I, 1.2**
antes (de) before **I**
antiguo(a) ancient **4.2**; old
el anuario yearbook
el anuncio advertisement **7.1**; announcement
añadir to add **5.1**

el año year **I**
¿Cuántos años tienes? How old are you? **I**
el Año Nuevo New Year
el año pasado last year **I, 1.2**
tener... años to be... years old **I**
apagar to turn off
apagar la luz to turn off the light **2.2**
apagarse to go out, to burn out
el apartamento apartment **I**
el apellido last name **7.2**
apenas barely **8.1**
apoyar to support
aprender to learn **I**
aprender el español to learn Spanish **I**
apretado(a) tight (clothing)
los apuntes notes **I**
tomar apuntes to take notes **I**
aquel(aquella) that (over there) **I, 2.1**
aquél(aquélla) that one (over there) **2.1**
aquellos(as) those (over there) **I, 2.1**
aquéllos(as) those (over there) **2.1**
aquí here **I**
el árbol tree **8.1**
el árbol de Navidad Christmas tree
el archivo file
la arena sand
el arete earring **I, 1.2**
el argumento plot **6.1**
el armario closet; armoire **I**
el aro hoop, ring
el arpa folkórica folk harp
el (la) arquitecto(a) architect **8.2**
la arquitectura architecture
el arrecife (de coral) (coral) reef
arreglarse to get ready **2.2**
la arroba at sign (in e-mail address)
el arroz rice **I**
el arte art **I**
el arte interpretativo performance art
los artes marciales martial arts
las bellas artes fine arts
las artesanías handicrafts **I, 1.2**
el (la) artesano(a) artisan, craftsperson
el artículo article **7.1**
los artículos goods, articles **I, 3.2**
los artículos deportivos sporting goods
el (la) artista artist **8.2**
artístico(a) artistic **I**
el asado barbecue
asado(a) roasted
el ascensor elevator **1.2**
el asco disgust
¡Qué asco! How disgusting! **5.1**
asegurar to assure
Te lo aseguro. I assure you. **6.2**
así this way, like this
la asignatura subject (in school)
la aspiradora vacuum cleaner **I**
pasar la aspiradora to vacuum **I**
atender (ie) to attend
atento(a) attentive
Muy atento(a). Very attentive. **5.2**
aterrorizar to terrify, to frighten
el (la) atleta athlete **I**
atlético(a) athletic **I**
las atracciones attractions, sights
ver las atracciones to go sightseeing **1.2**
atraer (atraigo) to attract
el aula (fem.) classroom
aumentar to increase
los autitos chocadores bumper cars **I**
el autobús (*pl.* los autobuses) bus **I**
en autobús by bus **I**
la autoestima self-esteem
el (la) auxiliar de vuelo flight attendant **1.1**
avancemos let's advance, let's move ahead
¡Avanza! Advance!, Move ahead!
avanzado(a) advanced **4.2**
avanzar to advance, to move ahead
la avenida avenue **4.2**
la aventura adventure
el avión (*pl.* aviones) airplane **I**
en avión by plane **I**
¡Ay, por favor! Oh, please! **2.1**
ayer yesterday **I**
la ayuda help
ayudar to help **I**
azteca Aztec **4.1**
el azúcar sugar **5.1**
azul blue **I**

B

la bahía bay
los bailaores flamenco dancers
bailar to dance **I**
el baile dance
bajar to descend **I**
bajo(a) short (height) **I**
el bajo bass guitar
la balsa raft
la banana banana **I**
el banco bank **7.2**
la bandera flag
el bandoneón a type of accordion
bañarse to take a bath **I, 2.2**
el baño bathroom **I**
barato(a) inexpensive **I, 3.2**
el barco boat **I**
en barco by boat **I**
barrer to sweep **I**
barrer el suelo to sweep the floor **I**
el barrio neighborhood **4.2**
el barro mud
el básquetbol basketball (the sport) **I**
bastante quite
la basura trash, garbage **I**
el basurero trash can **8.1**
la batalla battle **4.1**
el bate (baseball) bat **I**
batido(a) beaten **5.2**
batir to beat **5.1**
el bautismo baptism
beber to drink **I**
la bebida beverage, drink **I**
la beca scholarship
el béisbol baseball (the sport) **I**
la belleza beauty
bello(a) beautiful; nice **1.2**
el beneficio benefit
la biblioteca library **I**
el (la) bibliotecario(a) librarian
la bicicleta bicycle **I**
bien well, fine **I**
Bien. ¿Y tú/usted? Fine. And you? (familiar/formal) **I**
Muy bien. ¿Y tú/usted? Very well. And you? (familiar/formal) **I**
bienvenido(a) welcome
el bistec beef **I**
blanco(a) white **I**
el bloqueador de sol sunscreen **I**

la blusa blouse **I**
la boca mouth **I**
la boda wedding
el boleto ticket **I, 1.1**
el boleto de ida y vuelta roundtrip ticket **1.1**
los bolos: jugar a los bolos to go bowling
la bolsa bag; stock market
el (la) bombero(a) firefighter **8.2**
bonito(a) pretty **I**
el boquerón (*pl.* los boquerones) anchovy
el borrador eraser **I**
borrar to erase
el bosque forest; woods **8.1**
el bosque lluvioso rain forest
el bosque nuboso cloud forest
la bota boot **3.1**
el bote boat
¡Bravo! Bravo! **2.1**
el brazo arm **I**
brillante brilliant
el brócoli broccoli **I**
el bronce bronze
el (la) buceador(a) scuba diver **8.2**
bucear to scuba-dive **I**
bueno(a) good **I**
Bueno, ... Well, ...
¿Bueno? Hello? (on phone) **6.2**
Buenos días. Good morning. **I**
Buenas noches. Good evening; Good night. **I**
Buenas tardes. Good afternoon. **I**
¡Buen provecho! Enjoy! **5.2**
Es bueno (que...) It's good (that...) **2.1, 7.1**
buscar to look for **I**

C

el caballero knight
el caballo horse **I**
montar a caballo to ride a horse **I**
la cabeza head **I**
cada each; every
la cadera hip
caer (caigo) to fall
caerse (me caigo) to fall down
el café coffee; café **I**
el cafetal coffee farm
la cafetería cafeteria **I**
el (la) cafetero(a) coffee worker
la caja box
el calamar squid
el calcetín (*pl.* los calcetines) sock **I**
la calculadora calculator **I**
el caldo broth **5.2**
el calendario calendar **4.2**
la calidad quality **I**
cálido(a) warm
caliente hot (temperature) **5.1**
la calle street **I**
el calor heat **I**
Hace calor. It is hot. **I**
tener calor to feel hot **I**
la cama bed **I**
hacer la cama to make the bed **I**
la cámara camera **I**
la cámara de cine movie camera **6.1**
la cámara de video video camera **6.1**
la cámara digital digital camera **I, 6.1**
el (la) camarero(a) (food) server **I**
el (la) camarógrafo(a) cameraman/camerawoman **6.1**
cambiar to change
cambiar de papel to change roles
el cambio change
caminar to walk **I**
la caminata hike **I**
dar una caminata to hike **I, 1.2**
la camisa shirt **I**
la camiseta T-shirt **I**
el campeón (*pl.* los campeones), la campeona champion **I**
el campeonato championship **2.1**
el campo field (sports); the country, countryside **I**
la cancha court (sports) **I**
la cancion song
cansado(a) tired **I**
el cantante singer
cantar to sing **I**
el canto chant, song
la capa de ozono ozone layer **8.1**
captar to capture
la cara face **2.2**
la carne meat **I**
caro(a) expensive **I, 1.2**
¡Qué caro(a)! How expensive! **I**
el (la) carpintero(a) carpenter **8.2**
la carrera race **I**
el carrete reel
el carro car
la carta letter
el (la) cartero(a) mail carrier; postman/postwoman **8.2**
el cartón cardboard **8.1**
la casa house **I**
casarse to get married **4.1**
la cascada waterfall
la cáscara shell
el casco helmet **I**
casi almost **I**
castaño(a) brown (hair) **I**
las castañuelas castanets
la catedral cathedral **4.2**
catorce fourteen **I**
cazar to hunt **4.2**
la cebolla onion **5.1**
celebrar to celebrate **I**
los celos jealousy **4.1**
tener celos (de) to be jealous (of) **4.1**
la cena dinner **I**
cenar to dine, to have dinner **5.1**
las cenizas ashes
el centro center, downtown **I**
el centro comercial shopping center, mall **I**
cepillar to brush
cepillarse los dientes to brush one's teeth **I, 2.2**
el cepillo brush **I, 2.2**
el cepillo de dientes toothbrush **I, 2.2**
la cerámica ceramics; ceramic **I**
de cerámica (made of) ceramic **3.2**
cerca (de) near (to) **I**
el cerdo pork
la chuleta de cerdo pork chop **5.2**
el cereal cereal **I**
cero zero **I**
cerrado(a) closed
Está cerrado(a). It's closed. **3.1**
cerrar (ie) to close **I**
el césped grass, lawn **I**
cortar el césped to cut the grass **I**
el chaleco vest **3.1**
el champú shampoo **I, 2.2**
la chaqueta jacket **I**
el charango small guitar-like instrument
¡Chau! Bye!
la chica girl **I**
el chico boy **I**
el ciclismo bicycle racing, cycling **2.1**

el ciclo cycle
el ciclo de vida life cycle
cien one hundred **I**
la ciencia ficción science fiction
las ciencias science **I**
el (la) científico(a) scientist **8.2**
cierto(a) true
(No) Es cierto que... It is (not) true that... **8.1**
la cima peak
cinco five **I**
cincuenta fifty **I**
el cine movie theater; the movies **I**
la estrella de cine movie star **6.1**
el cinturón (*pl.* los cinturones) belt **3.1**
la cita appointment
tener una cita to have an appointment **7.2**
la ciudad city **I, 4.2**
la ciudad universitaria campus
la civilización (*pl.* las civilizaciones) civilization **4.2**
Claro. Of course.
¡Claro que sí! Of course! **I, 6.2**
la clase class, classroom **I**; kind, type
los claves percussion sticks
el clima climate; weather
el coche car **I**; carriage
en coche by car **I**
el coche tirado por caballos horse-drawn carriage
el cochinillo suckling pig
cocido(a) cooked **5.2**
la cocina kitchen **I**
cocinar to cook **I**
el codo elbow **2.2**
la cola tail
hacer cola to get in line **1.1**
el colegio high school
colgar (ue) to hang
el collar necklace **I, 1.2**
el color color
¿De qué color es/son...? What color is/are...?
colorido(a) colorful
el columpio swing, swingset
la comedia comedy **6.1**
el comedor dining room **I**
comenzar (ie) to begin **I**
comer to eat **I**
comer al aire libre to picnic, to eat outside **I**
cómico(a) funny **I**
la comida meal; food **I**
como as, like; since
¿Cómo...? How...? **I**
¿Cómo? What?
¿Cómo eres? What are you like? **I**
¿Cómo está usted? How are you? (formal) **I**
¿Cómo estás? How are you? (familiar) **I**
¿Cómo llego a...? How do I get to...? **4.2**
¿Cómo me queda(n)? How does it (do they) fit me? **3.1**
¡Cómo no! Of course! **6.2**
¿Cómo se llama? What's his/her/your (formal) name? **I**
¿Cómo te llamas? What's your name? (familiar) **I**
la cómoda dresser **I**
los compadres godparents and parents, in relation to each other
el (la) compañero(a) companion, partner
el (la) compañero(a) de equipo teammate **7.2**
la compañía company, business
comparar to compare
compartir to share **I**
la competencia competition **2.1**
competir (i, i) to compete **2.1**
comprar to buy **I**
comprender to understand **I**
¿Comprendiste? Did you understand?
la computación computer studies
la computadora computer **I**
común common
la comunidad community **7.1**
con with **I**
Con mucho gusto. With pleasure. **3.2**
Con permiso. Excuse me. **3.2**
el concierto concert **I**
el concurso contest
conectar to connect **I**
conectar a Internet to connect to the Internet **I**
confirmar: confirmar el vuelo to confirm a flight **1.1**
conmigo with me **I, 3.1**
conocer (conozco) to know, to be familiar with; to meet **I**
conocido(a) known
muy conocido(a) well-known
el conocimiento knowledge **8.2**
conseguir (i, i) (consigo) to manage, to get
el (la) consejero(a) adviser
los consejos advice
conservar to conserve **8.1**; to keep
considerar to consider
construir to build **4.2**
el (la) consultor(a) consultant
el (la) consultor(a) de informática IT consultant
el consultorio doctor's/dentist's office **7.2**
el (la) consumidor(a) consumer **8.1**
la contaminación contamination; pollution **8.1**
contar (ue) to tell (a story) **4.1**
contar con to count on
contento(a) happy **I**
contestar to answer **I**
contigo with you (familiar) **I, 3.1**
contra against
el contrabajo double bass
la contraseña password
el contraste contrast
convencer to convince
¡Estoy convencido(a)! I'm convinced! **6.2**
convertirse en to turn into
la Copa Mundial World Cup **2.1**
el corazón (*pl.* los corazones) heart **I**
la corbata tie, necktie **6.2**
el corbatín (*pl.* los corbatines) bow tie **6.2**
el cordero lamb
la cordillera mountain range
corregir (i, i) (corrijo) to correct
el correo post office **7.2**
el correo electrónico e-mail **I**
correr to run **I**
el corrido Mexican ballad
cortar to cut **I**
cortar el césped to cut the grass **I**
el cortejo courtship
la cortina curtain **I**
corto(a) short (length) **I**
la cosa thing **I**
la costa coast
costar (ue) to cost **I**
¿Cuánto cuesta(n)? How much does it (do they) cost? **I**
Cuesta(n)... It (They) cost(s)... **I**

crear to create
crecer (crezco) to grow; to grow up
creer to believe, to think
Creo que sí/no. I think/don't think so. **3.1**
la crema de afeitar shaving cream **2.2**
criar to raise, to bring up
el crimen crime
la crítica review **6.2**
crudo(a) raw **5.2**
la cruz (*pl.* las cruces) cross
cruzar to cross **4.2**
el cuaderno notebook **I**
la cuadra city block **4.2**
el cuadro square; painting
de cuadros plaid **3.1**
¿Cuál es la especialidad de la casa? What is the specialty of the house? **5.2**
¿Cuál(es)? Which?; What? **I**
¿Cuál es la fecha? What is the date? **I**
¿Cuál es tu/su número de teléfono? What is your phone number? (familiar/formal) **I**
cualquier any
cuando when **I**
¿Cuándo? When? **I**
cuánto(a) how much **I**
¿Cuánto cuesta(n)? How much does it (do they) cost? **I**
cuántos(as) how many **I**
¿Cuántos(as)...? How many...? **I**
¿Cuántos años tienes? How old are you? **I**
cuarenta forty **I**
cuarto quarter **I**
el cuarto room; bedroom **I**
...y cuarto quarter past... (the hour) **I**
cuarto(a) fourth **I**
cuatro four **I**
cuatrocientos(as) four hundred **I**
la cuchara spoon **5.2**
el cuchillo knife **5.2**
el cuello neck **2.2**
la cuenta bill (in a restaurant) **I**
el cuero leather
de cuero (made of) leather **3.2**
el cuerpo body **I**
la cuestión (*pl.* las cuestiones) question, issue **7.1**
la cueva cave
cuidar to care for, to take care of
el cultivo cultivation
la cultura culture
el cumpleaños birthday **I**
¡Feliz cumpleaños! Happy birthday! **I**
la cuñada sister-in-law **7.2**
el cuñado brother-in-law **7.2**
la cura cure **8.2**
curar to cure
curioso(a) curious

D

¡Dale! Come on! **2.1**
la danza dance
la danza folklórica folk dance
dañar to damage **8.1**
el daño damage
dar (doy) to give **I**
dar lo mismo to be all the same
dar una caminata to hike **I, 1.2**
darle de comer al perro to feed the dog **I**
dar una fiesta to give a party **I**
Me da miedo. It scares me. **6.1**
Quisiera dar las gracias a... I would like to thank... **6.2**
los datos information
de of, from **I**
de la mañana in the morning (with a time) **I**
de madera/oro/plata (made of) wood/gold/silver **I**
de la noche at night (with a time) **I**
de la tarde in the afternoon (with a time) **I**
de moda in style, fashionable
De nada. You're welcome. **3.2**
de vacaciones on vacation **I**
¿De veras?, ¿De verdad? Really?
de vez en cuando once in a while **I**
debajo (de) underneath, under **I**
deber should, ought to **I**
décimo(a) tenth **I**
decir to say **I**
¿Diga? Hello? (on phone) **6.2**
también se dice... you can also say...
¡Te digo la verdad! I'm telling you the truth! **6.2**
la decoración (*pl.* las decoraciones) decoration **I**
decorar to decorate **I**
el dedo finger **2.2**
el dedo del pie toe **2.2**
la deforestación deforestation **8.1**
dejar to leave
dejar de to stop, to leave off
dejar un mensaje to leave a message **I, 6.2**
Le dejo... en... I'll give... to you for... (a price) **I, 1.2**
¿Me deja ver? May I see? **I, 3.2**
del (de la) of, from the **I**
delante (de) in front (of) **I**
delgado(a) thin
delicioso(a) delicious **5.1**
demasiado too; too much **I, 1.2**
el (la) dentista dentist **8.2**
dentro (de) inside (of) **I**
los deportes sports **I**
el (la) deportista sportsman/woman **2.1**
deportivo(a) sports, sporting
deprimido(a) depressed **I**
derecho straight
seguir derecho to go straight **4.2**
el derecho law (as subject, career)
derecho(a) right (direction)
doblar a la derecha to turn right **4.2**
el desarrollo development
el desastre disaster
desayunar to have breakfast **5.1**
el desayuno breakfast **I**
descansar to rest **I**
descargar to download
describir to describe **7.1**
descubrir to discover **8.2**
desde from **4.2**; since
desear to wish, to want
el deseo desire
el desfile parade
deslizarse to slide
el desodorante deodorant **2.2**
desorganizado(a) disorganized **I**
despertarse (ie) to wake up **I, 2.2**
después (de) afterward; after **I**
el destino destination
la destrucción destruction **8.1**
destruir to destroy
el detalle detail
el (la) detective detective **8.2**
detenerse to stop
detrás (de) behind **I**

el día day **I**
Algún día... Some day... **8.2**
Buenos días. Good morning. **I**
los días festivos holidays
¿Qué día es hoy? What day is today? **I**
todos los días every day **I**
diario(a) daily
dibujar to draw **I**
el dibujo drawing
diciembre December **I**
diecinueve nineteen **I**
dieciocho eighteen **I**
dieciséis sixteen **I**
diecisiete seventeen **I**
el diente tooth **2.2**
la dieta diet
seguir una dieta balanceada to follow a balanced diet **2.1**
diez ten **I**
diferente different
difícil difficult **I**
¿Diga? Hello? (phone)
el dinero money **I**
el dinero en efectivo cash **1.2**
el dios god **4.1**
la diosa goddess **4.1**
la dirección (*pl.* las direcciones) address **I**
la dirección electrónica e-mail address **I, 6.2**
las direcciones directions
el (la) director(a) principal **I**; director **6.1**
el disco compacto compact disc **I**
quemar un disco compacto to burn a CD **I**
Disculpe. Excuse me; I'm sorry. **3.2**
discutir to argue **7.2**
el (la) diseñador(a) designer **8.2**
el diseño design
el disfraz (*pl.* los disfraces) costume
disfrutar (de) to enjoy
distinto(a) distinct, different
divertido(a) fun **I**
¡Qué divertido! How fun! **I**
doblar to turn **4.2**; to fold
doblar a la derecha/a la izquierda to turn right/left **4.2**
doce twelve **I**
el (la) doctor(a) doctor **8.2**
el documental documentary **6.1**
el dólar dollar **I**
doler (ue) to hurt, to ache **I**
domingo Sunday **I**
donde where
¿Dónde? Where? **I**
¿De dónde eres? Where are you from? (familiar) **I**
¿De dónde es? Where is he/she from? **I**
¿De dónde es usted? Where are you from? (formal) **I**
Por favor, ¿dónde queda...? Can you please tell me where ... is? **1.1**
dorado(a) golden
dormir (ue, u) to sleep **I**
dormirse (ue, u) to fall asleep **I, 2.2**
dos two **I**
doscientos(as) two hundred **I**
el drama drama **6.1**
la ducha shower
ducharse to take a shower **I, 2.2**
dulce sweet **5.1**
durante during **I**
durar to last
el DVD DVD **I**

E

el ecoturismo ecotourism
el edificio building **4.2**
editar to edit **6.1**
el (la) editor(a) editor **7.1**
la educación education
los efectos especiales special effects **6.1**
el ejemplo example
el ejercicio exercise
hacer ejercicio to exercise **2.1**
el ejército army **4.1**
él he; him **I, 3.1**
el elemento element
ella she; her **I, 3.1**
ellos(as) they; them **I, 3.1**
emocionado(a) excited **I**
Estoy muy emocionado(a). I'm overcome with emotion. **6.2**
emparejar to match
empatado(a) tied (a score)
estar empatado to be tied **2.1**
el emperador emperor **4.1**
empezar (ie) to begin **I**
en in **I**; on
en autobús by bus **I**
en avión by plane **I**
en barco by boat **I**
en coche by car **I**
en línea online **I**
en tren by train **I**
enamorado(a) in love
estar enamorado(a) de to be in love with **4.1**
encantado(a) magical, enchanted
Encantado(a). Delighted; Pleased to meet you. **I**
encantar to delight **3.1**
Me encanta... I love...
Sí, me encantaría. Yes, I would love to. **6.2**
encender (ie) to light; to turn on
encender (ie) la luz to turn on the light **2.2**
encima (de) on top (of) **I**
encontrar (ue) to find **I**
encontrarse (ue) to find oneself
la encuesta survey
el (la) enemigo(a) enemy **4.1**
enero January **I**
la enfermedad sickness, disease
el (la) enfermero(a) nurse **8.2**
enfermo(a) sick **I**
el enlace link
en línea online **I**
estar en línea to be online **I, 6.2**
enojado(a) angry **I**
enojarse to get angry **7.2**
enorme huge, enormous
la ensalada salad **I**
enseñar to teach **I**
entender (ie) to understand **I**
entenderse (ie) to understand each other **7.2**
entenderse bien understand each other well **7.2**
entenderse mal misunderstand each other **7.2**
entonces then; so **I, 2.2**
la entrada ticket **I**
entrar to enter
entre between **4.2**
el entremés (*pl.* los entremeses) appetizer **5.2**
el (la) entrenador(a) coach
el (la) entrenador(a) de deportes coach **7.2**
el entrenamiento training
entrenarse to train **2.2**

la entrevista interview **7.1**
entrevistar to interview **7.1**
envolver (ue) to wrap **I**
el equipaje luggage **1.1**
  facturar el equipaje to check one's luggage **1.1**
el equipo team **I**
escalar montañas to climb mountains **8.2**
la escalera stairs **I**
la escena scene **6.1**
el escenario set, movie set
escoger (escojo) to choose
escolar school, school-related **7.1**
escribir to write **I**
  escribir correos electrónicos to write e-mails **I**
el (la) escritor(a) writer **7.1**
el escritorio desk **I**
la escritura writing
escuchar to listen (to) **I**
  escuchar música to listen to music **I**
la escuela school **I**
  la escuela secundaria high school
la escultura sculpture **3.2**
ese(a) that... (there) **I, 2.1**
ése(a) that one (there) **2.1**
esos(as) those... (there) **I, 2.1**
ésos(as) those (there) **2.1**
la espada sword
los espaguetis spaghetti **5.2**
el español Spanish **I**
el espanto fright, terror
especial special
la especialidad specialty **5.2**
  la especialidad de la casa specialty of the house **5.2**
la especie species
  las especies en peligro de extinción endangered species **8.1**
el espejo mirror **I**
esperar to wait (for) **I, 6.1**
las espinacas spinach **5.1**
el espíritu spirit
la esposa wife **7.2**
el esposo husband **7.2**
esquiar to ski
la esquina corner
  en la esquina on the corner **4.2**
el establecimiento establishment
la estación (*pl.* las estaciones) season **I**; station
  la estación de tren train station **1.1**
el estadio stadium **I**
la estancia ranch
el estante shelf
estar to be **I**
  ¿Está...? Is... there? **I, 6.2**
  Está abierto(a)/cerrado(a). It's open/closed. **3.1**
  ¿Está bien? OK?
  estar de vacaciones to be on vacation **1.2**
  estar en línea to be online **I, 6.2**
  estar/no estar de acuerdo con to agree/disagree with **7.1**
  No, no está. No, he's/she's not here. **I, 6.2**
la estatua statue **4.2**
la estatuilla statuette
el este east
este(a) this... (here) **I, 2.1**
éste(a) this one **2.1**
el estilo style
el estómago stomach **I**
estos(as) these... (here) **I, 2.1**
éstos(as) these **2.1**
estrecho(a) narrow
la estrella star
  la estrella de cine movie star **6.1**
estremecerse to shudder
estrenar to premiere **6.2**
el estreno premiere **6.2**
el estuco stucco
el (la) estudiante student **I**
  el (la) estudiante de intercambio exchange student
estudiar to study **I**
el estudio study
estudioso(a) studious **I**
eterno(a) eternal
el euro euro **I**
evitar to avoid
el examen (*pl.* los exámenes) test, exam **I**
la excavación (*pl.* las excavaciones) excavation **4.2**
Excelente! Excellent! **5.2**
la excursión (*pl.* las excursiones) day trip; tour
  hacer una excursión to go on a day trip **1.2**
el éxito success
  tener éxito to be successful **6.1**
explicar to explain **7.1**
expresar to express
la extinción extinction

F

la fachada facade, front of a building
fácil easy **I**
fácilmente easily
facturar el equipaje to check one's luggage **1.1**
la falda skirt **3.1**
falso(a) false
la familia family **I**
famoso(a) famous **6.1**
la fantasía fantasy
la farmacia pharmacy, drug store **3.1**
el faro lighthouse
favorito(a) favorite **I**
febrero February **I**
la fecha date **I**
  ¿Cuál es la fecha? What is the date? **I**
  la fecha de nacimiento birth date **I**
¡Felicidades! Congratulations!
feliz happy
  ¡Feliz cumpleaños! Happy birthday! **I**
feo(a) ugly **I**
la feria fair **I**
fiesta party; holiday
  la fiesta de sorpresa surprise party **I**
  la fiesta nacional national holiday
el filete al la parrilla grilled steak **5.2**
filmar to film **6.1**
el fin end
  el fin de semana weekend **I, 6.2**
  por fin finally **I, 2.2**
  sin fines lucrativos nonprofit
fino(a) fine, of high quality **3.2**
el flan custard **5.2**
la flauta flute
flojo(a) loose (clothing)
la flor flower
el follaje foliage
el fondo back; bottom
fortalecer to strengthen
la foto photo, picture **I**
  tomar fotos to take photos **I, 1.2**
el (la) fotógrafo(a) photographer **7.1**
fracasar to fail **6.1**
el fracaso failure
la frecuencia frequency
frecuente frequent
frecuentemente frequently **2.2**

freír (i) to fry **5.1**
el frente front
en frente de in front of
frente a across from **4.2**
la fresa strawberry **5.1**
fresco(a) fresh **5.1**
los frijoles beans **I**
el frío cold **I**
Hace frío. It is cold. **I**
tener frío to be cold (person) **I**
frito(a) fried **5.2**
la fruta fruit **I**
el fuego fire
los fuegos artificiales fireworks
la fuente source; fountain
fuerte strong **I**
el (la) fundador(a) founder
fundar to found
el fútbol soccer (the sport) **I**
el fútbol americano football (the sport) **I**
el futuro future
En el futuro... In the future... **8.2**
futuro(a) future

G

la gala gala; formal party **6.2**
la galleta cookie **I**
el (la) ganadero(a) cattle rancher
el ganado cattle
ganador(a) winning
el (la) ganador(a) winner **I**
ganar to win **I**
ganarse la vida como... to earn a living as... **8.2**
el gancho hook
(una) ganga bargain (a) **3.2**
la garganta throat **2.2**
el (la) gato(a) cat **I**
el gazpacho cold tomato soup **5.2**
generalmente generally; in general **2.2**
el género genre
generoso(a) generous **7.2**
la gente people **6.1**
la gimnasia gymnastics
el gimnasio gymnasium **I**
el glaciar glacier
el globo balloon **I**
el gol goal (in sports)
golpear to hit
la goma rubber
la gorra cap **3.1**
el gorro winter hat **I**
el grabado sobre madera wood engraving
Gracias. Thank you. **I**
Gracias por atenderme. Thank you for your service. **5.2**
Muchas gracias. Thank you very much. **I**
Quisiera dar las gracias a... I would like to thank... **6.2**
la gramática grammar
grande big, large **I**
el grupo group
el guante glove **I**
guapo(a) good-looking **I**
guardar to put way, to keep
la guerra war **4.1**
el (la) guerrero(a) warrior **4.1**
el (la) guía guide
el guión (*pl.* los guiones) screenplay **6.1**
el (la) guionista screenwriter **6.1**
el güiro a scored gourd-like instrument played with a music fork or a percussion stick
el guisante pea
la guitarra guitar **I**
el guitarrón acoustic bass guitar
gustar to like **I**
Me gusta... I like... **I**
Me gustaría... I would like... **I, 1.2**
No me gusta... I don't like... **I**
¿Qué profesión te gustaría tener? What do you want to be? **8.2**
¿Qué te gusta hacer? What do you like to do? **I**
¿Te gusta...? Do you like...? **I**
¿Te gustaría...? Would you like...? **I**
el gusto pleasure **I**
Con mucho gusto. With pleasure. **3.2**
El gusto es mío. The pleasure is mine. **I**
Mucho gusto. Nice to meet you. **I**

H

haber to have
ha habido... there has/have been...
Había una vez... Once upon a time there was/were... ... **4.1**
No hay de qué. Don't mention it. **3.2**
la habitación (*pl.* las habitaciones) hotel room **1.2**
la habitación doble double room **1.2**
la habitación individual single room **1.2**
hablar to talk, to speak **I**
hablar por teléfono to talk on the phone **I**
¿Puedo hablar con... ? May I speak to...? **I, 6.2**
hacer (hago) to make, to do
Hace calor. It is hot. **I**
Hace frío. It is cold. **I**
Hace muchos siglos... Many centuries ago...
Hace sol. It is sunny. **I**
Hace viento. It is windy. **I**
hacer clic en to click on **I, 6.2**
hacer cola to get in line **1.1**
hacer ejercicio to exercise **2.1**
hacer esquí acuático to water-ski **I**
hacer la cama to make the bed **I**
hacer la maleta to pack a suitcase **1.1**
hacer la tarea to do homework **I**
hacer surf de vela to windsurf **I**
hacer surfing to surf, to go surfing **I**
hacer un papel to play a role **6.1**
hacer un viaje to take a trip **I, 1.1**
hacer una excursión to go on a day trip **1.1**
hecho(a) a mano handmade **3.2**
Me hace llorar. It makes me cry. **6.1**
Me hace reír. It makes me laugh. **6.1**
¿Qué hicieron ustedes? What did you do? (*pl.*, formal) **I**
¿Qué hiciste? What did you do? (*sing.*, familiar) **I**
¿Qué tiempo hace? What is the weather like? **I**
hacerse (me hago) to become
el hambre hunger
tener hambre to be hungry **I**
la hamburguesa hamburger **I**
la harina flour
hasta to **4.2**; until
Hasta luego. See you later. **I**
Hasta mañana. See you tomorrow. **I**

hay... there is/are... **I**
hay que... one has to..., one must... **I**
la heladería ice cream shop **5.2**
el helado ice cream **I**
la herencia heritage
herido(a) hurt **I**
la hermana sister **I**
el hermano brother **I**
los hermanos brothers, brother(s) and sister(s) **I**
hermoso(a) handsome; pretty **4.1**
el héroe hero **4.1**
heroico(a) heroic **4.1**
la heroína heroine **4.1**
la herramienta tool **4.2**
hervido(a) boiled **5.2**
hervir (ie) to boil **5.1**
la hierba herb
la hija daughter **I**
el hijo son **I**
los hijos children, son(s) and daughter(s) **I**
la historia history **I**; story
histórico(a) historic; historical **4.1**
Hola. Hello., Hi. **I**
el hombre man **I**
el hombre de negocios businessman **8.2**
el hombro shoulder **2.2**
el homenaje homage
honrar to honor
la hora hour; time **I**
¿A qué hora es/son...? At what time is/are...? **I**
¿Qué hora es? What time is it? **I**
el horario schedule **I**
horrible horrible **I**
el hostal hostel; inn **1.2**
el hotel hotel **I, 1.2**
hoy today **I**
hoy en día nowadays
¿Qué día es hoy? What day is today? **I**
Hoy es... Today is . . . **I**
la huella footprint
el huevo egg **I**
húmedo(a) humid
el huracán (*pl.* los huracanes) hurricane

I

el icono icon **I, 6.2**
la idea idea
Es buena idea/mala idea. It's a good idea/bad idea. **3.1**
ideal ideal **I**
la identificación identification, ID **1.1**
el idioma language
el idioma castellano the Spanish language
la iglesia church
Igualmente. Same here; Likewise. **I**
la imagen (*pl.* las imágenes) image
impaciente impatient **7.2**
la importancia importance
importante important **I**
Es importante (que...) It's important (that...) **2.1, 7.1**
importar to be important, to matter **3.1**
el incendio forestal forest fire **8.1**
incluir to include
incontable countless
indígena indigenous, native
la influencia influence
influir to influence
la información information **7.1**
el (la) ingeniero(a) engineer **8.2**
el inglés English **I**
el ingrediente ingredient **5.1**
inolvidable unforgettable
el instrumento de viento wind instrument
inteligente intelligent **I**
intentar to try
el interés (*pl.* los intereses) interest
interesante interesting **I**
interesar to interest **3.1**
Internet Internet **I, 3.1**
conectar a Internet to connect to the Internet **I**
navegar por Internet to surf the Web **I**
por Internet on the Internet
investigar to investigate **7.1**
el invierno winter **I**
la invitación (*pl.* las invitaciones) invitation **6.2**
los invitados guests **I**
invitar to invite **I**
invitar a (alguien) to invite (someone) **I**
Te invito. I invite you; I'll treat you. **I**
ir to go **I**
ir a... to be going to... **I**
ir de compras to go shopping **I**
ir de vacaciones to go on vacation **1.1**
Vamos a... Let's... **I**
irse to go; to leave **7.2**
la isla island
el itinerario itinerary **1.1**
izquierdo(a) left (direction)
doblar a la izquierda to turn left **4.2**

J

el jabón (*pl.* los jabones) soap **I, 2.2**
el jamón ham **I**
el jarabe syrup
el jardín (*pl.* los jardines) garden **I**
los jardines botánicos botanical gardens
los jeans jeans **I**
joven (*pl.* jóvenes) young **I**
el (la) joven (*pl.* los jóvenes) young man/woman **4.1**
las joyas jewelry **I, 1.2**
la joyería jewelry store **3.1**
el juego game
los Juegos Olímpicos Olympic Games **2.1**
los Juegos Panamericanos Panamerican Games **2.1**
jueves Thursday **I**
el (la) jugador(a) player **I**
jugar (ue) to play (sports or games) **I**
jugar a los bolos to go bowling
jugar al fútbol to play soccer **I**
jugar en equipo to play on a team **2.1**
el jugo juice **I**
el jugo de naranja orange juice **I**
julio July **I**
junio June **I**
junto(a) together
jurar to swear (an oath)
¡Te lo juro! I swear to you! **6.2**

L

el lado side
al lado (de) next to **I**
por un lado... por otro lado on the one hand... on the other hand **7.1**
el lago lake
la lámpara lamp **I**
el lápiz (*pl.* los lápices) pencil **I**
largo(a) long
una lástima a shame, a pity
¡Qué lástima! What a shame! **I, 6.2**
lavar to wash **I**
lavarse to wash oneself **I, 2.2**
lavarse el pelo to wash one's hair
lavar los platos to wash the dishes **I**
lavarse la cara to wash one's face **I**
la lección (*pl.* las lecciones) lesson
la leche milk **I**
la lechuga lettuce **5.1**
el lector DVD DVD player **I**
la lectura reading
leer to read **I**
lejos (de) far (from) **I**
lentamente slowly
lento(a) slow **2.1**
la letra lyrics
levantar to lift **I**; to raise
levantar pesas to lift weights **I**
levantarse to get up **I, 2.2**
la leyenda legend **4.1**
la libertad liberty, freedom
la libra pound (weight)
la librería bookstore **3.1**
el libro book **I**
el liceo high school
el limón (*pl.* los limones) lemon **5.1**
limpiar to clean **I**
limpio(a) clean **I**
la línea line
en línea online **I**
listo(a) ready
la llama flame
en llamas on fire, burning
la llamada phone call **I**
llamar to call
llamar a alguien to call someone (by phone) **I, 1.1**
llamarse to be called
¿Cómo se llama? What's his/her/your (formal) name? **I**
¿Cómo te llamas? What's your name? (familiar) **I**
Me llamo... My name is... **I**
Se llama... His/Her name is . . . **I**
el llano prairie, plain
la llave key **1.2**
la llegada arrival **1.1**
llegar to arrive **I**
¿Cómo llego a...? How do I get to...? **4.2**
llenar to fill (up)
llevar to take, to carry **4.1**; to wear **I**
llevarse
llevarse bien to get along well **7.2**
llevarse mal not to get along **7.2**
llorar to cry **4.1**
Me hace llorar. It makes me cry. **6.1**
llover (ue) to rain **I**
la lluvia rain
Lo siento. I'm sorry. **I**
lograr to achieve
luego later; then **I, 2.2**
Hasta luego. See you later. **I**
el lugar place **I**
tener lugar to take place
la luna moon
lunes Monday **I**
el lunfardo an Argentine slang
la luz (*pl.* las luces) light
apagar la luz to turn off the light **2.2**
encender la luz to turn on the light **2.2**

M

la madera wood **I**
de madera (made of) wood **I, 3.2**
la madrastra stepmother **I**
la madre mother **I**
la madrina godmother **7.2**
la madrugada dawn
el (la) maestro(a) teacher **I**
el maíz corn
mal badly
Mal. ¿Y tú/usted? Bad. And you? (familiar/formal) **I**
la maleta suitcase **1.1**
hacer la maleta to pack a suitcase **1.1**
malo(a) bad **I**
Es malo que... It's not good that... **7.1**
mañana tomorrow **I**
Hasta mañana. See you tomorrow. **I**
Mañana es... Tomorrow is ... **I**
la mañana morning **I**
de la mañana in the morning (with a time) **I**
mandar to send **I**
mandar tarjetas postales to send postcards **1.2**
el mandato command
la manga sleeve
la mano hand **I**
(estar) hecho(a) a mano (to be) handmade **3.2**
mantener (ie) to maintain, to keep
mantenerse en forma to stay in shape **2.1**
la manzana apple **I**
el mapa map **I**
el maquillaje makeup **6.1**
maquillarse to put on makeup **I, 2.2**
la máquina machine
el mar sea **I**
la marímbula wooden box with metal keys
la mariposa butterfly
los mariscos shellfish
marrón (*pl.* marrones) brown **I**
martes Tuesday **I**
marzo March **I**
más more **I**; plus, in addition to
más de... more than (with numbers) **7.2**
Más o menos. ¿Y tú/usted? So-so. And you? (familiar/formal) **I**
más que... more than... **I, 7.2**
más... que more... than **I, 7.2**
más tarde later (on) **I, 2.2**
la máscara mask; masquerade
la mascota pet
las matemáticas math **I**
la materia subject (in school)
el matrimonio marriage
mayo May **I**
la mayonesa mayonnaise **5.1**
mayor older **I, 7.2**
la medalla medal
la medalla de oro/plata/bronce gold/silver/bronze medal
el (la) médico(a) doctor
el medio medium
en medio de in the middle of

medio(a) half
el medio ambiente environment **8.1**
... y media half past... (the hour) **I**
mejor better **I, 7.2**
mejorar to improve **8.2**
la memoria memory
menor younger **I, 7.2**
menos less
...menos (diez) (ten) to/before... (the hour) **I**
menos de... less than... (with numbers) **7.2**
menos que... less than... **I, 7.2**
menos... que less... than **I, 7.2**
el mensaje lesson; message **4.1**
dejar un mensaje to leave a message **I, 6.2**
mensaje instantáneo instant message
el mensajero instantáneo instant messaging **I, 6.2**
el menú menu **I**
el mercado market **I**
el mercado al aire libre open-air market **1.2**
la merienda afternoon snack **5.1**
el mes month **I**
el mes pasado last month **1.2**
la mesa table **I**
poner la mesa to set the table **I**
la meta goal
el metal metal, brass section
de metal (made of) metal **3.2**
meter: meter un gol to score a goal **2.1**
el metro subway; meter
la mezcla mixture
mezclado(a) mixed **5.2**
mezclar to mix **5.1**
mi my **I**
mí me **I, 3.1**
el micrófono microphone **6.1**
el miedo fear **I**
Me da miedo. It scares me. **6.1**
¡Qué miedo! How scary! **I**
tener miedo to be afraid **I**
la miel honey
el miembro member
mientras tanto meanwhile
miércoles Wednesday **I**
mil thousand, one thousand **I**
el milagro miracle
el (la) militar soldier
millón: un millón (de) million, one million **I**
el minuto minute **I**
mirar to watch **I**; to look (at)
mirar la televisión to watch television **I**
mismo(a) same
la mochila backpack **I**
la moda style, fashion
estar de moda to be in style **3.1**
moderno(a) modern **4.2**
molido(a) ground (up) **5.2**
el momento moment
Un momento. One moment. **I**
el mono monkey
la montaña mountain **4.1**
la montaña rusa roller coaster **I**
montar to ride **I**
montar a caballo to ride a horse **I, 1.2**
montar en bicicleta to ride a bike **I**
el monumento monument **4.2**
morir (ue, u) to die **4.1**
la mostaza mustard **5.1**
mostrar (ue) to show
la muchacha girl
el muchacho boy
mucho a lot **I**
Mucho gusto. Nice to meet you. **I**
muchos(as) many **I**
muchas veces often, many times **I**
mudarse to move, to relocate
los muebles furniture **I**
la mujer woman **I**
la mujer de negocios businesswoman **8.2**
el (la) mulo(a) mule
mundial world, of the world
el mundo world **8.1**
la muñeca wrist **2.2**
musculoso(a) muscular **2.1**
el museo museum **I**
la música music **I**
la música folklórica folk music
la música rock rock music **I**
el músico musician
muy very **I**
Muy bien. ¿Y tú/usted? Very well. And you? (familiar/formal) **I**

N

nacer (nazco) to be born
el nacimiento birth
nada nothing **I, 5.2**
De nada. You're welcome. **I, 3.2**
nadar to swim **I**
nadie no one, nobody **I, 5.2**
la naranja orange (fruit) **I**
la nariz (*pl.* las narices) nose **I**
la narración narration **4.1**
la natación swimming **I**
la naturaleza nature **8.1**
navegar por Internet to surf the Web **I**
la Navidad Christmas
la neblina fog
necesario(a) necessary
Es necesario (que...) It's necessary (that...) **2.1, 7.1**
necesitar to need **I**
el negocio business
el hombre/la mujer de negocios businessman/businesswoman **8.2**
negro(a) black **I**
nervioso(a) nervous **I**
nevar (ie) to snow **I**
ni... ni neither... nor **I, 5.2**
la nieve snow
la niñez childhood
ningún none, not any **5.2**
ninguno(a) none, not any **I, 5.2**
el (la) niño(a) child **7.2**
el nivel level
no no **I**
no sólo... sino también... not only... but also... **7.1**
la noche night; evening **I**
Buenas noches. Good evening; Good night. **I**
de la noche at night (with a time) **I**
el nombre name
normalmente normally; usually **I, 2.2**
el norte north
nosotros(as) we; us **I, 3.1**
la nota grade (on a test) **I**
sacar una buena/mala nota to get a good/bad grade **I**
las noticias news **7.1**
novecientos(as) nine hundred **I**
la novela novel
noveno(a) ninth **I**
noventa ninety **I**
la novia girlfriend; fiancée **7.2**
noviembre November **I**
el novio boyfriend; fiancé **7.2**
nuestro(a) our **I**
nueve nine **I**
nuevo(a) new **I**
el número number **I**; shoe size **3.1**
el número de teléfono phone number **I**

nunca never **I, 5.2**
nutritivo(a) nutritious **I**

O

o or **I**
  o... o either... or **I, 5.2**
el objeto object, item **4.2**
el oblivio oblivion
la obra work (of art)
el océano ocean
ocho eight **I**
ochocientos(as) eight hundred **I**
octavo(a) eighth **I**
octubre October **I**
ocupado(a) busy **I**
el oeste west
la oficina office **I**
  la oficina del (de la) director(a) principal's office **I**
  la oficina de turismo tourist office **1.1**
el oficio occupation **8.2**
ofrecer (ofrezco) to offer **I**
  Le puedo ofrecer... I can offer you... (a price) **I**
el oído ear, inner ear (hearing) **2.2**
¡Ojalá! I hope so! **6.2**
el ojo eye **I**
oloroso(a) fragrant
once eleven **I**
la opinión (*pl.* las opiniones) opinion **7.1**
  En mi opinión... In my opinion... **3.1**
la oración (*pl.* las oraciones) sentence
la oreja ear, outer ear **I**
organizado(a) organized **I**
el orgullo pride
orgulloso(a) proud
  estar orgulloso(a) (de) to be proud (of) **7.2**
originarse to originate
el oro gold
  de oro (made of) gold **I**
el otoño autumn, fall **I**
otorgar to award
otro(a) other **I**

P

paciente patient **7.2**
el padrastro stepfather **I**
el padre father **I**
los padres parents **I**
el padrino godfather **7.2**
la paella traditional Spanish rice dish **5.2**
pagar to pay **I**
la página page
  la página web Web page
el país country, nation **I**
el pájaro bird **7.2**
el palacio palace **4.1**
las palmas handclapping
el pan bread **I**
la panadería bakery **3.1**
la pantalla monitor; screen **I, 1.1**
los pantalones pants **I**
  los pantalones cortos shorts **I**
la papa potato **I**
  las papas fritas French fries **I**
el papel paper **I**; role, part **6.1**
  cambiar de papel to change roles
  de papel (made of) paper
  hacer un papel to play a role **6.1**
  el papel de regalo wrapping paper **I**
para for; in order to **I**
  Y para comer/beber... And to eat/drink... **5.2**
parada: la parada de autobús bus stop **1.1**
parar to stop
  Para y piensa. Stop and think.
parecer to seem
  Me parece que... It seems to me... **3.1**
  ¿Qué les parece...? What do you think of ...?
la pared wall
la pareja pair, couple
el (la) pariente relative **7.2**
el parque park **I**
  el parque de diversiones amusement park **I**
  el parque nacional national park
el párrafo paragraph
la parrilla grill
  el filete a la parrilla grilled steak **5.2**
la parrillada barbecue **I**
  hacer una parrillada to barbecue **I**
la parte part
el partido game (in sports) **I**
el pasado the past
pasado(a) past **I**; last (in time expressions)
  el año/mes pasado last year/month **I, 1.2**
  la semana pasada last week **I, 1.2**
el (la) pasajero(a) passenger **1.1**
el pasaporte passport **1.1**
pasar to happen; to pass, to come in
  pasar la aspiradora to vacuum **I**
  pasar por la aduana to go through customs **1.1**
  pasar por seguridad to go through security **1.1**
  pasar un rato con los amigos to spend time with friends **I**
  Pase. Go ahead. **3.2**
  ¿Qué pasa? What's happening? **I**
  ¿Qué te pasa (a ti)? What's the matter (with you)?
el pasatiempo pastime
pasear to go for a walk **I**
el pasillo hall **I**
el paso step; passage
  el paso de baile dance step
la pasta de dientes toothpaste **I, 2.2**
el pastel cake **I**
la pastelería pastry shop **5.2**
la patata potato **I**
patinar to skate **I**
  patinar en línea to in-line skate **I**
los patines en línea in-line skates **I**
la patineta skateboard
  andar en patineta to skateboard **I**
el patio patio **I**
pedir (i, i) to order, to ask for **I**
peinarse to comb one's hair **I, 2.2**
el peine comb **I, 2.2**
pelado(a) hairless
pelear to fight **4.1**
la película... ...movie **I**
  ...de aventuras action... **6.1**
  ...de ciencia ficción science fiction... **6.1**
  ...de fantasía fantasy... **6.1**
  ...de terror horror... **6.1**
el peligro danger
peligroso(a) dangerous **I**

pelirrojo(a) red-haired **I**
el pelo hair **I**
el pelo castaño/rubio brown/blond hair **I**
la pelota ball **I**
la pena trouble, suffering
(no) valer la pena to (not) be worth the trouble
pensar (ie) to think; to plan **I**
peor worse **I, 7.2**
pequeño(a) little, small **I**
perder (ie) to lose **I**
Perdón. Excuse me. **I**
Perdóneme. Forgive me. **3.2**
perdurar to endure
perezoso(a) lazy **I**
el periódico newspaper **7.1**
el periódico escolar student newspaper
el (la) periodista reporter **7.1**
el permiso permission
Con permiso. Excuse me. **3.2**
pero but **I**
el (la) perro(a) dog **I**
la persona person **I**
el personaje character (in a story) **4.1**
pertenecer (pertenezco) to belong
pesado(a) heavy
pesar to weigh
el pescado fish (as food) **I**
pescar to fish **1.2**
el petróleo oil, petroleum **8.1**
el pez (*pl.* los peces) fish (the animal) **7.2**
picante hot, spicy **5.1**
el pie foot **I**
a pie on foot **I**
el dedo del pie toe **2.2**
la piedra stone
ser de piedra to be made of stone **3.2**
la piel skin **I**
la pierna leg **I**
la píldora pill
el (la) piloto pilot **8.2**
la pimienta pepper, black pepper **5.1**
pintar to paint
el (la) pintor(a) painter
la pintura painting **3.2**
la pirámide pyramid **4.2**
la piscina swimming pool **I**
el piso floor (of a building) **I**
primer piso second floor (first floor above ground floor) **I**
la pista track (in sports) **2.1**; clue
el pizarrón (*pl.* los pizarrones) chalkboard, board **I**
la pizza pizza **I**
el placer pleasure
planchar to iron **I**
la planta plant
la planta baja first floor, ground floor **I**
la plata silver **I**
de plata (made of) silver **I**
el plato plate; dish; course
el plato principal main course **I**
el plato vegetariano vegetarian dish **5.2**
la playa beach **I**
la plaza plaza, square **4.2**
la pluma pen **I**
un poco a little **I**
poco a poco little by little **8.1**
pocos(as) few
poder (ue) to be able, can **I**
Le puedo ofrecer... I can offer you... **I**
¿Podría ver...? Could I see...? **1.2**
¿Puedo hablar con... ? May I speak to...? **I, 6.2**
la poesía poetry
el (la) poeta poet
el (la) policía police officer, policeman/policewoman **8.2**
el (la) político(a) politician **8.2**
el pollo chicken **I**
el pollo asado roasted chicken **5.2**
poner (pongo) to put, to place **I**
poner la mesa to set the table **I**
ponerse (me pongo) to put on
ponerse la ropa to put one's clothes on, to get dressed **I, 2.2**
popular popular **7.2**
por for, per
por eso for that reason, that's why **7.1**
Por favor. Please. **I**
por fin finally **I, 2.2**
por un lado... por otro lado on the one hand... on the other hand **7.1**
¿Por qué? Why? **I**
por ciento percent
porque because **I**
poseer to possess
la posibilidad possibility
el postre dessert **I**
de postre for dessert **I**
practicar to practice **I**
practicar deportes to play or practice sports **I**
el precio price **I**
preferible: Es preferible que... It's preferable that... **7.1**
preferido(a) favorite
preferir (ie, i) to prefer **I**
la pregunta question
el premio prize; award **2.1**
preparar to prepare **I**
preparar la comida to prepare food, to make a meal **I**
presentar to introduce **I**; to present **7.1**
Te/Le presento a... Let me introduce you to... (familiar/formal) **I**
la presión: la presión de grupo peer pressure **7.1**
la primavera spring **I**
primero first **2.2**
primero(a) first **I**
el primero de... the first of... (date) **I**
el (la) primo(a) cousin **I**
los primos cousins **I**
la princesa princess **4.1**
la prisa: tener prisa to be in a hurry **2.2**
probar (ue) to taste **5.1**
el problema problem **I**
la profesión (*pl.* las profesiones) profession **8.2**
¿Qué profesión te gustaría tener? What do you want to be? **8.2**
el (la) profesor(a) teacher; professor **8.2**
el programa program
el (la) programador(a) programmer **8.2**
programar to program
la propina tip (in a restaurant) **I**
proteger (protejo) to protect **8.1**
el (la) próximo(a) the next **6.2**
proyectar to project
publicar to publish **7.1**
el pueblo town
la puerta door **I**; gate **1.1**
pues well, well then
la pulsera bracelet **3.1**
el punto dot (in e-mail address)
punto de vista point of view **7.1**

GLOSARIO español-inglés

Q

¿Qué? What? **I**
¡Qué asco! How disgusting! **5.1**
¡Qué bárbaro! Fantastic!; How cool!
¡Qué bello(a)! How beautiful! **1.2**
¡Qué caro(a)! How expensive! **1.2**
¿Qué día es hoy? What day is today? **I**
¡Qué divertido! How fun! **I**
¿Qué es esto? What is this? **I**
¿Qué hicieron ustedes? What did you do? (***pl.***, formal) **I**
¿Qué hiciste tú? What did you do? (***sing.***, familiar) **I**
¿Qué hora es? What time is it? **I**
¡Qué lástima! What a shame! **I, 6.2**
¡Qué miedo! How scary! **I**
¿Qué pasa? What's happening? **I**
¿Qué tal? How's it going? **I**
¿Qué te gusta hacer? What do you like to do? **I**
¿Qué tiempo hace? What is the weather like? **I**
quedar
¿Cómo me queda(n)? How does it (do they) fit me? **3.1**
Por favor, ¿dónde queda...? Can you please tell me where ... is? **1.1**
quedar apretado(a) to fit tight **3.1**
quedar bien to fit well **3.1**
quedar flojo(a) to fit loose **3.1**
quedar mal to fit badly **3.1**
quedarse (en) to stay (in) **I, 7.2**
los quehaceres chores **I**
quemar to burn
quemar un disco compacto to burn a CD **I**
la quena Andean flute
querer (ie) to want **I**
Quisiera dar las gracias a... I would like to thank... **6.2**
querido(a) beloved **4.1**
el queso cheese **I**
¿Quién(es)? Who? **I**
¿Quién es? Who is he/she/it? **I**
quince fifteen **I**
quinientos(as) five hundred **I**
quinto(a) fifth **I**

R

el radio radio **I**
la rama branch
la ranchera Mexican "country" music
el rapero rapper
rápidamente rapidly
rápido(a) fast **2.1**
la raqueta racket (in sports) **I**
el rascacielos (*pl.* los rascacielos) skyscraper **4.2**
rato (un) a while; a short time
el ratón (*pl.* los ratones) mouse **I, 6.2**
la raya stripe
de rayas striped **3.1**
la razón (*pl.* las razones) reason
tener razón to be right **I**
la realidad reality
realizar to fulfill, to make happen
la recepción (*pl.* las recepciones) reception desk **1.2**
la receta recipe **5.1**
recibir to receive **I**
el reciclaje recycling **8.1**
reciclar to recycle **8.1**
el reclamo de equipaje baggage claim **1.1**
recoger (recojo) to pick up **8.1**
recomendar (ie) to recommend **3.1**
reconocido(a) well-known
recordar (ue) to remember
¿Recuerdas? Do you remember?
el recreo recess
el recuerdo souvenir **I, 1.2**
el recurso wile, way
el recurso natural natural resource **8.1**
la red net **2.1**; network
reflejar to reflect
el refresco soft drink **I**
regalar to give (a gift)
el regalo present, gift **I**
regatear to bargain **I, 1.2**
registrar to record
la regla rule
regresar to return **4.1**
regular: Regular. ¿Y tú/usted? OK. And you? (familiar/formal) **I**
reír to laugh
Me hace reír. It makes me laugh. **6.1**
relajarse to relax
la religión (*pl.* las religiones) religion **4.2**
rellenar to stuff
el reloj wristwatch **3.1**; clock **I**
el repaso review
repetir (i, i) to repeat
el repollo cabbage
rescatar to rescue
la reserva reserve
la reserva natural nature reserve
la reservación (*pl.* las reservaciones) reservation
hacer/tener una reservación to make/to have a reservation **1.2**
respirar to breathe **8.1**
responder to reply
la responsabilidad responsibility **8.1**
responsable responsible **8.1**
la respuesta answer
el restaurante restaurant **I**
restaurar to restore
el resultado result
el resumen summary
en resumen in summary
el retrato portrait **3.2**
reunirse to get together
rico(a) tasty, delicious **I**; rich
el río river
el ritmo beat, rhythm
el robot (*pl.* los robots) robot **8.2**
rocoso(a) rocky; (made of) rock
la rodilla knee **I**
rojo(a) red **I**
la ropa clothing **I**
la ropa elegante formalwear **6.2**
ponerse la ropa to put on clothes **2.2**
rubio(a) blond **I**
las ruinas ruins **4.2**
la rutina routine **I, 2.2**

S

sábado Saturday **I**
saber (sé) to know (a fact, how to do something) **I**
el sabor flavor **5.1**
sabroso(a) tasty **5.1**

sacar to take out
sacar la basura to take out the trash **I**
sacar una buena/mala nota to get a good/bad grade **I**
la sal salt **5.1**
la sala living room **I**
salado(a) salty **5.1**; salted
el salar salt mine
el salero saltshaker
la salida departure **1.1**
salir (salgo) to leave, to go out **I**
la salud health **I**
saludable healthy; healthful **2.1**
¡Saludos! Greetings!
Saludos desde... Greetings from...
la sandalia sandal **3.1**
el sándwich sandwich **I**
sano(a) healthy **I**
el (la) santo(a) saint
sazonado(a) seasoned
el secador de pelo hair dryer **I, 2.2**
secar to dry
secarse to dry oneself **I, 2.2**
secarse el pelo to dry one's hair **I**
seco(a) dry
el secreto secret **I**
la sed thirst
tener sed to be thirsty **I**
seguir (i, i) (sigo) to follow
seguir derecho to go straight **4.2**
seguir una dieta balanceada to follow a balanced diet **2.1**
según according to
segundo(a) second **I**
la seguridad security
pasar por seguridad to go through security
seguro(a) secure, safe
seis six **I**
seiscientos(as) six hundred **I**
seleccionar to select
la selva jungle **8.1**
el semáforo traffic light **4.2**
la semana week **I**
el fin de semana weekend **I**
la semana pasada last week **I, 1.2**
Señor (Sr.) ... Mr. ... **I**
Señora (Sra.) ... Mrs. ... **I**
Señorita (Srta.) ... Miss ... **I**
sentarse (ie) to sit
sentir (ie, i) to feel
Lo siento. I'm sorry. **I**
septiembre September **I**
séptimo(a) seventh **I**
ser to be **I**
Es de... He/She is from... **I**
Es el... de... It's the... of... (day and month) **I**
Es la.../Son las... It is... o'clock. **I**
ser de madera/oro/plata to be made of wood/gold/silver **3.2**
Soy de... I'm from... **I**
serio(a) serious **I**
la serpiente snake
la servilleta napkin **5.2**
servir (i, i) to serve **I**; to be useful
sesenta sixty **I**
setecientos seven hundred **I**
setenta seventy **I**
sexto(a) sixth **I**
si if **I**
sí yes **I**
¡Claro que sí! Of course! **I, 6.2**
Sí, me encantaría. Yes, I would love to. **I, 6.2**
siempre always **I**
siete seven **I**
el siglo century
significar to mean
siguiente following **I**
la silla chair **I**
el sillón (*pl.* los sillones) armchair **I**
simpático(a) nice, friendly **I**
sin without
sin embargo however **7.1**
sincero(a) sincere **7.2**
el sitio site
el sitio arqueológico archaelogical site
el sitio web Web site **I**
el smog smog **8.1**
sobre about, concerning **4.1**; on
el sobrenombre nickname
la sobrina niece **7.2**
el sobrino nephew **7.2**
la sociedad society
el sofá sofa, couch **I**
el software software **6.1**
el sol sun **I**
el bloqueador de sol sunscreen **I**
Hace sol. It is sunny. **I**
tomar el sol to sunbathe **I**
solamente only
sólo only
no sólo... sino también... not only... but also... **7.1**
solo(a) alone
el sombrero hat **I**
soñar con to dream about
el sonido sound **6.1**
la sopa soup **I**
soportar to withstand
sorprender to surprise
la sorpresa surprise **I**
su his, her, its, their, your (formal) **I**
subir to go up **I**
subir a la vuelta al mundo/la montaña rusa to ride the Ferris wheel/roller coaster **I**
sucio(a) dirty **I**
la suegra mother-in-law **7.2**
el suegro father-in-law **7.2**
los suegros in-laws **7.2**
el sueldo salary
el suelo floor (of a room) **I**
el sueño dream; sleep
tener sueño to be sleepy **2.2**
la suerte luck
tener suerte to be lucky **I**
el suéter sweater **3.1**
sufrir to suffer
la sugerencia suggestion
sumamente extremely **8.1**
el supermercado supermarket **5.1**
el sur south
el susto fright, scare

T

tal vez maybe **I**
la talla clothing size **3.1**; carving
el taller workshop
el tamaño size
también also, too **I**
no sólo... sino también... not only... but also... **7.1**
también se dice... you can also say...
el tambor drum
tampoco neither **I, 5.2**
tan as
tan... como as... as **I, 7.2**
tanto as much
tanto como... as much as... **I, 7.2**
tanto(a)... como as much... as **7.2**
tantos(as)... como as many... as **7.2**
tanto(a) so much; as much
tantos(as) so many; as many
tarde late **I**

la tarde afternoon **I**
Buenas tardes. Good afternoon. **I**
de la tarde in the afternoon (with a time) **I**
más tarde later (on) **I, 2.2**
la tarea homework **I**
la tarjeta card
mandar tarjetas postales to send postcards **1.2**
la tarjeta de crédito credit card **1.2**
la tarjeta de embarque boarding pass **1.1**
la tarjeta postal postcard **1.2**
la tarta cake
la tarta de chocolate chocolate cake **5.2**
el taxi taxi
el té tea **5.2**
el teatro theater **I**
el teclado keyboard **I, 6.2**
el (la) técnico(a) technician
la tela fabric
el teléfono telephone **I**
¿Cuál es tu/su número de teléfono? What is your phone number? (familiar/formal) **I**
el teléfono celular cellular phone **I, 6.2**
Mi número de teléfono es... My phone number is ... **I**
la telenovela soap opera
la televisión television **I**
el televisor television set **I**
el tema theme
el templo temple **4.2**
la temporada season
temprano early **I**
el tenedor fork **5.2**
tener to have **I**
tener calor to feel hot **I**
tener éxito be successful **6.1**
tener frío to be cold (person) **I**
tener ganas de... to feel like... **I**
tener hambre to be hungry **I**
tener lugar to take place
tener miedo to be afraid **I**
tener prisa to be in a hurry **2.2**
tener que to have to **I**
tener razón to be right **I**
tener sed to be thirsty **I**
tener sueño to be sleepy **2.2**
tener suerte to be lucky **I**
tener... años to be... years old **I**
¿Cuántos años tienes? How old are you? **I**
el tenis tennis **I**
la teología theology
tercero(a) third **I**
las termas hot springs
terminar to end **I**
el (la) testigo witness
ti you (***sing.***, familiar) **I, 3.1**
la tía aunt **I**
el tiempo weather; time **I**
el tiempo libre free time **I, 1.2**
¿Qué tiempo hace? What is the weather like? **I**
la tienda store **I**
la tierra land, soil, earth
los timbales typical salsa drum set
tímido(a) shy **7.2**
el tío uncle **I**
los tíos uncles, uncle(s) and aunt(s) **I**
típico(a) typical
el tipo type
tirar to pull
las tiras cómicas comic strips
el titular headline **7.1**
el título title
la toalla towel **I, 2.2**
el tobillo ankle **I**
el tocadiscos compactos CD player **I**
tocar to play (an instrument) **I**; to touch **I**
todavía still; yet **I**
todo junto all together
todos(as) all **I**
todos los días every day **I**
los toltecas Toltecs **4.2**
tomar to take **I**
tomar apuntes to take notes **I**
tomar el sol to sunbathe **I**
tomar fotos to take photos **I, 1.2**
tomar un taxi to take a taxi **1.1**
el tomate tomato **I**
el torneo tournament
la tortilla omelet (in Spain) **5.1**
la tortilla de patatas potato omelet **5.1**
la tortuga gigante giant tortoise
trabajador(a) hard-working **I**
trabajar to work **I**
trabajar de voluntario to volunteer **8.1**
traer (traigo) to bring **I**
¿Me puede traer...? Can you bring me...? **5.2**
el traje suit **3.1**
el traje de baño bathing suit **1.1**
tranquilo(a) calm **I**
transformar to transform **4.1**
tratar: tratar de ... to try to....
travieso(a) mischievous
trece thirteen **I**
treinta thirty **I**
treinta y uno thirty-one **I**
el tren train **I**
en tren by train **I**
tres three **I**
el tres small guitar
trescientos(as) three hundred **I**
triste sad **I**
el triunfo triumph
el trofeo trophy
tu your (***sing.***, familiar) **I**
tú you (***sing.***, familiar) **I**
la tumba tomb **4.2**
el turismo tourism
la oficina de turismo tourist office **1.1**
el (la) turista tourist **1.2**

U

último(a) last
la uña nail (fingernail or toenail) **2.2**
único(a) unique **3.2**; only
la unidad unit
unificar to unify
el uniforme uniform **2.1**
unirse to join
uno one **I**
usar to use **I**; to wear **I**
usted you (***sing.***, formal) **I, 3.1**
ustedes you (***pl.***, formal) **I, 3.1**
útil useful
la uva grape **I**
¡Uy! Ugh! **2.1**

V

las vacaciones vacation **I**
(estar) de vacaciones (to be) on vacation **I, 1.2**
ir de vacaciones to go on vacation **1.1**

¡Vale! OK!
valiente brave **4.1**
el valle valley
el valor value
variar to vary
la variedad variety
varios(as) various
la vasija container
el vaso glass **5.2**
vegetariano(a) vegetarian
el vehículo híbrido hybrid vehicle **8.1**
veinte twenty **I**
veintiuno twenty-one **I**
el (la) vendedor(a) salesclerk **I**
vender to sell **I**
venir to come **I**
la venta sale
la ventana window **I**
la ventanilla ticket window **I**
ver to see **I**
  ¿Me deja ver? May I see? **I, 3.2**
  Nos vemos allí. See you there.
  ver las atracciones to go sightseeing **1.2**
el verano summer **I**
la verdad truth
  ¿De verdad? Really?
  (No) Es verdad que... It is (not) true that... **8.1**
  ¡Te digo la verdad! I'm telling you the truth! **6.2**
  ¿Verdad? Really? Right? **I**
verde green **I**
las verduras vegetables **I**
el vestido dress **I**
vestirse (i, i) to get dressed **I, 3.1**
el (la) veterinario(a) veterinarian **8.2**
la vez (*pl.* las veces) time
  a veces sometimes **2.2**
  de vez en cuando once in a while **I**
  muchas veces often, many times **I**
  tal vez maybe **I**
viajar to travel **1.1**
el viaje trip, journey
  hacer un viaje to take a trip **I**
la vida life **7.1**; a living
  el ciclo de vida life cycle
  ganarse la vida como... to earn a living as... **8.2**
el videojuego video game **I**
el vidrio glass **8.1**
viejo(a) old **I**
el viento wind
  Hace viento. It is windy. **I**
viernes Friday **I**
la vihuela small guitar with five strings
el vinagre vinegar **5.1**
visitar to visit
  visitar un museo to visit a museum **1.2**
vivir to live **I**
vivo(a) bright (colors)
el vocabulario vocabulary
el volcán (*pl.* los volcanes) volcano **4.1**
el voleibol volleyball (the sport) **I**
el (la) voluntario(a) volunteer **8.1**
  trabajar de voluntario to volunteer **8.1**
volver (ue) to return, to come back **I**
vosotros(as) you (*pl.*, familiar) **I, 3.1**
la voz (*pl.* las voces) voice
el vuelo flight **1.1**
  confirmar el vuelo to confirm a flight **1.1**
la Vuelta a Francia Tour de France **2.1**
la vuelta al mundo Ferris wheel **I**
vuestro(a) your (familiar) **I**

Y

y and
  ... y (diez) (ten) past... (the hour) **I**
  ... y cuarto quarter past... (the hour) **I**
  ... y media half past... (the hour) **I**
ya already **I**
yo I **I**
el yogur yogurt **I**

Z

la zampoña Andean panpipe
la zanahoria carrot **5.1**
la zapatería shoe store **3.1**
el zapateado a type of tap dancing
el zapateo footwork; dance performed with high heels
el zapato shoe **I**
el zoológico zoo **I**

Glosario inglés-español

This English-Spanish glossary contains all the active vocabulary words that appear in the text as well as passive vocabulary lists.

A

about sobre **4.1**
to accompany acompañar
according to según
to ache doler (ue) **I**
to achieve lograr
to acquire adquirir
across from frente a **4.2**
action la acción (*pl.* las acciones)
active activo(a) **2.1**
activity la actividad **I**
actor el actor **6.1**
actress la actriz (*pl.* las actrices) **6.1**
to add añadir **5.1**
address la dirección (*pl.* las direcciones) **I**
  e-mail address la dirección electrónica **I, 6.2**
to advance avanzar
advanced avanzado(a) **4.2**
adventure la aventura
advertisement el anuncio **7.1**
advice los consejos
adviser el (la) consejero(a)
to affect afectar
afraid: to be afraid tener miedo **I**
after después (de) **I**
afternoon la tarde **I**
  Good afternoon. Buenas tardes. **I**
  in the afternoon de la tarde **I**
afterward después **I**
against contra
agent el (la) agente
ago: Many centuries ago... Hace muchos siglos...
agree: to agree/disagree with estar/no estar de acuerdo con **7.1**
agriculture la agricultura **4.2**
air el aire
  clean air el aire puro **8.1**
airplane el avión (*pl.* aviones) **I**
  by plane en avión **I**
airport el aeropuerto **1.1**
all todos(as) **I**
all together todo junto
almost casi **I**
alone solo(a)
already ya **I**
also también **I**
  not only... but also... no sólo... sino también... **7.1**
always siempre **I**
anchovy el boquerón (*pl.* los boquerones)
ancient antiguo(a) **4.2**
and y
angry enojado(a) **I**
  to get angry enojarse **7.2**
animation la animación **6.1**
ankle el tobillo **I**
annotation la anotación (*pl.* las anotaciones)
announcement el anuncio
answer la respuesta
to answer contestar **I**
any alguno(a) **I**; cualquier
  not any ninguno(a) **I, 5.2**; ningún **5.2**
apartment el apartamento **I**
appetizer el entremés (*pl.* los entremeses) **5.2**
apple la manzana **I**
appointment la cita
  to have an appointment tener una cita **7.2**
to approach acercarse
April abril **I**
aquarium el acuario **I**
architect el (la) arquitecto(a) **8.2**
architecture la arquitectura
to argue discutir **7.2**
arm el brazo **I**
armchair el sillón (*pl.* los sillones) **I**
armoire el armario **I**
army el ejército **4.1**
arrival la llegada **1.1**
to arrive llegar **I**
art el arte **I**
  fine arts las bellas artes
  martial arts los artes marciales
  performance art el arte interpretativo
article el artículo **3.2, 7.1**
artisan el (la) artesano(a)
artist el (la) artista **8.2**
artistic artístico(a) **I**
as como
  as... as tan... como **I, 7.2**
  as many... as tantos(as) como **7.2**
  as much as... tanto como... **7.2**
  as much... as tanto(a)... como **7.2**
ashes las cenizas
to ask for pedir (i, i) **I**
to assure asegurar
  I assure you. Te lo aseguro. **6.2**
at a
  at night de la noche **I**
  At what time is/are...? ¿A qué hora es/son...? **I**
  At... o'clock. A la(s)... **I**
at sign (in e-mail address) la arroba
athlete el (la) atleta **I**
athletic atlético(a) **I**
attached adjunto(a)
to attend atender (ie)
attentive atento(a)
  Very attentive. Muy atento(a). **5.2**
attitude la actitud
to attract atraer (atraigo)
attractions, sights las atracciones
August agosto **I**
aunt la tía **I**
autumn el otoño **I**
avenue la avenida **4.2**
to avoid evitar
award el premio **2.1**
to award otorgar
Aztec azteca **4.1**

B

back el fondo
backpack la mochila **I**
bad malo(a) **I**
badly mal
bag la bolsa
baggage claim el reclamo de equipaje **1.1**
bakery la panadería **3.1**
ball la pelota **I**
balloon el globo **I**
banana la banana **I**
bank el banco **7.2**
baptism el bautismo
barbecue la parrillada **I**; el asado **I**
barely apenas **8.1**
a bargain una ganga **3.2**
to bargain regatear **I, 1.2**
baseball el béisbol **I**
  (baseball) bat el bate **I**
basketball el básquetbol **I**
bath: to take a bath bañarse **2.2**
bathing suit el traje de baño **1.1**
bathroom el baño **I**
battle la batalla **4.1**
bay la bahía
to be ser; estar **I**
  to be able poder (ue) **I**
  to be called llamarse
  to be afraid tener miedo **I**
  to be cold tener frío **I**
  to be familiar with conocer (conozco) **I**
  to be hot tener calor **I**
  to be hungry tener hambre **I**
  to be important importar **3.1**
  to be in a hurry tener prisa **2.2**
  to be lucky tener suerte **I**
  to be on vacation estar de vacaciones **1.2**
  to be online estar en línea **I, 6.2**
  to be right tener razón **I**
  to be sleepy tener sueño **2.2**
  to be thirsty tener sed **I**
  to be useful servir (i, i)
  to be... years old tener... años **I**
  Is... there? ¿Está...? **6.2**
  No, he's/she's not here. No, no está. **6.2**
  What do you want to be? ¿Qué profesión te gustaría tener? **8.2**
beach la playa **I**
beans los frijoles **I**
to beat batir **5.1**
beaten batido(a) **5.2**
beautiful bello(a) **1.2**
beauty la belleza
because porque **I**
to become hacerse (me hago)
bed la cama **I**
  to go to bed acostarse (ue) **I, 2.2**
  to make the bed hacer la cama **I**
bedroom el cuarto **I**
beef el bistec **I**
before antes (de); menos **I**
to begin empezar (ie); comenzar (ie) **I**
behind detrás (de) **I**
to believe creer
to belong pertenecer (pertenezco)
beloved querido(a) **4.1**
belt el cinturón (***pl.*** los cinturones) **3.1**
benefit el beneficio
besides además de
better mejor **I, 7.2**
between entre **4.2**
beverage la bebida **I**
bicycle la bicicleta **I**
  bicycle racing el ciclismo **2.1**
big grande **I**
bill la cuenta (in a restaurant) **I**
bird el pájaro **7.2**
birth el nacimiento
  birth date la fecha de nacimiento **I**
birthday el cumpleaños **I**
  Happy birthday! ¡Feliz cumpleaños! **I**
black negro(a) **I**
block: city block la cuadra **4.2**
blond rubio(a) **I**
blouse la blusa **I**
blue azul **I**
board el pizarrón (***pl.*** los pizarrones) **I**
to board abordar **1.1**
boarding pass la tarjeta de embarque **1.1**
boat el barco **I**; el bote
  by boat en barco **I**
body el cuerpo **I**
to boil hervir (ie) **5.1**
boiled hervido(a) **5.2**
book el libro **I**
bookstore la librería **3.1**
boot la bota **3.1**
boring aburrido(a) **I**
both ambos(as)
bottom el fondo
bow tie el corbatín (***pl.*** los corbatines) **6.2**
bowling: to go bowling jugar a los bolos
box la caja
boy el chico **I**; el muchacho
boyfriend el novio **7.2**
bracelet la pulsera **3.1**
branch la rama
brave valiente **4.1**
Bravo! ¡Bravo! **2.1**
bread el pan **I**
breakfast el desayuno **I**
  to have breakfast desayunar **5.1**
to breathe respirar **8.1**
bright (colors) vivo(a)
brilliant brillante
to bring traer (traigo) **I**
  Can you bring me...? ¿Me puede traer...? **5.2**
  to bring up criar
broccoli el brócoli **I**
bronze el bronce
broth el caldo **5.2**
brother el hermano **I**
brother-in-law el cuñado **7.2**
brown marrón (***pl.*** marrones) **I**
  brown hair el pelo castaño **I**
brush el cepillo **I, 2.2**
to brush cepillar
  to brush one's teeth cepillarse los dientes **I, 2.2**
to build construir **4.2**
building el edificio **4.2**
bumper cars los autitos chocadores **I**
burn: to burn a CD quemar un disco compacto **I**
bus el autobús (***pl.*** los autobuses) **I**
  by bus en autobús **I**
bus stop la parada de autobús **1.1**
business el negocio
businessman el hombre de negocios **8.2**
businesswoman la mujer de negocios **8.2**
busy ocupado(a) **I**
but pero **I**
butterfly la mariposa
to buy comprar **I**
Bye! ¡Chau!

C

cabbage el repollo
café el café **I**
cafeteria la cafetería **I**
cake el pastel **I**; la tarta
  chocolate cake la tarta de chocolate **5.2**

calculator la calculadora **I**
calendar el calendario **4.2**
call la llamada **I**
to call llamar **I**
to call someone (by phone) llamar a alguien **1.1**
calm tranquilo(a) **I**
camera la cámara **I**
digital camera la cámara digital **I, 6.1**
movie camera la cámara de cine **6.1**
video camera la cámara de video **6.1**
cameraman el camarógrafo **6.1**
camerawoman la camarógrafa **6.1**
to camp acampar **I, 1.2**
campus la ciudad universitaria
can (to be able) poder (ue) **I**
Could I see...? ¿Podría ver...? **1.2**
I can offer you... Le puedo ofrecer... **I**
cap el gorro **I**; la gorra **3.1**
to capture captar
car el coche **I**; el carro
by car en coche **I**
card la tarjeta
credit card la tarjeta de crédito **1.2**
cardboard el cartón **8.1**
to care for cuidar
carpenter el (la) carpintero(a) **8.2**
carriage el coche
horse-drawn carriage el coche tirado por caballos
carrot la zanahoria **5.1**
to carry llevar **4.1**
carving la talla
cash el dinero en efectivo **1.2**
cat el (la) gato(a) **I**
cathedral la catedral **4.2**
cattle el ganado
cattle rancher el (la) ganadero(a)
cave la cueva
CD player el tocadiscos compactos **I**
to celebrate celebrar **I**
cellular phone el teléfono celular **I, 6.2**
center el centro **I**
century el siglo
ceramic la cerámica
(to be) made of ceramic (ser) de cerámica **3.2**
ceramics la cerámica **I**
cereal el cereal **I**
chair la silla **I**
chalk la tiza **I**
chalkboard el pizarrón (*pl.* los pizarrones) **I**
champion el campeón (*pl.* los campeones), la campeona **I**
championship el campeonato **2.1**
change el cambio
to change cambiar
to change roles cambiar de papel
chant el canto
character (in a story) el personaje **4.1**
check: to check one's luggage facturar el equipaje **1.1**
cheese el queso **I**
chicken el pollo **I**
roasted chicken el pollo asado **5.2**
child el (la) niño(a) **7.2**
childhood la niñez
children los hijos **I**
to choose escoger (escojo)
chores los quehaceres **I**
Christmas la Navidad
Christmas tree el árbol de Navidad
church la iglesia
city la ciudad **I, 4.2**
city block la cuadra **4.2**
civilization la civilización (*pl.* las civilizaciones) **4.2**
class la clase **I**
classroom la clase **I**; el aula
clean limpio(a) **I**
to clean limpiar **I**
to click on hacer clic en **I, 6.2**
climate el clima
climb: to climb mountains escalar montañas **8.2**
clock el reloj **I**
to close cerrar (ie) **I**
closed cerrado(a)
It's closed. Está cerrado(a). **3.1**
closet el armario **I**; el clóset
clothing la ropa **I**
to put on clothes ponerse la ropa **2.2**
clue la pista
coach el (la) entrenador(a) de deportes **7.2**
coast la costa
coat el abrigo **3.1**
coffee el café **I**
coffee farm el cafetal
coffee worker el (la) cafetero(a)
cold el frío **I**
It is cold. Hace frío. **I**
to be cold tener frío **I**
color el color
What color is/are...? ¿De qué color es/son...?
colorful colorido(a)
comb el peine **I, 2.2**
to comb one's hair peinarse **I, 2.2**
to come venir **I**
to come back volver (ue) **I**
to come in pasar
to come with acompañar
Come on! ¡Dale! **2.1**
comedy la comedia **6.1**
comic strips las tiras cómicas
command el mandato
common común
community la comunidad **7.1**
compact disc el disco compacto **I**
companion compañero(a)
company la compañía
to compare comparar
to compete competir (i, i) **2.1**
competition la competencia **2.1**
computer la computadora **I**
computer studies la computación
concert el concierto **I**
to confirm confirmar
to confirm a flight confirmar el vuelo **1.1**
Congratulations! ¡Felicidades!
to connect conectar **I**
to connect to the Internet conectar a Internet **I**
to conserve conservar **8.1**
to consider considerar
consultant el (la) consultor(a)
IT consultant el (la) consultor(a) de informática
consumer el (la) consumidor(a) **8.1**
container la vasija
contamination la contaminación **8.1**
contest el concurso
contrast el contraste
to convince convencer
I'm convinced! ¡Estoy convencido(a)! **6.2**
to cook cocinar **I**
cooked cocido(a) **5.2**
cookie la galleta **I**
coral reef el arrecife de coral
corn el maíz
corner la esquina
on the corner en la esquina **4.2**

to correct corregir (i, i) (corrijo)
to cost costar (ue) **I**
How much does it (do they) cost? ¿Cuánto cuesta(n)? **I**
It (They) cost(s)... Cuesta(n)... **I**
costume el disfraz (*pl.* los disfraces)
couch el sofá **I**
count: to count on contar con
countless incontable
country el campo; el país **I**
course el plato
main course el plato principal **I**
court la cancha **I**
cousin el (la) primo(a) **I**
craftsperson el (la) artesano(a)
to create crear
credit card tarjeta de crédito **1.2**
crime el crimen
cross la cruz (*pl.* las cruces)
to cross cruzar **4.2**
to cry llorar **4.1**
It makes me cry. Me hace llorar. **6.1**
cultivation el cultivo
culture la cultura
cure la cura **8.2**
to cure curar
curious curioso(a)
curtain la cortina **I**
custard el flan **5.2**
customs la aduana
to go through customs pasar por la aduana **1.1**
to cut cortar **I**
to cut the grass cortar el césped **I**
cycle el ciclo
life cycle el ciclo de vida
cycling el ciclismo **2.1**

D

daily diario(a)
damage el daño
to damage dañar **8.1**
dance el baile; la danza
folk dance la danza folklórica
to dance bailar **I**
danger el peligro
dangerous peligroso(a) **I**
date la fecha **I**
birth date la fecha de nacimiento **I**
What is the date? ¿Cuál es la fecha? **I**
daughter la hija **I**
dawn la madrugada
day el día **I**
the day before yesterday anteayer **I, 1.2**
every day todos los días **I**
Some day... Algún día... **8.2**
What day is today? ¿Qué día es hoy? **I**
day trip la excursión (*pl.* las excursiones)
December diciembre **I**
to decorate decorar **I**
decoration la decoración (*pl.* las decoraciones) **I**
deforestation la deforestación **8.1**
delicious rico(a) **I**; delicioso(a) **5.1**
to delight encantar **3.1**
Delighted. Encantado(a). **I**
dentist el (la) dentista **8.2**
deodorant el desodorante **2.2**
department store el almacén (*pl.* los almacenes) **3.1**
departure la salida **1.1**
depressed deprimido(a) **I**
to descend bajar **I**
to describe describir **7.1**
design el diseño
designer el (la) diseñador(a) **8.2**
desire el deseo
desk el escritorio **I**
dessert el postre **I**
for dessert de postre **I**
destination el destino
to destroy destruir
destruction la destrucción **8.1**
detail el detalle
detective el (la) detective **8.2**
development el desarrollo
to die morir (ue, u) **4.1**
diet la dieta
to follow a balanced diet seguir una dieta balanceada **2.1**
different distinto(a), diferente
difficult difícil **I**
to dine cenar **5.1**
dining room el comedor **I**
dinner la cena **I**
to have dinner cenar **5.1**
directions las direcciones
director el (la) director(a) **6.1**
dirty sucio(a) **I**
disaster el desastre
to discover descubrir **8.2**
disgust el asco
How disgusting! ¡Qué asco! **5.1**
dish el plato
vegetarian dish el plato vegetariano **5.2**
disorganized desorganizado(a) **I**
distinct distinto(a)
to do hacer (hago) **I**
doctor el (la) doctor(a) **8.2**; el (la) médico(a)
documentary el documental **6.1**
dog el (la) perro(a) **I**
dollar el dólar **I**
door la puerta **I**
dot (in e-mail address) el punto
double room la habitación doble **1.2**
to download descargar
downtown el centro **I**
drama el drama **6.1**
to draw dibujar **I**
drawing el dibujo
dream el sueño
to dream about soñar con
dress el vestido **I**
dresser la cómoda **I**
drink la bebida **I**
to drink beber **I**
dry seco(a)
to dry secar
to dry one's hair secarse el pelo **I**
to dry oneself secarse **I, 2.2**
during durante **I**
DVD el DVD **I**
DVD player el lector DVD **I**

E

each cada
ear la oreja **I**
inner ear (hearing) el oído **2.2**
early temprano **I**
earn: to earn a living as... ganarse la vida como... **8.2**
earring el arete **I, 1.2**
earth la tierra
easily fácilmente
east el este
easy fácil **I**
to eat comer **I**
to eat lunch almorzar (ue) **I**
to eat outside comer al aire libre **I**
ecotourism el ecoturismo
to edit editar **6.1**
editor el (la) editor(a) **7.1**

education la educación
egg el huevo **I**
eight ocho **I**
eight hundred ochocientos(as) **I**
eighteen dieciocho **I**
eighth octavo(a) **I**
either tampoco **5.2**
either... or o... o **I, 5.2**
neither tampoco **I**
elbow el codo **2.2**
element el elemento
elevator el ascensor **1.2**
eleven once **I**
e-mail el correo electrónico **I**
e-mail address la dirección electrónica **I, 6.2**
emperor el emperador **4.1**
end el fin
to end terminar **I**
to endure perdurar
enemy el (la) enemigo(a) **4.1**
engineer el (la) ingeniero(a) **8.2**
English el inglés **I**
to enjoy disfrutar (de)
Enjoy! Buen provecho! **5.2**
enormous enorme
to enter entrar
environment el medio ambiente **8.1**
to erase borrar
eraser el borrador **I**
establishment el establecimiento
eternal eterno(a)
euro el euro **I**
evening la noche **I**
Good evening. Buenas noches. **I**
event el acontecimiento
every cada
every day todos los días **I**
exam el examen (***pl.*** los exámenes) **I**
example el ejemplo
excavation la excavación (***pl.*** las excavaciones) **4.2**
Excellent! Excelente! **5.2**
excited emocionado(a) **I**
excuse
Excuse me. Perdón **I**; Con permiso. **3.2**
Excuse me; I'm sorry. Disculpe. **3.2**
exercise el ejercicio
to exercise hacer ejercicio **2.1**
expensive caro(a) **I, 1.2**
How expensive! ¡Qué caro(a)! **I**
to explain explicar **7.1**
to express expresar

extinction la extinción
extremely sumamente **8.1**
eye el ojo **I**

F

fabric la tela
facade la fachada
face la cara **2.2**
to fail fracasar **6.1**
failure el fracaso
fair la feria **I**
fall el otoño **I**
to fall caer (caigo)
to fall asleep dormirse (ue, u) **I, 2.2**
to fall down caerse (me caigo)
false falso(a)
family la familia **I**
famous famoso(a) **6.1**
fan el (la) aficionado(a) **I**
Fantastic! ¡Qué bárbaro!
fantasy la fantasía
far (from) lejos (de) **I**
farmer el (la) agricultor(a) **4.2**
fashion la moda
fast rápido(a) **2.1**
father el padre **I**
father-in-law el suegro **7.2**
favorite favorito(a) **I**; preferido(a) **I**
fear el miedo **I**
February febrero **I**
to feed darle(s) de comer **I**
to feel sentir (ie, i)
to feel like... tener ganas de... **I**
Ferris wheel la vuelta al mundo **I**
few pocos(as)
fiancé el novio **7.2**
fiancée la novia **7.2**
field el campo **I**
fifteen quince **I**
fifth quinto(a) **I**
fifty cincuenta **I**
to fight pelear **4.1**
file el archivo
to fill (up) llenar
to film filmar **6.1**
...film la película...
action... ...de aventuras **6.1**
fantasy... ...de fantasía **6.1**
horror... ...de terror **6.1**
science fiction... ...de ciencia ficción **6.1**
finally por fin **I, 2.2**

to find encontrar (ue) **I**
to find oneself encontrarse (ue)
fine fino(a) **3.2**
finger el dedo **2.2**
fire el fuego
on fire en llamas
firefighter el (la) bombero(a) **8.2**
fireworks los fuegos artificiales
first primero **2.2** primero(a) **I**
the first of... el primero de... **I**
fish el pescado **I**; el pez (***pl.*** los peces) **7.2**
to fish pescar **1.2**
to fit... quedar...
...badly ...mal **3.1**
...loose ...flojo(a) **3.1**
...tight ...apretado(a) **3.1**
...well ...bien **3.1**
How does it (do they) fit me? ¿Cómo me queda(n)? **3.1**
five cinco **I**
five hundred quinientos(as) **I**
flag la bandera
flame la llama
flavor el sabor **5.1**
flight el vuelo **1.1**
to confirm a flight confirmar el vuelo **1.1**
flight attendant el (la) auxiliar de vuelo **1.1**
floor el piso; el suelo **I**
first or ground floor la planta baja **I**
second floor (first above ground) el primer piso **I**
flour la harina
flower la flor
fog la neblina
to fold doblar
foliage el follaje
to follow seguir (i, i) (sigo)
to follow a balanced diet seguir una dieta balanceada **2.1**
following siguiente **I**
food la comida **I**
food server el (la) camarero(a) **I**
foot el pie **I**
on foot el a pie **I**
football el fútbol americano **I**
footprint la huella
for para **I**; por
forest el bosque **8.1**
cloud forest el bosque nuboso
forest fire el incendio forestal **8.1**
rain forest el bosque lluvioso
Forgive me. Perdóneme. **3.2**

fork el tenedor **5.2**
formalwear la ropa elegante **6.2**
forty cuarenta **I**
to found fundar
founder el (la) fundador(a)
fountain la fuente
four cuatro **I**
four hundred cuatrocientos(as) **I**
fourteen catorce **I**
fourth cuarto(a) **I**
fragrant oloroso(a)
free time el tiempo libre **I, 1.2**
French fries las papas fritas **I**
frequency la frecuencia
frequent frecuente
frequently frecuentemente **2.2**
fresh fresco(a) **5.1**
Friday viernes **I**
fried frito(a) **5.2**
friend el (la) amigo(a) **I**
 to spend time with friends pasar un rato con los amigos **I**
friendship la amistad **7.1**
fright el susto; el espanto
from de **I**; desde **4.2**
front el frente
 in front of delante de **I**; en frente de
fruit la fruta **I**
to fry freír (i) **5.1**
to fulfill realizar
fun divertido(a) **I**
 How fun! ¡Qué divertido! **I**
funny cómico(a) **I**
furniture los muebles **I**
future futuro(a)
the future el futuro
 In the future... En el futuro... **8.2**

G

gala la gala **6.2**
game el partido **I**
garbage la basura **I**
garden el jardín (*pl.* los jardines) **I**
 botanical gardens los jardines botánicos
garlic el ajo **5.1**
gate la puerta **1.1**
generally generalmente **I, 2.2**
generous generoso(a) **7.2**
to get
 not to get along llevarse mal **7.2**
 to get along well llevarse bien **7.2**
 to get angry enojarse **7.2**
 to get dressed vestirse (i, i) **I, 3.1**
 to get in line hacer cola **1.1**
 to get married casarse **4.1**
 to get ready arreglarse **2.2**
 to get together reunirse
 to get up levantarse **I, 2.2**
 How do I get to...? ¿Cómo llego a...? **4.2**
gift el regalo **I**
girl la chica **I**; la muchacha **I**
girlfriend la novia **7.2**
to give dar (doy) **I**; regalar
 I'll give... to you for... Le dejo... en... **1.2**
glacier el glaciar
glass el vaso **5.2**; el vidrio **8.1**
glove el guante **I**
to go ir **I**; irse **7.2**
 Go ahead. Pase. **3.2**
 to be going to... ir a... **I**
 to go bowling jugar a los bolos
 to go for a walk pasear **I**
 to go on vacation ir de vacaciones **1.1**
 to go out salir (salgo) **I**
 to go shopping ir de compras **I**
 to go sightseeing ver las atracciones **1.2**
 to go straight seguir derecho **4.2**
 to go through customs pasar por la aduana **1.1**
 to go through security pasar por seguridad **1.1**
 to go to bed acostarse (ue) **I, 2.2**
 to go up subir **I**
 to go with acompañar
goal la meta; el gol
god el dios **4.1**
godchild el (la) ahijado(a)
goddess la diosa **4.1**
godfather el padrino **7.2**
godmother la madrina **7.2**
godparents los padrinos
gold el oro
 (to be) made of gold (ser) de oro **I, 3.2**
golden dorado(a)
good bueno(a) **I**
 Good afternoon. Buenas tardes. **I**
 Good evening. Buenas noches. **I**
 Good morning. Buenos días. **I**
 Good night. Buenas noches. **I**
 It's good (that...) Es bueno (que...) **2.1, 7.1**
 It's not good that... Es malo que... **7.1**
Goodbye. Adiós. **I**
good-looking guapo(a) **I**
goods los artículos **I, 3.2**
 sporting goods los artículos deportivos
grade la nota **I**
 to get a good/bad grade sacar una buena/mala nota **I**
grammar la gramática
grandfather el abuelo **I**
grandmother la abuela **I**
grandparents los abuelos **I**
grape la uva **I**
grass el césped **I**
 to cut the grass cortar el césped **I**
green verde **I**
Greetings! ¡Saludos!
 Greetings from... Saludos desde...
grill la parrilla
 grilled steak el filete a la parrilla **5.2**
ground (up) molido(a) **5.2**
group el grupo
to grow crecer (crezco)
 to grow up crecer (crezco)
to guess adivinar
guests los invitados **I**
guide el (la) guía
guitar la guitarra **I**
gymnasium el gimnasio **I**
gymnastics la gimnasia

H

hair el pelo **I**
 brown/blond hair el pelo castaño/rubio **I**
hair dryer el secador de pelo **I, 2.2**
hairless pelado(a)
half medio(a)
 half past... ... y media **I**
hall el pasillo **I**
ham el jamón **I**
hamburger la hamburguesa **I**
hand la mano **I**
 on the one hand... on the other hand por un lado... por otro lado **7.1**
handicrafts las artesanías **I, 1.2**
handmade: (to be)
 handmade (estar) hecho(a) a mano **3.2**
handsome hermoso(a) **4.1**
to hang colgar (ue)

to happen pasar
What's happening? ¿Qué pasa? **I**
happy contento(a) **I**; feliz; alegre
Happy birthday! ¡Feliz cumpleaños! **I**
hard-working trabajador(a) **I**
hat el sombrero **I**
winter hat el gorro **I**
to have tener **I**; haber
one has to... hay que... **I**
there have been... ha habido...
to have just... acabar de... **I**
to have to tener que **I**
he él **I**
head la cabeza **I**
headline el titular **7.1**
health la salud **I**
healthful saludable **2.1**
healthy sano(a) **I**; saludable **2.1**
heart el corazón (*pl.* los corazones) **I**
heat el calor **I**
heavy pesado(a)
height la altura
Hello. Hola. **I**
Hello? ¿Aló? ¿Bueno? ¿Diga? **6.2**
helmet el casco **I**
help la ayuda
to help ayudar **I**
her su **I**; ella **I, 3.1**
herb la hierba
here aquí **I**
No, he's/she's not here. No, no está. **6.2**
heritage la herencia
hero el héroe **4.1**
heroic heroico(a) **4.1**
heroine la heroína **4.1**
Hi. Hola. **I**
high school el colegio, la escuela secundaria, el liceo
hike la caminata **I**
to hike dar una caminata **1.2**
him él **I, 3.1**
hip la cadera
his su **I**
historic(al) histórico(a) **4.1**
history la historia **I**
to hit golpear
holidays los días festivos
homage el homenaje
homework la tarea **I**
honey la miel
to honor honrar
hook el gancho
hoop el aro
hope: I hope so! ¡Ojalá!
horrible horrible **I**
horse el caballo **I**
to ride a horse montar a caballo **I**
hostel el hostal **1.2**
hot caliente; picante **5.1**
It is hot. Hace calor. **I**
to be hot tener calor **I**
hotel el hotel **I, 1.2**
hotel room la habitación (*pl.* las habitaciones) **1.2**
hour la hora **I**
house la casa **I**
How? ¿Cómo? **I**
How...! ¡Qué...! **1.2**
How are you? ¿Cómo estás? (familiar); ¿Cómo está usted? (formal) **I**
How beautiful! ¡Qué bello(a)! **1.2**
How cool! ¡Qué bárbaro!
How disgusting! ¡Qué asco! **5.1**
How do I get to...? ¿Cómo llego a...? **4.2**
How does it (do they) fit me? ¿Cómo me queda(n)? **3.1**
How expensive! ¡Qué caro(a)! **1.2**
How fun! ¡Qué divertido! **I**
How many...? ¿Cuántos(as)...? **I**
How much does it (do they) cost? ¿Cuánto cuesta(n)? **I**
How old are you? ¿Cuántos años tienes? **I**
How's it going? ¿Qué tal? **I**
how many cuántos(as) **I**
how much cuánto(a) **I**
however sin embargo **7.1**
huge enorme
humid húmedo(a)
hunger el hambre
hungry: to be hungry tener hambre **I**
to hunt cazar **4.2**
hurricane el huracán (*pl.* los huracanes)
hurry: to be in a hurry tener prisa **2.2**
hurt herido(a) **I**
to hurt doler (ue) **I**
husband el esposo **7.2**
hybrid vehicle el vehículo híbrido **8.1**

I

I yo **I**
I love... Me encanta...
I'm sorry. Lo siento. **I**
I would like... Me gustaría... **1.2**
ice cream el helado **I**
ice cream shop la heladería **5.2**
icon el icono **I, 6.2**
idea la idea
It's a good idea/bad idea. Es buena idea/mala idea. **3.1**
ideal ideal **I**
identification la identificación **1.1**
if si **I**
image la imagen (*pl.* las imágenes)
impatient impaciente **7.2**
importance la importancia
important importante **I**
It's important (that...) Es importante (que...) **2.1, 7.1**
to improve mejorar **8.2**
in en **I**
in front (of) delante (de) **I**
in order to para **I**
in the afternoon de la tarde **I**
in the morning de la mañana **I**
to include incluir
to increase aumentar
indigenous indígena
inexpensive barato(a) **I, 3.2**
influence la influencia
to influence influir
information la información **7.1**; los datos
ingredient el ingrediente **5.1**
in-laws los suegros **7.2**
to in-line skate patinar en línea **I**
in-line skates los patines en línea **I**
inn el hostal **1.2**
inside (of) dentro (de) **I**
instant message el mensaje instantáneo
instant messaging el mensajero instantáneo **I, 6.2**
intelligent inteligente **I**
interest el interés (*pl.* los intereses)
to interest interesar **3.1**
interesting interesante **I**
Internet Internet **I, 3.1**
on the Internet por Internet
to connect to the Internet conectar a Internet **I**
interview la entrevista **7.1**

to interview entrevistar **7.1**
to introduce presentar **I**
Let me introduce you to... Te/Le presento a... (familiar/formal) **I**
to investigate investigar **7.1**
invitation la invitación (*pl.* las invitaciones) **6.2**
to invite invitar **I**
I invite you. Te invito. **I**
to iron planchar **I**
island la isla
itinerary el itinerario **1.1**
its su **I**

J

jacket la chaqueta **I**
January enero **I**
jealous: to be jealous (of) tener celos (de) **4.1**
jealousy los celos **4.1**
jeans los jeans **I**
jewelry las joyas **I, 1.2**
jewelry store la joyería **3.1**
to join unirse
journey el viaje
juice el jugo **I**
orange juice el jugo de naranja **I**
July julio **I**
June junio **I**
jungle la selva **8.1**

K

to keep guardar; conservar
key la llave **1.2**
keyboard el teclado **I, 6.2**
kind amable
Very kind. Muy amable. **5.2**
kind (type) la clase
kitchen la cocina **I**
knee la rodilla **I**
knife el cuchillo **5.2**
knight el caballero
to know
(a fact, how to do something) saber (sé) **I**
(a person) conocer (conozco) **I**
knowledge el conocimiento **8.2**
known conocido(a)
well-known muy conocido(a)

L

lake el lago
lamb el cordero
lamp la lámpara **I**
land la tierra
language el idioma
the Spanish language el idioma castellano
large grande **I**
last pasado(a); último(a)
last night anoche **I**
last week la semana pasada **I, 1.2**
last year/month el año/mes pasado **I, 1.2**
to last durar
late tarde **I**
later (on) más tarde **I, 2.2**
later luego **I, 2.2**
See you later. Hasta luego. **I**
to laugh reír
It makes me laugh. Me hace reír. **6.1**
law el derecho
lawn el césped **I**
lawyer el (la) abogado(a) **8.2**
lazy perezoso(a) **I**
to learn aprender **I**
leather el cuero
(to be) made of leather (ser) de cuero **3.2**
to leave salir (salgo) **I**; irse **7.2**; dejar
to leave a message dejar un mensaje **6.2**
left izquierdo(a)
to turn left doblar a la izquierda **4.2**
leg la pierna **I**
legend la leyenda **4.1**
lemon el limón (*pl.* los limones) **5.1**
less menos
less than... menos que... **I, 7.2**
less... than menos... que **I, 7.2**
less than... (with numbers) menos de... **7.2**
lesson la lección (*pl.* las lecciones); el mensaje **4.1**
Let's... Vamos a... **I**
letter la carta
lettuce la lechuga **5.1**
level el nivel
liberty la libertad
librarian el (la) bibliotecario(a)
library la biblioteca **I**
life la vida **7.1**
life cycle el ciclo de vida
to lift levantar **I**
to lift weights levantar pesas **I**
light la luz (*pl.* las luces)
to turn on the light encender la luz **2.2**
lighthouse el faro
like como
to like gustar **I, I**
Do you like...? ¿Te gusta...? **I**
I like/don't like... (No) Me gusta... **I**
I would like... Me gustaría...; Quisiera... **I**
I would like to thank... Quisiera dar las gracias a... **6.2**
What do you like to do? ¿Qué te gusta hacer? **I**
Would you like...? ¿Te gustaría...? **I**
line la línea
to get in line hacer cola **1.1**
link el enlace
to listen (to) escuchar **I**
little pequeño(a) **I**
a little un poco **I**
little by little poco a poco **8.1**
to live vivir **I**
a living la vida
to earn a living as... ganarse la vida como... **8.2**
living room la sala **I**
lodging el alojamiento **1.2**
long largo(a)
to look (at) mirar
to look for buscar **I**
loose flojo(a)
to lose perder (ie) **I**
a lot mucho **I**
love el amor
in love enamorado(a)
to be in love with estar enamorado(a) de **4.1**
Yes, I would love to. Sí, me encantaría. **6.2**
luck la suerte
to be lucky tener suerte **I**
luggage el equipaje **1.1**
to check one's luggage facturar el equipaje **1.1**
lunch el almuerzo **I**
to eat lunch almorzar (ue) **I**

M

machine la máquina
mail carrier el (la) cartero(a) **8.2**
to maintain mantener (ie)
to make hacer (hago)
(to be) handmade (estar) hecho(a) a mano **3.2**
It makes me cry. Me hace llorar. **6.1**
It makes me laugh. Me hace reír. **6.1**
to be made of... ser de... **3.2**
to make the bed hacer la cama **I**
makeup el maquillaje **6.1**
to put on makeup maquillarse **I**
mall el centro comercial **I**
man el hombre **I**
to manage conseguir (i, i) (consigo)
many muchos(as) **I**
many times muchas veces **I**
map el mapa **I**
March marzo **I**
market el mercado **I**
open-air market el mercado al aire libre **1.2**
marriage el matrimonio
marry: to get married casarse **4.1**
mask la máscara
to match emparejar
math las matemáticas **I**
may
May I see? ¿Me deja ver? **3.2**
May I speak to...? ¿Puedo hablar con... ? **6.2**
May mayo **I**
maybe tal vez **I**
mayonnaise la mayonesa **5.1**
me mí **I, 3.1**
meal la comida **I**
to mean significar
meanwhile mientras tanto
meat la carne **I**
medal la medalla
gold/silver/bronze medal la medalla de oro/plata/bronce
medium el medio
to meet conocer (conozco) **I**
Nice to meet you. Mucho gusto. **I**
member el miembro
memory la memoria
mention: Don't mention it. No hay de qué. **3.2**
menu el menú **I**
message el mensaje **I**
instant message el mensaje instantáneo
to leave a message dejar un mensaje **I, 6.2**
metal el metal
(to be) made of metal (ser) de metal **3.2**
meter el metro
microphone el micrófono **6.1**
middle: in the middle of en medio de
milk la leche **I**
million un millón (de) **I**
minute el minuto **I**
miracle el milagro
mirror el espejo **I**
mischievous travieso(a)
Miss ... Señorita (Srta.) ... **I**
to mix mezclar **5.1**
mixed mezclado(a) **5.2**
mixture la mezcla
modern moderno(a) **4.2**
moment el momento
One moment. Un momento. **I, 6.2**
Monday lunes **I**
money el dinero **I**
monitor la pantalla **1.1**
monkey el mono
month el mes **I**
last month el mes pasado **1.2**
monument el monumento **4.2**
moon la luna
more más **I**
more than... más que... **I, 7.2**
more... than más... que **I, 7.2**
more than (with numbers) más de... **7.2**
morning la mañana **I**
Good morning. Buenos días. **I**
in the morning de la mañana **I**
mother la madre **I**
mother-in-law la suegra **7.2**
mountain la montaña **4.1**
mountain climber el (la) alpinista **8.2**
mountain range la cordillera
mouse el ratón (*pl.* los ratones) **I, 6.2**
mouth la boca **I**
to move (relocate) mudarse
movie la película **I**
movie star la estrella de cine **6.1**
movie theater el cine **I**
the movies el cine **I**
Mr. ... Señor (Sr.) ... **I**
Mrs. ... Señora (Sra.) ... **I**
mud el barro
mule el (la) mulo(a)
muscular musculoso(a) **2.1**
museum el museo **I**
music la música **I**
folk music la música folklórica
rock music la música rock
must: one must... hay que... **I**
mustard la mostaza **5.1**
my mi **I**

N

nail (of finger, toe) la uña **2.2**
name el nombre
His/Her name is . . . Se llama... **I**
last name el apellido **7.2**
My name is... Me llamo... **I**
What's his/her/your (formal) name? ¿Cómo se llama? **I**
What's your (familiar) name? ¿Cómo te llamas? **I**
napkin la servilleta **5.2**
narration la narración **4.1**
narrow estrecho(a)
native indígena
natural resource el recurso natural **8.1**
nature la naturaleza **8.1**
near (to) cerca (de) **I**
necessary necesario(a)
It's necessary (that...) Es necesario (que...) **2.1, 7.1**
neck el cuello **2.2**
necklace el collar **I, 1.2**
necktie la corbata **6.2**
to need necesitar **I**
neighborhood el barrio **4.2**
neither tampoco **I, 5.2**
neither... nor ni... ni **I, 5.2**
nephew el sobrino **7.2**
nervous nervioso(a) **I**
net la red **2.1**
network la red
never nunca **I, 5.2**
new nuevo(a) **I**
New Year el Año Nuevo
news las noticias **7.1**
newspaper el periódico **7.1**
student newspaper el periódico escolar
the next el (la) próximo(a) **6.2**

next to al lado (de) **I**
nice simpático(a) **I**; bello(a) **1.2**
Nice to meet you. Mucho gusto. **I**
nickname el sobrenombre
niece la sobrina **7.2**
night la noche **I**
at night de la noche **I**
Good night. Buenas noches. **I**
last night anoche **I**
nine nueve **I**
nine hundred novecientos(as) **I**
nineteen diecinueve **I**
ninety noventa **I**
ninth noveno(a) **I**
no no **I**
no one nadie **I, 5.2**
none ninguno(a) **I, 5.2**; ningún **5.2**
nonprofit sin fines lucrativos
normally normalmente **I, 2.2**
north el norte
nose la nariz (*pl.* las narices) **I**
not: not only... but also... no sólo... sino también... **7.1**
notebook el cuaderno **I**
notes los apuntes **I**
to take notes tomar apuntes **I**
nothing nada **I, 5.2**
novel la novela
November noviembre **I**
now ahora **I**
nowadays hoy en día
number el número **I**
phone number el número de teléfono **I**
nurse el (la) enfermero(a) **8.2**
nutritious nutritivo(a) **I**

O

o'clock: It is... o'clock. Es la.../Son las... **I**
object el objeto **4.2**
oblivion el oblivio
occupation el oficio **8.2**
ocean el océano
October octubre **I**
of de **I**
Of course. Claro.
Of course! ¡Claro que sí!, ¡Cómo no! **I, 6.2**
to offer ofrecer (ofrezco) **I**
I can offer you... Le puedo ofrecer... **I**
office la oficina **I**
doctor's/dentist's office el consultorio **7.2**
principal's office la oficina del (de la) director(a) **I**
tourist office la oficina de turismo **1.1**
often muchas veces **I**
oh: Oh, please! ¡Ay, por favor! **2.1**
oil el aceite **5.1**; el petróleo **8.1**
OK regular **I**
OK? ¿Está bien?
OK! ¡Vale!
OK. And you? Regular. ¿Y tú/usted? (familiar/formal) **I**
old viejo(a) **I**; antiguo(a)
How old are you? ¿Cuántos años tienes? **I**
to be... years old tener... años **I**
older mayor **I, 7.2**
olive la aceituna
Olympic Games los Juegos Olímpicos **2.1**
omelet la tortilla **5.1**
potato omelet la tortilla de patatas **5.1**
on en; sobre
on foot a pie **I**
on the one hand... on the other hand por un lado... por otro lado **7.1**
on top (of) encima (de) **I**
on vacation de vacaciones **I**
once
once in a while de vez en cuando **I**
Once upon a time there was .../were... Había una vez... **4.1**
one uno **I**
one hundred cien **I**
onion la cebolla **5.1**
online en línea **I**
to be online estar en línea **6.2**
only sólo, solamente;único(a)
not only... but also... no sólo... sino también... **7.1**
open abierto(a)
It's open. Está abierto(a). **3.1**
to open abrir **I**
open-air al aire libre **I**
opinion la opinión (*pl.* las opiniones) **7.1**
In my opinion... En mi opinión... **3.1**
or o **I**
orange (color) anaranjado(a) **I**
orange (fruit) la naranja **I**
to order pedir (i, i) **I**
organized organizado(a) **I**
to originate originarse
other otro(a) **I**
ought to deber **I**
our nuestro(a) **I**
outside al aire libre
ozone layer la capa de ozono **8.1**

P

to pack: to pack a suitcase hacer la maleta **1.1**
page la página
Web page la página web
to paint pintar
painter el (la) pintor(a)
painting la pintura **3.2**; el cuadro
pair la pareja
palace el palacio **4.1**
Pan American Games los Juegos Panamericanos **2.1**
pants los pantalones **I**
paper el papel **I**
(made of) paper de papel
wrapping paper el papel de regalo **I**
parade el desfile
paragraph el párrafo
parents los padres **I**
park el parque **I**
amusement park el parque de diversiones **I**
national park el parque nacional
part la parte
partner compañero(a)
party fiesta
surprise party la fiesta de sorpresa **I**
to pass pasar
passage el paso
passenger el (la) pasajero(a) **1.1**
passport el pasaporte **1.1**
password la contraseña
past pasado(a) **I**
half past... ... y media **I**
quarter past... ... y cuarto **I**
the past el pasado
pastime el pasatiempo
pastry shop la pastelería **5.2**
patient paciente **7.2**
patio el patio **I**
to pay pagar **I**
pea el guisante

peak la cima
pen la pluma **I**
pencil el lápiz (*pl.* los lápices) **I**
people la gente **6.1**
pepper (black) la pimienta **5.1**
percent por ciento
perhaps tal vez **I**
permission el permiso
person la persona **I**
pet la mascota
pharmacy la farmacia **3.1**
phone el teléfono **I**
phone call la llamada **I**
What is your phone number? ¿Cuál es tu/su número de teléfono? (familiar/formal) **I**
My phone number is... Mi número de teléfono is... **I**
photo la foto **I**
to take photos tomar fotos **I**
photographer el (la) fotógrafo(a) **7.1**
to pick up recoger (recojo) **8.1**
to picnic comer al aire libre **I**
picture la foto **I**
pill la píldora
pilot el (la) piloto **8.2**
pizza la pizza **I**
place el lugar **I**
to place poner (pongo) **I**
to take place tener lugar
plaid de cuadros **3.1**
to plan pensar (ie) **I**
plant la planta
plate el plato
to play
(an instrument) tocar **I**
(games) jugar (ue) **I**
(sports) jugar (ue), practicar **I**
to play a role hacer un papel **6.1**
to play on a team jugar en equipo **2.1**
player el (la) jugador(a) **I**
plaza la plaza **4.2**
Please. Por favor. **I**
Pleased to meet you. Encantado(a). **I**
pleasure el gusto **I**; el placer
The pleasure is mine. El gusto es mío. **I**
With pleasure. Con mucho gusto. **3.2**
plot el argumento **6.1**
plus más
poet el (la) poeta
poetry la poesía
point of view el punto de vista **7.1**
police officer el (la) policía
policeman/policewoman el (la) policía **8.2**
politician el (la) político(a) **8.2**
pollution la contaminación **8.1**
pool la piscina **I**
popular popular **7.2**
pork el cerdo
pork chop la chuleta de cerdo **5.2**
portrait el retrato **3.2**
to possess poseer
possibility la posibilidad
post office el correo **7.2**
postcard la tarjeta postal **1.2**
to send postcards mandar tarjetas postales **1.2**
postman/postwoman el (la) cartero(a) **8.2**
potato la papa; la patata **I**
pound (weight) la libra
to practice practicar **I**
prairie el llano
to prefer preferir (ie, i) **I**
preferable preferible
It's preferable that... Es preferible que... **7.1**
premiere el estreno **6.2**
to premiere estrenar **6.2**
to prepare preparar **I**
present el regalo **I**
to present presentar **7.1**
pressure la presión
peer pressure la presión de grupo **7.1**
pretty bonito(a) **I**; hermoso(a) **4.1**
price el precio **I**
pride el orgullo
princess la princesa **4.1**
principal el (la) director(a) **I**
prize el premio **2.1**
problem el problema **I**
profession la profesión (*pl.* las profesiones) **8.2**
professor el (la) profesor(a) **8.2**
program el programa
to program programar
programmer el (la) programador(a) **8.2**
to project proyectar
to protect proteger (protejo) **8.1**
proud orgulloso(a)
to be proud (of) estar orgulloso(a) (de) **7.2**
to publish publicar **7.1**
to pull tirar
to put poner (pongo) **I**
to put on (clothes) ponerse (me pongo) (la ropa) **I, 2.2**
to put on makeup maquillarse **I**
to put away guardar
pyramid la pirámide **4.2**

Q

quality la calidad **I**
quarter cuarto **I**
quarter past... ... y cuarto **I**
question la pregunta; la cuestión (*pl.* las cuestiones) **7.1**
quite bastante

R

race la carrera **I**
racket la raqueta **I**
radio el radio **I**
raft la balsa
rain la lluvia
to rain llover (ue) **I**
to raise levantar; criar
ranch la estancia
rapidly rápidamente
raw crudo(a) **5.2**
to read leer **I**
reading la lectura
ready listo(a)
to get ready arreglarse **2.2**
reality la realidad
Really? ¿Verdad? **I**; ¿De veras? ¿De verdad?
reason la razón
for that reason por eso **7.1**
to receive recibir **I**
reception desk la recepción (*pl.* las recepciones) **1.2**
recess el recreo
recipe la receta **5.1**
to recommend recomendar (ie) **3.1**
to record registrar
to recycle reciclar **8.1**
recycling el reciclaje **8.1**
red rojo(a) **I**
red-haired pelirrojo(a) **I**
reef: (coral) reef el arrecife (de coral)

reel el carrete
to reflect reflejar
relative el (la) pariente **7.2**
to relax relajarse
religion la religión (***pl.*** las religiones) **4.2**
to remember recordar (ue)
to rent alquilar **I**
to repeat repetir (i, i)
to reply responder
reporter el (la) periodista **7.1**
to rescue rescatar
reservation la reservación (***pl.*** las reservaciones)
  to make/to have a reservation hacer/tener una reservación **1.2**
reserve la reserva
  nature reserve la reserva natural
responsibility la responsabilidad **8.1**
responsible responsable **8.1**
to rest descansar **I**
restaurant el restaurante **I**
to restore restaurar
result el resultado
to return volver (ue) **I**; regresar **4.1**
review la crítica **6.2**; el repaso
rice el arroz **I**
rich rico(a)
to ride montar **I**; subir a **I**
  to ride a bike montar en bicicleta **I**
  to ride a horse montar a caballo **I, 1.2**
  to ride the Ferris wheel/roller coaster subir a la vuelta al mundo/la montaña rusa **I**
right derecho(a)
  Right? ¿Verdad? **I**
  to be right tener razón **I**
  to turn right doblar a la derecha **4.2**
ring el anillo **I, 1.2**
river el río
roasted asado(a)
robot el robot (***pl.*** los robots) **8.2**
rocky rocoso(a)
role el papel **6.1**
  to play a role hacer un papel **6.1**
roller coaster la montaña rusa **I**
room el cuarto **I**; la habitación (***pl.*** las habitaciones) **1.2**
routine la rutina **I, 2.2**
rubber la goma
rug la alfombra **I**
ruins las ruinas **4.2**
rule la regla
to run correr **I**

S

sad triste **I**
safe seguro(a)
saint el (la) santo(a)
salad la ensalada **I**
salary el sueldo
sale la venta
salesclerk el (la) vendedor(a) **I**
salt la sal **5.1**
  salt mine el salar
saltshaker el salero
salty salado(a) **5.1**
same mismo(a)
  Same here. Igualmente. **I**
  to be all the same dar lo mismo
sand la arena
sandal la sandalia **3.1**
sandwich el sándwich **I**
Saturday sábado **I**
to say decir **I**
scare: It scares me. Me da miedo. **6.1**
scary: How scary! ¡Qué miedo! **I**
scene la escena **6.1**
schedule el horario **I**
scholarship la beca
school la escuela **I**
  high school el colegio, la escuela secundaria, el liceo
school, school-related escolar **7.1**
science las ciencias **I**
  science fiction la ciencia ficción **6.1**
scientist el (la) científico(a) **8.2**
score: to score a goal meter un gol **2.1**
screen la pantalla **I, 1.1**
screenplay el guión (***pl.*** los guiones) **6.1**
screenwriter el (la) guionista **6.1**
scuba diver el (la) buceador(a) **8.2**
to scuba-dive bucear **I**
sculpture la escultura **3.2**
sea el mar **I**
season la estación (***pl.*** las estaciones) **I**; la temporada
seasoned sazonado(a)
second segundo(a) **I**
secret el secreto **I**
secure seguro(a)
security la seguridad
  to go through security pasar por seguridad **1.1**
to see ver **I**
  May I see...? ¿Me deja ver...? **I, 3.2**
  See you later. Hasta luego. **I**
  See you there. Nos vemos allí.
  See you tomorrow. Hasta mañana. **I**
to seem parecer
  It seems to me... Me parece que... **3.1**
to select seleccionar
self-esteem la autoestima
to sell vender **I**
to send mandar **I**
  to send postcards mandar tarjetas postales **1.2**
sentence la oración (***pl.*** las oraciones)
September septiembre **I**
serious serio(a) **I**
to serve servir (i, i) **I**
set: movie set el escenario
set: to set the table poner la mesa **I**
setting el ambiente
seven siete **I**
seven hundred setecientos **I**
seventeen diecisiete **I**
seventh séptimo(a) **I**
seventy setenta **I**
a shame una lástima
  What a shame! ¡Qué lástima! **I, 6.2**
shampoo el champú **I, 2.2**
to share compartir **I**
to shave oneself afeitarse **I, 2.2**
shaving cream la crema de afeitar **2.2**
she ella **I**
shelf el estante
shell la cáscara
shellfish los mariscos
shirt la camisa **I**
shoe el zapato **I**
shoe store la zapatería **3.1**
shop: to go shopping ir de compras **I**
shopping center el centro comercial **I**
short (height) bajo(a) **I**
shorts los pantalones cortos **I**
should deber **I**
shoulder el hombro **2.2**
to show mostrar (ue)
shower la ducha
  to take a shower ducharse **I, 2.2**
to shudder estremecerse
shy tímido(a) **7.2**
sick enfermo(a) **I**
sickness la enfermedad
side el lado
sidewalk la acera **4.2**

sights las atracciones
to go sightseeing ver las atracciones **1.2**
silver la plata **I**
(to be) made of silver (ser) de plata **I, 3.2**
since como; desde
sincere sincero(a) **7.2**
to sing cantar **I**
single room la habitación individual **1.2**
sister la hermana **I**
sister-in-law la cuñada **7.2**
to sit sentarse (ie)
site el sitio
archaelogical site sitio arqueológico
Web site el sitio web **I**
six seis **I**
six hundred seiscientos(as) **I**
sixteen dieciséis **I**
sixth sexto(a) **I**
sixty sesenta **I**
size el tamaño
clothing size la talla **3.1**
shoe size el número **3.1**
to skate patinar **I**
to in-line skate patinar en línea **I**
skateboard la patineta
to skateboard andar en patineta **I**
to ski esquiar
skin la piel **I**
skirt la falda **3.1**
skyscraper el rascacielos (*pl.* los rascacielos) **4.2**
sleep el sueño
to be sleepy tener sueño **2.2**
to sleep dormir (ue, u) **I**
sleeve la manga
to slide deslizarse
slow lento(a) **2.1**
slowly lentamente
small pequeño(a) **I**
smog el smog **8.1**
snack: afternoon snack la merienda **5.1**
snake la serpiente
snow la nieve
to snow nevar (ie) **I**
so entonces **I, 2.2**
so many tantos(as)
so much tanto(a)
soap el jabón (*pl.* los jabones) **I, 2.2**
soap opera la telenovela
soccer el fútbol **I**
society la sociedad
sock el calcetín (*pl.* los calcetines) **I**
sofa el sofá **I**
soft drink el refresco **I**
software el software **6.1**
soil la tierra
soldier el (la) militar
some alguno(a) **I, 5.2** ; algún **5.2**
Some day... Algún día... **8.2**
someone alguien **I, 5.2**
something algo **I, 5.2**
sometimes a veces **2.2**
son el hijo **I**
sorry
I'm sorry. Lo siento. **I**
I'm sorry; Excuse me. Disculpe. **3.2**
So-so. And you? Más o menos. ¿Y tú/usted? (familiar/formal) **I**
sound el sonido **6.1**
soup la sopa **I**
sour agrio(a) **5.1**
source la fuente
south el sur
souvenir el recuerdo **I, 1.2**
spaghetti los espaguetis **5.2**
Spanish el español **I**
to speak hablar **I**
May I speak to...? ¿Puedo hablar con...? **I, 6.2**
special especial
special effects los efectos especiales **6.1**
to spend: to spend time with friends pasar un rato con los amigos
specialty la especialidad **5.2**
specialty of the house la especialidad de la casa **5.2**
species la especie
endangered species las especies en peligro de extinción **8.1**
spicy picante **5.1**
spinach las espinacas **5.1**
spirit el espíritu; el ánimo
spoon la cuchara **5.2**
sports los deportes **I**
sporting deportivo(a)
sportsman/woman el (la) deportista **2.1**
spring la primavera **I**
square la plaza **4.2**; el cuadro
squid el calamar
stadium el estadio **I**
stairs la escalera **I**
star la estrella
movie star la estrella de cine **6.1**
station la estación (*pl.* las estaciones)
train station la estación de tren **1.1**
statue la estatua **4.2**
statuette la estatuilla
to stay quedarse **7.2**
to stay in... quedarse en... **I**
to stay in shape mantenerse en forma **2.1**
steak: grilled steak el filete al la parrilla **5.2**
step el paso
stepfather el padrastro **I**
stepmother la madrastra **I**
still todavía **I**
stock market la bolsa
stockbroker el (la) agente de bolsa **8.2**
stomach el estómago **I**
stone la piedra
(to be) made of stone (ser) de piedra **3.2**
to stop parar; detenerse; dejar de
store la tienda **I**
story la historia
straight: to go straight seguir derecho **4.2**
strawberry la fresa **5.1**
street la calle **I**
to strengthen fortalecer
stripe la raya
striped de rayas **3.1**
strong fuerte **I**
stucco el estuco
student el (la) estudiante **I**
exchange student el (la) estudiante de intercambio
studious estudioso(a) **I**
study el estudio
to study estudiar **I**
to stuff rellenar
style el estilo; la moda
to be in style estar de moda **3.1**
subject (in school) la materia, la asignatura
subway el metro
success el éxito
be successful tener éxito **6.1**
to suffer sufrir
sugar el azúcar **5.1**
suggestion la sugerencia
suit el traje **3.1**

suitcase la maleta **1.1**
to pack a suitcase hacer la maleta **1.1**
summary el resumen
in summary en resumen
summer el verano **I**
sun el sol **I**
to sunbathe tomar el sol **I**
Sunday domingo **I**
sunny: It is sunny. Hace sol. **I**
sunscreen el bloqueador de sol **I**
supermarket el supermercado **5.1**
to support apoyar
to surf hacer surfing **I**
to surf the Web navegar por Internet **I**
surprise la sorpresa **I**
to surprise sorprender
survey la encuesta
to swear jurar
I swear to you! ¡Te lo juro! **6.2**
sweater el suéter **3.1**
to sweep barrer **I**
sweet dulce **5.1**
to swim nadar **I**
swimming la natación **I**
swimming pool la piscina **I**
swing el columpio
sword la espada
syrup el jarabe

T

table la mesa **I**
to set the table poner la mesa **I**
tail la cola
to take tomar **I**; llevar **4.1**
to take a bath bañarse **I, 2.2**
to take a shower ducharse **I, 2.2**
to take a taxi tomar un taxi **1.1**
to take a trip hacer un viaje **I, 1.1**
to take notes tomar apuntes **I**
to take out the trash sacar la basura **I**
to take photos tomar fotos **I, 1.2**
to take place tener lugar
to talk hablar **I**
to talk on the phone hablar por teléfono **I**
tall alto(a) **I**
to taste probar (ue) **5.1**
tasty rico(a) **I**; sabroso(a) **5.1**
taxi el taxi
tea el té **5.2**
to teach enseñar **I**
teacher el (la) maestro(a) **I**; el (la) profesor(a) **8.2**
team el equipo **I**
teammate el (la) compañero(a) de equipo **7.2**
technician el (la) técnico(a)
telephone el teléfono **I**
cellular phone el teléfono celular **I, 6.2**
television la televisión **I**
television set el televisor **I**
to tell contar (ue) **4.1**
I'm telling you the truth! ¡Te digo la verdad! **6.2**
temple el templo **4.2**
ten diez **I**
tennis el tenis **I**
tenth décimo(a) **I**
to terrify aterrorizar
test el examen (*pl.* los exámenes) **I**
to thank
I would like to thank... Quisiera dar las gracias a... **6.2**
Thank you. Gracias. **I**
Thank you for your service. Gracias por atenderme. **5.2**
that
that... (there) ese(a) **I, 2.1**
that one (there) ése(a) **2.1**
that... (over there) aquel(aquella) **I, 2.1**
that one (over there) aquél (aquélla) **2.1**
theater el teatro **I**
their su **I**
them ellos(as) **I, 3.1**
theme el tema
then luego; entonces **I, 2.2**
theology la teología
there allí **I**
there is/are... hay... **I**
Is... there? ¿Está...? **6.2**
therefore por eso
these
these... (here) estos(as) **I, 2.1**; éstos(as) **2.1**
they ellos(as) **I**
thin delgado(a)
thing la cosa **I**
to think pensar (ie) **I**; creer
I think/don't think so. Creo que sí /no. **3.1**
What did you think of...? ¿Qué les parece...?
third tercero(a) **I**
thirst la sed
to be thirsty tener sed **I**
thirteen trece **I**
thirty treinta **I**
thirty-one treinta y uno **I**
this
this... (here) este(a) **I, 2.1**
this one (here) éste(a) **2.1**
those
those... (there) esos(as) **I, 2.1**; ésos(as) **2.1**
those... (over there) aquellos(as) **I, 2.1**; aquéllos(as) **2.1**
thousand mil **I**
three tres **I**
three hundred trescientos(as) **I**
throat la garganta **2.2**
Thursday jueves **I**
ticket la entrada **4.2**; el boleto **I, 1.1**
roundtrip ticket el boleto de ida y vuelta **1.1**
tie la corbata **6.2**
tied: to be tied (in sports) estar empatado **2.1**
tight (clothing) apretado(a)
time la hora **I**; la vez (*pl.* las veces); el tiempo
At what time is/are...? ¿A qué hora es/son...? **I**
free time el tiempo libre **I, 1.2**
What time is it? ¿Qué hora es? **I**
tip la propina **I**
tired cansado(a) **I**
title el título
to a **I**; menos **I**; hasta **4.2**
today hoy **I**
Today is... Hoy es... **I**
What day is today? ¿Qué día es hoy? **I**
toe el dedo del pie **2.2**
together junto(a)
all together todo junto
to get together reunirse
Toltecs los toltecas **4.2**
tomato el tomate **I**
tomb la tumba **4.2**
tomorrow mañana **I**
See you tomorrow. Hasta mañana. **I**
Tomorrow is... Mañana es... **I**
too también **I**; demasiado **1.2**
too much demasiado **I, 1.2**
tool la herramienta **4.2**
tooth el diente **2.2**
toothbrush el cepillo de dientes **I, 2.2**
toothpaste la pasta de dientes **I, 2.2**

to touch tocar
Tour de France la Vuelta a Francia **2.1**
tourism el turismo
tourist el (la) turista **1.2**
tourist office la oficina de turismo **1.1**
tournament el torneo
towel la toalla **I, 2.2**
town el pueblo
track (in sports) la pista **2.1**
traffic light el semáforo **4.2**
train el tren **I**
by train en tren **I**
to train entrenarse **2.2**
training el entrenamiento
to transform transformar **4.1**
trash la basura **I**
trash can el basurero **8.1**
to travel viajar **1.1**
travel agency la agencia de viajes **1.1**
travel agent el (la) agente de viajes **1.1**
tree el árbol **8.1**
trip el viaje
to go on a day trip hacer una excursión **1.2**
to take a trip hacer un viaje **I**
triumph el triunfo
trophy el trofeo
trouble: to (not) be worth the trouble (no) valer la pena
true cierto(a)
It is (not) true that... (No) Es cierto/verdad que... **8.1**
truth la verdad
I'm telling you the truth! ¡Te digo la verdad! **6.2**
to try intentar
to try to.... tratar de...
T-shirt la camiseta **I**
Tuesday martes **I**
to turn doblar **4.2**
to turn into convertirse en
turn off the light apagar la luz **2.2**
to turn on the light encender (ie) la luz **2.2**
turn right/left doblar a la derecha/a la izquierda **4.2**
twelve doce **I**
twenty veinte **I**
twenty-one veintiuno **I**
two dos **I**
two hundred doscientos(as) **I**
type el tipo; la clase
typical típico(a)

U

Ugh! ¡Uy! **2.1**
ugly feo(a) **I**
uncle el tío **I**
under debajo (de) **I**
underneath debajo (de) **I**
to understand entender (ie), comprender **I**
Did you understand? ¿Comprendiste?
to misunderstand each other entenderse mal **7.2**
to understand each other (well) entenderse (ie) bien **7.2**
unforgettable inolvidable
uniform el uniforme **2.1**
to unify unificar
unique único(a) **3.2**
unit la unidad
until hasta
upside down al revés
us nosotros(as) **I, 3.1**
to use usar **I**
useful útil
usually normalmente **2.2**

V

vacation las vacaciones **I**
(to be) on vacation (estar) de vacaciones **I, 1.2**
to go on vacation ir de vacaciones **1.1**
to vacuum pasar la aspiradora **I**
vacuum cleaner la aspiradora **I**
valley el valle
value el valor
variety la variedad
various varios(as)
to vary variar
vegetables las verduras **I**
vegetarian vegetariano(a)
very muy **I**
Very well. And you? Muy bien. ¿Y tú/usted? (familiar/formal) **I**
vest el chaleco **3.1**
veterinarian el (la) veterinario(a) **8.2**
video game el videojuego **I**
vinegar el vinagre **5.1**
to visit visitar
to visit a museum visitar un museo **1.2**
vocabulary el vocabulario
voice la voz (*pl.* las voces)
volcano el volcán (*pl.* los volcanes) **4.1**
volleyball el voleibol **I**
volunteer el (la) voluntario(a) **8.1**
to volunteer trabajar de voluntario **8.1**

W

to wait (for) esperar **I, 6.1**
to wake up despertarse (ie) **I, 2.2**
to walk caminar **I**
to go for a walk pasear **I**
wall la pared
to want querer (ie) **I**; desear
war la guerra **4.1**
warm cálido(a)
warrior el (la) guerrero(a) **4.1**
to wash lavar **I**
to wash oneself lavarse **I, 2.2**
to wash one's face/hair lavarse la cara/el pelo **I**
watch el reloj **I, 3.1**
to watch mirar **I**
to watch television mirar la televisión **I**
water el agua (fem.) **I**
waterfall la cascada
to water-ski hacer esquí acuático **I**
we nosotros(as) **I**
to wear llevar **I**; usar
weather el tiempo **I**; el clima
What is the weather like? ¿Qué tiempo hace? **I**
Web page la página web
Web site el sitio web **I**
wedding la boda
Wednesday miércoles **I**
week la semana **I**
last week la semana pasada **I, 1.2**
weekend el fin de semana **I, 6.2**
to weigh pesar
welcome bienvenido(a)
You're welcome. De nada. **I, 3.2**
well bien **I**; pues
Very well. And you? Muy bien. ¿Y tú/usted? (familiar/formal) **I**
Well,... Bueno,...

well-known reconocido(a)
west el oeste
what qué
  What? ¿Qué? ¿Cuál? **I**; ¿Cómo?
  What a shame! ¡Qué lástima! **I, 6.2**
  What are you like? ¿Cómo eres? **I**
  What color is/are...? ¿De qué color es/son...?
  What day is today? ¿Qué día es hoy? **I**
  What do you like to do? ¿Qué te gusta hacer? **I**
  What is the date? ¿Cuál es la fecha? **I**
  What is the weather like? ¿Qué tiempo hace? **I**
  What time is it? ¿Qué hora es? **I**
  What's happening? ¿Qué pasa? **I**
  What's his/her/your (formal) name? ¿Cómo se llama? **I**
  What's your(familiar) name? ¿Cómo te llamas? **I**
when cuando **I**
  When? ¿Cuándo? **I**
where donde
  Where? ¿Dónde? **I**
  (To) Where? ¿Adónde? **I**
  Can you please tell me where... is? Por favor, ¿dónde queda...? **1.1**
  Where are you from? ¿De dónde eres (familiar)/es usted (formal)? **I**
  Where are you going? ¿Adónde vas? **I**
  Where is he/she from? ¿De dónde es? **I**
Which? ¿Cuál(es)? **I**
a while un rato
  once in a while de vez en cuando **I**
white blanco(a) **I**
Who? ¿Quién(es)? **I**
  Who is he/she/it? ¿Quién es? **I**
Why? ¿Por qué? **I**
  That's why. Por eso. **7.1**
wife la esposa **7.2**
to win ganar **I**
wind el viento
  It is windy. Hace viento. **I**
window la ventana **I**
  ticket window la ventanilla **I**
to windsurf hacer surf de vela **I**
wing el ala
winged alado(a)
winner el (la) ganador(a) **I**
winning ganador(a)
winter el invierno **I**
to wish desear
with con **I**
  with me conmigo **I, 3.1**
  With pleasure. Con mucho gusto. **3.2**
  with you (familiar) contigo **I, 3.1**
without sin
to withstand soportar
witness el (la) testigo
woman la mujer **I**
wood la madera **I**
  (to be) made of wood (ser) de madera **I, 3.2**
work (of art) la obra
to work trabajar **I**
workshop el taller
world el mundo **8.1**
World Cup la Copa Mundial **2.1**
worse peor **I, 7.2**
to wrap envolver (ue) **I**
wrapping paper el papel de regalo **I**
wrist la muñeca **2.2**
wristwatch el reloj **3.1**
to write escribir **I**
  to write e-mails escribir correos electrónicos **I**
writer el (la) escritor(a) **7.1**
writing la escritura

Y

year el año **I**
  last year el año pasado **I, 1.2**
  New Year el Año Nuevo
  to be... years old tener... años **I**
yearbook el anuario
yellow amarillo(a) **I**
yes sí **I**
  Yes, I would love to. Sí, me encantaría. **I, 6.2**
yesterday ayer **I**
  the day before yesterday anteayer **I, 1.2**
yet todavía **I**
yogurt el yogur **I**
you
  (*sing.*, familiar) tú **I**; ti **3.1**
  (*sing.*, formal) usted **I, 3.1**
  (*pl.*, familiar) vosotros(as) **I, 3.1**
  (*pl.*, formal) ustedes **I, 3.1**
young joven (***pl.*** jóvenes) **I**
  young man/woman el (la) joven (***pl.*** los jóvenes) **4.1**
younger menor **I, 7.2**
your
  (*sing.*, familiar) tu **I**
  (*pl.*, familiar) vuestro(a) **I**
  (formal) su **I**

Z

zero cero **I**
zoo el zoológico **I**

Índice

A

a (personal), 40, 283
accents
  affirmative **tú** commands, 315
  on interrogative words, 64
  with pronoun plus present participle, 124
  written accent, requirement for, 125
aceitunas, 266
acordeón, C8, C20
actors, Hispanic, 322, 346
addressing a friend, vocabulary variations for, 117
adjectives
  agreement of, 8
  comparatives, 395, 397, 409
  demonstrative adjectives, 100, 109
  -ísimo(a) as ending for, 258
  past participles, 202
  possessive adjectives, 394
adverbs, forming, 94
affirmative commands
  pronoun placement in, 456
  tú commands, 315, 329
  usted commands, 259, 264, 273
affirmative **tú** commands, 315
affirmative words, 283, 297
agreement
  demonstratives, 100, 109
  past participles, 202
  possessive adjectives, 394
ahijados, 406–407
airport, vocabulary, 37, 55
algo, 283
alguien, 283
algún(o), 283
Allá en el rancho grande (song), 240
Allende, Isabel, 326
almorzar
  negative **tú** command, 320
  preterite tense, 227, 241
¿Aló?, 342
Álvarez, Julia, 402
añadir
  command form, 259, 273
  present tense, 259
ancient civilizations
  of Mexico, 204, 222, 234
  vocabulary, 241
animals, of Ecuador, 419, 429, 440
anoche, 65
answering the phone, vocabulary variations for, 342, 353
-ar verbs
  future tense, 432, 441
  negative **tú** commands, 320, 329
  past participle, 202
  present participle, 124
  present subjunctive, 339, 353
  present tense, 24
  preterite tense, 65–66, 79
archaeology, of Mexico, 204, 222, 234
architecture
  of Dominican Republic, 363
  of Puerto Rico, 141
Argentina, 111
  art of, 102, 120, 126
  Buenos Aires, 88, 89, 112, 113
  food of, 130
  gauchos, 108, 130
  movies in, 322
  pampas, 130
  poetry of, 108
  scenes of, 89, 108, 112, 113, 130, 137, 357
  soccer, 88, 96, 102
  vocabulary variations by countries, 44, 93, 98, 117, 225, 449
Ariel award, 351
arpa folklórica, C6
arroba, 335
art
  of Argentina, 102, 120, 126
  artists' market, 168–169, 187
  casitas, 184
  chicano art, 316, 340
  of Colombia, 126
  comic strips, 126
  of Costa Rica, 33, 42, 66, 102
  Cuban American, 13
  of Dominican Republic, 378, 402
  of Ecuador, 418, 433, 453
  of El Salvador, 186
  of Los Angeles, 328
  masks, 174, 186
  of Mexico, 195, 210, 328
  of Miami, 13
  molas, 185
  muñecos de trapo, 433
  murals, 328
  of Panama, 185
  of Peru, 186
  of Puerto Rico, 150, 174, 184, 186
  santos, 184
  of Spain, 260, 284
athletes, 109
  See also sports
Aztecs, 216, 222, 229
Aya Uma, 419

B

bachata, C24–C25
bajo (instrument), C2
ball playing, ancient, 234
bañador, 44
bañarse, 119, 133
bandoneón, C4
Barcelona (Spain), 251
bathing suit, vocabulary variations for, 44
batido, 78
beaches, in Costa Rica, 76
Berni, Antonio, 102
beverages
  of Chile, 78
  of Costa Rica, 78
  of Puerto Rico, 78
billete, 39
Blanchard, María, 284
Bledel, Alexis, 346
bolero, C16–C17, C24
boleto, 39
bomba, 174
bombachas, 130
bongoes, C2, C12, C24
boricuas, 141
Brazil, World Cup, 106

breakfast, meal time variation by country, 290
bueno, superlative form of, 400
¿Bueno?, 262, 342
Buenos Aires (Argentina), 88, 89, 112, 113
bus stop, vocabulary variations for, 63
buscar, preterite tense, 227, 241
buzo, 152

C

calamares, 266
la calle Ocho, 13
Campeche, José, 150
campo, 93
cancha, 93
canquil, 98
cantos deportivos, 96
-car verbs
  negative **tú** command, 320
  present subjunctive, 341
  preterite tense, 227, 241
  usted command form, 259
Carballo, Jeannette, 66
careers. *See* professions
carne de cerdo, 286
carretas, 33
Casa Batlló, 251
La casa de los espíritus, 326–327
casitas, 184
castañuelas, C10
el Castillo de San Felipe del Morro (Puerto Rico), 141
-cción, pronunciation of words ending in, 452
ceramics, of Panama, 185
cerdo, 286
charungo, C14
chancho, 286
chavo, 374
chavos, 425
che, 117
chicano art, 316, 340
Chile, 77
  climate of, 77
  foods of, 78
  literature of, 326
  el Parque Nacional Torres del Paine, 72
  poetry in, 270–271
  scenes of, 76, 83
  sports in, 77
  vocabulary variations by countries, 286
chocolate con leche, 78
chompa, 152
churrerías, 251
churros y chocolate, 251
cierto, impersonal expressions with, 427, 441
-ción, pronunciation of words ending in, 452
claves, C2, C12
clothing
  buying, 142, 143
  closet organization, 160–161
  shopping, 144–145, 163
  taínos, 162
  vocabulary, 144, 160–161, 163
Club Atlético Nueva Chicago (Berni), 102
cochino, 286
cocido madrileño, 295
coffee, Colombia, 131
cognates, 44
Colombia
  art of, 126
  coffee, 131
  scenes of, 131, 137
  vocabulary variations by countries, 44, 63, 98, 262, 342, 374
comadre, 117
comenzar, preterite tense, 227
comer
  present participle, 124, 133
  present tense, 24, 259
  preterite tense, 95, 109
  usted command, 259, 273
comic strips, 126
commands
  affirmative **tú** commands, 315, 329
  negative **tú** commands, 320, 329
  pronoun placement with, 264, 273, 315, 320, 456
  usted and **ustedes** commands, 259, 273
communication
  intonation, 117, 292
  See also language; vocabulary
compadre, 117
compadres, 407
Comparación cultural
  abstract art, 120
  Argentina, 88, 96, 102, 111, 112, 120, 126, 130, 322
  art and music, 13, 42, 66, 102, 120, 126, 150, 184–185, 240, 276, 284, 316
  beverages, 78
  Chile, 72, 78
  Colombia, 126, 131, 137
  comic strips, 126
  Costa Rica, 34, 42, 48, 58, 66, 72, 78
  Dominican Republic, 364, 373, 388, 399, 402, 406–407
  Ecuador, 229, 239, 240, 420, 429, 433, 444, 453, 458, 462, 464
  El Salvador, 290, 296
  espacio personal, 132
  gestos, 132
  Hispanic culture in the U.S., 316, 322, 332, 340, 346, 350
  indigenous people, 238–239
  Mexico, 196, 204, 210, 229, 238, 240, 351
  Miami, 13
  music, 240
  Nicaragua, 204
  onomatopoeia, 408
  Panama, 185
  Paraguay, 406
  Peru, 186
  Plaza Zocodover, 252–253
  Puerto Rico, 142, 150, 156, 166, 174, 180, 184, 186
  shopping centers, 142, 156
  soccer, 88, 96, 102
  Spain, 96, 111, 137, 252, 260, 276, 284, 290, 294, 296
  sports, 88, 96, 102
  taínos, 378
  tongue twisters, 408
  tourism, 352
  trabalenguas, 408
  United States, 308, 316, 322, 332, 340, 346, 350
  Uruguay, 290, 295
  Venezuela, 463, 464
comparatives, 395, 397, 409
comparisons
  forming, 395, 409
  of numbers, 397
  superlatives, 400, 409
competir, preterite tense, 178
comprar, present participle, 124, 133

ÍNDICE

comunicación, **gestos**, 132
comunidad autónoma, 272
concursos intercolegiales, 458
Conexiones
  Argentina, 108
  Costa Rica, 54
  Dominican Republic, 384
  Ecuador, 440
  Los Angeles, 328
  Mexico, 216
  Spain, 272
congas, C2
conjugated verb
  direct object pronoun placement, 41
  double object pronouns, 288, 297, 456
  indirect object pronoun placement, 46
  reflexive verbs, 119, 133, 456, 465
conmigo/contigo, 154, 163
conocer, present tense, 149, 163
construir, preterite tense, 226
contrabajo, C12
cooking, vocabulary, 254–255, 273
Copa Mundial, 91, 106–107, 111
Copetín **(tira cómica)**, 126
cordero asado, 294
corrido, C6, C24
Costa Rica, 32–33, 76
  art of, 33, 42, 66, 102
  beaches of, 76
  climate of, 77
  famous persons from, 32
  foods of, 32, 78
  map of, 32
  money of, 32
  natural beauty of, 32, 48, 52–53, 72
  parks in, 52–53, 72
  pura vida, 42
  rafting, 54
  scenes of, 33, 53, 54, 59, 72, 76, 83
  sports in, 33, 54
  vocabulary variations by countries, 63
courtesy, expressions of, 187
crispetas de maíz, 98
Cuba, vocabulary variations by countries, 44, 93, 98, 117, 225, 286, 342
Cuban American art, 13
cucharas (instrument), C24
cuche, 286
El cuento del cafecito (Álvarez), 402
culture. *See* **Comparación cultural**
cumbia, C20–C21, C22
cunas, 185

D

daily routine, vocabulary, 22–23, 114–115, 133
Dalí, Salvador, 260
dar
  negative **tú** command, 320
  present tense, 149, 163
  preterite tense, 70, 79
  subjunctive, 344, 353
Darwin, Charles, 419, 429
de la Renta, Oscar, 384
decir
  affirmative **tú** command, 315, 329
  future tense, 451
  present participle, 124
  present tense, 149, 163
  preterite tense, 232, 241
definite articles, 4
demonstrative adjectives, 100, 109
demonstrative pronouns, 100, 109
¿Diga?, 342
¿Dígame?, 342
dinero, 374
dinner, meal time variation by country, 290
diphthongs, 155
direct object, 41, 55
  personal **a** with, 40
direct object noun, 41, 55
direct object pronouns, 41, 55, 456, 465
  double object pronouns, 288, 297, 456
directions, giving, 233, 241
dislikes. *See* likes and dislikes
Dominican Republic
  art of, 378, 402
  famous persons from, 362
  foods of, 362
  money of, 362
  Santo Domingo, 363–364, 373, 388–389, 399
  scenes of, 363, 373, 399, 407, 413
  taínos, 378
  tourism in, 363, 373
  university in, 399
  vocabulary variations by countries, 374
dormir
  present participle, 124
  preterite tense, 178, 187
  subjunctive, 344
double negative, 283
double object pronouns, 288, 297, 456
doubt, expressing, 441
drama, in Mexico, 196–197

E

earning a living, vocabulary variations for, 449
Ecuador, 418–419, 420
  animals of, 419, 429, 440
  art of, 418, 433, 453
  concursos intercolegiales, 458
  famous people from, 418
  food of, 418
  Galapagos Islands, 419, 429, 440
  indigenous people of, 239, 419
  maps of, 418
  money of, 418
  mountain climber, 462
  muñecos de trapo, 433
  music of, 240
  newscasts in, 464
  parks of, 420–421, 440
  Quito, 419, 420, 421, 445
  scenes of, 239, 245, 419, 421, 438–439, 445, 469
  vocabulary variations by countries, 44, 98, 152, 225, 286, 342, 374, 425, 449
  volcanoes of, 229
education. *See* Schools
e→i verbs, subjunctive, 344
e→ie verbs, subjunctive, 339, 344
El Morro (Puerto Rico), 141
El Salvador
  art of, 186
  foods of, 296
  meal times, 290
  scenes of, 301
  vocabulary variations by countries, 286
email, vocabulary, 335, 353
email address, 335
emotions, vocabulary, 20, 29, 109
emparedado, 255

empezar
present subjunctive, 341
preterite tense, 227
encantar, using, 148
endangered species, 429
entertainers, Hispanic, 307, 322
entertainment, film studio, 308–309
environmental conservation, 422–423, 441
-er verbs
future tense, 432, 441
negative **tú** commands, 320, 329
past participle, 202
present participle, 124
present subjunctive, 339, 353
present tense, 24
preterite tense, 95, 109
escribir
affirmative **tú** command, 315, 329
future tense, 432
negative **tú** command, 320, 329
present participle, 124, 133
present subjunctive, 339, 353
present tense, 24
preterite tense, 95, 109
espacio personal, 132
¿está bien?, 262
estar
imperfect tense, 203
negative **tú** command, 320
present progressive formed with, 124, 133
preterite tense, 173, 187
subjunctive, 344, 353
using, 21
expressions of courtesy, 187
extended family, vocabulary, 390, 406–407, 409

F

Falta el del Bongó (Mendez), 13
familiar
subject pronouns, 5
tú commands, 315, 320, 329
family relationships, vocabulary, 390, 406–407, 409
¡Fantástico!, 225
fashion, de la Renta, 384
feminine. *See* gender
Festival Internacional de Cine de Mar del Plata, 322
Fiesta del Sol (Ecuador), 419
La fiesta del vejigante (Gómez), 174
flag, of Mexico, 216
flamenco, C10–C11
flauta, C20
Florida, scenes of, 1
food
of Argentina, 130
beverages, 78
of Chile, 78
of Costa Rica, 32, 78
of Dominican Republic, 362
of Ecuador, 418
of El Salvador, 296
fruit, 78
of Mexico, 194, 216
popcorn, 98
of Puerto Rico, 78, 140
of Spain, 266, 272, 294, 296
tapas, 266
of Uruguay, 295
vegetables, 254
vocabulary, 254–255, 273, 278–279, 297
food preparation, vocabulary, 254–255, 297
formal
subject pronouns, 5
usted and **ustedes** commands, 259, 273
frequency, expressing, 133
Frieda y Diego Rivera (Kahlo), 195
fruit, 78
FUDENA, 429
fútbol, 33, 88–91
future, talking about, 465
future tense
of irregular verbs, 451, 465
of regular verbs, 432, 441

G

Galapagos Islands, 419, 429, 440
ganar, present subjunctive, 339
ganarse el pan, 449
ganarse la vida, 449
ganarse las habichuelas, 449
ganarse los frijoles, 449
-gar verbs
negative **tú** command, 320
present subjunctive, 341
preterite tense, 227, 241
usted command form, 259
garrapiñadas, 98
gauchos, 108, 130
Gaudí, Antoni, 251
gender
agreement of adjectives, 8
agreement of demonstratives, 100, 109
agreement of past participles, 202
agreement of possessive adjectives, 394
definite/indefinite articles, 4
gestos, 132
giving directions, 223, 241
Gobernador don Miguel Antonio Ustáriz (Campeche), 150
Gómez, Adrián, 42
Gómez, Obed, 174
Grauman's Chinese Theater (Hollywood), 333
great!, vocabulary variations for, 225
El Greco, 251
Guagua Pichincha (volcano), 229
Guatemala, scenes of, 413
guelaguetza, 238
güiro, C8, 162
guitarra, C6, C10
guitarrón, C6
gustar, 12
+ infinitive, 12
+ noun, 12
+ pronoun, 12
using, 148, 154

H

haber, future tense, 451
hablar
present subjunctive, 339, 353
present tense, 24
hace + expressions of time, 172, 175
hacer
affirmative **tú** command, 315
future tense, 451
imperfect tense, 203
present tense, 149, 163
preterite tense, 70, 79
healthy activities, 109
Herrick, Margaret, 350
hiking, in Costa Rica, 54
hip-hop latino, C22–C23
Hispanic life in the U.S. *See* United States

holidays
  Mexico, 195
  parrandas, 180
  Puerto Rico, 180
hope, expressing, 339, 344, 353
horror films, vocabulary variations for, 313
The House of the Spirits (movie), 326–327
how long ago something happened, 175
how long something has been going on, 172

I

imperfect tense
  forming, 203
  using, 208, 217
impersonal expressions
  with **cierto** and **verdad**, 427, 441
  subjunctive with, 371, 385, 427
impersonal **se**, 450
importar, using, 148
Incas, 186, 229
indefinite articles, 4
indefinite words, 283, 297
indigenous people
  of Ecuador, 239, 419
  Fiesta del Sol, 419
  legends and stories, 198–199, 214–215
  masks, 186
  of Mexico, 195, 216, 220–222, 229, 238
  otavaleños, 239
  taínos, 141, 162, 378
  zapotecas, 238
indirect object, 46, 55
indirect object pronouns, 46, 55, 456, 465
  double object pronouns, 288, 297, 456
infinitives
  direct object pronoun with, 41
  + **gustar**, 12
  indirect object pronoun with, 46
  ir a +, 28, 432
  pensar +, 118
  of reflexive verbs, 119, 133
  vamos a +, 314, 329
ingredients, vocabulary, 254–255, 273
instrumentos de viento, C14
interesar, using, 148
interrogatives, 64
interviewing, vocabulary, 366
Inti Raymi, 419
intonation, 117, 292
invitations, vocabulary, 353
ir
  affirmative **tú** command, 315
  imperfect tense, 203
  negative **tú** command, 320
  preterite tense, 70, 79, 109
  subjunctive, 344, 353
ir a
  + infinitive, 28, 432
  + noun, 16
-ir stem-changing verbs
  preterite tense, 178, 187
  subjunctive, 344
-ir verbs
  future tense, 432, 441
  negative **tú** commands, 320, 329
  past participle, 202
  present participle, 124
  present subjunctive, 339, 353
  present tense, 24
  preterite tense, 95
irregular verbs
  -car, **-gar**, and **-zar** verbs, 227, 241, 259, 320, 341
  command form, 259
  future tense, 451, 465
  imperfect tense, 203
  present subjunctive, 339, 341, 344, 353
  present tense, 149, 163
  preterite tense, 70, 79, 173, 187, 226, 232, 241
  stem-changing **e→ie** verbs, 339
  stem-changing **o→ue** verbs, 339
  yo verbs, 149, 163, 241
-ísimo(a), as ending for adjectives, 258
Ixtaccíhuatl (volcano), 229

J

Jardín Botánico Nacional de Santo Domingo, 389
Jardín de Cataratas La Paz (Costa Rica), 48
jewelry
  artists' market, 168–169, 187
  vocabulary, 61, 79
joven, superlative form of, 400
jóvenes, 425
jugar
  negative **tú** command, 320
  preterite tense, 227, 241

K

Kahlo, Frida, 195
kids, vocabulary variations for, 425
Kingman, Eduardo, 453

L

lana, 374
language
  Aztecs, 216
  intonation, 117, 292
  Mexico, 216, 217, 229
  onomatopoeia, 408
  taínos, 162
  tongue twisters, 408
  See also vocabulary
leer
  present participle, 124
  preterite tense, 226
legends and stories, vocabulary, 198–199, 201, 214–215, 217
leisure. *See* entertainment; recreation
let's, 314
likes and dislikes
  expressing, 29
  listening strategies, 449
listening strategies
  alternating general and focused attention, 286
  charting the tradition, 406
  checking and listing family information, 403
  cognates, 44
  comparing characters' speech, 291
  comparing concerns, 171
  concentrating on words for professions, 454
  considering your own preferences, 257
  discovering hopes, 63
  discovering the aims, 98

identifying the leader, 127
intonation, 117
listening for advice, 103
listening for argument style, 435
listening for cause and effect, 318
listening for chief concern, 430
listening for content, tone, and effect, 337
listening for descriptive words, 393
listening for differences, 73
listening for disruptions, 323
listening for "do's" and "don'ts", 369
listening for irony, 49
listening for likes and dislikes, 449
listening for opinions, 374
listening for outcomes, 93
listening for persuasion tactics, 313
listening for places, 157
listening for reasons, 230
listening for seriousness, 235
listening for surprise endings, 267
listening for tenses, 206
listening for the real meaning, 281
listening for the sequence, 122
listening for true feelings, 262
listening for turnaround, 181
listening for verb endings, 68
listening to participate, 201
listening to reactions, 459
looking while you listen, 225
making mental pictures, 211
noticing on-topic and off-topic talk, 176
noticing "phone voice", 342
pondering problems and predicting, 425
putting yourself in the scene, 147
questions to focus attention, 79
separating believing and dreaming, 347
thinking ahead, 152
using T-line for comparisons, 398
using your list, 379
llegar, preterite tense, 227
Los Angeles (California), 306, 307, 309, 316, 322, 328, 332, 333, 346, 357
Los Four (artists), 316
Lugar natal (Kingman), 453
Lujan, Gilbert "Magu", 316
lunch, meal time variation by country, 290

M

Mafalda **(tira cómica)**, 126
malla, 44
malo, superlative form of, 400
maps
of Costa Rica, 32
of Dominican Republic, 362
of Ecuador, 418
of Mexico, 194
of Puerto Rico, 140
maracas, C2, C8, C12, C24, 162
mariachi, C6–C7
marímbula, C12, C24
más, superlatives, 400, 409
más de, 397
más que, 395, 409
masculine. *See* gender
masks
Puerto Rico, 174, 186
vejigantes, 174
más...que, 395, 409
Mayas, 186, 328
mayor, 395, 400
mazatecas, 214
meals, 273
mealtime variation by country, 290
mejor, 395, 400
Mendez, Santos E., 13
menor, 395, 400
menos, superlatives, 400, 409
menos de, 397
menos que, 395, 409
menos...que, 395, 409
-mente, 94
Mercado del Puerto (Uruguay), 295
merengue, C8–C9, C18, C22
Merhi, Yucef, 463
metal, C2
Mexico, 194–195
archaeology in, 204, 222, 234
Ariel award for movies, 351
art of, 195, 210, 328
drama in, 196–197
famous persons from, 194, 195
flag of, 216
foods of, 194, 256
indigenous people of, 220–222, 229, 238, 616
languages of, 216, 229
map of, 194
money of, 194
murals of, 328
el Museo Nacional de Antropología, 220–221
music of, 240
scenes of, 195, 204, 220, 221, 238, 245, 357
vocabulary variations by countries, 93, 98, 225, 262, 286, 374, 425
volcanoes of, 204, 229
mí, 154, 163
Miami, 1, 13
mind map, 294, 425, 438
mirar, negative **tú** command, 320, 329
Mitre, Bartolome, 108
molas, 185
money
of Costa Rica, 32
of Dominican Republic, 362
of Ecuador, 418
of Mexico, 194
of Puerto Rico, 140
vocabulary variations for, 374
Morales, Rodolfo, 210
Moreno, Rita, 350
morfo azul, 48
movies, 322, 332
Ariel award, 351
Grauman's Chinese Theater, 333
Hispanic actors, 307, 322, 346, 350–351
Oscar award, 350
vocabulary, 310–311, 329, 334–335
muchachos, 425
muñecos de trapo, 433
murals, Los Angeles, 307, 328
el Museo Nacional de Antropología (Mexico), 220–221
music
bachata, C24–C25
bolero, C16–C17, C24
bomba, 174
corrido, C6 C24
cumbia, C20–C21, C22
of Ecuador, C14, 240
flamenco, C10–C11
hip-hop latino, C22, C23
mariachi, C6–C7

merengue, C8–C9, C18 C22
of Mexico, C6, 240
música andina, C14–C15
parrandas, 180
of Puerto Rico, C24, 141, 174
ranchera, C6, C24, 240
rock latino, C18–C19
salsa, C2–C3, C12, C18, 162
son cubano, C2, C12–C13
of Spain, C10, 272
taínos, 162
tango, C4–C5
musical instruments
acordeón, C8, C20
arpa folklórica, C6
bajo, C2
bandoneón, C4
bongoes, C2, C12, C24
castañuelas, C10
charango, C14
claves, C2
congas, C2
contrabajo, C12
cucharas, C24
flauta, C20
güiro, C8, 162
guitarra, C6, C10
guitarrón, C6
instrumentos de viento, C14
maracas, C2, C8, C12, C24, 162
marímbula, C12, C24
metal, C2
palmas, C10
piano, C2
quena, C14
requinto, C24
saxofón, C8
tambor, C20
timbales, C2, 141
tres, C12
trompeta, C6
vihuela, C6
violín, C6
zampoña, C14

N

nada, 283
nadie, 283
náhuatl, 216, 229native people
of Ecuador, 239, 419
Fiesta del Sol, 419
legends and stories, 198–199, 214–215
masks, 186
of Mexico, 195, 216, 220–222, 229, 238
otavaleños, 239
taínos, 141, 162, 378
zapotecas, 238
natural resources
of Costa Rica, 52–53, 72
of Ecuador, 429, 440
environmental conservation, 422–423
vocabulary, 441
Naturaleza muerta (Plannells i Cruanyes), 260
nature parks, in Costa Rica, 52–53, 72
negative commands
pronoun placement in, 456
tú commands, 320, 329
usted commands, 259, 264, 273
negative words, 283, 297
Neruda, Pablo, 270–271
newscasts, 464
newspapers
advice column, 382–383
interviewing, 366
vocabulary, 366–367, 385
Nicaragua
archaeology in, 204
scenes of, 245
Niña con bandera (Morales), 210
Niña con pasteles (Blanchard), 284
ningún(o), 283
ni...ni, 283
nouns
definite articles, 4
direct object noun, 41, 55
gustar +, 12
indefinite articles, 4
indirect object, 46, 55
ir a +, 16
number
agreement of adjectives, 8
agreement of demonstratives, 100, 109
agreement of past participles, 202
agreement of possessive adjectives, 394numbers, comparing, 397
nunca, 283

O

Oaxaca (Mexico), 195, 238
object pronouns
double object pronouns, 288, 297, 456
placement in commands, 264, 273
odas, 270–271
¿Oigo?, 342
ojalá que, 339, 341, 344, 353
OK?, vocabulary variations for, 262
Olmos, Edward James, 322
onomatopoeia, 408
o...o, 283
opinions, expressing, 163, 385
Orozco, José, 328
Oscar award, 350
Otavalo (Ecuador), 239
o→ue verbs, subjunctive, 339, 344
overlapping events, past tenses to describe, 208, 217

P

padrino, 390, 406–407
pagar
present subjunctive, 341
preterite tense, 227
palmas, C10
palomitas de maíz, 98
pampas, 130
Panama
art of, 185
molas, 185
scenes of, 191
para, using, 376, 385
parada de autobús, 63
parada de guaguas, 63
paradero de bus, 63
paradero del micro, 63
Paraguay
extended family in, 406
scenes of, 413
Paricutín (volcano), 204
parks
in Argentina, 89
in Costa Rica, 52–53, 72
of Ecuador, 420–421, 440
Parque de Bombas (Puerto Rico), 166
Parque Nacional Torres del Paine (Chile), 72

Parque Nacional Volcán Rincón de la Vieja (Costa Rica), 72
Parque Suecia (Ecuador), 421
Parque Yasuní (Ecuador), 440
parrandas, 180
parrillada, 295
parts of the body, vocabulary, 114, 115, 133
pasaje, 39
past events
  how long ago something happened, 175
  narrating, 217
past participle, 202
past tenses. *See* imperfect tense; preterite tense
pasta, 374
pato, 108
Patria B (Solar), 120
pedir
  preterite tense, 178, 187
  subjunctive, 344
películas de terror, 313
pensar
  + infinitive, 118
  present subjunctive, 339
people
  describing, 2–3, 7, 10, 18–19, 29
  relationships, 390 391, 409
peor, 395, 400
personal **a**, 40, 283
personal care, vocabulary, 114–115, 133
Peru
  art of, 186
  scenes of, 191
  vocabulary variations by countries, 44, 63, 93, 98, 152, 225, 286, 342, 449
phone. *See* telephone
piano, C2
places to go, vocabulary, 14–15, 16, 29
Plannells i Cruanyes, Àngel, 260
plata, 374
Playa Hermosa (Costa Rica), 58
playing field, vocabulary variations for, 93
Plaza de la Constitución (Mexico), 195
Plaza Zocodover (Spain), 252–253
plural. *See* singular/plural
pochoclos, 98
poder
  future tense, 451
  present subjunctive, 339
  present tense, 25
  preterite tense, 173, 187
poetry
  of Argentina, 108
  of Chile, 270–271
poner
  affirmative **tú** command, 315, 329
  future tense, 451, 465
  negative **tú** command, 320, 329
  present tense, 149, 163
  preterite tense, 173, 187
popcorn, vocabulary variations for, 98
Popocatépetl (volcano), 229
poporopo, 98
por, using, 376, 385
pork, vocabulary variations for, 286
possessive adjectives, 394
preferences, expressing, 163
preferir
  preterite tense, 178
  subjunctive, 344
Premios Grammy Latino, 340
prepositions, using pronouns after, 154, 163
present participle, 124, 133
present progressive, 124, 133
present subjunctive, 339, 341
present tense
  how long something has been going on, 172
  irregular verbs, 149, 163
  regular verbs, 24
  stem-changing verbs, 25
preterite tense
  -ar verbs, 65–66, 79
  -car, **-gar**, and **-zar** verbs, 227, 241
  -er and **-ir** verbs, 95, 109
  how long ago something happened, 175
  -ir stem-changing verbs, 178, 187
  irregular verbs, 70, 79, 173, 187, 226, 232, 241
  using, 208, 217
probar, command form, 259, 273
professions
  unusual, 462
  vocabulary, 446–447, 465
pronouns
  demonstrative pronouns, 100, 109
  direct object pronouns, 41, 55, 456, 465
  double object pronouns, 288, 297, 456
  gustar +, 12
  indirect object pronouns, 46, 55, 456, 465
  placement with commands, 264, 273, 315, 320, 456
  placement with subjunctive, 371
  present participles with, 124
  reflexive pronouns, 119, 133, 456, 465
  subject pronouns, 5
  using after prepositions, 154, 163
pronunciation
  b, 372
  c, 231
  ch, 67
  d, 261
  diphthongs, 155, 396
  f, 317
  g, 177, 289
  h, 67, 289
  ie (diphthong), 396
  j, 289
  k, 101
  l and **ll**, 45
  linking vowels, 345
  p, 428
  r and **rr**, 205
  s, 231
  ue (diphthong), 396
  v, 372
  words ending in **-ción** and **-cción**, 452
  written accent, 125
  z, 231
proteger, 426
puerco, 286
Puerto Rico, 140–141
  architecture of, 141
  art of, 150, 174, 184, 186
  famous persons from, 32
  food of, 78, 140
  map of, 140
  masks, 174, 186
  money of, 140
  music of, 141, 174
  parks in, 166, 167
  Parque de Bombas, 166

parrandas, 180
San Juan, 150, 156, 184
scenes of, 83, 141, 143, 184, 191
shopping centers, 144–145, 156
vocabulary variations by countries, 152, 374, 449
pulpos, 266
punto, 335
pura vida, 42

Q

¡Qué bacán!, 225
¡Qué bárbaro!, 225
¡Qué buena nota!, 225
Que llueva (song), 240
quechua, 229
quena, C14
querer
future tense, 451
present tense, 25
preterite tense, 232, 241
question words, 64
questions, forming, 64
Quito (Ecuador), 419, 420, 421, 445

R

rafting, in Costa Rica, 54
Ramírez, Belkis, 402
ranchera, C6, C24, 240
reading strategies
actions and reasons, 73
analyzing the journey, 225
analyzing the situation, 103
charting key information, 313
checking expectations, 157
comparing and judging, 435
comparing expectations, 206
connecting with emotions, 211
considering differences in attitude, 337
considering intentions, 117
considering roles, 318
considering who is in charge, 152
considering your views, 374
describing and comparing personalities, 323
empathizing with the character, 171
evaluating success, 342
examining the photo first, 122
finding kinship words, 393
following the plot, 235
getting into characters' heads, 93
grouping concepts with mind map, 425
identify irony, 49
identifying changes in feeling, 63
identifying conflicts, 44
identifying pronouns, 459
identifying structure and events, 262
imagining the triumph, 347
"inside knowledge", 181
looking for types of persuasion, 430
making a graph, 106
making a comparison chart, 270
making inferences, 454
making it personal, 281
opinions and logic, 379
paying attention to influence, 369
predicting what a person will say, 449
putting yourself in another's position, 98
reading for personal information, 398
reading for specific details, 286
remembering someone from prior scene, 267
scanning, 68
seeking the civilization, 230
separating fact from fiction, 39
summarizing ideas and adding your own, 382
summarizing to understand, 326
thinking about legends, 201
tracking change of mind, 291
tracking the path, 176
understanding verb endings, 127
using a mind map, 294, 425, 438
using acronyms for lists, 257
using arrows to track storyline, 214
using clues to guess a secret, 403
using T-line chart to remember, 147
using Venn diagram to compare, 76, 350
using word families, 130
rebeca, 152
recoger
future tense, 432
spelling changes in, 426
recreation
on vacation, 61, 79, 82–83
vocabulary, 26–27
Recuerdos de Ayer, Sueños de Mañana (Hernández), 307
reflexive pronouns, 119, 133, 456, 465
reflexive verbs, 119, 133, 456, 465
relationships of people, vocabulary, 390–391, 409
requinto, C24
restaurants
in Spain, 276–277, 294
vocabulary, 278–279, 297
Returning to Aztlán (Lujan), 316
río Pacuare (Costa Rica), 54
Rivera, Diego, 195, 284, 328
rock latino, C18–C19
ropa de baño, 44
rositas de maíz, 98

S

saber
future tense, 451, 465
present tense, 149, 163
preterite tense, 173, 187
subjunctive, 344, 353
using, 173
sacar
present subjunctive, 341
preterite tense, 227
saco, 152
¿sale?, 262
salir
affirmative **tú** command, 315, 329
future tense, 451
imperfect tense, 203
present tense, 149, 163
salsa (music), C2–C3, C12, C18, 162
San Juan Parangaricutiro (Mexico), 204
San Juan (Puerto Rico), 150, 156, 184
sandwich, vocabulary variations for, 255
Santo Domingo (Dominican Republic), 363–364, 373, 388–389, 399
santos, 184
saxofón, C8

schools
Dominican Republic, 364, 365
Universidad Autónoma de Santo Domingo, 399
vocabulary, 366–367, 385
se, 288, 456, 465
se (impersonal), 450
seguir, preterite tense, 178
sequence of events, vocabulary, 133
ser
affirmative **tú** command, 315
imperfect tense, 203, 208
present tense, 5
preterite tense, 70, 79, 208
subject pronouns, 5
subjunctive, 344, 353
using, 21
servir
present tense, 25
preterite tense, 178
setting the table, vocabulary, 297
shopping, vocabulary, 144–145, 163
Shopping centers, 142–145, 156
siempre, 283
Simón, Charlie, 378
singular/plural
adjectives, 8
definite/indefinite articles, 4
direct object pronouns, 41, 55, 456, 465
indirect object pronouns, 46, 55, 456, 465
Siqueiros, Davíd, 328
smog, 422
Sobrino de Botín (Spanish restaurant), 294
soccer
in Argentina, 88–91, 96, 102
in Costa Rica, 33
vocabulary, 90–91
World Cup **(Copa Mundial)**, 91, 106–107, 111
Solar, Xul, 120
son cubano, C2, C12–C13
souvenirs, 61, 79
Spain, 111
art of, 260, 284
comunidad autónoma, 272
foods of, 266, 272, 294, 296
government of, 272
meal times, 290
music of, 272
restaurants in, 276–277, 294
scenes of, 137, 252–253, 276–277, 295, 301
soccer, 96
tapas, 266, 296
vocabulary variations by countries, 44, 93, 117, 152, 255, 262, 286, 342, 374, 449
speaking strategies
appropriateness, 50
charting reasons and evidence, 380
considering pros and cons, 460
deciding on intonation, 292
enlivening with pictures, 158
listing and discussing, 324
making a family tree, 404
practicing your role while being flexible, 74
reflecting on real experience, 182
reviewing and playing with words, 212
using an order for remembering and speaking, 268
using different approaches, 348
using imagination, 236
using problem-solving chart for brainstorming, 436
using what you know, 128
using word families and context, 350
vocabulary sets, 104
sports, 33, 88–91
in Argentina, 88, 96, 102, 108
athletes, 109
ball playing, ancient, 234
chants for, 96
in Chile, 77
competitions, 91, 106–107, 109
in Costa Rica, 33, 54
equipment, 109
in Mexico, 234
pato, 108
rafting, 54
skiing, 77
soccer, 33, 88–91, 96, 102
ulama, 234
vocabulary, 90–91, 93, 109
World Cup **(Copa Mundial)**, 91, 106–107, 111
See also athletes
sports competitions, 91, 106–107, 109
sports equipment, 109
stem-changing verbs
present subjunctive, 339, 341, 344
present tense, 25
preterite tense of **-ir** verbs, 178, 187
subject pronouns, 5
subjunctive
expressions of hope, 339, 341, 344, 353
with impersonal expressions, 371, 385, 427
present subjunctive, 339, 341, 344, 353
pronoun placement with, 371
suéter, 152
superlatives, 400, 409
Surcando aires (Gómez), 42
sweater, vocabulary variations for, 152

T

T-line charts, using, 147, 398
T-table, 244
taínos, 141, 162, 378
Taita Sol (Viteri), 433
tallas, 184
tamales, 194
también, 283
También se dice
addressing a friend, 117
answering the phone, 342
bus stop, 63
earning a living, 449
Great!, 225
horror films, 313
kids, 425
money, 374
OK?, 262
playing field, 93
popcorn, 98
pork, 286
sweater, 152
tambor, C20
tampoco, 283
tan...como, 395, 409
tango, C4–C5
tanto como, 395, 409
tantos(as)...como, 395
tapas, 266, 296
telephone, answering the phone, vocabulary variations for, 342, 353

ÍNDICE

tener
affirmative **tú** command, 315, 329
future tense, 451
present subjunctive, 339, 353
present tense, 9, 149, 163
preterite tense, 173, 187
using, 9, 40
tense, 65
See also specific tenses
terno, 44
terreno, 93
Texcoco (Mexico), 216
textiles, of Panama, 185
ti, 154, 163
ticket, vocabulary variations for, 39
timbales, 141
time
how long ago something happened, 175
how long something has been going on, 172
tío(a), 117
tiras cómicas, 126
tlacuache, 214–215
tocar
negative **tú** command, 320
preterite tense, 227
Toledo (Spain), 276–277
Toltecs, 222
tongue twisters, 408
tortilla de patatas, 266
tortillas, 296
tortillas sincronizadas, 296
tortoises, 429
tourism, 352
Dominican Republic, 363, 373
trabajar, future tense, 432
trabalenguas, 408
traer
present tense, 149, 163
preterite tense, 232, 241
traffic, vocabulary, 223, 241
traje de bano, 44
tres (instrument), C12
travel
souvenirs, 61, 79
vocabulary, 36–40, 55, 60–62
trompeta, C6
trusa, 44
truth, expressing, 441
tú commands
affirmative, 315
negative, 320

U

ulama, 234
United States, 306–307
chicano art, 316, 340
famous Hispanic persons from, 306, 307
Hispanic population of, 307
Los Angeles, 306, 309, 316, 322, 328, 332, 333, 346, 357
scenes of Hispanic life, 307
la Universidad Autónoma de Santo Domingo, 399
Uruguay
food of, 295
meal times, 290
scenes of, 295, 301
vocabulary variations by countries, 44, 152, 225, 342
usted commands, 259, 273

V

vacation, vocabulary, 55, 60–62, 79, 82–83
Valderrama, Wilmer, 346
Valdez, Patssi, 340
¿vale?, 262
Vallejo, Iván, 462
vegetables, vocabulary, 254, 273
vejigantes, 174
Venezuela
artist-poet-programmer, 463
newscasts in, 464
vocabulary variations by countries, 93, 286
venir
affirmative **tú** command, 315, 329
future tense, 451
present tense, 149, 163
preterite tense, 232, 241
Venn diagram, 76, 350
ver
imperfect tense, 203
present tense, 149, 163
preterite tense, 70, 79
verbs
changing spelling to keep pronunciation, 426
direct object pronoun placement, 41
direct objects, 41
indirect object pronoun placement, 46
past participle, 202
present participle, 124, 133
reflexive verbs, 119, 133, 456, 465
See also specific tenses
verdad, impersonal expressions with, 427, 441
vestido de baño, 44
vestirse, preterite tense, 178
viejo, superlative form of, 400
vihuela, C6
violín, C6
visitar, preterite tense, 65, 79
Viteri, Oswaldo, 433
vocabulary
affirmative words, 283, 297
airport, 37, 55
ancient civilizations, 241
archaeology, 222
artists' market, 168–169, 187
careers, 446–447, 465
clothing, 144, 160–161, 163
cooking, 254–255, 273
courtesy, expressions of, 187
daily routine, 22–23, 114–115, 133
email, 335, 353
emotions, 20, 29, 109
environmental conservation, 422–423, 441
family relationships, 390, 406–407, 409
film industry, 310–311
food, 254–255, 273, 278–279, 297
frequency, 133
indefinite words, 283, 297
ingredients, 254–255, 273
interviewing, 366
invitations, 353
jewelry, 61, 79
legends and stories, 198–199, 201, 214–215, 217
likes and dislikes, 29
lists of, 7, 10, 15, 18, 36, 61, 91, 115, 145, 169, 198, 223, 255, 278, 311, 335, 367, 422, 446
movies, 310–311, 329, 334–335
natural resources, 441
negative words, 283, 297
newspapers, 366–367, 385
opinions, 163, 385
parts of the body, 114, 115, 133

people, describing, 2–3, 7, 10, 18–19, 29
personal care, 114–115, 133
places to go, 14–15, 16, 29
professions, 446–447, 465
question words, 64
recreation, 26–27
relationships of people, 390–391, 409
restaurants, 278–279, 297
school, 366–367, 385
sequence of events, 133
setting the table, 297
shopping, 144–145, 163
soccer, 90–91
sports, 90–91, 93, 109
telephone use, 342, 353
traffic, 223, 241
traveling, 36–40, 55, 60–62
vacation, 55, 60–62, 79, 82–83
variations by countries, 44, 63, 93, 98, 117, 152, 225, 262, 286, 313, 342, 374, 425, 449
vegetables, 254, 273
word families, 130
See also language; *También se dice*
vocabulary sets, 104
volcanoes
  of Costa Rica, 32, 72
  of Ecuador, 229
  of Mexico, 204, 229
  of Nicaragua, 204
vowels
  diphthongs, 155, 396
  linking vowels, 345
  strong and weak, 155

W

wishes, expressing, 339, 353
World Cup **(Copa Mundial)**, 91, 106-107, 111
writing strategies
  analyzing with a chart, 46
  gathering the details, 300
  organizing likes and work-related interests, 356
  T-table, 244
  using a star for an important person, 412
written accent, 125

Y

Yasuní (parque), 440
yo form
  affirmative **tú** command, 315
  negative **tú** command, 320
  present tense of irregular verbs, 149, 163
  preterite tense of irregular verbs, 241

Z

zampoña, C14
zapoteca, 238
-zar verbs
  negative **tú** command, 320
  present subjunctive, 341
  preterite tense, 227, 241
  usted command form, 259
Zócalo (Mexico), 195

ÍNDICE

Créditos

Acknowledgments

"Oda al aceite," from *Odas elementales* by Pablo Neruda. Fundación Pablo Neruda, 1954. Reprinted with the permission of Agencia Literaria Carmen Balcells, S.A., Barcelona, Spain.
"Oda a la sal," from *Odas elementales* by Pablo Neruda. Fundación Pablo Neruda, 1954. Reprinted with the permission of Agencia Literaria Carmen Balcells, S.A., Barcelona, Spain.
Isabel Allende, an excerpt from the work, *La casa de los espíritus* by Isabel Allende. © Isabel Allende, 1982. Reprinted by permission of Agencia Literaria Carmen Balcells, S.A.

Photography

Photography
Cover *center* Doug Armand/Getty Images; *bottom right* Denis Doyle/AP Images; **Title Page** Denis Doyle/AP Images; **Back Cover** *top left* Steve Dunwell/The Image Bank/Getty Images; *top center* Rodriguez Joseph/Gallery Stock Limited; *top right* Panoramic Images/Getty Images; *bottom left* Doug Armand/Getty Images; *bottom center* David Noton/Masterfile; *bottom right* P. Pet/zefa/Corbis; **iv** *bottom left* Stuart Ramson/AP Images; *bottom right* Marc Serota/Corbis; **v** *bottom* David Adame/AP Images; **xxxiv** film reel Scott Bowlin/Shutterstock; *light* Elizabeth Tustian/McDougal Littell/Houghton Mifflin Co.; **xxxvi–xxxvii** © 2007 Robert Frerck/Odyssey/Chicago; **xxxvii** *top* Ann Summa/McDougal Littell/Houghton Mifflin Co.; *center* Allan Penn/McDougal Littell/Houghton Mifflin Co. *bottom* Ken Karp/McDougal Littell/Houghton Mifflin Co.; **xxxix** *top* Jay Penni/McDougal Littell/Houghton Mifflin Co.; **xli** both Michael Goss/McDougal Littell/Houghton Mifflin Co.; **xlii** *top left* Guillermo Legaria/Agencia EFE; *top right* age fotostock/SuperStock; **xliii** *top left* ARC-Dominic Favre DF/MR/AA/Reuters; *top right* James Marshall/Corbis; *center right* Simon Hataway/Alamy; **C2** banner, *left to right* Kevork Djansezian/AP Images; Jeff Greenberg/PhotoEdit; Richard Patterson/AP Images; Andres Leighton/AP Images; *bottom left* Marc Serota/Corbis; *right* EPA/Agencia EFE; **C3** *top left* Marc Serota/Corbis; *top right* Ricardo Figueroa/Agencia EFE; *bottom* Carlos Durán/Agencia EFE; **C4** banner, *left to right* Graciela Portela/NewsCom; Jorge Albán/McDougal Littell/Houghton Mifflin Co.; Iván Franco/Agencia EFE; Natacha Pisarenko/AP Images; *bottom right* Digital Press Photos/NewsCom; *center left* César De Luca/Agencia EFE; *bottom center* Eugene Maynard/Redferns; **C5** *top right* Pablo Corral Vega/National Geographic Image Collection; *bottom right* Enrique Marcarian/NewsCom; *center left* Les Stone/Zuma Press; **C6** banner, *left to right* Guillermo Arias/AP Images; © 2007 Robert Frerck/Odyssey/Chicago; Bob Daemmrich/PhotoEdit; *left* George De Sota/Newsmakers/Getty Images; *bottom* © 2007 Robert Frerck/Odyssey/Chicago; **C7** *top right* Armando Arorizo/Zuma Press; *bottom* Ann Summa Photography/Getty Images; *left* David Young-Wolff/PhotoEdit; **C8** banner, *left to right* © 2005 United States Postal Service. All rights reserved/AP Images; César E. Mullix/www.USLatino.com; Frank Micelotta/Getty Images; *center* Daniel Aguilar/NewsCom/Reuters; *bottom* José Domínguez/NewsCom/Notimex; **C9** *top left, center right* Frank Micelotta/Getty Images; *bottom* Martha Ghigliazza/NewsCom/Notimex; **C10** banner, *left to right* Miguel Rajmil/Agencia EFE; Eduardo Abad/Agencia EFE; Cristina Quicler/Getty Images; *left* Miguel Rajmil/Agencia EFE; *bottom* AL/Agencia EFE; **C11** *top center* Albert Olive/Agencia EFE; *left* J. F. Moreno/Agencia EFE; *bottom right* Natsuyagi Yui/Gamma Press USA, Inc.; **C12** banner, *left to right* Hector Gabino/NewsCom/MCT; J. Ramirez/Agencia EFE; Roberto Schmidt/Getty Images/NewsCom/Agence France Presse; Gary Coronado/Palm Beach Post/NewsCom/Zuma Press; *bottom left* Alberto Tamargo/Getty Images; *bottom right* Gary Coronada/Palm Beach Post/NewsCom/Zuma Press; **C13** *top* Sergio Pitamitz/Alamy; *center right* Jay Penni/McDougal Littell/Houghton Mifflin Co.; **C14** *bottom right* Pablo Corral Vega/National Geographic Image Collection; banner, *left to right* Patricio Crooker/fotosbolivia/The Image Works; © 2007 Robert Frerck/Odyssey/Chicago; Viesti Associates, Inc.; David Mercado/NewsCom/Reuters; *left* Gavin Hellier/Getty Images; **C15** *top* Paolo Aguilar/NewsCom/Epa Photo; *right* Luis E. Olivares/NewsCom/Notimex; *bottom* © 2007 Robert Frerck/Odyssey/Chicago; **C16** banner, *left to right* Alejandro Ernesto/NewsCom/Notimex; Yessica Sánchez/NewsCom/Notimex; NewsCom/Reforma Newspaper; Pedro Sánchez/NewsCom/Notimex; *bottom left* SUN/NewsCom; *bottom right* Sun/NewsCom; *bottom center* Michael Bush/NewsCom/VPI Newspictures; **C17** *bottom center* Reforma Newspaper/NewsCom; *center right* Yessica Sánchez/NewsCom/Notimex; *top left* Jorge Arciga/NewsCom/Notimex; **C18** banner, *left to right* José Luis Magana/AP Images; Pascal Saez/Sipa Press; Ricky Arduengo/AP Images; Paolo Aguilar/Agencia EFE; *bottom right* Guillermo Legaria/Agencia EFE; *left* José Luis Magana/AP Images; **C19** *top left* Quique Fidalgo/Agencia EFE; *top right* Alejandro Pagni-La Nacion/AP Images; *bottom* Armando Arorizo/Agencia EFE; **C20** banner, *left to right* Carlos Duran Araujo/NewsCom; Luis López/NewsCom/Notimex; Barbara Davidson/NewsCom; *left* Alberto Tamargo/Getty Images; *right* José Luis Ramírez/NewsCom/Reforma-EnRed; **C21** *top right* SUN/Newscom; *top left* Helen Montoya/NewsCom/San Antonio Expres/Zuma;

bottom Manuel Escalera/NewsCom/El País Photos; **C22** *banner, left to right* Frank Micelotta/Getty Images; Niurka Barroso/Getty Images; Evan Agostini/Getty Images; Alberto Tamargo/Getty Images; Gustavo Caballero/Getty Images; *bottom left* Paul Hawthorne/Getty Images; *right* Frederick M. Brown/Getty Images; **C23** *top, bottom right* Alberto Tamargo/Getty Images; *center left* Flakiss, "Así Soy," © Univision Music, catalog # 0083 103912; **C24** *banner, left* V. Villafañe/Agencia EFE; *banner, all others* Miguel Rajmil/Agencia EFE; *bottom* John Riley/Agencia EFE; *center left* Michael Bush/NewsCom/UPI Newspictures; **C25** *bottom right* Orlando Barría/Agencia EFE; *top right* Michael Bush/NewsCom/UPI Newspictures; *center left* Miguel Rajmil/Agencia EFE; **1–2** Larry Gatz/Getty Images; **1** *inset* David Adame/AP Images; **2–3** *all* Allan Penn/McDougal Littell/Houghton Mifflin Co.; **5** *2* VStock LLC/age fotostock; **6–7** *all* Allan Penn/McDougal Littell/Houghton Mifflin Co.; **10–11** *all* Allan Penn/McDougal Littell/Houghton Mifflin Co.; **13** *bottom right, Falta el del bongó* (2001), Santos E. Mendez. Oil on canvas. Private collection. Photograph by Jeremy Spiegel/McDougal Littell/Houghton Mifflin Co.; *modelo* SuperStock, Inc./SuperStock; *1* Comstock; *3* Guy Jarvis/School Division/Houghton Mifflin Co.; *4* Jay Penni/McDougal Littell/Houghton Mifflin Co.; *6* Rusty Hill/StockFood America; **14** *bottom left* Borgschulte/Zefa/Corbis; *all others* Allan Penn/McDougal Littell/Houghton Mifflin Co.; **15** *both* Allan Penn/McDougal Littell/Houghton Mifflin Co.; **17** *modelo* Allan Penn/McDougal Littell/Houghton Mifflin Co.; *2* Ann Summa/McDougal Littell/Houghton Mifflin Co.; *3* Jaume Gual/age fotostock; *5* Gabe Palmer/Corbis; *6* Allan Penn/McDougal Littell/Houghton Mifflin Co.; **18–19** *all* Allan Penn/McDougal Littell/Houghton Mifflin Co.; **22** *all* Allan Penn/McDougal Littell/Houghton Mifflin Co.; **23** *top right* Sean Justice/Getty Images; *top left, bottom* Allan Penn/McDougal Littell/Houghton Mifflin Co.; **26** *all* Allan Penn/McDougal Littell/Houghton Mifflin Co.; **27** *all* Allan Penn/McDougal Littell/Houghton Mifflin Co.; **32** *bottom right* Martha Granger/EDGE Productions/McDougal Littell/Houghton Mifflin Co.; *flag* Image Club; **33** *top left* Paulo Whitaker/Reuters; *bottom left* Robert Fried/robertfriedphotography.com; *bottom left inset* Philip Coblentz/Brand X Pictures/Getty Images; *right* Gloria Calderón/Villegas Editores; **37** *top center* Peter Titmuss/Alamy; *top right* James Lauritz/Digital Vision/Getty Images; *flight monitor* Dennis MacDonald/PhotoEdit; **38** *bathing suit* Royalty-Free/Corbis; *T-shirt* Siede Preis/Getty Images; **42** *Surcando aires* (2002), Adrián Gómez. Acrílico sobre tela, 55 cm x 75 cm. Courtesy of the artist.; **48** *center right* Ron Niebrugge/Alamy; *inset* Tom Boyden/Lonely Planet Images; **52** *background* Andy Lim/ShutterStock; **53** *top right* Macduff Everton; *bottom center* Michael & Patricia Fogden/Minden Pictures; *top left* ZSSD/Minden Pictures; *bottom right* Kevin Schafer Photography; *bottom left* HIRB/Index Stock Imagery; **54** *bottom right* Kevin Schafer/Corbis; **56** *modelo* Ho Ying Tian/ShutterStock; *1, 2* Royalty-Free/Corbis; *6* Michelle Marsan/ShutterStock; **61** *top right* David Young-Wolff/PhotoEdit; **62** *1* Galina Barskaya/ShutterStock; *2* Diane Webb/ShutterStock; *3* Tom Stewart/Corbis; *4* phdpsx/ShutterStock; *5* PhotoValley/Alamy; **66** *Familia en el Volcán Arenal* (1989), Jeannette Carballo. Oil on canvas, 100 cm x 72 cm. Courtesy of the artist.; **69** *pizza* SuperStock, Inc./SuperStock; *banana* Richard Hutchings/PhotoEdit; *orange* Amy Etra/PhotoEdit; *sandwich, burger, apple* Comstock; **72** *right inset* Theo Allofs/Corbis; *right* Kevin Schafer Photography; **76** *bottom left* Martin Rogers/Corbis; **77** *top right* Dan Milner/StockShot/Alamy; **78** *top* Jay Penni/McDougal Littell/Houghton Mifflin Co.; *bottom right* PhotoCuisine/Corbis; *milk shake* Thomas Firak Photography/StockFood America; *banana, strawberries* PhotoDisc; **82–83** Douglas Peebles Photography/Alamy; **83** *center right* Sam Diephuis/Zefa/Corbis; *bottom right* Stephen Frink/Corbis; *bottom left* Richard Rowan/Photo Researchers, Inc.; **85** *center inset* Kevin Schafer/Corbis; *left inset* Stewart Cohen/Getty Images; **86** *bottom right* Bob Levey/Agencia EFE; *center* Image Club; **87** *right* Jan Butchofsky Houser/Houserstock; *bottom left* Bobby Model/M-11 Images; *top left* P. Narayan/age fotostock; **91** *top center* Petros Giannakouris/AP Images; *top right* Dusan Vranic/AP Images; *center left* Jim Young/Reuters/Corbis; *center* Doug Pensinger/Getty Images; **92** *modelo* Dusan Vranic/AP Images; *1* Jean-Marie Hervio/NewsCom/DPPI/Icon SMI; *2, 4* Doug Pensinger/Getty Images; *3* Petros Giannakouris/AP Images; *5* Jim Young/Corbis; *6* Eliot J. Schechter/Getty Images; **96** *modelo* Stockbyte/CORE/PictureQuest/Jupiterimages; *1* PhotoDisc; *2* Creatas Images/PictureQuest; *3* JG Photography/Alamy; *4* Comstock; *5* Royalty-Free/Corbis; *6* Spencer Jones/Getty Images; *bottom right* Andrea Comas/Reuters; *bottom right inset* Marcos Brindicci/Reuters; **99** *modelo* David Young-Wolff/PhotoEdit; *2* Ron Chapple/Photis/PictureQuest; *3* Michael Newman/PhotoEdit; *4* PhotoDisc/Fotosearch Stock Photography; **102** *Club Atlético Nueva Chicago* (1937), Antonio Berni. Oil on canvas, 6′ 3/4″ x 9′ 10 1/4″. Inter-American Fund, Museum of Modern Art, New York (645.1942). Digital image © The Museum of Modern Art, New York/Licensed by SCALA/Art Resource, New York; **105** *top left* Stockdisc/Getty Images; **106** *trophy* Carlo Fumagalli/AP Images; *soccer ball* Risteski Goce/ShutterStock; *globe* ShutterStock; **107** *top left* Allsport UK/Allsport/Getty Images; *flags* ShutterStock; **108** *top right* Roberto Sabatier; *bottom right* Leo La Valle/Agencia EFE; **114** *shower head* Dennis Galante/Corbis; **120** *Patria B* (1925), Xul Solar. Watercolor, crayon and pencil on paper. © Fundación Pan Klub, Museo Xul Solar, Buenos Aires/Christie's Images/SuperStock; **123** Bethan Collins/ShutterStock; **125** *1* Stockbyte Royalty Free; *2* David Young-Wolff/PhotoEdit; *4* age fotostock/SuperStock; *5* Luca DiCecco/Alamy; **126** *bottom, Copetín* © 2005 Ernesto Franco; *top, Mafalda* © Ediciones Flor and Joaquín Salvador Lavado ("Quino"); **129** *top left* David Young-Wolff/Getty Images; **130** *top right* Diego Giudice/Corbis; *bottom left* Corbis; **131** *top right* José Miguel Gómez/Reuters; *left* Enzo & Paolo Ragazzini/Corbis; **132** *top* Jay Penni/McDougal Littell/Houghton Mifflin Co.; *bottom 3* Jill LeVasseur/McDougal Littell/Houghton Mifflin Co.; **135** *modelo*

ShutterStock; *3, 5 soap, 6* McDougal Littell/Houghton Mifflin Co.; *5 soap dish* Tina Renceli/ShutterStock; **136–137** ARC-Dominic Favre DF/MR/AA/Reuters; **137** *center* Sean Gallup/Getty Images; *bottom* Sergey Ponomarev/AP Images; **139** Paulo Whitaker/Reuters/PW Sport Cycling; **140** *flag* Image Club; **141** *top left* James Marshall/Corbis; *bottom left* Heinz Hebeisen/Iberimage; **145** *top center inset* Siede Preis/Getty Images; *center left inset* Comstock Images/Alamy; *center right inset* Comstock; *top right inset* Image Source/PictureQuest; **150** *Gobernador don Miguel Antonio de Ustáriz* (1792), José Campeche. Oil on wood. Instituto de Cultura Puertorriqueña, San Juan Puerto Rico; **155** *modelo* VStock/Alamy; *2* Berit Myrekrok/Digital Vision/Getty Images; *3* PhotoDisc/Getty Images; *4* Royalty-Free/Corbis; *5* Burke/Triolo Productions/Getty Images; *6* C Squared Studios/Getty Images; *7* Digital Vision/Getty Images; *8 tan vest* Andreas Pollok/Getty Images; *8 yellow vest* Chaloner Woods/Getty Images; **156** *center right* Kenny Enriquez/puertoricopix.com; **159** *boy* C Squared Studios/Getty Images; *girl* PhotoDisc; *watch* PhotoObjects/Jupiterimages Corporation; **162** *bottom right* Alan King/Alamy; *bottom left* Jim Jurica/ShutterStock; **164** *b* Don Smetzer/Stone/Getty Images; *e* Peter M. Fisher/Corbis; *f* Royalty-Free/Corbis; **168** *center right* Suzanne Murphy-Larronde; **169** *silver necklace* Jay Penni/McDougal Littell/Houghton Mifflin Co.; *gold necklace* Trip/Alamy; **174** *right, La Fiesta del Vejigante* (2005), Obed Gómez. Acrylic on canvas, 30″ x 40″. Courtesy of the artist; **175** *1* David Young-Wolff/PhotoEdit; *2* Royalty-Free/Corbis; *3* Doug Menuez/Getty Images; *4* Hans Zeegers/Imageshop-Zefa Visual Media UK Ltd/Alamy; *5* Tom McCarthy/PhotoEdit; *6* Tony Freeman/PhotoEdit; **179** *modelo rice* Royalty-Free/Corbis; *modelo potato* Comstock; *1 hamburger* Comstock; *1 soup* Jonelle Weaver/Getty Images; *2 orange juice* Judith Collins/Alamy; *2 milk* Comstock; *3 fish* Rusty Hill/StockFood America; *3 chicken* Brian Leatart/FoodPix/Jupiterimages; *4 bread* JupiterMedia/Alamy; *4 grapes* David Toase/PhotoDisc Green/Getty Images; *5 pizza* SuperStock, Inc./SuperStock; *5 salad* Burke/Triolo Productions/Getty Images; *6 cake* Brian Hagiwara/Brand X Pictures/PictureQuest; *6 tomato* Stockbyte Platinum/Alamy; **180** © 2007 Robert Frerck/Odyssey/Chicago; **183** *palitos* C Squared Studios/Getty Images; *cuatro* Mark Bacon/Alamy; **184** *bottom left* Suzanne Murphy-Larronde; *bottom right* Robert Fried/Alamy; **185** *top right* Kevin Schafer/Corbis; **186** *top right* Jay Penni/McDougal Littell/Houghton Mifflin Co.; *bottom right* Michel Zabe/Art Resource, NY; **189** *modelo* Jay Penni/McDougal Littell/Houghton Mifflin Co.; *2* PhotoObjects/Jupiterimages Corporation; *5* Jacqui Hurst/Corbis; **190–191** Mike Yamashita/Woodfin Camp; **191** *bottom* Royalty-Free/Corbis; *center* © 2007 David Dudenhoefer/Odyssey/Chicago; **194** *bottom right* Martha Granger/EDGE Productions/McDougal Littell/Houghton Mifflin Co.; **194** *flag* Image Club; **195** *top left* Macduff Everton; *bottom left, Frieda and Diego Rivera* (1931), Frida Kahlo. Oil on canvas, 39 3/8″ x 31″ (100.01 cm x 78.74 cm). San Francisco Museum of Modern Art, Albert M. Bender Collection; Gift of Albert M. Bender; accession no. 36.6061/ © 2005 Banco de México Diego Rivera & Frida Kahlo Museums Trust, Av. Cinco de Mayo No. 2, Col. Centro, Del. Cuauhtémoc 06059, México D.F.; *right* Jorge Silva/AFP/Getty Images; **198** *top* Jay Penni/McDougal Littell/Houghton Mifflin Co.; **199** *top right* Jay Penni/McDougal Littell/Houghton Mifflin Co.; **204** *bottom right* Jamie Carstairs/Alamy; *bottom right inset* Nik Wheeler/Corbis; **209** *modelo, 4* David Young-Wolff/PhotoEdit; *1* Borgschulte/Zefa/Corbis; *3* Zubin Shroff/Getty Images; *5* McDougal Littell/Houghton Mifflin Co.; *6* Jack Hollingsworth/Brand X Pictures/Alamy; **210** *Niña con bandera* (1997), Rodolfo Morales. Silkscreen, 65cm x 50 cm. Courtesy of Galería Arte de Oaxaca; **211** *bottom left* Alfredo Estrella/AFP/Getty Images; **216** *top left, top right* Corel Corporation; *bottom right* Laurie Proffitt/NewsCom/Chicago Tribune; **222** *center left* Gianni Dagli Orti/Corbis; *bottom left* Kenneth Garrett/National Geographic/Getty Images; *calendar* National Museum of Anthropology; *tools* Peabody Museum, Harvard University, Photo 28-1-20/C10123 T5151.1; **223** *top right* Dave Pattison/Alamy; **226** *modelo* Charles & Josette Lenars/Corbis; *1, 2, 3, 5* Jay Penni/McDougal Littell/Houghton Mifflin Co.; *4* National Museum of Anthropology; *6* Kenneth Garrett/National Geographic/Getty Images; **229** *bottom inset* Catherine Karnow/Corbis; *bottom right* HIRB/Index Stock Imagery; **233** *modelo, 1, 2* National Museum of Anthropology; *3* Peabody Museum, Harvard University, Photo 28-1-20/C1 T5151.1; *4* Nicolas Sapieha/Art Resource, NY; *5* National Museum of Anthropology; *6* Gianni Dagli Orti/Corbis; **234** *top* Macduff Everton/Corbis; *bottom* Jim Sugar/Corbis; **238** *bottom left* M. H. De León/Agencia EFE; *bottom right inset* McDougal Littell/Houghton Mifflin Co.; **239** *top left* CAMARI; *center right* Owen Franken/Corbis; **240** *top right* Jay Penni/McDougal Littell/Houghton Mifflin Co.; **244–245** © 2007 David Dudenhoefer/Odyssey/Chicago; **245** *bottom* Macduff Everton Stock; *right inset* Amy Wrynn/McDougal Littell/Houghton Mifflin Co.; *center* © 2007 Robert Frerck/Odyssey/Chicago.; **246** *background* Allan Penn/McDougal Littell/Houghton Mifflin Co.; *professor* Pete Olsen/McDougal Littell/Houghton Mifflin Co.; *group* Pete Olsen/McDougal Littell/Houghton Mifflin Co.; **247** *background* Allan Penn/McDougal Littell/Houghton Mifflin Co.; *all others* Pete Olsen/McDougal Littell/Houghton Mifflin Co.; **250** *bottom right* Martha Granger/EDGE Productions/McDougal Littell/Houghton Mifflin Co.; *flag* One Mile Up; **251** *center right, Vista de Toledo* (c.1597-99), El Greco (Domenico Theotocopuli). Oil on canvas. Metropolitan Museum of Art, New York. Photograph by Francis G. Mayer/Corbis; *top left* Guy Moberly/Lonely Planet Images; *bottom left* Carlos Navajas/Getty Images; *top left inset* age fotostock/SuperStock; **254** *top left* Flores/Agencia EFE; *bottom right* Martha Granger/EDGE Productions/McDougal Littell/Houghton Mifflin Co.; *strawberries* Photospin; *lettuce, spinach* Jay Penni/McDougal Littell/Houghton Mifflin Co.; *garlic bulb* PhotoDisc; **258** *modelo* Jay Penni/McDougal Littell/Houghton Mifflin Co.; *1* Kob - StockFood Munich/StockFood America; *2* PhotoDisc; *3* Royalty-Free/Corbis; *5* Comstock; *6* Martha Granger/EDGE Productions/McDougal Littell/Houghton Mifflin Co.; **260** *Naturaleza muerta* (ca. 1925), Àngel Planells i Cruanyes. Oil on canvas. Collection J.B. Cendros, Barcelona. Photograph by Bridgeman Art Library; **265** *modelo* Samantha Grandy/

ShutterStock; *1* Clay Clifford/ShutterStock; *3* D. Hurst/Alamy; *6* Jay Penni/McDougal Littell/Houghton Mifflin Co.; **266** *top* Jim Scherer Photography Inc./StockFood America; *center* Leigh Beisch/FoodPix/Jupiterimages; *bottom* Eising Food Photography/StockFood America; **270** *center right* McDougal Littell/Houghton Mifflin Co.; *bottom* Kevin Schafer/Corbis; *bottom right* PhotoObjects/Jupiterimages Corporation; **271** *top* Michael Busselle/Corbis; *center right* PhotoDisc; *center left* McDougal Littell/Houghton Mifflin Co.; **272** *bottom right* Pete Saloutos/Corbis; *castanets* PhotoObjects/Jupiterimages Corporation; **275** *2* PhotoDisc; *4* Comstock; **279** *center right* Stacy Morrison/Zefa/Corbis; *center* Stockbyte CORE/PictureQuest/Jupiterimages; **280** *4* Food Features/Alamy; **284** *L'enfant aux pâtisseries* (Child with Cakes) (1921), Maria Blanchard. Oil on canvas. Musée National d'Art Moderne, Centre Pompidou, Paris/Bridgeman Art Library; **285** *top right* Ingolf Pompe/Aurora; **289** *modelo* Ann Stratton/FoodPix/Jupiterimages; *2* Jay Penni/McDougal Littell/Houghton Mifflin Co.; *3* Eising Food Photography/StockFood America; *4* Stockbyte CORE/Picture Quest/Jupiterimages; *5* José Luis Pelegrin - StockFood Munich/StockFood America; **290** *center right* Toby Adamson/Axiom/Aurora; **294** *bottom left* Purple Marbles/Alamy; *bottom right* Marie-Louise Avery/age fotostock; **295** *top* Natacha Pisarenko/AP Images; *center* Kevin Sánchez/Cole Group/Getty Images; **296** *top right* Jay Penni/McDougal Littell/Houghton Mifflin Co.; *bottom left* Bernhard Winkellmann/StockFood Munich/StockFood America; *bottom right* Lisa Koenig/StockFood America; **300–301** Iván Franco/Agencia EFE; **301** *center* Reuters/Corbis; *bottom* Jean Dominique DALLET/Alamy; **302** *background* Allan Penn/McDougal Littell/Houghton Mifflin Co.; *all others* Pete Olsen/McDougal Littell/Houghton Mifflin Co.; **303** *background* Allan Penn/McDougal Littell/Houghton Mifflin Co.; *top* Pete Olsen/McDougal Littell/Houghton Mifflin Co.; **306** *flag* Image Club; *bottom right* Martha Granger/EDGE Productions/McDougal Littell/Houghton Mifflin Co.; **307** *top left* Ann Summa; *right* Héctor Mata/Getty Images; *Bernal* Jeff Vespa/WireImage.com; *Leguizamo* Rodrigo Valera/WireImage.com; *Ferrera* Gregg DeGuire/WireImage.com; *bottom left inset* Johner/Photonica/Getty Images; **310** *make up, bottom right* Jay Penni/McDougal Littell/Houghton Mifflin Co.; *digital camera* Juan David Ferrando Subero/ShutterStock; **311** *animation* Nina Frenkel/Getty Images; *comedy* Royalty-Free/Corbis; *science fiction* Michael Jang/Getty Images; **312** *1* Martin Barraud/Getty Images; *4* Royalty-Free/Corbis; *5* The Design Unit/Getty Images; **314** *1, 2* Jay Penni/McDougal Littell/Houghton Mifflin Co.; *3* Juan David Ferrando Subero/ShutterStock; **316** *top right* Jay Penni/McDougal Littell/Houghton Mifflin Co.; *bottom right, Returning to Aztlán* (1983), Gilbert Magu Lujan. Serigraph (edition of 200), 37 1/2" x 29". Courtesy of the artist.; **319** *top left, center* Rubberball Productions; *top right* Philip Date/ShutterStock; *bottom center* ijansempoi/ShutterStock; *bottom left* Colin & Linda McKie/ShutterStock; *bottom right* Jason Stitt/ShutterStock; **322** Mike Guastella/WireImage.com; **325** Jim Arbogast/Corbis; **327** *all images* Miramax Films; **328** *center* detail, *The Great Wall of Los Angeles* (1976-present), Judith F. Baca. © SPARC www.sparcmurals.org; *bottom right* SEF/Art Resource, NY; **334** *bottom right* David Young-Wolff/PhotoEdit; **335** *screen top left, top right* McDougal Littell/Houghton Mifflin Co.; **338** *bottom left* David Young-Wolff/PhotoEdit; **340** *Official 5th Annual Latin Grammy Awards Artwork* (2004), Patssi Valdez. Oil on canvas, 37" x 29". Painting reproduced with permission of Latin Academy of Recording Arts and Sciences. Photograph by Frank Micelotta/Getty Images; **345** *paperclip* PhotoObjects/Jupiterimages Corporation; **346** *top* Steve Granitz/WireImage.com; *bottom* Jeffrey Mayer/WireImage.com; **350** *bottom left* Ric Francis/AP Images; **351** *top inset* Guillermo Ogam/NewsCom/Notimex; *top* Morgana Alhen/NewsCom/Notimex; **352** *top right* Jay Penni/McDougal Littell/Houghton Mifflin Co.; *boats, beach* Royalty-Free/Corbis; *bottom left* Allan Penn/McDougal Littell/Houghton Mifflin Co.; **356–357** AFP/Getty Images; **357** *bottom* Keith Dannemiller/Corbis; *center* Leonardo Cavallo/La Nación/AP Images; **358** *background* Allan Penn/McDougal Littell/Houghton Mifflin Co.; *all others* Pete Olsen/McDougal Littell/Houghton Mifflin Co.; **359** *background* Allan Penn/McDougal Littell/Houghton Mifflin Co.; *top* Pete Olsen/McDougal Littell/Houghton Mifflin Co.; **361** *computer* Risteski Goce/ShutterStock; **362** *flag* Image Club; **363** *top left* Michael Vorbeck/Photo Media Service; *right* Kim Karpeles/age fotostock; *bottom left* Doug Scott/age fotostock; **367** *top right* PhotoDisc; **373** *left* Tony Arruza/Corbis; *right* Tom Bean; **378** *bottom right, Remembranzas Taínas* (2003), Andrés "Charlie" Simón. Oil on canvas, 40" x 60". Courtesy of the artist and Samana Dreams and Quisqueya Consulting, Las Terranas, Samaná, República Dominicana; *bottom left* Stephanie Maze/Corbis; **381** *top left* Royalty-Free/Corbis; **382** *center* Jon Feingersh/zefa/Corbis; *bottom left* Allan Penn/McDougal Littell/Houghton Mifflin Co.; **383** Allan Penn/McDougal Littell/Houghton Mifflin Co.; **384** *top, bottom left* Michael Caulfield/WireImage.com; *bottom right* Steve Granitz/WireImage.com; **391** *bottom center* Larry Luxner/DDB Stock Photography Agency; *bottom left* ShelbyImages.com/Alamy; **394** *jeans* C Squared Studios/Getty Images; *T-shirt* Siede Preis/Getty Images; *knit hat* Rebecca Sheehan/ShutterStock; *boots on right* Image Source/PictureQuest; *books* Siede Preis/Getty Images; *all others* PhotoObjects/Jupiterimages Corporation; **399** Beryl Goldberg; **402** "Family Reading" (2001), Belkis Ramírez. Woodcut; **406** Image 100/age fotostock; **407** David Young-Wolff/PhotoEdit; **408** *top right* Jay Penni/McDougal Littell/Houghton Mifflin Co.; **412–413** Simon Hataway/Alamy; **413** *bottom* Mario Algaze/The Image Works; *center* Randy Faris/Corbis; **414** *background* Allan Penn/McDougal Littell/Houghton Mifflin Co.; *all others* Pete Olsen/McDougal Littell/Houghton Mifflin Co.; **415** *background* Allan Penn/McDougal Littell/Houghton Mifflin Co.; *top* Pete Olsen/McDougal Littell/Houghton Mifflin Co.; **418** *flag* Image Club; *bottom right* Martha Granger/EDGE Productions/McDougal Littell/Houghton Mifflin Co.; **419** *top left* Pablo Corral/Corbis; *right* Fred Bavendam/Minden

Pictures; *bottom left* Guillermo Legaria/Agencia EFE; *bottom left inset* Jay Penni/McDougal Littell/Houghton Mifflin Co.; **422** *bottom right* Jules Frazier/Getty Images; *bottom center* Bryan Mitchell/Getty Images; **423** *top left* Dan Bigelow/Getty Images; *top center* Alan Heartfield/ShutterStock; *bottom center* Pete Oxford/Minden Pictures; *bottom left* PhotoDisc; *bottom right* Andy Lim/ShutterStock; **426** *modelo* Arunas Klupsas/PictureQuest; *1* Pete Oxford/Minden Pictures; *2* Doxa/ShutterStock; *3* Andy Lim /ShutterStock; **429** *left, right* Tui De Roy/Minden Pictures; **431** *1-5* PhotoDisc; **434** *photographer* Robert Fried/Alamy; *riding bikes* Royalty-Free/Corbis; *diving* Digital Vision/age fotostock; *birds/tourists* Kevin Schafer/Corbis; **438** *top* Wallace Garrison/Index Stock Imagery; *bottom left* Francois Gohier/Photo Researchers, Inc.; *bottom right* Pablo Rugel/EMS/Zuma Press; **439** *top* Wallace Garrison/Index Stock Imagery; *bottom right* Fasol M./Photo Researchers, Inc.; *bottom center* Valerie Giles/Photo Researchers, Inc.; *bottom left* © 2007 Robert Frerck/Odyssey/Chicago; **440** *bottom right* Layne Kennedy/Corbis; *center* Pete Oxford/Minden Pictures; **446** *graphic designer* David Young/PhotoEdit; **447** *center left* South American Pictures; *center right* David Fleetham/Getty Images; **453** *Lugar Natal* (1989), Eduardo Kingman. Oil on canvas, 408 x 538 (101.6 cm x 134.62 cm). Courtesy of Inter-American Development Bank Cultural Center, IDB Art Collection; **455** *center right* Stephanie Rausser/Getty Images; **458** Martín Herrera/El Universo; **462** *right* Diario Hoy; *bottom left* Agencia EFE; **463** *top, bottom* Yucef Merhi; **464** *top right* Jay Penni/McDougal Littell/Houghton Mifflin Co.; *bottom left* Bob Daemmrich/PhotoEdit; **468–469** Paul Springett/Alamy; **469** *center, bottom* David Young-Wolff/PhotoEdit; **470** *background* Allan Penn/McDougal Littell/Houghton Mifflin Co.; *all others* Pete Olsen/McDougal Littell/Houghton Mifflin Co.; **471** *background* Allan Penn/McDougal Littell/Houghton Mifflin Co.; *top* Pete Olsen/McDougal Littell/Houghton Mifflin Co.

All other photography © Jorge Albán/McDougal Littell/Houghton Mifflin Co.

Every effort has been made to contact the copyright holder of the images used herein. Mistakes or omissions brought to our attention will be fixed in later editions.

Maps and Illustrations

20 *all* James Yamasaki; **30** *center* Anna Veltfort; **32–33** Mike Reagan; **36** *all* Steve McEntee; **38** *all* Steve McEntee; **40** Vilma Ortiz-Dillon; **43** Steve McEntee; **54** *top right* Mapquest.com; **66** *center* Steve McEntee; **86–87** Mike Reagan; **101** Vilma Ortiz-Dillon; **111** Susan Spellman; **116** *all* Steve McEntee; **140–141** Mike Reagan; **145** *bottom left - web site* Vilma Ortiz-Dillon; **151** *all* Vilma Ortiz-Dillon; **160** Lisa Henderling; **161** Lisa Henderling; **162** *both* Peter Dennis; **170** *all* Anna Veltfort; **194–195** Mike Reagan; **198–199** *both* Peter Dennis; **200** *all* Kenneth Batelman; **202** Anna Veltfort; **207** *all* David White; **214** *both* Gerardo Suzan; **215** *top* Gerardo Suzan; **218** *all* Tim Jones/Wilkinson Studios; **224** Vilma Ortiz-Dillon; **228** Steve McEntee; **243** Steve McEntee; **250–251** *all maps* Mike Reagan; **263** *all* Vilma Ortiz-Dillon; **268** James Yamasaki; **272** *top right* Mapquest.com; **306** *all maps* Mike Reagan; **321** *bottom* Vilma Ortiz-Dillon; **362–363** Mike Reagan; **377** *all* Kenneth Batelman; **392** Steve McEntee; **401** *top* Vilma Ortiz-Dillon; **408** *both* Steve McEntee; **410** Susan Spellman; **418–419** Mike Reagan; **440** *top right* Mapquest.com; **443** *all* Steve McEntee; **466** *all* Tim Jones/Wilkinson Studios.

All other illustrations by Robin Storesund or Chris Wilson/McDougal Littell/Houghton Mifflin Co.